国家出版基金项目
NATIONAL PUBLICATION FOUNDATION

"十四五"时期国家重点图书出版专项规划项目

中国黄河文化大典

工程档案（近代部分）

古近代部分

《中国黄河文化大典》编委会 编

中国水利水电出版社
www.waterpub.com.cn
·北京·

图书在版编目（CIP）数据

中国黄河文化大典．古近代部分．工程档案．近代部分 / 《中国黄河文化大典》编委会编．-- 北京 : 中国水利水电出版社，2021.12
ISBN 978-7-5226-0247-9

Ⅰ．①中… Ⅱ．①中… Ⅲ．①黄河流域－文化史②黄河－水利工程－工程档案 Ⅳ．①K29②G275.3

中国版本图书馆CIP数据核字(2021)第239760号

项目负责人：营幼峰　王厚军　陈玉秋
选 题 策 划：马爱梅　宋建娜　戴甫青

审图号：GS（2021）8156 号

书　　名	**中国黄河文化大典（古近代部分）** ZHONGGUO HUANG HE WENHUA DADIAN（GU－JINDAI BUFEN）
卷　　名	**工程档案（近代部分）** GONGCHENG DANG'AN（JINDAI BUFEN）
作　　者	《中国黄河文化大典》编委会　编
出版发行	中国水利水电出版社 （北京市海淀区玉渊潭南路 1 号 D 座　100038） 网址：www. waterpub. com. cn E－mail：sales@waterpub. com. cn 电话：（010）68367658（营销中心）
经　　售	北京科水图书销售中心（零售） 电话：（010）88383994、63202643、68545874 全国各地新华书店和相关出版物销售网点
排　　版	中国水利水电出版社微机排版中心
印　　刷	涿州市星河印刷有限公司
规　　格	184mm×260mm　16 开本　74 印张　876 千字　13 插页
版　　次	2021 年 12 月第 1 版　2021 年 12 月第 1 次印刷
印　　数	001—800 册
定　　价	**588.00** 元

《中国黄河文化大典》
编　委　会

《中国黄河文化大典》
学术顾问及专家委员会

学术顾问

葛剑雄　周魁一

专家委员会（以姓氏笔画为序）

万金红	王志庚	王爱国	王　浩	王　超
王　博	王震中	王　耀	王　巍	牛志奇
牛建强	邓正刚	邓永标	卢仁龙	申晓娟
田志光	冯立昇	司毅兵	吕　娟	朱　军
任　慧	庄立臻	刘文锴	刘建勇	刘洪才
江　林	李云鹏	李孝聪	李志江	李宏峰
李建国	李建顺	李晓明	李乾太	李续德
李新贵	吴朋飞	吴浓娣	吴　强	张卫东
张伟兵	张建云	张柏春	陈红彦	陈银太
邵权熙	武　强	苗长虹	和卫国	岳德军
郑小惠	郑连第	郑朝纲	赵　新	胡一三
侯全亮	姜舜源	耿明全	贾小明	顾　华
顾　青	顾　洪	席会东	唐　震	谈林明
康绍忠	蒋　超	韩菊红	喻　静	童庆钧
谢祥林	靳怀堾	蔡　蕃	翟家瑞	鞠茂森

序　一

5000多年前，中华大地形成了裴李岗文化、仰韶文化、良渚文化、红山文化、马家窑文化、大汶口文化、龙山文化等众多的文明雏形，考古学家形象地比喻为满天星斗。但最终能延续并发展成为中华文明主体的都集中在黄河中下游地区，绝不是偶然的。

黄河中下游绝大部分属于黄土高原和黄土冲积平原，地形平坦，土壤疏松，大多为稀树草原地貌，是对早期农业开发极其有利的条件。在尚未拥有金属农具的条件下，先民用简单的石器、木器就能完成开垦荒地、平整土地、松土、播种、覆土、除草、排水、收获。

黄土高原和黄土冲积的平原地处北温带，总体上适合人类的生活、生产和生存。5000年前，这一带的气候正经历一个温暖期，3000年前后有过一个短暂的寒冷期，然后又重新进入温暖期，直到公元前1世纪才转入持续的寒冷。因此在5000多年前，这一带气候温暖，降水充沛，农作物能获得更多热量和水分，物种丰富，成为当时东亚大陆最适宜的成片农业区。

这片土地是当时北半球面积最大的宜农土地，足以满足不断扩大的农业生产和持续增长的人口的需要。在这片土地中间，没有太大的地理障碍，函谷关、太行山以东更是连成一片的大平原。黄河及其支流、独立入海的河流、与河流相通的湖泊，形成天然的水上交通网。交通便利，人流、物流和行政管理的成本较低。这样的地理环境，使一些杰出人物萌发统一的理念，逐步形成大一统观念，由政治家付诸实行。这一片土地成为大一统观念的实践和基础，“中国”的概念由此产生，并逐步扩大到整个中国。

中华文明的起源和早期发展阶段，呈现出多元格局，并在长期交流互动中相互促进、取长补短、兼收并蓄，最终融汇凝聚出以二里头文化为代表的文明核心，开启了夏商周三代文明。黄河文明是早期中华文明的核心和基础，黄河中下游地区是中华文明的摇篮，黄河是中华民族的母亲河。

中国历史上的统一时期，政治中心都在黄河流域（包括历史时期黄河改道形成的流域）。宋代以前，全国的经济中心和大多数区域经济中心都处于黄河流域。春秋战国时的黄河流域是文化最发达的地区。儒家学说的创始人孔子是鲁国陬邑（今山东曲阜）人。他曾周游列国，晚年回到家乡，致力于儒家典籍的整理和教学；他的众多学生主要来自鲁、卫、齐、宋等国；他的主要传承人孟子、曾子等也都在这一带。齐鲁地区是儒家文化的中心。战国时百家争鸣，几种主要学派的创始人和主要传播地区也集中在黄河流域。墨子（墨翟），道家学派的创始人老子，道家学派代表人物杨朱、宋钘、尹文、田骈、庄子，从道家分化出来的法家慎到，战国中期产生的黄老学派，法家商鞅，荀子（荀况），法家韩非等，以及其他各家的代表人物，都不出黄河流域的范围。

秦汉时代，黄河中游已是名副其实的全国性政治中心，其影响还远及亚洲腹地。黄河下游是全国的经济中心，是最主要的农业区、手工业区和商业区。黄河流域的优势地位由于政治中心的存在而更加强。两汉时期见于记载的各类知识分子、各种书籍、各个学派、私家教授、官方选拔的博士和孝廉等的分布，绝大多数跨黄河流域。“关东出相，关西出将”的说法反映了当时人才分布高度集中的实际状况。

从公元589年隋朝统一至755年安史之乱爆发，黄河流域又经历一个繁荣时期。隋唐先后在长安和洛阳建都，关中平原和伊洛平原再次成为全国的政治中心。唐朝的开疆拓土和富裕强盛还使长安的影响远及西亚、朝鲜、日本，成为当时世界上最大最繁荣的城市。尽管长江流域和其他地区已有了很大的发展，但黄河流域在农业、手工业、商业以及国家财政收入中还占着更多的份额。唐朝这一阶段的诗人和进士主要分布在黄河流域，显示出文化重心所在。

从河源到出海口，亿万中华各族人民在黄河流域生活，生产，生存。他们或农，或牧，或工，或商，或狩，或采；或住通都大邑，或居茅屋土房，或凿窑洞，或栖帐篷，或依山傍水，或逐水草而居。他们的方言、饮食、服饰、民居、婚丧节庆、崇拜信仰，形成丰富多彩的地域文化。

总之，中华文明的源头就是黄河文明，就是中华民族的先人在黄河流域创造的；中华民族最早的生活方式、生产方式、行为规范、审美情趣、礼乐仪式、伦理道德、价值观念、意识形态、思想流派、文学艺术、崇拜信仰，都是在黄河流域形成的，或者是以黄河流域所形成的为主体，为规范，然后才传播到其他地区。

黄河，不愧为中华民族的魂。

大量历史事实足以证明，黄河曾经哺育了华夏民族的主体，曾经哺育了中华民族的大部分先民。她的儿女子孙遍布于中华大地，并已走向世界各地。

夏朝的建立和长期存在形成了由各个部族融合成的夏人，又称诸夏。在商、周时代，人口的主体是夏、诸夏，他们被美誉为华夏（华的本义是花，象征美丽、高尚、伟大），以后常被简称为夏或华。华夏聚居于黄河流域，通过周朝的分封和迁移，扩散到更大的地域范围，并不断融合残留的戎、狄、蛮、夷人口。到秦始皇统一六国时，长城之内的黄河流域，非华夏族都已被融合在华夏之中。

秦汉期间，华夏人口从中原迁入河套地区、阴山南麓、河西走廊、长江两岸、巴蜀岭南、辽东朝鲜。在两汉之际、东汉末年至三国期间、西晋永嘉之乱后至南北朝后期、安史之乱至唐朝末年、靖康之乱至宋元之际，一次次大规模的人口南迁使华夏人口遍布于南方各地。一部分人口主动或被动迁入匈奴、乌桓、鲜卑、高句丽、突厥、吐蕃、南诏、回鹘、契丹、渤海、党项、女真、蒙古、满族的聚居区，在与这些民族融合的同时，传播了华夏的制度、礼仪、文化、技艺、习俗、器物，扩大了中华文明的影响范围，促进了中华民族大家庭的逐渐形成。到了近代，成百万上千万的内地移民闯关东，走西口，渡台湾，迁新疆，开发和巩固了祖国的边疆。至20世纪初，从黄河流域迁出的人口与他们的后裔，已经遍布中国大地。

在向各地输出移民的同时，黄河流域也在大量吸收其他地区的移民，特别是来自周边地区的非华夏移民。匈奴、东瓯、闽越、乌桓、鲜卑、西域诸族、昭武九姓、突厥、粟特、吐谷浑、吐蕃、党项、高句丽、百济、契丹、奚、女真、蒙古等先后迁入黄河流域，这些民族的整体或大部分人口在这里融合于中华民族的主体之中。

尽管今天全国各地的汉族人口并非都来自黄河流域，在南方一些地区和边疆地区其实是世代土生土长的人口占了多数，但绝大多数汉族家族，甚至一些少数民族家族都将中原视为祖先的根基所在。显然他们所认同的不仅是血统之根，更是文化之根，而这个根就在黄河之滨、黄河流域。

黄河，不愧为中华民族的根。

黄河流域有世界上黄土覆盖面积最大、覆盖最厚的黄土高原，本身植被稀少，经农业开发和人为破坏，加剧了水土流失。黄河中游降水往往集中在夏秋之际，在局部时间和地点会将大量泥沙冲入黄河，使河水含沙量达到世界之最。泥沙淤积在下游河床，形成高于两岸地表的“悬河”，一遇洪水就泛滥成灾，决溢改道。黄河成为世界大河中改道最频繁、波及范围最大的河流。

这条哺育了中华民族的母亲河，也曾经使她的儿女子孙历经磨难，黄河的安危历来是国运民瘼所系。“海晏河清”“黄河清，圣人出”，是从帝王到庶民的千古期盼；但面对现实，多少人不得不发出“俟河之清，人寿几何”的浩叹。大禹治水的成果奠定了华夏立国的根基，历代治黄的成功保障了中华民族的繁衍。从《尚书·禹贡》到历代《河渠志》、各地的水利志，从《水经注》到《水道提纲》，从贾让的“治河三策”到潘季驯的“束水攻沙”，从“导河积石”到《河源纪略》，从金匮石室的秘籍档案到野老村夫的私人记录，历代治黄留下皇皇经典和浩如烟海的史料。

黄河作为一条饱经忧患的河，凝聚了中华民族的苦难和与苦难的奋争。“黄河宁，天下平。”历朝历代都将治理黄河作为兴邦安民的大事。特别是1946年以来，中国共产党领导人民开展了波澜壮阔的治黄实践，取得了举世瞩目的伟大成就。黄河文化经久不息、历久弥新，是中华文明的重要组成部分，是中华民族的根和魂。习近平总书记强调，要深入挖掘黄河文化蕴涵的时代价值，讲好“黄河故事”，延续历史文脉，坚定文化自信，为实现中华民族伟大复兴的中国梦凝聚精神力量。

水利部领导有鉴于此，成立以党组书记、部长李国英为主任的编纂委员会，组织专家学者、水利部门领导和专业人士编纂《中国黄河文化大典》，举凡河流与人类文明之关系，黄河文明与其他河流文明之异同，黄河及其流域之自然地理和人文地理，黄河何以为中华民族之魂与根，黄河文化之内涵、外延、特色和变迁，历代治黄之实录、经验和教训，新中国治黄之巨大成就与未来展望，黄河流域生态保护和高质量发展的理念与实践，黄河文化之传播与弘扬，史籍文献、档案资料、旧典新篇、巨著零札，无不广搜博引，严选精编。

盛世修典，功在千秋。我忝为编纂委员会学术顾问，得参与其事，躬逢其盛，曷其幸哉！是为序。

葛剑雄

2021年10月

序　二

黄河流域文明源远流长，首先表达为中国新石器时代的仰韶文化（公元前5000年—前3000年）、大汶口文化（公元前4300年—前2400年）、龙山文化（公元前2400年—前1900年）。至于中国水利文明的开始，则是妇孺皆知的距今4000年前的大禹治水的传说。有人说当时的大暴雨是全球性的，因为一些民族的神话传说都流露出一些痕迹。大禹治水主要发生于黄河流域，在中华民族形成过程中是有着强大凝聚力的伟大事件。黄河流域也在此后几千年间成为中华民族政治、经济、文化的重心地带。

文化是民族的血脉，是人民的精神家园。在我国5000年文明发展历程中，各族人民共同创造出源远流长、博大精深的中华文化。它凝聚着中华民族自强不息的精神追求，为中华民族的发展提供了强大的精神支撑。回顾历史为的是着眼于未来。人类文明发展史证明，先进的文化筑就国家强盛之基。从文艺复兴的历史来看，它曾开创人文主义的思想解放运动。当年一些思想家挣脱欧洲中世纪宗教神权的精神枷锁和封建君主专制，在古希腊和古罗马的优秀思想中寻求智慧，从而开创了欧洲社会发展的新纪元，促成了18世纪末由英国开始又很快传播到欧洲的第一次工业革命，成为人类思想史辉煌的一页。然而以优胜劣汰为指针的西方文化，在以“大同世界”“天下为公”为目标的中华传统文化面前，却难掩其不足。当年辜鸿铭就曾当面责备翻译《天演论》的严复说，“自严复译出《天演论》，国人只知物竞天择，而不知有公理，于是兵连祸结”，直指只讲自由竞争的西方价值观的缺憾。真正的大国强国，不仅取决于它的经济和军事实力，也取决于它的精神文化的感召力。历史经验提示，文化是社会政治、经济、技术发展的原动力。在前人的基础上，我们应该探寻优秀传统文化的时代内涵和新的发展理念，走出一条新的道路。如今编纂的《中国黄河文化大典》系统总结黄河流域的文化演进，是水利部党组落实习近平总书记关于黄河流域生态保护和高质量发展讲话精神的重要部署，是保护、传承、弘扬黄河文化的重大出版工程，是服务于当代水利实践的重要文化建设。

如何理解前人沉淀在众多文化典籍中的古老智慧，青蒿素的发现就是有说服力的例证。从 20 世纪 60 年代开始，由屠呦呦领衔的研究者从众多古代医药书中筛选出有研究前景的几种治疗疟疾的中药。从大约 1900 年前晋代葛洪著《肘后备急方》记载的“绞汁”获得灵感，发现青蒿素，获得诺贝尔奖。后来又从其他典籍和民间验方中发现黄花蒿等几种高效抗疟药物，进一步打开传统医学研究服务当代的成功之路。

在前沿科学创新中也不乏传统文化的身影。2001 年数学家吴文俊指出，他发现并因此获得国家最高科学技术奖的“几何定理证明的机械化问题，从思维到方法，至少在宋元时代就有蛛丝马迹可寻”。他在《东方数学的使命》中再次强调，现代计算机数学和我国古代数学算法的思维方式相一致，“从这个意义上讲，我们最古老的数学，也是计算机时代最适合、最现代化的数学”。既然现代基础科学尚可以从传统文化的继承中推陈出新，在经验性很强的以大自然为背景的科学领域，尤其要进行综合研究。

科学发展史说明，在古代文明中，科学是一个统一的体系。直至15世纪下半叶，在文艺复兴运动推动下，科学才逐渐分化为自然科学与人文科学两大部类，而每一部类又逐渐分化为各门学科。正是由于学科的分解才有力地促进了科学的深入发展，生产力大为提高。在科学不断分化的同时，近百年来科学的融合也在悄然兴起。自然科学内部的有关学科之间加强了交叉联系，进而自然科学也开始注重与历史、管理等社会科学的相互渗透。尤其是像水科学这样以大自然为背景的科学领域，边界条件十分复杂，还不可能分析一切自然界的影响因素，何况其间还加入了人类大规模改造自然所产生的对水环境的影响。而水科学与历史的交叉研究恰恰在构建一个包括人类活动在内的自然界的统一景象，并由此在增进对自然的理解方面显现出自己的优势。

例如，以往的防洪方针主要是控制自然态洪水。水利规划就是根据算水账来进行工程布置，认为控制了洪水也就控制了灾害。但多年来的实践却未能尽如人意，灾害损失大幅度提高，主要江河都发生了不利于防洪的变化。但这些防洪形势的不利变化并非由于水利工程不足，也不是自然洪水显著变异所致，而主要是社会无序发展所产生的负面效果。然而直到20世纪末，世界各国都仍将水灾只称作自然灾害，其实2000年前汉代贾让“治水上策”早就强调：水灾与过度的社会开发有关。自此之后，在2000年的治河史上，当出现单纯运用工程防洪走投无路时，几乎无例外地提出了人类发展要主动适应洪水客观规律的类似见解。世界各主要国家在20世纪中叶以来所普遍推行的工程与非工程相结合的防洪措施的精神实质也相类似。由此我们在自然科学和社会科学交叉研究的基础上，通过历史模型方法提出：“灾害具有自然属性和社会属性，双重属性全面概括了灾害的本质属性，缺一不成其为灾害。”灾害双重属性不是防灾减灾政策制定的依据，也不是工程与非工程减灾措施的另一种表达方式，而是对灾害本质属性的哲学概括。在双重属性当中，二者缺一就不能构成灾害。没有人类活动，就算天崩地裂也无所谓灾害。水利部原部长汪恕诚在2003年发表署名文章，认为“灾害双重属性进一步阐明了灾害的本质属性，这是一种哲学思维方面的进步，也是中国政府在1998年长江发生大洪水后对洪水问题进行深刻思考得出的结论”。他还进一步指出：这些基础理论成果在2002年新修订的《中华人民共和国水法》中得到了体现。古代治水思想研究为当代防洪减灾方针提供了有益借鉴。

在高科技时代，为什么还能够从传统哲学中寻求借鉴？古代生产力低下，自然力对人类社会处于支配地位，人们不得不怀着敬畏的心情，更多地关心和记录自然变异对人类社会的影响，注重天文、地理与人事之间的综合思考。虽然前人对自然规律的认识不及今人深刻，但这种综合思考的原始自然观和世界观，反映的却是和现代相似的客观事实。可见，科学与人文的分割，曾经妨碍了我们的视野。“灾害双重属性”的提出是在许多水利及相关历史典籍的整理中，在1991年淮河、长江和太湖大水灾的实地调查中得到的启示，继而将视野扩展至世界防洪减灾现实，终于有所感悟。

近年来，基于传统水利典籍的搜集整理，在水科学和水文化上做出重要贡献的还有许多。例如中国大运河申请世界文化遗产的基础论证；世界灌溉工程遗产的研究与申报；水利风景区规划；古代水利典籍汇编；以及向社会推介12位历史治水名人，无不借重于传统水利及文化典籍的学习和研究。从事这些工作的心得，是期待更广泛、更系统地搜罗宏富的系统文献。如今《中国黄河文化大典》率先启动，邀约部内精英和社会贤达共襄盛举，汇编流域内水科学水文化典籍，规模巨大，蔚为大观。此外还安排有和黄河治水文化有关的专题研究。在流域范围里产出如此大体量系统的文献整理和研究成果，彰显出组织者促进水科学与水文化融合的深邃思考。

被喻为“中华民族的摇篮”的黄河，既造就了广大的华北平原，提供了民族生存和发展的基础环境，又是一条“善淤、善决、善徙”的多灾多难的河流。2000多年来，它曾北夺海河，自天津入渤海；又南夺淮河，从云梯关入黄海。它在华北平原上往复摆动，频繁决溢，对面积达25万平方千米的国家腹心经济区构成重大的威胁。黄河之所以如此不安定，主要是由于河水挟带的大量泥沙淤积在下游，将河床年复一年抬升的缘故。以往黄河每年从中游带下约16亿吨泥沙，除12亿吨可以直接输送入海外，其余4亿吨堆积在下游河床里。下游河床越淤越高，形成高于两岸地平面的“悬河”。黄河也因此成为“中国之忧患”。黄河下游地区历来是国家的重要经济区，因而历代王朝都把治理黄河，减轻黄河洪水灾害，作为国家的大政方针。

黄河的根本出路何在，是古往今来人们关注的重大宏观研究课题。今天的宏观研究应不同于古代。为了科学地制定黄河防洪战略，对于它的高含沙量以及由此带来的种种后果和问题，都应有准确科学的答案。也就是说，宏观研究必须以一系列的微观研究做基础。因此，为了把黄河治理纳入科学的轨道，为防止和减轻黄河水灾，基础科研亟待加强。近百年来曾经用过模型方法，试图求得解决之道。在模型运用上首先是物理模型和数学模型，这是运用最多的两种方法。加上上面提到的历史模型，三种模型都有着共同的特点，即无论哪种模型，都是中介物。模型方法都是通过对中介物的研究来认识原型。区别则在于它们模拟原型的方法和形态各有不同。近百年间通过对黄河下游的水沙调节，谋求防洪安澜的努力，就曾结合我国古代治河经验，开展了以上三种模型方法的试验。

黄河上第一次物理模型试验，是在20世纪30年代进行的，那是由李仪祉先生推动，委托德国水工模型实验创始人恩格斯教授主持，在瓦痕湖试验场开展，共进行了两次。第二次试验采用平面比尺1∶165，垂直向比尺1∶110的变态模型，河床质采用从国内带去的黄土。验证试验肯定了明代治河专家潘季驯“束水攻沙”理论和他所设计的系统堤防。然而限于当时的条件，模型比尺小，悬移质模拟困难，因而只得出了定性结论，没有取得定量成果。

在20世纪60年代，也曾直接依据历史文献说明黄河下游河床演变规律，首见于钱宁和周文浩所著《黄河下游河床演变》。这是国内研究黄河泥沙和河床演变的力作。在该书绪论中，作者就详细说明：“研究河床演变不可能离开河道的历史背景……这些丰富的历史遗产使我们有条件重温河道的历史演变过程”，历史治水文献“是造床科学中一份最宝贵的历史遗产”。他们还在该书的许多章节中大段引用历代先贤治理河道状况和水力输沙的创造性见解，如欧阳修、苏辙、万恭、潘季驯、陈潢等一众先贤的认识。而在写到黄河游荡性河段特性时，还记录了沿河群众“一弯变，弯弯变”和“一枝动，百枝摇”的民谚，生动地说明了由于险工挑溜角度的改变，或滩岸河势变化，河床左右摆动会向下游传播的游荡性河道特征。可见，汇编整理治黄历史典籍和民间谚语等智慧，对于了解和研究黄河科技和文化，对于社会可持续发展有重要的意义。

当然，历史研究能再现实在的历史过程，但历史与现实只具有一定程度的相似性。历史研究不可能穷尽对研究对象的所有认识，并且主要在宏观问题上具有显著的优势。黄河含沙量居于世界诸大河之冠，带来了黄河治理的复杂性。1949 年后，我们曾对黄河下游防洪做了许多工作，主要依靠堤防和险工，取得 50 年无决口的历史纪录；也曾在中游河道建设系列水库滞蓄洪水和泥沙，并提出黄河水沙同是宝贵资源的新理念。但黄河安定的最终出路何在，仍是国家关注的重大课题。直到 21 世纪初，开始了旷古未有且极具魄力的黄河下游河道治理的全新探索，相较于模型研究，它是在 1∶1 的黄河下游原型上的“模型”实验。于是，调水调沙应运而生。其主要目标是，在黄河下游河道堤防现状下，运用现代化高新技术以及万家寨、三门峡、小浪底等水库对水沙的调配，使黄河进入健康发展阶段。

调水调沙试验在 2002 年开展，通过水库调蓄泄放，形成人造洪峰，加大了对下游河床的冲刷。20 年来黄河调水调沙取得的成果是：黄河主槽不断萎缩的状况得到初步遏制；下游河道主槽平均降低2.6米，主河槽过流能力（水不上滩流量）由2002年汛前的1800立方米每秒，提升到2021年汛前的5000立方米每秒左右。调水调沙以来，黄河累计入海总沙量达28.8亿吨，防洪减淤效果明显。得益于调水调沙，黄河下游河道沿线以及河口三角洲生态状况好转，取得了显著的社会效益，在适应自然规律的基础上，助推了黄河的健康发展。调水调沙实践将成为科学技术史上的重要篇章。

如今，社会以前所未有的速度在前进，物质层面的新技术新产品令人炫目且极具诱惑，科学技术也因此走上圣殿，被公认为社会发展的动力。而孕育科学发展原动力的文化，却一度被冷落。然而看似柔软的文化，却是人类社会持续发展的内在动力，对传统文化的重新整理研究，也应成为科学创新的源泉之一，为科学带来灵感和想象力。可见，科学的发展非但不应该排斥文化，相反，提炼文化中的历史经验和信息，并与之相融合，正是科学所要完成的重要课题。为了大力加强黄河水文化建设，为水利科学发展提供精神营养，我们期待着《中国黄河文化大典》的早日问世。

周魁一

2021年11月

编 纂 说 明

《中国黄河文化大典》全面记录了我国历代黄河治理的辉煌成就，系统展现了历代黄河治理的理论与实践，传承了经典典籍中蕴含的思想观念、人文精神和道德规范。《中国黄河文化大典》是胸怀国之大者、保护传承弘扬黄河文化的具体体现，是坚定文化自信、延续历史文脉的重大出版工程，对中华优秀传统文化创造性转化、创新性发展意义重大。

《中国黄河文化大典》编纂出版原则是：句读合理，标点正确，校雠细致，校勘有据。

一、为方便阅读，将底本的繁体竖排改为简体横排，原文中表示前后关系的“如左”“如右”等予以保留，实际表达的含义为“如下”“如上”，只在每个编纂单元首次出现时统一注释说明。

二、底本中的异体字、俗字等原则上改为简体字，不出校。“粘”“爬”等用字因字词的义项发生变化，虽然已经不适用于现在的字词义项，但仍保持原貌不予修改，只在每个编纂单元首次出现时统一注释说明。

三、原文中的数字用法仍依底本不改；人名、地名易生歧义者，不予简化；底本中的双行小字注释改为单行小字注释。

四、对原文献分段，逐句加标点，标点遵循 GB/T

15834—2011《标点符号用法》。

五、文献正文以及文中引文部分，除校改明显错误外，一般不作不同版本的校注。对原文献进行校勘，凡有可能影响理解的文字差异和讹误（脱、衍、倒、误）都标出并改正。如有必要再以校勘记进行说明，校勘记置于页下，文中校码紧附于原文附近。正文改字在正文中标注增删符号，拟删文字用圆括号标记，正确文字用六角括号标记，如把拟删的“下”改成“卜”，格式为“（下）〔卜〕”。

六、对于史实记载过于简略，明显谬误之处，以及古代水利技术专有术语、专业管理机构、工程专有名称及名词等，进行必要的简单注释。

七、每个编纂单元前，有文献整理人撰写的“整理说明”，其主要内容包括文献的时代背景，作者简介及其主要学术成就，文献的基本内容、特点和价值，文献的创作、成书情况和社会影响，整理所依据的版本及其他需要说明的问题。

八、每分册前设有“前言”，其主要内容包括本分册涵盖的典籍内容、文献价值、出版意义和版本特色，本分册典籍入选原则以及与编纂有关的需要特别说明的情况等。

九、为保持文献历史原貌，本次整理不对插图进行技术处理。

《中国黄河文化大典》的编纂出版得到了水利行业及社会各界的广泛关注和大力支持，中共中央宣传部、中央政策研究室、文化和旅游部、中国科学院、中国社会科学院、中国工程院、清华大学、北京大学、复旦大学等部门及单位给予了大力支持，不少院士、专家、学者担任编委会及专家委员会委员，指导编纂工作。本书的点校专家、审稿专家、编纂工作组织者亦付出了巨大努力，在此诚表谢意。

由于工程浩大、编校繁难，编纂过程中难免存在疏漏，欢迎广大读者、专家批评指正。

《中国黄河文化大典》编委会办公室

《中国黄河文化大典》

工程档案（近代部分）

主　　编　蒋　超　杨　亮

副 主 编　武　强

参编人员　杨　亮　宋福利　吴小伦　姬明明
　　　　　李留文　武　强　蒋　超

审稿专家　侯全亮　蔡　蕃

前　言

中国幅员辽阔，东西高程相差很大，众多河流湖泊所处的位置不同，因此地理环境差异很大。在北方，黄河是一条最著名的河流。中国西北有大片的黄土高原，水土流失严重，流经这里的河流泥沙含量都很大，它们最终大多流入了黄河干流。水至黄河下游，地势平缓，泥沙下沉，河槽淤积变浅，河床逐年增高，过水能力变小，加剧了泛滥灾害。中国的大江大河，大多自西向东而流，南北运输没有天然水道可资利用，因此需要开凿人工运河，把平行的河系连接起来形成航运网络。如何处理运河与黄河的关系是历代管理者必须要面对的问题。

从远古时代广泛流传的大禹治水开始，关于防洪、灌溉、水运等治水的记载史不绝书，记述和积累的大量水利史料为人们提供了宝贵的历史借鉴。现存的水利古籍，汗牛充栋。在中国，与其他学科相比，水利文献数量之多，内容之丰富，涉及范围之广，都排在前列。尤为珍贵的是，如此灿烂的水利历史典籍给我们留下了几千年真实连续的文字记录。它记述了江河湖泊的自然状况及其演变，记述了人类认识江河湖泊，亲近江河湖泊的过程；记述了水利工程由无到有，由简单到复杂，效益由小到大，积累经验和吸取教训的种种实践过程；记述了技术的进步、管理经验的积累，尤其记述了黄河的灾害以及人民千百年来与之共同相处，寻求安澜的过程，记载了水利技术在治黄过程中不断发展的历史，由此而形成的黄河治理、黄河文明是中华文明发展的基础之一。

从17世纪开始，西方文明开始进入中国，其中的水利科学技术也随之传入我国，徐光启翻译介绍西方水利技术的《泰西水法》首开先河。但直到19世纪末，我国才逐步开始在工程实践中接受西方的技术，例如在黄河工程中率先使用水泥和西方测量技术等。民国时期是我国从传统水利向现代水利转变的重要阶段，一方面，传统水利的施工理念和施工方法还在继续发挥作用；另一方面，西方现代水利的规划思想和新型的施工技术及工程机械陆续传入我国，除了水电站先出现在台湾、云南、西藏等区域外，黄河勘测和治理上率先吸收和应用了这些新技术。

进入民国时期，以李仪祉为代表的一批工程技术人员开创了将传统水利与西方水利相结合的工程实践，推动了中国从传统水利向现代水利的转变过程。我们在研究民国水利文献时，能够明显地看到这一时期水利的过渡特点。例如在《宁夏省水利专刊》中，我们既可以看到关于古代"飞槽"的结构图和灌渠管理的详细历史资料，也可以看到当时水利观测机构的建立、水利法规制度的出台，以及水利建设的规划等，体现了宁夏水利走向制度化、法制化、近代化的新变化。

民国时期由于连年战乱，注定这一时期的水利建设不可能有太多建树，于是李仪祉在陕西的成就成为民国水利的一大亮点，"关中八惠"和"陕南三惠"的建成为全国水利开了先河，鼓舞了士气。除此之外，一些流域和地方的水利规划虽然当时未能实施，却也提出了对黄河治理的长远计划和思路，并且成为1949年以后一系列水利建设的理论基础。如《河南省水利规划》是时任河南省水利局工程师曹瑞芝先生所作，在实地查勘的基础上为河南省的水利建设提出了宝贵的建议，在留存的民国黄河流域文献中具有重要作用。

基于以上思路，我们精选了部分民国时期的黄河工程档案汇编成册。这些文献从地域上涉及当时河南、陕西、宁夏、绥远（今内蒙古自治区的一部分）等省，流域范围涉及上游、中游和下游，内容涉及防洪、灌溉、航运、管理、科学研究等诸多领域，在当时具有一定的代表性，并且产生了重要的影响，以飨读者。

蒋超

2021年11月

目　录

序一

序二

编纂说明

前言

调查河套报告书 …… 1

绥远河套治要 …… 347

河南省水利规划 …… 425

包西水利辑要 …… 565

陕西渭惠渠计划书 …… 671

宁夏省水利专刊 …… 717

泾惠渠十五年 …… 1117

调查河套报告书

宋福利　杨亮　整理

整理说明

民国8年（1919年），时任全国水利局副总裁之潘复负责督办运河工程，并勘察南北运河，兼及黄河。其深见直鲁水道与黄河利害相接，故上呈总统徐世昌，建言派团勘测河套水利，以为治理黄河根本之计。遂以冯际隆为团长，于民国8年5月11日至10月9日，组团勘察河套情形。冯际隆以沿途所见整理成文，配以图表。督办运河工程总局编辑处以冯际隆所著为主体，前合以相应之公文特件，后附以毕斯理、方维因等人有关河套水利之著述，遂成此编。

潘复（1883—1936），一作潘馥，字馨航，山东济宁微山县人。民国年间，历任山东实业司司长、山东南运湖河疏浚事宜筹办处总办、全国水利局副总裁、财政部次长、全国河道督办、财政部总长、交通部总长、内阁总理等职，于水利事宜大为精通。冯际隆，号辅之，安徽省庐江县人。吴淞测绘学堂毕业，民国8年任山东南运湖河疏浚兼管全省水利事宜筹办处测绘科股长。冯际隆精于测绘，深谙水利，熟悉河套地形，专心任事，率团对河套地区详加考察，并绘以图表。其所著实为了解河套水利第一手资料，弥足珍贵。考察河套后，冯际隆与金天翮合纂《河套新编》，十五卷外编一卷，有民国10年（1921年）稿本。民国12年（1923年），督办运河工程总局编辑处以其河套报告为主体，编辑出版《调查河套报告书》，是为铅印本。

《调查河套报告书》不分卷，主体由调查缘起、调查报告、附件组成，每部分又配以相应之图表。调查缘起包括公文函件与临时规约。公文函件有潘复《督办潘呈大总统报告勘测河套情形文》，及呈报国务院、内务农商各部、蒙藏院、绥远都统咨文，并内务、农商回咨等。《督办潘呈大总统报告勘测河套情形文》乃潘复综合冯际隆调查报告内容提炼而成，略述河套沿革、水利状况、治河得失，并所需经费等，可视为整编之简缩本。临时规约乃潘复所编，调查团之组织，调查之范围、记载、测绘、事项、用品、经费、职员等一一详列，是为勘测之进行方针。

调查报告大体分为调查记录与旅行日记录两部分，调查记录乃勘测活动之综合，旅行日记录乃勘测活动之实录。调查记录以冯际隆呈递潘复督办调查河套事竣报告为总纲，介绍河套地区之沿革与现状、农垦之必要、整理之计划、成后之利益、维持之方法，其内容为调查报告之节略。总纲之后，调查记录分宁夏、后套、三呼湾、前套四区域进行详细阐述，每部分按沿革及历史、地区、河道、垦务、渠工、气候、物产、商务、交通等诸方面依次著述之，颇为详尽。旅行日记录自民国8年5月11日始于北京，止于10月9日回到北京，详细记载每日天气状况、行经路线、接洽人物、行进里数、勘测对象、勘测结果、沿途风物等，文中图表数据等皆实地获得，足可采信。

附件部分有毕斯理《河套垦牧调查及施设灌溉之参考》，按征求参考资料、土壤及天然利源、天气、垦牧、市场路政、测量之计划、经费契据、殖民等方面对河套垦牧调查应注意之处作出一一说明，思虑周备，几无遗漏。方维因《河套水利调查参考译文》对黄河以北河套地亩、岁租、水利经费等项条分缕析，详细到具体的租金数目、分配方案，为该编比较集中论述地租收入之篇目。《西盟垦务总局详奉批定达拉特旗永租地亩租条修渠分水经费四项章程》乃该编中地方渠道养护责权划分最详细之条文，对于水利渠道维护问题颇有借鉴意义。张相文《河套与治河之关系》历数黄河决口情形及河套地区历史沿革与归属问题，对黄河河道迁徙研究很有帮助。山东南运湖河筹办处所编《黄河根本筹治意见书》，从调剂水源、整理河身等方面阐述治理黄河根本计划，并附有详细经费预算。又编《河套沿革考》，叙述河套历代屯垦之兴废，既详且尽。又编《河套内外设置郡县沿革表》，详列河套历代所辖州郡，并其具体位置，实为地理与政区方面之专项介绍。

统观全编，《调查河套报告书》之独特价值有以下几个方面：一是此书实为研究河套沿革与历史不可或缺之文献，其内容已经远远超越水利治理之范畴，而涵盖国防、军事、经济、人口、地理、疆域、民族关系等诸多方面。二是其内容皆为实地勘测所得，为宝贵而可信之资料。三是图文并茂，定格历史，保留了大量图片资料，为后世研究当时历史提供了更加直观的素材。

此次整理以民国12年（1923年）北京京华印书局铅印本为底本，并利用相关文献进行参校。底本中同一名词用字不一，如“新招”“新召”“全把兔”“全巴图”“把图”，等等，诸如此类问题，多为当地地方语言在音译过程中的记录误差，本次整理遵照底本不作改动。

本编纂单元由宋福利、杨亮整理，若有不当之处，敬请批评指正。

整理者

目录

整理说明 …… 3

图画

潘复肖像 …… 13

调查团出发在西直门车站 …… 13

旅行骡车及护送队途次拔升齐 …… 14

南海子黄河设立水尺并测流量 …… 14

南海子黄河水准测量 …… 15

黄河舟行次昭君坟停泊 …… 15

黄河舟行在碱诺尔上游遇雨后晒装 …… 16

勘测义和渠至五加河舟次午餐 …… 16

黄河舟行次克克阿郎 …… 17

黄河舟行次磨石沟遇风 …… 17

旅行次鄂托克旗圪舌地方露营驻宿 …… 18

乘驼旅次杭锦旗沙地 …… 18

调查团员与五原官绅 …… 19

绥远护送队 …… 19

渠道大家王同春及开浚老郭渠之工程师 …… 20

张家口之赐儿山　一 …… 20

张家口之赐儿山　二 …… 21

张家口之赐儿山　三 …… 21
绥远城 …… 22
绥远五塔招 …… 22
拔升齐石棉矿山 …… 23
包头转龙藏 …… 23
隆兴长义和渠桥 …… 24
义和渠附近绵羊饮水 …… 24
开浚老郭渠　一 …… 25
开浚老郭渠　二 …… 25
开浚老郭渠　三 …… 26
开浚老郭渠　四 …… 26
罗畔招黄河 …… 27
磴口黄河 …… 27
三道坎黄河 …… 28
石嘴子黄河及炭矿 …… 28
石嘴山街市 …… 29
宁夏街市 …… 29
贺兰山 …… 30
唐来渠正闸 …… 30
汉延渠正闸侧面 …… 31
惠农渠正闸 …… 31
青铜峡　一 …… 32
青铜峡　二 …… 32
百八塔 …… 33
鄂托克旗之新招 …… 33
蒙古包 …… 34

大黑河口 …… 34

凡例 …… 35

特件 …… 36

督办潘呈大总统报告勘测河套情形文 …… 36

调查缘起 …… 44

甲　公文 …… 44

致熊督办公函 …… 44

督办运河工程事宜处咨呈国务院文 …… 45

督办运河工程事宜处咨内务农商部文 …… 45

督办运河工程事宜处咨蒙藏院文 …… 46

督办运河工程事宜处咨绥远都统文 …… 46

内务部咨复督办运河工程处文 …… 46

农商部咨复督办运河工程处文 …… 47

乙　规约 …… 47

调查团之组织 …… 48

调查之范围 …… 48

调查之记载 …… 49

调查之测绘 …… 49

调查之事项 …… 50

调查之用品 …… 52

调查经费 …… 52

调查报告 …… 54

呈报调查河套情形文 …… 54

甲　沿革及现状 …… 56

乙　农垦之必要 …… 68

丙　整理之计画 …… 70
丁　成后之利益 …… 75
戊　维持之方法 …… 79
前套区域形势图 …… 82
后套区域整理计画图 …… 84
第三附图三呼湾区域形势图 …… 86
宁夏区域整理计画图 …… 88
调查河套团实经路线图 …… 90

调查记录 …… 92
宁夏区域 …… 92
沿革及历史 …… 92
地区 …… 93
河道 …… 93
垦务 …… 97
渠工 …… 102
气候 …… 125
物产 …… 126
商务 …… 127
交通 …… 127
后套区域 …… 129
沿革及历史 …… 129
地区 …… 129
河道 …… 130
垦务 …… 131
渠工 …… 137
气候 …… 145

物产 …… 146
商务 …… 146
交通 …… 147
三呼湾区域 …… 148
沿革及历史 …… 148
地区 …… 149
河道 …… 149
垦务 …… 150
渠工 …… 152
气候 …… 153
物产 …… 153
商务 …… 154
交通 …… 154
前套区域 …… 155
沿革及历史 …… 155
地区 …… 158
河道 …… 159
垦务 …… 161
气候 …… 166
物产 …… 166
商务 …… 167
交通 …… 168
旅行日记录 …… 170
附图表 …… 226
垦务附图 …… 226
前套垦地图 …… 226

后套垦地图 …… 228
三呼湾垦地图 …… 230
宁夏垦地图 …… 232
河道附图表 …… 234
南海子黄河逐日流量曲线图表 …… 234
磴口黄河逐日流量曲线图表 …… 235
磴口黄河逐日水面涨落曲线图表 …… 236
青铜峡横断面图 …… 239
石嘴山横断面图 …… 239
磴口横断面图 …… 240
南海子横断面图 …… 240
北城河口镇横断面图 …… 241
大黑河口横断面图 …… 241
渠工附图表 …… 242
义和渠纵断面图（自土城子至东坝头） …… 242
隆兴长义和渠逐日水面涨落曲线图 …… 243
老郭渠纵断面略图（自渠口至贾方旅店） …… 244
唐来渠宁夏西门外桥上游横断面图 …… 245
唐来渠宁夏西门外桥下游横断面图 …… 245
大坝堡唐来渠正闸下游横断面图 …… 246
清水堡惠农渠横断面图 …… 246
汉延渠正闸下游横断面图 …… 247
汉延渠大官桥下游横断面图 …… 247
气候附图表 …… 248
绥远观测所历年气温最高最低比较表 …… 248
绥远观测所历年降水量统计比较表 …… 249

五原县逐日气温高低比较表 …………………………………… 250
五原县雨量比较表 ………………………………………………… 251
路线附图表 ………………………………………………………… 252
河套黄河纵断面图（自甘肃青铜峡至绥远河口镇） … 252
前套地势截面略图（自甘肃石嘴山至绥远南海子） … 253
河口镇至同富堡黄河里程表 …………………………………… 254
附件 ………………………………………………………………… 255
河套垦牧调查及施设灌溉之参考 ……………………………… 255
河套水利调查参考译文 ………………………………………… 260
垦放黄河以北河套地亩岁租水利经费等项说明 ……… 260
垦放黄河以北河套地亩状况说明 …………………………… 261
已未垦放河套地亩说明 ……………………………………… 262
西盟垦务总局详奉批定达拉特旗永租地亩租条
修渠分水经费四项章程 ……………………………………… 262
河套与治河之关系 ……………………………………………… 267
黄河根本筹治意见书 …………………………………………… 279
河套沿革考 ………………………………………………………… 315
河套内外设置郡县沿革表 ……………………………………… 323
水经注河套形势图 …………………………………………… 342
河套疆域最近形势图 ………………………………………… 344

潘复肖像

调查团出发在西直门车站

旅行骡车及护送队途次拔升齐

南海子黄河设立水尺并测流量

南海子黄河水准测量

黄河舟行次昭君坟停泊

黄河舟行在碱诺尔上游遇雨后晒装

勘测义和渠至五加河舟次午餐

黄河舟行次克克阿郎

黄河舟行次磨石沟遇风

旅行次鄂托克旗圪舌地方露营驻宿

乘驼旅次杭锦旗沙地

调查团员与五原官绅

绥远护送队

渠道大家王同春及开浚老郭渠之工程师

张家口之赐儿山　一

张家口之赐儿山　二

张家口之赐儿山　三

绥远城

绥远五塔招

拔升齐石棉矿山

包头转龙藏

隆兴长义和渠桥

义和渠附近绵羊饮水

开浚老郭渠　一

开浚老郭渠　二

开浚老郭渠　三

开浚老郭渠　四

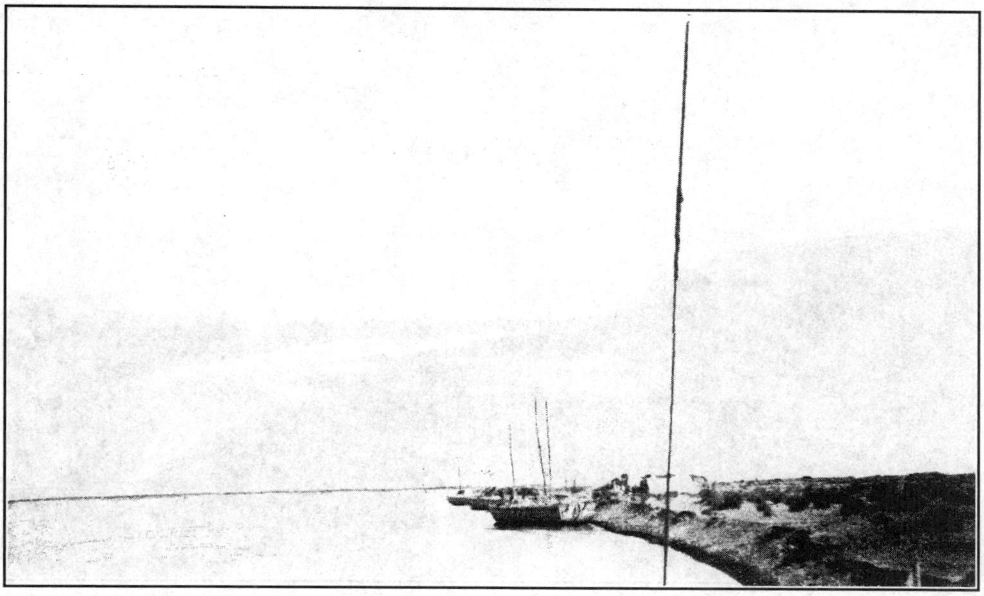

罗畔招黄河

磴口黄河

三道坎黄河

石嘴子黄河及炭矿

石嘴山街市

宁夏街市

贺兰山

唐来渠正闸

汉延渠正闸侧面

惠农渠正闸

青铜峡　一

青铜峡　二

百八塔

鄂托克旗之新招

蒙古包

大黑河口

凡例

一、是编首列公文函件及临时规约，以为缘起，以示进行方针，不另制文。

一、缘起之后先列简明报告一卷，以为总纲。以后另分宁夏、后套、三呼湾、前套四区详述之，其事实有与前卷相同处。盖意在求详，不避繁复，阅者谅之。

一、各种图表皆据实地测量勘验绘成，间有与旧图不同处，乃系旧图错误，例如：乌拉河口距石嘴山实计三百里，而旧图只作百里，本图悉据经纬度数修正，以昭核实。

一、河道、垦务、渠工三项为此次查勘主要之事，故于前代诗文及近今著作皆尽力搜罗，择其有关系者附入各区，或载入附件，以备参考。

一、关于河套屯垦之历史，及历代郡县兴废之沿革，于整理计画❶至有关系，兹特详加考订，或录为篇，或列为表，以附于后。

一、此次派员调查期限仅五阅月，不无挂漏疏略之处，阅者谅察。

---

❶ 计画　原书“计画”“计划”混用。古文中“画”同“划”，有谋划、策划之意。本书保留原文用字，不作统一。“规画”同此。余同。

特件

督办潘呈大总统报告勘测河套情形文

呈为报告历年考察勘测河套情形，绘制图表，规划纲要，用期发展垦植，扩裕民生，以兴水利而弭河患，仰祈钧鉴事。

窃复自民国八年奉令督办运河工程，勘查南北运河以外，兼及黄河。深见直鲁水道之利害消长均与黄河息息相关，非黄河有根本之精研，则规画行水实无长治久安之善策。

至若黄河为患，论者多归咎于下游堤防之不固，不知下游受害之原，恒以上游水量失所调剂有以致然。窃尝按之图史，考其变迁，究其利害，而知河套一区实为黄河流域容纳水量之最要关键。历观汉、唐两朝经营河套，则下游河患较少；宋、明二代未遑整理，则下游之患较多。事在典册，可覆按也。斯非由此着手，穷究其地之水道利病，不足以治黄。而黄、运两河流域相接，利害相共，黄不能治，则治运亦未易收功。故复自任事以来，循流溯源，时切研索，并节经延集中外工程专家切实讨论，具有端倪，乃于民国八年五月间遴选测绘得力、熟悉河套人员，组织勘查河套团，前往该地实行查勘。所有该团应需仪器、物品及沿途旅费，即由复筹措完备，并拟订详细勘查测量规则、表式、记载等册，发交该员等遵照进行，即日出发。以上筹备情形业经由运河工程总局咨呈国务院，及分咨内务、农商各部暨蒙藏院，各在案。旋该员等事竣回局，绘图报告。复逐细究核，尚属详明，兹谨撮具大略情形，并酌拟整理纲要，为我大总统缕晰陈之。

查河套地势，以垦务论，约可分为四区：其在北者曰后套，南界黄河，北尽狼山，东起乌拉山，西至阿拉善，面积约四万方里；后套之南曰前套，南起长城，东、西、北三面距河，面积约二十九万方里；前套之北、后套之东曰三呼湾，南界黄河，北至乌拉山，西起西山嘴，东至全把兔，面积约一千八百方里；前套之西曰宁夏，东界黄河，西绕贺兰山，南起青铜峡，北至石嘴山，面积约二万方里。全套面积约三十六万方里，是非统筹全局，节节测量，确定准则，则农垦水利计画断难周密。

自八年五月十一日，该员等由京出发，乘京绥车抵丰镇，至于绥远，经绥远都统派员协同周阅，垦务局及测候、测绘各所接洽，讨论农垦水利各事件。旋由绥远启行，经过察素旗萨拉齐县城，至包头镇迤南十五里之南海子。自此实行施测，是为勘测河套之起点。由南海子舟行，溯河而上，历召湾、昭君坟、三呼湾、西山嘴等处入后套，经过碱诺尔、塔布、长胜、老郭、义和各渠，至隆兴长，是为后套，统计勘测支线六百余里。复由义和渠舟行而上，历勘沙河、丰济、刚目、缠金各大渠，过五加河，出后套，入阿拉善境，至磴口，经石嘴山，入宁夏境，历勘惠农渠稍、红崖子渡口、昌润渠口至同富堡，河路计程一千五百七十余里，自此陆行抵宁夏。宁夏护军使暨宁夏道尹派员协助勘查。西至贺兰山，南至青铜峡，历勘唐来、大清、汉延、惠农、秦、汉各渠，周回计程六百四十里。以上均逐段分别地形水准，断面流量，一一施测，并随地调查渠工、农垦已往各成绩。又择要设置量水标、雨量计，以为水量统计之准则。事竣，由宁夏回勘，陆行经平罗城至石嘴山，渡河而东，入鄂尔多斯草地，是为前套。经什拉葛兔，而克舌，而新召，而召苏，而乌兰吉里木，而哈他土，而杭锦营盘，而格达拉格乌苏，而包罗阿斯台，而五块兔路，而红同湾，复抵南海子，计程九百余里。由南海子顺流舟行，历勘至河口镇，计程三百里，是为河套勘测之终点。统计此次勘查往返路程，凡六千八百四十二里，周勘河套之路线共为四千余里，此该员等出发勘测之大略情形也。

后套居南、北两河之间，其地约五万余顷，皆由河水淤积而成，质软而具碱性，得水则土膏腴美，无水则坚成石田。去河愈远，地势愈低，渠水就下，自入田中，无水车、桔槔之劳，此天然水利之资也。向由地商自向蒙人租种，至清光绪季年贻谷奉命督办蒙旗垦务，各旗始一律报垦，计后先放垦永租各地九千七百零九顷。后以渠道湮塞，地渐荒芜，现存种者仅有三千五百余顷。三呼湾土质与后套同，可耕之地约七千顷，贻谷任内即有开放之议，旋以案发而止。民国二年，绥远都统饬令该旗报垦，延至三年，东公旗始将该地报垦三分之一，西公旗则力为阻挠，迭经都统署派员交涉，始于该区东偏报垦二千四百三十顷。宁夏地亦同后套。自汉徐勋开渠溉田，民获其利，历唐、宋、元、明，代有经营。至清初，又开察汉托护之地，计先后垦地实有二万一千七百三十余顷。历渐荒芜，现存种者仅有六千五百三十四顷。前套地质系沙泥两和之土，均属旱田，不须灌溉亦可耕种。该地垦务起于康熙季年，初由贫民私租，至贻谷办垦，始由官放，现垦一万九千九百九十三顷，此外已报未放者尚多。此河套垦务兴废之大略也。

全套垦务除前套一区纯系旱田外，余皆需水灌溉，故垦辟套地以开渠为要务。查后套旧有干渠八道：一曰永济，亦名缠金，长一百六十里；一曰刚目，长七十里；一曰丰济，亦名中和，长九十里；一曰沙河，亦名永和，长八十五里；一曰义和，长八十三里；一曰通济，亦名老郭，长一百零二里；一曰长胜，亦名长济，长一百零九里；一曰塔布，长九十七里。今只缠金纳流通畅，义和次之，余皆淤断，其他小干渠亦湮没过半。三呼湾垦植最晚，渠工亦未大兴，仅有小干渠三道：曰垦务，曰史家，曰西公，合哨共长百有余里。宁夏渠工始于秦，及于汉、唐，至清初，又续开三渠，合为五大干渠：曰唐来，长三百二十里；曰汉延，长一百九十五里；曰大清，长七十五里；曰惠农，长二百六十里；曰昌润，长一百三十六里。其支渠共有八十余道，惜岁失修，渠身淤浅，非至大汛，则往往干涸。此河套渠工之通塞大略也。

由是观之，套地垦务之败坏，固由于渠道之淤废，实以无统筹全局之计画，有以致然。如果通盘筹画，精施测量，工程适宜，水势自顺，此百世之利，何遽至败坏如是？兹就调查勘测各情形，酌拟方针。除前套旱田另作第二步计画外，谨即后套、三呼湾、宁夏三区分别言之，以资为整理之初步。

窃按后套全区可垦之地约有五万顷之多，现有干支各渠溉地仅九千七百余顷，未及五分之一，近益荒废，存者且不及五千顷。考其原因，旧有渠道各自承河，河溜迁徙无常，渠口自易淤塞。若将各渠斟酌去留，改渠口于适宜之地，使倾斜度较河略缓，则水高田下，如坂之走丸，其势自顺。今拟开为三大干渠：一自乌拉河辟口，入中格尔渠，经善坝，由黄图拉亥河至福兴元，入五加河，长约一百八十里；一自缠金渠至永盛和东折，截刚目、协成各渠，入灶火渠，过同兴德，由义和渠，经隆兴长，至东坝头入五加河，长约二百三十余里；一自黄渠口与黄河并行，经古城入长胜渠，至依肯补隆入五加河，长约一百七十余里。干渠既少，则河水纳于渠者力大而迅，不易沉淤，视承河渠口纷纭错杂、势分力弱者，迥不相侔矣！惟各渠既入五□[1]河，而该河现已湮断，水停淤落，全部渠道必受其害。拟从该河尾湮断处开一退水渠，沿乌梁素海子西至西山嘴，长约四十里，以达于黄河，裨溉田余水有所宣泄，进退调适，庶几无弊。干渠两岸每十里开一支渠，长各三十里。三千一百一十六支，整齐画一，若网在纲，视随意开掘散无统纪者，又不侔矣。而干渠之口与黄河斜交处，又宜建新式迎水坝各一座，以挽河流入渠，则不虑河水之小；又下建滚水坝各一座，设泄洪水道，以泄渠涨入河，则又不患河水之大；又下建旁闸各三座，随时启闭，调剂盈虚；再下跨干渠建正闸一座，是为一渠咽喉要道，视需要水量之多寡，定启放闸门之度数。欲浇地有一定时间，须轮流封俵，则于支渠与干渠相接处建陡口以制之。此项陡口须一百一十六座。虑干渠水面不高，泄入支渠力弱，则于渠尾建闸以节之；虑陡口启闭，流滞患淤，则启尾闸以放之。此项尾闸宜各设一座。各渠上游高仰之地不能行使本渠之水者，必支引他渠之水，而于本渠架水槽以渡之；其渠间低下之地，虑为渠道所阻，积水成泽者，则于渠下筑暗洞以泄之；道路虑为所阻，耕牧往来不便者，则于渠上建桥梁以济之。是又宜建水槽、暗洞、桥梁各若干座。凡此工程，皆关重要，统筹通计，方臻完全。此酌拟整理后套计画之据概也。

三呼湾有三呼河，乃黄河支津，今拟即以该河为总渠，别辟六支渠，长各四五十里，斜交而承接之，以足溉全区之地。为准渠口，亦建迎水坝一座、滚水坝一座、旁闸二座、正闸一座、陡

[1] 原书缺，据上句当作“加”。

口六座、尾闸一座，该区壤地较狭，工程亦省。宁夏渠道淤废最甚，现在通流仅五分之二，故所灌之地较原额不过四分之一。

查，旧有渠道惟唐渠形势最顺，盖以河水出青铜峡，唐渠承之，即占全宽五分之二。即此一渠整理适宜，足溉宁夏全区之地。现以渠身淤垫，失其容纳之量，以致入口之水旋由各闸坝泄入黄河，而溉入田中者为数无几。议者欲于青铜峡建设铁闸，逼水归唐渠，转注于大清、汉延、惠农各渠，而尽杜各渠承河之口，俾唐渠为总口，询为扼要之计画。兹拟修浚渠身，展辟口闸，以畅其机，杜塞大清、汉延、惠农、昌润各渠口以聚其流，而于唐渠正闸下游别开一渠，以通大清、汉延、惠农三渠。复于惠农所经之清水堡间开口引水，以通昌润，并改修支渠陡口以顺其势，如此则干支俱畅，条理焕然，视五渠并列，不获一渠之用者，又不侔矣。至建筑铁闸，尤为至要。查青铜峡口水流湍急，工程较难，拟仿泺口铁桥之制，以铁胎混凝土为桩，叠石为垛，上架铁桥，下施铁闸，用螺旋以升降之，乃能持久。此整理三呼湾、宁夏两区计画之据概也。

以上三区办法纲要具列于图，仍当精施测量，再为有详细之规定。若能认真整理，计成田之数当有七万八千余顷，其规复旧地及新垦荒地应缴价给领者约六万二千余顷。其现种各地因整理之后同受灌溉之利益应纳渠费者，在宁夏有六千五百余顷，在后套有七千七百余顷，在三呼湾有二千四百余顷。统俟开办之时，酌察各地情形，规定荒价岁租渠费之数，以为偿还工程经费之资，约略计之，有余无绌。事关民生国计，自当逐细筹维。

窃维河套疆域久属蒙旗，漫无纲纪，近虽设官建治，以示抚循，而国家多事，外蒙生心，盗匪纵横，强邻窥伺，西北一隅，岌岌勘虞。似宜于整理水利之时，兼为移兵屯垦之计，内以辟人民之生机，外可消不轨之隐祸，即使边疆有事，亦不难振领提纲，用固吾圉，况方今财政支绌万分，而耗于兵者十居七八。昔赵充国屯田以制羌，郭守敬溉田以备塞，皆内省转漕，外伐敌谋，著在史册，资为美谈，后世踵而效者多建奇勋。兹拟于农垦而外，择腴划分兵垦，远以法古人之老谋，近以纾当今之财力，不烦运输之劳，坐收饱腾之效，裁兵裕饷，莫善于兹。且内地人民繁适，生计日艰，穷困蒸黎，易流为匪。计三区开地六万二千顷，以三分之一安插裁兵，四夫一顷，可置八师之众；又民一十六万余夫，每夫家属平均五人，计置民一百二十五万口。再以民食计之，每亩产粮至少塞外大斗五斗，共产粮三千一百万大斗，以一人年食十二斗，可养二百五十万人。果能尽辟荒芜，化为良沃，不数年间，富庶可等于内省，况开渠溉种，常年无水旱之忧，收获之丰，可操左券。

至若毛革、盐碱、煤炭、药材之属，皆为河套物产之大宗，频年以来悉为洋商贱价估收，利权外溢。整理以后，民归日众，商务自兴，再由公家继续招商设厂，提倡制造，因势利导，不难日起有功，而间接温饱者，何啻数十万家？且田赋粮产，出入货捐，按定数以启征计，最少之数亦可达二百万元，以云财政，不无稍裨。

其尤要者，长江、黄河同为中国巨川，乃长江流域，在在殷繁，黄河所经，动辄凋敝。盖以长江东下，沿途有洞庭、鄱阳诸湖为之宣蓄，故水性平静，无涨落横决之虞；黄河自青海至中卫，多行山峡，逼流猛下，及过河套，下龙门，穿潼关，东抵成皋，莽莽平原，漫无停蓄，惟借堤岸以束其势，盛涨暴至，则纵横冲决，百丈汹涛，沙泥俱下，遂有防不胜防之势。

套地三面环河，面积三十六万方里，实为消容水量最大区域。既经辟垦，先后成田八万顷，每月以溉地一轮、入土一尺计之，每秒时需水一万八千五百立方尺，加以蒸发渗漏计之，每秒约需水量二万二千立方尺。以是推之，由秒而刻而时而日月，消容之量较长江之有洞庭、鄱阳诸湖，殊无轩轻。上游之水势既分，下游之水灾自减，外以化荒漠为良田，内以奠洪流为安堵，即有偏灾，亦易为理。此尤为治河当务之急者也。

独是整理基金，以渠工为最，计在后套者，需约一千万元；三呼湾者，约需一百万元；宁夏者，约需五百万元。三区整理，共需基金一千六百万元。统筹并进，其工程自属整齐画一。第以现今财政缓急计之，恐非力所能至，似又宜分区办理，较为易举。兹假以先办后套，俟工竣之后，即以所收地价移办他区，循序渐进，事功易集，得寸进尺，莫非利赖。不过稍展时日，则所需基本金，但能筹得一千万元，特简大员专设机关，合上下游三区统筹合计，次序进行，岁月之间，必期成效。如以政府财政方艰，筹拨匪易，似宜召示国内，准令商民组织公司招股兴办，官为督理，亦可集成事功。

总之，为国防计，为裁兵计，为殖民计，为治河计，整理河套均有重要关系。仰祈饬下主管机关及早核议定夺，伏希明令，批示遵行，实为幸甚！所有历年考察勘测河套情形绘制图表，规画纲要，用期发展垦植，扩裕民生，以兴水利，而弭河患各缘由是否有当，理合呈请钧鉴，训示祇遵。谨呈大总统。

督办运河工程事宜潘复

调查缘起

甲　公文

致熊督办公函

敬启者：窃查本局筹治运河以来，勘察南运以外，兼及黄河与直省五大河流，循脉征源，研考体性，深见直鲁各河俱与黄河息息相关，利害消长，所系至为密切。非黄河有根本之研究，则规画行水实无永安长治之方针。

至于黄河之患，溃决为害，从表面上观之，河流淤滞，每归咎于下游堤防之不固，而不知下游受害之原，实在上游之水量失所调剂有以致然。诚以河自青海至中卫，多行山峡，逼流猛下，自中卫入河套，以迄托城，泄泄节制，曲折回环，极千余里，最为黄河流域容纳水量之区。及其过龙门，穿潼关，东折而抵成皋也，汹涌河流，平原莽莽，盛涨暴集，则纵横冲决，觉奔走骇汗，而有防不胜防之势矣！故汉、唐两朝经营河套，而下游之患较少；宋、明二代未遑整理，则下游之患较多。河套一区极与黄河有关，非穷究其地之水道利病，不足以治黄。而黄、运两河流壤相接，利害相共，黄不能治，则治运亦未易收功。今欲为研究根本之计，拟行派员调查勘测，以求确实之标准。近延集中外工程专家，节经讨论，并就技术员中组成一班，派为调查勘测河套团。查有冯际隆，熟于该地情形，于测绘工程技术亦甚优美，即饬该员领同前往实地勘查。所有该团沿途应需品物、器具、旅费等项，已由复处措办完备，并另订拟勘察详细规则、表式、记载等册，发交该员等遵照进行。克日出发，相应陈明，伏希察核，分别咨行，至为感切。

此上督办运河工程事宜熊。

督办运河工程事宜处咨呈国务院文

为咨呈事。

据会办潘复函，称（语同前函）等语。准此，详查本局潘会办所陈调查勘测河套各节，洵为筹治吾国水利根本要计。该团人员既已齐集，一切应需用品物及沿途旅费并已措妥，现距桃汛伊迩，亟应克日出发，迅赴事功。惟河套远在蒙边，交通梗滞，行旅维艰，该员等人地生疏，沿途经过必赖官厅指导保护，方资便利。为此，咨呈钧院察考。并请饬行内务、农商各部，蒙藏院，绥远都统，即为转饬所属沿河地方长官，暨各该管盟旗，一俟该团勘查至境，遇有请求指导事件，一体接洽保护，实为公便。除分咨内务、农商各部暨蒙藏院、绥远都统查照外，谨咨呈国务总理。

督办运河工程事宜处咨内务农商部文

为咨请事。

据会办潘复函，称（语同前函）等语。准此，（语同前文）相应咨请贵部查照，希即转饬沿河套各官署，妥为保护，至纫公谊。除咨呈国务院暨蒙藏院、绥远都统查照外，此咨内务农商总长。

督办运河工程事宜处咨蒙藏院文

为咨请事。

据会办潘复函，称（语同前函）等语。准此，（语同前文）相应咨请贵院查照，希即分咨该管盟旗各王公，遇有该员等关于调查河套，有请求之件，随时指示一切并为饬属保护，至纫公谊。除咨呈国务院，内务、农商各部，绥远都统查照外，此咨蒙藏院总裁。

督办运河工程事宜处咨绥远都统文

为咨请事。

据会办潘复函，称（语同前函）等语。准此，（语同前文）相应咨请贵都统查照，一俟该员等勘查到境，务希饬选蒙文翻译，代雇乡导，酌拨军警护保，以便进行，至纫公谊。至所有拨派人员应需供给膳需、津贴、雇价，统由该团调查人员随时核明支付，合并声明。除咨呈国务院，并分咨内务、农商各部，蒙藏院查照外，此咨绥远都统。

内务部咨复督办运河工程处文

为咨复事。

准咨称，据会办潘复函开，组成调查勘测河套团，派冯际隆领同前往实地勘查，希转饬沿河各官署妥为保护等因。正核办间，复承准国务院交同前因到部。查原咨所称“现届桃汛，该团亟应克日出发。惟河套远在蒙边，交通梗滞，行旅维艰。

该员等人地生疏，沿途经过必赖官厅指导保护，方资便利”等语，自属实在情形，除由部分行外，相应咨复贵督办查照，仍希将该团勘查情形报部查核。此咨督办运河工程事宜熊。

农商部咨复督办运河工程处文

为咨复事。

准咨称“据会办潘复函开，组成调查勘测河套团，饬冯际隆领同前往实地勘查”等语，该团极应克日出发。惟河套远在蒙边，交通梗滞，行旅维艰，该团经过沿途必赖官厅指导，方资便利，咨请查照等因。并准国务院函同前因各到部查咨，称治运治黄计画，须先勘查河套。既经派员前往勘测，所有经过沿途各官署自应妥为指导保护，以便进行。除分咨蒙藏院、绥远都统转饬所属妥为接洽保护，并咨呈国务院，暨分行内务部外，相应咨复贵督办查照，此咨运河工程督办。

乙　规约

河套地属边荒，远在塞外，自来游历著述大都注重旅况之艰辛及风土习尚之荒寒者为多，而于地利、河道之关系记载寥寥，不获概见。兹特拟定调查规约，暂就内地河道、垦务之普通手续酌量订定。既无该处详细地理专书为之依据，循斯进行，未必无参差挂漏之处，所望各团员于旅行实际，探讨增减变通。总期于事实上有所裨益，并不拘拘于定格。要在不虚为此行，是则余之所厚望矣。各团员其勉之。所有条文，具列于下。

民国八年　月　日，潘复识

调查团之组织

一、调查河套团专任调查黄河上游河套等处水道利病及屯垦因革各事宜，定名为调查河套团。

一、调查团设团长一人，团员三人，凡关于外交接洽及支配任务、督率进行各事项，团长任之。关于调查、测绘、记载各事项，各团员分别任之。

一、调查团须聘任蒙古翻译一人，专任与蒙人介绍接洽，并随地咨询采访及协定行程各事项。

一、调查团设医生、书记各一人，雨量记载、量水标记载雇员若干人。

一、调查团须雇用向导、夫役、厨役、马夫等，以便实地进行。其数额由该团长按照临时情形酌定之。

调查之范围

一、由托克托为起点，沿黄河西北行经萨拉齐至包头，又西行至五原，遍查南北两河之垦田渠道及垦务局各项成绩，再由五原西南行至磴口。约计黄河本流沿线一千里，北流沿线六百里，及其他支线四百里，合计约为二千里。

一、由磴口东行至托克托，沿前地学会会长张蔚西君计划之横渠路线勘测水平，并调查该区内之水柜及垦务情形。路线约八百里，支线约二百里，合计约为一千里。

一、以上所拟调查路线共计约为三千里，每日平均约行五十里，每月除调查勘验及阴雨外，约实行旅行可得二十日。以三千里路线计，期间约须三个月。惟遇有特别事项必须展期时，由该团长随时电知，谅予宽展。

一、宁夏一区开辟最早，农垦灌溉足为全套新垦之模范。该团调查至磴口时，宜酌量时间及经济之盈绌，加入宁夏一线，勘其成绩，以资参考。约计往返为六百里。

调查之记载

一、河流之形势暨套地已垦、未垦之状况，及其风俗、古迹、沿革、风雨气候、森林矿产、物值工价、市场交通等，联合相关各事项，用单行记载式记载之。

一、旅行宿住、道路、气候、物值工价、市场交通现在各情形，以及其他附属各事项，用日记式记载之。

调查之测绘

一、经过河川道路、山脉起伏、地势高低、村镇位置，暨各区域垦地荒地、森林矿产，及凡与水利农垦有关者，须载入平面图。其测绘方法如左：

（一）方向用罗盘仪。

（二）距离用步表。

（三）高低用气压表。

（四）绘图用携带图板。

以上各事均以简单切实，缩短时间为主旨。

一、宜于黄河附近适宜之地，先据一固定物，比较测量时之水面。由此水面比较地平面及洪水低水所至之面界，然后可决定能否施行灌溉之计划。此项高低之度，用截面图表之。

一、水量测量另详于后。

调查之事项

（一）垦务调查

一、河套垦务端赖灌溉始能种植，此次调查以详审地势高下，能否引渠施行灌溉为第一要义。

一、地有可垦与不可垦之别，宜详查其区域之广狭，并分别黏土地、河淤地、沙漠地、山岭地等，以备将来计画之实施。

一、不毛光沙之地，有一经灌溉后可以种植者，应于适宜之深度取土化验之。

一、湖泊之面积深度，水面之高下，较地平之比数，水味咸淡，宜分别查验之。

一、已垦地之面积若何，开垦之手续若何，种植收割之时期若何，现行灌溉之法若何，需水之厚度若何，有无水旱风灾，均宜详悉。

一、关于套地农民之习惯，如每人种地若干亩，所用之牲口，农余之事项，尤宜详之。

一、宜详查该地垦务局历年之成绩，并搜集关于垦务之志乘及特别资料，以备参考。

（二）水量调查

一、调查河渠之状况及沿革大势。

一、调查河渠之长、宽、深度，以便推求容量之约数。

一、择河渠适宜之处以测流量。

一、择河渠适宜之处设置水标，记逐日水面之涨落，并于附近精测各级水面高之断面，以便推求各级流量之约数。

一、择河渠适宜之处测验含沙成分，并探求各级之水色，以便推求各级含沙之成分约数。

一、应于适宜之地设站以测验雨量。

（三）附属调查

（1）气候

一、每日最高最低温度，一年中最冷最热之度，及降霜、结冰、解冰之时期，以便推求植物生长枯老之季候。

一、雨量雪量之多寡及乏雨时期、多雨时期雨点之密度。

一、风向风力，多风之时期，暴风损害农田之状况。

（2）物产

一、农产之种类，以何者为大宗，何物为副产。

一、矿产之种类，其位置何在，或已、未开采。

一、该地所产石料，其石质若何，于何种建筑为适用。

一、该地有无森林，其木材若何，于何种工程为适宜。

一、盐碱、药材、牲畜、皮毛久为套产之大宗，此外尚有何种产品，其产量之约数若干。

（3）商务

一、出口货之种类，以何者为大宗，行消何处。

一、入口货之种类，以何者为大宗，由何处运来。

一、市街之概状，商务之盛衰，其利弊若何。

一、通行货（弊）〔币〕及度量衡法，有无利弊及应行改良。

（4）交通

一、河渠道路之状况。

一、舟楫之种类，载重若干，日行里数，及每担运价若干。

一、车辆之种类，载重若干，日行里数，及每担运价若干。

一、用驼马输运，每日、每头租价若干，载重若干，日行里数若干。

一、邮政电报已通行者何地，其未通行者、宜续设者何地。

一、能否择适宜之地驶行摩托车输运货物，或应否建筑路线。

（5）物值工价

一、木石砖瓦、石灰煤铁及其他关于工程应用材料之价值。

一、粮食、燃料以及其他日用品之价值。

一、驼马牛羊各牲口之价值。

一、木工、铁工、石工以及其他普通工作长期短期之价值。

调查之用品

一、测量用品，如罗盘、仪步表、气压表、水准仪、水平尺、望远镜、卷尺、米达尺、比规、分度规、寒暑表、流速计、时计、测沙器、手镑、地钻、红油等悉备之。

一、绘图用品，如携带图板、绘图器、三角规、铅笔、橡皮、小刀、记载簿、图纸、图钉、色笔等悉备之。

一、文书用品，如护照、图书、日记簿、笔墨砚纸、算盘、信纸、信封等悉备之。

一、旅行用品，如帐棚、轻便床、轻便桌椅、雨具、服装、水壶、食具、药品等悉备之。

调查经费

一、调查经费暂由本会办筹拨，分别置备费、旅行费二类。

一、置备费，如以上测量绘图文具及旅行各用品，均于出发时一次购定。

一、旅行费，如膳宿、车马、邮电、杂支，及夫役雇员、军警保护之工食津贴，以及雇用驼马、马干草料等费，酌以相当数目分别携带汇寄，随时支付应用。

一、以上调查用费实支实销，总以节省核实、不稍糜费为主旨。

调查河套团职员表

职务	姓名	号	籍贯	略历
团长	冯际隆	辅之	庐江	吴淞测绘学堂毕业 山东南运湖河疏浚兼管全省水利事宜筹办处测绘科股长
团员	崔其炳	焕堂	广饶	山东河海工程测绘学校毕业 山东南运湖河疏浚兼管全省水利事宜筹办处测绘科员
团员	谭玉玺	瑞符	潍县	山东河海工程测绘学校毕业 山东南运湖河疏浚兼管全省水利事宜筹办处测绘科员
团员	郝逢泰	运丰	馆陶	山东河海工程测绘学校毕业 山东南运湖河疏浚兼管全省水利事宜筹办处测绘科员
翻译员	温士杰	子俊	归绥	经商
南海子记载员	赵凤岐			警察厅书记员
隆兴长名誉记载员	赵子杰			水利局书记员
磴口记载员	智照			磴口小学堂教员
弁目	赵登云			

调查报告

呈报调查河套情形文

呈为呈报事。

窃际隆于五月初奉令调查黄河上游水量并河套屯垦沿革利病妥筹兴治等因，遵即领同调查员崔其炳、谭玉玺、郝逢泰等三人，置备测绘仪器、长途行装以及调查相需各物件，于是月十一日由北京出发，乘京绥车，首次张家口，次日晋见察哈尔都统田，商承西行借重事宜。十四日由张家口仍搭京绥车至丰镇。自北京至此，计程七百八十一里。十六日由丰镇启行，由察西镇守使署拨派马队沿途护送，经过汉清坝而厂汗不浪、二十家子，至绥远城，计程三百六十里。二十日，晋见绥远都统蔡，陈明此次奉派应行调查事项，并承指导一切。旋蒙令知副官处接洽办理，遂历至所在垦务局、测候所、测绘所等处，接洽探讨农垦水利参考事件。二十四日，都统发给旅行护照，指拨军警分段护送。由绥远城启行，经过察素齐萨县城至包头，计程三百六十里。即于包头镇迤南十五里南海子黄河实行勘测，是为河套勘查实行之起点。

六月五日，由南海子舟行，溯黄河，历召湾、昭君坟、三呼湾、西山嘴等处，入后套，经过碱诺尔、塔布、长胜、老郭各渠，至义和渠口，河路计程五百五里。又入义和渠，至隆兴长，是为后套。十三日，酌定施测业务，按照水准、断面、流量等事，分队勘测后套各渠形势，并调查垦务、渠工经办已往各成绩，统计勘查支线，计长六百余里。二十四日，仍舟行，出义和渠，入黄河，溯流而上，历勘沙河、丰济、刚目、缠金等各大渠，过五加河，出后套，入阿拉善境，至磴口，河路计程五百十五里。

七月十五日，由磴口舟行，沿途均由宁夏护军使马预派军警分站护送。径石嘴山，入宁夏境，历勘惠农渠稍、红崖子渡口、昌润渠口，至同富堡，河路计程五百里。十七日，由同富堡陆行六十里至宁夏城，先后晋见宁夏护军使马、道尹陈，并由渠工提调黄，领同勘查。西至贺兰山，南至青铜峡，周回计程六百四十里。历勘唐来、大清、汉延、惠农各渠及青铜峡，河东之秦渠、汉渠，分别施测地形、水准、断面、流量等事项，并随时咨询考查渠工、农垦已往各成绩。

八月二十九日，护军使署发给旅行护照，并指拨军队沿途护送，遂由宁夏回勘，陆行经平罗城，至石嘴山，计程一百九十里。在石嘴山守驼十日，至九月十一日渡河而东，入鄂尔多斯草地，是为前套。经什拉葛兔，而克舌，而新召，而召苏，而乌兰吉里木，而哈他土，而杭锦营盘，而格达拉格乌苏，而包罗阿斯台，而五块兔路，而红同湾，至南海子，计程七百里。二十八日，由南海子舟行，顺黄河历勘至河口镇，河路计程三百里，是为河套调查之终点。三十日，由河口陆行，经托城什儿登，至绥远城，计程一百七十里。由绥远城东旋，至丰镇。十月九日，搭京绥车旋京。

统计此次调查，往返路程凡六千八百四十二里，历时五阅月，计周勘河套之路线实为四千十五里。凡所经过地方，于地形之状况，河渠之方向，湖泊之范围，山脉之起伏，村落之位置，以及荒地垦地、森林矿产之形势，均经绘具平面略图表示概略。其河渠之广狭深浅，地平岸高之度数，均以截面图表示之。河渠之流量，水位之涨落，以曲线图表示之。并于南海子、磴口附近之黄河及义和渠设置量水标尺，隆兴长设置雨量测记，雇员记载，以验其常度，备为水量之统计。至于垦地之所在面积，耕种之手续，收获之多寡，渠工之利弊，以及荒地面积、土壤、气候、物产、商务、交通等事项，分门别类，随时与各调查员悉心采访，详细记载，切实研究，因知河套农垦之需水量实与黄河下游治河之计画有密切之关系。

所有勘查所得各种图表、成绩，分别事类，现正赶日编辑。除俟缮绘完竣，另作详细报告外，谨就河套农垦之沿革及其现状，与夫农垦必要整理之计画，工款之概算，以及因应维持之方法，各大概情形，分为五端，缮具节略、附图，呈请鉴核备案，准予销差，实为公便。谨呈督办运河工程事宜潘。

调查河套团团长冯际隆谨呈

计附呈调查河套团实经路线图一幅，清册一件，河套附图四幅，谨将河套调查大概情形列为五端，缮具清册，恭呈鉴核。计开：

甲　沿革及现状

一、沿革。河套本《禹贡》雍州之域，春秋时猃狄所居，战国时属赵。《史记》赵武灵王二十六年，复攻中山，攘地北至燕代，西至云中、九原。二十七年，西北略地，从云中、九原直南袭秦。后赵衰，匈奴[1]强，入居河南。秦始皇三十二年，使

[1] 匈奴　原书作“匈奴”。

将军蒙恬将三十万众略取河南地，以为三十四县，徙民实之，号曰新秦，是为河套垦植之始。越四年，始皇崩，刘、项起兵，天下大乱，匈奴复夺其地。汉初，值冒顿鸱张，屡为边患。至武帝，尚武功，用卫、霍等再逐匈奴，收河南之地，立朔方郡，筑朔方城，于朔方、西河等处皆引河溉田各数万顷，后因之。至东汉顺帝永建初，羌乱西河，上郡、朔方皆残破。四年，虞羽上疏，谓三郡沃野千里，水草丰美，土宜产牧，请复城邑、事耕屯。于是激河浚渠为屯田，省内郡费以亿计。魏、晋以后，中原多故，其地沦为异域。及拓拔魏兴盛乐，兼有河西，薄骨律镇将刁雍上表，请开富平西艾山旧渠，通河水，于是溉公私田四万顷，官民均获其利。迨隋、唐递兴，声教远讫，筑城置县，俨同内地。隋开皇时，置丰、胜二州于河南。唐张仁愿筑三受降城于河北。开元中，移安北都护府于中受降城，置屯田。元和六年，韩重华复谋整顿，募人屯垦，东起振武，西至云中，北连中受降城，出入河山六百里，屯垦衔接，岁省度支钱千三百万。唐末，拓拔思恭镇此，后世有其地，历五代及宋、金，始为元所灭，后入蒙古。明初，李文忠定大同，西略丰州，城胜州，以统全套，使军士耕牧其中，后移治延绥。至天顺六年，元裔毛古里孩等乘虚入而踞之。沿及有清，遂为伊克昭一部七旗，合以乌拉特、土默特、阿拉善各旗之边境，及宁夏三属之地，总名之曰河套。历代沿革之大略如此。

一、地区。河套之地由地理上言之，约可分为四部。其在北者曰后套，南界黄河，北尽狼山，东起乌拉山，西至阿拉善东部，东西长约四百里，南北广约百里，其面积约四万方里。杭锦、达拉特二旗北境，及乌拉特西公旗南境游牧之处，属绥远区域之五原县（县治在隆兴长）。后套之南曰前套，即鄂尔多斯，南起长城，东、西、北三面距河，面积约二十九万方里。伊克昭盟一部七旗，及乌拉特中、东两公旗西南境游牧之处，属绥远区域之五原、东胜、萨拉齐、托克托、清水河各县（设东胜县治于套内之羊场），其边境亦有属河曲、榆林、府谷、横山、靖边、平罗等县者。盖当东胜、五原未经设治之先，人民诉讼之事乃投就近官厅审理，故地亦附之。前套之北、后套之东曰三呼湾，亦曰中滩。南界黄河，北界乌拉山，西起西山嘴，东至全巴图，东西长一百二十里，南北广由十里至二十里不等，面积约一千八百方里。乌拉特三公旗公共游牧之处属五原县。前套之西曰宁夏，东界黄河，西绕贺兰山，南起青铜峡，北至石嘴山，南北长三百里，东西广由三四十里至一百余里不等，面积约二万方里，属甘肃省之宁夏、宁朔、平罗三县。合计全套面积约三十六万方里。

一、河道。河套黄河自青铜峡《水经注》：上河峡。始，河水出峡，左岸酾为唐来渠，右岸酾为秦渠、汉渠。河水又北，枝分东出。在东曰东河，在西曰西河，西河又酾为大清、汉延、惠农各渠。又北，至叶升堡，两河复合。又北，右岸山水河来注之。又北，右岸过横城堡，出长城，此处黄河西去宁夏县治三十五里。又北，左岸酾为昌润渠，其右岸为溜山子。又北，左岸经昌润渠旧口达旁渠口，至六中堡，此处黄河西去平罗县治二十里。又东，左岸经河沟西渠至河沟官渠。又东北，右岸过红崖子，《水经注》：石崖山。苦水河来入之。又西北，左岸惠农渠之溉地余水来注之。又北，至石嘴山。

按：由青铜峡至石嘴山，河长凡五百里，宽自四分里之三至五里，深自五尺至二丈。河水宣节以青铜峡、石嘴山为两大关键，故宁夏之水利乃天然形势也。

河水过石嘴山入石峡，北历蚂蝗沟等处十四险要，至牛家沟出石峡。又北，右岸过金山百余里间，号称石河。又北，至磴口，即古白塔。

按：由石嘴山至磴口，河长凡二百四十里，宽自三分里之一至三分里之二，深三尺至一丈七八尺。金山以上倾斜峻急，水流如奔，以下水势较缓。

河水过磴口，又东北，左岸经三圣堂，有小渠五道，教士所开。又东北，左岸乌拉河出焉，乌拉河即黄河故道，一曰北河。今大河即南河也。《水经注》："河水又北，南河出焉。又北迤西，溢于窳浑县故城东。"即今乌拉河。其右岸克克木堵。又北，左岸杨家河、黄图拉亥河、蓝锁尔渠、缠金渠、十大股渠、魏羊渠。其右岸红水驲。又东北，左岸强家渠、土默渠、刚目渠、协成渠、皂火渠。至黄家渠，河分二派，北派已将就淤。又东，乌家渠、阿善渠、沙河渠皆从北派决出。又东，与南派合。又东北，左岸土城子。此处黄河北去五原县治七十里。过义和渠，又东南，左岸历老郭渠、长胜渠、塔布渠，过同兴堂。其右岸碱诺尔。又东南，左岸洋人渠、达拉渠。过西山嘴，三呼河出焉。

按：磴口至西山嘴，河长凡六百五十五里，宽自四分里之三至七八里，深自三尺至一丈五六尺。由惠德成以下百余里，河流枝分如织，河无定形，俗曰坡河，行舟时虞搁浅。西山嘴当古大河分而复合之处，亦后套、三呼湾二区水量宣节之关键。

河水过三呼河又东，右岸有小渠一，长约三十里。又东，右岸谭盖卵，包罗阿斯台川及喀喇坤兑河、坎泰河均从右岸来入之。又东，有淤河，俗曰大河，相传为黄河故道，因黄河北徙，此派遂淤废焉。又东，左岸与三呼河合。又东，坤都伦河来注之。又东，过南海子。此处黄河北去包头即包尔朱罕城。城十五里，南去达拉特营盘即王府，土人曰营盘。四十里。又东南，右岸虎斯台河来注之。又东南，左岸河口镇，即大黑河口，古君子津。大黑河来注之。此处黄河北去托克托县治五里。

按：自西山嘴至河口镇，河长凡六百五十五里，宽三分里之二至二里，深五尺至一丈五尺。

河水自河口镇屈向南流，入山峡，右岸有小水来注之。又南，左岸红水河与清水河即古中陵、树颓二水。会流来入之。又南，入长城，至河曲县治西，是为黄河出套之处。河长约二百三五十里，计自青铜峡起，至河曲止，黄河共长二千二百八十五里（参观第二附图）。

一、垦务。河套垦地分二类：其由河水浸灌而后种之者曰渠地，收获极丰，水不到地则荒芜，如宁夏、后套、三呼湾等处是也；其不需水溉亦可耕种者曰旱地，收获较少，如前套之地是也。后套地居南、北两河间，自河势南趋，北流断绝，其地遂以淤泥而成，质软而具碱性，得水浸灌则土膏腴美，融化滋长，亩皆数钟，失水则坚成石田。此套地垦务所以重渠工也。地势近河较高，去河愈远而地亦渐低，以故决渠引水，水势下行，自入地中，无烦水车、桔槔之劳，自得天然之形势。从前垦务由地商私向蒙人租种，地亩无统计之数。至光绪二十九年，贻谷奉命督办蒙旗垦务，各旗一律报垦，于是地商之地亦呈请官厅丈量。计自三十年以后，后套各旗开放垦地略如次表：

达拉特旗	永租地	二千顷
又	四成补地	一千四百二十顷
又	报效五原城基地	五百四十顷
杭锦旗	放垦地	四千零十八顷
乌拉特西公旗	放垦地	一千七百三十一顷

以上共计已垦之地为九千七百九顷，在后套全区实居少数，旋以渠道淤塞，水不敷用，逐渐荒芜。及民国五年，浇地仅五千顷；六年，减至四千顷；七年，又减至三千五百顷。后套垦务之败坏概可见矣。

垦务局局长王济若接办以来，颇思整顿，从老郭渠入手，劝令绅商集资修浚，据云本年可多种千顷。次及长胜、塔布二渠，亦拟修洗。惟能否筹得底款，尚无把握，即使幸成事实，然就全区论之，亦仅小补。盖后套可耕之地实有五万顷之多，曩以二千里之渠不能溉万顷之地可知。推广后套垦务，断非修洗原有渠道所能成功，必须统筹全局，作根本计画，精施测量，改良渠道，方为有济。否则因陋就简，沾沾于升斗之利则可，若就全局论之，未敢言治。此后套垦务之大概情形也。

前套之地多沙梁山岭，沿河虽有淤地，荒熟错综，皆系小片段。约略计之，或数顷，或数十顷。惟昭君坟以下至托城，河西地势较为平旷。又其西土山皆宜耕种，原质为沙泥两和之土，不须水溉，皆可耕种，但收获较少耳。

该处垦务起于康熙季年，山陕北部贫民展转外徙，由土默特日渐西迁，初亦私向蒙旗租种，至贻谷办垦，始由官丈放。计已垦之地略如次表：

郡王旗	放垦地	一万一千五百四十六顷
札萨克旗	放垦地	二千一百八十三顷
准噶尔旗	放垦地	一千五百八十八顷
鄂托克旗	放垦地	二百零二顷
乌审旗	放垦地	一千九百八十顷
乌拉特西公旗	放垦地	四百八十二顷在后套者已详后套
中公旗	放垦地	九百三十八顷有一部分在河北
东公旗	放垦地	一千零七十三顷有六百三顷在河北坤都伦河附近

右共垦地一万九千九百九十二顷，除在黄河北岸者，约有九百余顷，是前套一区实有垦地一万九千顷，皆系旱地。闻此外已垦未报者甚多，调查短期难以尽悉。即如达拉特旗报垦之地，一在后套，一在包头附近，而前套并无报垦之地，其实垦种已多。据土人云，该旗每年岁租收入十万余元，计其私垦之地，当在数千百顷。一旗如此，他旗可知。是则整理前套垦务，须从清丈入手，已垦而未报者，应即缴价升科，可垦而未垦者，亦应招民承种。在政府可增赋税，在蒙旗可增岁租，诚两利也。不第此也，荒地垦辟，人烟渐稠，气候亦可，因而转移。现近包头河西一带村墟错落，树木森森，富庶气象略同内地，已往成绩即此可见。此前套垦务大概情形也。

三呼湾土质肥腴，可耕之地约七千余顷。贻谷任内即有开放之议，旋以案发未果。民国二年，张将军行文该旗，饬令报垦，因三呼湾为乌拉特三公旗公共之地，彼此意见不同。延至民国三年，东公旗始将该地报垦三分之一，而西公旗则力为梗阻，迭经绥远都统派员交涉，始于该区东偏报垦二千四百三十顷，现已设局丈放。此三呼湾之大概情形也。

宁夏地层土质与后套同，地势南高北下。黄河出青铜峡，迳向北流，以故决渠引水得天然之形势。自汉光禄勋徐自为开光禄渠引水溉田，民获其利，历唐、宋、元、明，代有经营。至清雍乾之季，又开察汉托护，当时实垦地额略如次表：

宁夏府	厂地	八百三十顷
宁夏县	屯地	七千二百二十八顷
	厂地	五百零三顷
宁朔县	屯地	四千一百五十一顷
	更名地	二百三十六顷
平罗县	屯地	八千四百五十八顷
	厂地	三百二十七顷

右计原额垦地二万一千七百三十三顷。除历经荒芜，核减不计外，现垦者略如次表：

宁夏县	屯地	一千七百二十一顷
	厂地	二百六十七顷
宁朔县	屯地	一千六百五十顷
	更名地	一百二十四顷
平罗县	屯地	二千五百六十六顷
	厂地	二百零六顷

右计现垦地六千五百三十四顷，荒芜者为一万五千一百九十九顷。盖由渠身淤垫，不事疏通，水不到地，无如之何。此宁夏垦务之大概情形也。

一、渠工。河套地尽高原，雨水稀少，除前套一区旱田外，余皆需水方能种植，以故开垦套地必先事开渠。

后套渠工始于清季咸丰初年。先是，乾隆朝汉族之捕鱼者足迹至此，得地于近河处，用桔槔取水浇灌，试行种植。至道光三十年，河溢北岸，决成一河，曰塔布河。河水自行地中，水过之处皆成腴壤。所在渔人逐渐垦植，于是来套种地者仿行开渠，先后成大干渠九道，后淤一道，小干渠二十余道。及贻谷办垦，各渠始一律归公。兹将各渠之长度及灌溉所至之面积表之如左[1]：

	长	溉　地
永济渠即缠金	一百六十里	七百七十一顷
刚目渠	七十里	二百五十五顷

[1] 表之如左　原书繁体竖排，故表述为“表之如左”，现简体横排，以“上”“下”表述表的位置更合适，但此处保留原书表述不作改动，不影响读者理解句义。余同。

续表

	长	溉地
丰济渠即中和	九十里	三百十五顷
沙河渠即永和	八十五里半	二百七十顷
义和渠	八十三里	八十二顷
通济渠即老郭	一百二里半	四十五顷
长胜渠即长济	一百九里	二百十二顷
塔布渠	九十七里半	五十顷

以上八大干渠均溉达旗永租地，而义和渠又溉乌旗粮地一千七百三十一顷，通济、长胜、塔布三渠又溉四成补地一千四百二十顷。其他小干渠溉杭旗粮地四千十八顷，渠名甚纷，不及备列。

八大干渠今只缠金纳流通畅，义和次之，长胜、塔布、老郭等渠均已淤断，不能行水，其他较小干渠亦淤废过半，今春垦务局将老郭渠修洗一通。

后套渠工始于民修，初无统筹全局计画，又无水利工程专家为之支配调理，以致所开渠道错综交杂，此界彼疆，作辍无定。初由地户自办，尚能岁加修洗，不致壅塞；及归官办，徒事铺张，而于应行修办各渠工，一任自然，毫无计画。如五加河为各渠退水之所，今下游湮断，积水沉淤，全部渠道遂受其影响。

三呼河由西山嘴纳黄河之流，形势极顺，惜其地开垦最晚，渠工亦少，现时仅有小渠三道，曰垦务，曰史家，曰西公，合哨共长只有百里。

宁夏渠工倡于秦而盛于汉、唐，至清康、乾之季，几经规画，续开三渠，合为五大干渠，全长九百八十余里，枝渠八十余道。今将大干渠之长度，及今昔灌溉所至之面积表之于左：

	长	昔溉地	今溉地
唐来渠	三百二十里	四千七百八十九顷	一千八百余顷
汉延渠	一百九十五里	三千七百九十七顷	一千四百余顷
大清渠	七十五里	一千二百十三顷	二百余顷
惠农渠	二百六十里	四千五百二十九顷	一千六百余顷
昌润渠	一百三十六里	一千六百九十七顷	二百余顷
其他		五千七百零八顷	一千三百余顷

旧有渠道设备极称完善，想见古人筹画颇费心思，除于五大干渠要害处建设闸坝宣节外，又辅以飞槽、暗洞种种调济之法，故区内地亩无高下，皆可灌溉耕种。又虑其经久淤塞，订立岁修章程，谋画实为尽美。惜相沿既久，百毙丛生，今虽大汛期内，各渠亦往往干涸。兹据原设之水标，推测渠底淤垫，约在五尺上下。垦地之日就荒芜，职此故矣。

五大渠以唐来形势为最顺，盖河水出青铜峡，唐渠承接，几占全宽五分之二，足溉宁夏全区之地。现因渠身淤垫，受病太深，失其消纳之效，以致纳入之水旋由各闸坝泄入黄河，到地者甚少。今宁夏道尹陈，拟于青铜峡建设铁闸，逼水泄入唐渠，转注于大清、汉延、惠农各渠，而闭塞各该渠口，俾唐渠为一总口，俾其水面抬高而流势通畅，是亦整理之善策。果能实行，定收美满之结果。

一、气候。河套夏令热度不甚高，冬季严寒，地下冰厚三尺。霜期甚早，大抵在秋分以后。自霜降至来年清明间为冰雪期，故农植物布种皆在清明以后，农产只获一季。近年以来，气候略有转移，以宁夏、包头二处与后套比，则以后套霜雪为早；以后套与前套比，则以前套霜雪为早，缘人烟疏密与气候具有关系。在前套，不仅冬季严寒，即夏季炎热亦往往过于内地。因其区内沙梁绵亘，水泽绝稀，午暖夜寒，验以华氏表，常相差至五六十度，甚至夏夜或降冰点。他如大青山、贺兰山背阴高处，终年积雪，雨水尤为稀少。冬春时，每有狂风，果树多华而不实。兹觅得绥远观测所记载近年温度及降水量，列表于次，以备参考：

民国五年	春	夏	秋	冬
平均温度	负〇・二六	一九・二一	一五・五八	负六・八九
降水量	一八	一〇八	三八七	五〇
民国六年	〔春〕	〔夏〕	〔秋〕	〔冬〕
平均温度	一・〇六	一九・九五	一六・一九	负八・四四
降水量	二二	一七〇	七二	〇〇
民国七年	〔春〕	〔夏〕	〔秋〕	〔冬〕
平均温度	一・五〇	一九・七〇	一五・四一	负一一・九五
降水量	二七	一二九	一七六	〇〇

右表温度按摄氏度为本位，降水量以公厘为本位。

一、物产。物产分农产、畜产、工产及林矿、药材、盐碱之类，略具于后。

农产以后套、宁夏糜谷为大宗，豆、麦、胡麻、马铃薯等次之。米为宁夏之特产，每岁输入口内不可胜计，山、陕北部视为饥饱焉。

畜产以前套羊畜为大宗，牛、马、驼次之。蒙人以畜牧为生，视牲畜如第二生命，以故蒙人习惯相见礼首以牲畜安否为问，人类戚党之起居转次之。食其肉，饮其乳，其皮毛除服用外，则储为交易米布之需，以羡补不足，有古风焉。

工产以宁夏、包头为最，然除毡毯及制熟羊皮之外，亦不多见。滩羊皮之制作乃宁夏之特色。

林产向以乌拉山、贺兰山等处为多，现已焚伐殆尽。今只托城附近有幼稚树林数处，宁夏村墟间亦尚不少，大抵皆杨、柳之属，黄河舟楫皆取材于此。后套除隆兴长、大佘太、下把子、补隆及各教堂地有榆、柳各树外，余皆一望辽阔，虽村落间亦无一树之荫。至于前套，更无树木之可言。惟自克克木堵以下河岸附近产有红柳，枝条丛生，土人用以编制羊圈及筐篓之属，或取为柴薪焉。

矿产以板申齐之石绵，斗临清之无烟炭，牛具沟之煤，贺兰山之铅，鄂托克之银，石嘴山之炭、之铁，均甚著称。有未开采者，有已采因运输不便，复行停顿者。如石嘴山所出之炭，一担千钱，无人过问，未能推广利用，即其例也。

药材以甘草为最多，山豆根、苁蓉、黄柏等次之。甘草产额岁各四五百船，船各二万余斤。

盐以阿拉善之吉兰泰为最，花马池次之，其在杭锦者岁出亦甚丰富。碱则鄂托克、杭锦等旗皆出，销行于山、陕、绥、甘等境。

一、商务。河套内外以包头、宁夏二处为主要市场，出口货以皮毛、米谷、甘草、碱块为大宗。就宁夏一区而言，每岁运往包头货物约在六万七千担上下。入口以布帛杂货为大宗，舶来品亦不少。他如河口镇、石嘴山、横城堡、花马池等处，向为汉、蒙货物交易之所。当包头市场未发达时，出入物品皆集会于河口，今仅甘草商庄二十余家耳。

一、交通。自京绥铁路通车以来，赴甘肃者皆取道于丰镇，经绥远而包头，历河套、宁夏等处，以达甘肃省城。较之旧驿程，捷速多矣。丰镇至包头计程七百余里，原在京绥路线范围以内，今由丰镇延至平地泉，由平地泉至绥远，与丰镇至绥远路程远近相等，以故往来行旅仍以丰镇为起止。自丰镇至包头车行，重载十日，轻载七日。绥远至包头，今秋已开行汽车，然定价太昂，不便载物，且未与火车衔接，殊不适用于中下社会。由包头至宁夏，通途有三。一沿乌拉山麓绕后套，经阿拉善境，过石嘴山，至宁夏。车、驼均能通行，重载一月，轻载二十天，沿途有汉人居处，食宿尚不困难。一由包头渡河，横贯鄂尔多斯草地，经石嘴山或红崖子等处，至宁夏。中多沙梁山岭，只驼队可行，重载半月，轻载十天，途中人烟稀少，须携毡帐、炉灶、食物以及取水器用，即晚就水草处卓帐自炊，或寄宿于喇嘛招，然究不到处有也。一溯黄河而上，经西山嘴、磴口、牛家沟、石嘴山等处，至横城堡。舟行上水约需一月，下水七日。黄河船约有八百余只，以柳木为之，每船载重约二万斤。并有小汽船一，曰飞龙，专走横城与河口之间，以载行客。惟一岁中仅夏秋水旺可行，及水量浅枯，即不能开驶。盖黄河自西山嘴以上有百余里，俗曰坡河，横溢浅阻，枝流歧出，不辨河形，实为航行一大障碍。又有甘肃军署小汽船二只，一名探源，一名摩斗，上可直达兰州，盖以备军用者也。自宁夏至兰州，车、驼皆可通行，轻载十二天，重载半月。兰州下行货物当黄河汛涨时，土人以革囊装货于内，连合成筏，运往行销，售货后即将革囊拆装，以驼载而归，极为轻便。宁夏五原下行货物亦有用此者，黄河冰期约五阅月，其浅阻时又约四阅月，计一岁之中舟楫畅行时至多不过三阅月。此交通之大略情形也。

乙　农垦之必要

一、关于国防。套地疆宇寥阔，原属蒙人势力生活范围，自贻谷奉命办垦，汉族日以西渐，开渠垦地，设治置官，渐受政府之支配。而人烟寥落，边塞空虚，近年以来，外蒙生心，强邻窥伺，西北一隅大有岌岌不安之势。若屯田实边之计画实行于今日，内以辟人民之生机，即外以杜邻邦之觊觎，一旦边疆有事，不难提纲振领，固我边防。此河套农垦之关于国防所宜整理者也。

一、关于民生。中国内地各行省人稠地密，给养为难，平均计之，一人不得一亩之养，况积俗相沿，富者愈富，贫者愈贫，穷困流离，相望于道。近数年来，水旱兵燹，疮痍满目，米珠薪桂，贫民更艰于谋生。虽政府振兴实业，多开工厂，以为收罗贫民之计，而粮谷缺乏，终非善策。今整理河套，可增新垦良田六万余顷，以二夫种一顷计，每夫约以家室五人合之，能容六十万人，每亩岁收约五塞斗，则每年可得三百万石之收获（塞斗一斗约合内地三斗），平均可养二百万人。况套地以水溉种，常年无水旱之忧，收获之丰，如操左券。此又关于民生所宜整理者也。

一、关于治河。黄河、长江皆为中国大川，流域所至，人事宜因之而繁盛。乃长江东下，不闻灾害，而黄河则几经改道，祸害相寻。究其原因，则以长江来源淤沙较少，沿线又有洞庭诸湖为之宣蓄，以故水性平稳，无涨溢溃决之虞；黄河自天桥而下，行经山、陕，既过芒山头，莽莽平原，惟藉堤岸以束其势，盛涨暴至，则纵横冲决，百丈汹涛，沙泥并下，盖有防不胜防者矣。若整理河套，辟田六万余顷，合之已垦田亩，约为八万顷。每月以溉地一轮、入土一尺计之，每秒须水量一万八千五百余立方尺。加以水流时渗漏蒸发，每秒须合水量二万二千立方尺。上游之水势既分，下游之水患自减。此又关于下游河工所宜整理者也。

一、关于交通。套地平沃，农民易于谋生，而内地人民甘于坐困，不闻踊跃以赴之者，交通之不便阻之也。查交通程度，视实业之衰旺为前提。使以有用之铁路筑于人烟寥落之区，徒糜修筑之费而不获其利，虽至愚者不肯为。今若整理河套，尽成沃田，人民之来归者必众，物产亦逐渐增多，商贾辐辏，行旅络绎，然后延长京绥铁路，经过包头、五原，以至于宁夏，是则实业、交通两有裨益，其进行之势当有难于自已者。此又关于交通所宜整理者也。

一、关于商务。套地物产颇多，如牲畜、皮毛、盐碱、煤炭、粮食、药材等，岁产何啻数万！向由洋商贱价收售，输入口岸，利市数倍。内地商人未履其地，徒抱远利难营之见，不肯轻于尝试，遂为洋商所垄断。整理以后，商民麇集，再由公家设厂，提倡制造，因势利导，日起有功，此等利权，不难收为我有。此又关于商务所宜整理者也。

一、关于赋税。中国近年以来，财政困难已达极点，内地人民久苦于负担之重，而军政经费犹时时告艰，然而赋税早已无可增加矣。及今整理河套，则新辟之地税暨粮食输出之厘税，以及其他出入之货物税，按例起征，计最少之数，岁可增收三百万元，民力既苏，国课亦裕。此又关于赋税所宜整理者也。

丙　整理之计画

一、整理后套之计画（参照第一附图）。后套可垦之地约有五万顷，现有大小干渠溉地仅及九千七百余顷，未及全数五分之一。加以渠道日淤，荒芜过半，计今可得种植者不及五千顷。若复因陋就简，只就目前渠道修洗，或再酌开支渠以事扩充，度亦不过增溉数千顷而止，断不能普及全部五万顷之数。此非通盘筹算，作根本之计画，不足以为治者也。

后套地势西高东下，随黄河水面以倾斜，旧有渠道略成南北之状，渠口各自承河，而河溜迁徙无常，通塞靡定，故渠道受淤之病实由于此。今拟将各渠酌加去留，移改渠口于地势河流适宜之处，使渠之倾斜较河略缓，则自渠口数十里以下之水面皆超过地平以上，则溉田之水犹峻坂之走丸，其势乃顺。计后套可耕之地五万顷，合三百万万平方尺，每月以溉地一轮、入土一尺计之，则每昼夜需水十万万立方尺，即每秒时需水一万一千五百七十四立方尺，再酌加蒸发消耗十分之二，则此项渠口纳水每秒约须有一万四千立方尺。渠道之高下倾斜尚待精测，以公式定之。兹就试验各渠流速，每秒约二尺二寸，假定为新渠流速，则所开新渠过水截面积须有六千三百十三平方尺，始能适用渠道。原为溉地计，非为退水计，故不宜过深，致不便入地也。兹以动水平均深五尺计之，则渠宽约须一千二百六十三尺，以动水之深与渠深比，尚须加浚渠深，今暂从略。

准上所述，则渠宽而浅，水流散漫，非惟溜滞易淤，且不合于灌溉之用。今拟分为三大干渠：第一渠自乌拉河口开口，入中格尔渠，经善坝，由黄图拉亥河至福兴元，入五加河，计长一百八十里；第二渠自缠金渠口入缠金渠，至永盛和东折，截刚目、协成各渠，入灶火渠，过同兴德，由义和渠经隆兴长至东坝头，入五加河，计长二百三十里；第三渠自黄渠口开口，与黄河并行，经古城，入长胜渠，至依肯补隆，入五加河，计长约一百七十里。三渠共长五百八十里，即一百零四万四千尺，平均各宽四百二十一尺。

开渠工程须俟精测后方能核实，兹仅就地势约略估计之。渠道利行地上须挑者十之三四，须培者十之六七，地面高下，间有不同，然以所挑抵所培，尚无甚出入。第计其所应挑，则应培之工程即在其中。查三渠各须平均宽四百二十一尺，平均深五尺，各渠横截面须有二千一百零五平方尺。干渠之横截面大小与支渠多寡成正比例，故渠身宜逐渐减小，庶流速无太过不及之病，始足保持渠道之常度，故渠稍之宽深宜极小，然又须留以宣泄有余之水。今定渠稍之横截面为渠口三分之一，以是定各渠平均横截面为一千四百零三平方尺，三渠须土工十四万六千四百七十三万二千立方尺。

各渠余水既退入五加河，而五加河尾现已湮断，积水沉淤，必影响及于全部渠道。今拟从五加河尾湮断处开一退水渠，沿乌梁素海子西至西山嘴入黄河，计长约四十里。其横截面命等于三干渠，渠稍之横截面即二千一百零五平方尺，计须挑土一万五千一百五十六万立方尺。

三干渠两岸每十里开一支渠，计一百十六道。其横截面命等三干渠口之横截面，即六千三百十三平方尺，长各以三十里计之，挑土三万四千零九十万二千立方尺。

以上三项计土十九万万五千七百十九万四千立方尺，除原有干支各渠取用空方外，实计约为十六万万立方尺。中国旧例以方一丈、厚一尺为一方，计须挑土一千六百万方。每方工价平均以三角计之，须银四百八十万元。各干渠渠口须各建迎水坝一道，每道酌以工料费五十万元，三道共需一百五十万元。正闸各一座，每座酌以工料费三十万元，三座共需九十万元。正闸上游拟建减水闸各三座，每座连减河约以工料费五万元，九座共需四十五万元。尾闸各一座，每座工料费约十万元，三座共需三十万元。各支渠与干渠相接处建设陡口一百十六座，每座工料费约五千元，共五十八万元。渠口地面每高于黄河水平面，各渠上游之地即不能行使本渠之水，须支引上一渠之水，而于本渠架飞槽渡之，以资浇灌。渠道既利高于地平面，则区内低下之处水流方向必为渠道所阻，积成水泽，又须筑以暗洞以泄之。如此则区内之地无高下，均可浇灌，此项飞槽、暗洞工料费约须二十五万元。又须建筑桥梁以便来往，工料费约须十二万元。共计需银四百十万元。加工程预备费十分之一，合为四百五十一万元。工程之完善必须从测量着手，方为精密，比项测量经费酌计以二十一万元。总共整理后套须银一千万元。

一、整理三呼湾之计画（参照第三附图）。三呼河本系黄河支津，近年水势不甚畅旺，然施以整理，即以三呼河为该处之总渠口，用溉三呼湾之垦地，尚属裕如。三呼湾可垦之地约有七千顷，合四十二万万平方尺，每月溉地以一轮、入土一尺计之，则每昼夜需水一万四千万立方尺，每秒时为一千六百二十立方尺。加以蒸发渗漏十分之二，则渠口纳水之量须一千九百四十四立方尺。尝试验三呼河每秒流速二尺四寸，即以假定为新渠之流速，则新渠过水截面须有八百十平方尺，动水平均深以五尺计之，则渠宽约须一百六十二尺。

三呼河既定为总渠，则其他支渠皆可承接三呼河之水，但须将渠口改移，俾与三呼河斜交乃为适宜。今酌定为六支，渠长各五十里，六渠共长三百里，宽各二十七尺，平均深五尺（按之地形，尚宜减其深而加其宽，暂从略），计横截面为一百三十五平方尺。全渠开土须七千二百九十万立方尺，即七十二万九千方。每方工价以三角计，须银二十一万八千七百元。加工程预备费十分之一，合为二十四万零五百七十元。

三呼河口亦须建设迎水坝一道，约工料费二十五万元，正闸一座，约需十五万元。减闸二座，连开减河约需十万元。尾闸一座（西公合哨渠附近），约需十万元。陡口六座，每座约需一万元，共六万元。以上六十六万元。加工程预备费十分之一，合为七十二万六千元。

据以上所述，须银九十六万六千五百七十元。再加测量经费三万余元，总共整理三呼湾约需银一百万元。

一、整理宁夏之计画（参照第四附图）。宁夏渠道之病在于渠身淤浅，容量有限，上游陡口一开则一泄无余。水小之年，终岁不能到稍，是宜大加修浚，以复旧规。查该区原额地为二万一千七百余顷，合一百三十万零二千万平方尺，每月以溉地一轮、入土一尺计，每昼夜当需水量四万三千四百万立方尺，即每秒时五千零二十三立方尺。加蒸发渗漏十之二，则每秒时纳水总量需六千零二十八立方尺。考验各渠中段流速每秒酌中之数，约为二尺四寸。假定以推各渠过水截面之和数，须有二千五百十一平方尺。该处渠道现存者约五分之三，淤者约五分之二。然存者浅即渠底高之谓。而宽，非至大汛不能行水，故全区溉地不过四分之一。今拟就渠槽浚深至准底石为止，则该横截面之掘凿，平均须一千平方尺。长以三百里计之，须开土五万四千万立方尺，即五百四十万方。每方工价以三角计，须银一百六十二万元。原有支渠陡口亦须规复改良，约需三十八万元。

渠口惟唐渠直冲峡口，余皆河溜散漫，水面稍降，渠中即无涓滴。议者拟于青铜峡建一铁闸，将各渠总归一口，水大则启闸，使之顺流而下，水小则闭闸以逼水，使之入渠，洵为扼要之计。然其水流湍急，河底皆碎石基础，工颇费力。但河面宽只一百十余丈，冬春水落时，河之最深处不过一丈，拟仿泺口铁桥办法，以铁胎混凝土为桩，叠石为垛，上架铁桥铁栏，下施铁闸板，用螺旋以升降之，约计工料费需银二百万元。

准此计画，定唐渠为总渠，则唐渠正闸过水量每秒时须有六千零二十八立方尺。查唐渠现有过水截面四百九十五平方尺，流速每秒五尺四寸，流量为二千六百七十三立方尺，尚须展辟过水截面六百十九平方尺，则过水量方足以溉全区之地。今拟与正闸平行开掘一渠，建五空闸一座，并将渠口酌加开展，工料费约需三十万元。

又唐渠口既定为总渠口，则其他各渠口即须闭塞，而于唐渠正闸下游须别开渠，沟通大清、汉延、惠农各渠。此渠长约五十里，流量须得全部四分之三，即每秒四千五百二十一立方尺。命其流速与上相同，则该渠过水截面须八百三十一平方尺。深以八尺计，则平均宽须一百零四尺，计掘土七千五百二十五万立方尺。又于清水堡惠农渠开口，通昌润渠，其长约八里，流量得全部十分之一，即每秒六百零三立方尺。流速命与中段试验之数相同，即二尺四寸，则该渠过水截面有二百五十一平方尺，深以五尺计，则宽须五十尺零，计掘土三百六十一万四千四百立方尺。两共掘土七千八百八十六万四千四百立方尺，即七十八万八千六百四十四方。每方工价以三角计，需银二十三万六千余元。再闭塞大清、汉延、惠农、昌润各渠口，约计工料费需二万元。

据以上所述，须银四百五十五万六千余元。再加工程预备费暨测量经费，是整理宁夏之计画共需银五百万元。

以上三区整理计画总共需银一千六百万元。

至于前套，地面辽阔，可种之地大半成熟。其间官有民有难以明悉，惟既属于垦务范围，应俟将来垦务机关酌察情形随时办理，兹不及详。

丁　成后之利益

一、荒价之收入。三区整理后共计成田七万八千七百三十三顷，除已经升科不计外，余六万二千零六十顷，应一律缴价给领。此项缴价须准以上工程经费，并酌察就地情形以规定之。

兹分别计算于后。

宁夏原额地二万一千七百三十三顷，现垦六千五百三十四顷，计整理规复地一万五千一百九十九顷，按工程经费每顷平均须三百九十四元七角零，查该处地价，最上者每顷约三千元，最下者每顷约二百元。今以九等中之，第八估计收价每顷四百五十元，共收荒价六百八十三万九千五百五十元。

后套整理后成地五万顷，现垦九千七百零九顷，内有二千顷为永租地，故除业经升科之地外，有四万二千二百九十一顷。工程经费每顷须二百三十六元四角零，查该处贻谷放垦时地价，每顷自八十两至一百二十两不等，盖以边地荒凉，人迹稀少，不能不减价以招徕。今者内地田价无不增高数倍，似不得以为定例，然又不得不略示核减，以为奖劝垦辟边荒之意。今拟取最近三呼湾放垦之例，酌以最低之价，定为每顷二百五十元。除拟划拨二万顷为兵垦不计荒价外，余二万二千二百九十一顷，当收荒价五百五十七万二千七百五十元。

三呼湾整理后成地七千顷，除已放二千四百三十顷外，余地四千五百七十顷。按工程经费每顷为二百十八元八角零，查该处现今垦放之地，每顷上则三百元，中则二百七十元，下则二百四十元，又每顷渠费三十两。今拟以中、下两则酌中计之，定为每顷三百元，不必再收渠费，计应收一百三十七万一千元。

以上三区整理后，垦辟之地除划拨兵垦二万顷不计外，实收荒价一千三百七十八万三千三百元。

一、租税收入。此项收入应以地价为标准，并酌察地方情形以为现定，兹并计算于后。

宁夏地价每顷定为四百五十元，按二分征税，每顷岁收九十元。查该处现有屯地、更名地、马厂地，计六千五百三十三顷，除豁免五百三十一顷不计外，余六千零零二顷，收地丁银三千四百二十八两，粮四万七千一百七十一石，草十一万八千三百七十九束，厂地租二千一百三十四两。按以银每两合一元五角，粮每石每石合内地三石。折银十元，草每束折银一角计之，为四十九万一千六百九十二元，平均每顷岁纳正税八十一元六角零。尚有例外规费，合计种地一亩须费一元。以上今拟从少数征收，每顷岁税以六十元，渠费以十元计，应收地税九十一万一千九百四十元，渠费十五万一千九百九十元。

后套地价每顷二百五十元，按二分征收，每顷每岁五十元。查该地原有升科地每顷征税二两二钱至一两零，水租四两五钱，又附加税及例外规费，种种名目不及枚举。据土人报告，凡种地一顷，须银四十两以上。今拟将附加税及各项规费一律废除，每顷定地税二十元，渠费十元，共计三十元，较之宁夏尚不及半数，应收地税八十四万五千八百二十元，渠费四十二万二千九百十元。

三呼湾准以后套之例，征收计正税九万一千四百元，渠费四万五千七百元。后套之地既划二万顷为兵垦，不收荒价，以示待遇军人优异之处。然此项地亩除征收正税、渠税之外，应酌收岁租。每顷以六十元，以征收五年为度，五年以后与民地同一性质，计收岁租每年一百二十万元，五年共六百万元。

又整理后受益之地，在宁夏六千五百三十四顷，在后套七千七百零九顷，在三呼湾二千四百三十顷，共计一万六千六百七十三顷，此等地亩一律准用改良渠道之水。地户永免自修渠道之费，每顷应按新章岁纳渠费十元，即与新垦之地同享利益，计应收渠费十六万六千七百三十元。

以上岁收地税一百八十四万九千一百六十元，渠费七十八万七千三百三十元，五年租税六百万元。

一、厘税收入。新辟之地岁获粮产三百万石，除本地需食不计外，每年输出约二百万石。每石合内地三石计，以最少数之价，亦须十元。按值百抽五计之，可税一百万元。加以套地既垦，人民之来归者日众，出入之货物亦必日增，此项货物约增收税厘四十万元，合为厘税一百四十万元。

一、蒙旗地租之支出。后套、三呼湾两处之地均属于蒙旗，从前放垦章程各旗不一：有于荒价内先提二成渠费，其余与蒙旗共分之者，岁租亦然，如杭旗是；有于荒价内先提三成，其余与蒙旗共分，而岁租则全归蒙旗公家，但附加征收二成经费者，如乌旗是；有永租不放，地由民种，于岁租提取二成，余与蒙旗共分之，而地仍为蒙旗所有者，如达旗是。办法不一。总之，从前给与蒙旗荒价平均每顷不过由四两至四十两，给与岁租不过由四钱至二两而止，即达旗永租地亦不过五两，且有短少荒价，而岁租亦不按时付给者，故蒙旗不欲归官经理，而乐于地商私租。查地商租地，每顷不过千文至数千文，盖以租价虽少，而及时犹可取现也。兹就经过之地历察蒙情，征诸舆论，似宜根据优待蒙旗条件特别规定，按所属土地之多寡定岁给之几何，核实计算，分期支付。至于放垦征租如何办法，蒙人毋庸过问。如此在蒙旗既获优待之利益，在国家亦可以专注于农垦，厘定国税。切实履行，诚为两利之道。今拟采达旗永租地及地商私租地租例，折中办法，假定每顷给优待费五元计之，后套三呼湾两区每岁应划给蒙旗二十三万四千三百零五元。

一、常年渠工费支出。三区每年渠费收入为七十八万七千三百三十元，酌以三成为渠工机关费，以七成为渠工工程材料费。如有伸缩，随时按地亩增减之，而渠工费收入一项可与此项支出抵销。

一、归还基本金支出。全部计划所需基本金为一千六百万元，以收入荒价一千三百七十八万四千三百元，及兵田岁租六百万元，合为一千九百七十八万余元。抵充基本金之本息尚无甚出入，亦可用以抵销。

一、国家税之增收。据以上所述，只需基本金一千六百万元。整理之后，所收荒价及兵田岁租、渠工经费另有抵充不计外，再于地租内，除给蒙旗优待费二十三万四千三百零五元外，实计增收地税一百六十一万四千八百五十五元，厘税一百四十万元，合计每年增收国税三百万元。

谨按：以上整理计画，如三区同时举办，共需基本金一千六百万元，其工程进行自属整齐画一。第以当今财政缓急计之，深恐统筹并进，非力所及，似不如分区办理较为易举。兹拟以后套为第一区，宁夏、三呼湾次之。俟后套工竣后，即以所收之荒价移办宁夏、三呼湾，循序渐进，事功易集，得寸进尺，莫非利赖，不过稍假时日，则所需基本金但能筹得一千万元，而事举矣。谨此附陈。

戊　维持之方法

一、宜设重大机关以专责任也。查从前垦务专管机关，在后套有西盟水利总局，在宁夏有水利同知。此项机关虽无水利工程之学识，而事权专一，责无旁贷，是亦最良制度也。自入民国，悉行裁撤，后套则改设垦务分局，其实即一承收机关而已。宁夏则改归道尹兼管，应办渠务以各科员兼任之。道署科员大都偏于行政，初无水利工程之思想，以故渠道日湮，垦务日废，即旧有之规模且不能保，更何望其扩充乎？窃谓宜设垦务渠工专管机关，择一声望素著、关心实业之大员督办其事，振领提纲，乃为有益。至后套、宁夏地属两省，距离较远，宜酌设分局统于督办，并以两省行政长官任为会办，以期事无掣肘，利于进行。期以三年，足昭实效。继今以往，再酌定一永久机关，责以专管垦务、渠工善后事宜，庶几经久而不敝。至在事各员，宜选水利工程专家分任办理，循名责实，力求精进，孰谓边荒之地不能辟为内省乎？是亦在乎为之而已。

一、宜剔除渠工积弊以苏民困也。查往迹渠工之完善，莫若宁夏，今日渠工之积弊，亦莫若宁夏。古人立法，春工修浚，按轮封俵，制度最为完备。乃今日司其事者，每遇春工，不问各段工程之巨细，惟照旧额以派夫，纳贿者路近而工轻，无力者则路远而工重。甚或私纳苞苴，不赴工作，其额征材料实用于工程者不过十之一二，余则奸绅胥吏隐折分肥。及至放水之期，农民望水甚于望岁，而局员则借口以水未到稍不与开俵，实则纳贿者即可得水，以致该地土人有“有钱有水”之谣。凡此种种，更仆难数。今既作根本之图，非认真整顿，不足以挽颓风而兴农业。至于后套，渠道积弊亦大。常年渠工名为地户包修，其实于包修期内并不动工，不过借包修之名，行其垄断之实而已。积毙至斯，非当事者办理认真，岂区区数言之条规所能维持而补救？昔贤谓“有治人，无治法”，岂不信欤？

一、宜酌设军警以奠民居也。套地辽阔，久为匪徒出没之薮。往年蒙匪、卢匪肆行骚扰，居民望风逃避，千里为墟。今虽渐就底平，而其散在草莽者，犹时时乘机而思逞。垦户之春往秋归，不乐久居是土者，实鉴于此，宜套地居民之不繁衍也。现虽节节设防，仍苦兵力不足以遍及。为久安计，似宜分派军队扼要驻防，而于垦地所在酌设警察，勤于探访，更番巡逻，俾无隙可乘，则匪徒自应敛迹。行之既久，居民晏安，其由内地迁居者必日加众。然则维持西北之治安，不第为振兴实业之基础，且可为殖民之良策矣。

一、宜广植森林以调和气候也。森林足以调和气候，变化土壤，保持水分，遏止风暴，于民生关系至切，而植于砂砾之地尤为适宜。查后套一区，除应垦植田亩外，尚有荒地约十五万顷，宁夏亦有八万顷，前套荒地为数尤巨。此等地久为沙压，不宜禾稼，而于榆、柳、洋槐等森林种植实最相宜。若画为林场，购种秧本，及时分植，三十年后可成为西北极大林区。生机郁勃，空气新鲜，动植各物皆可被润泽而大丰美，此与垦务前途关系最为重要者也。

一、宜延长京绥铁路以利交通也。实业之发达端赖交通，套地开辟，而后物产丰富，人民渐多，输出输入之物品将有不可胜计者，若仍其旧俗，专恃舟、驼，则转运未免迂缓，糜费未免过多。今者京绥路勘定之线已至包头，而通车则仅至平地泉。平、包之间相距尚有六七百里，此项工程固宜早日兴修。而自□[1]头以西至于五原、宁夏等处，亦必延长联络以通声气，俾物品之转输朝发夕至，则商务由是而振兴，即边境因之而繁庶，是尤计画之不可少缓者也。

一、宜提倡皮毛制造以杜漏卮也。套地畜产最富，而驼毛、羊毛、羊皮等出品尤为该处之大宗，惜其安于固陋，仅以生货出口，售价低廉，一经洋商制造，获利数倍或数十倍，即此一端，漏卮已甚。欲救其弊，宜于五原、□[2]头、宁夏等处酌设工厂，就地取材，专制皮料及织造毛呢，各货力求精美，逐渐扩充，务使生货变为熟货。运之出口，工料虽微，究其发达之所至，其利益有不在垦务之下者，此亦整顿套务之一伟大事业也。

---

[1][2] 原书缺，据上下文义，当作“包”。

前套區域形勢圖

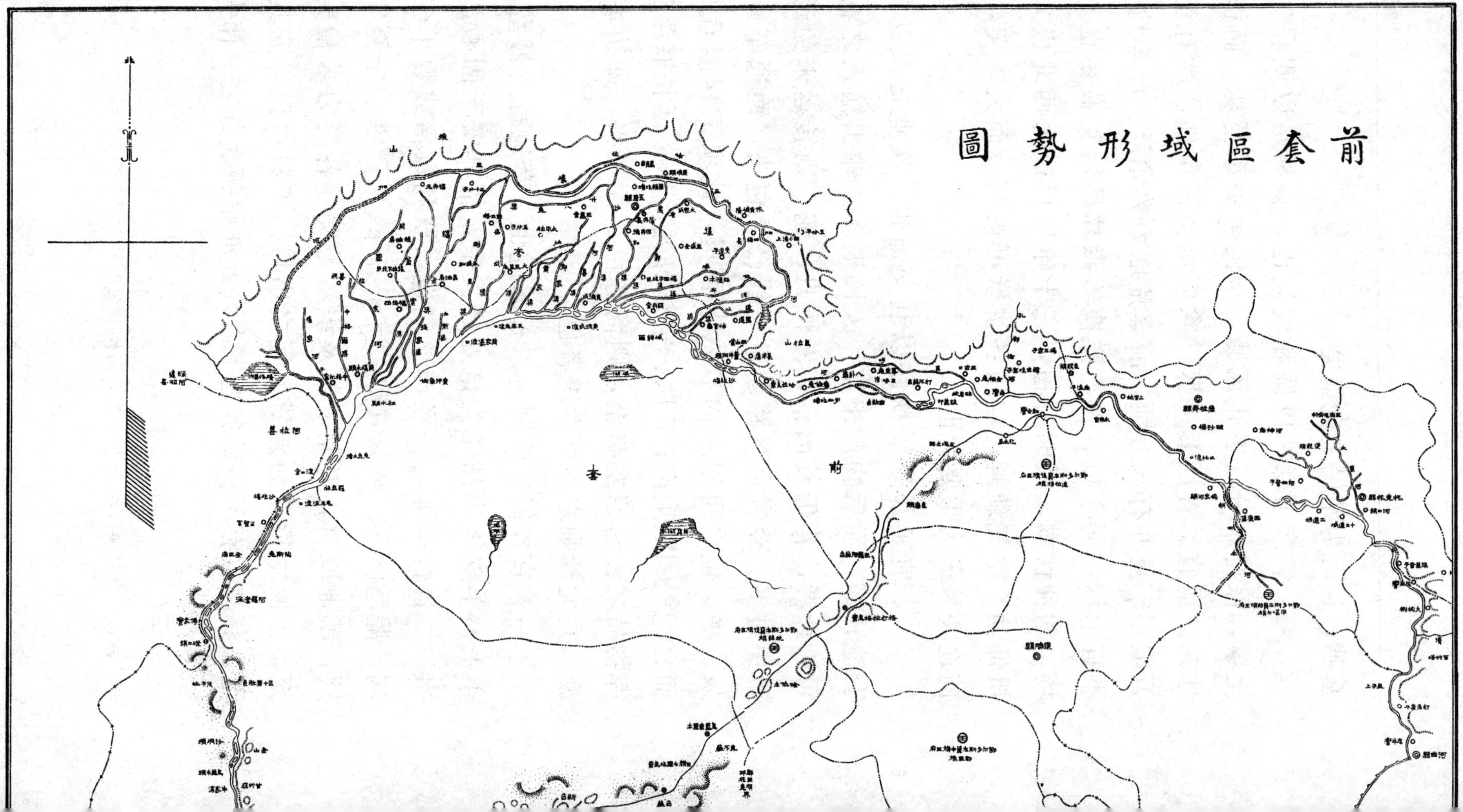

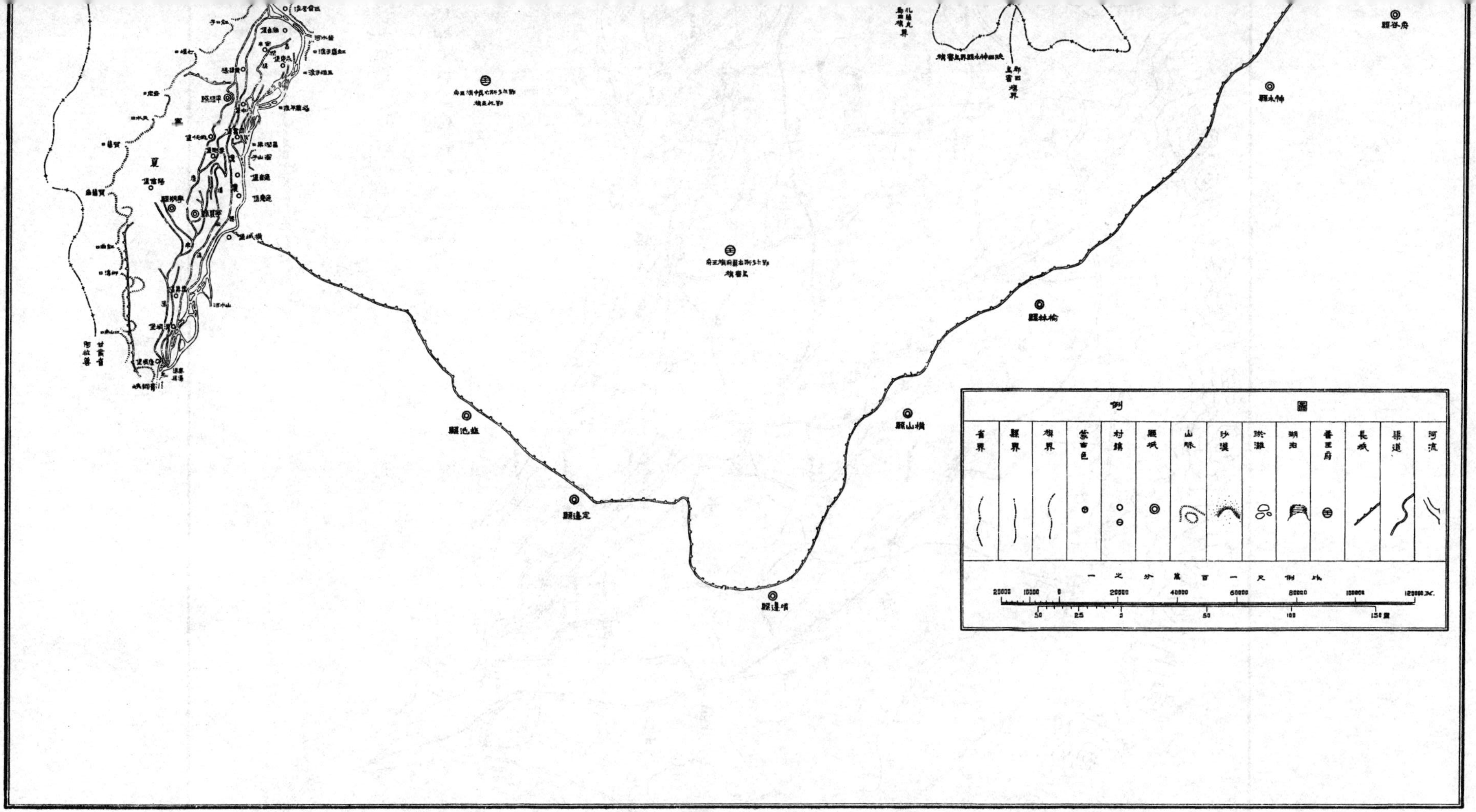

例 圖
省界
縣界
旗界
蒙古包
村鎮
縣城
山脈
沙漠
淤灘
湖泊
番王府
長城
渠道
河流
一之分萬百一尺例比
20000 10000 0 20000 40000 60000 80000 100000 120000
50 25 0 50 100 150
縣谷府
縣木神
縣林榆
縣山横
縣邊靖
縣邊定
縣池鹽
夏

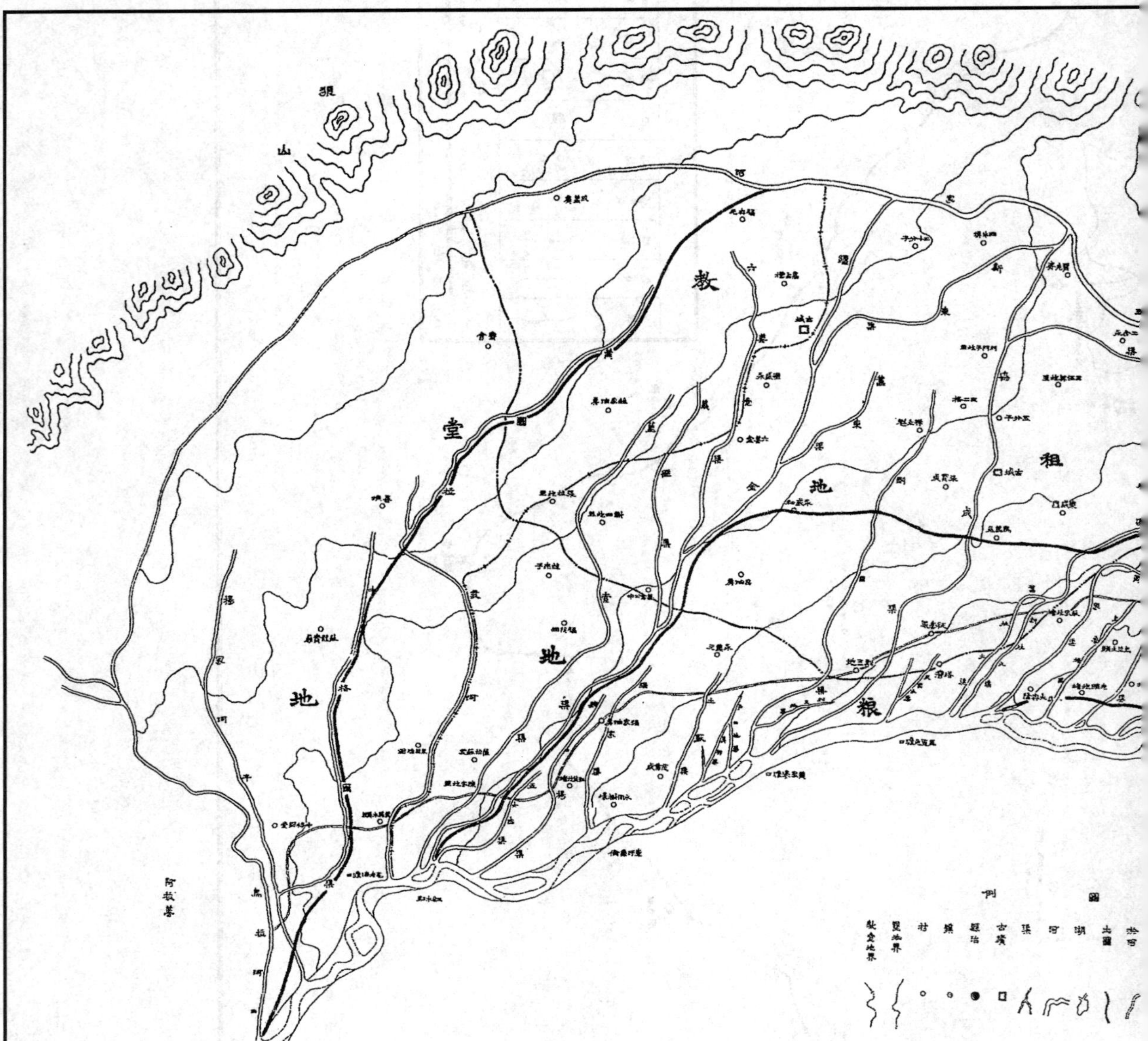
圖例

後套區域整理計畫圖

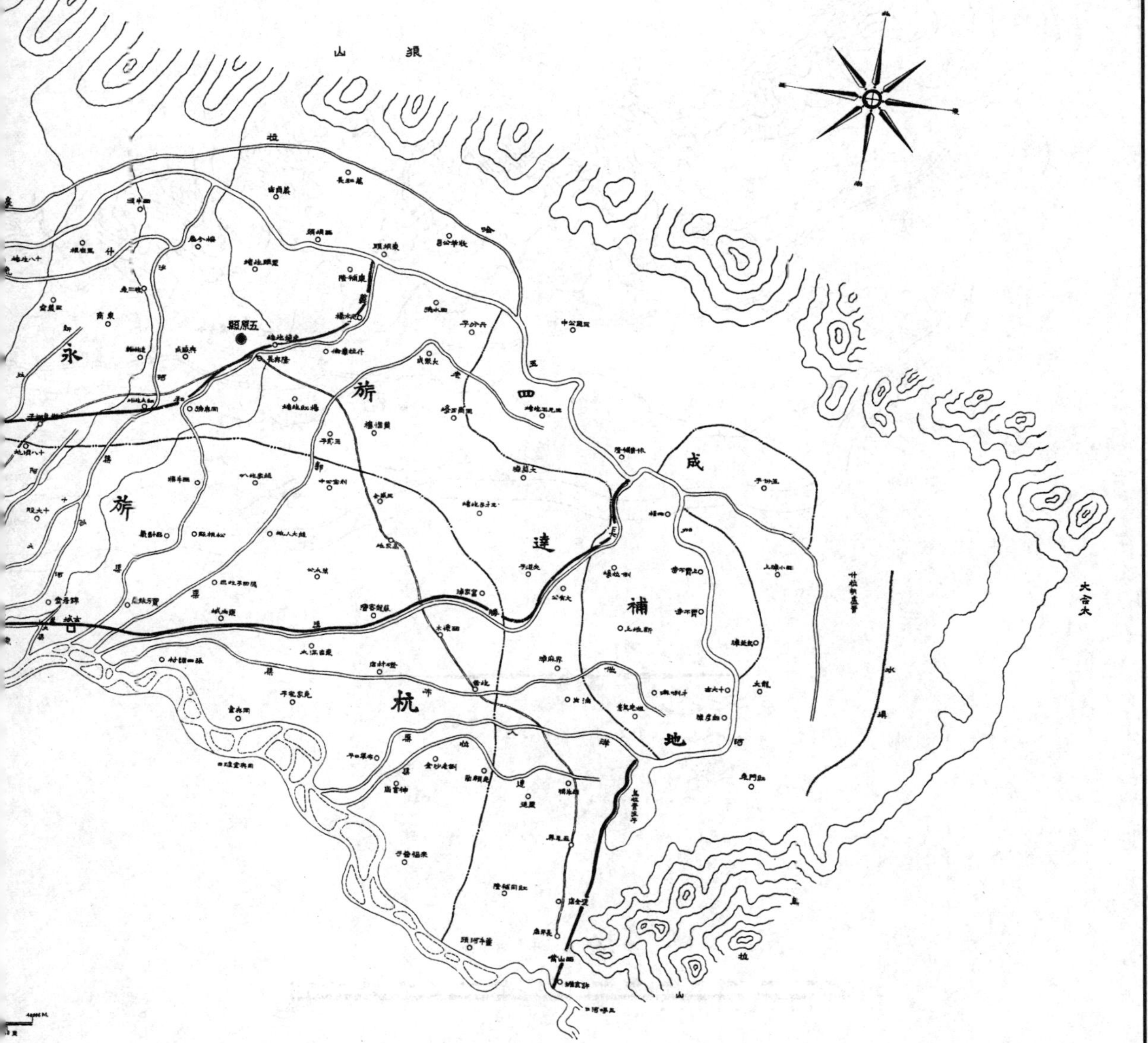

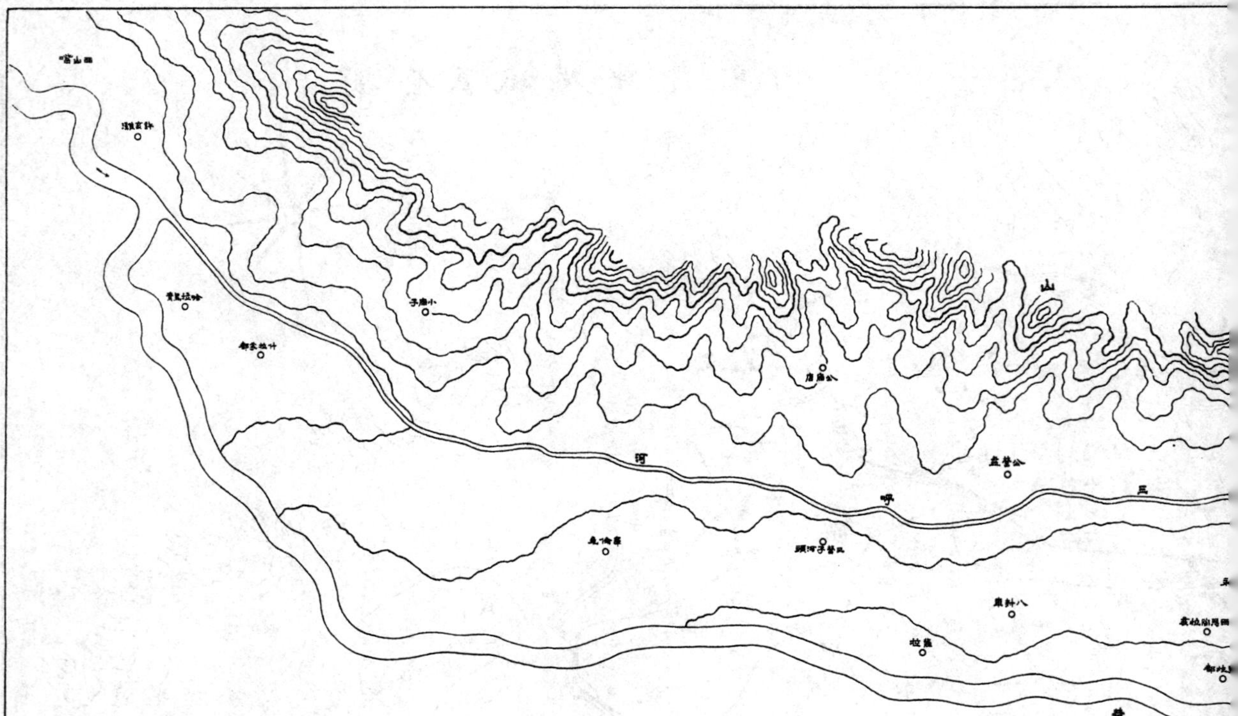
圖例
河
渠
山
同高線
村
比例十萬分之一

第三坿圖 三呼灣區域形勢圖

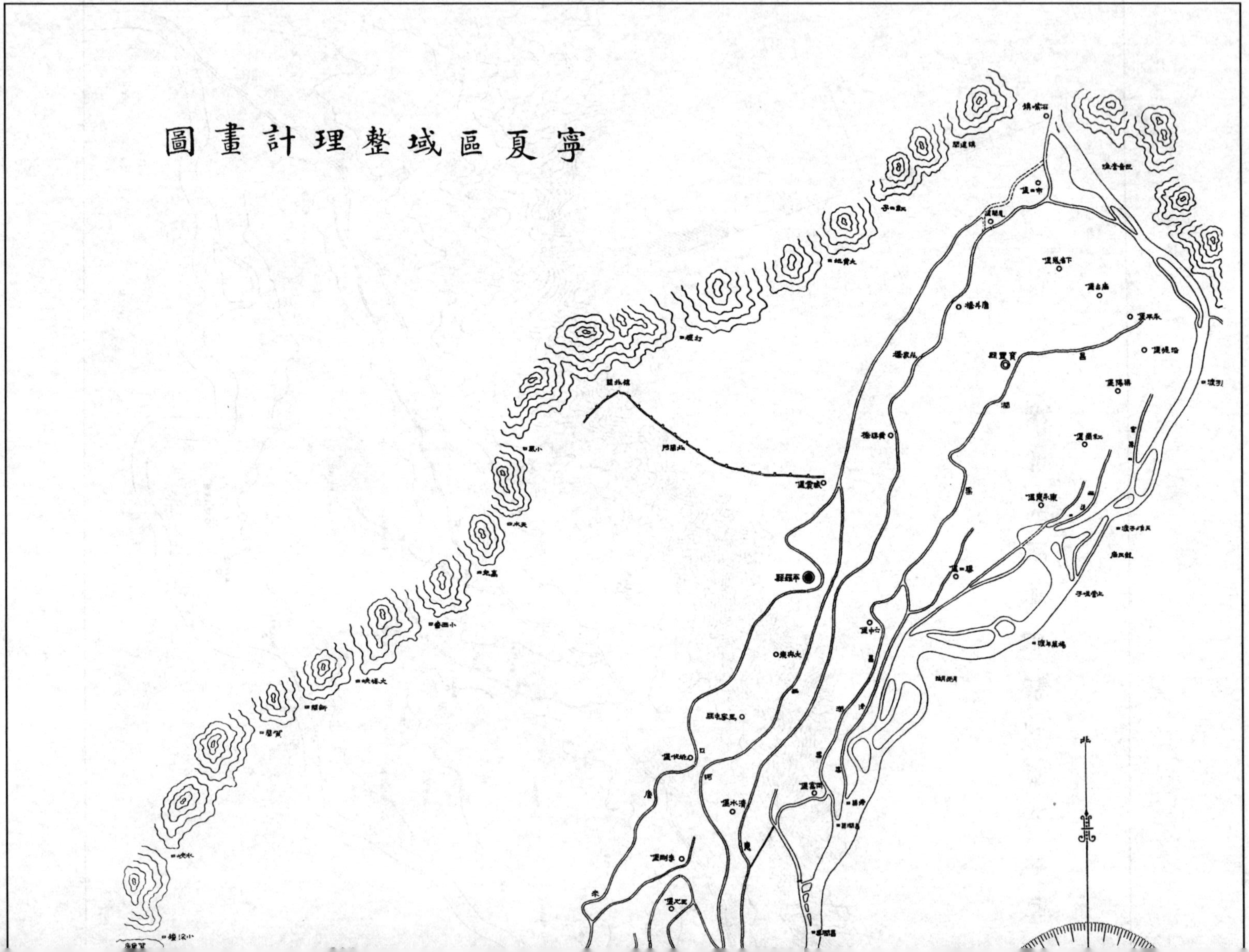
寧夏區域整理計畫圖

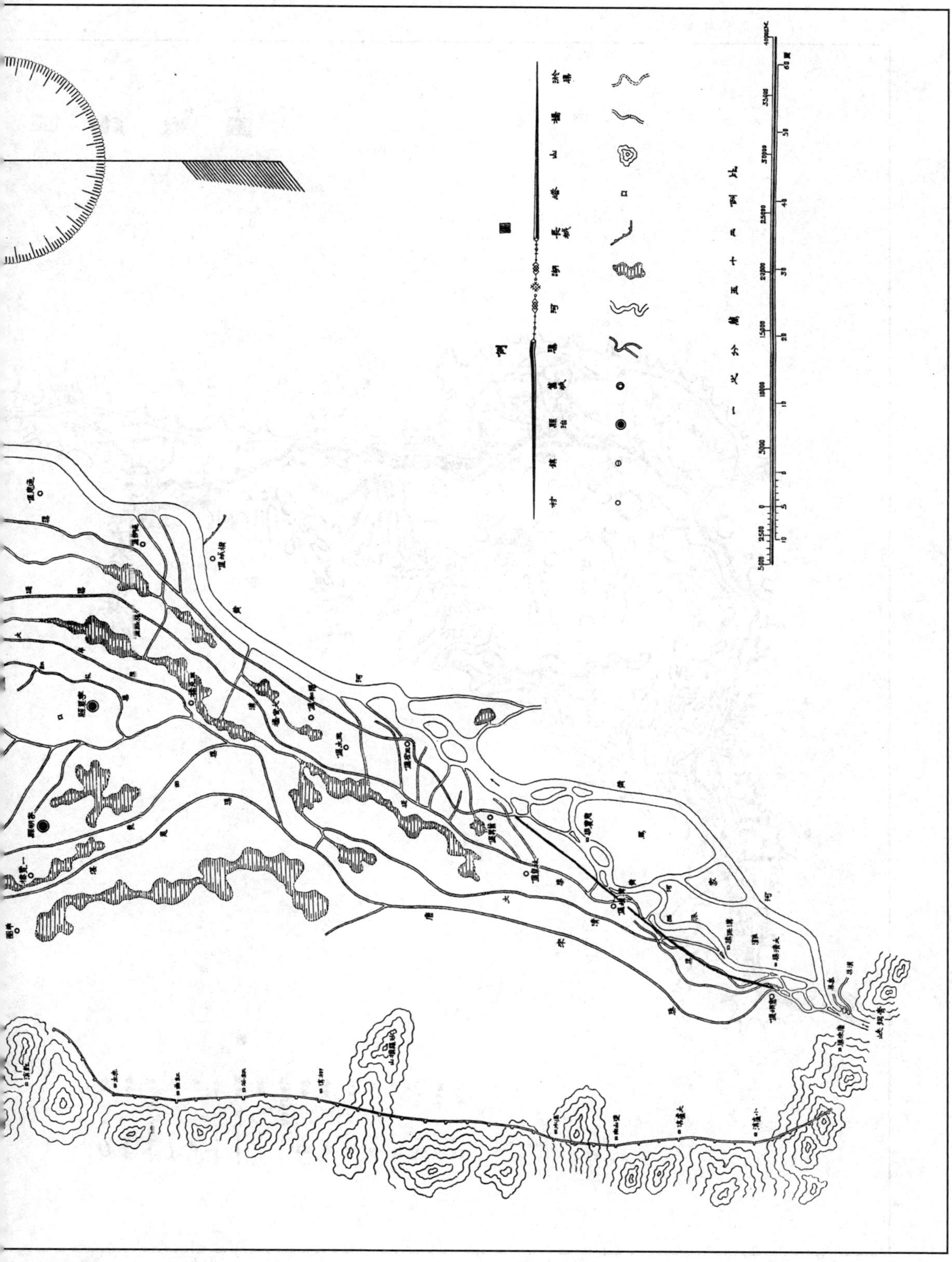

經路線圖

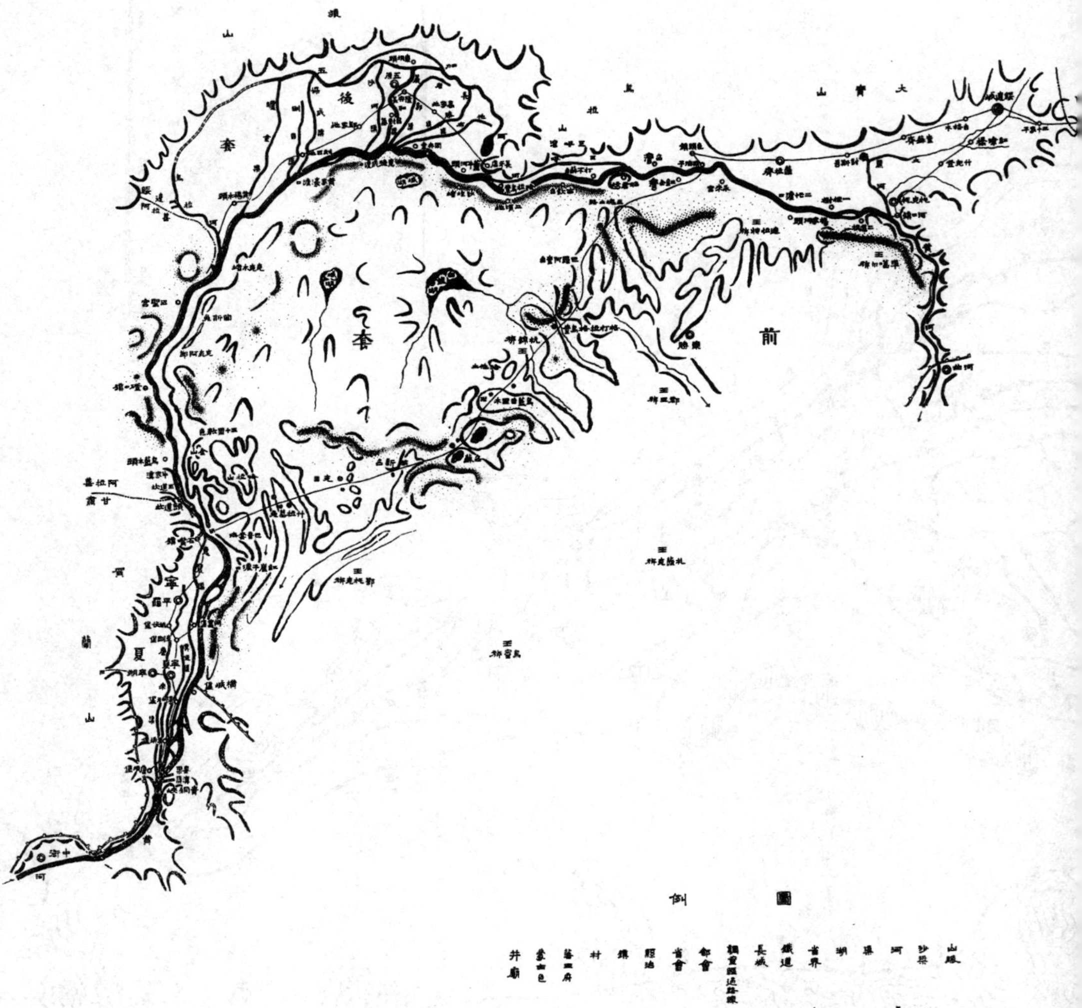

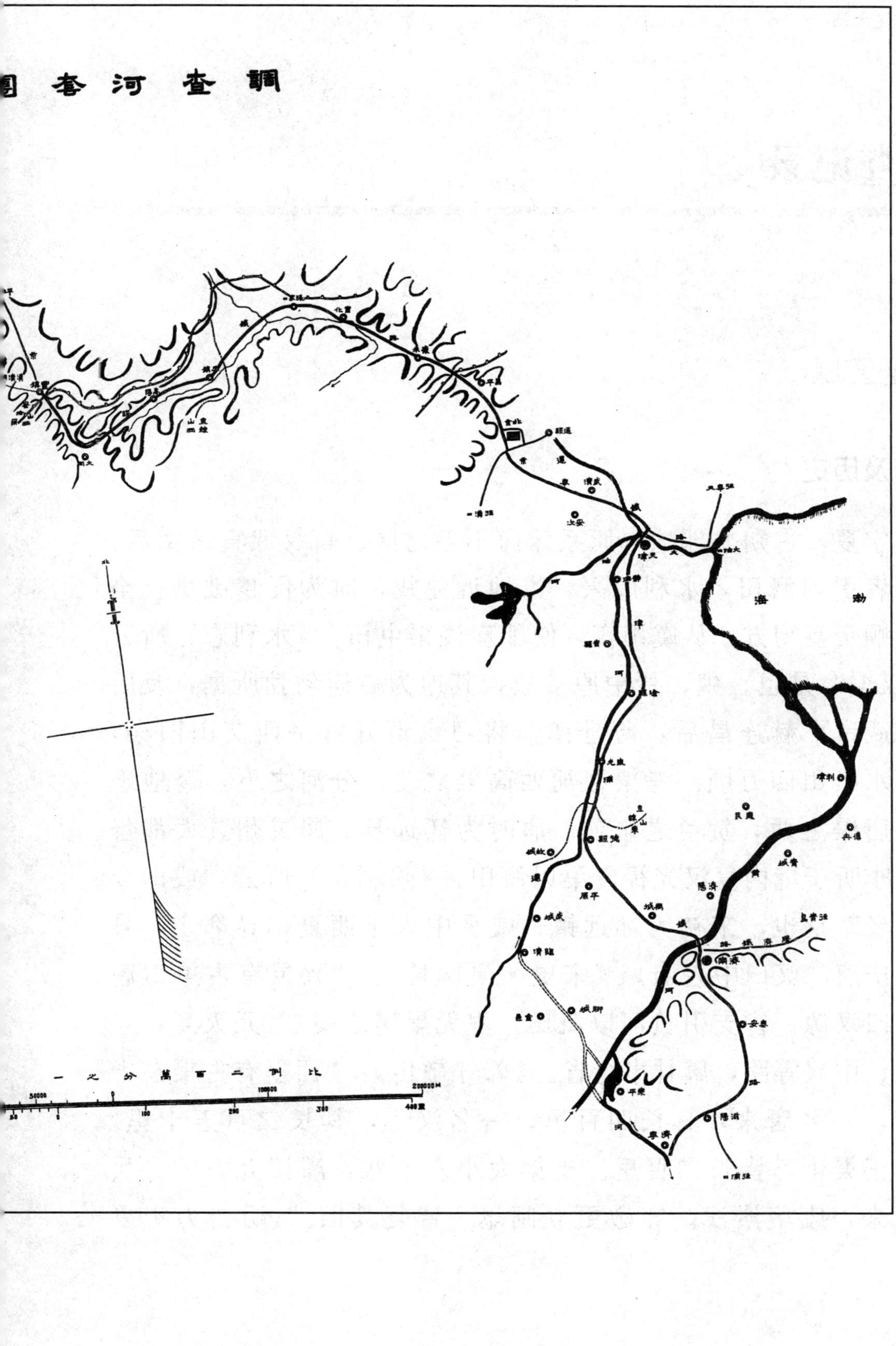
調查河套圖
渤海
天津
北京
濟南
東平
利津
比例二百萬分之一

调查记录

宁夏区域

沿革及历史

宁夏，古朔方郡地，原系斥卤不毛之区。自汉武宣房塞后，用事者引河溉田，水利以兴。惟地近羌戎，时为侵越破壤。至后汉顺帝复朔方，从虞诩言，使郭璜浚渠屯田，《水利志》所云“今汉渠”是也。魏、晋中原多故，其地为赫连勃勃所据，及后魏太武帝平赫连昌后，薄骨律镇将刁雍请开富平西艾山旧渠，通河水溉田四万顷。考渠在河西高渠之北，分河之下，今地理当在唐渠之西，贺兰之东麓。唐时为怀远县，属灵州。大都督长史李听于境内复汉光禄废渠以溉田，《水利志》所云“或即今唐渠者”是也。宋初为怀远镇，咸平中入于西夏，寻都之，号曰兴庆府，又曰中兴府。《宋史・夏国传》：“兴灵有古渠曰唐渠，曰汉源，皆支引黄河以溉田，岁无旱涝之虞。”元灭夏，立西夏、中兴等路，属甘肃行省。《郭守敬传》：“西夏有古渠在中兴者，一名唐来，其长四百里；一名汉延，其长二百五十里。它州正渠十，皆长二百里。支渠大小六十八，灌田九万顷。兵乱以来，废壤淤浅。守敬更立闸埝，皆复其旧。”明初为宁夏府，后改为卫，属陕西都司。中叶，套患日亟，侵据东北一带，号查汉托护。清初因之，但于汉、唐二渠间开大清渠，以助汉、唐二渠所不及。雍正二年，置宁夏、宁朔、平罗三县，属宁夏府，隶甘肃行省。四年，通智开惠农、昌润二渠，复查汉托护垦地，增置新渠、宝丰二县，并属于宁夏府。乾隆三年，省新渠、宝丰二县，并入平罗。今仍为宁夏、宁朔、平罗三县，属宁夏道，隶甘肃省。

地区

宁夏道属地跨黄河两岸，所在平原支引河水以资灌溉。其在塞以内、黄河之东，与河套无甚关系，姑不具论。在塞外者，即宁夏、宁朔、平罗三县，东与鄂尔多斯为邻，以地里论，盖犹河套之附庸也。其地除山厂不计外，西起贺兰山之东麓，东至黄河，南起青铜峡，北至石嘴山，南北长约三百里，东西广约三十里至百里不等，面积二万方里。地势西南高，东北下。河水出青铜峡迳向北流，决渠引水，顺流入地，灌溉之利得天然形势。《元和志》所谓“贺兰之东，河之西，有平田可以引水灌溉”，即是处也。

河道附水面涨落流量及含沙成分各图表

河套黄河自青铜峡始，峡为两山对峙，河出其下。峡尽处，左澌一渠曰唐来，溉河西、宁夏等属之地；右澌二渠，曰秦曰汉，溉河东金积、灵武各属之地。峡口左岸山坡有古塔一百八座，不知所始，今曰百八塔，北去宁朔县治一百四十里。

又北偏东，迳横城堡北。河水出峡北注，枝分二派，右曰东河，经金积县境，左曰西河，经宁朔县境，两河之间曰马家滩。西河自唐渠以下，又澌为大清、汉延、惠农各渠。又北至叶升堡，两河复合。又东北，右岸入灵武县境，山水河从南来注之；左岸入宁夏县境。又东北，迳横城堡北。河长凡一百八十里，西至宁夏县治三十五里。

按：《水经》云："又北，过北地富平县西。"注云："河侧有两山相对，河出其间，即上河峡也，世谓之青山峡。河水历峡北注，枝分东出。又北，迳富平县西。又北，薄骨律镇城在河渚上。河水又迳典农城东，世谓之胡城。又北，迳上河城东，世谓之汉城。又东北，迳廉县故城东。又北，与枝津合。"实地考查，即横城以上河道。富平县即灵州，今为灵武县，在河东。薄骨律镇亦在灵武境。青山峡即今之青铜峡，典农城、上河城、廉县故城均应在河西，宁夏县治以南今无迹可查。

又北偏东，迳溜山子西。河水过横城堡，又东，出长城，右岸入鄂尔多斯鄂托克旗境。又北，左岸澌为昌润渠。又北，迳溜山子西。河长凡七十里，西南去宁夏县治七十里。

按：《水经注》云："河水又东北，迳浑怀障西。"《地理志》："浑怀都尉治塞外，南去北地三百里。"考北地郡治，前汉在马岭故城，今庆阳县西北。按此浑怀障，当在长城以北，黄河之东，溜山子附近。

又北偏东，迳红崖子西。河水过溜山子，又北，左岸经昌润渠旧口，入平罗县境。又北，至旁渠口，河中洲渚丛生。又北，经六中堡，西去平罗县治二十里。又东北，经东永惠堡。河道屈曲，迁徙无常，右岸沙梁，或远或近，视河道之曲折为转移，岸边小淤地已垦不少。又东，左岸经河沟西渠，至河沟官渠。又北，迳红崖子西。河长凡一百八十里。红崖子当黄河右岸，临河壁立，崖石作红色，故名。每当晚阳斜照，崖石红光耀射，远见数十里。

按：《水经注》云："河水又东北，历石崖山西，去北地五百里。山石之上自然有文，尽若虎马之状，粲然成著，类似图焉，故亦谓之画石山也。"考石崖山即省嵬山，在宁夏府治东北一百四十里，黄河东岸。今红崖子西北有省嵬堡，疑红崖子即省嵬山。石崖、画石皆古名。惟山石之上画文不见，想系年远，为风沙剥落矣。

又西北，迳石嘴山东。河水过红崖子，又北，右岸苦水河由东南来注之。又西北，左岸惠农渠水来注之。又北，至石嘴山。河长凡七十里。石嘴山在黄河左岸，东临黄河，崖石突出如嘴，故名。右岸山脉亦临河，石质中含有铁矿，又产炭。

以上河道自青铜峡至石嘴山，总方向为北偏东约十五度，河长五百里，宽自四分之三里至五里，深自五尺至二丈不等。左岸宁夏区域，右岸自长城外为鄂尔多斯，即前套区域。河水之宣节，以青铜峡、石嘴山为关键，以故宁夏水利独占天然之形势。

又北偏西，迳金山西。河水过石嘴山，入山峡北行，左岸经阿拉善境，过蚂蝗沟，历迴水窝、跑马崖、北鞑子湾、鱼篮子沙、七家矿、头道坎、二子店、淌腰沙、浪毛沙、二道坎、歪脖子沙、三道坎、牛家沟等十四处，或为悬崖，或为矶嘴，或为暗沙，或为洞坎，形状不一，极为险隘。牛家沟以北，左岸山势西缩，地面渐平，有废渠一道，已为乱石塞满。河中有小滩，丛生红柳。又北，迳金山西。河长凡一百二十里。金山在黄河右岸，蒙古名哈他敖拉。峰顶尖锐，远见百余里，附近又有桌子山、喀喇等山。

按：《水道提纲》云："又北，经阿布山色而网喀喇山西麓。”按：即此山。

又北偏西，过磴口。河水过金山，环西麓行二十里。又北，右岸查汉托垓，三十里敖包，皆连山地，左岸明沙梁。近河淤地已垦，然面积甚小。河长凡一百二十里。

又北偏东，至乌拉河口。河水过磴口，又北，河面渐宽。河中有洲长二十余里，名曰中滩。又北，傅家湾，其右岸阿罗套海。又北，金三庙，沙梁渐远，其右岸陶斯兔。又北，三圣堂，小渠五道，天主教民所开，地亦教民种之。又北，历沙圪堵、毛老海渡、渡口堂。其右岸老板昭，入杭锦旗境，山脉始东转。又北，乌拉河口。其右岸克克木堵，地势平旷，惜黄河水平线较低，故至今未垦。河长凡二百里。

以上河道自石嘴山至乌拉河口，总方向为北偏东约十一度，河长四百四十里，宽自三分之一里至三里，深自三尺至一丈七尺不等。左岸阿拉善地，右岸前套区域。自金山以上，河底乱石嶙峋，号曰石河，倾斜峻急，水流如奔，每秒速度达一丈有二尺，金山以下水势较缓。计由磴口至老板昭，右岸崖高一二丈至七八丈不等。其土甚坚，河底坚沙，水色灰黑。按：《水经》云：“又北，过朔方临戎县西。”注云：“河水东北迳三封县故城东，在临戎县西一百四十里。河水又北，迳临戎县故城西。又北，有枝渠东出，谓之铜口，东迳沃野县故城南。枝渠东注以溉田，所谓智通在我矣。河水又北屈，南河出焉。即今河。河水又北迤西，溢于窳浑县故城东。即今乌拉河。”实地考查，自乌拉河口以上，河道无大变更。三封县故城当在河西阿拉善境内，宁夏北境地或亦属三封。窳浑县故城在乌拉河西北腾格里湖附近，阿拉善与杭锦交界处。临戎故城似在河东鄂托克境内，沃野故城及铜口枝渠亦应在河东。惟是黄河出塞，而后北流七八百里。东岸鄂托，西境皆山脉绵亘，理无枝渠可通。又考后魏薄骨律镇将刁雍上表论漕运曰："臣镇去沃野八百里。"又云："谷在河西，转运至沃野，越渡大河。"是沃野应在河东，去薄骨律八百里，当系在克克木堵以下杭锦境内。惜代远年湮，沧桑几变，晋、魏、唐、宋以降，沦为胡人游牧之区，古迹荡然无可寻考。铜口枝渠亦遍觅不得其所在，良可惜也。

垦务

宁夏地层由河水冲积而成，土质含有碱性，须藉含淤之河水以浸灌，乃能种植，否则废为斥卤不毛之区。自汉光禄勋徐自为开光禄渠，引河溉田，水利以兴，遂化斥卤为沃壤。自后唐、宋、元、明，代有经营，屯垦以至数万顷，此所以有"天下黄河富宁夏"之谚也。

明之中叶，套夷为患，侵据东北之察汉托护为游牧地，垦务遂坏。及至清初，合三卫一所，实垦之地尚有万顷，田赋粮九万八千余石，草九十九万余束，银五千余两。雍正四年，侍郎通智、单畴书规复察汉托护垦地，当时合计实有二万一千余顷。道、咸以次，日渐荒芜。据宣统年间之调查，垦额仅六千顷而已。兹将各属分述之：

宁夏县原额屯田七千二百二十八顷三十二亩（亩数以下略，后同），原征地丁银二千五百零六两（两数以下略，后同），粮四万二千六百十八石五斗（斗数以下略，后同），草十六万六千零六十八束。又马厂地五百零三顷十四亩，又府属马厂地八百二十九顷八十七亩。现额屯地一千五百十八顷三十亩。招垦查出入额屯地二百零二顷九十八亩，马厂地二百六十七顷二亩，旧府属马厂地在内。除招垦查出入额屯地豁免不计钱粮外，实征地丁银连耗羡银六百四十八两，粮连耗羡粮一万六千五百八十五石八斗，草四万五千九百六十三束，马厂地租银一千二百十九两。

宁朔县原额屯地四千一百五十一顷三十五亩，更名地二百三十六顷一亩。原征地丁银二千七百四十一两，粮四万零七百五十三石六斗，草十五万九千九百八十六束。现额屯地一千四百九十三顷十一亩，更名地一百二十四顷十七亩。招垦查出入额屯地一百五十六顷五十七亩。除招垦查出入额地豁免不计钱粮外，实征地丁连耗羡银一千四百七十两，粮连耗羡粮一万五千六百三十六石九斗，草四万九千四百二十二束。

平罗县原额屯地八千四百五十七顷八十六亩，原征地丁银四千五百七十两，粮三万二千二百八十四石一斗，草四万六千八百六十束。又马厂地三百二十六顷七十二亩。现额屯地二千三百七十三顷三十三亩。招垦查出入额屯地一百七十二顷三十二亩，马厂地二百六顷四亩。除招垦查出入额屯地豁免不计钱粮外，实征地丁银连耗羡银一千三百零四两，粮连耗羡粮一万四千九百四十八石五斗，草二万二千九百九十三束，马厂地租银九百十四两。由此以观，宁夏三属原额屯地、更名地、马厂地共为二万一千七百三十三顷二十八亩，现额为六千五百三十三顷八十四亩，其荒芜者为一万五千一百九十九顷四十四亩。

用以赋税言之，原额除马厂地租银无考不计外，原征地丁银九千八百十七两，粮十一万五千六百五十六石三斗，草三十七万二千九百十四束。现征地丁银三千四百二十二两，马厂地租银二千一百三十三两，粮四万七千一百七十一石二斗，草十一万八千三百七十八束。其中因地荒芜而损失无征者为银四千二百六十二两，粮六万八千四百八十五石，草二十五万四千五百三十六束。

地亩价值以渠水按时浇灌者为最贵。其土壤腴肥，浇灌不能如期者转次之。大抵上则之地，糜谷豆麦无不咸宜，每亩由二三十元至五十元不等，如阳和堡、黄渠桥等处是。其次稻田约二十元，再下者不过二元。又凡回民居处之地则价贵，汉民居处之地则价贱，缘回民性耐勤劳，颇能致力于农垦，兼以田产不多，不得不以重价购之，以资生产。若能荒芜之地规复，每亩押荒假定四五元之间，即此可收入七百万元。农产岁只一季，然亦有夏秋之别。夏田播种自春分起，至谷雨止，大小麦、莞豆、扁豆、青稞、胡麻、蚕豆、早糜子、早谷子等是也。秋田自立夏起，至夏至止，谷子、稻、糜、绿豆、青豆、高粱、马铃薯、乔麦等是也。至于收割之期，夏田由夏至起，秋田至秋分止。秋分以后，时有严霜，禾稼不能生长矣。

种植之手续，年前灌以冬水，及春播种者谓之夏田；不得冬水，以新水浸灌而后播种者谓之秋田。无论夏、秋田，禾稼生长均需灌溉用水。以三轮为定例，初开水为头轮，浇大小麦、莞豆、扁豆，其次胡麻、蚕豆、早糜、早谷及瓜菜之类。得水以立夏后十日为及时，半月即减收成数，若二十日或一月不得水者，虽能收获，仅二三分而已。小满后种谷子，芒种前后种稻，夏至种糜子、绿豆，以二轮水为最要，是时又必添浇夏田，故得水以夏至以前为及时。三轮水为秋田之必要，夏田晚禾亦须添浇，小暑、大暑时稻田不可一日绝水，故三轮水之需用为最广。白露后，夏田已割，秋田已熟，惟乔麦及晚成之糜子、冬菜需水，然亦不过三四分，余则放入夏田。霜降封俵，小雪结冰，故夏田浸灌须在立冬以前，以为来年播种之计。大凡植物生长，由八十日至一百二十日，普通浸灌三次，每次入土之度约需一尺。稻田低下多碱，必须轮次，除清换浊，以消碱气，故用水最多。夏、朔二县之低地种麦、豆，三四年须轮种稻一次。

收获之丰歉视得水之多寡，大抵得水四次者大获，三次亦丰收，二次则减半，一次或过迟则无济矣。每亩产量，夏田大麦由一石至一石八斗，小麦、莞豆、蚕豆由八斗至一石二斗，扁豆成熟较早，仅四五斗。秋田稻由一石至四石，高粱二石左右，糜、谷、豆类一石一二斗。此其大概也。田赋粮夏以小麦、莞豆，秋以糜子、绿豆四色征收，存储仓廪，往往霉烂，不能变价出售，因交通艰阻，转输困难之故，然亦可见产额之富矣。

宁夏粮产表

谷类	每亩产量中数	每石价值中数	每亩种籽	耕种节期	收割节期	播种方法
大麦	一·二石	三·〇元	八升	清明前后	小暑	抄
小麦	〇·八	七·〇	五	同	大暑	抄
莞豆	一·〇	六·五	七	同	小暑	抄
扁豆	〇·四	七·〇	三	同	夏至	抄、撒
蚕豆	一·〇	六·五	八	同	小暑	抄
胡麻	〇·八	七·〇	一	谷雨前后	立秋	撒
青稞	〇·七	六·〇	一	清明前后	小暑	撒
糜子	一·二	五·〇	一	清明前后 夏至前后	小暑	撒
谷子	一·〇	六·〇	一	清明前后 小满前后	小暑、处暑	撒
稻	二·〇	三·五	八	芒种前后	寒露	撒
高粱	一·八	四·〇	三	小满前后	秋分	撒
绿豆	一·〇	七·〇	四	夏至前后	白露	抄

续表

谷类	每亩产量中数	每石价值中数	每亩种籽	耕种节期	收割节期	播种方法
青豆	一·〇	七·〇	五	芒种前后	秋分	抄
马铃薯	二·八袋	〇·三	一	夏至前后	秋分	抄
荞麦	一	四·五	四	大暑前	寒露	抄、撒

接宁夏垦务情形已略如右述，若能实行整理，则荒芜之地一万五千一百九十九顷四十四亩，可一律成熟。兹将成熟后之利益，预决于次：

一、荒价约六百八十四万元。

查宁夏境内原有之地，每亩上则自二三十元至五十元，最下者亦二元。今以下则地折中计算，每亩以四元五角计算，略如上述。

二、赋税一百零六万元。

查地丁、粮、草三项，准以现行之例，按时价计算，每两折银一元五角，粮每石折银十元，草每束折银一角，平均每亩纳税银实有八角一分。今拟从少计算，每亩假以七角定之，通计如上数。

三、粮产约九十一万二千石。

每亩粮产由数斗至一石数斗，酌中计数，再除种去壳，以净熟计，每亩产六斗，共产如上数。用济民食，可供六十万众之需，计值则九百万元。

四、殖民十五万二千人。

规复地亩如前数，以二夫种一顷，每夫连家室五人计，共殖民如上数。

以上四端仅举概略，其他附带受益之处度亦不少。

渠工

黄河自古为中国患，而宁夏开渠溉田独享其利。考渠工倡始于秦，秦渠在黄河东岸金积县境内，由青铜峡开口。盛行于汉，修浚于唐，今汉延、唐来二渠其遗迹也。宋、元仍之。及明中叶，以套患废弃，以致淤浅，末年始修复之。至清初，增开大清、惠农、昌润诸渠，合为五大渠。由是境内无高下碱卤不毛之地，得水浸灌，悉成腴田，至数万顷，富庶甲于内地，此“塞北江南”之谚所由来也。

五渠次序，唐来居上游，次大清、汉延、惠农，最下为润昌[1]。各渠口皆与黄河斜交，乘势以引河流。渠口旁各作迎水灞一道，长三五十丈或四百丈不等，以乱石桩柴为之，逼水入渠。距渠口一二十里建正闸一座，是为一渠咽喉要道。旁设水表，以五寸为一分，总以十二分为率。正闸以上各建减水闸二、三、四座不等，水小则闭之，使水尽入正闸，水大则启之，俾仍泄入河。设水手以为司理，随时报告水势。闸各二空或四五空，空宽各一丈左右。减闸上游有滚水灞一道，或三五十丈，或七八十丈，用石堆叠，低于堤岸数尺，河水泛涨则从此滚出入河，正闸之水止循分寸入渠。沿岸居民凿小渠以引水入田者曰支渠，大者长百里，小者数里或数十里。各建小闸，或木或石，以便溉田，名曰陡口。其有此渠之高田，因彼渠隔断而不得水者，则架木笕以渡之，名曰飞槽。其渠水灌入稻田，复从稻田澄出之清水则放入各湖，如唐渠东岸之解面、杨家、洛洛，清渠东岸之韦子、张喇，汉渠西岸之平则、老鹤、双塔，东岸之明水、龙太，惠渠西岸之黑渠、塔桥。诸湖坎坎

[1] 润昌　底本倒，据上段当作“昌润”。

相连，名曰十二连湖，皆所以蓄水也。湖水既盈，则泄入西河，而仍归黄河。有被大渠所阻者，则于渠底砌石为洞以通之，名曰暗洞。

旧户田以六十亩为一分，新户田以百亩为一分。每田一分，除田赋正供外，例纳束草四十八束，后改二十四束，重各十六斤；桩十五根，长各三尺。向由水利同知于十一月间征齐存储，以备来春修理闸壩埽岸之用。后改收七本三折，盖以工程用品，时需红柳、芨、芗蓄、石块、石灰等物，故于草、桩内收折色三分，以便采买，总名之曰颜料。每岁河冻之时，用草闭塞渠口，名曰卷埽。至清明日，按田一分拨夫一名挑浚渠身，加叠埽岸，以一月为期，名曰春工。工作之时，官司亲临董率，委派绅民练达渠务者分段监工，名曰委管。各段渠底设有底石，上刻“准底”二字，春工挑浚须至底石为止。立夏日掣去所卷之埽，放水入渠，名曰开水。开水之时，先将上段各陡口闭塞，逼水到稍，取稍民浇灌，满足甘结，名曰封水。封水之际，将各陡口酌留二三分水，名曰俵水。至是乃开上游陡口，任其浇灌。既已普及，又逼令至稍、封与俵。周而复始，上下段皆获及时浇灌。夏至日止，名曰头轮水；立秋前后，名曰二轮水；至小雪止，名曰三轮冬水。其制度如此，可见古人经划煞费心思，以成此万世之利也。第道、咸以后，董理其事者不能得力，原有渠工任其淤浅，积习相传，至于今日。溉地之日减，职此故矣。兹再分述于后。

一、唐来渠

唐来渠一曰唐渠，贺兰山东第一道大渠也。自青铜峡开口，引黄河入峡之水达石山之麓，西北过唐坝堡，经宁夏城西、平罗城东南，至上宝闸堡，入西河。本汉光禄故渠，唐大都督长史李听复浚之后沿此称。《宁夏府志·水利源流》云。元时废坏，河渠提举郭守敬重修，更立闸埝。旧制以木，明隆庆六年，河西道汪文辉易以石工，益固。初，渠口在观音堂下，宽十八丈，深七尺，继以渠身淤高，纳水不畅，渐不敷用。清康熙四十七年，水利同知王全臣于河中筑埽，夏人读坝如拜，今通埽字，其实即坝也。逆流而上，直冲峡口，自百八塔寺下劈分黄河三分之一以为渠口，名为迎水埽。埽长四百五十丈，宽约二丈，高一丈六七尺不等，用柳圈内贮石子排列两行，中间填以石块柴薪，叠叠筑起，高于水面，下用大石衬固埽基。埽成，藉挽河流东注之势，西折入渠，水位既高，纳流通畅。历二十年，渠底又淤。至雍正九年，侍郎通智重修，设立底石，上刻"准底"二字，埋置渠底，春工修浚，以至底石为度。乾隆四年，宁夏道钮廷彩；四十二年，宁夏道王廷赞；嘉庆十七年，宁夏道苏成额；道光四年，宁夏道瑞庆，均奏请发帑重修。

渠口自迎水埽以下有滚坝一道，长三十丈，用泄渠内过量之水以入河。又下有减水闸四座，均四空，空各宽八九尺至一丈不等，启闭视正闸水表为准，闭之则以益其流，启之则以消其势。又下乃正闸，一渠之咽喉要隘也。闸在唐坝堡，共五空，东四空为正闸，西一空为贴渠闸，宽一丈五寸六分。贴渠闸原系二空，今废一空。正闸中二空各宽九尺六寸，外二空各宽一丈一尺五寸二分。旁设水表，高十八份，每份五寸，水至十二份则递开减闸。按表可知正闸纳水之量，亦可知溉地之数。闸坝附近险要之处建护岸埽七处，以御河流之冲刷。计自百八塔厘局下迎水埽起，至唐坝堡正闸止，长凡二十三里零，是为渠口。

渠身约分五段，由正闸起，西北行至玉泉桥为上段，长五十里，宽八丈，深三五尺。自玉泉桥东北行，微转而西至良田渠口为上中段，长七十里，宽七丈，深五六尺。自良田渠西北行至西门桥为中段，长四十里，宽六丈，深七尺。自西门桥西北行至站马桥为中下段，长六十里，宽六丈，深七尺。自站马桥北行至上宝闸堡达渠稍为下段，长一百里零，宽三丈，深三四尺。计由正闸至渠稍，共长三百二十里零，两旁堤岸排植榆杨，既固堤根，复供薪采，取给不尽。渠有通身桥十二道，以通耕牧来往。又有尾闸一道，以备闭启蓄浅之用。此旧制也。今唐渠淤浅，水量不能到稍，此闸已同虚设矣。大支渠二十余道，其与正渠相接，设有陡口，大小计四百四十六道，溉宁夏、宁朔、平罗三县三十三堡田五千七百六十三分。每分约六十亩左右。

又贴渠二道，与唐渠同口异闸，盖唐渠之附庸也。一曰旧贴渠，溉唐渠东岸高地。自南迤北，至汉坝堡稍，入汉渠，长二十四里，陡口三十一道，溉田一百二十二分。一曰新贴渠，由旧贴渠分水，自南迤北至清渠。正闸上架飞槽，用溉清渠东岸高地。长五十六里，陡口二十八道，溉田三百九十七（份）〔分〕半。

所有唐渠附属大小支渠暨二贴渠，共计溉田原额六千二百八十二分半，即四千七百八十九顷。今渠身淤浅，纳水无多，仅溉一千八百余顷。

支渠。唐渠支渠甚多，其十里以上至百里者，则有二十余道。兹将名称、地址、长度列表于下：

大新渠	在城南，绕东而北	长七十六里
红花渠	在城东南，北流	长二十八里
良田渠	在城西，北流	长九十九里
满达拉渠	在城西北，转东北流	长六十里
白塔渠	在桂文堡	长六十九里三分

续表

新济渠	在镇朔堡	长六十五里
大罗渠	在洪广堡	长二十五里
小罗渠	在常信堡	长二十里
菓子渠	在高荣堡	长二十三里五分
和集渠	在周澄堡	长十七里
柳新渠	在平罗县	长九里
黑沿渠	在平罗城	长十五里
亦的小新局	在张亮堡	长二十里
柳郎渠	在平罗城	长二十里半
曹李渠	在平罗城	长十里
他他渠	在靖益堡	长十五里
掠未渠	在丰登堡	长十八里
罗哥渠	在常信堡	长六十里
高荣渠	在高荣堡	长二十里
湛恩渠	在靖益堡	长一百里

闸坝。正闸一座，共五空，上建桥房十三间，碑亭一座，旁房三间。减水闸四座，曰关边，曰安澜，曰汇畅，曰宁安，均四空。尾闸一座，滚水坝一道。

按：汉、唐二渠闸坝皆元郭守敬倡建，初以木为之，明汪文辉易以石，后大清、惠农渠均仿而行之。

埽。迎水埽一道，在青铜峡渠口。护岸埽七道，曰贾家河沟埽，曰大湾埽，曰马神庙埽，曰王祥埽，曰张贵埽，曰陈俊埽。

底石。一在正闸下，一在大渡口，一在西门桥，共三处。

按：自通智修渠时埋石于各段工次，上镌“准底”二字，曰底石，每岁春工以挑见底石为度。

水表。一在正闸旁，高十八分，一在西门桥，高十五分，共二处。

按：水表以木为之，上刻分画，以五寸为一分，十二分为率，以开减闸泄水入河，防其涨也。西门桥水表则测水分数，以知到稍早晚。

又峡口水加至八尺外，例由宁夏府飞递详报河南防护工次。

水手。四十名，每名额田一分，不征钱粮草束。

按：水手司各闸启闭，报告水势消涨等事。

委管。无定数。

按：每岁春工修浚，例选士绅练达渠务者委任，分段督修，量给公费，名曰委管。他渠均同。

额夫。六千六百六十五名零五日。

按：旧例春工每田一分出夫一名，清明日上工，立夏日工竣，工作一月。冬月卷埽，例拨半分田人夫，抵其次年春工之夫。

颜料。额征草十一万七千二百七十三束，桩十万一千四百十四根。

旧例每田一分出草四十八束，重十六斤，后减为二十四束。又桩十五根，长三尺，由水利同知于十一月间征齐，存贮各工所，以备来春兴工之用。后收七本三折，用红柳。白茨、芀菩、石灰、石块等物，则于折色银内采办。

通智《修渠碑记》

（前略）查唐渠自始，莫可考究。观其形势，自青铜峡百八塔寺下分河流为进水口，由大坝绕宁城，逾平罗，入于西河，绵亘三百零八里，沿贺兰山一带田地均资灌溉。遍稽志乘，名曰来渠。元时行省郎中董文用、河渠提举郭守敬曾加疏导，而闸座犹系木植。至明隆庆间，督偨河西道汪文辉始易木为石。后一百六十余年，虽例设岁修，而司其事者多因循苟且，遂至闸座倾坏，渠道淤澄。臣等遵旨浚修，爰于雍正九年二月二十日，率领效力文武官弁等四十员，并协办宁夏道府厅县，分布兴工，起自进水口。其迎水堺甚低，且多冲坏。船运峡口石块，杂以麦草，直分河流，帮砌石堺兼内外马头，共长三里零十丈。倒流河决口宽百余丈，每年用草滚埽，一遇大水，仍行冲决，水势既下，难以挽之。使上且安澜，闸底水背又被冲刷倾坏。乃循旧迹，自上流另开渠身一百八十余丈，顺引而下，扼顶冲处造滚水石坝三十丈，水小则束之入渠，水大则从坝滚出，以杀急湍。又将安澜闸移下，迎溜展造四墩五空石闸一座，以退余水。其大小双闸底高空窄，出水不畅，乃稍移而南，合造三墩四空石闸一座，易名汇畅。宁安闸底既高，而南路头突，乃落底展修三墩四空石闸一座。关边闸虽出水甚力，并正闸贴渠底塘棱墩石墙俱多损坏，皆添石重修，并展造桥房十三间，以及碑亭、廓房数楹。正闸之北为龙王庙，因旧制而恢广之。凡退水尾俱短，水出即折湍激之势，（陶）〔淘〕坑冲刷，以致闸座不坚。因势疏浚，顺引归河。且退水归入倒流河，反与大河漾水会射刷，不但大堺日以险薄，而田地时遭淹泡，因与来水口厚加修筑，使水顺流而下。堺岸既坚，旁地俱可耕种。自进水口抵正闸前，计九里三分零八丈，皆沙石淤塞，分为一工；自正闸后抵月牙湖脑二十里八分，抵玉泉桥又二十二里一分，抵宁化桥又二十三里二分零十丈，抵大渡口又二十一里七分零十七丈，抵和硕墩又二十一里八分零二丈，渠西浮沙弥漫，渠内淤澄甚厚，堺岸低薄，分为五工；自和硕墩抵三渠湾二十四里三分，抵保安桥又二十一里七分，抵满达喇桥又二十三里一分零十一丈，抵站马桥又二十五里六分，虽有埢岸，而偏坡转嘴甚多，分为四工；自站马桥抵张明桥二十六里一分零分八丈，抵张贵桥又二十四里一分，抵李氏桥又三十八里七分，渠身太窄，淤口亦多，分为三工；渠尾淤塞，余水即泄入诺素湖，一遇水大则漾漫田亩，因循旧迹，越废边十二里九分为一工。俱派拨文武官弁督夫浚修，不但淤者去之使平，薄者加之使厚，低者培之使高，窄者展之使宽，即渠内大坡约下三四尺以至丈许，且将尾稍引入西河。水有攸归，地亦可垦。凡渠内水缓沙壅则多淤澄，因对偏度转觜相度斜射冲刷之势布设马头，使沙不停，则水自无阻滞。又一切受水险埢，架帮柴柳，土垡梳背，长埢马头，背培厚土，内外相坚，可免冲决。桥座一十有七，皆添木补修，开渠尾架桥二座，以通往来。又于正闸浚墩尾及西门桥柱刻划分数，验水势，察淤澄。渠底布埋准底石十二块，使后来疏浚知所则效。于四月十四日工竣放水。是役也，皆仰体皇上爱养斯民之至意而竭蹶从事，不遗余力。即在工文武员弁，协办宁夏道府厅县，亦莫不欢欣鼓舞，不遑宁处。计其添运物料，雇觅工匠，总需一万八千余金。自兴工以至放水，为时五十三日，民不觉劳，大工以济。落成之后，规模一新，渠流充畅，高下地亩，优渥沾足，万姓欢腾，群歌帝德。惟愿后之司其事者，毋荒怱以从事，勿肥己以病民，则渠无匮乏之虞，而亿万年宁民得享盈宁之庆矣。是为记。雍正九年五月。

一、大清渠

大清渠一曰清渠，贺兰山东第二道大渠也，自唐坝堡马关嵯开口，至宋澄堡稍，入唐渠。清康熙四十七年，水利同知王全臣开，分溉唐渠东岸高地，以助唐渠水力所不逮。九月初七兴工，十三日工竣，称神速焉。雍正十二年及乾隆四年、四十二年均重修。

渠口上距唐渠口二十五里，宽八丈，深五尺。距渠口十三里设正闸一座，二空各宽一丈五寸六分。减水闸三座，均二空，宽一丈左右。滚水坝一道，埽一道。渠身由正闸起，至稍止，长七十五里二分。上段三十里，宽四丈，深六七尺；中段三十里，宽三丈，深五尺；下段十五里二分，宽一丈六尺，深五尺。正闸架飞槽一道，引贴渠水浇东岸高地。渠底暗洞二道，以泄渠西之湖水。桥六道，支渠十余道，陡口一百二十八道，灌溉陈俊、蒋定、汉坝、林皋、瞿清、邵刚、玉泉、李俊、宋澄等九堡田一千九十六分，即一千二百十三顷。今只溉二百余顷。

支渠。魏家渠、鸭子渠、长行渠、台坝渠、大小边渠、董渠、红庙渠，以上皆在东岸。地八渠、姜家渠、曹家渠、罗家渠、蒋家渠、李家渠，以上皆在西岸。

闸坝。正坝一座，二空，上建桥房五间，碑亭一座，旁房三间。减水闸三座，曰盈宁，曰永清，曰底定，均二空。滚水坝一道。

暗洞。二座，一曰汉坝暗洞，在汉坝堡；一曰宋澄暗洞，在宋澄堡。甃石为洞，横通渠底，引渠西之水东泄入湖，初由明水利同知王三锡倡建于汉渠。清同治王全臣修清渠亦仿行之。

飞槽。一架，在陈俊堡，跨正闸而过，系引旧贴渠之水。清、唐、汉、惠四渠分布，东西阻隔，往往有此渠之地，而因势接引彼渠之水浇灌，则用木笕跨渠上，通名之曰飞槽。

埽。二道，一曰杨家河埽，一曰施家埽。

底石。一处，在正闸下。

额夫。九百十二名零九日。

水手。二十名，每名额田一分。

颜料。额征局草二万五千一百一十束，桩一万七千六百九十根。

水表。一处，在正闸旁。

蔡升元《题大清渠》二首

为怜膏壤弃边荒，七日功成百里塘。引入河流沙碛里，凿开峡口贺兰旁。支分九堡通沟浍，鼎峙三渠并汉唐。作吏尽如君任事，不难到处乐丰穰。

两渠中划大清渠，图筑无劳民力纾。心画万家《沟恤[1]志》，掬藏一卷《水经》书。岚光树色晴川外，鸿影鸥波夕照余。浑似西南好风景，岂惟灌溉遍村墟。

又王全臣《题大清渠落成》二首

规模直与汉唐同，甃石浮江落彩虹。远近萦纡分上下，纵横挹注任西东。惟知顺水行无事，谁敢开渠辄有功。最是亭成临孔道，喜闻过客话年丰。

顺导洪河入地中，汉唐得助益湫灖。群氓久失千秋利，此日新添一溉功。沙际堤环春草绿，桥头额映晚霞红。闲来徙倚虚亭下，翻爱旁流水向东。

一、汉延渠

汉延渠一曰汉渠，贺兰山东第三道大渠也，自陈俊堡四道河开口，西北过汉坝堡，经宁夏县治东至王澄堡，入西河，汉郭璜开。《宁夏府志·水利源流》云。宋时曰汉源，元称汉延，郭守敬设立闸埝，明汪文辉易之以石。清顺治十五年，巡抚黄图安；康熙四十年，河西道鞠宸均重修。雍正九年、乾隆四年及四十二年，均与唐渠同修。光绪三十年六月初八日，河水异常泛涨，

[1] 沟恤 当为“沟洫”。

自马关嵯以下，河水夺流，渠身沦为支河，旧日之渠口则土石填塞，不可复浚，乃改口于菖蒲沟。惟水势迁徙不定，频年更易，随时补苴而已。三十四年，知府赵维熙仿王全臣之法，用红柳编制大筐，中盛毛石，压迎水埽五里之遥，既纳河流，亦杀水势，于是渠流顺轨，即今之四道河新口云。

渠口距唐渠口下三十里，地势低下，直迎河溜，水势易入。口宽三十一丈，深七尺五寸，渠口筑石子双埽以截引河流，兼以御河水泛涨波涛之冲激。以下滚水坝，又下减水闸，或四空或六空，每空宽八九尺至一丈不等。又下正闸，在汉坝堡，距渠口十二里。闸四空，左三空各宽一丈五寸六分，右一空宽九尺六寸，旁设水表及护岸之埽。一切制度均与唐渠同。

渠身约分三段，由正闸起，北至唐铎桥曰上段，长六十五里，宽五丈，深六七尺；由唐铎桥以下，西北至张政桥曰中段，长七十五里，宽四丈五尺，深六七尺；由张政桥以下，北至王澄堡渠稍曰下段，长五十五里，宽三丈，深五六尺。计自正闸至渠稍共长一百九十五里，通身桥十九道。渠底暗洞五道，泄渠西之水东注以入湖。其支渠有被惠渠隔断者，则于惠渠架飞槽以渡之，计有六道。大支渠十三道，陡口四百五十八道，灌宁夏、宁朔二县二十一堡田五千六百九十分，即三千七百九十七顷。今只溉田一千四百余顷。

支渠。十三道，不及十里者未载。

水磨渠	在叶升堡	长二十里
大北渠	在叶升堡	长十五里
果子渠	在任春堡	长四十九里三分
泻浑渠	在王洪堡	长二十三里
南皋渠	在王洪堡	长十九里三分

北皋渠　在王洪堡　长二十五里
大营后渠　在镇河堡　长二十五里
毕家渠　在金贵堡　长三十里
各陡渠　在金贵堡　长三十里
小营后渠　在金贵堡　长十六里
大高渠　在潘昶堡　长十九里
南毛渠　在潘昶堡　长十九里
北毛渠　在潘昶堡　长二十九里

闸坝。正闸一座，计四空，上建桥房九间，碑亭一座，旁房三间。减水闸三座，曰安定，曰平泰，曰永宁，或为四空，或为六空。滚水坝一道。

暗洞。五处，曰林皋暗洞，在林皋堡；曰唐铎暗洞，在唐铎堡；曰魏信暗洞，在魏信堡；曰张政暗洞，在张政堡；曰王澄暗洞，在王澄堡。

飞槽。汉渠支渠飞槽均跨惠渠而过，计有六架，另详惠渠。

埽。六道，曰石子双埽、晏子埽、晏公外河埽、铜青埽、野虎埽、城墙埽。

底石。五处，正闸下一，龙泉闸一，李俊闸一，王泉闸一，板桥下一。

水表。二处，正闸一，张政桥一。

水手。四十名，每名额田一分，不征银两草束。

额夫。四千八百七十二名又十二日。

颜料。渠草十二万一千八百九十二束，桩九万二千四百五十七根。

王全臣《重修汉渠暗洞》诗

河流分泄汉唐中，双拖白练舞双虹。唐来西绕兰山麓，汉延绵亘唐之东。中间万顷分挹注，余波总向湖中聚。群湖宛转东归河，汉延堤高截去路。古人立法妙有余，地底钻穴透汉渠。就下能消群湖水，仿佛沧冥泄尾闾。慨自河迁唐口咽，蓄之乌有焉能泄。虽然古洞迹犹存，一任泥沙久埋灭。大清渠开水洋洋，迎水堤成势更狂。田间水满翻为虐，到处泛溢嗟怀襄。寻得古洞皆木植，支撑渠底苦无力。经营石甃洞为三，奥若蛟宫不可测。石梁潜架邃且幽，坚牢稳载渠□流。任他灌溉盈沟浍，暗把狂澜细细收。老农欣欣喜相告，年来鸣蛙产釜灶。灶洞赖我使君修，夏不旱兮秋不涝。曾闻河源来自天，一曲伏流路几千。可使天吴聊小试，暂移鳅穴□银川。纷纷行客频过此，惊看渠底水弥弥。道是策马历东阳，一滴宫商清入耳。使君政瞬可郊行，洞侧清凉好驻旌。为听澶洄河中去，尽是三渠击壤声。予也闻之深愧谢，工以幸成劳奖借。开渠修洞踵先贤，但愿岁岁宜禾稼。

一、惠农渠

惠农渠，一曰黄渠，贺兰山东第四道大渠也，自陈俊堡东南开口，过龙门桥，经宁夏县治东、平罗县治东至尾闸堡稍，入黄河。清雍正四年，以查汉托护地方膏腴万顷，为汉、唐二渠余波所不及，命侍郎通智、宁夏道单畴书相度形势，以开此渠。渠口初在余家嘴花园湾，并唐渠而北，至平罗西河堡，入西河，长只二百里，用帑银三十万两。乾隆五年，地震塌陷，复修，移渠口于通润桥。九年，宁夏府知府改修渠尾至市口堡。十年，又改口于宁朔县林皋堡朱家河。三十九年，河流东徙，又改口于刚家嘴，与唐渠同时修浚。光绪二十七年，河流西刷，于渠口外设坝二十余里。后屡修屡圮，渠工大坏。三十一年，知府高维哲改道于杨和堡之东，今所谓“杨河新工”者是也。

渠口宽二十丈，深七尺。正闸一座，计五空，共宽六丈三尺。减水闸四座，均四空，空各宽九尺至一丈一尺。坪一道。

渠身由正闸起，北至渠稍尾闸，长二百六十里，宽十三丈，至尾收至四五丈，深一丈二尺至五六尺不等。渠稍尾闸一座，二空，左空宽一丈四尺，右空宽一丈二尺五寸。渠东筑长堤，长凡三百二十里，以障黄流。渠身架桥十一道，飞槽六道，均以渡汉渠之水浇惠渠东岸之高地。渠底暗洞七处，以泄渠西各湖之水以入黄河。底石二处，用为春工修浚之标准。大支渠十余道，陡口一百三十六道，溉宁夏、平罗二县四十九堡田四千五百二十九分半，即四千五百二十九顷。今只溉六百余顷。

支渠。十六道，小者不计。

六墩渠	在六中堡	长十里
泮池渠	在通福堡	长十四里
交济渠	在交济堡	长二十五里
仁义渠	在六羊堡	长十五里
隆业渠	在沿河堡	长十里
任吉渠	在沿河堡	长十五里
宝闸渠	在通平堡	长二十里
惠威渠	在惠威堡	长二十五里
小三渠	在长渠堡	长十九里
滚珠渠	在北长渠堡	长十八里六分
官四渠	在渠中堡	长五十里
普润渠	在西河堡	长十七里
元元渠	在西河堡	长十六里
万济渠	在万宝屯堡	长十五里
永祥渠	在李祥堡	长二十里

黄杨沟稍渠　在河西塞　　长十里

闸坝。正闸一座，五空，上建桥房九间，碑亭一座，旁房三间。旁闸四座，曰涤闸，曰建瓴，曰平涛，曰宁澜，均四空。尾闸一座，二空。

暗洞。六处，泄河西塞以上湖水之不入西河者。曰永畅暗洞、美利暗洞，均在叶升堡；曰永涵暗洞，在任春堡；曰永弘暗洞，在王洪堡；曰通知暗洞，在杨和堡；曰通宁暗洞，在河西塞。

飞槽。六架，均系引汉渠之水，东渡以浇惠农以东高地，叶升堡水磨渠一，任春堡三水渠一、果子渠一，王泰堡南皋渠一、北皋渠一、泻毕渠一。

坍。一道，曰将军坍。

底石。二处，正闸下一，通济桥下一。

水表。一处，正闸附近。

水手。四十四名，每名拨给灵州营滩厂地一分，不征银两草束。

额夫。三千九百七十二名又十二日。

颜料。渠草八万七千五百四十九束，桩五万九千五百八十六根，芳菩七千七百八十六束。

通智《惠农渠碑记》

黄河发源于昆仑，历积石，经银川，由石嘴而北，绕鄂尔多斯六部落，入黄甫川，逾潼关，会泗、沂，合淮归海，源远流长，而朔方一带导引灌溉，厚享其利焉。独查汉托护地方沃野膏壤，因汉、唐二渠余波所不及，遂旷为牧野。我皇上轸念宁夏为边垂重镇，建新成，设将军领兵驻防，特命侍郎臣通知[1]，会同督臣岳钟琪详细踏勘，嗣命臣通知[2]，偕侍郎臣单畴

[1][2] 通知　当为“通智”。

书专董是役。复拣选在部道府州县十五员，命赴工所，分司其事。又奏请调取守备官弁武举等十有二人，共勦厥工。乃相土宜，度形势，以陶家嘴南花家湾为进水口，近在叶升堡之东南也。黄流自青铜峡口而下，支派分流，至此滔滔汩汩，顺流远引，足溉数万顷之田。其渠口石子层累，底岸维坚。由此而东北遍历大滩，择地脉伏处开大渠三百里，宽十三丈，至尾收为四五丈，底深丈三尺以至五六尺不等。高者挖之，低者培之，引入西河尾，并归于黄。建进水正闸一，曰惠农闸。建退水闸三，曰永护，曰恒通，曰万全。节宣吐纳，进退无虞。设永宏、永固暗洞二，以通上下之交流。设汇司暗洞一，以接汉渠之余水。正口加帮石囤，头闸竖造石桥，则渠源不患冲决。特建尾闸以蓄泄之，外累石节以巩固之，则渠可以永赖。

大渠口以东俱引灌大渠水，其田势高处，刳木凿石为槽，以飞渡汉枝渠之水而东之，仍不失其依然之迹。西坂渠尾以南直抵渠口，其西岸不能归暗洞之水，退水特留暗洞之大渠一带，使绝无涨溢之患。任春、叶升二堡为往来孔道，正闸覆造桥房，旁列数楹，为守者居，而为行者憩。建龙王庙，立碑亭以记工程，并壮观瞻。沿渠之桥二十有二，西河之桥十八，行旅往来，咸以普济。其支渠四达，长七八里以至三四十里者百余道，均作陡口飞槽，而户口人民沿渠又各制小陡口、小暗洞十余道，以相引灌。自此沟塍绣错，二万余顷良田无不沾足。以渠之东，循大河涯筑长堤三百二十余里，以障黄流泛溢；于渠之西，疏通西河旧淤二百五十余里，以泻汉、唐两渠诸湖减水。各闸旁建水手房四十二所，以司启闭。遍置塘房三十七处，稽查边汛，而大渠长堤，以至西河，兼恃防护。渠堤两岸俱侠植垂杨十万余本，其盘根可以固塀岸，其取材亦可以供岁修。至于东北隅一带，其地尤广，其土尤沃，改六羊河，为渠一百一十余里，以佐大渠所不及。奏请建县城二，其一在田州塔南，为新渠县；其一在省嵬城西，为宝丰县。立县令以膺民社，设通判以司水利，建学校以育人材，置营弁以备防汛。移市口于石嘴，汉夷皆便；建城堡于山后，守御相资。

兹役也，蒙皇上特颁帑银十六万两，以为工匠、车船一切物料之用，纤微不累于民。肇始于丙午之孟秋，工竣于己酉之仲夏，向之旷土，今为乐郊。复蒙皇恩广被，又颁帑银十五万两，以为招徕户口恒产耕种之资。由是亿兆欢呼，争先趋附，辟田园，葺庐舍，犁云遍野，麦浪盈畴，勤耕凿者歌帝力，安陇亩，颂高深。奏之九重，锡以嘉名，曰惠农渠。遐陬赤子，尽戴光天，边塞黎民，欣逢化日，诚国家万年之基，而民生世享之利也，爰立石而为之记。

一、昌润渠

昌润渠者，贺兰山东第五道大渠也，自宁夏县通吉堡开口，北至平罗县永屏堡，与惠农渠同时开浚。初为惠农渠支渠，地居惠渠之末，到水甚少，不敷浇灌。乾隆五年，又经地震，塌陷废坏。后于平罗县通富堡另开一口，纳水甚微。又移上至通义堡开口，仍无济。三十年，宁夏府知府张为旃详准，受水民户自备夫料，另由宁夏县通吉堡溜山子开口。四十三年，嘉庆十七年、二十一年，道光四年，均重修。

渠口正闸一座，五空。减水闸四座，均五空。由正闸起，至渠稍，长一百三十六里，宽七丈，至稍收为三丈，深三四尺至七尺。分水闸一座，二空，分水以入旁渠。支渠二十余道，陡口一百十三道，灌平罗埂外田一千六百九十七分半，即一千六百九十七顷。今只灌二百余顷。

支渠

暗洞渠	长十五里
克家渠	长十五里
宋家渠	长十二里
永惠渠	长十五里
孟家渠	长十里
官三渠	长十七里
穆家渠	长十五里
贴五渠	长十六里
田家渠	长十五里
西边渠	长十里
白茨渠	长十里
天生渠	长十里
西官渠	长十二里
贴六渠	长十二里
小六渠	长十里
五大支渠	长十里
西七渠	长十三里

闸坝。正闸一座，五空。碑亭一座。减水闸四座，曰裕昌，曰福昌，曰静澜，曰平坡，均五空。分水闸一座，二空。

水手。二名，每名给额田五十亩，不征银两草束。

额夫。二千二百五十九名。

颜料。渠草四万九千六百九十六束，桩三万三千八百八十五根，芗菩四千五百十八束。

通智《昌润渠碑记》

雍正四年，通智、单畴书会督臣岳钟琪经营查汉托护地方，开大渠以资灌溉，筑长堤以障狂澜，易畜牧为桑麻者三百余里。但大渠之东南隅，滩形广阔，水难遍及。有黄河之支渠名六羊河者，口形如列指，溯游数里，复合为一，迤逦而北，经大小方墩，越葫芦细，历省嵬城，而仍归于大河。沃野腴壤，绵亘百余里，因迤黑龙湾而西，故水势顺下，漫无停蓄，不能引之滩中，河之下流遂淤。率诸执事，循其已然之迹，顺其势而导之，凡堺岸之倾圮者培之使平，河流之淤塞者浚之使通。爰于渠口建正闸一，曰昌润闸。外设退水闸，曰清安，使水有所泻，以备岁修堵口也；内设退水闸，曰清畅，使水有所分，以杀湍流涨溢也。相宜地制，分列支渠二十余道。中多高壤，不能尽达，复设逼水闸，曰永惠、永润、永屏束之，使其势昂而盈，科而进，仍其故道，以入于河。诸闸既建，俱跨桥以通耕牧往来。正闸之上覆以桥房，其旁则立有龙王庙、碑记亭。渠两旁俱插柳秧，资其根力以固堺岸。自此启闭以时，蓄泄有方，而大渠以东遂无不溉之田矣。定名曰昌润渠，以昭示来兹，重之永久。是役也，用以仰副我皇上仁育万物、无远弗届之至意。渠之两旁，良田万顷，比户千家，白叟黄童均沾惠泽，青山绿水悉戴鸿慈，诚盛世之远谋，而万年之乐利云。

又《工竣》七律二首

黄河别派六羊通，石闸巍然跨彩虹。激其众流增浪力，引开渠水灌田功。川辉源润千村聚，野绿禾青一望同。从此遐荒欢鼓腹，群歌大有慰宸衷。

作甘稼穑润黎民，西陕年来奉使频。力竭驽骀酬主德，普沾雨露戴皇仁。昭回人物山川旧，吐纳洪波气象深。共庆恩膏贻乐利，银疆北鄙万年春。

单畴书诗

水利劳宸念，恩膏洽朔方。九重亲指受，群力共劻勷。疏浚引川泽，经营驾汉唐。碧云辉丰月，绿柳卧横塘。星宿来千里，阴精劈六羊。沟渠皆滚滚，挹注尽洋洋。原隰初成界，南东细画疆。篝车盈畎亩，士女乐仓相。睿虑周荒服，斯民迪永康。敢言如吏白，丰豫赖天王。

又单畴书诗

辟土逶迤三百里，建闸开渠跨诸美。告成先浚六羊工，导流吸引黄河水。黄河之水远且长，溉田灌亩法为良。奔流直下疾如驶，蟠龙一束十丈昂。昼夜波涛声浩浩，势急闸门溅飞瀑。旁通支派悉分流，膏腴万顷彻西徼。绣壤如云稼更多，万家沾足泽滂沱。即今荒服易康衢，圣治应比唐虞过。

郡人吴复安《言渠务利弊书》

宁夏古朔方郡，地杂沙漠，居民鲜少，旧属咸卤不毛之区耳。自水利肇兴，开渠引流，灌田数千万顷，居民利赖，遂变斥卤为沃壤，此所以有“天下黄河富宁夏”之谚也。然渠工之利既兴，而治渠之方不可不备，于是设有委员首事，以董其事，设为委管渠长，以分其责。其催征坝料也，则有书差；其购买物料也，则有采买。惧其水势之时涨时落也，设为闸坝以蓄泄之；惧其上下流之浇灌不均也，设为封俵之法以调剂之；又惧其岁久淤塞而冲刷也，每岁又派夫料以修浚之。前人之设法，可谓曲详且尽矣。无如沿习既久，上下视为具文，司事者不能实心任事，精勤以图治，而局员与局绅亦只奉行故事，敷衍了局，甚则反因以为利，遂至上慢下欺，弊端百出，日甚一日，积重难返。昔谓黄河独利于宁夏者，而兹之民困也实甚。谨举渠务之积弊，约略言之。

一曰冗费之弊。向例督办渠务，特设水利同知以专其责。自各渠改设委员以来，渠工之费愈大而弊愈甚。其名目有提调委员、稽核委员、查点委员、封稍委员、正办委员之外，又有帮办委员；本局书差之外，又有总局书差。员愈多而愈费，差愈繁而愈累。其实于渠工有何裨益？不过藉以分润而已。每岁兴修，各员车驾所至，事事供张，跟随各役，均有规费，官吏取之于委员，委员又取于民夫，层层剥蚀，何所底止？至于各渠罚夫、底子两项，每年所收为数不赀，名为存公，以备修补各渠之用，究亦耗费无何有之乡矣。

一曰购料之弊。每年各渠估计物料钱均在数千串之外，其归工实用者不及其半，而其半尽隐折分肥。如各渠每年本色草束均按亩科派，除输交渠口之外，其余强行折价，加倍征收，一任委员首事东涂西抹，以供无名之费。每年各渠迎水堺、滚水坝估计毛石或六七十船，或百余船不等，其入水实用者甚属寥寥，不过借堵压之名为侵鱼之计。其他各种颜料，若石灰、柳、桩、芨菩、闸木均皆估多而用少。至于发给物料钱，委员有分中之折扣，有分外之需索，以万民之脂膏，供一二人之挥霍，良可惜已。

一曰修浚之弊。夫以渠身疏通则水自流畅，渠堺高坚则溃决无虞。委员于春工时视为利薮，故狡猾之揽头预将民夫包揽在身，至各工贿通委管，为之隐饰。平常只是敷衍了事，一遇官吏查点，非顾名以应役，即指鹿以为马。其所应役之夫，除伙头、相夫不任事之外，认真出力者能有几人哉？而各工段草埽各堡渠长购买，原不足数值。用柴之时，不过总管为之包庇粉饰而已。是夫不足而渠身安能疏通，料不足而堺岸安能高坚？所以一遇水势浩大，即不免有溃决之虞矣。

一曰封水之弊。汉、唐二渠绵亘数百里，非严封不能达稍，故有自下而上之说。当封水之时，号令煌煌，吏役得假声势，到处严封各支流陡口，名为逼水到稍，实在封闭愈严水价愈昂。而上中段田苗值浇灌之期，小民望水若渴，欲私放而不敢，欲听旱而不忍，势不得不纳贿于吏役，稍求余泽。凡各渠大小口道均有规费，故民间有“有钱有水，无钱无水”之谣。若规费不备，虽有有余之水，借口稍结未得，故为严闭，不能得及时之润，是封水各役又为小民附骨之疽矣。司事者于其严封，实开吏役盗买之门，何如封俵兼行，使上下均得润其泽也。

一曰报销之弊。各渠委管于工浚报销之时，故为迟延，多候时日，凡误名夫户有赂托者即削其名，无赂托者始填于册，至底无可待，然后造册，转于房书，而房书又为之移星换斗，挪首摘尾。凡奇零之数，房书又从而朘削之，一册之呈案不知经几番剥蚀矣。至若通渠费项值岁终报销之时，首事多方补苴，百计弥缝，以期塞白而已。其有费出无名，难以列报者，委员又为指导以明之，多方以饰之，其浮冒之弊更不堪言矣。

一曰估工之弊。渠水之汹刷原自无定，工程之险易亦递为变迁，司其事者必亲趾查勘，然后知何者为要工，何者为平工。今徒于岁终估工之时，传集众绅，凭空臆度，聚讼盈庭，莫衷一是，故有要工应加夫料而反减者，平工应减夫料而反增者，险夷不均，贻误非浅。至若派充春工，委管不问客之何能，惟以情面是徇；举保各渠，首事不问人之谙练与否，惟以贿赂是尚。一首事之派委，几非百余金不能达到目的。既以财进身，岂能以廉律己？种种弊端，几于罄竹难书矣。

夫渠工，民命攸关，其任不可谓不巨矣。小民每年出夫出料，其赋不可谓不重矣。一遇冲决，近者被灾，远者告旱，既劳其民，又伤其财，如彼涸辙之鲋，未得涓涓之润，而反索之枯鱼之肆，以有尽之民膏，填无穷之溪壑，良可悲悯。是渠工之法坏，至今日而已极；渠工之积弊，至今日而更甚。欲剔除而整理之，是不能不有望于负渠务之责者。

五大渠之外，又有滂渠，初为昌润渠之支渠，由分水闸分昌润渠水。道光五年改口，自温家桥接黄河之流至东永润堡中闸子，又复分两稍，至渠阳堡，共长六十里，灌渠口等堡田四百四十四分。又有河沟官渠、河沟西渠、天水渠，皆小渠也，与旁渠区域及厂地合计今约一千余顷，昔为五千七百八顷。渠由民间自修。

综计五大渠，在昔溉地一万六千二十五顷，额夫一万八千六百八十名，即五万六千零四工，渠草、芀苦四十二万三千八百二十一束，桩三十万四千九百五十一根，今溉五千余顷。派夫征料初无一定，每年由委员到工估计，分别支配。就事理言之，五千顷之地决不应仍照一万六千顷之地征派夫料。渠工之所以日坏，其主因也。

按：宁夏地势西南高而东北下，古人因地之利开渠引水，溉地数万顷，其利溥矣。在昔水利工程之学未见昌明，而古人经画具见匠心。各渠正闸是为一渠咽喉要道，度浇灌区域之大小，定闸门之广狭，虽无当于水理算式，要亦不甚相远。旁设水表，匀刻分划。其外有减水闸，以时验水表水面所至之分划，启闭减闸以泄其有余而补其不足。设水手以为司理，使无太过不及之弊。至如惠农渠东岸地高，不能引惠农渠之水，则于渠上架飞槽，以汉渠之水以接济之；惠渠西岸低地，汉渠溉地余水，积涝难除，则于惠农之底设暗洞以分泄之。补偏救弊，煞费苦心。而唐渠之口直冲峡溜，清渠之跳横障河心，汉渠之减水闸宣泄便利，惠农渠之渠身齐整，水流畅通，相传为四大特色。而春工修竣，征料派夫，及灌溉田园，按轮封俵，各有条规，相传永久，法至完备。惜相沿日久，百弊丛生，见郡人吴复《言渠务利病书》。日甚一日，以致春工挑浚，不尽所淤，询之土人，不见底石已数十年矣。即如唐渠西门桥水表，二十年之前尚系七分行水，九分旺水，今渠底已淤至水表十分，每分以五寸计，渠底淤填高于底石已五尺矣。他渠亦然。就现在渠口纳水之量约略计算，虽不足以供二万顷之需，然亦不只万顷，乃以渠身填高，不能容受所入之水，旋从减闸退出，到地甚少，额地五千顷犹患旱也。近年以来，唐渠附近之地多患旱。夫以二万方里之地域，一千里之干渠，溉田区区，养民亦不过十三万，昔所谓“黄河富宁夏”，今仅虚存其说矣。

从前渠道由水利同知专司其责，尚能履行规章，岁时修浚。自同知裁撤后，改归宁夏道兼办，各渠务局长则委之科员，而道署科员大都长于行政，初无水利工程之思想，以之办理渠工，是以渠工大坏。现在宁夏道陈道尹必淮牧灵州时，曾于青铜峡下秦、汉二渠之旁临河建筑石堤，颇著成绩。继升道尹，兼办渠工，使下车伊始，即着手整理扫除积习，在今日之渠工，亦不至废坏至此。渠曾计划拟于青铜峡建一铁闸，逼水入唐渠，转注于其他各渠，而闭塞其他渠口，俾唐渠为一总口，取水面抬高，流势自畅，是可整理计划之一。然渠身淤浅，亦须大事疏通，支渠陡口之泄量须与正渠比例分配，调匀水速，以减冲刷淤澄之力，保持渠身之常度。而管理渠务，尤宜慎选廉明，于水利工程之学有经验者为之，书差役吏种种积弊永远革除，重整规章，实行遵守，方有起色，否则积习相沿，渠工之坏不知伊于胡底矣！

气候

河套范围内惟宁夏开辟较早，村落密布，树木葱郁，上下之气畅通，故气候亦稍温和。惟霜期较早，麦、稻、米、谷、高粱之属皆春种秋收，岁获一次。夏季天气炎热，略同内地，最热时温气升至九十六度，雨泽稀少，非藉灌溉不能种植。秋分以后时有严霜，立冬前后冰结，至次年春分解冻，通常冰期为一百二十日。冬季严寒，温度平均在二十度左右云。

果树有桃李之属，今岁阴历四月犹降霜，花蕊被损，结实无多。其天气不时，亦农事之障碍也，此等特别霜灾幸非年年如是耳。

物产

农产以稻、糜为大宗，小麦、胡麻次之。米粒较细而灰质，多不及江南所产，然在中国西北不可谓非农产之特色也。每岁船驼并运，行销包头、绥远、山西、陕西一带，为数甚巨。

村墟间林木甚多，大抵皆杨柳之属。青杨圆细而高昂，矗立空际，高者至七八丈。惟贺兰山延袤三百余里，童山濯濯，宜林之地任其荒弃，为可惜耳。

药材多甘草、柴胡、肉苁蓉、黄柏、黄蓍之属。甘草遍地皆是，每岁运往包头、托城等处各四五百船，北方各省胥仰给焉。所产柴胡名为银柴胡，为柴胡中之最佳品。肉苁蓉产于平罗以北阿拉善地，其状若鱼而无苗，土人视土坟起则取得之，每斤约洋一元。畜产以羊为大宗，牛、马、驼次之。其羊皮毛细而软，俗谓之（摊）〔滩〕羊，为羊种之最佳者。每岁出口不可胜计，遍行内地各省。近岁有英商于石嘴子设洋行数处，专于收买皮毛，运至口岸制造毛布等货，亦因其物美价廉，故为外人所攘取耳。

矿产以炭为最多，石喇叭山、镇远关等处已有人开采，以交通不便，运销未畅。近山之处到处皆炭，土人坎地数尺，任意取携，用尽则复掘之，大有不尽不竭之势。贺兰山后出砚石，俗谓贺兰端，温润不减端砚。

产盐以花马池为最佳，盐色纯白，天然生长，不假煮晒。池底有盐母生土中，粒粒正方，径三四分。平罗北偏百里阿拉善境内有碱湖，周三十余里，旧历十月以后天然结晶，厚约尺余，每岁出百万余斤，行销陕、甘、山西、绥远一带，石嘴子郑万福君之所经理也。

商务

出口货以羊皮、羊毛、米麦为大宗，据最近调查，每岁船驼并运，至达六百七十万斤之多。入口货布匹、洋货等，为数亦甚巨，石嘴子、横城堡两码头装卸货物之舟停泊者动逾数百。宁夏城内街市宏敞，大商店百余家，惜货物不甚周备，较之绥远、包头尚逊一筹。币制以银两为本位，辅以制钱，周转不便。近日甘省分设一官银号，银币可渐次流通。普通食品价值与内地不相上下，布匹及洋货舶来之品值抵内地约二倍有零。大抵土产原料最贱，一经制造，必获数倍之利。

交通

宁夏与内地交通多取道包头。自宁夏至包头，黄河柳船有八百余只，乘舟顺水须七日，逆水三十日。宁夏码头在横城堡，去城约三十里，包头码头在南海子，去城十五里。

河内有汽船一艘，名曰飞龙，法人某倡设者，专走宁夏、包头，下至河口，以搭行客，惟不能载货。又有甘肃军署汽船二艘，一名探源，一名摩斗，专备军事需用者也。汽船吃水较深，尤易搁浅，盖河套黄河大溜回环曲折，略无一定，宽数里之河面，而中泓不过二三十丈，余皆枝汊，深浅不一，稍有不慎，浅阻立至。说者谓“可于沿河河溜设木标，以为行船之准的”，而大水一过，河溜倏变，终虑徒劳无功。军署汽船经理方君，谓现下甘肃大员拟上呈政府拨款十万元疏浚河道，是否成为事实尚未敢必，即使得行，而黄河沙量太多，旋浚旋淤，亦未见其果能收效，是宜雇精于水势之水手择溜而行，不至驶近浅处，尚属操券之胜算也。按：黄河驾驶，下行最易；若上行，须择流势迅急、水色混浊、通身无二是为正流。若水势稍缓，水色现有清浊相杂之痕迹，斯系上游淤浅，虽深至寻丈，亦不可行。老于行船者能察水面波纹色泽而知流路通塞。

陆路则乘驼，中经鄂尔多斯至包头，重载半月，轻载十天。车亦能行，但须绕道，详见后编。至于宁夏以上至兰州，陆路车驼重载半月，轻载十二天。水道则只军署汽船可以上达，民船则否。然自兰州下行，亦可用船，但经过青铜峡则不复反矣，故下行货物多用筏子以代舟楫。筏子用全身牛皮或羊皮为之，盛物与内，连合多数结成之，名为筏子。将货物运至消行地点，原用皮筏即拆装，用驼载以归，甚为轻便。其交通艰阻有如此者。近有吴君议集资二万五千两，仿西比利亚拾车之制试行开办。其车四轮，上轻下重，沿途设站，站畜骡马，拾车至站，则易马以行，每昼夜可行三百里，预计自宁夏至丰镇六日可至。以宁夏出口货六百七十万斤，以每车载九百斤计之，每日平均须开拾车二十辆。现尚在筹备中，果能实行，于西北交通较为便利。然以宁夏扼西口之要冲，号曰四塞之腴壤，北临蒙古，南接平凉，西连甘肃，东达延绥，地形之险，出产之富，他日边垦发达，商贾往来，其交通之盛，岂仅此区区数十拾车而已哉！

后套区域

沿革及历史

后套，汉朔方郡地，《史记》：秦始皇使蒙恬将三十万众略取河南地，因河为塞，筑四十四县，徙民实之。后诸侯叛秦，匈奴复渡河南。至汉武帝用卫青再逐匈奴，遂以河南地为朔方郡，于朔方、西河皆引河灌田。《水经注》："河水又北屈，南河出焉。又北迤西溢于窳浑县故城东，其水积而为屠申泽。河水又屈而东流，为北河，东经高阙南，又东迳临河县故城北，又东迳阳山南，又南屈迳河目县。北河又南合南河。南河上承西河，东迳临戎县故城北，又东迳临河县南，又东迳广牧县故城北，径流二百许里，东会于河。"以今地里考之，北河即五加河，北河、南河之间即后套也。晋义熙后弃在境外，后魏为夏州北境。隋置丰州，后改为五原郡。唐于河北筑三受降城，此为中受降城地。开元中，移安北都护府于中城，置屯田。五代及宋、金，皆为西夏所有。明嘉靖中，为蒙古所据，是为鄂尔多斯。延及有清，遂为达拉特、杭锦二旗北境，其在河北者则为乌拉特西公旗之南境。乾隆以后，山陕贫民日以西渐，租种蒙地，人民渐众。至光绪朝，始设五原厅。今为五原县，隶绥远特别区域，设县治于隆兴长。

地区

后套在前套之北，初由汉人出塞至河套后辗转外徙，故以先至之地为前套，后至之地为后套。如今人言大青山之北为后山，即此意。其地南起黄河，北尽狼山，东起乌拉山，西至阿拉善部东境，东西长四百里，南北广百里计，面积约四万方里。地势西南高，东北渐低，且多湖荡，决渠引水，形势自然。土性粘软，审系晚近出水之地。以理推之，似经地震塌陷沦为水泽后，北河断绝，水势南趋，河流迅捷，地复涸出。

河道接宁夏河道

又东偏北，经义和渠口土城子南。河水过乌拉河，入杭锦旗境，北流经杨家河、黄图拉亥河、篮锁尔渠、缠金渠十大古渠。魏杨渠其右岸为红水驵。又东北，经强家渠，其右岸查汉库伦。又东北，土默渠、刚目渠、协成渠。又东过马觅兔渡口，又东灶火渠、黄家渠。河水至此枝分二派，南派较盛，北派行将就淤。又东，邬家渠、阿善渠、沙河渠，均从北派决出。又东，至惠德成，与南派合而东北流至义和渠口土城子南，其右岸二皮子河头。河长凡三百五里，北去五原县治七十里。

又东偏南，至西山嘴。河水过土城子，屈向东南流，历老郭渠、长胜渠、塔布渠。又屈曲东流，过同兴堂渡口，其右岸碱诺尔。又东，洋人渠、达拉渠，入达拉特旗境。又东南，至西山嘴，其右岸大仙庙。河长凡一百五十里。

按：河水自乌拉河口起，至西山嘴，总方向为东偏北十度，河长凡四百五十五里，宽一里至七八里，深三尺至一丈五六尺。计由惠德成以下百余里间，河流枝分如织，所在浅滩，号曰坡河，舟行苦之。西山嘴当古大河分而复合之处，为后套、三呼湾二区宣节水量重要关键。

又按：《水经注》云："又北屈，南河出焉。"又云："又东经临河县南，又东迳广牧县故城北，径流二百许里，东会于河。"今实地考查，自乌拉河口至西山嘴河道，即古南河是也。

又按：《水经注》云："北迤西溢于窳浑县故城东，其水积为屠申泽。河水又屈而东流，为北河，东经高阙南，又东迳临河县故城北，又东迳阳山南，又南屈迳河目县。北河又南合南河。"实地考查，即今五加河。其下游已于道光中淤断，与大河不通。屠申泽即腾格里湖，已成陆地。五加河即古北河也。

垦务

后套地层纯由黄河积淤而成，平衍肥沃，微带碱性，得水灌溉则疏落如鸡粪，种殖丰茂；不得水则坚成石田。地势南高于北者约五公尺，故后套北部皆在黄河水面以下，决渠引水，其势顺利，无须水车、桔槔之劳，自入田中，此天然之水利也。

在昔斯地沦入蒙族，仅为游牧之场。自土默特同化后，山、陕北部贫民日以西渐，移居后套，租种蒙地，蒙人乐得其利。相安已久，后复引渠灌溉，用垦地之收入以赡工人之资给，父死子继，迭为经营，一渠之成，费时动数十年。于是干渠支渠脉络纵横，田亩灌溉实利赖焉。各大地商之财雄一方，实以心力尽瘁得来，其创辟之功亦未可泯也。

清光绪二十九年，贻谷奉命开垦，各旗垦地一律归公。各地商既失地权，渠道自难据为己有，因先后报效。公家亦因旧渠而修之，所有渠地招户垦种，设局置官，以任征收。自光绪三十年以后，陆续丈放后套一区共计垦地九千七百九顷。兹将各地分述之。

达旗永租地。达旗报垦时不肯推让，所有权地仍蒙地，由垦局任便开渠，招户承种，渠至何处即垦至何处，不征荒价，惟课岁租。所收租银公家与蒙旗以一定之比例配分之，谓之永租地。光绪二十九年，该旗初报垦时由西盟垦务局浚渠招租，并详定征租章程，按地之肥瘠区分等则，上地每顷年纳租金四十两，上次地三十两，中地二十五两，下地二十两。所收租银提取二成作为渠工经费，其余分为十成，以七成归公，三成归蒙。三十一年，复规定于二成渠费之外，另提绥远将军、归化城副都统公费银三千六百两，其余仍按十成分劈，蒙三我七。至每年租地之多寡，全视河水之大小为定衡，河水畅旺之年浇地多则租地自多，河水浅小之年浇地少则租地亦少。计自永租以来，惟光绪三十三年河水至大，租地三千一百二十二顷五十一亩，应征租银九万五千九百八十九两，其余不过千余顷及两千顷左右。宣统二年，议改短租为永租，干渠由官修理，支渠则官督民修，租价量予核减。至民国元年，始定永租章程，凡租户认领，以五年为限，干支各渠均归民户自行修理，永租地暂以二千顷为定额，每顷岁纳租银十五两，计收入共三万两。

四成补地。初包头附近自黄河改道于北岸，涸出田地一段，达拉特、土默特两旗各欲据为己有，相争不决。经前清钦差大臣绍祺勘断，以六成归土默特，以四成归达拉特，于是归土默特者名曰六成地，归达拉特者名曰四成地。光绪二十八年，达旗因教案赔款无力筹措，愿以四成地二千顷拨归公家放垦，每顷价七十两。后派员勘丈，仅一千二百二十五顷二十二亩，不足二千顷之数（此地属萨拉齐县），达旗允将后套长胜渠口附近地拨补，故又有四成补地之名。当以该地渠道未修，莫能溉种，而开渠引水需费至巨，若仍照四成地数核价，则公家不堪其累，乃饬令该旗加增地数，该旗乃即允补一千四百顷。光绪三十一年，派员勘丈，计放出净地一千四百二十顷，价分四等，上地每顷百两，上次地九十五两，中地九十两，中次地八十五两，计亩收价，应共得库平银一十三万五千二百三十四两有奇。租分三等，上地每亩岁征二分二厘，中地一分八厘，下地一分四厘，计征岁租二千八百一十二两有奇。此项岁租全系正供，并不分给蒙旗。

五原城基地。五原城基地在沙河、义和二渠之间，长宽各十里，系达拉特旗报效之地。民国以来陆续丈放，计地五百四十顷，现存二十余号尚无领主，每顷价二十两至六十两。用沙河渠水。

杭锦旗。杭旗放垦办法屡变。在该旗报地之初，原议照达旗办理，永租不放，所收地租提取渠费二成外，蒙五我五。嗣复议定每岁包纳杭旗租银六千两，公费三千两，浇地多寡蒙人不得过问，地租悉数归公。此议尚未实行，旋于光绪三十一年徇杭旗之请，以杭地四千顷归垦务公司承领，改征押荒并收岁租。此项地亩未放出之前，由公司租给民户承种，征收短租，每年每顷自三十八两至二十两不等。后分作数次丈放，每次丈出上中下地，押荒岁租三等，各有不同。其大致则渠地押荒每顷自一百两至七十两，岁租每亩自二分二厘至一分四厘；旱地押荒每顷自五十两至十两，岁租每亩自一分六厘至一分不等。所收荒价及岁租皆提取二成渠费，余以一半归蒙，一半归公。其渠地需达旗永租地渠水浇灌者，原例每年每顷收渠费银四两五钱，宣统三年改定每年每顷只摊交水利经费一两二钱，凡未经浇灌之地免征。查前后共放渠地二千八百三十九顷五十亩，旱地一千一百七十八顷五十三亩，共计放渠地旱地四千一十八顷三亩，应征荒价三十万五千二百七十二两有奇，应征岁租六千八百二十六两有奇。

乌拉特前旗垦地。乌拉特前旗亦称西公旗，所报后套渠地凡二段，一为什拉胡鲁素，一为红们图。两地接壤，俱在五加河东流南折之东岸，用义和渠水灌溉，故旧制义和渠为西公旗之专渠，上游不得作截水。自光绪三十四年陆续丈放，计放出渠地一千六百七十八顷七十四亩，因地质肥瘠不同，所征地价每顷自一百二十两至九十两，岁租每亩自二分至一分二厘，原例每顷岁收渠租银四两五钱，民国元年一律改令每年每亩摊交水利经费银一两二钱。嗣于民国元年，续放旱地五十二顷一十三亩，每顷荒价自五十两至二十两，岁租每亩自一分六厘至一分。计前后共放渠地旱地约一千七百三十一顷，应征荒价一十八万二千零二十五两，岁租三千零五十五两有奇。

以上后套区域已垦之地共为九千七百九顷，合计应征荒价六十二万二千五百三十一两，年征岁租应得四万二千六百九十三两。然民国以来，渠道淤塞，水不敷用，垦地逐渐荒芜。及民国五年，浇地仅五千顷，六年减至四千顷，七年又减至三千五百顷，以致应征岁租略有拖欠，难予清厘。

又按：后套一区东西四百里，南北百里，面积约四万方里，计田二十万顷。去其荒碱砂碛不毛之地，可耕之田有五万顷之多。现垦者九千七百九顷，内有二千顷为永租地，除已升科之地外，尚有膏腴之地四万二千余顷。

后套冬季早寒，农田耕获年只一季，虽小麦之属亦皆春种秋收，然亦可别为夏田、秋田二种。种割时期较宁夏均晚一节，惟秋田收割仍在秋分，盖秋分以后时有严霜，为禾稼枯落之季候。至于五谷种类，除秞麦外均与宁夏相同。另表详之。

种植之手续，年前浸灌冬水以待来春播种，谓之夏田。不得冬水者俟春水浇灌，不得春水则俟夏至以前之夏水浇灌方能播种，谓之秋田。田禾每岁需水之期约可别为四次。清明前后河冰初解得水为春水浇地，以种早期秋田。夏至前得水为热水浇地，以种晚期秋田，夏田禾苗生长亦及时需用热水灌溉。小暑大暑得水为伏水，除浇灌秋田禾苗外，余悉放入湖荡未种之地，以为次年春种之准备。盖后套中部洼下之地昔皆湖荡，蒙古曰诺尔。自河势南迁，涸成田地，土质多碱，且丛生芦荻，非伏水不足以杀其碱性及芦荻也。但此种田地一经伏水浇灌，来年种植虽一岁不再得水，亦可照常收获，故后套湖荡之地浇灌以伏水为最要。其余未经灌遍之地须待冬水补浇，始可为夏田。至于禾稼生长之期及浇灌需水之厚度，亦略与宁夏相等，但湖荡浇灌伏水厚须四五尺云。

后套粮产表如次：

谷类	每亩产额中数	每石价值中数	每亩种籽	耕种节期	收割节期	播种方法
大麦	一·二石	三·〇元	八升	清明后	大暑	抄
小麦	一·〇	七·〇	五	同	大暑后	抄
秈麦	一·〇	五·〇	五	同	立秋	抄
豌豆	一·〇	六·五	七	同	大暑	抄
扁豆	〇·四	七·〇	三	同	小暑	抄、撒
蚕豆	一·〇	六·五	八	同	大暑	抄
胡麻	〇·八	七·〇	一	谷雨后	立秋	撒
糜子	一·八	三·五	一	谷雨后 夏至前后	处暑、秋分	撒
谷子	一·八	四·〇	一	谷雨前后 夏至前后	处暑、秋分	撒
高粱	一·二	四·五	三	小满前后	秋分	撒
绿豆	一·〇	七·〇	四	夏至前后	白露	抄

续表

谷类	每亩产额中数	每石价值中数	每亩种籽	耕种节期	收割节期	播种方法
青豆	一·〇	七·〇	五	芒种	秋分	抄
马铃薯	二·八袋	〇·三	一	前后	秋分	抄
荞麦	一·〇	四·五	四	夏至	秋分	抄、撒

按：后套垦务情形已略如上述。今就实地考查，可垦之地确有四万二千余顷，兹将垦辟后之利益预算于次。

一、荒价约五百五十七万余元。

查后套旧日地价每顷多则百二十两，少则八十两，渠工经费不在内。彼时边地荒凉，人迹罕至，不能不贱价以招徕。今由公家规画渠工，自应于地价内增收渠费。兹拟准最近三呼湾放垦之例减成计算，定为每顷二百五十元，除拟划二万顷为兵垦不计荒价外，计如上数。

二、赋税一百二十六万八千余元。

查后套征租旧例，每亩虽只征银二三分，而例外规费每顷往往用至二三十两，人民不堪其累。今拟定每亩赋税连渠费共征三角，计如上数。

三、粮产约二百五十三万余石。

查后套产谷之量每亩少则数斗，多则一石数斗，今约以中数再除种去壳以净熟计，每亩平均产谷六斗，共产如上数。用济民食，可供一百六十万人之需，计值则二千万元。

四、殖民四十二万人。

垦辟地亩如前数，以二夫种一顷，每夫连室家五人计之，共殖民如上数。

以上四端仅举概略，其他边防、河务、商业、交通等附带受益之处当亦不少。

附：洋人教堂地

内地人之至后套，自乾隆时始，至道光、咸丰间，所聚愈多，开渠垦地，几为各地商之殖民地。自贻谷奉命放垦，夺所垦之地悉归于公，而额定蒙租又不以时给，蒙汉皆反抗之。贻被参后，继之者多沿其成法，横征暴敛，多方诛求，民力不支，往往弃地而逃。天主教徒乘机窜入后套，随意占种，适有教案发生，勒令蒙旗赔款，遂于后套西偏割与赔教地二千顷，其实且过万顷。教士又复逐渐伸张，私向蒙人租种，延至黄河西岸阿拉善地三圣公一带。于是黄杨木头以西南北二百余里，东西百余里之间，皆入洋人之势力范围。濒黄西岸有支渠十余道，岁岁挑修，水势颇旺，不似后套他渠任其淤废也，其所垦地数不可考。然观其土地平沃，渠道纵横，教堂四周树木葱郁，霭然有富庶气象。其教主之权力甚大，蒙王亦俯首听命，俨然一小独立国焉。噫！中国膏腴之地不自垦辟，而沦为外人之殖民地，若不及时整理，则洋人之势力渐以扩张，西北一隅其能长保乎？

渠工

后套界于黄河、五加河之间，地属杭锦、达拉特二旗北部及乌拉特南部，土地平沃，西南高而东北下，开渠引水，形势颇顺。在昔蒙族占据，不过为游牧之场。清乾隆间，汉族之捕鱼者足迹至此，得地于近河处，用桔槔取水，试行种植，大获其利。自土默特同化后，汉族之来者日众，初亦不过择不甚畏旱之地播种，以为糊口之计，非若宁夏一区，自汉唐以来素以引渠溉田著称者也。至道光三十年，河溢北岸，决成一河，名曰塔布河，其水自行地中，水过之处皆成膏腴。所在渔人逐渐垦植，岁收数倍。于是来套种地者始仿行开渠，如甄玉、侯应奎、郭敏修、王同春辈，父子相继，亲友共营，一渠之成，或需时至数十年，糜款至十余万，然能持以毅力，卒开大干渠九道（后淤一道），小干渠二十余道。而已成之渠又必每岁深浚其身，厚培其岸，故流益充畅，渐至溉田千百顷，厥功亦甚伟矣。光绪二十九年，贻谷督办垦务，各地户知地既归公，渠道亦难据为己有，遂先后呈请报效。贻谷派员勘收，并估计工程，集夫疏浚，酌加宽深以畅水流，添凿支渠以分水势，而后套渠道之利遂与宁夏争衡矣。

八大干渠第一永济渠即缠金渠。位于上游，次刚目渠，次丰济渠，即中和渠，终亦即协成渠。次沙河渠，即永河渠。次义和渠，次通济渠，即老郭渠。次长胜渠，即长济渠。次塔布渠。各渠口与黄河斜交，自西南而东北灌溉杭锦、达拉特二旗地，杭受其源，达承其委，惟义和一渠则沿五加河输注于乌拉特前旗什拉胡鲁素之一部。民国元年，规定达旗永租章程，以八大干渠分浇达旗永租地二千顷，令各租户自行包修，租照载明各渠长宽深度，倘有淤澄，罚令赔修。他如四成补地、杭旗粮地、乌旗粮地，有需达旗永租地渠水浇灌者，每顷每年摊缴水利经费银一两二钱。兹将各渠分述如左。

永济渠。原名缠金渠，系地商甄玉所开。贻谷任内发帑重修，在各渠中以此渠施工为最多，改名永济。渠口当黄河北流东折之冲，形势颇顺。自黄河渠口起，至五加河渠稍止，计长一百六十里，为后套最大之渠，水溜亦最旺，其干流曰永济。旧东渠外有大支渠五道，曰旧东渠、西稍乐善堂渠、西大渠、中子渠、新东渠，共溉达旗永租地七百七十一顷。其长宽深度全渠计分为四段：

第一段长一万四千四百丈，口底均宽四丈八尺，深五尺五寸；

第二段长一万八百丈，口底均宽三丈，深四尺；

第三段长一千四百四十丈，口底均宽二丈，深三尺；

第四段长二千一百六十丈，口底均宽一丈八尺，深三尺。

以上四段共长二万八千八百丈，计合一百六十里。

刚目渠。一名刚目河，渠口在缠金渠口下六十里，其稍至祥太魁而止，不入五加河，计长七十里，在八大干渠中为最短，溉达旗永租地二百五十五顷。其长宽深度全渠计分为三段：

第一段长三千六百丈，口底均宽三丈，深四尺五寸；

第二段长五千四百丈，口底均宽二丈，深三尺五寸；

第三段长三千六百丈，口底均宽一丈八尺，深三尺。

以上三段共长一万二千六百丈，计合七十里。

丰济渠。原名中和渠，系地商王同春所报，开于光绪二十六年，贻谷任内发帑重修。渠口在刚目渠口下五里，稍入五加河，共长九十里，溉达旗永租地三百一十五顷。其长宽深度计分三段：

第一段长七千二百丈，口底均宽三丈六尺，深五尺；

第二段长五千四百丈，口底均宽三丈，深四尺；

第三段长三千六百丈，口底均宽二丈二尺，深三尺。

以上三段共长一万六千二百丈，计合九十里。

沙河渠。亦名永和渠，亦系王同春所报，贻谷任内发帑重修。渠口在中和渠口下七十五里，由渠口东北行，过五原县城西偏而入五加河，长八十五里半，溉达旗永租地二百七十顷。五原城基地五百余顷，亦借此渠浇灌。其长宽深度计分为六段：

第一段长六十丈，口宽四丈四尺，底宽三丈八尺，深七尺；

第二段长一千四百四十丈，口宽五丈，底宽四丈四尺，深二尺五寸；

第三段长一千一百零四丈，口宽五丈，底宽四丈四尺，深四尺；

第四段长六千零七十二丈，口宽五丈，底宽四丈四尺，深四尺五寸；

第五段长四千三百五十六丈，口宽四丈，底宽三丈四尺，深四尺；

第六段长二千一百一十二丈，口宽二丈四尺，底宽二丈，深三尺。

以上六段共长一万五千一百四十四丈，计合八十五里半。

义和渠。亦属王同春所报，开于光绪十五年。至光绪二十年，旧口淤塞，另改新口，贻谷任内发帑重修。渠口在沙河渠口下二十里，自渠口东北行，过五原县城东偏，穿隆兴长至五加河，共长八十三里，据步测实长九十里。溉达旗永租地八十二顷。此渠入五加河后，复循五加河东行约百里至乌拉特前旗，浇灌什拉胡鲁素、红门图地一千七百三十一顷。此渠水势颇旺，因原定为乌拉特前旗之专渠，上游不得截水，故溉达旗永租地额数较少。而渠水自渠口至乌旗，经行几二百里，水势已微，不敷灌溉，故乌旗地原垦一千七百余顷，而历年荒废者已十之八九。西盟垦务局长王济若君欲为乌旗另开专渠，而令义和渠浇杭、达两旗就近之地，询一举两得之计也。义和渠之长宽深度计分三段：

第一段长一千三百六十丈，口底均宽四丈六尺，深五尺；

第二段长一千一百丈，口底均宽三丈四尺，深三尺八寸；

第三段长一万二千五百丈，口底均宽四丈，深四尺八寸。

以上三段共长一万四千九百六十丈，计合八十三里。

通济渠。原名老郭渠，系地商郭敏修所报，开于同治八年。初开时宽仅一丈八尺，同治十二年重行改修，加宽加深。贻谷任内发帑重修，改名通济。渠口在义和渠口下五里，自渠口东北行，过贾方旅店大聚成，折而东入长胜渠，长一百二里半，溉达旗永租地四十五顷。其长宽深度计分三段：

第一段长五千八百四十丈，口底均宽三丈六尺，深四尺；

第二段长七千二百三十丈，口底均宽二丈七尺，深三尺五寸；

第三段长五千三百八十丈，口底均宽二丈，深二尺五寸。

以上三段共长一万八千四百五十丈，计合一百二里半。

长济渠。即长胜渠，系地商侯应奎所报，开于咸丰七年。光绪二十九年改修渠口，贻谷任内发帑重修，改名长济。渠口在通济渠口下二里，自渠口东行入五加河，长一百九里，溉达旗永租地二百十二顷，此外又与通济、塔布二渠共溉四成补地一千四百二十顷。其长宽深度计分七段：

第一段长一千五百六十丈，口底均宽三丈四尺，深七尺；

第二段长二百四十丈，口底均宽三丈四尺，深四尺五寸；

第三段长六百六十丈，口底均宽三丈四尺，深六尺；

第四段长四百三十二丈，口底均宽五丈，深四尺；

第五段长三千零七十六丈，口底均宽三丈四尺，深四尺；

第六段长九千九百一十二丈，口底均宽三丈四尺，深四尺；

第七段长三千七百四十八丈，口底均宽三丈，深二尺。

以上七段共长一万九千六百二十八丈，计合一百九里。

塔布渠。原名塔布河，系道光三十年河水冲决而成，为后套诸渠之祖范。渠口在长济渠口下四里，自渠东行至才喇嘛，长九十七里半，溉达旗永租地五十顷。其长宽深度计分五段：

第一段长八千七百六十丈，口底均宽二丈九尺，深二尺；

第二段长三千七百二十丈，口底均宽二丈五尺，深三尺；

第三段长一千六百三十二丈，口底均宽二丈，深二尺；

第四段长一千八百丈，口底均宽二丈，深一尺五寸；

第五段长一千六百八十丈，口底均宽二丈，深一尺。

以上五段共长一万七千五百九十二丈，计合九十七里半。

小干渠

蓝锁渠	长九十五里
五大古渠	长二十五里
魏杨渠	长四十里
强家渠	长三十里
土默渠	长二十五里
吴祥渠	长十二里
户口地渠	长十五里
刘三地渠	长十五里
天吉太渠	长十五里
旧灶火渠	长三十里
新灶火渠	长八十里
黄家渠	长五十里
乌鲁格图渠	长二十五里
邬家渠	长四十里
阿善渠	长五十里
十大古渠	长三十五里
锦秀堂渠	长十里

洋人渠　　　　长五十五里

达拉渠　　　　长五十五里

后套各小干渠共浇杭旗粮地四千十八顷。兹择其较大者胪列如左，其余名目尚多，不及备载。

按：后套自民国以来，蒙匪、卢匪相继肆扰，垦户望风逃避，千里为墟。原有各渠无人挑修，以致日益废弛，节节淤积，年淤一层，共约七八层，每层自四五寸至尺许不等。今八大干渠中惟缠金渠较为通畅，义和次之，老郭、长胜、塔布等淤填最甚。垦务局长王济若君慨于渠道之废弛，力思整顿，又以民国元年所订《水利章程十条》迄未实行，乃遵章程中之第一条，令各渠举定正副社长，择各渠之淤塞过甚者次第修浚。遂于八年春劝导殷实地户集赀，先浚老郭渠，将该渠通身大加修洗。又因旧渠口纳水不畅，移下里许另开新口，四月兴工，六月竣工，计费银三万两。其渠口一段口宽四丈八尺，底宽四丈二尺，深六尺，每昼夜可浇田二十顷。老郭渠既浚，再以次及长胜、塔布诸渠，惟筹措工款尚无一定把握也。

附:《水利章程十条》

一、各渠择定正副社长两名，经理挖渠，丈收渠租，以及浇水等事。而该社不管民社事务，不应地方官差徭，以昭特别。

一、各渠正社长以一年为度，第二年以副社长提升正社长，副社长另选举，年年照此轮流。其正社长非认领十顷净地、公正廉明之人不得举任。

一、各渠遇有大项工程，除收渠租不敷外，应按净地摊派，所收地户粮石货物按时价合银。其货物粮石盈余，如数归公，社长毋得私吞。倘有私吞私侵者，准其地户禀明水利局，严追究办，以警效尤。

一、各渠每年所收渠租除岁修应用开支外，下存之款归社长储存，毋得动用。所有渠上花费每至年终公同清算，分款开单，粘贴本社，以免含糊，而杜私弊。

一、各渠遇有纤小工程，渠口淤澄，社长宜随时分派地户及时修洗。如有支吾怠惰之户，准其社长禀明水利局，由局量为责罚，以为不顾公理者戒。

一、各渠浇水，春、冬两季均行放稍，只许平口浇灌，不准堵闸筑坝。其余各水按照净地，每闸定有日期，期满之日此关彼放，如此次由口轮稍，彼次由稍轮口，轮流灌溉，毋得争执。如有私浇堵闸筑坝者，照浇地亩数公同议罚。

一、各渠厘订浇水章程，日后如有高地非作闸不能上水者，准地户禀知该渠社长转禀水利局，派员勘验，然后准其作闸。惟不得任意私作，致起争端。

一、各渠浇水日期以水到地起算，譬如此闸应浇五昼夜，至第三昼夜适遇黄河水落渠不进水，下次水涨仍由该闸再浇两昼夜以补不足，别闸不得争夺。

一、各渠各闸浇水日期，各渠社已经订立牌额悬挂本社，倘后若有更改，由该社长等临时会议。

一、各渠每顷青苗应收渠租银四两五钱，以三两三钱归社下，余一两二钱归水利局经费。而水利局不丈青苗，按各渠社所丈征收，而银两亦归社长呈交，且各社毋得隐匿亩数。如有隐匿者，倘经查出，以一罚十，决不从宽。

查后套渠道，始于民户兴修，不过就近支引河水，以为目前之计。初未尝统筹全局，以致所开渠道错综交杂，以长二千里之渠曾不能溉万顷之地。其弊由于各渠之口各自承接，河水自缠金渠以至塔布渠，渠口并列，占黄河沿线几二百里。缠金渠位在上游，水势较旺，愈东则水位愈低，及至义和、长胜、老郭诸渠，来源既下，不能挽之使上，稍高之地即为灌溉所不及。且渠底坡度太缓，流速不畅，渠身年年淤塞。而各渠口附近之黄河河面散漫不下七八里，水溜时有变迁，各渠口往往为沙喷塞，不能引水入渠，则必更择水势稍旺之处另开新口以资补救。屡年挑修，不胜烦劳，一有因循，垦地立减，则以此二千里之渠浇九千余顷之地尚不能保其常度，遑望其扩张水量，而使四万余顷可耕之地胥被浸润乎？故欲改良后套渠道，断非就原有各渠加以整理所能济事，必须统筹全局，作惟一之计划，择适宜之处另开总渠。取东西方向与黄河平行，横穿后套中部，准以后套西高东下之地形，实得建瓴之势。且渠口宜直冲河溜，渠身宜倾斜合度，又必按水理公式计其全区垦地需水之量，以定总渠之广狭浅深。更参照宁夏渠道之规模，建设迎水坝、滚水坝、退水闸、正闸、尾闸、陡口、暗洞、飞槽等，以调剂水量而资永固，则后套渠工之发达可操左券矣。

气候

后套气候夏季热度不高，冬季严寒，地下结冰甚厚，秋分后时有严霜，故农植只岁一次。自霜降后至清明节为冰雪之季，雨泽稀少，农田专恃渠水浇灌，水所不到，虽腴壤亦弃为废墟。春秋时有狂风，果树华而不实，榆柳为宜，然寥寥不多见。盖内地人民来套种地，大都春出冬归，所耕地亩亦无定所，如蒙人游牧相同，居室既不讲求，更何能及于村舍之树木。然改良后套气候不可不注意于斯，盖气候于农垦事业具有重要关系，而该地农人非土著，故于气候绝不讲求，种籽亦不选择，任其自然。闻上年晚禾受霜灾损失甚大，调查时曾于隆兴长设雨量及气候记载一所，商由水利局王局长派书记员赵子杰记载，现据已经寄来者表列于后，以备参考。余俟续列。

物产

农产豆、麦、高粱皆宜，近水处亦可种稻，高凉处则种䄂麦、谷子、胡麻、马铃薯等，每亩可收六七斗至一石，其斗量为四十八筒。䄂麦、胡麻为寒地特产。䄂麦于清明以后下种，历四个月即成熟，其粒瘦细，磨为面以蒸作馒头，性最耐饥，口外作苦之人非此不饱也。胡麻可以榨油，每岁冬季雁户皆归原籍，地主独留，则聚其工伙，以胡麻榨油贩之口内，山陕北部用之燃灯。其价特廉，与豆油不殊，至今抵制石油，使之不得内输。

后套林业绝少，除隆兴长榆柳数株外，一望辽阔，虽村落附近亦曾无一树为之荫蔽。惟未垦之地红柳丛生，居人每折其枝干以为羊圈，筑屋则以之平铺屋顶，套地皆平屋。以泥盖之，细枝则编为筐篓。又有所谓茨萁者，亦丛生，草类也，茎干挺出，性韧而坚，可制为草帽、蚊扇、门帘、扫帚诸物。二者皆取之不尽。

畜产多羊，牛马亦不少，蒙旗草地任意牧之，由蒙官岁收水草租，牛马每岁每头约三百文，羊三十文。又有分配于蒙人使代牧者，只以乳酪归之蒙人，更不另给工资。

商务

后套开辟最晚，商务未甚发达，加以年来蒙匪、卢匪相继骚扰，商业愈形零落。惟隆兴长有商铺十余家，所售皆寻常日用之品。五原城内居民十余家，聚处于东南一隅以外，半多空旷，更无商务之可言。木料来自宁夏，布匹洋货来自包头，运货之舟由黄河入义和渠口，可直达隆兴长。粟米本为后套特产，自匪徒肆扰，农业减色，民无积粟。春间挑浚老郭渠，工人食料皆仰给于包头，以道路艰阻，馈运不继，大有嗷嗷待哺之势。盖后套佃户多山陕北部人，春出冬归，有如塞雁，人不土著，聚散无常，商业之不发达以此故。近来团长靳春圃、知事王卓甫拟在隆兴长龙王庙立一庙会，以达聚集商民之目的，商业或能逐渐发展也。

窃维后套商务之不发展，其故有二：沿河无停船码头，隆兴长距河尚七十里，义和渠窄而浅，重舟难行不便，一也；舟行义和渠有进口无出口，舟至隆兴长卸载后必返棹，复由义和渠入黄河，故运货之舟非专载隆兴长之货者不能到，二也。是宜于义和渠口附近立一码头，多设货栈，以为后套出入货物会萃之地，然后浚深义和渠，以轻舟往来运输，商务或有起色耳。

交通

后套渠道纷歧，桥梁绝少，车驼往来，动遇水阻，旅行苦之。故自五原至包头，陆路计程不过四百八十里，车驼进行，费时需八九日。沿途旅店稀少，往来大率皆从水路为多，非至严冬河水冰结，舟楫绝迹，不轻行也。水路计自包头至五原，河道曲折，约七百里，由黄河入义和渠可直达隆兴长（距五原城五里），逆流须十日，顺流则三日可矣。五原至宁夏，陆行须经黄杨木头、磴口、石嘴山及平罗等处，亦极不便，故往来重载仍从水路，计水程约千里。上行最为涩缓，盖自五原一带，河身宽至七八里，沙滩弥漫，中流水急，无纤道可通，势必引舟别寻枝港，每经搁浅，即须拨转船头另寻出路，每过一浅，耽延许久。及至磨石沟以上，两岸皆砂石，河流逼仄，俗名石河。河底皆石子，水溜湍急，计自石咀子百余里，险处十四，皆有砂岸伸入河中，河溜更窄，水浪溅起如小瀑布，合二舟之纤夫共挽一舟始过一险，迭相推挽，倏行倏止，一日只得半日程。过石咀子至红崖子一带，一望浅滩，大水一过，淤泥凝积数尺，纤夫行其中，往往没膝，手足匍匐，始得一步，故自五原至宁夏上行需二十余日，下行只四五日。

三呼湾区域

沿革及历史

河套北岸包头以西为乌拉特旗地，以东为归化土默特旗地。土默特早经开放，设治置官与内地无异，且地势与河套亦无关系，本编不及详备。其乌拉特南境三呼湾一区虽在套外，而三呼河灌注其间，地理上盖河套之附庸也。考其地在秦为九原郡地，汉更名五原。《水经注》云："河水自朔方东转，经渠搜县故城北。又东，经西安阳县故城南。又东，经成宜县故城南。又东，经宜梁县之故城南。又东，经稒阳城南，河阴县城北。又东，经九原县故城南。秦始皇置九原郡，治此。汉武帝元朔二年，更名五原也。河水又东，枝津出焉。"按：此河道以北即今三呼湾区域，唐时中受降城地，元属大同路。明时为蒙古所据，名乌拉特，后分所部为三旗。清初来归。顺治五年，以巴图为中旗札萨克，封镇国公，掌盖十六；谔班为前旗札萨克，封镇国公，掌盖十二；巴克巴海为后旗札萨克，封辅国公，掌盖六。其游牧地，后旗在东，谓之东公旗；中旗曰中公旗；前旗地在西，谓之西公旗。故三呼湾一区为三旗公共之地，今属五原县。

地区

三呼湾地在前套之北，后套之东，黄河距其南，三呼河绕其北，故名，一曰大中滩。西起西山嘴，东至全巴图，东西长一百二十里，南北广十里至二十里不等，计面积约一千八百方里。地势西高东下，土质腴肥，盖由河水冲积而成，故三呼河之水利亦得天然之形势。

河道接后套河道

又屈东，过昭君坟北，三呼河注焉。河水过西山嘴，屈向东南，左岸入乌拉特旗境，三呼河出焉。又东南，右岸名二顷地。又东，右岸六分子。小渠一道，下至古钦台，长约三十里，达拉特旗主集资开浚，尚未行水。又东，大木苏台，其右岸谈盖卯包罗，阿斯台川、喀喇坤台兑河、坎泰河均从前套来注之。又东，入乌拉特旗境。右岸有淤河，俗曰大河，相传为黄河故道，后黄河北徙，此派遂淤。又过昭君坟北，其左岸三呼河注焉。三呼河自西山嘴起，沿乌拉山之南麓，至三岔口入河。河长凡二百六十里，三呼湾垦田俱赖以灌注，盖黄河之支津也。

按：《水经注》云："河水又东南，经朔方县故城东北。又东转，经渠搜县故城北。又东，经西安阳县故城南。又东，经薛田城南。又东，经成宜县故城南。又东，经原亭城。又东，经宜梁县之故城南。又东，经稒阳城南，河阴县故城北。又东，经九原县故城南。又东，枝津出焉。"实地考查，即西山嘴至昭君坟河道，北岸即三呼湾。其北乌拉特西公旗府，南岸前套风沙所积，古迹荡然，无所查考矣。

垦务

三呼湾系乌拉特三公旗公共之地，面积九千余顷，其间可耕者有七千余顷，素称腴壤。在前清末季，山西巡抚胡聘之任内即拟将该地开放，未及实行。民国二年，绥远将军张绍曾行文该旗，劝令将三呼湾地报垦，三旗未能同意。至民国三年，东公旗遵报三呼湾地三分之一，业经派员会同蒙员勘收，而西公旗则力为梗阻，以为三呼湾并非东公旗所有，何得越境私报？东公旗则谓乌拉特三旗本系一家，向未分清界址，凡属三公之地即为公共之产，但以三分之一报垦，亦何不可？彼此争执，各不相下，迭经绥远都统派员交涉，事乃得行。及至实行勘收，而该旗又于所报地之南偏截留一段，不足原额。经垦务局多方交涉，乃于所报地东偏另补一段，以偿截留之数。民国八年，由乌拉特三公旗垦局勘收，计地二千四百三十顷。现正设局丈放，地价分三则，上地每顷三百元，中地二百七十元，下地二百四十元，每顷带收渠工经费银三十两，又手续费一元。其应征额数及岁租若干，因该地尚未放竣，难以核计。

三呼湾东，黄河北岸，坤都伦河附近，于民国三年报垦地一段，名为坤都伦昭东牌界地，用坤都伦河水浇灌，水租由蒙古人自收之。其地为六百三顷，押荒分四等，上上地每顷一百二十两，上地八十两，中地五十两，下地二十两。所征押荒以一半归该昭，一半充垦局经费。所征岁租除提取一成经费外，其余分作十成，以二成归公，五成归该昭，所余三成每旗各给一成，计共征荒价二万七千三百三十八两有奇，岁租无考。又包头之西四十余里，黄河北岸干支汉卯独垦地一段，系乌拉特中公旗报，光绪三十三年丈放，计三百余顷。其地价岁租及划分章程另于前套详之，不赘。三呼湾及三呼湾附近气候暨禾稼种植时期均与后套略同。至收获之丰歉，可分旱地、渠地二种，渠地收成略同后套，旱地收成略同前套，所植谷类亦相等，可参看前后套之谷产表。

按：以上三呼湾及三呼湾附近之垦地，除坤都伦昭东牌界地，及干支汉卯独二处与河套水利不甚相关不计外，所有三呼湾渠地仅开放二千四百三十顷，其余尚有四千五百余顷为可耕之地，如实行开辟，其利益预算有如次者。

一、荒价一百三十七万余元。

三呼湾现今放垦之地，上则每顷三百元，中则二百七十元，下则二百四十元，又每顷渠费三十两。今以中下两则折中计算，连渠费定每顷三百元，合计如上数。

二、租税十一万余元。

准后套之例，每亩地税渠费共三角，合计如上数。

三、岁产粮二十七万四千余石。

每亩岁产净谷六斗，计如上数。用济民食，可供十八万三千人之需，计值约二百万余元。

四、养民四万五千六百人。

垦辟后每二人授地一顷，每人连家室五人，计如上数。

附：绥远各属垦务之概略。绥远所辖蒙旗为乌、伊二盟及归化土默特一部，土默特于康熙初年已与汉人同化，设治置官，即蒙人亦筑室耕田，与内地无异矣，但多垦而未报。及贻谷任内，设局丈放约一万顷，然仅十一佐之地，旋因案发中止。迨民国三年，复设局清丈，又以匪徒滋扰停顿。五年，继续清理，于是土默特境内已大半垦种报租矣。其他属归绥、萨拉齐、托克托、和林格尔、清水河五县管辖。

大清山后乌盟四子王、达尔罕、茂明安三旗及八旗牧厂地，在贻谷信劝任内，共报垦约五千顷。自民国五年以后，报垦之地据当道所称约三万顷（土默特续放在内）。此地属武川县管辖。

其在套内伊盟七旗及套外乌盟乌拉特三旗，分属于五原、东胜及其他各县垦地已详前编，兹不复赘。又五原、武川二县地域最广，官厅管理有鞭长莫及之势，绥远政府现拟于二县之间分设一县，名曰稒阳，设局筹备云。

渠工

黄河自西山嘴以下，左逼山岭，右近砂梁，地势皆近河较低，愈远愈高，能得黄河之水利者盖属寥寥。惟三呼湾一区系三呼河与黄河夹成之低滩，地势西高东下，与黄河水面倾斜相同，且三呼河纳流通畅，为天然之渠道，支引灌溉，则用力少而收效速。

三呼湾一区垦辟较晚，渠道尚未发达，今惟该区东偏有小渠三道，曰西公合哨渠，曰史家渠，曰垦务渠，皆承接三呼河水，由西北而东南以浇三呼湾东部之地。西公合哨渠位在上游，自渠口起，至苏木兔止，约长十六里。又东十里为史家渠，自渠口起，至王卦营子止，约长十里。又东二里为垦务渠，自渠口起，至柴恼兔止，约长二十五里。三渠共长五十余里，仅可溉田数百顷，而于东公旗新报地二千四百顷，仍为不敷浇灌。业于民国八年，由乌拉特三公旗垦务局估计工程，另开新渠云。

以上原有各渠及新开各渠，要皆偏于三呼湾东部，其中西两部则未尝规划及之。兹若三呼湾全部报垦，须统筹全局，以三呼河为总渠，外开支渠数道，依水利之学识，定各渠之浅深，又需开浚三呼河，酌建闸坝以期持久，则三呼湾七千顷可耕之地，其获益当不在他区下也。

气候

三呼湾，套外一小部落也。今开始耕牧，尚无大村镇，故于气候、物产、商务、交通各事无所查考。兹就包头、托城、绥远诸处征求，所得录要列后，以备参考。

绥远天气寒冷，雨泽稀少，后山一带温度尤低，秋分以后、立夏以前皆为霜雪之期，故禾稼岁只一季。

绥远城内温度最低者为一月，在华氏表零下十度左右，最高者为七月，在华氏表八十五度左右。查绥远观测所所记近三年雨量及温度，已另列表，兹不具载。

包头气候与绥远略同。据农会会董李士珍君，谓往年霜期在秋分前后，近岁以来，寒露以后方见霜。盖因人烟渐稠，垦地渐广，上下之气通，气候因以温暖。若能尽力扩充，则振兴农业，即所以变化气候也。今清明始解冻，小雪前始结冰。

物产

农产有小麦、谷、稷、高粮[1]、马铃薯之类，每岁车驼并运输入口内者不可胜计，岁之丰歉，山、陕北部恒视以为饥饱焉。

森林以杨柳为多，榆槐松杉之类次之。托城附近小树甚多，材木所需尚须取给于甘省。闻大青山、乌拉山中从前森林甚广，绥远新城初建时木料皆取于此，清光绪间二山先后失火，延烧凡三阅月，所有森林俱成灰烬，此后遂童山濯濯，无复萌（蘖）〔糵〕之生矣。若竭力提倡，于大青山、乌拉山一带偏兴林业，则二十年后其利益宁可以数计耶！

---

[1] 高粮　应为“高粱”。

大青山产炭甚多，近今开采者则以萨县附近斗临清为最。其实在在皆是，第以运销未畅，故开采未广。又萨拉齐西北板升齐干沟子山内有石绵矿，层叠显然，状若石膏，以手揉之则柔韧如絮，其苗厚一二分，其内厚几寸许云。

商务

归化城周仅二里，城内街巷逼仄，略无铺户，商家皆在南关，有所谓南大街者，闰闳栉比，百货俱备，一市精华所萃也。其次为大东街、小东街，凡中交银行、邮政、电报、电话均备。布匹、洋货及日需品价值高于内地者一倍有半，食品、生料甚贱，熟则均贵。

出口货以粟米、皮毛为大宗，进口货以布帛、洋货为大宗。

包头商务皆在前街大商店，约三百余家，中交银行及邮政、电报均备，货品价值与归化同。其南十五里曰南海子，为百货往来冲要之区，盖包头之一水码头也。

河口镇在托克托城南五里，当大黑河入黄河处，商店百余家，甘草庄居其半。在昔包头未开商场，甘草一宗皆由黄河运至河口输入内地，故至今仍以河口为甘草市场，每岁八、九月间为甘草市期。其他商业远逊包头，惟甘草一项各商力持，不得移市于他处焉。

交通

京绥路线尚未完全修竣，车行仅至平地泉，而平地泉距绥远，与丰镇距绥远路程略相等，故绥远来往之行旅及货物多以丰镇为火车起止之点。自丰镇至绥远陆路三百六十里，车驼并运，轻载四日，重载六日。自绥远至包头陆路三百二十里，车驼并运，轻载三日，重载五日。惟丰镇至绥远多行山岭，乱石磷砌，倾仄顿跌，车行最苦，风沙扑面，旅店萧条。包头以西人烟更少，数年以来土匪遍地，行旅时遭劫掠。鄂尔多斯一路沙陵起伏，莫辨道路，径行其间，或终日不逢一人，水站甚少，盛暑时行人赶站不及，往往因渴致死。交通如此，亦振兴西北实业之一大障碍也。

前有王用舟君邀同绅商规定章程，集资开办汽车，自绥远至包头一段现已开驶，客票每位十二元，行李以二十五斤为限。据该公司经理朱君云，规行汽车分三大段，自丰镇经绥远至包头为第一段，自包头经五原至宁夏为第二段，自宁夏经兰州至新疆为第三段，除绥远至包头一小段刻已行驶外，丰镇至绥远一小段业经测勘，现正修筑路线，其第二、三段尚未勘测。使果全线驶行，殊有便于行旅。惟脚价太昂，不合于中下社会之用，且不便运输货物，为遗憾耳。

前套区域即鄂尔多斯

沿革及历史

河套鄂尔多斯，本秦新秦中地，汉初为匈奴所有。武帝元朔二年，置朔方郡，属并州，后汉末废。晋永嘉后，历为前后赵、前后秦地。义熙中，赫连勃勃据此。后魏为统万镇地，后为夏州北境。隋于其地东置胜州，西置丰州。大业初，改胜州为榆林郡，丰州为五原郡，后废。唐贞观中，复置丰、胜二州。天宝元年，改胜州为榆林郡，丰州又改为九原郡。乾元元年，俱复故名。其南境又有宥州，俱属关内道，唐末拓跋思恭镇此。五代至宋、金，皆为李夏所有。元灭夏，立西夏、中兴等路，后废。其地东属东胜、云内二州及延安、宁夏等路，城东胜等州，并立屯戍，耕牧其内。天顺间，蒙古酋长阿罗出与毛古里孩始入河套，乩加思兰复纠合满鲁为巢穴。弘治间，火筛复入其中。元太祖十六世孙巴尔苏博罗特，达延汗之第三子也，始命为管领右翼三万人济农。长子衮弼里克图墨尔根，《明史》谓之“吉囊”，嗣为济农，号车臣可汗，嘉靖中击破火筛，居之，是为鄂尔多斯。有子九，分牧而处，服属于察哈尔。清天聪九年，灭察哈尔林丹汗，鄂尔多斯额林臣来归，仍赐济农之号，令招集诸部落。顺治六年，封郡王等爵有差，并掌分地，为旗六。雍正九年，增设一旗，为七旗，七旗同盟名之曰伊克昭。

自土默特同化后，设治置官，汉人渐入河套租地耕种，自后明令放垦。初依地形之便，由沿边各县管理，如近边墙属河曲、榆林、府谷、怀远、今曰横山。靖边，东北则属萨拉齐、清水河、托克托，西属平罗等县。光绪二十九年，贻谷办垦，增设东胜、五原二厅，后改为县。今绥远都统蔡成勋上呈政府，将伊克昭盟各蒙地均请划归绥远特别区域，酌设县治，经国务会议议决，已于八年夏会同陕甘各省委员勘界矣。

伊克昭，译言大庙也，其庙在达拉特营盘之东北，今谓之王爱昭，鄂尔多斯七旗盟以是名。然其盟所初无一定，常随盟主为转移。其盟主由七旗公推，再由中央政府任命之，盟期亦不定，常以三九月为多。

正中近东为左翼中旗，土人名之曰郡王，一曰王子，东西距一百十五里，南北距三百二十里。本隋唐胜州地，明嘉靖间为鄂尔多斯所据。清天聪九年，其济农额林臣来归。顺治中，封为多罗郡王，世袭罔替。今进封为亲王，札萨克名图布新济尔噶勒。其地归东胜、神木二县管辖。

东南为左翼前旗，土人名之曰准噶尔，东西距二百四十五里，南北距二百十里。本古榆林塞，隋置榆林郡。唐属胜州，置河滨县。宋为西夏所据。明初属榆林左卫地，嘉靖间属鄂尔多斯。清顺治中，其台吉从额林臣来归，封札萨克、固山贝子，世袭罔替。今进封贝勒，札萨克名散济密都布。其地归托克托、东胜、河曲、府谷等县管辖。

东北为左翼后旗，土人名之曰达拉特，东西距二百八十五里，南北距一百五十里。本汉沙南县地，隋唐胜州、榆林郡治所。明嘉靖间，地属鄂尔多斯。清顺治中，其台吉从额林臣来归，封为札萨克、固山贝子，世袭罔替。今进封为贝勒，加郡王衔，领盟长，札萨克名逊博尔巴图。其地归五原县管辖。

西方近南为右翼中旗，土人名之曰鄂托，东西距三百二十里，南北距四百八十里。本汉朔方郡南境，隋唐置丰州，元和中移置宥州于此，明嘉靖间为鄂尔多斯所据。清顺治中，其台吉从额林臣来归，封札萨克、多罗贝勒，世袭罔替。今进封郡王，札萨克名噶勒藏鲁拉木旺札勒札木苏。其地归平罗县管辖。

西南为右翼前旗，土人名之曰乌审，东西距一百八十里，南北距二百七十里。隋唐夏、胜二州地，明初榆林右卫地，后为鄂尔多斯所据。清顺治中，其台吉从额林臣来归，封札萨克、固山贝子，世袭罔替。今进封贝勒，札萨克名特古斯阿木固郎。其地归神木、榆林、横山、靖边等县管辖。

西北为右翼后旗，土人名之曰杭锦，读如盖。东西距一百八十里，南北距一百六十里。汉朔方郡地，隋唐为丰州、九原郡治，明嘉靖间为鄂尔多斯所据。清顺治中，其台吉从额林臣来归，封札萨克、镇国公。康熙三十七年，以从征噶尔丹功，晋封固山贝子，世袭罔替。今进封贝勒，札萨克阿勒担瓦齐尔。

其地归五原县管辖。

依右翼前旗为右翼前末旗，土人名之曰加萨。游牧六旗界内定咱拉什，本鄂尔多斯三等台吉，雍正九年以屡次从军，功晋一等台吉。乾隆初议族属繁，增旗一，授札萨克，世袭罔替。今进封贝子，领副盟长，札萨克名沙克都尔扎布。其地归东胜、神木二县管辖。每旗有甲克气一，秩最尊，甲克气与札萨克如我国东周列国时一君一相也。梅令章京“章京”二字即将军之译音。二，秩二品，如藩镇然。其下则为掌盖，掌盖各旗不一，视地区之大小、人民之众寡分配，然初亦有定制。鄂托为掌盖凡八十三；次准噶尔，凡四十五；乌审四十二；达拉特四十；杭锦三十七；郡王二十四；加萨最小，凡十五。七旗共掌盖二百八十有六。

掌盖者，蒙古游牧之队长也，秩视五品。每一掌盖又有一孔读，秩六品，副队长也。其初编制，一掌盖凡辖五十丁，计在昔丁口不过三万人。今则人口消耗，有一掌盖不及三四十人者矣。盖蒙古女子之生殖力甚弱，一母所怀胎珠不过一二，且蒙古定制只以一子承祧，即多子亦必皆作喇嘛，则蒙古人口之日渐消耗，殆有以也。

地区

前套即鄂尔多斯，在后套之南，宁夏之东，黄河出塞入塞，至此成一大湾，名曰河套。汉人初至河套，又由河套转至南北两河间，故对于后至者为后套，即呼此为前套，前后套总名之曰河套。前套南起边墙，东、西、北三面距河，面积约二十九万方里。伊克昭盟一部七旗，游牧之处，北面有一小部分属乌拉特旗，初本在河北，后黄河改道，始移在套内，即今红同湾是也。地势西部多山岭，中部沙梁，只杭、达两旗地近黄河，较为平缓，然亦移沙积如小山，到处皆是。《广志》曰“朔方郡北移沙七所”，或即此欤？

河道

又屈曲东流，至南海子。河水过昭君坟，屈东南，迳召湾。又东，坤都伦河从北来注之。又东，过红同湾，入萨拉齐县，左岸土默特旗地。又东，过南海子南，北去包头城即巴尔朱罕城。十五里，南去达拉特营盘即王府，土人曰营盘。四十里。又东，与淤河合。河长凡九十五里。

按：《水经注》：“河水又东，枝津出焉。又东，石门水南注之。河水又东，迳稒阳县故城南。又东南，枝津注焉，水上承大河于临沃县，东流七十里，北溉田，南北二十里，注于河。”实地考查，即昭君坟至南海子以东河道。古河在南已淤，现时河道，枝津也。北溉田即红仝湾一带，今村墟错落，树木森森，大有内地景象，其地为乌拉特东公旗。考乌拉特与鄂尔多斯原以河为界，今河南有乌旗地，可知河道改移向北，年尚不远。石门水即今坤都伦河，入河处伏流，山洪暴发乃通流。然上游泉水源源，土人引以溉地。

又按：河水自西山嘴（西山嘴至昭君坟河道见三呼湾）至南海子，总方向为东偏南约四度，河长凡三百三十五里，宽三分里之二至二里，深五尺至一丈五尺。底质惟昭君坟下有石，余皆泥沙。

又东偏南，至河口镇，大黑河自西北来入之。河水过南海子，屈向东南。又东北，古城湾。又东南，二忙渡口。右岸达拉特旗地，北去萨拉齐县治三十里。又东南，杨家河头。右岸入准噶尔旗地，虎斯台川自南来注之，入托克托县境。又东南，右岸十二连城，山脉逼近河沿。又东南，至河口镇。左岸大黑河来注，蒙古名伊克土尔根，北去托克托县治五里。

按：河水自南海子至河口，总方向为东偏南约二十三度，河长凡三百里，宽由半里至二里，深由五尺至一丈五尺。

又按：《水经注》云："大河东迳咸阳县故城南，屈而流，白渠水注之。白渠水迳沙陵县故城南，西注沙陵湖，芒干水西注沙陵湖，湖水西南入于河。"实地考查，沙陵湖今名黛山湖，在托克托县治西。白渠水即大黑河之南派，芒干水即大黑河之北派，托克托县治旁山上有旧托托城。

又东南，又南，至河曲县西入塞。河水既过河口镇，遂东南流入山峡，历龙不湾。右岸入清水河县境，左有小水自西南来注之。又屈曲东南，历喇嘛湾。又南，清水河合红水河来注。又南，入偏关县境。又西南，过老牛湾，至河曲县西入塞。

按：河水由河口至河曲，总方向为南偏东十二度，河长二百三十五里。河行两山之间，下至保德，轻舟可行。

又按：《水经注》云："河水南入桢陵县西北缘湖山，历沙南县东北两山二县之间而出。"实地考查，今河口以下两山夹河疑即此。又云："河水于二县之间，济有君子之名。魏桓帝西幸榆中，东行代地，洛阳大贾赍金货随帝后行，夜迷失道，往投津长曰：'子封送之。'渡河，贾卒，津长埋之。其子寻求父丧，发冢举尸，资囊一无所损。其子悉以金与之，津长不受。事闻于帝，帝曰：'君子也。'即名其津为君子济。"实地考查，地在湖滩河朔渡口，即今龙不湾。河水又南，左合一水，西流注于河。河水又南，树颓水注之。按：即今清水河。

查前套河道，自宁夏横城堡起，至河曲县西入塞，其在昭君坟以上已详宁夏、后套、三呼湾三区域，不赘。总计自青铜峡，经横城堡出塞，历石嘴山、磴口、乌拉河口、西山嘴、昭君坟、南海子、河口镇等处，至河曲县西入塞，成一弓形，河长共二千二百八十五里。

垦务

前套中部砂山连亘，高出黄河水面约一千尺，地势高亢，水分缺乏，沙砾洊漫，蓬蒿满目，颇不宜于农产。惟沿黄河一带及长城附近地稍平坦，土质较佳。自清康熙末年，山陕北部贫民由土默特渡河而西，私向蒙人租地垦种，而甘省边氓亦复逐渐辟殖，于是伊盟七旗境内凡近黄河、长城处所在，有汉人足迹。至贻谷督办垦务，各旗报地者累累，遂由官厅陆续丈放，惜地面稍高，不能引渠灌溉，地中又多含沙质，故收获不丰。而当此内地地狭人稠、薪桂米珠之际，亦未始非足民食之一助也。兹将各旗垦务分述如左。

郡王旗垦地。郡旗垦地可大别为三段。一为东西、东南两段及书会庙皂火盐道地，计五段。经贻谷派员丈放，押荒共分三等，上地每顷三十两，中地二十两，下地十两。所征押荒除提取三成公费外，以一半归公，一半归蒙。岁租亦分三等，上地每年每亩一分四厘，中地一分，下地六厘。所征岁租以二成归公，二成另款存储，留供蒙地一切建筑之用，其余六成拨给蒙旗。计放地九千六百三十九顷，应征押荒十万零八千二百二十两，应征岁租每年六千二百五十六两。其地属东胜县辖境。一为郡王划拨户口地亩，计四百八十九顷，应征押荒五千三百五十三两（岁租无考）。一为郡旗所属王爱召地，系该召喇嘛所报，分东西两段。经贻谷饬西盟局派员丈放，押荒分四等，上地每顷四十两，中地三十两，中下地二十两，下地十两。所征押荒以一半充垦局经费，一半拨归该召。岁租亦分四等，上地每年每亩征银二分，中地一分六厘，中下地一分二厘，下地一分。所征岁租除提取一成经费外，仍分为十成，以二成归公，一成归郡旗，七成归该召。计放地一千四百一十八顷，应征押荒二万八千五百零二两，应征岁租每年一千八百五十七两。其地属萨拉齐县辖境。总计以上三段，共放地一万一千五百四十六顷，应征押荒一十四万二千零七十五两，应征岁租除户口地四百八十九顷不计外，每年应征八千一百十三两。

札萨克旗垦地。札旗垦地凡二段。一为所报黑牌子地，一为该旗报效地，两地均属东胜县辖境。贻谷任内派员丈放，押荒分三等，上地每顷三十两，中地二十两，下地十两，黑牌子地及报效地均同。惟所征押荒黑牌子地除提取三成经费外，余以一半归公，一半归蒙；报效地则提取三成经费外，悉数解交练兵处。其岁租亦分三等，上地每亩每年征银一分四厘，中地一分，下地六厘。所征岁租二成归公，二成另款存储，留供蒙地一切建置之用，其余六成拨归蒙旗，惟报效地所征岁租悉数归公。计放黑牌子地一千六百零八顷，放报效地五百七十五顷，总计两段共二千一百八十三顷，应征荒价二万六千四百二十二两，应征岁租每年一千一百二十四两有奇。

准噶尔旗垦地。准旗垦地为黑界地一段附近，陕西府谷、山西河曲两县境。贻谷任内，由包头垦局派员丈放，押荒等则分四等，上地每顷六十两，中地四十两，中下地三十两，下地二十两。所征押荒除提取三成经费外，余以一半归公，一半归蒙。其岁租亦分四等，上地每年每亩征银二分，中地一分六厘，中下地一分二厘，下地一分。所征岁租提取二成另款存储，留供蒙地一切建置之用，其余八成拨归准旗。计共放地一千五百八十八顷，应征押荒六万零三百三十九两，应征岁租二千三百五十九两，此项岁租由府谷、河曲两县征收。

鄂托克旗垦地。鄂旗区域内砂碛居多，虽屡经报垦，丈放者颇属寥寥。清光绪季年，仅丈放五堆子、陶乐湖、庙滩、月牙湖数处，计共二百零一顷九十三亩。押荒分四等，上地每顷四十两，中地三十两，中下地二十两，下地十两。岁租亦分四等，上地每年每亩征银二分，中地一分六厘，中下地一分二厘，下地一分。所征押荒及岁租批分章程与准噶尔旗同。地二百零二顷，应征押荒四千五百九十四两，应征岁租每年二百八十两，此项地亩属甘肃平罗县辖境。

乌审旗垦地。乌旗垦务在贻谷任内两次设局丈放，均因蒙众抗垦中止。至宣统元年，将军信勤设立乌审垦务局，与该旗迭经磋商，始行开办。其所丈放之地凡二段，一为该旗报垦地，坐落在黄河以西、什拉乌素河以南，与陕西靖边、横山两县相近。押荒分三等，上地每顷三十两，中地二十两，下地十两。所征押荒除提三成经费外，余以一半归公，一半归蒙。岁租亦分三等，上地每年每亩征银一分六厘，中地一分二厘，下地一分。所征岁租除提取一成经费，余分作十成，以八成归蒙，二成另款存储，留供蒙地一切建置之用。计放地一千四百五十顷，应征押荒一万八千八百二十两，应征岁租每年一千五百四十六两，此项岁租归靖边、横山两县征收。一为该旗报效祝嘏地，坐落在黄河以西五道河东北，与陕西榆林县相近。其押荒及岁租等则均与该旗报垦地同，惟所征押荒除提三成经费外，悉数解交练兵处，所征岁租全系正供，并不分给蒙旗。计放地五百三十顷，应征押荒五千五百四十两，应征岁租每年五百四十一两，此项岁租归榆林县征收。总计二段，共放地一千九百八十顷，应征押荒二万四千三百六十两，应征岁租每年二千零八十七两有奇。

乌拉特西公旗垦地。该旗垦地除所报什拉胡鲁素、红们图二段已详后套外，嗣后续报河西噶噜台地一段。其地在黄河之南，东界中、东两旗，南界达拉特，北界黄河，距包头甚近。清光绪季年，由西路公司转放，地价分为十则，每顷计一百五十两至十两不等。所征地价除提取三成经费外，余以一半归公，一半归蒙。岁租分为四则，上地每亩每年征银一分八厘，中地一分四厘，下地一分，下下地九厘。所征岁租全给蒙旗，惟带收租捐二成专款存储，以供蒙地一切建置之用。计共放地四百八十二顷，应征地价二万五千六百零一两，应征岁租每年五百六十三两有奇，其地属五原县辖境。

乌拉特中公旗垦地。该旗垦地凡二段，一在河北，一在河南。在河北者曰干支汉卯独，计三百余顷；在河南者曰噶噜台，两地均在包头之西四十余里。贻谷任内，由西路公司转放，其地价岁租等则及划分章程均与西公旗噶噜台地相同。计自光绪三十三年至宣统元年，前后共放地九百三十八顷，应征荒价三万四千零三十五两，应征岁租每年一千零一十三两，其地属五原县境。

乌拉特东公旗垦地。该旗垦地在前套者曰红同湾，地居黄河南岸，与西公旗所报噶噜台地相距甚近。清光绪季年，由西路公司转放，地价分为八则，每顷自一百两递至十两。岁租分为四则，上地每年每亩征银一分八厘，中地一分四厘，下地一分，下下地九厘，其地价岁租划分章程均与西公旗噶噜台地同。计共放地四百七十顷，应征荒价一万七千四百四十八两，应征岁租每年五百三十一两有奇，此项地亩属五原县辖境。以上各旗共放垦地一万九千三百九十顷，其中乌拉中公干支汉卯独地三百余顷在黄河北岸，则实计前套垦地只一万九千顷。

总计应征荒价三十三万五千一百三十四两，干支汉卯独地在内。岁租除郡旗户口地外，每年应征一万六千零七十两。

按：前套一区自放垦以来，汉人之移居者渐多，苟有可耕之地，皆试行种植，故其间已垦未报，或已报未放之地，所在多有。即如达拉特一旗，前套并无报垦之地，而据土人云，该旗每岁私租收入约在十万元以上，计地当有数千百顷，则他旗之私垦地亦难保不有。欲知其详，非清丈不可。

前套气候较后套寒冷，故种植时期亦不相同，且地系砂质，不能引水灌溉，收获亦少，所种多糜、谷、大小麦、釉麦、马铃薯等。惟近河气候与后套同，河滩上多种扁豆。兹附谷产表如次：

谷类	每亩产量中数	每石价值	每亩种籽	耕种节期	收割节期	播种方法
大麦	○·五石	三·○元	八升	谷雨后	白露	抄
小麦	○·四	七·○	五	同	秋分	抄
釉麦	○·五	五·○	五	同	秋分	抄
扁豆	○·四	七·○	三	清明	大暑	抄
糜子	○·六	三·五	一	立夏	秋分	撒
谷子	○·六	四·○	一	立夏	处暑	撒
马铃薯	二·○袋	○·三	一	芒种	秋分	抄

按：前套地面较高，不能开渠引水，故均系旱地。惟平罗县附近之五堆子、陶乐湖滩、月牙湖等处地势较低，居民自行开渠溉田。他如六分子、撒葛达淖尔两处，亦由民户试行开

渠。然总上数处所溉不过三五百顷，此外能上水之地盖寥寥焉。

气候

鄂尔多斯除后套一区外，砂岭连亘，水泽绝稀，似系大陆性质。且地处北方，寒阴凝沍，每岁以白露节至明年立夏前后为霜季，夏日午暖夜寒，华氏寒暑表相差至五六十度，气候变化甚骤。夏季午后暑气熏蒸，郁炎几不可耐，一遇风雨，或至衣裘，土人有“早穿皮衣午穿纱”之谚。旅行其间者，虽当夏日亦不可不备皮衣云。

蒙人狃于故习，不知寒暑表为何物，故到处询问，迄不得终年最高最低之度止于何点。就此次调查实得之结果，入套之时为新历九月中旬，过白露节才四五日，已早夜飞霜，气温三十六度，午后则升至八十八度，其气温变化之不测如此。雨泽极稀，春夏间时有飓风挟飞沙扶摇而上，直冲霄汉，行旅每以为苦。蒙人卜居，均择岭根低洼之处以避风暴。

物产

鄂尔多斯中部砂山起伏，蓬蒿满目，略无农产之可言。惟其东北隅濒黄一带包头附近土地平沃，延袤约百余里，最宜种植，已于贻谷时放垦。其粒实硕大，较绥远、宁夏所产为优。其余东胜一带及长城附近所垦亦不少，所产多糜、谷、釉麦，亦有高粱、小麦、马铃薯之属。

畜产以羊为大宗，驼、马、牛次之。蒙人不知种植之法，只以牲畜多寡为贫富之准的，故蒙人相见首以牲畜之安否为问，是直以牲畜为生命，较之汉人视田产为过也。食其肉，饮其乳，其皮毛则以易内地之茶、酒、米、面、布匹。羊皮之细软不及宁夏，而产额颇富。黄羊尤多，千百成群，到处皆是，盖野羊也。

伊盟界内砂山多，林木绝少，除各旗喇嘛招附近小树数株外，余皆一望濯濯。惟其西偏黄河沿岸红柳丛生，枝条茂盛，蒙人取以编制羊圈及住室之用。其住室用柳枝编织，状若鸟笼，覆以毛毡，名曰蒙古包。亦有住屋者，名曰板申，取材则于他处。或谓蒙人以畜牧为业，牛羊散牧，陵谷间有树则嫌其碍目，必悉除之，以便瞭望牲畜。可知该地非不宜于森林，特相沿成习，不肯培植耳。

鄂托沙地多产甘草，草商设庄收售鲜甘草，每斤售钱三十文，由经收者分别草稍草节等，截捆晾干，运至包头、托城，则每斤约银一钱。计前套及宁夏附近每岁出约五船，每船约二万斤，内地北部各药行皆仰给焉。其他尚产大黄、黄芪、山豆根诸药材，销路之广不及甘草。

前套咸湖甚多，广产盐碱。杭锦有白盐池，鄂托有红盐池，岁出无数。又各有碱湖，鄂托碱块有天然生成，每块重至百斤者。诸沙山中产炭，鄂托有石山，以产银著。石咀子山中有铁矿，洪、杨时有人开采，因运销困难歇业，后遂无人过问。大抵蒙古境内矿产甚富，而蒙人迷信风水，以为采掘则破地脉，弃货于地，甚可惜也。

商务

前套地广人稀，无大聚落，绝无商务之可言。而蒙人所需亦不过茶、米、布帛、食具诸品，以皮毛交易，其地点皆在托城、包头、横城堡、石嘴子、磴口一带。磴口有万麻子者，原籍江苏人，同治八年以从军至磴口，与蒙人交易，颇获厚利，迄于今日，已为磴口著名之富绅矣。蒙人以砖茶代货币，除以皮毛直接易米布外，余悉以砖茶定其值。茶有三九、二四之别，三九茶者以三十九块为一箱，每块约银五钱，二四茶者以二十四块为一箱，每块约银八钱。如杭旗所产之红柳，予以砖茶十余块即可樵采一船，约二万余斤，运至包头则获利十倍云。

鄂托之新招岁有庙会，招附近土垣壁立，上无苫盖，即会期各商人列肆之所。所聚之货不过衣食日用之品，与内地村间寻常庙会等，而蒙人则谓为商务繁盛时期，其陋僿如此。

交通

前套除河路已详宁夏、后套二区外，陆行则利用骆驼，盖以砂山弥漫，草多蓬蒿，其味咸辛，骡马不能食，惟骆驼喜食之。且淡水绝少，蒙人于途次掘井以资饮料，两井相距动至四五十里或百里，骡马无水易生疾病，而骆驼可十余日不饮水。此亦造物特产，以行沙漠地者。西人名之为“旱舟”，有以也。冬春之季，河冻舟停，货物皆以驼运，往来于鄂尔多斯草地者络绎不绝，以其取径较捷，少费时日也，故鄂尔多斯草地亦西北交通之要道。

自石嘴子穿前套至包头有三路。一自石嘴子渡河直趋，东北经棋盘井、三眼、八眼井、后臣召、大盐海子、四眼井、恩古拜、昭君坟为北路。此途稍平，货载可行，惟人烟稀少，水井缺乏，行旅畏之。一自石嘴子渡河，东行三十余里，再转东北，经新召、召苏、乌兰吉力木、哈他土、杭锦、营盘、博尔阿斯台、包古图、五魁兔路、神树湾为中路。站小，较北路多费二日程，而人烟较稠，站站有水，行人便之，多由于此。其南路则取道更远，水站亦不及中路之便利，行者较少。

五堆子河东有一大路，为通安定、神木、榆林之通衢，套内盐碱、皮毛、甘草等货运销山陕一带者，率多由此，每年驼运往来不可胜计。

旅行日记录

五月十一日，阴，在北京，上午十一时，气温七十五度，气压三〇·四四吋。自西直门附京绥车西行，地势愈前愈高。至居庸关一带，山脉绵亘，长城蜿蜒起伏，随山势而上下，望之恍若巨鱼之脊。至八达岭，穿山洞四，其末一洞深邃，车行约历五分钟。地势愈益高仰，气候渐寒，验气温降至七十二度，气压二八·四〇吋，计高于北京已二千一百英尺矣。晚住张家口东华栈。

十二日，晴，早气温六十二度，午七十二度。上午十时赴都统署晋谒田都统，在京筹备行役，先已通讯接洽，兹聆奖勉数语，并道期望之意。旋会晤胡参谋长，名翊，儒号聘三，安徽桐城人，协商借用行帐、马匹及护送军队等事，并承胡君告谓："蒙地荒凉，旅行极为劳苦，且时有匪踪出没，行李、川资不宜多备，应带衣装以粗简为宜，行李、仪器等件必须雇用骡车。帐棚笨重，携带甚为不便，而自张家口至包头一段沿途皆有旅店，尚无需此。包头而西可加函绥远倪参谋长，迳向包头军队妥商借用。至能否支架，尚成一种问题。套内处处有蒙古包，若能就便随在借宿，竟不携带棚帐最为便利。护送军队，拟即函托丰镇乔镇守使选派妥兵四名护送至绥远。惟军队不能越境，绥远以西应由蔡都统派人保护相宜，另作接洽。"谈次并及地方习惯及长行趋避各事，词意诚恳，颇荷指导。下午二时，往游赐儿山云泉寺。

张家口地界严关，群峰环列，童山濯濯，富有苍莽荒凉气象。惟赐儿山当其西偏，短树丛杂，别有青葱蔚秀之致。云泉寺在山腰间，层峦耸翠，飞阁流丹，望之如在书画中，引人入胜，尤多佳趣。峭石壁立，有石洞二，洞口相距咫尺，一结冰，一流水，而阴阳立判。石壁上名人题咏甚多。道士云，旧时冰洞结冰可至七八月间不消，近因调护失宜，元机渐散，寒气凝结，只能至五六月云。随意流连，至下午四时摄影去之。

十三日，晴，气温六十二度，午七十一度。上午胡参谋长介绍拜会实业厅长龙振麟君，孝感人，人极慷爽，富有热心。与言屯垦沿革情形，至为明切，并赠《垦政辑览》一部，计十三册，装二巨函，所有察境垦务沿革兴替以及已往、现在各成绩具备册中。复为函介绍绥远垦务局朱总办、谭科长等，以便临时接洽。具见其情殷赞助，谊可感佩。

下午七时，宴于都统公署，胡参谋长亦在座。席次田都统指示进行方略，缕缕然，既详既切，意至诚垦。细味当时情景，有如家人父子之相告语，顿忘其为官署僚属者，其为诚能感人，至可念也。九钟席散，谢归回栈。后旋接交来都统介绍函二件，一致蔡都统，一致宁夏马护军使胡参谋长介绍函三件，一致乔镇守使，一致丰镇黄县长，一致绥远倪参谋长。

十四日，晴，气温六十九度，午七十四度。上午出，辞行讫，行装妥备。下三时，由张家口搭京绥车。七时至聚乐堡，气温七十四度，气压二六·二八吋，计高于北京已四千四百英尺。九时至丰镇，住同顺栈。土室狭隘，环以土垣，房间殊不整洁，颇有板桥茅店之致。自北京至此，沿途考查风俗习惯，其生活程度日以渐煞，以较内地，大相悬远，可见风气通塞之异趣，而旅行之人何能事事求全，想望前途，转觉精神为之一振。

十五日，晴，气温六十度，午六十八度。上午晋谒乔汉臣镇守使，名建才，曲阜人。略谈调查旨趣，允为派马队四名护送至绥远，并为备函包头沈旅长及绥远蔡都统，为之道地盛谊，至可感注。旋复拜会黄箸忱县长，名朴，绍兴人。托为代雇骡车，拟定即于明日启行。

丰镇东门外有河流一道，宽百余米达，水溜浅狭，名东河溪水。过河为薛刚山，相连东偏小山，高约六十余英尺，上建大王庙。登峰遥瞩，河形蜿蜒南下，庙守云亦为桑干河之一。

十六日，晴，气温六十二度，午七十度。上午六时，马队、骡车已齐集，即由丰镇启行。四十里至马王庙打尖，又四十里至坝底宿焉，共行八十里。

坝底又名汉清坝，西有咸湖一区，土人谓之大海。据云长凡八十里，宽二三十里。居民取水煮盐，谓之小盐，色略黄，不及他处所产者，然不可谓非天然之物产也。村居大海东南，野店二三家，土屋秽黑，恶臭逼人。食品昂贵，白面每斤价须铜元二十枚，制法粗陋，殊不适口，绝无佐食菜疏等类。仅向村农购得鸡子数枚，食时同人约略前途，为之輾然。

十七日，晴，气温五十七度，午七十四度。上五时由坝底启行，五十里至苏集打尖，又三十里至小坝子，骡车越岭而过。最高处气温七十四度，气压二四·五二吋，计高于北京已六千四百英尺。过岭时盘旋而上，复盘旋而下，乱石磷峋，普遍辙迹，车行振荡，脑为之昏，飞沙眯目，不容（赡）〔瞻〕视。晚至厂汗不浪，借一商铺寄宿。适值村中演剧，男妇往来，道途相属，蒙人亦有至者，村民约九十家。是日行一百十里。

十八日，阴，气温六十二度，午七十一度。上午五时自厂汗不浪启行，至水磨打尖，晚住二十家子。尽日行山谷中，计行一百里。

考其命名初义，村中原有蒙人二十家，今则汉人约八十家，蒙人只余一二，物竞生存，天然淘汰，有如斯者。汉人租种蒙地，每顷押价十千文，岁租一千文，每千合大钱三百五十文。又纳官税银二钱。地宜小麦、高粱、菽豆、谷子等，每亩收麦四斗，每斗约重三十六斤。

十九日，雨，气温降至四十六度。候至九时，尚蒙蒙未已，乃出雨装，冒雨登程。行数里，天渐晴，遥望北山，高峰积雪，冷风砭人肌骨，易着绵衣，犹瑟瑟然。道路泥泞，车行时虞倾覆。五十五里至哈巴小营子，其西有哈巴河，盖即小黑河也。过河不数里，行李车陷泥淖中，百计不能出，乃向附近居民借得马三匹，群助呼拽，始得脱险。晚八时至归化，寄住和义栈。是日计行七十里。

二十日，晴，气温七十一度，午降至六十七度。上午十时雇车赴新城，在归化城东五里。先至都统署，晤副官长韩筱波君，名金元，天津人。略谈蒙地气候荒寒，人烟寥落，以及行旅苦况各情形，并云“上午非都统会客之时，余等拟先至垦务局、测绘所等处先一接洽”。因即留刺兴辞。先往测绘所，晤所长喻君振远，名金声，山东济宁人。同人等以乡谊攸关，语次颇不隔阂。据谓现办测务，已派出四十人出测伊克昭、乌拉特两盟，规定测法，不作三角网线，只以齐普雷盖耳测量仪器名。推测地形，平面图规定比例为十万分之一，意在迅速成图，用力省而见效速。旋蒙导领，参观测绘成绩，内有绥远八县地形图及归绥、萨拉齐、包头、五原等城厢等图，甚合调查之参考。继至垦务局，先晤谭仲德科长，长沙人。并承介绍，拜会朱荷宜总办，北京人。谈次询绥境垦务沿革情形，朱君盛谈垦务历史约一小时许，略谓："自前清贻霭仁将军奉命放垦，以钦差之威望，雷厉风行，故事易举。自达拉特、杭锦、准噶尔等诸蒙旗踊跃兴起，报垦者甚多，当时计画在后套开凿干渠八道，支渠三十余道，垦务于以大兴。嗣后发达区域莫非沿其成法，无能驾而上之者。独惜其功成遭忌，参案发生，继起无人，弊窦日滋，额定蒙租不以时给。蒙人思想简单，以信用为要着，今既鉴于覆车，不复报垦，而乐于私租，乃至十数年来毫无起色，此其可为浩叹者也。

民国肇兴，南北多故，政府不暇兼顾及此，而绥远一区军力薄弱，又复盗贼蜂起。匪首卢占奎啸聚多人，占据后山，沿及后套，焚掠杀戮，惨无人理。垦户望风逃避，千里为墟，三数年来西北垦务扫地尽矣。嗣得蔡都统到任，力任征剿，匪徒闻风远窜，居民渐次来归，垦务亦以逐渐发展。余朱君自称。自民国五年奉檄来此，历考其沿革成绩以及失败之主因，皆因官府失信于蒙人，以致报垦者少，故决定办法，以恢复信用为要义，不专重于征收。蒙人有事来局，随到随见，一一推诚接洽，以故近数年来报垦者又渐兴起。查六年份放地一万余顷，七年份放地已达二万余顷，进步如此，颇具乐观。西北一隅久为外人所垂涎，若不及时加意整顿，实力兴辟，国际竞争瞬息千里，浸假而为外人之殖民地，悔无济矣。"谈次都统署以电话约会，乃兴辞往谒蔡虎臣都统，天津人。坐次述明调查宗旨，蔡都统略谓："黄河上游有利无害，治河计画似当从下游着手，上游蓄水恐系理想之谈。但诸君至此，自应一为勘查，所需护照及军队护送各事即当照办，请与韩副官长接洽，应无不妥。”下午六时，兴辞回栈。

二十一日，晴，气温六十四度，午七十四度。仍至绥远新城，会见张参谋长绍兰，已将介绍各函送交讫。据云倪参谋长因病未能会客，所有护送军队已由本处函行包头、五原等处，驻防兵营分段接替护送，当已妥协。并会见总务处长兼理旗务元恺君，议及雇用蒙文翻译一节。据云此间通蒙文者无多，当加函包头沈旅长，托其雇觅，不致误事。

二十二日，晴，气温七十一度，午七十六度。赴垦务局誊绘地图五幅，并至气象观测所校对气压表。下午七时，由气象观测所员王哲明君交来民国五、六、七年绥远气候成绩三册，择尤录存。

二十三日，晴，气温七十二度，午七十八度。至本城汽车公司，会晤公司经理朱君。据云，本公司成立宗旨为西北交通便利起见，计分长途三大段规行汽车。自丰镇经绥远至包头为第一段，业经勘测刻正，动工修筑路线，大约阴历七月间自绥远至包头一小段即可试验开行；自包头经五原至宁夏为第二段；自宁夏经兰州至新疆为第三段。次第兴办，均在计画中。旋即兴辞，至城南大拓，即喇嘛庙之通称。拓前有井曰玉泉，水极甘洌，居民皆取汲于此。井凡八口，水小时只得一二可资汲取。拓内列有市场，商务不甚繁盛。拓东曰南大街，为全市精华萃积之地，百物咸备。

二十四日，晴，气温七十二度，午七十九度。整备行装，由归化启行，过道拉土木，至台格木打尖。下午过毕克齐，为一小市镇，街长里许，有邮政代办所一处。晚住查苏齐。计程约一百二十里。

二十五日，晴，气温七十度，午七十九度。由查苏齐启行，六十里至讨斯号打尖。下三时遇雨，暴风冰雹，车不能进，停置道中约二十分钟。晚住萨拉齐县城。计程约一百三十里。

二十六日，阴，气温七十四度，午八十二度。由萨拉齐启行，沿大青山南麓过拔升齐，其地有石绵矿。绕道往观，其绵夹生石层中，厚约分许，破石取出，状如切断之江摇柱，捣之则软如绵，土人名之石花。凭览久之，采取原质少许以为标本，摄影而去。行五十里至沙尔沁打尖。出沙尔沁，遥见黄河一带蜿蜒东南行，虽在上游，尚饶浩渺之势。下午六时至包头，寄宿忠义和店。是日计程约一百一十里。

二十七日，晴，气温七十四度，午八十三度。上午十时至旅司令部拜晤沈凝三旅长，名广聚，亳县人，丰采整雅，颇有儒将气度，深明地理。据云，黄河上游自荒原至于宁夏，皆因河水以为利。居民引流溉田，爱惜周至，以故宁夏一带引水工程设置极为周备，盖惟患其水之小，而不患其大也。既过龙门，穿潼关，至芒山头以下一带平原时虞溃决，因循迁就，已成不治之症。诸君此行，详悉履勘，为上游辟垦蓄水之计，使下游水势日渐于疏消而不至于漫溢，河套垦务亦即渐跻于发达之境，此实为国计民生莫大之计画。余不自量，自以为稍识其概略而乐与观成焉。

至诸君进行路线，自包头达于宁夏，陆路有三：一为后山路线，较远，骡车可行；一沿黄河北岸，崎岖较少，亦可通车。惟此路冬春可行，夏秋积水，每有艰阻；一由前套伊克昭盟，取径较捷。然此路多风沙，汉人行旅者绝少，只有蒙古包为蒙人行居之棚帐，可以借宿，而食用品物必须自为筹备。骡车马匹亦不能行，只可雇用驼队，乘驼而行。水站甚少，饮料最为要着。其间沙岭起伏，方向莫辨，盛暑时期行人往往有渴死者，至为劳苦。此外则取水程，雇备舟楫，循黄河逆流上行，惟须多费时日。究以何者为适，烦自酌之。余等以沿河西行经过后套、三呼湾等处，便于查勘，乃决计由水路进行，原议借用帐棚一节遂作罢论。旋即兴辞，至垦务局，晤局长马笠樵君，名家骧，奉天人，原姓昱，曾充西盟水利局总办。谈次询以乌拉三公旗开放情形，据云，三呼湾现有地二千四百顷，现正开渠放垦云。旋辞出，至萨县行署。萨县面积极广，当五原、东胜未设治以前，所辖远及河西河北，东西千余里，直与甘肃之平罗县境接壤。

今五原、东胜虽已分治，而所辖范围尚纵横三百余里，设有行署佐理地方行政事宜。当晤行署第三科长谢晋臣君，据云，此处人民望水若渴，诸君此行为调查水利，人民必表欢迎。现在萨县城东南五十里大代村地方，拟开支渠一道，将请渠道大王王同春君为之勘定渠线，估计工费，规定实行计画。此渠若成，获益定当不少。谈竟辞出。因东胜县知事胡佐臣君寄居包头，亦往晤焉。旋至警察署，值署长公出，乃至农会拜晤会董李文德君，名士修，包头人。据云，该会创办伊始，一切尚未就绪。现在计画拟创办试验场，试种木棉及森林，尚未着手。此间往年气候较寒，至秋分节夜已见霜，近数年来霜降之期渐迟至白露节后，小雪始见冰，清明即能开冻，此其变更。和暖原因当由地方人烟渐稠，垦植渐多所致。五谷以谷子为大宗，糜子次之，小麦、高粱又次之。每岁小满布种，处暑收割云云。此其垦辟之利，可见一斑也。下四时回寓，沈旅长派翻译员曹岫丰君荐来翻译一员，姓温，名士杰，字子俊，归绥人，年四十余岁，向在包头及内蒙各地经商。议定月薪洋二十元。

二十八日，晴，气温七十六度，午八十五度。至中国银行接洽款项事，晤营业主任刘云笙君，名承霄，天津人。据云，五原、宝丰、宁夏等处均无银行，不便汇兑，邮局章程宁夏汇兑可通，但每千元需汇费八十元。

二十九日，晴，气温七十二度，午八十度。早九时至南海子查看黄河形势。南海子在包头东南十五里，逼近河滨，为黄河上游最大码头，帆樯林立，停船以百计，宁夏之皮毛、粮米，京津之布匹杂货均于是起卸转运。南海子至包头运货牛车络绎于道，各行商号皆在包头城中，南海子只有小商号数家，而警察署、清源局、厘金局各机关皆备。因至警察分署会晤署员刘燮廷君，名玉臣，山东长清人，余之故友也。同人亦皆鲁籍，乡谭甚浃，即留午餐，具见盛意。河中有汽船二，一名探源，一名摩斗。乃由刘君介绍，与汽船公司经理方君晤叙，据云，黄河上游水溜无定，汽船行驶时虞搁浅，现因赴天津购办机油未到，尚未开行，俟油到后当试行开驶，未审能通行无阻否也。汽船系甘肃省长所筹设，以备急者，刻正由省长陈明中央，请拨洋十万元疏浚黄河上游，以达行驶汽船之目的，能否成为事实，尚未敢必云云。又，轮船一艘，系一比国人所置，未及开行，其人旋卒，此船寄泊南海子已数年矣。下六时回包头。

三十日，晴，气温七十五度，午八十二度。晤费如海、李仁山二君，皆包头人，回教徒也。美国副领事甘露脱君曾作西北之游，其过包头时与相知交，来时曾由甘君介函，宣叙既周，备承款洽。并蒙先后约酌，仪从回式，座设高床，蒙以锦毡，速客登床。坐以不脱履为敬，意谓脱履为爱惜锦毡，将以薄视主人也。坐次主人拱立于下，食品以次登，每一具至，主人必启视，必严必敬，其习惯如此。同人等不相习，窃不安也。

包头城倚山而筑，北高南下。费、李二君居城北偏，地势甚高，俯视南城房舍尽在足下，南海子黄河亦历历在目。城东北有九龙塘，源水颇旺，因地势之顺利，常引塘水入城，以净街市之浮尘焉。

三十一日，阴，气温七十度，午七十九度。在寓校正仪器。下午雨。

六月一日，阴，气温六十九度，午七十八度。

二日，晴，气温七十度，午八十度。是日为旧历端午节，下午至东门外转龙藏，地居高阜，九龙泉水经其下，绿柳扶疏，景物宜人。适值演剧，红男绿女往来如织，庙前隙地几为之满。周览一过，拍照而回。

三日，微雨，气温六十八度，午六十九度。烦由李仁山君代为雇定柳木船一只。下午三时雇车至南海子登船，船以柳木薄板合并制成，形势长方，甚为笨拙。黄河上游水势平静，故以是船通行无阻，若在下游平原亦时一见之，用载柴草而已。船三舱，中舱以苇箔搭为席棚，门向上，仅以避风雨。入其中，须屈身而行。船长四十英尺，宽十九英尺，载重之量顺水约二万余斤，逆水一万余斤。

四日，阴，气温六十一度，午七十度。早九时，在南海子沿流设置量水尺二支，以验水面之涨落。烦由警察署书记员赵凤岐君逐日记载，并施测黄河断面及流速流量等事。计河宽二百六十八米达，平均流速每秒一·〇七五米达，流量每秒五百四十二立方米达有奇。下五时，沈旅长所派护送军队上船，乃定于明日启行。

五日，晴，气温六十五度，午八十一度。上午七时由南海子开船，过官渡口、黄草洼、马吃湾至召湾泊宿。河形宽狭不一，湾曲极多。自南海子至此计程陆路约四十余里，水程凡七十里。

黄草洼有清源局一所，专以检验船只。据舟子云，船于起行地点须由清源局买票一张，费约一元，限三日作废，以后由所经过之清源局检验，逐段买票云。

六日，晴，气温七十二度，午八十六度。早六时开船，经柳林子至昭君坟，相传系昭君之衣冠冢。在河南岸约七八里遥，青石磷峋，的系小山，昭君坟之说想出附会，未足据也。滨河有清源局一处，自昭君坟以西，沿河南岸沙梁连亘，与河略成平行，距河或十数里，或七八里不等。过此为全把图，有河南省人租地居留，已数年于此，据云地租每亩三四千文。其土质为七分泥三分沙之壤，土二尺以下则为纯胶泥，再下而沙，又下则为红土，于植物最为相宜。惜地势高亢，垦种无人，致使膏腴之地弃同石田，至可慨叹。又西为三岔口，三呼河入河之口也。三呼河为黄河之分流，自三呼河口出黄河东流二百余里至三岔口，仍汇入黄河，其间与黄河夹成之地曰中滩，亦曰三呼湾，地势平整，土性腴美，最宜引水灌溉，约计可耕之田七千顷。现由乌拉特东公旗报地二千四百三十顷，已陆续开渠放垦。此外荒地尚多，平原沃壤，弃置可惜。又西，过羊肠湾，至谈盖卯泊宿。自召湾至此，计程陆路凡四十余里，水程约为七十里。

七日，阴，微雨，气温六十四度，午七十二度。上午三时半由谈盖卯开船，经打不苏台至兰虎圪堵。河面甚宽，约为八九里，河溜分为三支，往来船只多由支流趋近，四望无垠，莫非荒地。每三五十里偶有居民数家，孤立平原，不成村落。行过吴庆太、黄河山召，至古钦台泊宿。陆路凡七十里，水程约为九十里。

八日，晴，气温六十四度，午八十度。上午四时由古钦台开行，至六分子。新挑河渠一道，当河之南岸，曰官牛渠。询之土人，谓地属达拉特，有地七百五十余顷，业已逐渐垦种。地商由蒙人包租，每顷钱一二千文，转租于花户，每顷价银六两。刻由达拉王倡办开渠，应需工费分由花户计亩均摊，每顷平均摊二十两，共计银一万五千两。规定渠底宽二丈二尺，口宽二丈八尺，深六尺，由六分子直达古钦台，长约三十里，刻已竣工，尚未沟通行水。其挑法亦以方一丈厚一尺为一方，每方银二钱三分，每日每人挑二方半。然小工每挑一方得银不过一钱，余则为工头所得，可见包工之弊到处皆然，似此荒漠贫民益无公论，可想见也。各地上水之后，每顷押租价银须四十两云。又西，过富家圪堵、拉萨、尹四圪堵、二顷地，晚泊北岸。此间逼近黄河，两岸都无村落。是日计程陆路凡八十里，水程约为一百一十里。

九日，晴，气温六十八度，午八十四度。上午四时开船，经哈喇乌苏至三呼河口，三呼河出河之口也。停船审视，三呼河口宽约三十米达，平均深一米达，流速每秒七十六生的。又西，经过西山嘴。两岸均系蒙荒，未经垦辟，红柳丛生，一望无际。运柴之舟停泊者甚多，皆系船商向蒙人购买，贩往包头、托城一带。行销者每船载二万余斤，易以砖茶十余块，或二十块不等。按：砖茶之类别有二，曰三九茶，曰二四茶。三九茶每箱三十九块，每块值银五钱。二四茶每箱二十四块，分两较重，每块值银八钱。蒙人习惯，均以砖茶为货（弊）〔币〕，通工易布，咸取给焉。近地平坡中生植甘草、山豆根，尤多狼针，白草、茨萁等属夹杂其间，根蒂盘结，非常坚固，有如石质。又行经大仙庙（亦名马五渡口)、乌拉河，过此则入后套地界。晚泊董牛河头，亦名沙圪堵。居民八九家，皆汉族，以红柳为垣，茅檐土屋，间或就土岭凿穴而居。要皆半耕半牧，所有牲畜夜间亦即放于草地，不烦羁勒，当亦不致逸少。是日计程陆路凡四十里，水程约为六十里。

十日，阴，微雨，气温六十六度，午八十六度。早四时由董牛河头开船，一帆风顺，进行颇利，河面最宽处约及十里。经西哈喇乌苏至同兴堂渡口，南岸有碱柜土屋十余间，渡口停舟十余，皆运碱者。土人云碱诺尔（诺尔，蒙语湖也），在渡口南十里。其取碱之法，每岁至小满后，西北风起，碱则结晶，以竹爬自水中捞出纳于布袋中。以牛驼之，行则水分渐滴，行二昼夜则已凝成坚块。运至包头、托城等处付碱行，经煮后方为纯碱。每船载三万斤，计价银二百两，每岁出三五十船不等。碱柜经理即所谓渠道大王王同春也。下五时大雨，约一小时方止。七时停舟于荒郊中，两岸无村落，不详其为何地。是日计程陆路凡七十余里，水程约为一百十里。

十一日，昨夜大雨，席棚渗漏，行李为之浸湿，至天明始晴，气温六十六度，午七十四度。早三时船开，行经山豆河头至塔布，河口已将淤浅。又经老郭渠口，现正施工挑挖，另开新口，通渠工程行将告竣，王同春及所在各社长分段监工。查此项工程系西盟垦务局总办王济若君倡修，集赀银三万两，官督民修，办法甚为周妥。下四时至义和渠口。计程陆路凡三十里，水程约为四十里。

义和渠，八大干渠中之大渠也，渠口距隆兴长约七十里，水溜颇旺，渠宽二十一米达，深二米达，流速每秒七十三生的。船由渠口入渠，将以迳达隆兴长。渠左岸有土城一座，仅余废垒痕迹，土人呼曰土城子，且谓系宋杨业故迹，似出附会，遍寻无碑碣可考究，不知筑自何时。沿渠顺流东北行，经贾方旅店，天已昏黑，因系顺水，舟子乃愿连夜进行。

十二日，阴，气温六十六度，午八十三度。早四时舟至隆兴长，后套之重镇也，团司令部、西盟垦务局、烟酒公卖局、电报局、邮政局等各机关皆在镇中。商店十余家，率皆日用寻常之物。十时先谒团部，适团长公出，与施桐轩团附晤叙，少顷兴辞。至西盟垦务局拜晤总办王济若君，名用舟，直隶定县人，性情慨爽。据云，后套渠道近数年来类多淤浅，往时溉田千顷者，今只一二百顷，塔布、老郭、长胜诸渠尤为淤塞之最甚者。弟自民国七年春接事以来，颇留意于整顿办法，曾历赴各处履勘。查各渠每岁淤积痕迹，显然可见，平均约有七八层土质。盖自入民国以来，渠工渐废，积淤挂垫，岁有增加。若欲将各渠一齐整顿兴修，乃苦于无此巨款。应规定逐渐整理之计画，而为节次之图。

客岁冬，招集王同春及各社社长，推诚相与，使之劝谕各大户，设法集赀，先从老郭渠实行。今已集赀三万两，动进行工作凡已四十五日，再五六日即可竣工。老郭渠挑竣后，再以次整顿各渠。倘假以七八年之期限，或能稍有起色。现八大干渠中水势稍旺者惟缠金、义和二渠，而义和渠为乌拉西公所属什拉胡鲁素地之专渠，立有履行条约，上游不得筑坝取水灌田，于是沿渠一带乃无丝毫之利益。惟此渠自黄河行百里至五加河，复循五加河故道，又百里至什拉胡鲁素，约共二百余里，水势至此亦已微弱，盖同一之水势在上游每日可灌田十顷者，至此只三四顷而已。现在规画，窃拟在塔布河左近另为乌拉西公开一专渠，取径较捷，水势乃不至甚弱，而俾义和渠得以浇灌沿渠之地，是为两得其利。区区之见，尚未知何日果能办到否也。

并云，此间初无相当洁净店房，诸君即可下榻敝局，刻已收拾房间，幸不客气。谊惟感许。时前任五原县长王沛生君（名文墀，山东济宁人）尚在隆兴长，即往访晤。前五原历任知事皆寄居包头，自民国五年间王君首移治五原办事，并约王同春出为董理，鸠工筑城，以资捍卫。旋经匪徒肆扰，兼任王同春编练乡勇，昼夜巡逻，竭力护守，县城左近赖以无恙。如王沛生君，其真为胆大心细，敢于任事者哉！宣叙之余，不禁钦佩。又请其介绍，谋与王同春君一晤，据谓，王同春现在老郭渠监工，三数日当一至此，至时当为介绍。乃兴辞出。至五原县城，在隆兴长北五里。城内商民无多，地面半多空闲。迳赴县署，值县长王卓甫君公出会晤，承审员赵君略与款曲，乃辞出，即移住于垦务局。在隆兴长义和渠桥下设量水标一支。

十三日，晴，气温六十九度，午八十二度。王沛生君、王卓甫县长、靳春圃团长，及绥远道署查烟委员王鸣玉君等以次过访。王沛生君谓："蒙人所以不肯报地者，皆因官府失其信用，不能以时给租之故。愚谓蒙人思想简单，重信用，希图近利，不如按亩给价，查其可以放垦者，一律收为官有，永断葛藤。蒙人骤得重利，当未有不首肯者也。"靳春圃君则谓，后套各渠有来源，无去路，灌溉不尽则水积渠中，故淤填甚易。五加河系黄河故道，承各渠之委，现已淤成平地，失其容纳之效用。愚谓不如迳将五加河挑挖沟通，水有通流则诸渠余水亦有所归宿，不至停淤。而五加河以北、狼山以南一片平原之地，亦可以凿渠引水，为利益溥云云。诸君子皆久居套地熟于屯垦者，故皆言之成理，可采取也。

十四日，晴，气温六十八度，午八十度。王沛生君邀至寓中午餐。同座为委员王鸣玉君、营长胡立斋君、垦务局委员王露亭君、公卖局长杨怡生君。谈次杨怡生君亦主张开通五加河，与靳团长意见相合。王露亭君系保德人，地近天桥，据云，天桥形势，河宽八步，行石崖下，倾斜甚陡，水溜下趋如瀑布，声闻数里。轻舟可通，危险殆甚云云。

下午四时，由王沛生君介绍，会晤王君同春。年过六旬，长身魁梧，出言若讷，而其词亹亹不尽之意，望而知为工程专家，饱于阅历者。今记其谈略如左。

渠道之缘起。后套区域垦迹荒远，前清初叶尚无沟渠计画。迨道光三十年，河溢北岸，水势奔腾，冲成塔布河一道，垦户引水灌溉，颇得其利，于是发动开通渠道之思想。长胜渠开凿最早，成于咸丰七年，灌溉田亩凡五十四淖尔，每一淖尔约计田亩三五顷不等。至光绪二十九年，渠口淤塞，施工兴修，相地另开新口，直冲河流，水势乃畅。老郭渠开于同治八年，系地商郭敏修所创办，初开规定宽度仅一丈八尺。至十二年，施工重修，渠槽一律加宽加深，计可溉田一千五百余顷。是时余王君自称已在后套营业，见而慕之，经营数年，稍集余赀。当于光绪六年建筑牛犋一区，曰隆兴长，现在垦务局东偏之树即当日之牛犋之旧迹。光绪十五年，开义和渠。二十年，改修渠口，其后沙河、恒河二渠以次兴办。其最后开者为中和渠，时在光绪二十六年，是时余有义和、中和、恒河、沙河四大渠以外，尚有小渠四道，牛犋十八区，垦田凡千余顷。风气一开，于是各地商亦均集赀开渠，所有缠金、皂火诸渠皆以次成立。是时统后套之渠道，灌溉田亩几及万顷，其为端微毕巨，可概见矣。

渠道之废弛。自光绪二十八年贻谷被命放垦，首严私垦之禁，责余与郭敏修供粮共一万七千石，按亩征租，夺渠归官。余鉴于大业成兴，为人觊觎，势力所在，万难以流民螳背之力与之相抵抗，乃将十八牛犋合并为二，先从事于缩小范围，以求瓦全。旋因与豫人陈四素有争端，陈四忽被暗杀，余乃诬以嫌疑被逮，皂白尚未分明，勒令纳田赎罪，稍事犹豫，祸且不测。于是数十年之经营，千余顷之产业，一旦划除，尽归乌有，此余之所椎心而泣血者也。近数年来，因事赴绥远，必南北绕道而行，不敢经过隆兴长，而自撩其闷愤之思想而伤其心。计自贻谷放垦以来，所用之人既无水利知识，对于荒垦又无整顿方法，因陋就简，苟且因循。经过数年，听其弃置，以致原有渠道淤塞，浇灌田亩日以渐少。在光绪三十一年份，尚能收租三万三千两，以后递减，只收二万余两。迨至三十四年，贻谷去职，垦务机关亦已大半停顿。近入民国以来，国家多事，镇守无人，蒙匪、卢匪继踵而起，焚杀掳掠，惨无人道，后套居民望风逃避，渠道无人挑浚，势必日就淤塞。直至今日，其废弛之景况殆亦不堪注目矣。

整顿之计画。五原所属，计后套之地，绝长补短，东西凡四百里，南北百里，综计约有二十万余顷。间去其沙砾不毛之地，其可耕者约有六万余顷。其间除陪教地四千顷，实有万顷；再除达旗永租地二千顷，杭旗粮地四千顷，乌拉西公旗什拉胡鲁素地一千七百顷，达旗四成补地一千四百顷，达旗报效五原城基地五百顷，又共约万顷，外可垦者尚四万余顷。今查其地势，尚可添开干渠四道：（一）蓝锁渠西，（二）永济、沙河二渠之间，（三）什拉胡鲁素附近，（四）皂火渠之西。统计四渠所费，不过五十万元。再于旧有八大干渠，二十余小支渠从事兴修，大加疏浚，所费不过五十万元，共计实洋不足百万元。则此四万余顷之地，按现行水租每顷银四两五钱可以加至八两计，在二三年后则此项修渠之工费即可以收回。惟本处居民不习灌溉之法，当一绝大之平原，普偏放水，乃至低洼之处深已数尺，高处尚无涓滴。是则须从事教导，设法改良，使其分别高低，界以土埂，高水以浇高地，低水以浇低地，因势利导，俾得各尽其利，则水无虚糜之水，而地亦无荒旷之地。至蒙人不肯报垦之说，盖虚语耳。重利以诱之，信约以将之，立法简当，示之以诚，彼蒙人将趋附之不遑顾，安得有不肯报垦之说耶？

王同春，字浚川，直隶邢台人。自八岁时从其先人营业入套，三十岁以后即壹诣倡办修渠，经事极多，阅历甚富，其于渠道工程计画虽不谙习测量，而卧地以窥即能查知地面之高下。现年已六十八岁，精神贯注，望而知其为饱经阅历者。后套渠道多所擘画创修，善与蒙人交涉，蒙人畏而信之，而所交涉之事无不成者。不与教徒相往来，以故五原无教民，其积威所至亦可概见。现时绥远界内兴筑渠工，必请其视察地势以定计画，六分子渠工亦其所规画也。其于三呼湾形势亦甚熟悉，据谓三呼湾当与大河并行开渠三道，可溉田七八千顷。又西山嘴西南三十里萨圪达淖尔新开一渠，现已竣工，计可溉田千余顷，亦为其所规画者。

下六时，王济若局长、王卓甫县长设宴相款，在座有靳春圃团长、杨怡生局长、施桐轩团附。谈次王济若君谓，大青山、乌拉山原多森林，绥远新城初建时所用木料皆取给于此。闻于光绪年间二山相继失火，成灾甚巨，其后遂成童山，生机扫尽云。

十五日，阴，微雨，气温六十九度，午七十九度。王济若局长过谈，并以后套渠垦档案及永租地亩、租户花名清册见示。坐次谈及三呼湾垦地情形，据谓，三呼湾系乌拉三公旗公共之地，前由乌拉东公旗以该地三分之一报垦，计二千四百顷。及丈收时，该旗复于南偏截留一段，以致不足二千四百顷之数。经包头乌拉特三公旗垦务局长马笠樵、陈明都统与之严重交涉，该旗乃允于东偏划拨以足原额云。

十六日，晴，气温六十五度，午七十九度。王济若局长交来八大干渠分图及后套渠道全图各一幅，均经照绘，以备参考。

王济若局长精力严毅，历事核实，经理垦务，习为勤劳，所有后套渠道历经亲往履勘分绘。其后套渠道全图一幅，乃其履勘时匠心独运，渐积而成者。历谈其所获成绩，良可钦佩。闻其在套地事业，尚有大旅行二线，一至后山，一至前套，长途只带亲随一人，乘马而行，往返皆经历数十日。似此专心实业，不惮劳苦如王君者，良亦不可多得。自谓鞍马匆匆，不能多有记录，乃至成绩未能表著，颇致惋惜云。

十七日，晴，气温七十度，午八十七度。下六时，靳春圃团长相约赴团部晚餐，同座为关营长敬修、胡营长立斋、施团附桐轩诸君，酌谈甚洽。八时回寓，遇雨。

十八日，阴，气温七十二度，午八十六度。拓本处锡匠示以图式，制造量雨计一具，烦由垦务局书记员赵子杰君按日记载。

十九日，阴，气温七十二度，午七十九度。出测义和渠道线水准，比较南北地势之高下。上午十一时，由隆兴长义和渠桥北偏设置木标起测，先向下游过老赵圪都，至什拉库伦木标止。全段两岸皆系高地，不能上水，附近所在间有用人工以柳斗戽水灌溉田亩者，仍占少数，余则荒草丛生，无人垦殖。是日共测水准道线十二里。下午八时，雨。

二十日，昨夜大雨，雨量一〇·四米立米达。十时晴霁，气温六十八度，午七十八度。续行测务，仍自桥北木标起，沿义和渠向上游进测，经过刘圪都户口地、王善圪都、同兴德，两岸多荒地。迄于同兴德桥下游木标止，计测水准道线十八里。

二十一日，晴，气温六十七度，午八十五度。雇舟至什拉库伦木标起，向下游进测，经过巴仲地，两岸地平颇低，支引渠水灌溉最为便利。再下过迎水桥、邓村圪都等处，相连已垦之地甚多，麦苗挺秀，饶有生意。再下至东坝头，为义和渠与五加河交会所在。五加河系黄河故道，河面甚为宽展，而河底淤垫乃最高，计低于地平仅一米达余，河底荒草丛生，源流久断。义和渠至此乃于河中挑成小沟一道，引水至什拉胡鲁素，以故义和渠道线以此已为止点。设置木标为记识。尽日计测水准道线凡二十里。

二十二日，晴，气温七十度，午八十七度。

二十三日，晴，气温七十二度，午八十七度。整备行装，续赴各机关辞行。下午七时登舟，准备于明晨绝早开船西行。靳春圃团长派来保护军队，旋亦到船守宿。

二十四日，早雨，九时雨止，气温六十四度，午七十度。开船沿义和渠逆流上行，下午一时至同兴德登岸，仍接木标续测，船亦缓缓随行。经过曹家圪都、西牛犋，至吕讨气，天已昏黑，乃设置木标，准备接点，船亦于此停泊。计测水准道线二十四里。

二十五日，晴，下午阴，微雨，气温六十度，午七十八度。上午五时登岸续测，接吕讨气木标，经过二元子、贾方旅店，至义和渠口止，计测水准道线十八里。核计测得结果，义和渠全线长凡五万一千八百八十九米达，上下游渠底差为四·六二六米达，其渠底倾斜约为一万一千分之一。

时王济若局长适在贾方旅店验收老郭渠工，往访会谈，并即参观老郭渠渠道工程。据王局长谓“王同春及各社长规定此项渠道挑挖工程系以目力测视，渠底斜度恐难一律。自渠口以北二十余里，该处渠底似稍高仰，恐于行水有碍，拟请代为施测一过，藉作标准”等语。余等乃为之设志测量，自贾方旅店至老郭渠口一段，计凡七里。旋以雨止，相率回舟，即宿于义和渠口。

二十六日，晴，气温七十度，午七十八度。上午六时，王济若局长以车马来迓，因复至贾方旅店会晤。盖预定于是日行老郭渠开渠放水礼式，靳团长、王县长以及各机关局长等咸于前一日齐集，故亦邀余等偕往参观，并拍合影一照以作纪念。既到贾方旅店会齐，集赴渠口。当时因黄河水弱，不能放水入渠，王同春君备以两羊及馒头食品等物致祀河神，虔诚求水，旁待一人，以清水频浇羊身，羊兀立不为动。跪祷许久，羊身为之一抖，则起告曰：“神已许我矣！数日间必有水至。”视之有如儿戏，而土人则谓王同春君在套数十年，常以此法求水，历试不爽。习俗所尚，可以备观风焉。杨怡生君则谓彼王同春既审黄河消长之机，视水欲涨时，乃作此法，亦愚人理或然云。然则其为独智，亦可想见。既王同春君谓新挑老郭渠底宽四丈二尺，口宽四丈八尺，深六尺，以此际渠底倾斜观之，一昼夜水行一百二十里，每日可溉田四十顷云。计核渠槽水量及其强弱如数故典，生平专长，尤可钦佩。十二时，回船。

在贾方旅店时，与王济若局长闲谈，据谓，王同春晚景荒凉，境遇甚苦。其长子能克家，早卒；尚余次子，不娴生计，用度奢侈，习于狎邪。王同春有地百余顷，付之经理，数年之间亏累甚巨。王同春有舐犊之癖，盖虽知，无如何也。余爱王同春之多才而富有毅力，常思有以位置之，以终其天年。而彼则习与性成，总不改其少年之习性，作事动触法网，支节横生。似此景象，其末运殆将不堪设想云。言下颇致慨叹。

下午一时，由义和渠口开船西行，过二皮河头，至惠德成，下碇河。北岸有蒙古包数座，偕往观察。毡包外植红柳为篱，其包下圆上尖，式如雀笼，并以柳枝编排牢固，上下周围覆以毛毡。其间无床帐，以毡铺地为卧具，所有锅灶什物咸纳其中。有蒙妇席地坐，窥见异言服者多人，殊不惊骇，问之则言，不问亦不语，一似有特别定性者。此固其良善本色，然亦可异已。是日计行水程约二十里。

二十七日，晴，气温七十二度，午九十度。早五时开船西行，经过沙河渠、十大股渠、阿善渠、邬家渠、皂火渠，历查其各渠渠口，皆较义和渠为小，水势亦差弱。又过马密兔渡口，至刘三地住宿，舟泊左岸。黄昏后闻对岸枪声三作，舟子大惊，余等尤不习其夷险，颇有戒心，护送之军队乃各荷枪实弹，换班巡逻。迄于明晨，幸无意外，然究不知茫芒荒漠，枪声何自来也。是日计行水程约八十里。

二十八日，晴，气温七十五度，午九十度。早四时开船，行经过户口渠、协成渠，两岸红柳遍地，荒草丛生，莽莽荒原别饶野趣。协成渠口宽约二十二米达，深四米达，水势颇旺。又行，经过黄家濠渡口、天吉太渠、刚目渠，晚泊土默渠口。计行水程八十里。夜微雨。

二十九日，晴，气温七十度，午八十七度。早六时开船，过强家渠口，水质甚浊，多泥沙。复经天德元渠、五大股渠，晚泊缠金渠口，土人名为官渠，系地商甄玉所开。贻谷放垦时，于此大加修浚，闻费工银八十万两，为八大干渠中之最大渠也。

水势甚旺，舟楫出入其中者绎络不绝。是日计行水程六十里。夜微雨。

三十日，阴，微雨，气温六十六度，午八十六度。早六时开船，经过蓝索渠口，渠宽二十五米达，流速每秒约八十生的。再行，过萨尔苏亥渠口，正在施工挑挖，尚未开渠放水。询之土人，谓自此以西皆系教堂地所有，各渠皆为洋人所开。复经黄图拉亥河、准噶尔河，过黄杨木头，入阿拉善界，行经棋盘柳子，至克克木堵留泊。南岸红柳丛生，枝条皆甚短，其高不蔽人目，树杪每有烧灼痕。盖蒙人以畜牧为专业，有嫌于林木之碍目，不能遍查牲畜之远游者，故为设法翦刹，便于瞭望。是日约行水程六十里。

七月一日，晴，气温六十八度，午八十六度。早四时开船，过乌拉河，至罗畔招，亦名渡口堂。近岸停舟十数只，有羊毛数百包堆积岸上，舟子列帐司守，亦黄河之小码头也。复行，过毛老海渡口，土地平坦，微带碱性。又过天兴泉渠，西岸仍系教堂地，土质肥美，垦种已甚多，大抵皆为蚕豆、豌豆、菜子之属。及过三圣公一带，河东岸地势陡峻，高者约二十余米达，粗石带沙，脉络隐现不定。盖自昭君坟以西，南岸沙岭连亘，与河并行，距河远者或十数里，至此而逼近河岸。晚泊陶斯兔，计行水程约一百里。

二日，晴，气温七十二度，午九十三度。早四时开船，风颇顺，过金山庙、永和江，河西岸始见沙堆，东岸仍系粗沙碎石，山岭连亘。又过阿罗套海、喇嘛庄（左岸名富家湾子），至克克阿郎。河中露沙滩一区，遍生红柳，土人亦名曰中滩。东岸地带碱质。过此已近磴口。晚泊河东岸，距磴口尚约十里。是日计行水程约一百一十里。

三日，阴，微雨，气温七十五度，午八十度。早六时船至磴口，隆兴长派来军队护送，至此为止境。此间住有宁夏马护军使昭武巡防队一连，当即至连部拜晤何珠如连附，申明来意。据谓，已接马护军使来电，应即妥派军队沿途护送云。是日在磴口施测黄河断面一图，河宽三百一十米达，流量每秒一千零十八立方米达有奇。并拟就地设置量水标一支，以验水流之衰旺，酌觅相当土人随时记载。

磴口为阿拉善王所辖区域，原设有蒙古衙门。居户约三百余家，大抵以汉人为多，蒙人亦间有之，而回教徒亦不少。水道交通往来，亦黄河口岸之重镇也。

四日，晴，气温七十六度，午九十二度。制造量水标成，即设置于磴口南偏菜园附近，烦由小学堂教员智照君按日记载。

按：《水经注》："有支渠东出，谓之铜口。"镫、铜音相近，疑即指此处而言。今兹查支渠旧迹，殊不可见。计自昭君坟以西，沙梁绵亘，至此则山脉起伏，逼近河身，地势益为高仰，绝无往昔渠道遗迹，并以询诸当地故老，迄无知者。查此地自汉唐以来久沦异域，蒙旗以游牧为生，居无定所，虽地面时有变更，而文献无征，故迹湮没，亦已久矣。向来地学家按之图说，考证今昔，时复以己意为断定，究其实迹，殆未易言也。有本地首事万君适过舟次，因邀至舟中会谈，据云原籍江苏，于同治八年从军至此，计今已五十余年。当时汉人只四五家在此营商，以粗布、砖茶、米面等食用品物，交易蒙人之羊皮、驼毛等货，时为转运，颇获其利。继则接踵而起，徙此者渐多，客藉日增，商运发展，积之以渐，遂有今日之景象云。

下午四时，在磴口测务诸事设置完备，沿途护送军队亦由何连附派拨前来，乃开船行至三十里敖包泊宿。是日计行水程约三十里。

五日，晴，气温七十五度，午九十三度。早五时开船，十五里至王元地，西岸沙堆距河渐远，濒河地面平坦低下，已经垦种。又二十四里，至察汉图亥。蒙古人一家近河设置毡包以为住所，畜驼五六十头，羊百余只。温翻译员往与接洽，蒙人赠以奶皮等物，亲送至舟中，谊甚敬挚。余等报以面食，欢然感谢而别。又行二十余里，至海巴子湾。东岸桌子山，山脉逼近河滨，河岸峻陡，高处凡二十余米达，其质皆为沙礓。自此以南，西岸有石喇叭山，自乌拉山分脉，沿黄河南下，两岸石崖逼窄，河身湾曲，水溜甚为湍急。再前行，东岸有金山，与桌子山脉相连，舟子云山上沙中有金，故名金山。引领南望，两岸山岭，中夹黄河而上，直至石嘴山方尽。再行，过沙坝头，至乌蓝木头泊宿。计行水程约九十里。

六日，晴，气温七十六度，午九十五度。早四时开船，行约十五里，至河拐子。河行山脚下，底皆碎石，直至石嘴子，一路皆然，舟子谓为石河。每逢险要所在，合同行两舟之纤夫协力牵引，舟始得上，否则不得上行，缓且不测云。过河拐子，西岸有炭柜。炭系石喇叭山中柳叶沟、乳牛沟等处所产，现有人开采，设栈柜于河滨，准备行销，以便装运。再行数里，东岸有甘草庄号。其甘草之大者，径约寸许，每斤价三十文。庄号就地收买，束之成把，堆积如山，俟晾干后运至包头河口镇等处销行，转入内地，每斤约银一钱云。又行，过磨石沟。山脉相逼，河溜更窄，测得断面一图，河宽凡三百二十五米达，流速每秒平均一·三五四米达，流量每秒一千零五十八立方米达有奇。再行，至牛家沟，大风逆舟，不能更进，乃泊。是日只行水程三十里。

七日，晴，气温八十二度，午九十五度。大风阻舟不得前，下午七时风稍息，行仅五里而泊。

八日，晴，下午阴，气温七十六度，午八十七度。早六时开船，至三道坎。沿河两岸块石堆积，河中逼仄，水溜下泄如瀑布，舟行至此，甚为费力。据舟子云，自河拐子入石河，至石嘴子出石河，其间险要所在凡十有四，自北而南以次计之，曰牛家沟，曰三道坎，曰歪脖子砂，曰二道坎，曰狼毛砂，曰螳腰砂，曰二子店，曰头道坎，曰齐家矿，曰吕蓝子砂，曰北鞑子湾，曰跑马崖，曰回水窝，曰蚂蝗沟。此十四处均须聚精会神，合二舟之纤夫互相协助方能通过云。过三道坎，东南风大起，舟子惕然不敢前进，乃停泊。是日计行水程只十五里。

九日，晴，气温七十五度，午八十三度。早四时开船，过歪脖子砂、二道坎、狼毛砂、螳腰砂、二子店、头道坎，计经著名险要凡六处。下午三时，暴风又作，舟遂停。计行水程约三十里。下午雨。

十日，早雨，气温六十四度，午七十三度。风颇顺利，舟子冒雨进行，过齐家矿、吕蓝子砂、北鞑子湾、跑马崖、回水窝、蚂蝗沟，至二子渡。西岸临河有炭井一处，会晤其经理董复生君，据云每日出炭四五千斤，以交通不便，定价未能提高，平均核计，每千斤只卖银一两云。下午二时，至石嘴子。计行水程约五十里。

十一日，晴，下午微雨，气温六十六度，午八十六度。

石嘴子依山而营筑，西高东下。有洋行三四家，皆设庄号，以收皮毛货者，入口皮毛各货皆于是处装载起运。沿河帆舶停泊近百余只，街内有邮政代办所及征收机关十余处。其北偏有关帝庙，高楼三层，可瞭见十数里外。其西逼近山坡，乱石磷峋，炭质显露。居民用炭即择地掘下数尺取炭，以驴载之而去，极为便利。其南有风水洞，系平地叠砖为阙，下通行人，当石嘴子至宁夏之通衢，额曰“映河峰”。又有白虎洞，在石嘴子西山中，相距约三四十里云。

上午十一时，由王衡之、马昭如两营副派兵护送，开船进行，过黄渠稍（即惠农渠稍），为石口堡地，属甘肃省宁夏道平罗县境。自此以南，西岸土地平坦，沿各渠一带林木荫翳，村落密接，大有内地乡村景象。东岸仍系砂岭连亘，与河并行。行十五里，东岸砂岭去河渐远，滨河亦见有平坦地面，名为巴音套海。有郑万福、张三、王老板三家牛犋设置于此，并有佃户二十余家，垦地二十顷。下午五时，风又渐起，船泊西岸。计行水程约十八里。

十二日，晴，气温六十五度，午八十八度。早四时开船，经过尾闸堡、省嵬堡、庙台堡、永平堡等处。其地水势散漫，两岸多浅滩，间有垦种地段，所种皆糜子、扁豆、胡麻之属。又行，过沿堤堡。河东岸逼近山麓，石崖陡峻，质红色，名曰红崖子。一河自东南来入黄河，询之舟子，云此河水色绿而味苦，长约三百里，即名为苦水河。晚至红崖子渡口停泊。计行水程约五十里。

十三日，晴，气温六十八度，午八十九度。早六时开船，遥望沿河浅滩，与水面几成平线，现值大雨初消，淤泥深可数尺。舟子牵缆行于淤泥中，往往没胫不能出，匍匐手足，始进一步，乃致舟行缓涩。经过渠阳堡、灵沙堡，至五堆子。据舟子云，五堆子原在西岸，乾隆年间河流冲徙，分五堆子为二区，河西曰内五堆子，河东曰外五堆子，今仍旧也。五堆子有渡口，其东岸即通安定、神木、榆林之大路。又行，过河沟官渠。渠不甚宽，而水势颇旺，两岸无堤，因其不易淤填，故无挑凿痕迹。又行，过河沟西渠、河口渠，已皆淤浅，不适于用，涓涓细流，仅以不涸而已。晚泊国家梁子，有土房十余所，多空旷无居人。询之村民，云于民国六年河坍左岸，陷地凡三四里，本村田亩皆成水库，居民之生计既尽，渐谋西徙，今兹居者已寥寥。于以知黄河上游无患之说殆非确论，只以上游高原接入河套，地广人稀，一任黄河之荡折畅行而无所限制，故不复觉其为害。若此处之坍陷而在内地人烟稠密之处，计其损失为害必不止此数，而流传亦易于昭著，是皆事实上利害相因之机也。是日计行水程约六十里。

十四日，晴，气温七十二度，午八十九度。早四时开船，经过渠口堡。右岸有平滩曰陶胡卢滩，土地平坦，村落三五相连属。舟子谓此系宁夏将军马厂旧址，今已放垦，有渠一道资灌溉。再行，过渠口堡渡口，至六中堡，住宿于任家嘴子。是日计行水程约六十五里。

十五日，微雨，气温七十二度，午降至六十八度。早三时由任家嘴子开船，经过通城堡，至滂渠口，水势颇旺。又数里至昌润渠口，渠宽二十余米达。将舟入渠，至同富堡停泊。是日计行水程约五十五里。

十六日，晴，气温六十七度，午八十七度。由同富堡村中定雇牛车装运行李，即由此间舍舟登陆。牛车行甚迟缓，同人步行勘测犹时出其前。经过清水堡、惠农渠，测取断面一图。沿惠农渠支渠甚多平原，垦植已遍，半多种稻。旋晤清水堡学校经理杨文栋君，据云，此地农作每年芒种布种，白露收割，稻田每亩种籽一斗，计可收割四石，每斗价银平均七钱，其概略也。晚住李刚堡。是日计行程二十里。

李刚堡城周约四里，居民八十余家，店铺约有三四十家，庙宇六七座。堡中杨树数株，远视形如宝塔，俗谓之冲天柳。就店旁一株测之，围大八尺，高十倍之，闻其年限不过三十载，可谓宜矣。自入宁夏境，时见树丛中有挺出之树，盖即此类也。

十七日，晴，气温七十五度，午九十度。早六时由李刚堡启行，沿途平原类多荒芜，往昔曾经垦植，尚有田埂遗迹，今则芦荻丛生，遍地皆是。询之土人，谓此地为唐渠灌溉区域，因近年唐渠水小，不敷灌溉滋生之用，故多荒废。十一时，至薛刚堡打尖。又行，经过八里桥、双庄子，而抵宁夏。即入城，住广茂店。是日计行程四十里。

十八日，晴，气温七十七度，午九十一度。在宁夏广茂店探明城内军政各机关，前往接洽，即赴司令部、护军使署、道署、县署等处拜谒，均未会晤。询之，适因马护军使有少子患痘，现象甚危，不及会客，而马司令及道尹、县长等亦咸赴护军使署探候，故均未得会见云。

十九日，晴，气温八十度，午九十二度。上午余介彝县长过访，告云马护军使因其少子患病，不能出，委其照料一切。旋又司令部马云卿副官过访，谓马司令现患目疾，不可以风，俟目疾稍痊，当来拜会云。

二十日，晴，气温八十二度，午九十六度。

宁夏气候大致与内地略同，时值阴历六月，天气炎热，正午时气温总在九十度以上，早晚亦八十度上下。城内街道宽敞，铺面整齐，商业交易颇繁，百货俱备，出口货以皮毛稻米为大宗。其为商务发达，以较归化、包头等处，殆有过之无不及也。

二十一日，晴，气温八十度，午九十三度。往谒宁夏道尹陈君，名必淮，号三洲，湖南人也。晤会之初，态度极为冷静。旋询以汽船行驶之事，同人以未经留意此事，颇觉难于答覆，因即陈明此次调查真意，为勘视黄河上游水量，能否于河套平原扩充垦植事业，多开渠道，即以减杀下游水量汹涌冲激之势。且闻宁夏区域渠道工程兴建最早，制度精良，足为农田水利之模范，以故同人等奉檄奔走，撮其调查职务之大端。自旅行套地而外，尤以调查宁夏区域水利沿革为切要。申谈至此，道尹乃幡然动容，谦词逊谢，谓适未详诸君来意，乃以为调查河道行驶汽船而来。今诸君所为调查水利，本诸政府关切国计民生之至意，推而广之，极为弟欢迎。查宁夏区域共有大渠四道，曰大清渠，曰唐来渠，曰汉延渠，曰惠农渠，灌溉田亩颇著成绩。弟自到任以来，考查地方行政之利病，亦曾留意及此。近年渠道水源日渐减煞，每有不足之患，常思设法改良，求为一劳永逸之计画。拟于青铜峡河流仿照西式建筑铁桥之法，建置活动铁闸一座，引诸渠并为一口，时因黄河水势之衰旺，启闭其闸门而节制之，俾水量小时可以保持平均而尽其利。综计其工料所需，约为银十万余两。惟裁制此项重大工程计画，必须有水利工程专家妥为规定，乃能周备。今此处殊乏此项水利人才，正拟请一外国工程师为之决定。顷谈诸公考查事项与此事殊有关系，日内稍息游踪，尚烦一至峡口即青铜峡。相其形势。彼此谊属一体，不烦客气，如有所需，容派委员妥为接洽云云。同人乃逊谢而出。

二十二日，晴，气温八十二度，午九十二度。官银号副经理孙渔沧君过访，君名树霖，山东历城人，谊甚款洽。谈次谓此间留意农垦事业者，有前盐务总办石寅生君，安徽人，曾在新城西北偏购得荒地一区，计长八十里，宽凡三十里，实计价银只五千两。其间有河渠一道，已渐堙塞。石君拟大加整理，振兴实业云。是日为官银号开幕之期，彩觞宴贺，假座于福庆戏园，当地官绅咸集，同人亦预焉。

二十三日，阴，气温八十一度，午八十八度。马云亭护军使、马子寅司令先后过访。

二十四日，阴，气温七十二度，午八十二度。由道署携来《绥远、甘肃勘定边界案卷》一册，遂即翻阅一过，择要录存。查全卷记录系绥远都统呈请划清边界，将伊克昭盟之地分隶于各省者，统划归由绥远管领。其与宁夏有关系者凡两项：一为五堆子村落，在黄河东岸，原属为平罗县管领，绥区委员则指定以河为界，此地应为绥属。而平罗公民则谓，乾隆四十八年，河东徙，将东永惠堡冲去一半，当时被灾之民无所安置，遂令徙居东岸淤滩，仍完平罗正赋，今兹已历数世，对于改划之议宁死不愿；一为盐池县长城以外有甘省人民垦植之地，绥区委员欲以长城为界，而甘肃谓头道长城之外尚有二道边城，乃欲以二道边城为界。因而双方争执，迄未剖决。查册中有图四幅，均经照绘检存，以备参考。此外并携来汉、唐、清三渠图拓片一幅，此图刻于碑上，原立于大清渠正闸附近，旋经水利提调黄鞠仙君移置于城内龙王庙中，以便保存云。

二十五日，晴，气温七十六度，午八十九度。

二十六日，晴，气温七十七度，午八十六度。马护军使邀至署中晚餐，同人等携带图幅，请其指示概略。告谓黄河上游流域山脉相连，多所经历，容于暇日，当详为研究，以资参考。时石寅生君亦在座，谈及伊所购地段，规定计画，兴办农务林业，作为地方垦植之模范而为之倡。现在着手试行，业经种有洋槐千余株，高已三四尺不等，派有人工从事培养，待至明年即可分植云。

二十七日，晴，气温八十度，午九十三度。石寅生君过访，言购地经营垦牧之计画始末，据谓："所购系新城满旗生计之地，长八十里，宽自二十余里至三十余里不等。其中有渠一道曰沾恩渠，系唐来渠之分支，现已淤浅。盖前清统兵大员董福祥，籍隶宁夏，家拥巨赀，而后嗣不续。董在日与回族感情甚恶，地方回族颇占势力，董既去世，生恐回族瞰其富，兴心攘夺，无由控御，即当地官府亦复悬悬于双方之嫌隙。旋奉中央政令，为旗人筹生计，乃由甘抚劝令董氏捐银四十万两，拨二十万两，于新城马场开渠建屋，以为旗人生计之资。岂知旗人懒惰性成，不习农事，田地荒废，渠道亦以渐淤塞。迨其结局，乃至拆卸房舍木料以易钱米，生计于以罄尽。原有地面旋议出售，本地商民只出价银二千两，不肯再事增加。窃以为二千余方里之地面，议只值银二千两，未免太廉。且查旗民依此地以为生计者约为二千户，如价出售，每户只分得银一两，揆以情理，亦太可怜。乃以自出价额银五千两与之成券，即收此地为己有。继谋整顿计画，相其地面已就近渠之地试行垦植，以渐推广，并就地畜羊千余只，以资生息。查普通畜羊之家每羊百只，定以公羊十二，资其孳生。窃以为公羊之额太少，不无瘠弱之弊，因为酌加每羊百只置公羊十五。平均计百羊每岁可降羔七十羔，皮每张时价约值银一两七八钱，其老羊每只岁翦毛二斤半，足抵牧人之费。又于其中购置美国种羊二只，其毛白细而长，以较本地羊种，较为佳胜，即翦毛之利亦倍于本种，将使之以渐蕃息，以期推广，亦宁夏实业一大宗也。向曾与一日本人会谈，据谓中国羊种原以宁夏为最佳，近数年日渐退步。何以知之？盖有日本人曾购宁夏种羊数只，携至本国牧畜，经过三四年，其毛色之佳比于此间，现年所产者且数倍，此其优劣变易之消息。盖因中国畜羊不善择水草，草枯时又不加意调养，皆因其牧畜不调，乃致其生机不畅，故有退步也。”向闻石君注意实业，今兹听其议论，足可表见。又据云：“开渠工程，鄙意以为过于縻费。岁岁修浚，其劳费亦复不赀，鄙意滨河之地可试用抽水机。向曾询得机器一架，口径四寸，水头三丈，每小时抽水一万二千石，每日用煤半吨，价值洋四千元。审若是，则溉田须水平均以一尺计之，每小时灌田约五亩，比于人工沟渠等项工程费用抑若可为也。”

二十八日，晴，气温八十二度，午九十三度。道署送来《宁夏府志》二册，查其考征，谓：“《水经注》所指铜口即青铜峡，宁夏即古之朔方郡云。以是言之，斯枝渠东出之说固为有著矣。”无惑乎前在磴口遍寻东出之枝渠乃不得也！

晚赴司令部约酌，谈次及回汉结亲可以融洽感情一节。马子寅司令，回教徒也，以为汉女嫁回族尚为无碍，回女嫁汉族即不能恪守回教之五大条规，掌教知之，罪其父母。以故凡在回族，万不敢一开其端耳。

二十九日，晴，气温八十度，午九十二度。同人出发，赴西门外唐渠桥测取断面二幅。渠身淤浅过甚，已断源流，惟桥下积水莹然。询据土人云，因上游蒋鼎堡地方支渠开放陡口，水尽入之，故致此处断流。测其渠底，低于两岸者仅一米达四五，高于地平者约一米达七八。桥下设有水尺一枝，查其标识，以五寸为一分画，全尺共为十五分，渠底高约当水尺十分之处。记载人云，旧时七分行水，九分旺水，今则非至十三分不能行水。意当日渠底必与水尺底基为等平，于今计之，实已淤高工部尺五尺余矣。查宁夏旧制，向有水利同知一员，专管渠道通塞利病事宜。今则裁并，所司职务则归之道署各科科员担任经理，亦兼设有提调委员各职，因其各有专司，乃至不得常至各渠周行巡视，且水利行政之兴替初无显功，惟一经废置则窳败立见。窃查水利之往绩弃置之，殊非政计，大是可惜，及今补救是非，另设机关，专管渠道，恐无起色之一日。

三十日，晴，气温八十二度，午九十度。步出南门，查见有红花渠一道，渠宽约四五米达，干枯无水。其淤积与唐渠相等，是为唐渠之支渠。

三十一日，晴，气温八十一度，午九十度。接到水利提调黄鞠仙君来函，邀于明日往游贺兰山，即覆允之。

八月一日，阴，气温八十一度，午八十度。上午七时会晤黄鞠仙君，并其介弟鹤垣君偕行，作贺兰山之游。道出城西门，过唐渠桥，村落密布，地多垦植。十五里至新城，城周约七八里，商店十数家，原有宁夏将军衙署，现已改为宁朔县公署，所有旗人房舍半多倾圮。自入民国以来，旗民之生计益无着落，大都散于四方，留者盖寡，故其现象如此。出新城西门，值微雨。西北行十里以内，村落相接，阡陌沟通，垦种之地殆遍用唐渠之水滋灌溉。所种小麦、胡麻等属均已登场，堆积村外场圃间者处处皆是。十里以外，地渐高仰，沙质相间，未经垦辟，荒草丛生，一望无际。横渡沾恩渠，遥望迤北十余里，平原一片，即石寅生君所购马场之旗地。在沾恩渠过渡之处，两岸皆荒原，未经垦植。自此南望三四里许，有飞沙成堆，土人谓为元昊故城，不及详考。又行约十里，见有羊圈一区，询为冬日畜羊之所。现在暖节草盛，均放牧于山中，其圈遂空。又十里，经一村落，曰高季墶，只有居民一家，旁有泉水，亦以畜牧为生者。自高季墶而西，道路渐崎岖，石块遍地，地势亦益高仰，生植品物惟甘草、酸枣之属，与野草杂生其间。迤逦三十里，至贺兰山，遥望两峰回抱，中藏庙宇甚多，其地名曰小滚钟口。转过山麓，乃见道路，须盘旋而上。沿路经过送子庵、老君堂、茶棚、小洞天等处，至大悲阁住宿，时已下午六时强矣。以气压推计，大悲阁地平高于宁夏城凡一千三百余英尺。下午八时，复雨。计尽日行程凡七十五里。

二日，大雨，气候骤寒，气温降至六十四度，午六十六度。查贺兰山突出地面甚高，居人常以为避暑佳境。地势原为高爽，又值大雨沛然，故寒度益增。时于雨中瞩望，烟霭蒙蒙，咫尺峰峦，不辨黛色。同行诸君寻幽念切，初不惮攀跻之劳；零雨兴嗟，乃未备游山之屐。矫首山灵，游踪竟阻，对坐无聊，相与攀叙。谈次方知黄鹤垣君曾为渠道委员，其于宁夏渠道沿革情形颇称熟悉。据述清、唐、汉、惠等渠概略，云唐渠长三百二十五里，溉田凡十八万亩；惠农渠长三百二十里，溉田凡十六万亩；汉渠长一百九十里，溉田十四万亩；大清渠、昌润渠皆长七十里，各溉田二万亩。往哲开凿此项渠道，计画极为周详，惨淡经营，前功具在，有飞槽，有暗洞，有退水闸，有正闸，种种制作，靡不尽利。且因地面高下自然之势，使唐渠余水可以自由退入清渠，清渠退入汉渠，汉渠退入惠农渠，以有余补不足，间接沟通，而水无枉费。综计其最著之绩有四：一为唐渠之口地势优良；一为清渠之跳逼高水位；一为汉渠之退水闸操纵便利；一为惠农渠之筒不易淤填。凡此制作，均已经过数百十年，靡不利用如新，历经中外工程专家参观考查，咸为叹绝。第以经理不得其人，所在滋为弊窦。原设渠长、渠夫假公济私，藉图中饱，春工挑浚则折草折夫（坝草按亩输纳，具有定额，近多由胥役折银代购，半为干没。又春工以上段夫挑下段，下段夫挑上段，距渠远者私纳苞苴，不赴工作），夏令放水则勒索賂贿（不纳賂者不得水）。考其实迹，以较王全臣《渠务良规》所指之渠务之弊，殆有过之而无不及。及今计料，若复谋为补救之计，是非从根本上大加整顿，严定规章，则渠务终无起色。然而为政在人，其人存则其政举，其人亡则其政息，良可慨也。抵掌数言，伟业如睹，言外有不尽之感，尤以见其注意云。时已近午十二钟，晴，乃得周览岩壑胜概。

贺兰为西北形胜，晴日可以眺见黄河，惜雨师败兴，山路崎岖，未能登峰造极，一豁眸子。贺兰庙在大悲阁南，刬山而建，为前清光绪间宁夏知府谢葆灵所创修。地方绅富集赀重新，适始落成，即于是日虔修告成礼。又有飞泉岭，泉水循岭而过，以目力视之，一若下游高于上游，泉水乃有上行之势。地方绅宿执以为水能倒流，矜为神异。实则以气压测之，下游低于上游者约七英尺。乡人之迷信神怪，往往若是。又据绅宿述谓，山中有元昊避暑宫，在大悲阁西约二十里。又笔架山（三峰并峙，故名）后产一种砚石，俗名贺兰石，其温润不逊于端砚。是处在大悲阁西南，亦约二十里，均以阴雨未果往。

三日，晴，气温六十四度，午八十六度。偕黄鞠仙君等由贺兰山回城寓，至唐渠桥渠已有水，测其平均流速，每秒〇·六四二米达，流量每秒十五立方米达有奇。

四日，阴，气温七十六度，午八十度。下午七时大雨倾盆，檐溜如注，居人谓数年以来如此之暴雨未曾有也。

五日，晴，气温七十七度，午八十六度。步出东门里许，红花渠自南门外绕城北来，石桥横架其上，时因大雨，水势正旺，其未没石桥者仅三四寸。渠东有高台寺，叠砖为台，高约七八米达，宽约五十米达，长倍之，寺建其上。《宁夏府志》谓旧有高台寺城，在府城东十五里。今寺尚存，不知其是否当日旧迹，城则久沦圮，无可考矣。下九时雨。

六日，微雨，气温七十八度，午八十一度。由道署携来《渠务良规》印本。《渠道杂录》抄本。各一册，分别录存，以备参考。

七日，雨，气温六十三度，午七十度。

八日，阴，气温六十二度，午七十一度。

查水利同知王全臣《渠务利病书》，谓唐渠长三百二十三里，溉田六千零二顷，以后续开大清渠，分去一千二百一十三顷，余尚溉田四千七百八十九顷。汉渠长二百三十八里，溉田三千七百九十七顷。大清渠长七十五里二分，溉田一千二百一十三顷（惠农、昌润二渠开凿尚在其后，故未言及）。与黄君鹤垣在贺兰山时所述互有参差，其道里之不同，当因乡间所言里数无准则，姑不足论。惟比较今昔溉田之多寡，则渠道之废弛已显然矣。

九日，晴，气温六十五度，午七十七度。由修志局携来《宁夏水利志稿》一册，所有清、唐、汉、惠、昌润等渠，以及灵武、中卫等县各渠创修之年代，灌田之多寡，渠道之长宽深度，以及现在兴替各情形，具详其中。时宁夏方在兴修新志书，此编辑将成，正待付印本也，分别择要录存，以备参考。

十日，阴，气温六十八度，午七十九度。是日为宁夏北塔庙会之期，塔在城北五里，因城内西偏有西塔，故以北塔为别。城乡士女或乘车，或步行，击毂摩肩，道途几满。塔下有庙，庙前搭棚演剧，城乡游人咸集于此，立而观者无虑千数。北塔凡十一级，道士架木梯其中，可缘而登。达其第九层，计已高于平地一百十英尺，其上二层甚狭隘，未能至已。

十一日，阴，气温七十四度，午八十七度。践道尹之宿约，雇车赴青铜峡，道署委员黄鞠仙、黄鹤垣二君相伴，连日偕游，谊甚洽。上午九时启行，出城南门，过红花渠，沿路湖蒲丛生，车马辙迹皆在积潦中进行，甚苦。二十里过大新渠，有桥梁曰王元桥。大新渠，唐渠之支渠也，渠口在王元桥西南里许。与黄君昆仲徒步往观，以石甃为陡口，长三十四米达，宽二米达，倾斜甚陡，水势下注如瀑布。自王元桥以南皆稻田，一望无际。再行，见熟田，间有高粱、糜子、好麻之属。沿汉渠西岸，取道至大官桥，沿路果树成林，颇茂密。时汉渠无水，测取断面一图，渠两岸堆土为堤，甚高厚，系挑渠所积。桥下旧设水尺一支，以五寸为一分划，共十八分。询据记载人谓，六月二十日水至十六分，在近期为最高云。过大官桥，至杨和堡住宿。堡中房舍整洁，居民富庶，有商铺数十家，县立高等小学校一所，是为宁夏城南著名村镇。四野平原，土质甚佳，业经垦种，无荒芜地，洼下处稻田居多，间有高粱、糜、豆。村西北隅叠砖为台，建庙其上，辉（皇）〔煌〕壮丽。台上有古榆一株，枝叶纷披，荫可半亩。是日计行程约四十七里。

十二日，阴，气温七十六度，午八十一度。由杨和堡启行，所经多垦地，皆用汉渠水以资灌溉。至王宏堡北，沿惠农渠左岸南行，有飞槽横架惠农渠上。考其形势，盖惠农渠水面较低，不能浇灌两岸高阜之地，故架木为槽，引汉渠水以接济之。槽以木板合成，架以木柱，宽四呎[1]，高三呎六吋[2]，长一百呎，

[1][2] 原书“呎”“尺”“吋”“寸”混用，“呎”“吋”为英制单位，与中国市制单位“尺”“寸”在计量上有区别，本书不作统一。余同。

槽上水面高于惠农渠水面凡五呎。再行，有唐铎暗洞，洞设惠农渠底，所以引汉渠退水伏流而过，以入于黄河者。又前，过王宏堡惠农渠桥。沿惠农渠右岸行，过飞槽三四，复越惠农渠左岸，至叶升堡打尖。遇雨，幸旋止。惠农渠正闸距叶升堡约五里，纡道往观。正闸曰龙门桥，凡四空，每空平均宽十三呎，水磨渠飞槽即建于正闸石垛上。其东八步有退水闸，名曰建瓴闸，凡四空，每空平均十二呎。时惠农渠水甚小，涓涓细流，仅以不涸。盖因正在挑挖，口门堵塞故也。再折西南行，至汉坝堡，亦名小坝，即汉渠正闸也。正闸四空，左三空各宽十一呎，右一空宽十呎。旁一退水闸，凡六空，左五空各宽九呎，右一空宽十呎。测其退水闸上下水面之比较，相差至三・七米达。闸夫以草塞其空，仅留洞寸许以退水，否则听其退落，将一泄无余矣。正闸之北有决口一，数日前兴修，适已工竣。晚住汉坝堡龙王庙。是日计行程八十三里。下午六时雨。

十三日，阴，新雨初收，天气骤寒，气温降至六十二度，午七十度。上午五时，由汉坝堡西南行，西风凛冽，砭人肌骨，兀坐车中，几不能支。二十里至大清渠龙王庙，下车稍息，命酒取暖，并往观大清渠正闸，凡二空，各宽十一呎。上百余步为退水闸，凡二空，右一空宽十三呎，左一空宽十一呎，以退水入汉渠。汉渠在大清渠东二百余步。大清渠正闸旁有贴渠，飞槽越大清渠而过，溉大清渠东岸之地。当时施测三渠水面之比较，大清渠水面低于贴渠水面一・七八六米达，汉渠水面低于大清渠水面二・三三八米达。大清渠右岸有碑亭一座，碑已移入城中，即清、唐、汉三渠图石刻也。过清渠龙王庙西南行，一路白沙荒草，垦地无多。又二十余里至唐坝堡，亦名大坝。住唐渠龙王庙，日犹未午。唐渠自西南来，至此分为二支，各建正闸。西一支曰唐渠，正闸四空，中二空各宽十呎，外二空各宽十二呎。东一支曰贴渠，正闸一空，宽十一呎。龙王庙正当唐、贴二渠正闸之中间，庙前有碑亭一座，轮奂耸峙，颇壮观瞻。正闸上五十步有退水闸，凡四空，右一空宽八呎，左三空各宽十呎。唐渠正闸下旧设水尺一支，以五寸为一分划，共十八分，现时水面一四·三分，流量每秒二十八立方米达有奇。

午餐后偕黄君昆仲乘马赴青铜峡，出龙王庙沿唐渠左岸西南行，纯系荒地，遍生蓬蒿，香蕈茁出，到处皆是。行五六里，渐入砂碛。又十余里，过山岭数层，而登山巅俯视黄河，紧逼山麓。山坡陡峻，乘马不能下，乃弃马步行，盘旋而下，直抵河滨。左岸有龙王庙一座，草房十余间，空无一物，备以为春工浚唐渠口时工人食宿之所。右岸山岭逼河尤近，河自中卫入峡，行峡中十余里，河身逼仄，水溜峻急。此地当峡之尽处，河面较峡中渐宽，然亦仅三百六十米达。且从河左偏分河身三分之一以为唐渠口，叠碎石为堺，以逼水入唐渠；从河右偏分河身五分之一以为汉渠口（系另一汉渠，在黄河东岸），叠碎石为堺，以逼水入汉渠，所余黄河本流宽度仅一百六十米达而已。使陈观察建闸之计果行，操纵自裕如也。龙王庙南半里许有税局一所，局西山腰间古塔一百有八，因高下之势列为九层，每层自五以至十八，《甘肃通志图》谓为天门阵者是也。是日测峡口黄河断面，未竣天已晚，仍回宿唐坝堡。计自汉坝至青铜峡，约行程六十二里。

十四日，阴，下午晴，气温六十八度，午八十九度。早八时复至青铜峡测取断面一图，最深处凡五·六米达，流速平均每秒一·七二八米达，流量每秒一千六百二十三立方米达。复过河右岸，历观汉、秦各渠口，其口门正闸皆临河而建，非若左岸。清、唐、汉、惠各渠正闸距河十数里外也。汉渠一口，闸三空，左一空宽十呎，右二空各宽十一呎。秦渠二口，上口闸三空，中一空宽十呎六吋，外二空各宽九呎；下口闸二空，左一空宽十一呎，右一空宽九呎。秦、汉二渠口相距五十余步，二渠并行数里，汉渠折东南流入金积，秦渠东流入灵武。前清光绪三十二年，秦、汉二渠口下游黄河右徙，时陈观察知灵州，沿河右岸筑石堺里许，植柳数百株，并于堺之尽处建猪嘴码头伸入河中，以排水溜，至今利赖之。十一时乘舟顺流而下，过大清渠口，累石为跳，横断河溜，水小则逼之入渠，水大则越跳而过，犹内地之滚水坝也。又过汉延渠口，有迎水堺，与唐渠等。又过惠农渠口，水位渐低，进水不利，最易淤塞，改口者数矣。黄河自出峡口，分为数支，近东岸者为正流，西岸一支俗名西河，清、汉、惠三渠皆承接西河之水。西河正河之间有马家三滩，居民数家，有垦地。下四时至叶升堡，弃舟登陆，晚住叶升堡。约行水程一百二十里。

十五日，晴，气温六十度，午八十四度。早五时由叶升堡启行，经王宏堡、杨和堡、王元桥，下五时至宁夏城。

宁夏地势西高东下，古人因天然之地势，开清、唐、汉、惠四渠。唐渠水位最高，清渠次之，汉渠又次，惠农渠水位最低。各渠有正闸一座，一渠之咽喉也。正闸之上有退水闸三五座不等，以时启闭，以调剂水量之盈虚。此外如惠农渠东岸地高，不能用惠农渠水灌溉，则架飞槽引汉渠水以接济之。汉渠灌田余水阻于惠农渠，无所归宿，则设暗洞桥穿惠农渠以宣泄之。种种设置，具见匠心。夫以科学未发明一日，古人惨淡经营，莫不得其要领，亦良可钦佩矣。

十六日，晴，气温六十八度，午八十二度。

十七日，晴，气温七十度，午八十三度。接黄鞠仙君函，称顷得兰州急电，本月十三日黄河陡涨九尺。盖兰州城外河滨石岸刻有分划，近年以来河水盛涨时仅及六尺，此次之大水为数年来所未有，故电沿河各县加意防护，以免不测云。

十八日，晴，气温七十一度，午八十五度。道署演剧宴客，同人亦预焉。夜大雨。

十九日，晴，气温七十一度，午八十二度。石寅生君过访，谈及宁夏渠道利病，据谓："尝访之乡民，每岁每亩漏规约一千文，除豪绅不出外，计夏、朔、平三县之地为数尚达十万元左右，皆入官吏私囊。若提出此项漏规，雇工挑浚，较之官督民修，得力必多。盖尝见宁夏渠道春工修挑，绅士估工，劳逸不均，且以上段之夫挑下段，下段之夫挑上段，村民惮劳，利于不到工，胥吏得以隐折。古人定制之初意原以防惰，而以后遂开猾胥奸吏方便之门，官府虽知之，而无可如何。以故每岁到工者不及原定额数十分之七，而到工诸人又复观望徘徊，在渠中作工者不过十之一二，余皆列高厚岸上，转相投递，一锹之土经七八人之手。及至一月期满，桃汛将至，不能不敷衍了事，以致每岁所挑不及所淤，渠底日益高仰。古人立有准底石，以为挑挖之标准，闻不见准底石已数十年矣。与其官督民修，积弊难返，以致渠务废弛，计不如雇工挑修，尚便于督查，而能收实效。今春弟挑沾恩渠长凡三十里，计土雇工费银只千余两，月余而工竣，宁夏官绅莫不惊其用力少而见效速，其明证也。"又谓，陈观察在灵州时，于黄河坍岸筑垺种柳，颇著声望。若于初莅宁夏时，于渠道大加整理，不难力挽颓风。而乃因循数年，无所施为，声望已堕。现时虽欲整顿，亦难措手云。下午五时，马护军使邀至署中观剧并留晚餐。

二十日，阴，气温七十度，午八十三度。

二十一日，晴，气温七十一度，午八十三度。由修志局携来《甘肃贡赋户口志》一册，择要录存。

二十二日，晴，气温七十三度，午八十七度。黄鹤垣君过访，据谓近日黄河水势过大，将汉渠迎水埽冲坏。旋护军使署副官梁子章君过访，梁君名义成，安徽怀宁人。向曾托其代雇骆驼，备为前套之旅行，据谓曾到各驼行访问，言刻下骆驼均已放入草地，须俟白露节后骆驼起厂方能雇到云。

二十三日，阴，微雨气温七十五度，午八十六度。

二十四日，晴，气温七十二度，午八十六度。谒马护军使，并携《黄河沿革变迁图》请其指示，据谓，自宁夏以上，沿黄河一带多所亲经。河远源出于阗，伏流入瀚海，至码矶雪山，有泉百数，平地涌出，汇为一流，地名喀喀乌素，即俗所谓星宿海也。此处河尚浅狭，乘马可渡，两岸土质甚佳，亦可垦种。蜿蜒东南，而东北过青海南，天气和暖。青海周四十马站（每站约六十里），水力甚弱，不能浮舟。海中有山，喇嘛居之，必至冬日结冰始能出，购布帛粟米及日需品以备一岁之用。前清光绪三十年，有俄人柯资罗夫以布为舟，中实鹅毛，渡入青海海中。喇嘛见之，奔走骇汗，惊为神怪，而言语又不相通，经俄人口讲指画，知以布舟渡过，乃顶礼膜拜。各国闻之，发电致贺。西人探险之力有足多者。青海止水多鱼，秋分以前，鱼多游泳于入海之小河中，自交秋分节后，则尽数入海，亦一奇也。河折东行，过贵德，有地名郭米，遍地皆松林，所出木料甚多。第以郭米以下河行山峡中，水溜过急，不能筏运，贩木者必自峡上游一一放入河中，而令其伙自下游捞之，运输困难，故销路不畅。贵德东四十里有地名水地川，滨河大镇也。又东为积石关，水甚狭急，轻筏可过，但甚险耳。又东，大夏河入之。又东，洮河入之。临潭以南洮河两岸遍皆森林，空气温润，夏秋多雨。又东，大通河会湟河入之，是为黄河上游之四大支流。其中以洮河为最大，约抵黄河之半，大通河次之，湟河又次之，大夏河又次之。四支河有一河发水，皆足以增黄河之水量，虽各支河上游皆有森林而不能缓其势也。大通河入湟河处有地名川口，大镇也。自川口沿湟河而上五十里有老鸦城，其地有老鸦峡，长数十里。又五十里至碾伯，又四十里有大峡，又三十里曰平戎驿，又四十里曰小峡口，又三十里至西宁，皆边防要地。西宁西南五十里有塔尔寺，青海著名大寺也，寺距湟源一百八十里。黄河自纳湟水后，又东流八十里经兰州城下，距城仅三丈。石崖高一丈，上刻分划，前数日涨至九尺，已甚危险，若过一丈，则兰州城亦受损失。又东二十里有桑园子峡，峡长二十里，中有狼舌石、月亮石，行舟多被撞碎，人不敢渡。又东北纳祖厉河水（一名惠宁河，水味苦），又东北纳红水河水，二河甚小，于黄河无大关系。又东北至中卫，有七星渠与河平行，山水河穿渠底来会，水大时常坏渠。又二百里至青铜峡，自青铜峡以下，诸君皆所经历，无庸赘述云。谈既，兴辞回寓。

二十五日，晴，气温七十四度，午八十七度。

二十六日，晴，气温七十五度，午八十八度。往晤陈道尹，嘱以东旋时与中外工程专家详细讨论，以决定建闸计画之可行与否，并时常通函。

二十七日，阴，气温七十六度，午八十五度。

二十八日，阴，气温七十五度，午八十一度。

二十九日，晴，气温七十一度，午八十四度。在宁夏调查诸事已竣，乃议决至石嘴子候驼。上午十一时，赴军政各机关辞行，并在护军使署晤副官梁子章君，与谈回教五大条规。所谓五大条规者，曰念，曰礼，曰斋，曰课，曰朝。念者，诵经；礼者，礼拜，回族以每星期五为礼拜日；斋者，回族于回历年前持斋一月，自星隐至星现，水浆不入口，惟劳动者可免；课者，赈济穷苦；朝者，往朝土耳其圣地，无力往朝者则遥拜之。继又谈及西北交通之不便，梁君谓近有吴君拟仿西伯利亚抬车之制倡办抬车。其车四轮，上轻下重，沿途设站，站畜骡马，抬车至站，则易马以行。每小时约行三十里，计由宁夏起，六日可达丰镇。拟集赀本金二万五千两，马护军使、石寅生皆允认股。据最近调查，宁夏出口货每岁约六百七十万斤，每日须二十抬车云。继至修志局晤书记马君，询以《甘肃贡赋志》所称更名地之意义，据谓更名地系明庆静王花园地，后改为民地，故名。各堡皆有自三四亩至数十亩不等，较新地、旧地为优，故新地以六升起科，旧地以一斗起科，惟更名地以一斗六升起科。又谓宁夏民地得以互相买卖，围城多园地，地价最贵，每亩约银百两，距城远者每亩钱百余缗至十数缗不等，大抵回族多处地价必贵。盖回族勤俭耐劳，善居积，故地价为之腾贵云。下五时回，马护军使送来手书屏联数幅以赠别。

三十日，晴，气温六十九度，午八十七度。雇车自宁夏回勘，上午八时启行，出城北门，过谢刚堡，至李刚堡打尖，一路多荒地。晚住姚伏堡，堡临唐渠西岸，居民二百余家，渠宽约十米达，已断溜，渠身尚整齐。所住店在唐渠东野外，房舍三五所，各自为邻。四周皆积水，蚊蚋甚多，扑面绕颊，不堪其扰，以草薰之稍戢，而跳蛋[1]尤多，终夜不能成寐。是日计行程约六十里。

三十一日，晴，气温六十六度，午八十八度。早五时，由姚伏堡启行，过大兴东，至平罗城打尖。城只南、北二门，唐渠经其南门外，城北多沙堆，高与城等。盖自宁夏城而北，沙堆甚少，此其仅见也。又北，至丁家桥，道旁水沟忽断忽续，谓系当年西河遗迹，今已淤废。过丁家桥，以北为惠农渠灌溉区域，支渠纵横，水势颇旺，禾稼亦有可观。晚宿黄渠桥，大镇也，街长里余，黄渠经其村北，黄渠即惠农渠。石桥通焉。店伙言附近田地每亩价银五十两，以一斗四升起科，外征草料，新户岁征三次，旧户岁征四次云。是日计行程约七十里。

九月一日，晴，气温六十七度，午八十四度。早五时由黄渠桥启行，过石桥，沿黄渠东岸，过范家桥、当斗桥，至尾闸，黄渠放水闸也。闸凡二空，左一空宽十五呎，右一空宽十三呎。闸下游渠底低于闸上游渠底一米达余，闸夫以草塞之，蓄水灌溉，若水过大则开闸放水，俾循渠稍东北流十五里至石嘴子南入黄河。自尾闸越黄渠而北，地多荒芜。十二时至石嘴子。是日计行程约五十里。

二日，晴，气温七十三度，午八十三度。王营副衡之、马营副昭如相偕过访，谈及雇驼事，据谓此时骆驼尚未起厂，颇不易雇。此地有绅士郑君万福，号海峰，威望素著，与驼户亦极熟悉，当介绍相见，或能为力云。

三日，晴，气温七十一度，午八十一度。郑海峰君过访，托其代雇骆驼，据谓："刻下尚未至骆驼起厂之期，其在草地俨

[1] 蛋　疑误，当为"蚤"。

如蒸食之在笼，一日有一日之起色。苟起厂稍早，则一岁之间此项驼脚不耐重载，故驼户皆不肯早使起厂。但诸公既不能久待，当与驼户磋商，付以重价，或能办到也。”

四日，晴，气温七十五度，午八十二度。

五日，雨，气温七十二度，午降至六十九度。郑海峰君已询得骆驼数头，索值太昂，郑君往返论价，多有委折，历时许久，始能定议。驼户谓骆驼尚在草地，遣人寻觅，往返须五六日，乃议决于十日启行。

下一时，何玉山君过访，回教徒也，与包头李仁山君相知交，李君有介绍函托其照料，故来访。何君有驼数十头，船一只，谈次据谓每船载羊毛五六十担，每担三百六七十斤，自石嘴子至包头，共价银五六十两。驼担较小，每担二百七十斤，每驼载一担半，每担普通脚价银三两。有时驼脚缺乏，每担或涨至四两。若驼脚过多及回头载，每担或落至一二两云。又谓行前套有三路，上下二路站大而水少，惟中路每站有水，且有腰站，蒙古包亦多，路经召苏、杭锦、营盘等处，此行取道中路最为相宜云。

六日，微雨，气温六十八度，午七十二度。测取黄河断面一图，河宽三百八十四米达，最深处三·八米达，平均流速每秒一·三九八米达，流量一千一百八十三立方米达有奇。河东岸砂岭起伏，愈东愈高。稍北，临河一峰，峭壁兀峙，与金山、桌子等山沿河南来之山脉相连接，此其尽处也。山石多含铁质。山脚下叠石为阙，额曰登临，光绪己未年建，适当渡河东行之通衢。

七日，阴，气温六十四度，午六十八度。

八日，晴，气温六十六度，午七十四度。郑海峰君过谈，略谓，套内砂岭连亘，绝少平地，惟石嘴子东南十五里黄河东岸巴音套海地方有田五十顷，业经余与张、王二家承领垦种，后因河水迭次冲塌，现存者只二十余顷。又石嘴子北黄河东岸阿罗套海地方有田约五十顷，罗畔招地方有地约一百方里，二处因地高不能上水，均未开垦。此外则砂碛弥漫，略无可耕之地。又谓，石嘴子一带物产颇富，山中遍处产炭，炭中似有铜质。石嘴子南有磁窑，所出皆粗磁，五原包头等处日用器具咸仰给焉。河东山中产铁，前五十年曾有人开采，第采取不甚得法，旋以亏折歇业，后随无人过问。矿物而外，兼产甘草、肉苁蓉等植物。甘草岁产四百余船，每船约二万斤，斤价约银一钱。肉苁蓉岁产二十万斤，斤价约银三钱。肉苁蓉产于阿拉善境内，距石嘴子约一百五十里，其形若鱼茁生地中，无枝叶之外现，土人视土坟起则取得之云。

九日，阴，气温六十八度，午七十四度。

十日，晴，气温六十八度，午七十五度。驼尚未至，不克成行。郑海峰君来访，伊有碱湖一区，因在鄂托克境内，距石嘴子约百里，自光绪十七年与本地绅商集赀开办，运动蒙人费银三千两，岁给蒙人租银七百两。开采后以销路不畅，廉值出售，二十余年之间亏折约三万两。各家皆退股，伊独任其事，斯时艰苦万状，身家性命几随碱湖以俱去矣。后设法扩充销路，运行包头、平凉、兰州、西安一带，碱业渐有起色，四五年来逐渐兴旺，湖周三十余里每岁出碱百万斤左右，价约银一分。取碱之法，每岁十月十一月间湖水干涸，碱结晶于湖底泥中，形如河中之冰，其厚过尺，工人挑去泥土，以重十余斤、长尺余之大镢头掘成大块，载往各处碱行销售，取之无尽，用之不竭。若再能推广销路，获利当更厚也。

郑君又云，王同春所办之碱湖周围不过十余里，自光绪八年某洋行开始倡办，苦无销路，曾经伊担任包销。每岁出碱四五十船，伊包一十五船，每船付洋行价银七十两，运至包头可售一百六十两。继以拖欠押价，减所包船数十分之三，以后迭减，遂舍去之。今取用已竭，王君现时所采特其绪余耳，所出无多，且参杂泥水，其质不纯。

郑君，山西榆次人，自其祖于同治初年居后套作地商，嗣遇回族之乱，迭经迁徙，卜居石嘴子。郑君留心实业，开办碱湖，领垦巴音套海地，养驼数十头，前后套各地多所亲历，地势了如指掌，亦实业家也。

十一日，微雨，气温六十八度，午七十四度。驼尚未至，询之则因驼散牧草地，捉此失彼，累有奔逸，以致误期。同人等急不能待，乃议决先渡黄河，逼催驼户连夜将驼赶齐，预备启行。上八时，至王、马二营副及郑海峰君处辞行。下午四时渡河，宿蒙古召中。

十二日，雨，气温六十四度，午六十三度。驼仍未齐，不克成行。召中有蒙古渡口边官一员，通晓汉语，据谓石嘴子河东属鄂托克旗，渡口亦归鄂旗管辖，凡渡河货物米每斗抽税二十文，面食每斤二文，羊毛每担二百文。又谓伊盟七旗以鄂托克为最大，佐领六十，拉萨最小，佐领二十，其余各旗佐领皆四十上下云。下午五时，驼已齐集，定于明日取道中路，向包头进发。

十三日，晴，气温六十度，午七十四度。上午八时，由蒙古召东行，砂碛起伏，碎石弥漫，愈上愈高。三十五里至温库鲁杜公，有颓屋一间，四垣壁立，上无苫盖。驼户谓昔有人居此，今无矣。盖蒙人逐水草而居，迁徙无定也。复前行，沿鞑軠沟而东北。沟中无水，据驼户谓大雨时期雨水汇入沟中，西南流五十里至张三地入黄河。循沟行十六里，过沟东岸，经一砂岭，为是日所行之最高处，以气压推之，高于石嘴子黄河水面凡九百英尺。过砂岭，地又渐低，十八里至什拉葛兔，汉人羊圈一所，蒙古包三四处，乃就羊圈左近设帐宿焉。是日计行程约七十里。

草地荒凉，终日不逢一人，中路素称人烟稠密之区，而行七十里始有居人，则上、下二路之荒凉可想见矣。行装卸后，兵队拾薪，驼夫汲水，坎地以埋釜，煮面以为食，饥渴之际，粗粝皆膏粱也。所幸携有床帐，尚免席地露宿，而朔风凛冽，从帐底吹入，中夜以后气温降至三十六度，严霜压帐，衾枕无温，交通不便之地，旅行之苦至于如此。

十四日，晴，霜，气温三十六度，午七十八度。上午九时启行，过的二顶，至克舍。沿路仍皆砂碛，绝少居人，惟克舍有汉人羊圈一所，畜羊五百余只，遂设帐宿于羊圈左近。适牧人坎地筑屋，现地质三层：上层白色，沙多土少，厚尺许；中层灰白色，纯系砂质，亦厚尺许；下层红色，纯系砂质，其厚不可知。是日计行程约七十里。

十五日，晴，霜，气温三十六度，午七十八度。上午九时，由克舍启行，沿路仍粗砂细石，蓬蒿满目，陵谷起伏，忽高忽下。行五十余里，过红山脚。山形如磨盘，砂石色红。又数里，至新召宿焉。是日计行程约六十里。新召，鄂托克旗之大召也（每旗有大召一）。召及喇嘛住房皆中国式，颇壮丽整洁。由温翻译员借喇嘛房一所，以备住宿。喇嘛颇知敬礼，迎至门外导入，先敬鼻烟壶。盖蒙人相见互敬鼻烟壶，一嗅后复互相交还。同人等未备鼻烟壶，由温翻译员与之为礼。继以奶皮、酥油、炒米等相让，又导往各处参观。召内正殿三层，金碧辉煌，中置佛像二尊，铜胎包金，各高丈许，系新自包头定铸者。召建已数百年，今值重新，前厦尚未竣工。闻其木工料一项为石嘴子郑海峰君所包办，计银三万两，其他泥工、塑工、铜工可以类推。正殿之前有广堂三处，为喇嘛诵经跳神之地，外环列喇嘛住房百余所。

十六日，晴，气温四十二度，午七十一度。上午七时，由新召启行，过砂岭数层，有积水一区，周约二百余步，地势稍低。过此又渐高，砂石弥漫，遍生蓬蒿，黄羊野羊，色黄。千百成群，到处皆是，见人则惊窜以去。盖套内地广人稀，故黄羊蕃息其间，以生以长，鬻鬻然自得其所。沿路率皆高地，以气压推测，其高于石嘴子黄河水面者率在一千英尺以上。行五十余里，过一砂岭，地势渐低。又十余里，至召苏湖滨，其高于黄河水面尚八百余英尺。临湖有蒙古包二座，乃就其左近设帐住宿。召苏湖周约四里许，水白而浑，如腐浆，不可饮。是日计行程约七十里。

十七日，晴，气温四十九度，午七十六度。上午八时自召苏启行，二十里有达蓝图鲁盐湖，周约五六里，其南逼近砂梁。驼户谓砂梁之南有碱湖二，惜为砂梁所隔，不能见。又九里为巴彦七里圪乌素，有蒙古包三座，土房六七间。又六里，一砂岭，而东地质细沙带土，间有碎石。蒙人择地垦种，多植糜子，时已成熟，方从事于收获，禾苗单弱，高不及尺。地系乌蓝吉里木召内之地，招蒙人之知稼穑者分种之，共垦二十余顷，均系旱地，每亩所收不过三四斗。又十三里，至乌蓝吉里木召，借喇嘛房一所宿焉。是日计行程约五十里。

十八日，阴，气温五十度，午六十九度。上午七时由乌蓝吉里木启行，沿路细砂带土，遍产蒿莱。二十三里至达拉罕道劳，鄂托克、杭锦二旗之交界也。又八里有一高原，东西广约五里，南北长约十里，地质土沙参半，未经垦种。自入前套以来，地势皆忽高忽下，似稍平之小段落盖仅见也。又十四里，过圪达子乌素，始见飞沙。又十三里，至哈他土，借蒙古土房住宿。是日计行程约六十里。夜微雨。

十九日，阴，气温四十六度，午七十五度。上午八时由哈他土启行，东北行五里，过杭锦营盘南（即杭锦王府），白屋三五所，帐棚十余架，规模颇狭隘。再东北行，碎沙匝地，陵壑起伏，高低万变。十二里至图赖敖林，有小河一道，宽仅丈许。沿河东北行，水声潺潺，泉源当不远，而莫测其所在。下午二时暴风雷雨，无地可以走避，乃出雨装，冒雨前行。奈雨势过急，雨装亦无所用，全身浸湿，行李亦几渗透。约一小时许，雨稍歇。四时至格打拉格乌素，尚蒙蒙未已，由温翻译员商借蒙古包住宿。蒙人名四登，世袭台吉衔，稍通汉语。其父名德布心吉雅，系杭锦旗甲克气，衔梅令章京。是日计行程约六十里。

二十日，晴，气温四十二度，午六十三度。上午八时自格打拉格乌素启行，九里为高茄尔改包纳，蒙人三五家。又六里为察罕特默图，蒙汉杂居，垦地甚多，低洼之处时见村落（套内居民皆于低地筑屋以避风暴）。又十三里至巴罗阿苏台召，过召为巴罗阿苏台沟，时值雨后，涓涓细流，仅以不涸。沟宽约百余米达，大雨时期雨水汇入，北流百余里入黄河。沿沟北行，地势以次渐低，两岸砂山连亘。濒沟低地大半垦种，沟底辙迹错乱，载禾牛车往来不绝。沿沟行三十五里抵一小村落，汉人四家，乃就是宿焉。房主李姓，佃地顷许，每亩约收四斗，地主得四分之一，佃户得四分之三云。是日计行程约七十里。

二十一日，晴，气温五十一度，午八十四度。上七时启行，仍沿巴罗阿苏台沟北行十三里，越沟而东，过唐滚梁岭。岭高于沟约一百八十英尺，倾斜甚陡，下驼步行始能上。又七里横渡恩格池沟，又十一里至包库头滩，地势平坦，半多垦植。又八里至索尔格梁，汉人七八家，垦地亦多。过索尔格梁则陵谷起伏，自具邱壑，低洼稍平之地间有已垦之小片段，然亦寥寥无几。又十三里为荷兰沟，沿沟北行，两岸飞沙山积。又七里有李索儿店，在沟东岸低滩上。又四里，越沟而东，沙堆连绵，倏高倏下，质甚松疏，陷驼蹄约三四寸，行颇费力。又六里始出沙堆，住五块兔路，有汉人店房一所。是日计行程约七十里。

二十二日，晴，气温五十二度，午七十二度。上午七时自五块兔路启行，向东稍北，一望平坦，直接河岸。地质土沙参半，未经垦殖，甘草遍地，无人采掘。十里外甘草渐少，蓬蒿满目。又八里有积水，驼涉水而过，幸不甚深。又十四里，过永盛全，至道劳罕钦，渡小河一道，山水河也，水溜宽约十余米达，深三四十生的。又十五里过花木多地，以大半垦种。又二里许有洼地，略如河形，似系黄河故道，过此地已尽辟，所种多糜谷之属，粒实肥硕，绝少秕稗。村落密布，汉人居其大半。又东，经三寡妇营子、刘四营子、察汗滩等村，沿外大河东行（外大河一名陶子河，云系黄河故道），至红仝湾，借蒙人房舍宿焉。蒙人名巴图斯，今年六十四岁，乌拉东公旗人，曾任东公旗梅令之职，因年老退而务农，贻谷放垦时领地数顷。子三人，皆习汉语，于蒙语反不甚熟悉，盖居此与汉人相习已有年矣。是日计行程约七十里。

二十三日，晴，气温五十一度，午七十二度。上午七时由红仝湾启行，距河渐近，土质淤沃。十一里至神树湾，已抵河岸。南海子尚在神树湾东十余里，乃沿黄河而东，过段家海子，前有水阻，绕道四五里始至南海子渡口。及渡过黄河，已下午一时矣。晚住南海子。是日计行程约三十里。

前套之地多沙梁山岭，绝少平原，石砾纵横，蓬蒿遍野，且地面过高，不能引水灌溉，虽有已垦之地，而纯系旱地，收获极歉。套内蒙人专恃畜牧为生计，所食皆奶饼、奶皮、酥油、羊肉之属，腥膻之气，中人欲呕。惟包头黄河南岸数十里之间地势低平，汉人聚处，村落之间树木葱郁，尚有内地风味焉。

二十四日，微雨，气温六十度，午七十度。晤警察署员刘燮廷君，据谓今年黄水不甚大，较之客岁最大水位尚低尺许。夫以兰州水涨九尺，骇为从来未曾有之奇涨，而以宁夏、五原数十小渠消纳于无何有之乡，可见蓄水之计患不为耳，未有为之而无功也。

二十五日，雨，气温五十五度，午六十一度。

二十六日，雨，气温五十八度，午六十一度。

二十七日，雨，气温五十六度，午五十六度。连日阴雨，不克成行，下午八时乃雇定柳船一只，预备于明早向托城进发。

二十八日，阴，下午晴，气温五十五度，午六十二度。上午八时由南海子乘船顺流东南行，过永来公磨儿上，两岸地质肥腴，村落密接。河形折向东北，又折而东，而东南成一大弯曲地，名古城湾。十一时至三柏树，有小船数只泊河左岸。又经中公渡口，下三时至炭厂子渡，停船十余只，左岸积炭甚多，盖出自大青山北。过炭厂子，右岸地势甚低，高于现时水面者不及一米达，筑有沿河小堤，所以防水也。又经金家圪都，有小渡口，停船五六只。六时半至吴四营子，有清源局一，时已昏黑，舟子连夜进行。

二十九日，微阴，气温五十二度，午六十九度。早八时舟至黄土崖子，十时至依肯圐圙，右岸沙梁距河不及一里，与河略成平行线。又经二道拐，至二道拐右岸，沙梁逼仄河身，河宽不及二百米达，河中之险要也。下午四时至河口，大黑河入黄之口也，距托城尚有五里。测黄河断面未竣，晚住河口镇。

河口镇，托县之大镇也，适当大黑河入黄河之处，甘草船及各种货船自黄河来者，多于此下椗，帆樯林立，以数百计。河口街长四五里，商店百余家，甘草庄居其大半。套地所出之甘草以此为会萃之所，每岁八、九月间有甘草市，为河口商务繁盛之时，其他商业不及包头。近闻包头亦将立甘草市，河口绅商恐利权被夺，公推代表，正与交涉云。

三十日，晴，气温五十八度，午六十六度。上六时补测黄河断面，河宽六百五十四米达，最深处三·四米达，流量每秒一〇九七·一立方米达。八时测竣，九时半雇车由河口启行，五里至托城，穿城而过。行数里，临黑河有积水湖，广一里许，长约十余里，疑即所谓沙陵湖者。又三十里，过小井濠，至关四窑子打尖。又行经韭菜滩，自韭菜滩以南，荒垦各半，以北至什儿登一段，地平如砥，绝少荒地。晚住什儿登。约行七十里。夜微雨。

十月一日，晴，下午阴，气温五十六度，午七十二度。六时由什儿登启行，过三两村，大村也，居民三百余家。又行，经噶察布一小河，石桥通焉。河宽二十三米达，水面十二米达。又行，至浑津桥打尖。下四时至归化。约行九十里。

二日，阴。赴绥远城都统署接洽雇用车辆及护送队接替等事，并晤喻振远君，闻绥远区域将于后山增设稒阳县治，立有固阳设置局，以王济若为该局总办，仍兼西盟垦务局本职。至晚八时，雨彻夜未止。

三日，早七时雨稍霁，气温五十七度。由归化启行，辙中积潦深几没毂。出归化，遥见积雪皑皑，盖低地降雨而高处则皆雪也。过淘不气，至囫囵上打尖，飞雪时落时止。自囫囵上以东，渐入山谷，气候亦渐寒。晚住二十家子，气温三十六度。

四日，阴，气温三十五度，午四十六度。早六时自二十家子启行，十一时至代州窑子打尖。天雨雪，余等冒雪而行，晚住敞罕不浪。

五日，阴，气温三十一度。早七时启行，积雪数寸，平铺陵谷间，恍若水银世界，辙迹结冰，晡后始消。二十五里至小坝子，过最高处，车行震荡，向所视为畏途者，虽不由此而不可得也。又二十里至苏集打尖，晚至坝底宿焉，气温四十三度。

六日，雨，不克成行，气温四十一度，午五十二度。

七日，阴，气温五十一度。上六时半由坝底启行，四十里至马王庙打尖，又四十里至丰镇。下四时气温五十六度。

八日，晴，气温四十三度，午五十七度。是日为旧历中秋节，住丰镇一日。

九日，晴，早气温四十二度。上五时由丰镇搭车过大同、聚乐堡、张家口、青龙桥，下四时至南口，气温升至八十二度，六时至北京。

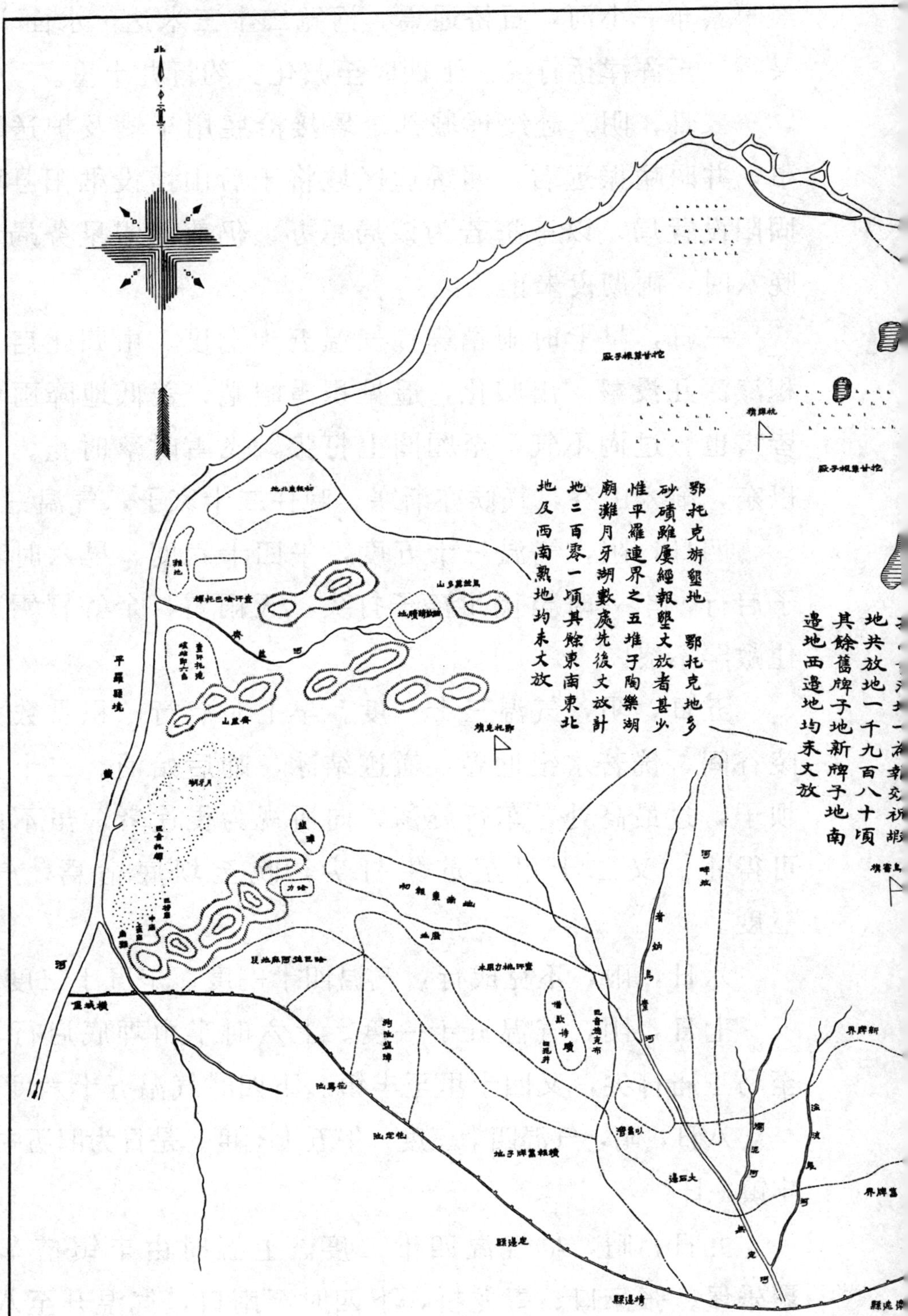
鄂托克旂墾地　鄂托克地多
砂磧雖屢經報墾丈放者甚少
惟平羅連界之五堆子陶樂湖
廟灘月牙湖數處先後丈放計
地二百零一頃其餘東南東北
地及西南熟地均未丈放
地共放地一千九百八十頃
其餘舊牌子地新牌子地南
邊地西邊地均未丈放
平羅縣境

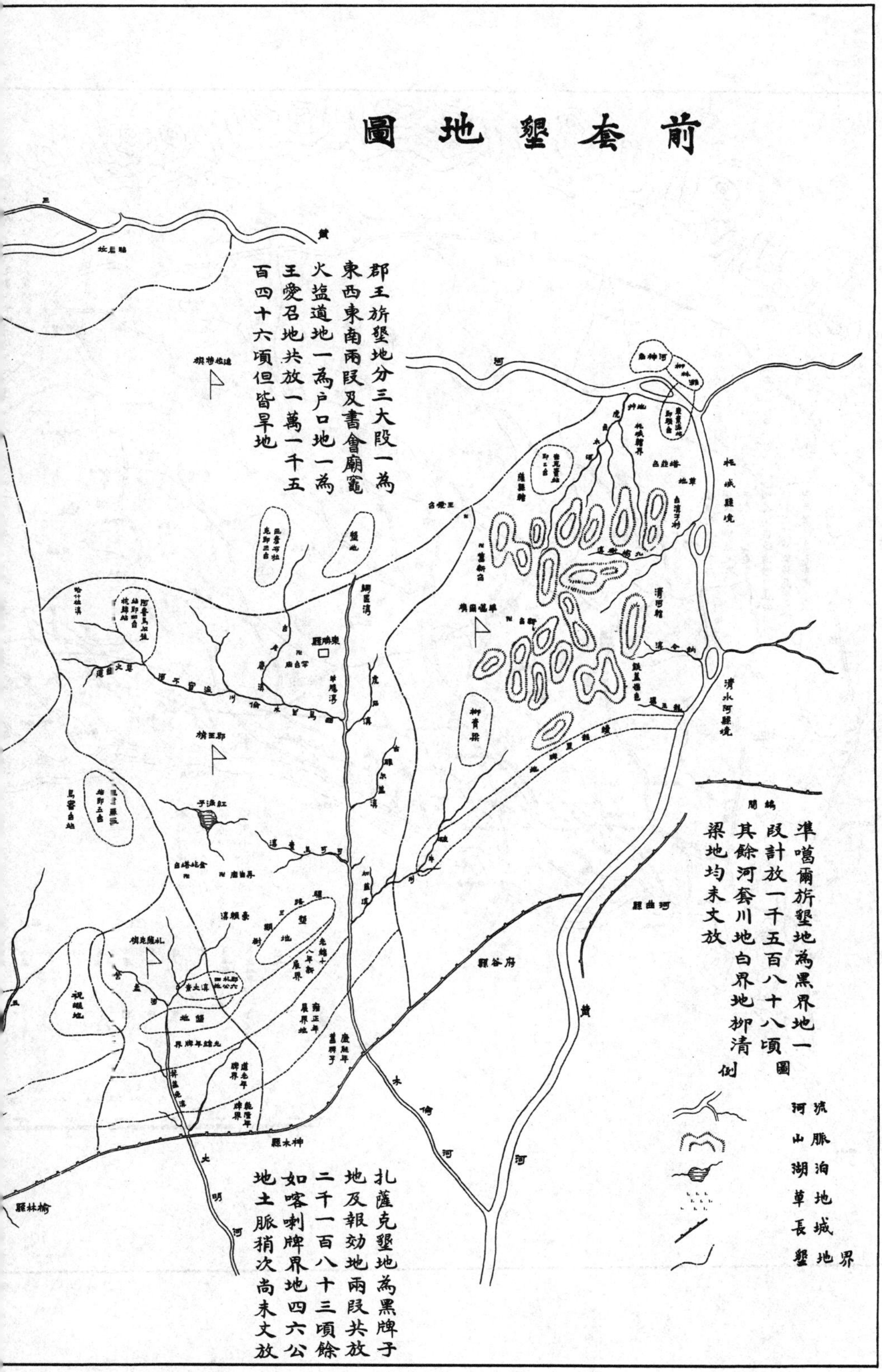
前套墾地圖
郡王旂墾地分三大段一為
東西東南兩叚及書會廟窵
火盐道地一為户口地一為
王愛召地共放一萬一千五
百四十六頃但皆旱地
準噶爾旂墾地為黑界地一
叚計放一千五百八十八頃
其餘河套川地白界地柳清
梁地均未文放
扎薩克墾地為黑牌子
地及報効地兩叚共放
二千一百八十三頃餘
如喀喇牌界地四六公
地土脈捎次尚未文放
圖例
河流
山脈
湖泊
草地
長城
墾地界
府谷縣
河曲縣
榆林縣
神木縣
清水河縣境
托城縣境

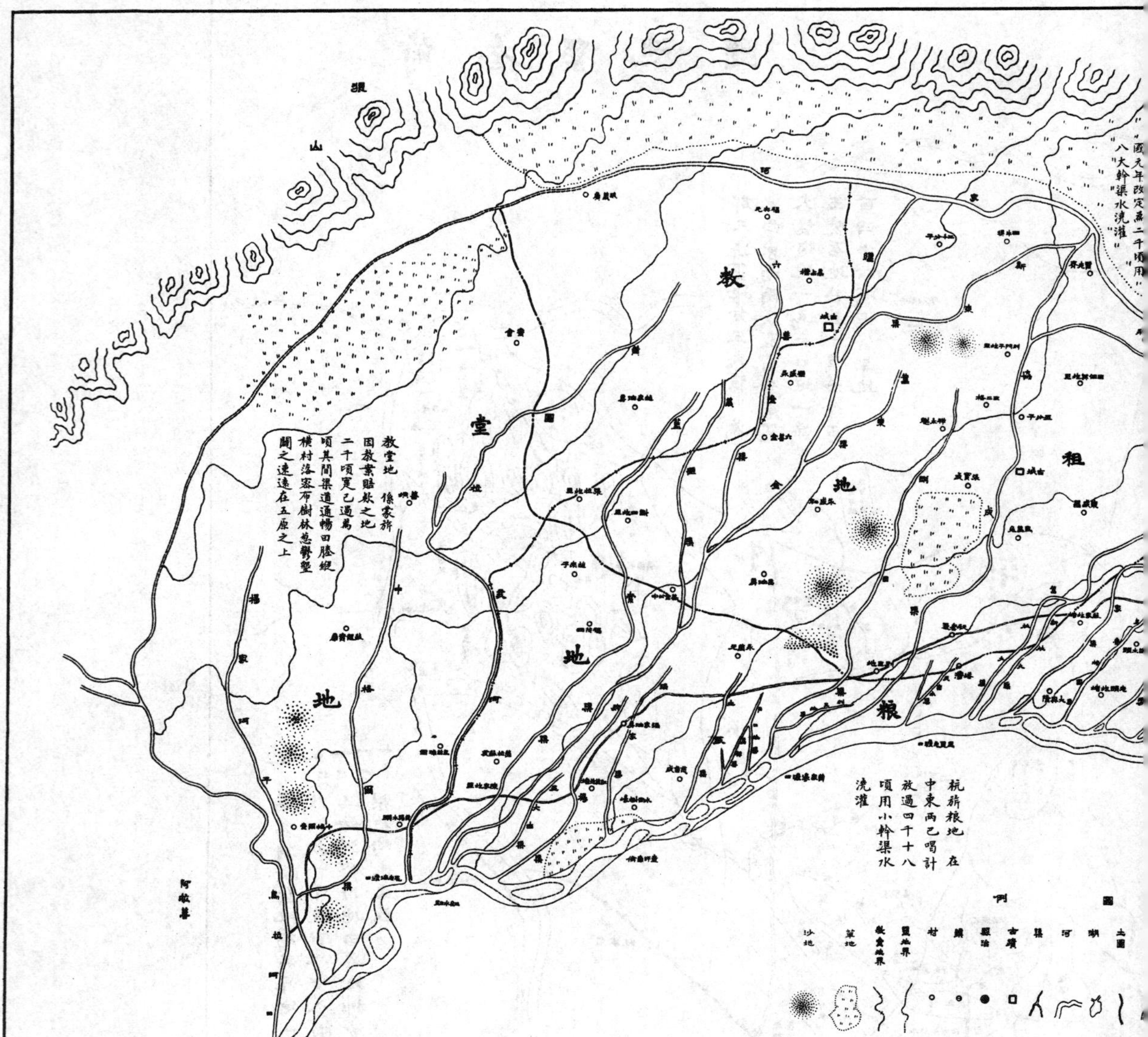

狼山
教堂地
粮地
祖
教堂地 係蒙旂因教案賠款之地二千頃蹇已逼萬頃其間渠通通暢田塍縱横村落簽布樹林葱鬱壟闢之遠遠在五原之上
杭旂粮地 在中東兩已唱計放過四千十八頃用小幹渠水澆灌
國元年改定為二千頃用八大幹渠水澆灌
圖例
土圍
湖
河
渠
古墳
縣治
鎮
村
蒙地界
教會地界
草地
沙地

後套墾地圖
五原城基地
係達旂報効之
地計五百四十
頃已陸續丈放
尚存有二十號
用沙河渠水澆
灌
狼山
五原城基地
四成補地
係達旂因
教案賠款無力籌措將
包頭附近之四成地
二千頃交公家放墾
代爲賠償後勘丈不
足數又於後套
補地一段故曰四
成補地計丈放一千
四百二十頃用老郭
長勝塔布三渠水澆
灌四成補地係粮地
烏旂粮地
係烏拉
特西公旂所報之地
在什拉胡魯蘇及紅
門圖兩地接壤計放
一千七百三十二頃
用義和渠水澆灌近
年渠水不旺荒廢過
半
杭
達
旂
四
成
補
地
烏
拉
特
西
公
旂
地
永
旂
查後套杭達烏三旂共放地
九千七百九頃尚有四萬餘
頃膏腴之地以待擴充

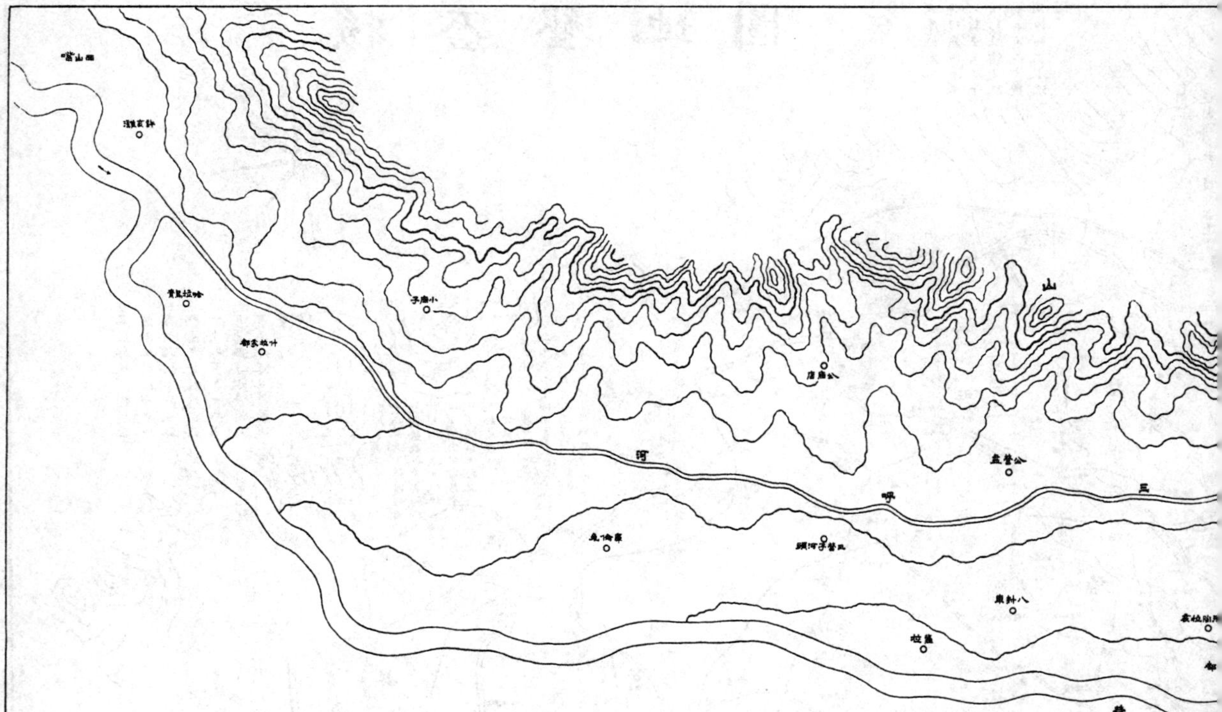

呼河為天然之引渠墾闢最易今所放者只二千四百餘頃尚有四千五百餘頃膏腴之地以待擴張

三呼灣墾地圖

三呼灣係烏拉三公旗公共之地
自民國三年東公旗以該地三分
之一報墾西公旗送爲梗阻屢經
交涉始於民國八年東公旗於該
地東偏報地二千四百三十頃已
設局丈放預備開渠

甯夏墾地圖

(甲)賀蘭山巉巖累立石縫間青草茸茸其下溪谷間有泉源現為甯夏畜牧之區尚可推廣
(乙)丙地界遠者去山麓二三十里荒無人烟以有草無水故查賀蘭山各溪谷之泉及麓西伏若於適宜草場建設水池導引泉源當能推廣牧地不少
(丙)砂礫之地約三千方里產甘草宜枸杞甘草產出甚多草商有三十餘家枸杞則無人提倡亟宜培植以盡地利
砂
山
礫
坡

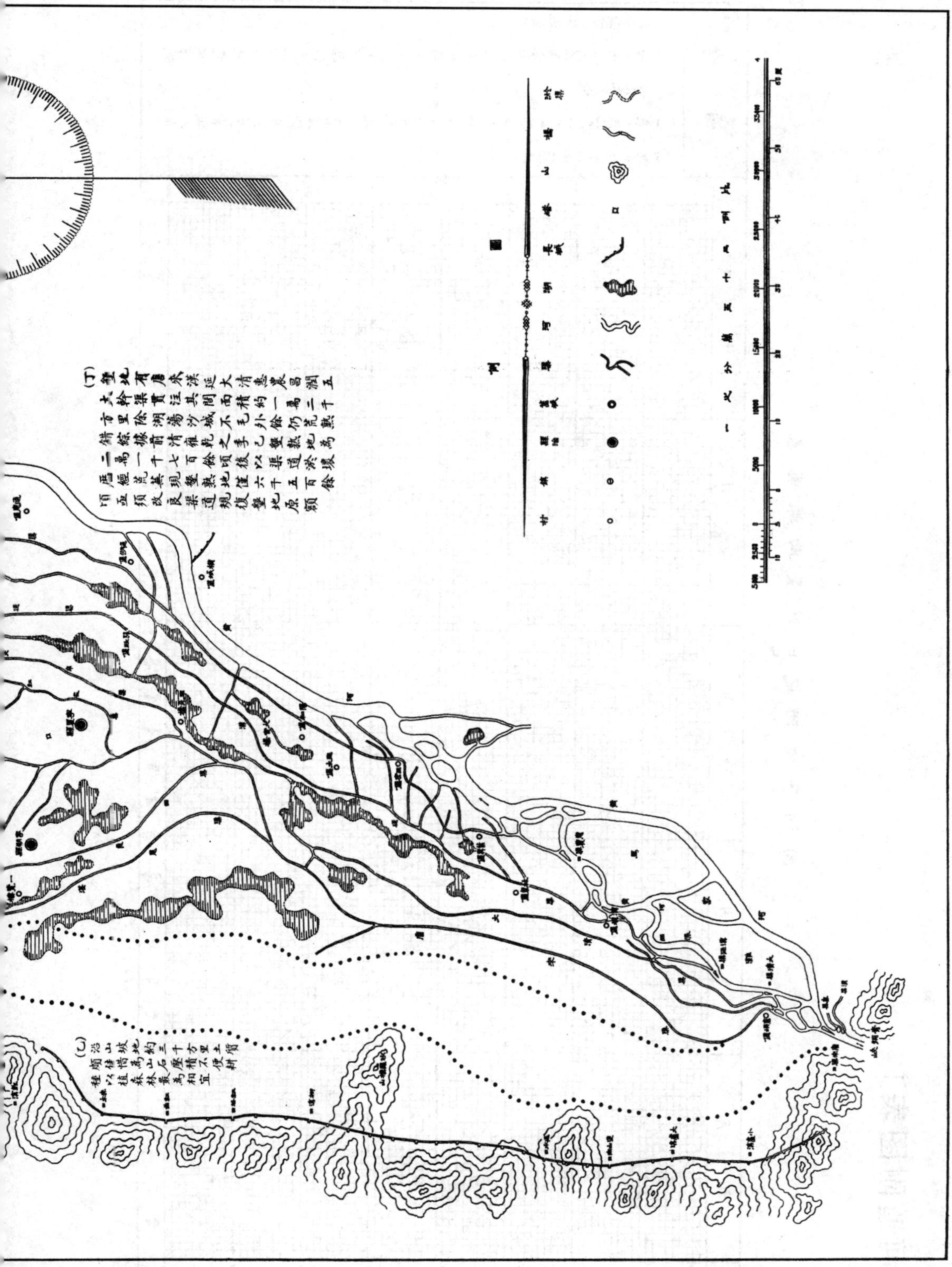

〔河道附图表〕

南海子黄河逐日流量曲線圖表

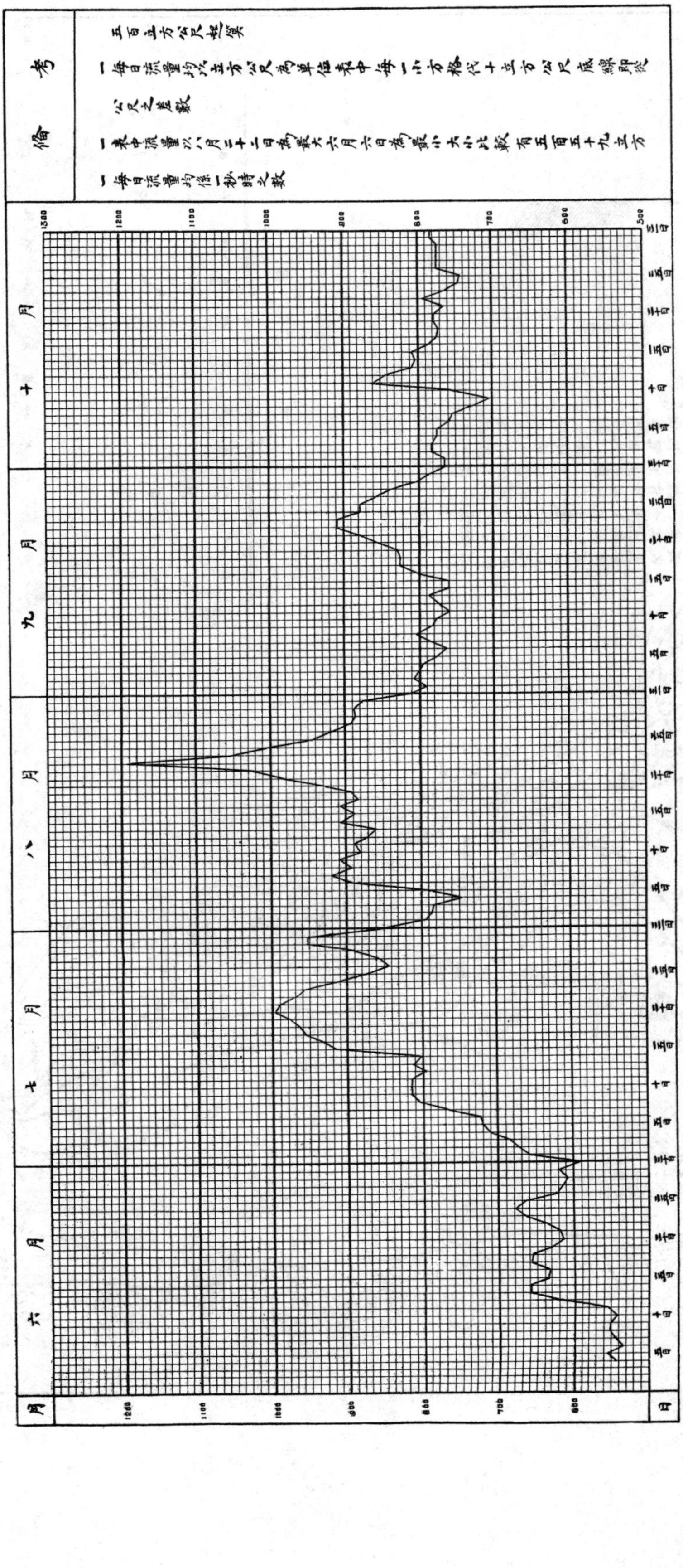

磴口黄河逐日流量曲綫圖表

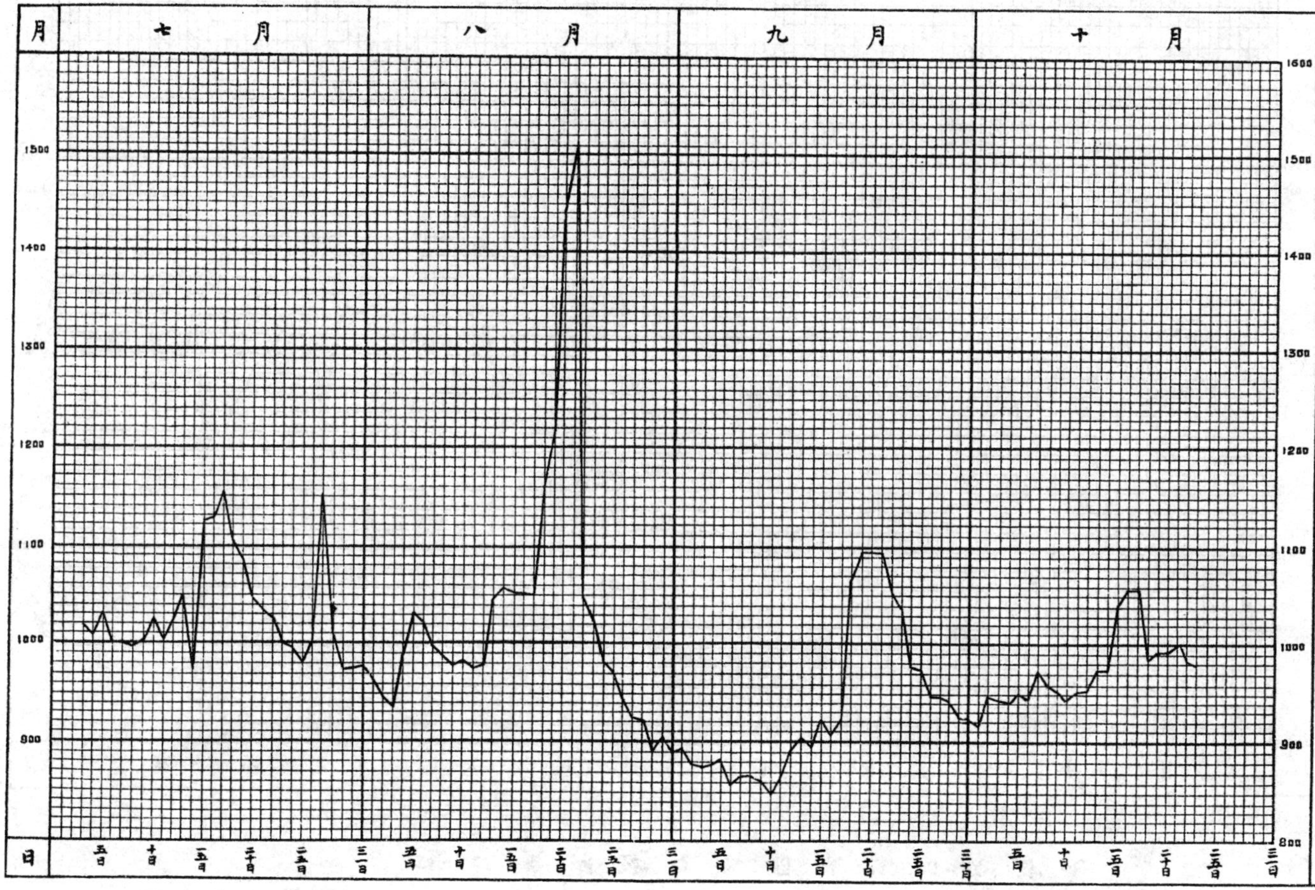

備考

一每日流量均以立方公尺為单位表中每一小方格代十立方公尺底線即從八百立方公尺起算

一表中流量以八月二十一日為最大九月十日為最小大小比較有六百五十六立方公尺之差數

一每日流量均係一秒時之數

磴口黄河逐日水面漲落曲線圖表

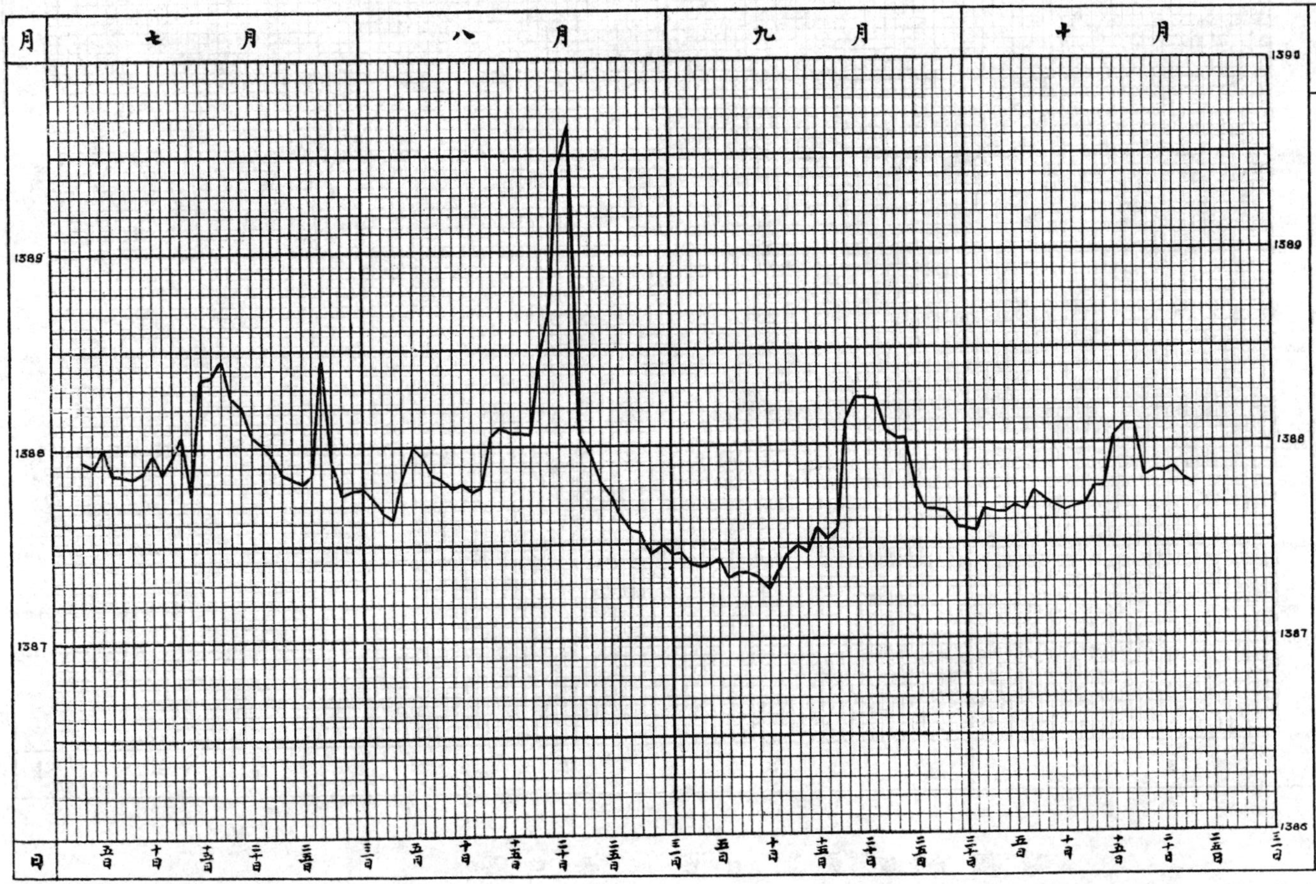

備　考

一查照里程表可推求磴口與南海子同日同時之水面傾斜

一查磴口水面以八月二十一日為最高九月十日為最低

七九四九即其假定真高也本表因最低水位在一三八六公尺以上故從一三八六公尺起移

一水面高用氣壓表推算假定高于海平面之數如七月三日查得磴口之水面高為一三八

一水面高以每日十二時之記載為準均以公尺為單位

黄河各级流量表

地点	水位	水面相应于量水标	同时河深度	流　　量
石嘴子	最高		六・五〇米	一九九四・五三立米
	次高		五・四五米	一五三二・一九立米
	中等		四・六〇米	二八二・一七立米
	次低		三・八〇米	八六三・五三立米
	最低		三・一〇米	六一〇・五八立米
南海子	最高	二・九〇米	五・七六米	一六二六・八七立米
	次高	二・六四米	五・五〇米	二九三・七八立米
	中等	二・〇四米	四・九〇米	九〇九・八五立米
	次低	一・六〇米	四・四六米	七六〇・三八立米
	最低	〇・八一米	三・六七米	五三四・一四立米
磴口镇	最高	三・九八米	一〇・五六米	一九五八・二三立米
	次高	二・七〇米	九・二八米	一五〇六・〇五立米
	中等	一・五二米	八・一〇米	二五三・三五立米
	次低	〇・三五未	六・九三米	八四九・三七立米
	最低	负〇・七〇米	五・八八米	六〇五・九〇立米

续表

地点	水位	水面相应于量水标	同时河深度	流　　量
河口镇	最高		五·四〇米	一六二三·六四立米
	次高		四·四四米	二九九·六四立米
	中等		三·七〇米	九〇八·二一立米
	次低		三·三一米	七五九·三五立米
	最低		二·七〇米	五三一·四九立米

黄河各处含沙成分表

地点	月	日	沙与水合重	沙之重量	沙之成分
南海子	六	四	二·〇	〇·〇二八	万分之八八
台湾		五	二·〇	〇·〇一〇	万分之三一
义和渠口		十一	二·五	〇·〇一八	万分之四五
强家渠口		二九	二·五	〇·〇二九	万分之七三
缠金渠口		三十	二·五	〇·〇二〇	万分之五〇
磴口	七	四	二·五	〇·〇二九	万分之七三
牛家湑		六	二·五	〇·〇二八	万分之七〇
灵沙堡渡口		十三	二·五	〇·二七四	万分之六八五
青铜峡		十四	二·五	〇·〇二二	万分之五五
备　考	一、重量均以斤数为单位，故其成分较他处为大。 一、查表中七月十三日取验灵沙堡渡口系在回溜处。				

青銅峡横断面圖

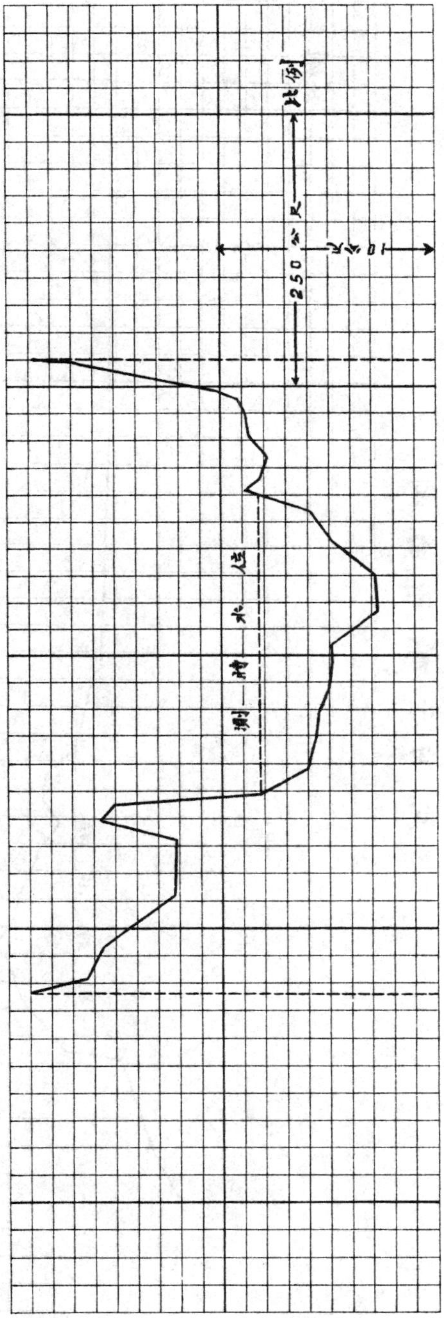

石嘴山横断面圖

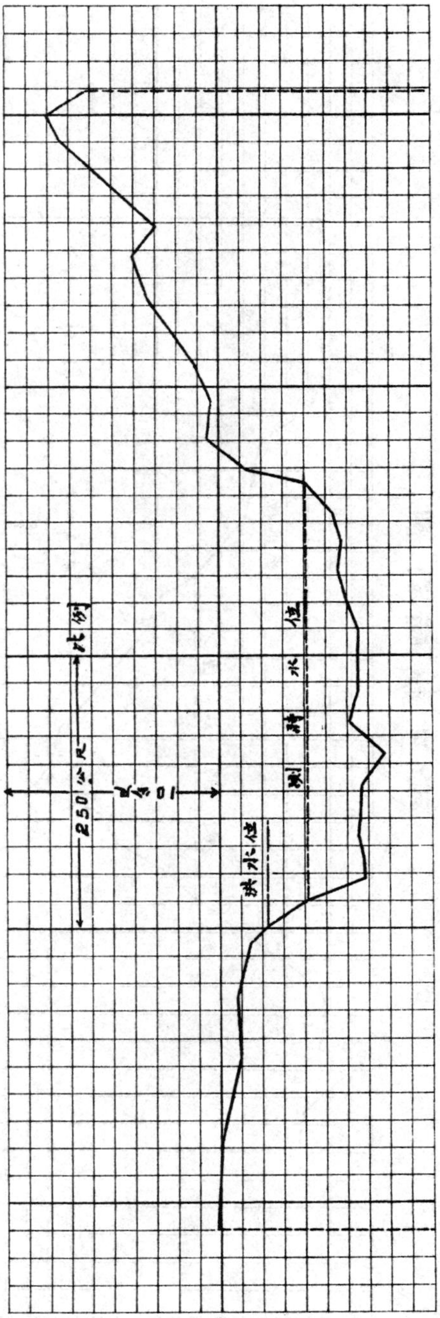

磴口横断面圖

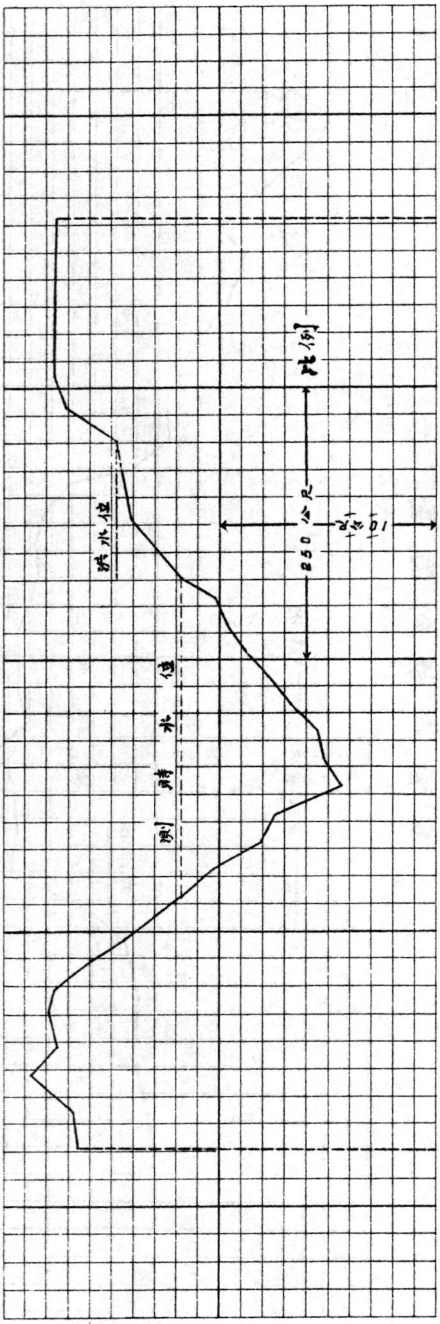

南海子横断面圖

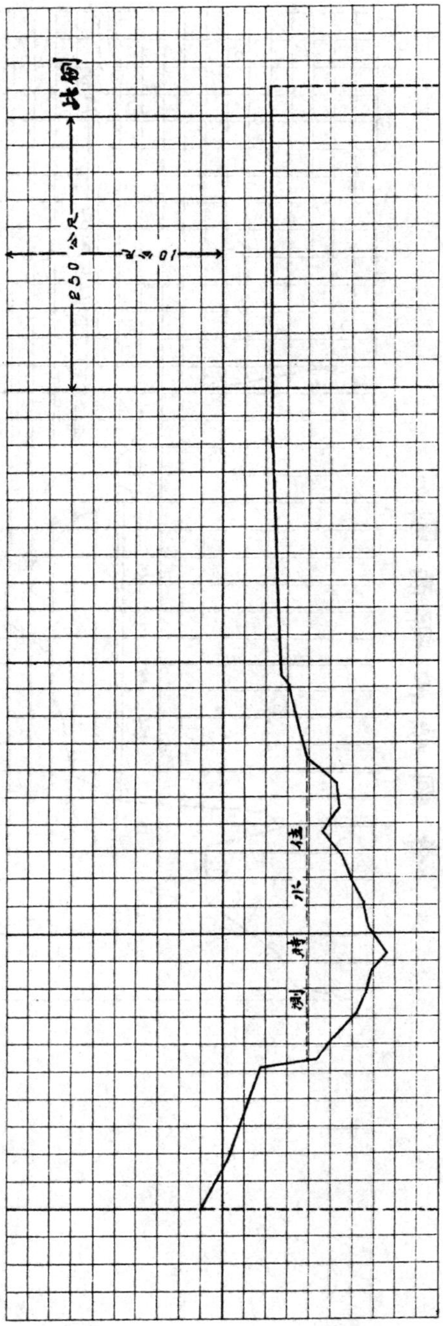

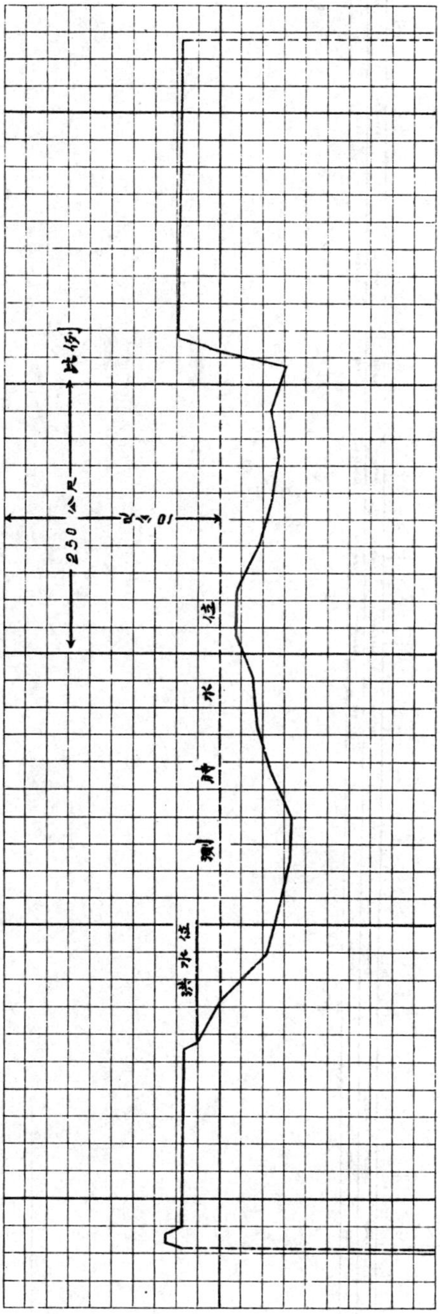

托城河口鎮横斷面圖

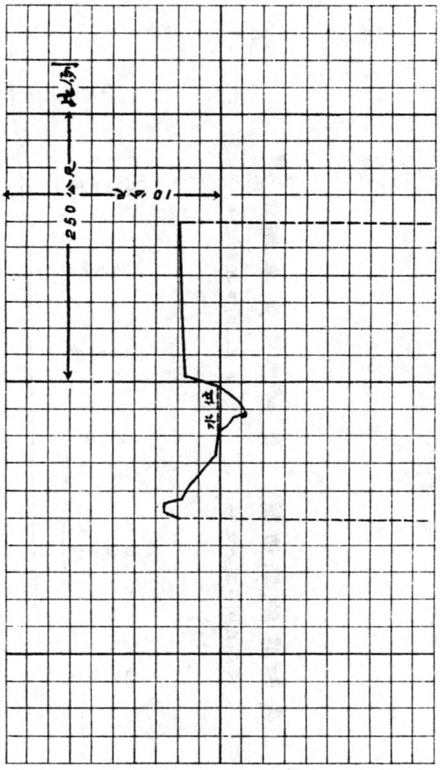

大黑河口横斷面圖

〔渠工附图表〕

義和渠縱斷面圖（自土城子至東壩頭）❶

橫線比例一萬分之一　　垂線比例二百分之一

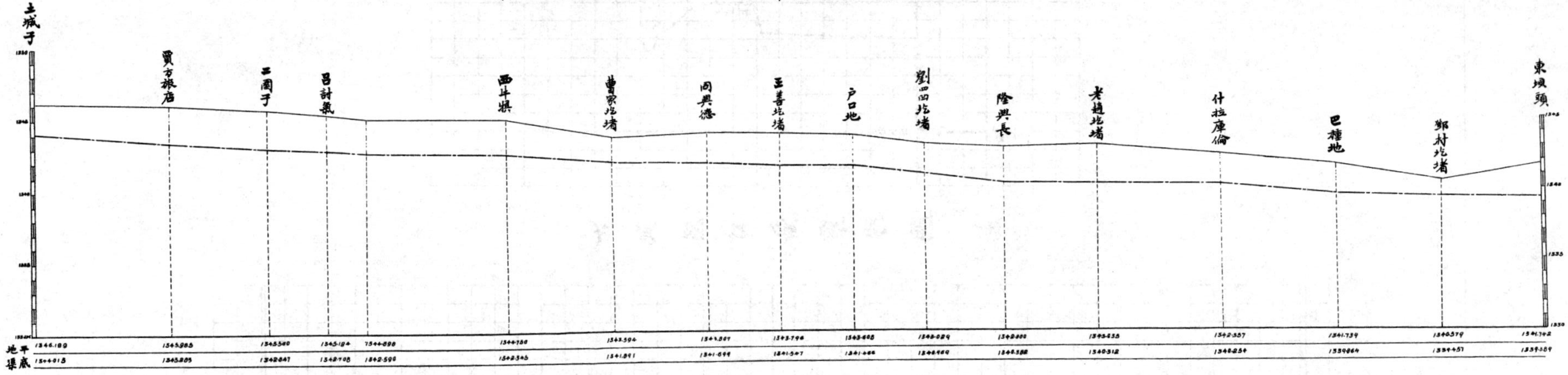

❶ 图中比例尺仅供参考，实际图幅有缩尺。余同。

隆興長義和渠逐日水面漲落曲綫圖

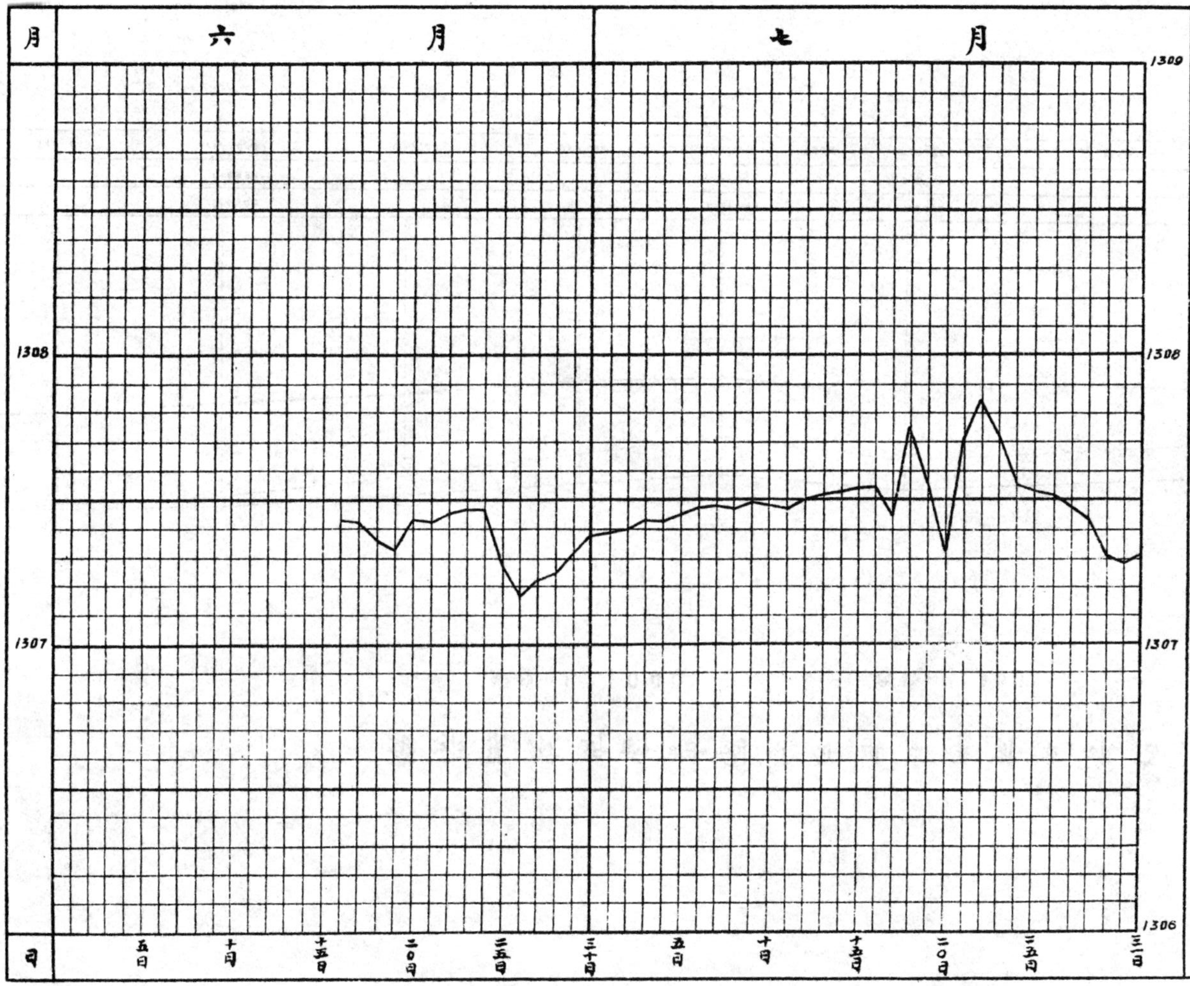

備　考

一水面高以每日十二時之記載為準均以公尺為單位

一水面高用氣壓表推計假定高于海平面之數如六月十六日查得水面高為一三〇七·四三〇即其假定真高也本表因最低水位在一三〇六公尺以上故自一三〇六公尺起標

老郭渠縱斷面略圖（自渠口至賈方旅店）

縱綫 1:1000　　垂綫 1:100

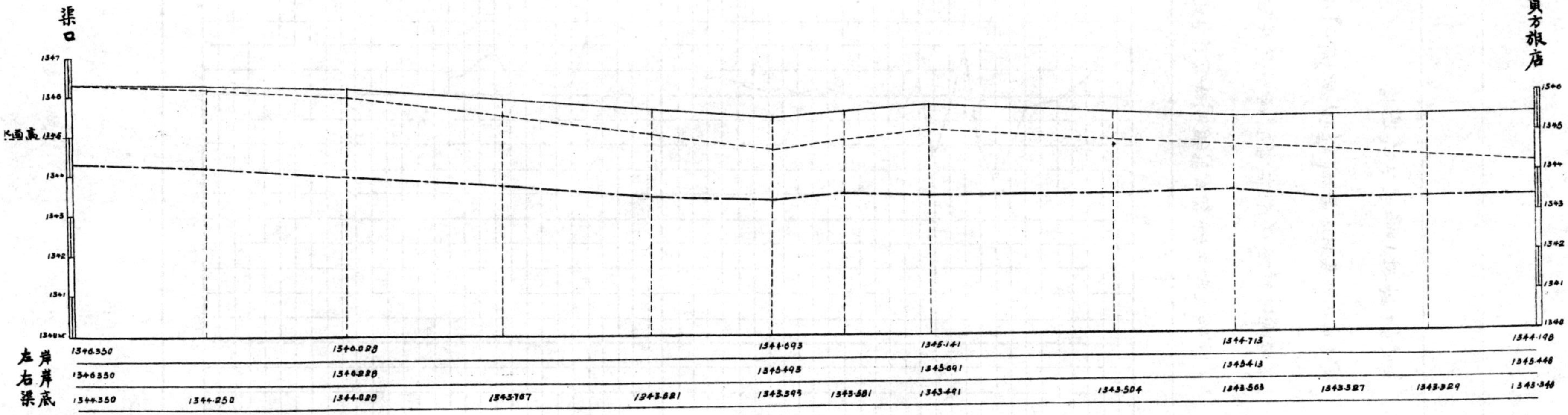

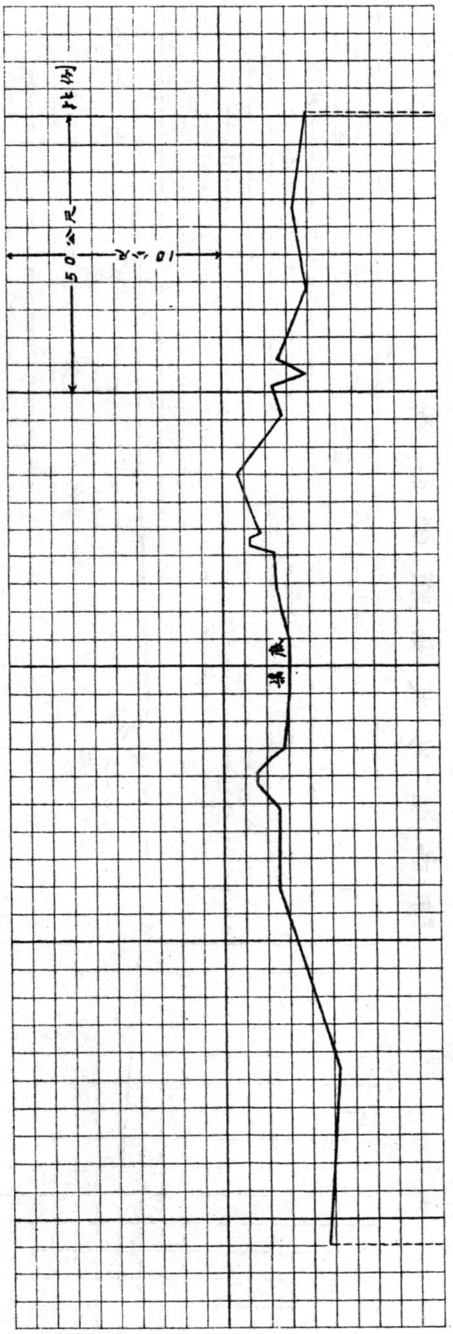

唐来渠宁夏西门外桥上游横断面图

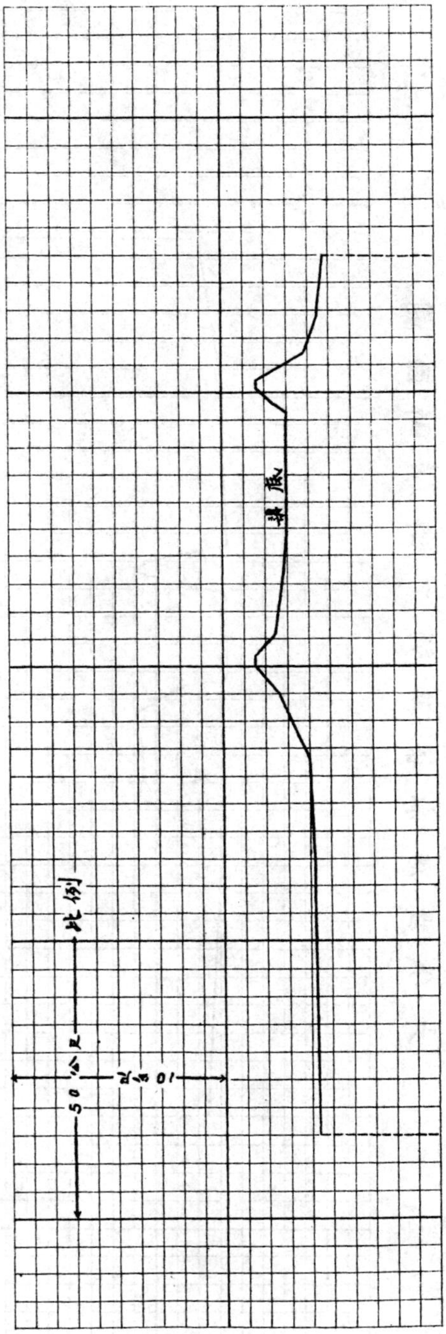

唐来渠宁夏西门外桥下游横断面图

大垻堡唐來渠正閘下游橫斷面圖

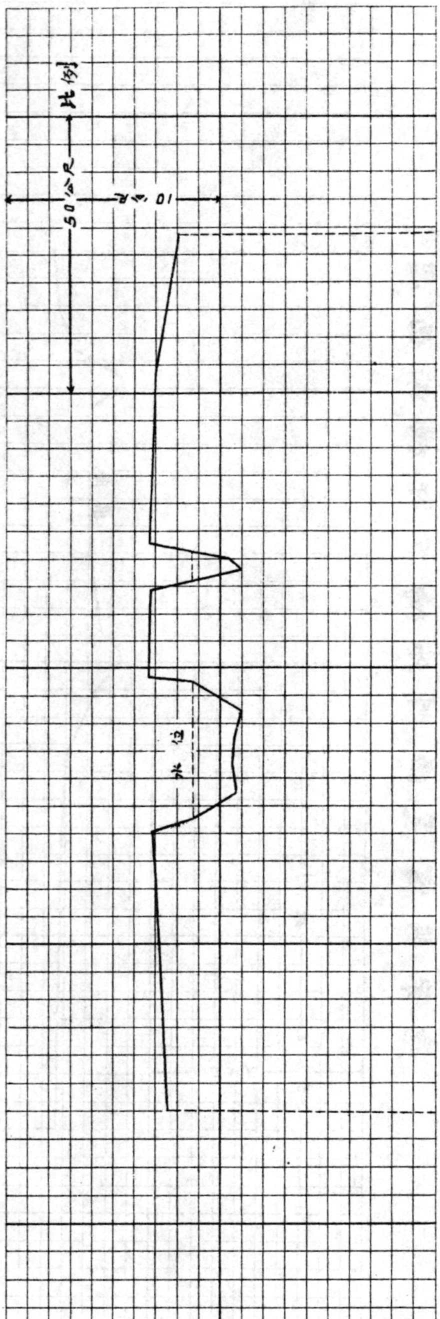

清水堡惠農渠橫斷面圖

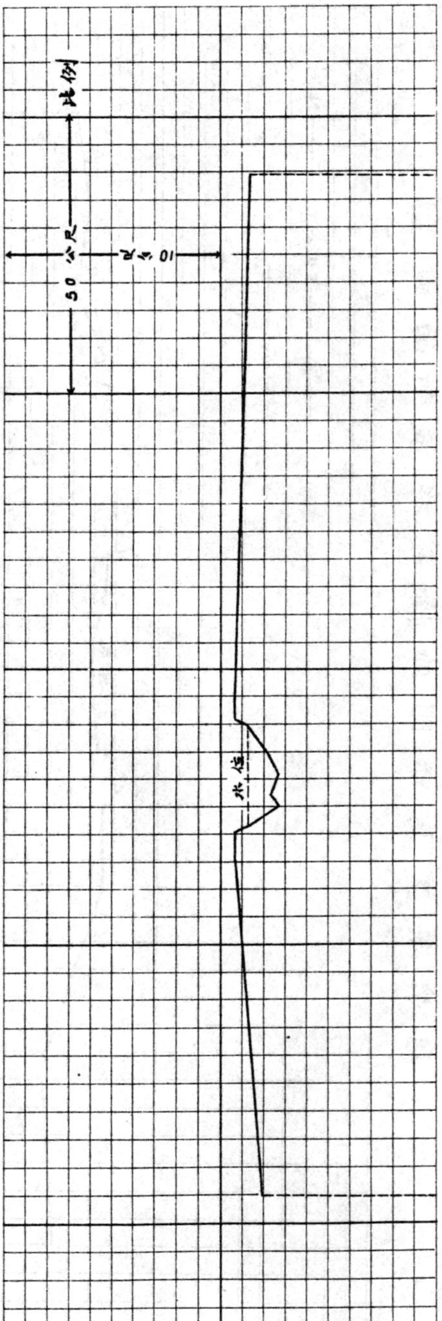

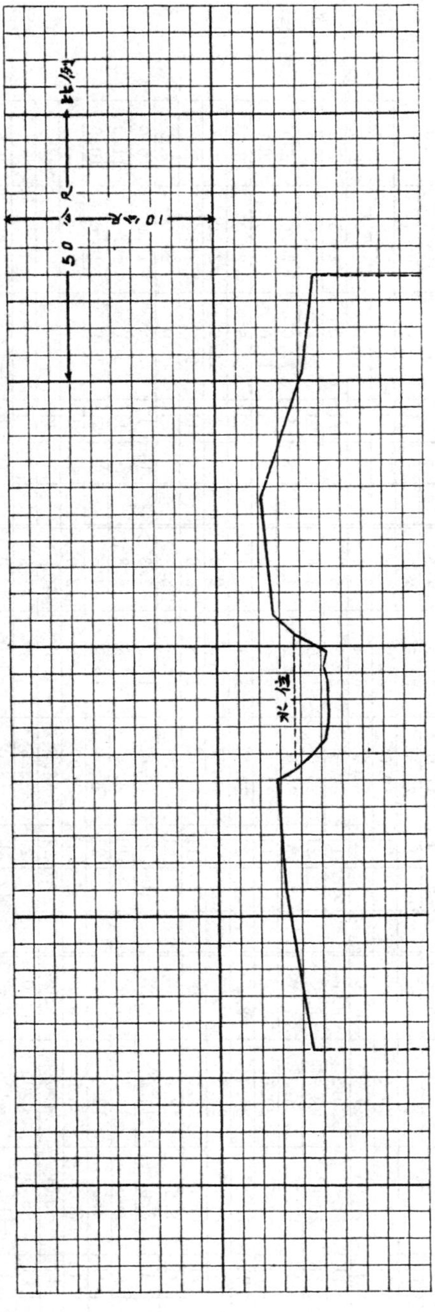

漢延渠正閘下游橫斷面圖

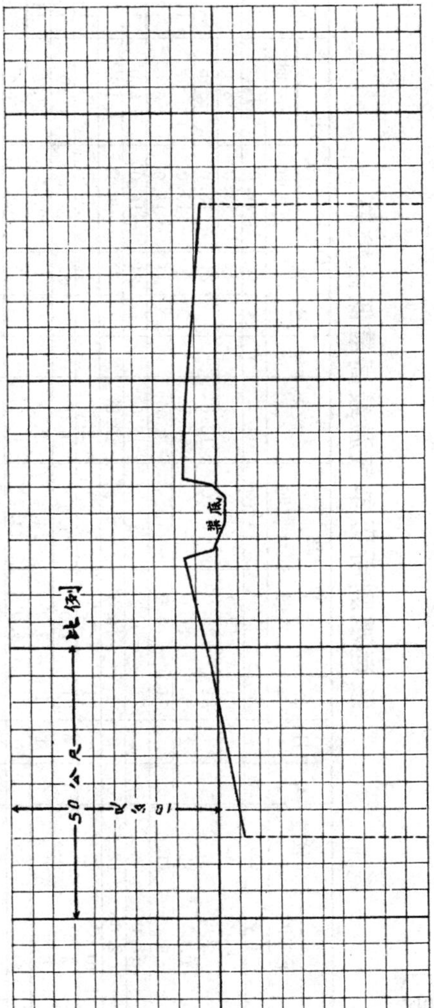

漢延渠大閘橋下游橫斷面圖

〔气候附图表〕

绥远观测所历年气温最高最低比较表

年	月	日	气温 上六时	气温 下二时	比较差	年	月	日	气温 上六时	气温 下二时	比较差	年	月	日	气温 上六时	气温 下二时	比较差	备考
5	1	1	−15.0°	−1.5°	13.5°	6	1	1	−23.0°	−12.0°	11.0°	7	1	1	−18.0°	−11.0°	7.0°	
		11	−25.0°	−11.0°	14.0°			11	−19.5°	−6.0°	13.5°			11	−13.0°	−8.0°	5.0°	
		21	−17.0°	−13.0°	4.0°			21	−23.0°	−10.0°	13.0°			21	−13.0°	−5.5°	7.5°	
	2	1	−12.0°	0.0°	12.0°		2	1	−17.5°	−1.0°	16.5°		2	1	−11.0°	0.0°	11.0°	
		11	−16.0°	−5.0°	11.0°			11	−19.5°	−10.5°	9.0°			11	−18.0°	−6.0°	12.0°	
		21	−6.0°	−3.0°	3.0°			21	−7.0°	5.0°	12.0°			21	−16.0°	−6.0°	10.0°	
	3	1	−14.5°	−2.0°	12.5°		3	1	−16.5°	−6.0°	10.5°		3	1	−9.0°	−1.0°	8.8°	
		11	−3.0°	0.0°	3.0°			11	−5.5°	4.0°	9.5°			11	−7.0°	3.0°	10.0°	
		21	−3.5°	3.0°	6.5°			21	1.0°	7.0°	6.0°			21	3.0°	13.0°	10.0°	
	4	1	−2.0°	6.5°	8.5°		4	1	5.0°	14.4°	9.4°		4	1	0.0°	11.1°	11.1°	
		11	3.0°	12.0°	9.0°			11	4.0°	14.7°	10.7°			11	1.0°	10.8°	9.8°	
		21	7.5°	15.0°	7.5°			21	6.0°	17.0°	11.0°			21	7.0°	17.1°	10.1°	
	5	1	8.0°	11.5°	3.5°		5	1	4.3°	12.4°	8.1°		5	1	9.2°	15.0°	5.8°	
		11	14.0°	25.0°	11.0°			11	6.0°	14.6°	8.6°			11	5.0°	9.7°	4.7°	
		21	12.0°	19.5°	7.5°			21	11.0°	21.6°	10.6°			21	12.5°	20.9°	8.4°	一、气温均以摄氏寒暑表计其每日之温度 一、每日最高最低之温度多在下午二时及上午六时之时间，故表中仅选其最高最低者记载之
	6	1	17.0°	26.5°	9.5°		6	1	17.0°	24.5°	7.5°		6	1	9.5°	14.5°	5.0°	
		11	21.0°	20.5°	0.5°			11	21.5°	28.5°	7.0°			11	15.5°	23.2°	7.7°	
		21	13.0°	20.0°	7.0°			21	19.0°	26.2°	7.2°			21	17.0°	22.5°	5.5°	
	7	1	13.0°	24.0°	11.0°		7	1	24.0°	30.4°	6.4°		7	1	18.0°	23.4°	5.4°	
		11	21.0°	29.5°	8.5°			11	20.0°	25.5°	5.5°			11	21.0°	28.5°	7.5°	
		21	20.0°	28.5°	8.5°			21	16.0°	19.6°	3.6°			21	21.4°	27.0°	5.6°	
	8	1	17.5°	24.5°	7.0°		8	1	20.5°	24.0°	3.5°		8	1	72.0°	70.0°	2.0°	
		11	23.5°	29.0°	5.5°			11	23.0°	26.0°	3.0°			11	19.0°	21.5°	2.5°	
		21	15.5°	24.1°	8.6°			21	20.0°	26.1°	6.1°			21	21.5°	28.0°	6.5°	
	9	1	14.0°	21.7°	7.7°		9	1	18.5°	21.3°	2.8°		9	1	16.0°	24.0°	8.0°	
		11	11.0°	18.0°	7.0°			11	11.0°	17.6°	6.6°			11	9.0°	16.0°	7.0°	
		21	8.5°	13.0°	4.5°			21	9.0°	17.7°	8.7°			21	11.0°	20.0°	9.0°	
	10	1	8.0°	14.2°	6.2°		10	1	10.0°	17.3°	7.3°		10	1	7.0°	17.0°	10.0°	
		11	8.5°	16.2°	7.7°			11	4.0°	10.8°	6.8°			11	3.0°	14.0°	11.0°	
		21	4.5°	12.4°	8.1°			21	6.0°	10.8°	4.8°			21	1.0°	11.0°	10.0°	
	11	1	3.0°	9.4°	6.4°		11	1	1.0°	9.0°	8.0°		11	1				
		11	−3.0°	4.0°	7.0°			11	−8.5°	2.0°	10.5°			11				
		21	−5.0°	6.0°	11.0°			21	−3.5°	3.8°	7.3°			21				
	12	1	−12.5°	−4.5°	8.0°		12	1	−3.0°	−1.0°	2.0°		12	1	−12.5°	−3.0°	9.5°	
		11	−13.5°	−6.0°	7.5°			11	−12.0°	−2.0°	10.0°			11	−16.0°	−10.5°	5.5°	
		21	−15.0°	−2.0°	13.0°			21	−19.5°	−13.0°	6.5°			21	−19.5°	−12.0°	7.5°	

綏遠觀測所歷年降水量統計比較表

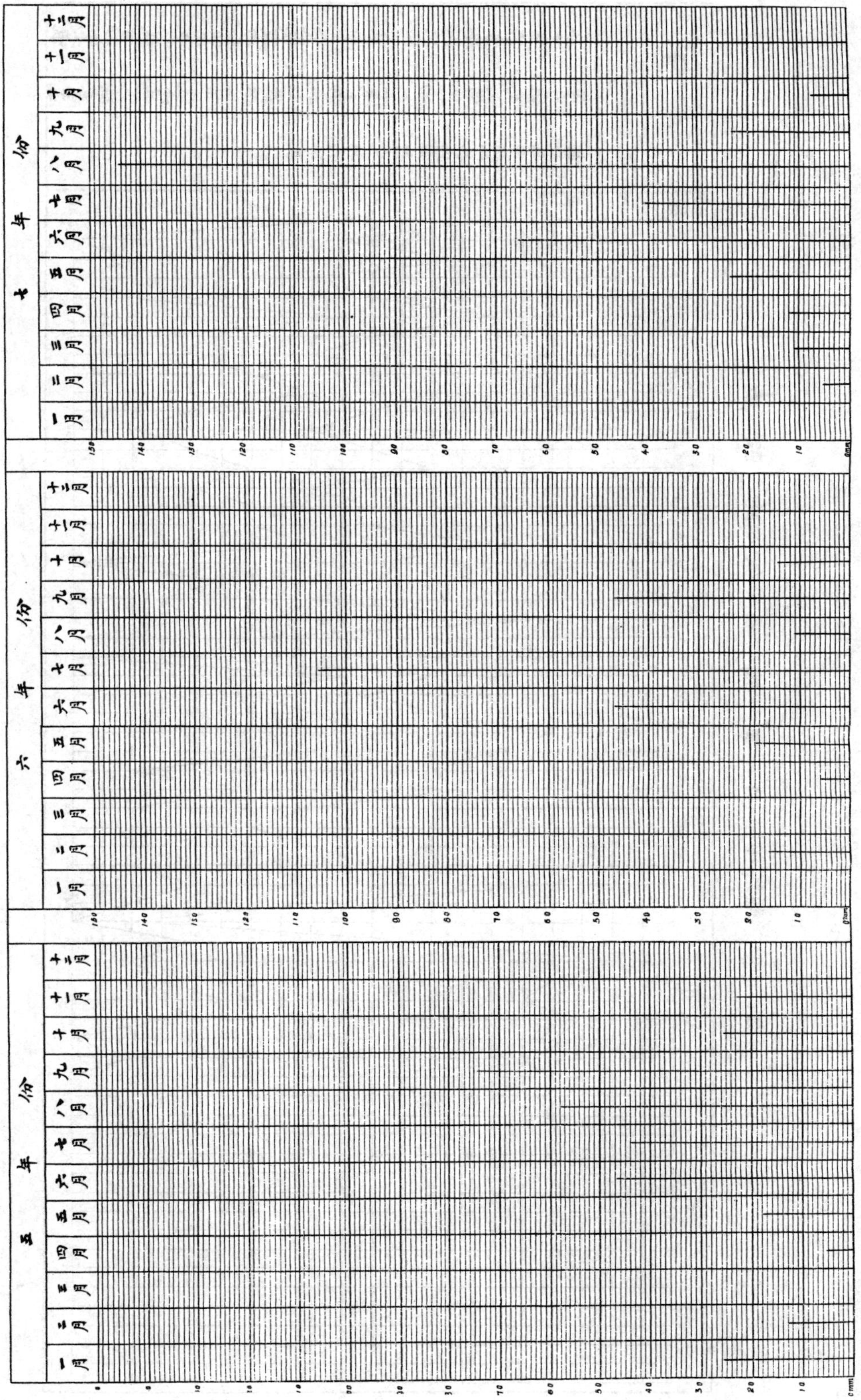

五原縣逐日氣温高低比較表

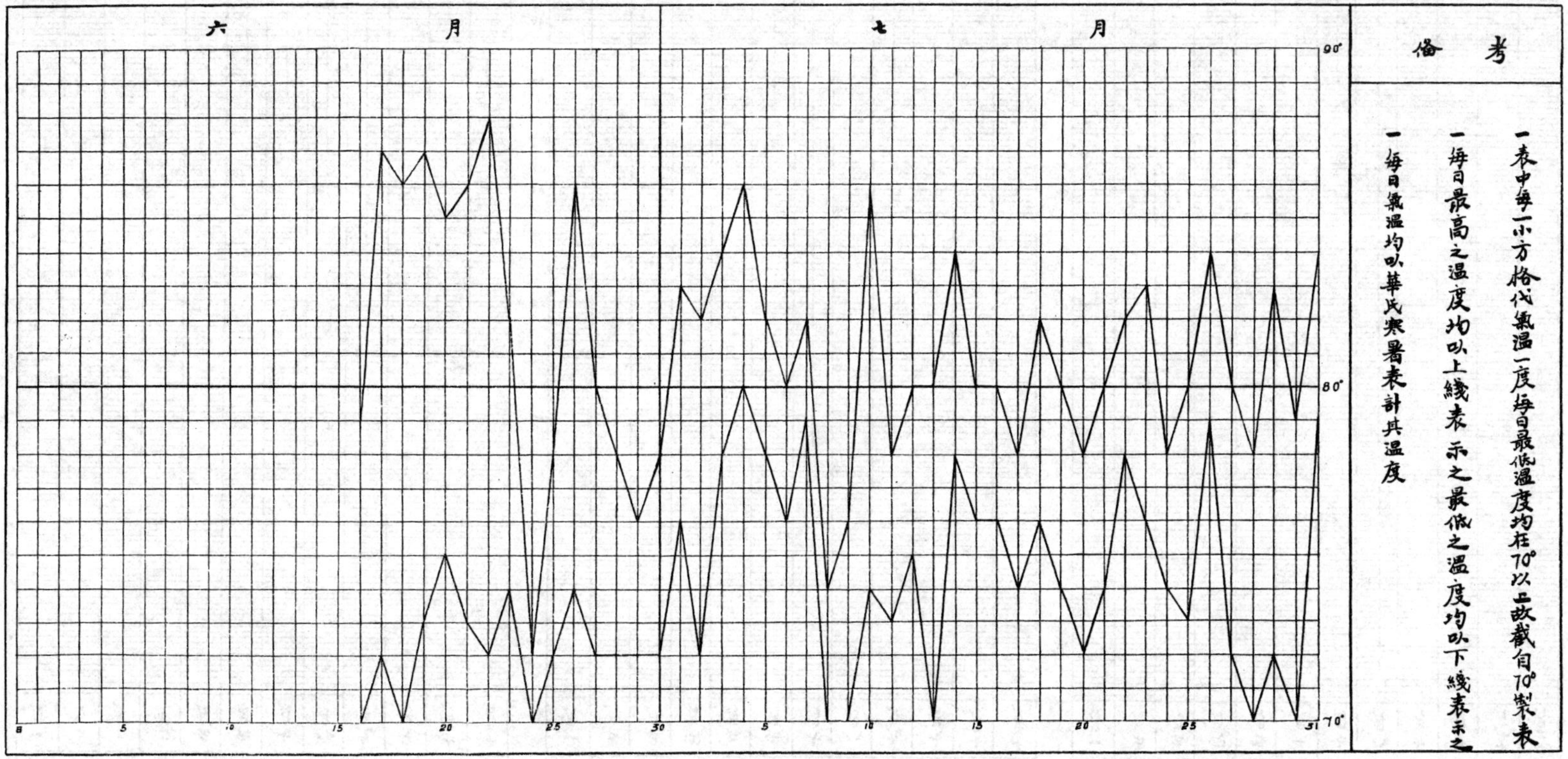

五原縣雨量比較表

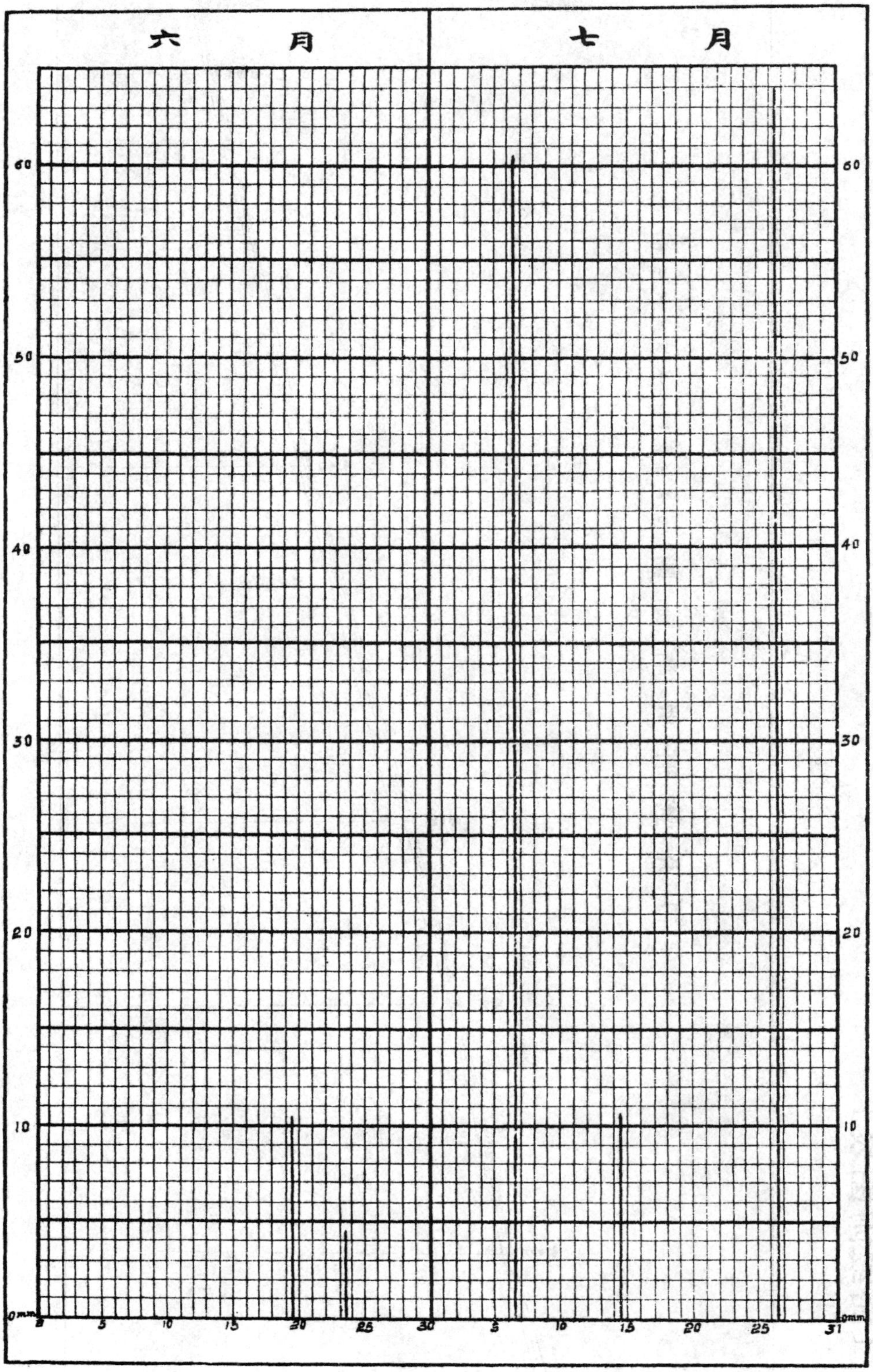

〔路线附图表〕

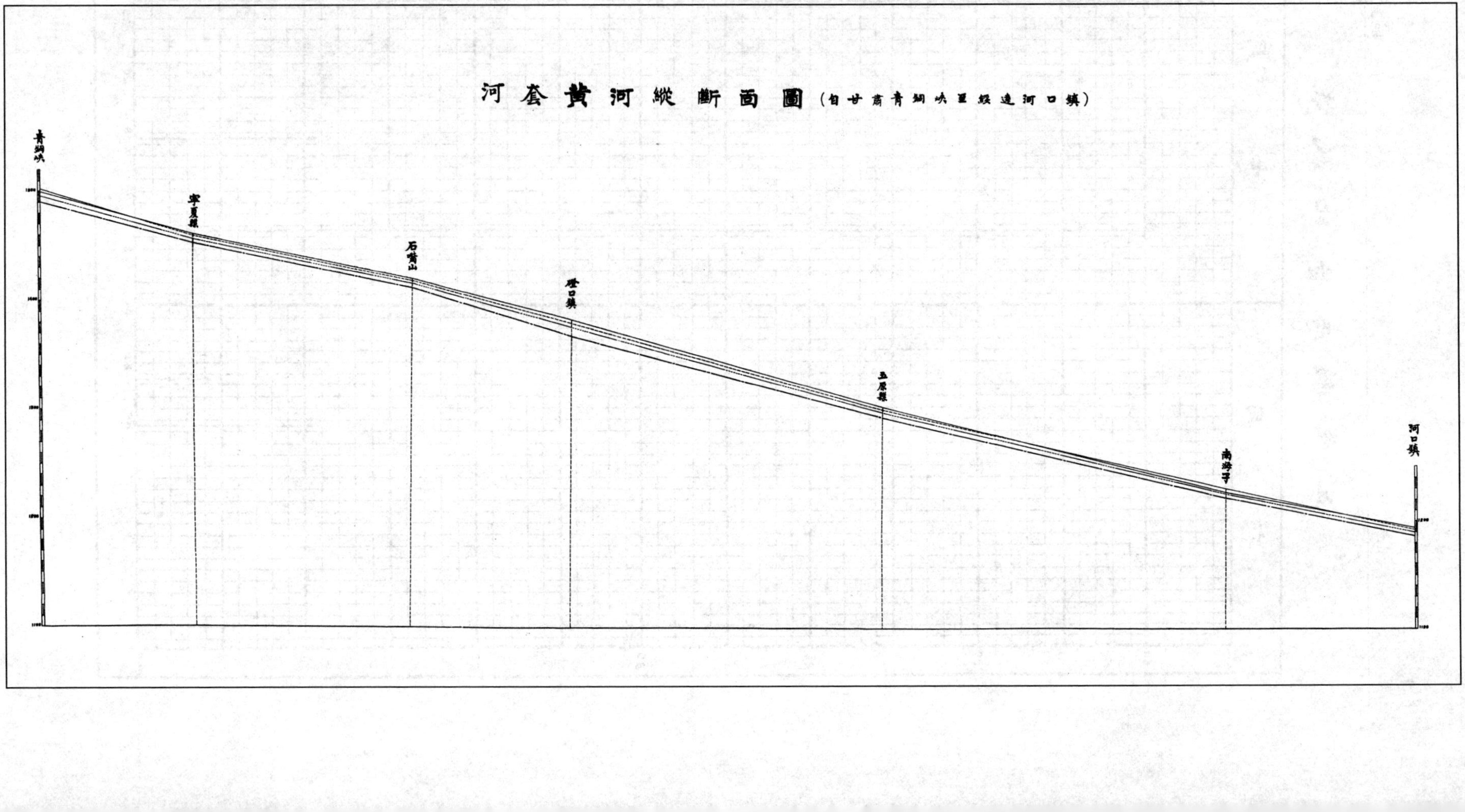

前套地勢截面略圖 自甘肅石嘴山至綏遠南海子

縱線比例五十萬分之一 垂線比例四千分之一

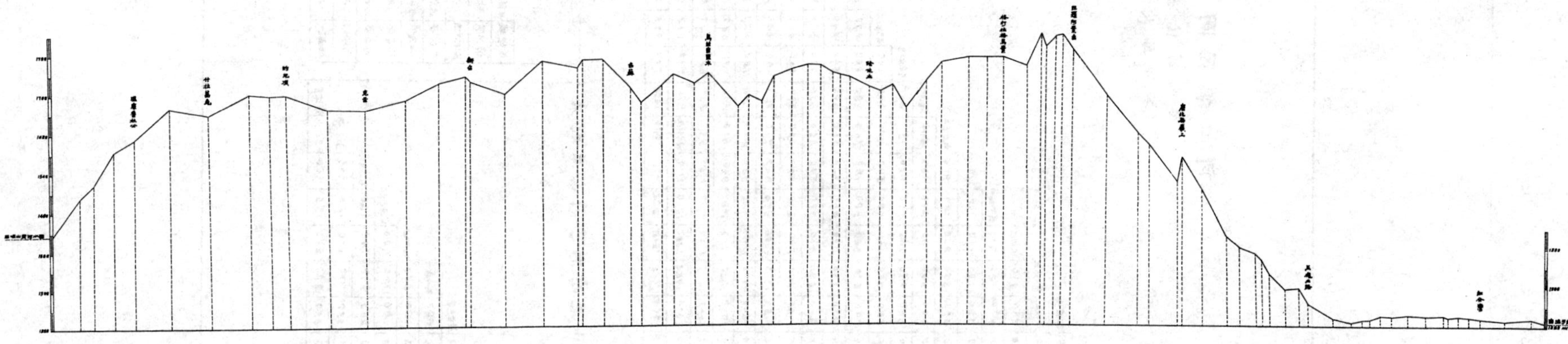

河口鎮至同富堡黃河里程表

附同富堡至青銅峽里程表

各距離均以華里為單位

河口鎮	河口鎮																							
南海子	300	南海子																						
包灣	370	70.0	包灣																					
昭君墳	440	140	70.0	昭君墳																				
古鉢合	530	230	160	90.0	古鉢合																			
二瑣地	630	330	260	190	100	二瑣地																		
萱斗河頭	700	400	330	260	170	70.0	萱斗河頭																	
他布渠口	810	510	440	370	280	180	110	他布渠口																
義和渠口	850	550	480	410	320	220	150	40.0	義和渠口															
劉三地	950	650	580	510	420	320	250	140	100	劉三地														
土默渠口	1030	730	660	590	500	400	330	220	180	80.0	土默渠口													
蟠會渠口	1090	790	720	650	560	460	390	280	240	140	60.0	蟠會渠口												
克克木堵	1150	850	780	710	620	520	450	340	300	200	120	60.0	克克木堵											
陶斯兔	1250	950	880	810	720	620	550	440	400	300	220	160	100	陶斯兔										
磴口	1370	1070	1000	930	840	740	670	560	520	420	340	280	220	120	磴口									
烏蘭木頭	1490	1190	1120	1050	960	860	790	680	640	540	460	400	340	240	120	烏蘭木頭								
石嘴山	1620	1320	1250	1180	1090	990	920	810	770	670	590	530	470	370	250	130	石嘴山							
紅崖渡口	1690	1390	1320	1250	1160	1060	990	880	840	740	660	600	540	440	320	200	70.0	紅崖渡口						
任家嘴子	1815	1515	1445	1375	1285	1185	1115	1005	965	865	785	725	665	565	445	325	195	125	任家嘴子					
同富堡	1870	1570	1500	1430	1340	1240	1170	1060	1020	920	840	780	720	620	500	380	250	180	55.0	同富堡				
寧夏城	1930	1630	1560	1490	1400	1300	1230	1120	1080	980	900	840	780	680	560	440	310	240	115	60.0	寧夏城			
陽和堡	1977	1677	1607	1537	1447	1347	1277	1167	1127	1027	947	887	827	727	607	487	357	287	162	107	47.0	陽和堡		
漢埧堡	2060	1760	1690	1620	1530	1430	1360	1250	1210	1110	1030	970	910	810	690	570	440	370	245	190	130	83.0	漢埧堡	
青銅峽	2122	1822	1752	1682	1592	1492	1422	1312	1272	1172	1092	1032	972	872	752	632	502	432	307	252	192	145	62.0	青銅峽

石咀山至南海子前套里程表

石咀山	石咀山											
什拉蓋兔	70.0	什拉蓋兔										
克吉	140	70.0	克吉									
新召	200	130	60.0	新召								
召蘇	270	200	130	70.0	召蘇							
烏兰吉蓋木	320	250	180	120	50.0	烏兰吉蓋木						
哈拉土	380	310	240	180	110	60.0	哈拉土					
格打拉格	440	370	300	240	170	120	60.0	格打拉格				
巴顏巴彥台	510	440	370	310	240	190	130	70.0	巴顏巴彥台			
五塊土路	580	510	440	380	310	260	200	140	70.0	五塊土路		
紅合灣	650	580	510	450	380	330	270	210	140	70.0	紅合灣	
南海子	680	610	540	480	410	360	300	240	170	100	30.0	南海子

豐鎮縣至南海子里程表

豐鎮城	豐鎮城								
漢濟堰	80.0	漢濟堰							
臟坪不浪	190	110	臟坪不浪						
二十家子	290	210	100	二十家子					
綏遠城	360	280	170	70.0	綏遠城				
察素齊	480	400	290	190	120	察素齊			
薩縣城	610	530	420	320	250	130	薩縣城		
包頭鎮	720	640	530	430	360	240	110	包頭鎮	
南海子	735	655	545	445	375	255	125	15.0	南海子

附件

河套垦牧调查及施设灌溉之参考

运河工程局副总工程师毕斯理

甲　征求参考资料

一、详细地图。二、气候风土之记载。三、关于科学或其他种测量记载。四、该区域附近位置及其形势。五、沿革或简略草图及其他各项以为调查出发之一助。

乙　土壤及天然利源

一、先知该区域之面积大小，然后推求可以开垦地、肥壤地以及不宜种植地之位置方向，至于何处为黏土地、河淤地、沙漠地、山地，种种延长区域，及土壤深度是否可行，引渠灌溉之计画，均应详记靡遗。

二、于适宜地点可作化学或机械之试验，以便化分土质。

三、记载山脉位置、延长区域、石质种类，然后可知此项大计画是否可行而无阻碍。

四、调查每年水量能否灌溉适宜而免旱潦之虞，此项来水（如河流、源泉、雨水、水塘等）之多寡深浅，及其取水方法（如用人力及其他各种蓄水方法等），均应详加考察，而土地、沙地、石地、草地之适宜种植亦应推求及之。

五、调查森林，以为借给燃料及建筑之用。

六、调查燃料种类，及大部分人民所用者为何种燃料。

七、调查其地天然利源，如煤、铁等矿之类。

丙　天气

一、温度——调查该区域及其附近每日最大最小之温度，以便推算植物平均可以生长之时间，暨春季最冷时间或降雨最早期间，及夏季热度延长时间，冬季最冷度及结冰深度之情形，均可于记载中得之。

二、降水量——调查该区域多年降水量及降雪量，但如此项记载不能征求得之，则可询之附近居民。乏雨区域之面积，及多雨季延长时间，每年雨量多寡及强度，降水区之面积，以及在植物生长时期间雨量足用与否种种，而无须引水灌溉地之面积亦宜调查及之。

三、风——多风季之时间方向及其强度——雷雹发现时间及次数——暴风雨损害农田状况。

丁　垦牧

一、调查天然肥壤地之面积、出产种类及无须灌溉之田约为若干。

二、考查已垦农田之出产以何种为大宗，患旱久暂为害之状况，种植手续以及游牧种种，均宜注意。

（按：出发时应先调查雨量足用之地，考证明确，然后可决定灌溉计画及建渠之用费。其主要目的则在合于经济之原理，改变荒田为肥壤也。）

三、勘察已用灌溉法垦殖之田，则可知如种农产之类别及产量之多寡，而于专恃灌溉之田尤加注意。

（调查范围为灌溉所施手续、施行法则、供给来水之流猝、种植需水之时间，及所需水量之尺寸）。

四、欲实行此大计画，使得良好结果，端赖以上所述实际之调查。然欲种植适宜于该区天气地质之生长，则尤宜对于植物种子详加考察也。

其余未尽事宜，今先条陈于后。

A 规画收获之量，足供农人一年之需。

B 开辟市场，为农人交易之预备。

C 欲使收获之物可供他处之需求，则交通尚矣。宜先规画路政，如五谷杂粮、棉毛牛马之属，均可运往他处，而无停滞之患。

戊 市场路政

农垦未施行以前，宜先规画某区为村镇，某处可供建筑公共之场所，某路可供输入各种用品及食物必需之品等等。筹画既定，则可规定运输出产品，以为生利之一道。于是建筑市场，改良路政，实为不容或缓之图，而将来路政交通均便利时，其不兴旺者未之有也。

己 测量之计画

地质、天气宜于农垦，惟以缺乏水量致未垦殖之地，则不能不思灌溉以补助之。其关于此项施设之测量，约分如下。

一、假定由一固定地点施测推求可行灌溉地之面积，并于适当标高测灌溉区之地平，其手续为：

A 作水平线——可用 Y 形水准测水准标高。

B道线距离可用记步仪推求之，或以人行马行时间计算路途之远近，此种初步测勘不必精确也。

C用手持水准或坡度水准测地形。

D作简略草图。

E设量水标以为灌溉之参考，并可测流量流速。此种经营均于该区附近黄河处行之，并于每年一定时间继续进行，则数年后之记载即可资考镜也。

再，近山或附近涵洞之处倾斜必大，是以开辟沟渠及拟灌溉之农田，须筹画妥协之，倾斜始得良好之成绩。因倾斜规定适当与否，与建筑费之多寡具有关系。至于可用灌溉法垦殖之地，以普通状况论之，可有百分之六十五至百分之八十也。

二、以上所论初步测量之结果具定，此种事业可以进行，则当规画精确之地形测量及灌溉区域之地质化分，然后可定垦殖范围暨开渠之路线。

A地形测量可用平板或经纬仪之视距法，均无不宜。所测同高线以半米达之距离即足应用，平板之比例尺为五千分之一。如是则灌溉区之面积，垦殖地之四界，均可于图根中规定也。

B地质之测量，施于垦植地即足应用，所施手续为土质类别、深度大小、土脉之肥瘠、适宜种植之农产及所得之成分，以及黄壤之侵蚀律及渗水性，及水流之冲刷等等，皆参考中所应征集之材料也。

C建渠之路线，须于涵洞、瀑布、沟渠宽狭及其形状、桥梁规定之后，再筹建筑应用之材料及器具，以为施工之准备。至于用费之多寡，须视将来详细测量之程序及其计画为定也。

庚　经费契据

一、调查出发及测量之计算，应以筹备费为定。而每年经常费约分为调查费、测量费、建设费、开垦费、殖民费五类，但此种计画为发展之事业，而非慈善事业，可于将来之利益中蓄一准备费，作为天灾、水灾、风灾所受损失之赔偿。

二、开垦地或售或租，宜有契据为证。遇有他种事业之发展，亦宜具契据为凭。然在未垦种之前不必有此，并知农人开垦荒田须筹农具，预备种子，然后引水灌溉。手续既多，颇费经营。加以所施工作自觉已垦地为困难，故在此时间所纳之税或租，及购地价值，总以低廉为宜。至于此种进行，非有数年经营，必难底定，故经济方面不可不筹适当办法也。

辛　殖民

殖民问题为最后之程序，凡关人民快乐康健，以及人民生息，不可不筹画及之。农民除耕种外，尚有发展之事，如学校、银行、货栈、艺术、职业学校以及聚乐场所种种，亦不宜稍忽者也。至于农人方面，则当有以下之志愿：一、自愿为农；二、用一己之经验发展农业；三、自己及其全家均有作农之能力，并忍耐从事之志愿；四、凡新垦之地，手续上、法则上应由具有经验之老农指导一切；五、具有经验之农夫，有得上等工资之利益，使教不知农事人民以耕种之法，用期良好之收获。

以普通人民论，大抵皆有成家立业之思想，而具一种自立之精神。此类人民实为社会上有力之分子，应筹鼓励之方法，以成全其目的也。

一、先察农人工作能力，给以若干之田，其应得亩数须审度情形而后规定之。大抵普通农田较恃灌溉之田为多，因用力少也。

二、开垦地所需时间及经费，如用简单标准，则垦务公司可以预算垦地建屋及牲畜厩所应用之费。开办之始，最妙由公司代筹农民应用器具、牲畜以及所用食品、种子，其所用之经费至农民收获时可以取偿也。

三、开办之始应纳租税，宜有妥协之规定。须知在此时期农民工作较难，所应购置农具及牲畜亦较多，不可不有通融之办法。至能循序进行时，再筹平均之租税可也。

四、以上所论之计画行之，则筹备愈周密，用款亦愈多，将来利益中自可偿此经费。但其困难之点则在收获不佳之时，公司必负此项经费之责，则于进行上不无阻碍，此亦不可不思者也。

河套水利调查参考译文 全国水利局咨询工程师方维因

一、上游流量之约数。

一、详记测时之水面高，并探询冬季之水面高度，以便推算各季之流量。

一、含沙成分。详询黄河各季之水色，以便推估各季含沙成分。

一、雨量。

一、河形并垦地草图。

一、以气压仪推算高度。

垦放黄河以北河套地亩岁租水利经费等项说明

查西北沃野千里，能得黄河水利者，厥为河套。其地形低下如盆，西绕贺兰山，北距阴山，南错榆塞诸山脉。地质则由粘土、软土两分子凝合而成，遇暵则坚刚如石子，遇雨则疏落如鸡粪，必得泛滥之河水以浸之，乃涵濡沾润，发荣滋倍。故神套地者甫经得地，先议辟渠，费资甚巨，致力甚劳，盖地依渠为性命，无渠不啻无地也。计前垦修治套渠最大者有八，曰长济、曰塔布、曰老郭、曰义和、曰沙河、曰丰济、曰刚茂、曰永济，其渠身袤长百四五十里至八九十里百里不等，而支子各渠源汇流分，随时皆有。合八渠之水灌溉杭锦、达拉四成补地及乌拉西公各旗所报押荒地七千余顷，而每年仅就押荒垦地七千顷，实在则水之数每顷只交公家水利经费一两二钱。其常年岁租除四成补地为归公之款，杭旗报效公家五成外，如西公垦地则全数归蒙之款。此外为达旗永租地，原议永远由官租放不收押荒，种则转租于蒙，不种则地为蒙有。前以公家无力修渠，减轻租价，督民兴修，此项租地遂设额租地，以二千顷为额，租以十五两为率，计每年征租银三万两，复以一半归蒙，一半归公。夫以公家修渠费款数十万之巨，而每年所收费利仅只此数，亦云微矣。

垦放黄河以北河套地亩状况说明

查绥西垦务分隶乌、伊两盟十三旗，内分渠地、暵地两项。渠地皆属后套，为杭锦、达拉、乌拉西公三旗报垦之地。其达旗名曰永租地，种则转租于蒙，不种则地为旗有。自官渠改归官督民修以后，租有定额，每年以两千顷为定率。其余杭锦旗放垦渠旱地四千顷，乌拉西公放垦渠地一千七百余顷，达旗放垦四成补地一千四百顷，如垦地每年播种若干，以渠水大小为转移，仍以渠道之通塞为定衡。大放之初，各因其地势之低昂、受水之容量以定等次顷亩。如领地百亩，而每年所种之数迄不能足于原领之数，因渠水小限之也。

已未垦放河套地亩说明

查黄河以北、狼山以南河套内有丈放过伊克昭盟杭锦旗报垦渠、旱地四千余顷，达拉特旗报垦永租渠地二千顷，公家赎回垦放达拉特赔偿教款四成补地一千四百余顷。达拉特旗报效公家赏过地价、五原城基地宽、长各十里，除去修建衙署、学堂、营房、监狱等项房间外，约可放房基及耕种渠地三四百顷。乌兰察布盟乌拉特西公旗报垦什拉胡鲁素、红门图各渠地一千七百余顷。又黄河以北，乌拉山以南，乌拉特中公旗报垦旱地八百余顷，乌拉特东公旗报垦旱地渠地六百余顷。又有乌拉特西公旗现在报垦、未经勘收丈放渠地一段，乌拉特东公旗现在报垦、未经勘收丈放旱地一段。此二段地将来共放地若干顷，难以预算。

查黄河以南，边墙以北，又谓黄河以西，河套内有丈放过伊克昭盟郡王旗报垦旱地九千六百余顷，郡王旗王爱召庙香火地旱地一千六百余顷；札萨克旗报垦旱地一千六百余顷，又报效祝嘏旱地五百余顷；鄂托克旗报垦旱地一百八十余顷；准噶尔旗报垦旱地一千五百余顷；乌审旗报垦旱地一千四百余顷，祝嘏旱地五百余顷；乌拉特西公旗补报噶鲁台旱地五百余顷；乌拉特东公旗报效垦红洞湾旱地五百余顷。又丈放过黄河以东、以西十一台站已放站地，改办官租资津贴台站官兵，共计亩地八千余顷。

西盟垦务总局详奉批定达拉特旗永租地亩租条修渠分水经费四项章程

谨将筹办达旗永租地亩，分别拟定租条、修渠、分水、经费四项章程，开具清折，恭呈宪鉴。计开：

租章

一、达旗永租各地分浇塔布、长济、老郭、义河、沙河、刚目、丰济、永济八大渠之水，以渠水之浇灌定租地之寡多。前因伏水欠浇，民户只正月认领一千八百顷，嗣经再四开导，冬水又复普及，现已议定东西各渠地每年认领二千顷为定数。

一、永租地每顷每年议定呈交库平租银一十五两，每年八月开征，次年二月扫数。

一、租户认定地段，择其殷实之家取具连环保结，再行发给认领执照。其有无故拖欠，惟原保人是问。

一、达旗租地商报、蒙报膳召户口，其应分归蒙租款均由运旗贝子只领转发。

一、租户认地若干顷数呈交租银，即不勘丈。春苗如遇水旱偏灾，准该租户随时报明，水利局详请派员查验，准照钱粮例，分别灾区轻重，酌量蠲缓。

修渠

一、民户永远认租，按段拨给承领干支各渠，自应归该租户修理。每大渠一道，分立一社，公举社长一人，总司渠事。其渠身之宽窄、深浅、长短，照现时官渠之尺寸丈量确实，绘图贴说附照尾。认租期满，如有更换，应按原丈尺寸交局。如有淤澄，应责令该租户赔修。

一、租则减轻，使民户知有利而修渠。若不严定限制，则偷工省费，废弃堪虞。惟修渠每顷每年应责令出资若干，而渠工之大小无定，无凭核计，拟于按年由水利委员分履干支各渠勘估工程。如干渠估工若干，凡灌此干渠之水者，按青苗地顷数分别，公共摊认。其支渠估工后，应由浇支渠之地户出资承修，每顷出资若干，交由社长按户收存，次年春融兴修，由水利委员督催监工验收。倘地户延不交纳，准禀由水利局照章严催。以昭划一。

一、永租各户承修干渠为缠金、丰济、沙河，各干渠上游杭锦升科各地均用大渠之水浇灌，渠归民修，每顷出资若干，自应分别摊认。惟永租既减轻租价，且达旗渠较长，而水利经费出自十五两之内，升科地则每顷亦认交经费一两二钱。若修干渠一律摊费，殊不足以昭公允。凡修洗干渠出资，杭锦地、四成补地每浇地一顷按永租地十成之五摊认，以免争执。

一、永租地有定额民户经营自力，上游杭锦升科地其无专渠者，皆赖大渠灌溉，修渠用水仍照旧章。其改口添口应由水利局履勘核准方能兴工，不得任意开挖，永租地户等亦不得拦阻。

水利

一、长济、老郭两渠分浇达旗四成补地、达旗永租地、杭锦课地，向奉平口灌溉，不准筑坝，以期水利均沾，应照旧章办理。惟渠归民修，修渠之费公共摊认，倘遇黄河水小不能普及，准由各社长禀明水利局开临时会议，轮流作闸，按青苗地之多寡定闸水口之期限，必经全体认可，不得由一方擅主，违者议罚。

一、义和渠为乌拉西公地之专渠，因该地距河窎远，向无通河渠道，且为数在一千七百余顷，若不指定专渠，不足以资保守，应以义和渠为乌拉西公地专渠。其分浇达旗永租、杭旗课地，查照原案。永租地居下游，平口能浇，勿论水之大小，永远不准闸坝。杭锦课地地居上游，得水最早，倘遇水小，非作闸不能上地，准于伏水作闸一次，秋水作闸一次，每次以五昼夜为限。

一、杭锦三段押荒地亩其无专渠之地，向借沙河、刚目两渠灌溉，准照旧章浇水，惟须平口，不得拦渠筑坝。

一、丰济、永济两大渠为永租最为适用之渠，浇地亦居最多之数。其杭锦四段、三段所放押荒地亩势居上游，支渠分歧，仍准照旧平口浇灌，以期水利均沾。惟遇水小之年，上下游各支渠口此关彼开，挨次轮浇，庶水利平均，不至争执。其轮浇日期亦按青苗地亩多寡核定，应由该社长等临时公议。

一、乌家河所浇地亩专恃塔布、老郭各渠之退水灌溉，义和渠既指定为乌拉专渠，仍赖各渠退水以补不足。其永济、丰济各渠之水先尽达旗永租、杭锦课地浇灌，如垦地尚未浇足，该租户不得输入界外渔利，违者议罚。

经费

一、租银应划分归公、归蒙、经费三项，如每顷收银十五两，以二千顷计之，共收库平银三万两，先提将军、都统公费银三千六百两，再提二成三经费银六千零七十二两，应余二万三百二十八两，以一半归公，以一半归蒙。惟公费、经费二项系属额支应，准随时提用。至归公、归蒙两项，或租银拖欠，或遇水旱偏灾，除提额支公费、经费外，应以实在征收归公、归蒙核算。

一、永租办定，垦局即可裁撤，改设水利专员，分司各地督工、修渠、浇水、收租等事。拟分设总局一处，总办一员，会办一员，此会办以地方行政官兼充。正副委员二员，司事二员，书手四名，渠夫十名。两分局，每局正副委员二员，司事二名，书手二名，渠夫六名，以节糜费。

一、水利总局总办一员，每月薪水银一百两，车马费银二十两。会办一员，按地方兼差，每月津贴银七十两。正委员一员，每月薪水银四十两，车马费银二十两。副委员一员，每月薪水银二十六两，车马费银十四两。司事二名，每名每月薪水银十二两，马干银六两，二名共薪水银二十四两，共马干银十二两。书手四名，每名每月薪水银六两，马干四两，四名共薪水银二十四两，共马干银十六两。渠夫十名，每名每月工食银三两，十名共工食银三十两。每月局费纸张等项银四十两，每月共开支银四百三十六两，每年共开支银五千二百三十二两。

一、水利两分局每局正委员一员，每月薪水银四十两，车马费银二十两。副委员一员，每月薪水银二十六两，车马费银十四两。司事二名，每名每月薪水银十二两，马干银六两，二名共薪水银二十四两，共马干银十二两。书手二名，每名每月薪水银六两，马干银四两，二名共薪水银十二两，共马干银八两。渠夫六名，每名每月工食银三两，六名共工食银十八两。分局两处每月每处局费纸张银二十两。每分局每月共开支银一百九十四两，两分局每月共合开支银三百八十八两，每年共开支银四千六百五十六两。总分三局统共每年应开支经费银九千八百八十两。当有特别开支不能预算，拟请每年于永租、升科地内酌筹经费以作的款。

一、渠归民修，如四成补地、杭锦、乌拉西公各升科地向章每浇地一顷，交渠租银四两五钱，今渠归民户自行承修，渠租名目似拟减免，而水利经费自应由永租与升科两项地内分筹。拟请升科各地每浇地一顷，征水利经费银一两二钱。以后套课地计之，每年约可浇地三千数百顷、四千顷不等，即以三千五百顷，总计每年约可筹水利经费银四千二百两。合以永租地所提二成三经费银六千七十二两，共又收银一万二百七十二两，与开支银九千八百八十两比较，似可有盈无绌。

一、本年创办永租、改设水利专员所需经费请于续收押荒项下作正开支，而本年所提永租项下二成三经费留作次年动用。因所收永租款项均待秋后开征，来年扫数，而经费开支按月动用，势不容缓，以后按年递推，庶经费有资办公，不至竭蹶。

一、永租地如遇渠水过大，退至乌家河北浇灌未经报垦之地，每顷酌收水租。惟年无定向，地无确数，碍难预算。其每年所得之租银另款报明确数，或扫归经费，以补款项之不足。

前清宣统三年详定，中华民国元年实行。

河套与治河之关系张相文

河源星宿，九曲而后入海。自青海至中卫，皆在山峡间。自中卫而东入河套，缭绕回环，极千余里而至托城，沿岸坡陀渐起。南抵天桥，复行入峡。经龙门、潼关，又东折而至成皋，乃复出峡。河行山峡间，两岸悬崖，急流如瀑，故无利亦无害。东出成皋，则平原莽莽，土性疏浮，河挟其澎湃汪洋之势，纵横冲决，遍乎青、兖、徐、豫之郊，历数千年而未有穷期，此则只见河之害而不见河之利矣。河套则地形低下如溢，西绕贺兰，北距阴山，南错榆塞诸山脉，察其山间汀线，随地皆留有内海遗迹。其地质则由黏土、软土两分子混合而成，遇暵则坚刚如石子，遇雨则疏落如鸡粪，必得填阏之河水以浸之，乃涵濡沾润，发荣滋倍。而其浸灌之期，又以六月伏水为最，七月、八月次之，至九月霜降（皆就旧历言），乃复放之使涸。经冬雪凝之，春阳曝之，则土膏尽发，亩皆数钟，盖河之利于河套也如此。古云“黄河富宁夏”，犹只见其一斑而已，岂足以语河套数十万方里之膏腴哉！惜夫向之办垦者，徒以攘夺民田为事，而于北河之本流则听其断绝，以致引水不畅，即已开之渠亦半归湮塞。行乎其野，但见颓垣败屋滉漾于青天白草之中，而转借荒陇牛羊以为点缀风景之具。谁为为之，而至于此，不亦重可慨也耶？

且夫黄河之为中国患也，固已数千年于兹矣。岁糜无量数之金钱，漂失无量数之生命财产，迄今回溯往迹，盖犹有余痛焉。今试约举历代河流变迁之迹，以比较其时间之长短，庶乎察往知来，知所借鉴焉耳。若夫小小溃决未改故道者，则不暇具列也。

年代　流略　历时以禹平水土告厥成功之年为起点，其后则以次递推。

周定王五年，禹厮二渠自黎阳宿胥口始。定王五年，河徙，自宿胥口东行漯川。又东北，至长寿津，始与漯川别行，而东北合漳水至章武入海，碣石之故道废。是为河之初徙。六百六十余年。

汉武帝元光三年，河决濮阳瓠子，东南注巨野，通于淮、泗，梁楚之地被灾尤甚，是为河之再徙，而实黄河南行夺淮之始。二百七十三年。

汉武帝，自宣房塞后，河复北决馆陶，分为屯氏河，东北经魏郡清河入渤海。屯氏之分，史不言其年代，然为期必甚短。

汉成帝永光四年，河决清河灵鸣犊口，屯氏河复绝。其后，遂由千乘入海。九十三年。

王莽始建国五年，河决魏郡，泛清河，以东北渎遂空。五十年。

汉明帝永平十三年，王景修渠筑堤，自（荥）〔荥〕阳东至千乘海口千余里，次年渠成。五十七年。

宋太宗太平兴国八年，河大决滑州，泛澶、濮、曹、济，东南流至彭城，入于淮。九百十七年。

宋真宗咸平三年，河决郓州，浮巨野，入淮、泗。十六年。

宋真宗天禧三年，河大决滑州，历澶、濮、曹、郓，注梁山泺，合清水古汴渠，东入于淮。十八年。

宋仁宗景祐元年，河决横陇，遂为大河经流，京东之故道废。十四年。

宋仁宗庆历八年，河决商胡，合永济渠注乾宁军入海，是为北流，而横陇之故道复废。十一年。

宋仁宗嘉祐五年，北流复决为二渠，自魏、恩东至德、沧入海，是为东流。十二年。

宋神宗熙宁十年，河决澶州曹村，澶渊北流断绝，河道南徙，东会于梁山张泽泺，分为二渠，一合南清河入淮，一合北清河入海。十七年。

宋哲宗元符二年，河决内黄口，东流断绝。十二年。

金世宗大定□年，此事不见《金史》，范成大《北使录》："浚州城南有积水若河，盖黄河剩水也。"《朱子语录》："元丰间河北徙，自是中原多事，后来金人亦多事。近来又北流，见归正人说。"盖是时河尝南流，寻复北流也。约六十年。

金章宗明昌五年，河决阳武故堤，灌封丘，而东注梁山泺，分为二派。北派由北清河入海，南派由南清河入淮，汲、胙之河遂空。约四十年。

元世祖至元九年，河决新乡广盈仓，徙自原武，出阳武南，而新乡之流遂绝。七十八年。

元成宗大德元年，河决杞县蒲口，旋徙而北，自陈留入兰阳、仪封。十二年。

元泰定帝元年，河决开封，由汴渠东入徐，合淮、泗入海。

二十九年。

元顺帝至正四年，河决金堤，北侵安山，沿入会通运河，延袤于济南、河间。二十年。

元顺帝至正二十六年，河北徙，东明、曹、濮、济宁皆被灾。十四年。

明太祖洪武八年，大河南决，挟颍入淮，蔡河之下流渐绝。九年。

明太祖洪武二十四年，河决原武之黑阳山，东经开封城北。又南行至项城，经颍州、寿州，全入于淮，而故道遂淤。十六年。

明太宗永乐十四年，河决开封，经怀远县，由涡河入淮。二十五年。

明英宗正统十二年，河决沙湾入海，寻决荥泽入淮。十一年。

明英宗正统十三年，河徙开封，西北入汴，至寿州入淮。又决荥阳，东过开封西南，经陈留，自亳入涡口，经蒙城，至怀远界入淮。一年。

明英宗天顺五年，河自武陟徙原武，而获嘉之河流绝。十四年。

明孝宗弘治二年，河决汴城入淮，复决黄陵冈入海。十八年。

明孝宗弘治五年，河决杨家、金龙等口东注，溃黄陵冈，下张秋堤，入漕河，与汶水合而北行。三年。

明孝宗弘治六年，河决张新东堤，夺汶水入海。次年刘大夏筑太行堤，北流遂绝。始此一淮受全河之水。一年。

明孝宗弘治十八年，河北徙三百里，至宿迁县河口入漕河。

十二年。

明武宗正德二年，河徙，入泡河，大水坏民居。三年。

明武宗正德四年，河北徙一百二十里，至沛县飞云桥入漕河。二年。

明武宗正德五年，河北徙仪封县小宋集，冲黄陵冈，溢入贾鲁河。一年。

明世宗嘉靖九年，河自沛县北徙金乡、鱼台，出谷亭口。二十年。

明世宗嘉靖十三年，河由赵波寨南向亳、泗东出，谷亭之流遂绝。四年。

明世宗嘉靖十九年，河决野鸡冈，由涡河入淮。六年。

明世宗嘉靖三十七年，河北徙，新集淤而为陆二百五十余里，视故道高三丈有奇。十八年。

明神宗万历十七年，河由李景高口决入睢陈故道。三十一年。

明神宗万历二十五年，河决黄堌口，经符离桥，出宿迁新河口，入大河。半由徐州入旧河济运，而二洪告涸。八年。

明神宗万历三十年，河决蒙墙寺，入归德，南与淮会，入洪泽。五年。

明神宗万历三十二年，河决米旺口，荡漾三载，至徙于沟始定。二年。

明神宗万历四十六年，河决脾沙堽，由封丘、曹、单至考城，复入旧黄河。十四年。

明熹宗天启元年，河决灵璧，由永姬湖出白洋小口，仍与黄会。故道湮涸。四年。

明熹宗天启三年，河决徐州大龙口，徐、邳、灵、睢河并淤，双沟河亦淤，上下百五十里尽成平陆。二年。

明怀宗崇祯十六年，河决汴城，南入于涡。二十年。

清世祖顺治九年，河决封丘，由长垣趋东昌，坏安平堤，北入海。十年。

清圣祖康熙六十年，河决武陟，下大清河入海。七十年。

清高宗乾隆十六年，河决阳武，东北下张新入海。三十年。

清高宗乾隆二十六年，河决中牟，夺涡入海。十年。

清高宗乾隆四十五年，河决仪封、考城，夺涡入淮。十九年。

清高宗乾隆五十二年，河决睢州，南入涡、淮。七年。

清仁宗嘉庆三年，河决睢州，全由亳州入洪泽湖。十一年。

清仁宗嘉庆二十四年，河决武陟，注张秋，东北入海。十一年。

清宣宗道光二十年，河决祥符南岸，下注凤、颍夺淮。二十二年。

清宣宗道光二十三年，河决中牟南岸，由凤、颍入淮。二年。

清文宗咸丰六年[1]，河决铜瓦厢，夺大清河入海。十三年。

清德宗光绪十三年，河决郑州，南入洪泽湖。三十五年。

据右表观之，河流变迁以宋、明两代为最数，清次之，汉又次之，金、元则南北横流得其中数。独由东汉以及李唐，河流顺轨，几及千年，直与三代之禹河争烈。以何因由而能致此？此历史上最有价值之问题也。阎百诗谓其说有二：一、程子曰："汉宋火德，多水灾；唐土德，少河患。"一、宋敏求曰："唐河朔地天宝后久属藩臣，纵有河事，不闻朝廷。"是二说也，第一说属于谶

[1] 六年　河决铜瓦厢在咸丰五年，此处纪年有误。

纬悠谬之谈，今虽小学生犹知其然，抑亦无容置辨。第二说以解河流之漫溢溃决，犹可言也。至于大河改道，千里为墟，若河北道之魏、博、德、棣，若河南道之汴、宋、淄、青，皆当时人事最繁之地，记载之所流传，诗人之所歌咏，考其社会情状，虽千载后，盖历历犹在目前焉。岂有弥天巨变，乃至片楮无传，而求其旧迹亦无可仿佛者？则第二说亦不足征信也。胡氏朏明则谓王景治河，凿山截澜，十里立一闸门，令更相洄注，无复溃漏之患，故河垂千载而后变，景之功实不可诬。顾考景之所谓，犹是分汰叠塘之法，后世潘季驯、靳辅诸人所常用耳，纵有功效，逮及魏晋足矣，更何能远及唐代？是则归功王景，允属虚浅之见也。然究以何因缘而能致此？张相文曰：吾乃今观于河套而得之矣，则试与言。河套地理之沿革，三代以前吾不得而知之。汉族之占领河套，盖自战国时始。《史记》赵武灵王二十六年，复攻中山，攘地北至燕代，西至云中、九原。二十七年，西北略地，欲从云中、九原直南袭秦。其后赵衰，匈奴益强，遂入居河南。秦始皇三十三年，使蒙恬下逐匈奴，收河南地，以为四十四县。又渡河据阴山，逶迤而北，谓其地为新秦，徙民以实之。楚汉之际，匈奴复炽，乘间南渡河，冀复收蒙恬所夺地，大为边患。汉武元朔二年，斥逐匈奴，遣卫青等渡西河，历高阙，收河南地。主父偃言河南地肥饶，外阻河，蒙恬城之以逐匈奴，内省转输戍漕，广中国，备边之本也。乃集朔方城，立朔方郡，缮故蒙恬所为塞，因河为固。且自宣房塞后，用事者争言水利，朔方、西河皆引河溉田各数万顷，官吏卒伍六万余稍蚕食，地接匈奴以北。后五单于争立，呼韩邪款塞请朝，留居五原塞下。东汉永平中，置度辽将军屯营曼柏，以防南北匈奴。已而北匈奴益衰耗，南单于上言求复障塞，乃增置缘边诸郡兵，列屯塞下。顺帝永建初，陇西羌乱，西河、上郡、朔方皆残破。四年，虞诩上疏，谓三郡沃野千里，水草丰美，土宜产牧，宜复城邑，事耕屯。从之。于于[1]激河浚渠为屯田，省内郡费一亿计。自魏晋以降，中原多故，其地遂沦于异域。未几，拓拔魏起盛乐，兼有河西。薄骨律镇将刁雍上表，请开富平西三十里艾山旧渠，通河水，溉公私田四万余顷，人大获其利。迨隋唐递兴，声教远讫，筑城置县，俨同内地。隋开皇间，遂于河南置丰、胜二州。唐景龙二年，张仁愿复于河北岸筑三受降城，以拂云堆为中城，与东西二城相去各四百里，于牛头牟那山北置烽堠一千八百所。开元二年，移安北都护府于中城，置屯田。元和六年，韩重华为振武营田和粜水陆运使。重华乃募人为十五屯，屯置百三十人而种百顷，东起振武，转而西过云中界，极于中受降城，出入河山之际六百余里。屯堡相望，人得肆耕其中，岁省度支钱千三百万。及唐之衰也，长兴中，朔方帅张希崇复引河渠，兴屯田，以省漕运，民夷爱之。惟自拓拔思恭据有夏州，延及宗世，倔强益甚，传祚至三百余年，始为蒙古所并。金元交争，未遑他务。明初，李文忠定大同，西略丰州，遂城胜州，以统套内之地，使军士耕牧，其中亦浸浸乎复汉唐之旧矣。乃永乐初，遽从废弃，移治延绥。天顺六年，元裔毛里孩、阿罗山、孛罗出等乃乘虚入而踞之。沿及有清，遂为伊克昭七旗，合以乌拉特西旗、土默特一旗、阿拉善，东部则尽乎古大河南北沿岸诸境，而历代分屯置戍得失盛衰之迹，亦略具于此矣。

观于此，而历代河流迁徙之故，乃可惜[2]精确之学理，随事以解明之。三代之世，草昧初开，北徼荒寒，人踪尤寡，晁错所谓“胡貉之地，积阴之处，木皮三寸，冰厚六尺”者是也。

---

[1] 于于　据本书后文相似内容之“于是激河浚渠为屯田”，似当作“于是”。

[2] 惜　据文义及本书后文相似内容之“借学理以解之”，似当作“借”。

遥想其时，平川则草长连天，山间则森木蔽野，防沙喻水，自成天然之功用。是故禹河之历千余载而不变者，固时势使然，非必禹之果有神术也。战国时，秦、赵分争，始皇卒并其地，命曰新秦，直以国名名之，此其拓土殖民，宛与近世西人所谓新英伦、新西兰者，后先同揆，而秦人珍重爱护，沾沾自喜之心亦可想见矣。惜乎蒙恬逐匈奴，当始皇三十三年，越三十五年，始皇崩，刘、项兵起，天下大乱，匈奴复起而夺之。盖秦之有河套，始终不过二三年，故其开始经营者，仅及今宁夏一隅，未能遍于全土也。汉初则适值冒顿鸱张，寇边无虚岁，继以武帝雄才，卫青诸将帅之武勇，仅乃攘而却之。惟疆场新复，移民实边未遂大效，又以连年用兵之故，反将洪荒以来所丛殖之古木深林蹂躏摧烧，使山蹊之间同归濯濯，于是天然之功用消灭，而西汉河患遂与匈奴兵争显，呈一连带之关系矣。

武帝以后，胡、汉之胜负以决，而河套之垦辟乃渐入顺境，直亘乎东汉之末，亭障无惊。魏、晋以还，汉族之势力微矣，顾其时戎马仓皇，皆在中原以内，而边疆瓯脱，反为世外之桃源，是以河套虽经残破，郡县为墟，而沟渠当未尽废也。且自拓拔氏兴于盛乐，考其遗墟，即在今大黑河畔。迨太武灭夏，因置夏州，东夏州凡领郡八县十有八。中叶以后，乃置沃野、统万、怀朔诸镇。太和初，平三齐，复徙历下之民居浑怀，是其富庶殷阗景象，度不亚于秦、汉矣。历周迄隋，建设未废。及唐人灭突厥，而张仁愿、张说、张希崇、韩重华等设屯募垦，直远承乎汉、魏、周、隋，历千百年而日益发展，则其所以浚畎浍而弥外患者固自有在，而岂必王景之功为足多欤？知乎此，而当时河患之所由少可思过半矣。

至宋世而胡汉之形势乃大变矣。自唐之末，河套之地已为西夏所据。夏有河套内外州郡二十二，唯兴州、灵州有口源、唐涼二古渠支引黄河，有灌溉之利。若河东、河北则分属于辽，辽太祖伐吐谷浑，平党项，攻丰州、天德，尽俘其吏民以东，其后唯于金肃、河清各置防秋军一千。盖夏于辽，固夹河为界矣。辽亡，夏与金又为八馆之争，抢攘纷纭，几无宁宇，汉、唐屯垦之遗规至此迨尽归湮没。及元太祖破辽青冢，乃由东胜渡河，收西夏，夏亡。而元人享国日浅，虽以郭守敬之深明水理，亦第于宁夏唐渠稍事修复，宁夏以东未暇过问也。明人则举延绥以北尽委之蒙古。万历中，游击金城自宁夏乘河汛涨顺流而东，月余至老牛湾，中外相庆，炫为奇功。盖自宋讫明凡六七百年，向日列戍分屯之所已尽化为毡裘游牧之场矣。此宋明河患所以日亟也。

满清入主中夏，河套内外悉隶版图。蒙汉之兵争以泯，顾其于蒙汉疆界则一仍明代之旧。又设为私垦之禁，以防遏蒙汉之交通，故套地之荒落如故也。暨乎承平既久，内地之户口日益繁滋，去啬就丰乃人类自然之趋势，固非法令所能为力也。闻之故老，自康熙西征设驿于杀虎口，由归化城西抵包镇，北出狼山，固所以便军旅也。而秦晋贫民即相与负耒牵车，窃循驿程以俱进，耰锄所及，先使土默特与之同化。乾隆年间，遂越包镇西侵入后套，艾榛莽，驱狐兔，筑室耕田，俨然为汉家恢复其旧领土焉，此真吾民之特别优点也。惟疆理区画初无人焉预为之程，故其沟塍纵横，皆支离破碎不成片段。其操业亦皆半耕半牧半商半旅，若合伏羲、神农同处于一时代者，然大河南北固已渐进于耕田凿井之世矣。此又清代河患少于宋、明，亚于西汉之原因也。

要而论之，河套者，胡汉间之一大结穴也。胡人得之则沃壤良田弃为兽食而已，更得资其野性，西犯则突陇右，南犯则掠汾阖，蹴踏焚略，使潢污行潦之水皆将助河为虐；汉人得之则不能不有事于戍守，既有事于戍守，即不能不有事于耕屯。何则？套地孤悬塞北，距长安、洛阳皆在千里以外，刍粟转输既阻于壶口、龙门之绝险，河之两岸又皆重山叠巘，飞挽皆穷，其必并力耕耘，以给军食，为战守之资者，固军事上当然之计画也。且以河套地质之殊，耕作既兴，其必广凿沟渠以资浇灌者，又相因而及之势也。今考汉、唐间屯戍之迹，西起宁夏，东达托城，滨河南北各数千里，沟浍交通，支脉旁达，其容水面积直无异洞庭、彭蠡为长江中游之渟蓄所。彼其时固未尝为治河计也，然河流之泛涨自此乃得所容纳矣。天下事往往有致力于此而收效于彼者，观于汉、唐间河患之多少也犹信。

耗矣哀哉，吾国人之治河也。水之涨也莫究其所由来，河之徙也莫考其所由致，朝野汲汲，顾景不遑，即号为治河之能臣间世一见，亦仅知捧土筑堤，以冀朝夕之不败。幸而节届霜降，普庆安澜，则将军、大王之祭赛其灵爽，乃觉如向斯应。庸讵知彼所谓伏秋大汛者，下游数省畏水如虎之时，正河套农民惜水如金之时也哉。盖尝譬之人身：中卫以上，其咽喉也；成皋以东，其尾闾也；河套之间，则其肠胃也。人有病泄泻者，固当以清理肠胃为先，乃不此之察，而惟尾闾之是塞，是之医为何医欤？亦何怪徒耗医钱，而病之相循且不知其所底也。语不云乎“前事不忘，后事之师也”，古之时胡汉角立，此疆彼界，畛域攸分，虽有远识，岂能越国为谋？今则五族共和矣，利害所关，蒙汉共之，则所为惩既往而毖将来，规全局以定大计，善其事固不在于今日耶？盖尝统河套之大势观之，前清二百年间，公私所垦多在后套，即汉时所谓南北两河间也，顾当时规画既未周详，而所开渠道又复浅而多湮，灌纡不广，此则急宜改作者也。至于南河之南，今则谓之河西，其地三面环河，南亘沙梁，相其地层纹理宛然，盖皆由河水冲积而成者，可知其生殖之力不亚后套矣。惟比之后套地势少高，河水之泛溢不能及之，故纵有汉民垦种，不逮十之五六。今如由西河上流磴口以下诸处，犹其天然之形，就沙梁以北广开横渠一道，使与南北两河相并，而东至托城之西，与古沙陵湖相会，复由横渠北岸多凿支渠，随凿随垦，资其租入以赡工作，河渠之上则多植榆柳以固之，如是而南河以南、沙梁以北凡鄂托、杭锦、达拉特、准噶尔诸旗地悉可变为腴田，此利在河套者也。黄河巨浸既已得所消容，龙门以下但余汾、渭、沁、洛诸水，虽遇暴涨，亦断不至溃决为灾，则青、兖、徐、豫之间即可永悉河患，此利在下游者也。且自西河以抵托城，其直径不及千里，约计凿渠所耗不及千万，此则豫、东两省数年防河之费耳。然河渠既开，乃为上流辟无尽藏之利源，以视堵塞下流，徒为无底之漏卮者，其得失相去为何如耶？

顾或者疑之，谓河水重浊，理无不淤，淤积既高，水无所容，仍必东涨。此又无虑也。河既入塞，即有天桥以握其冲，巨石横空，河出其下，阔仅一丈二尺有奇，春日冰解，洪涛汹涌，挟大块以相冲激，声闻极数十里外，盖河中之天然一连锁也。苟于此间镕铁为闸，利用机关以司启闭，则上下游之水量即可酌剂盈虚，随人意以为高下，然此固非今日所急需矣。余审视淤痕所积，每年不过一分，加以雨力之淋洗，风力之运搬，虽极之千年，其增高亦不过数尺。观于宁夏诸渠，近者开自李唐，远者开自秦汉，灌注疏通于今未艾，固不闻其以积高为患也。以故天桥置闸，犹必待之，千百年后，彼其时人智既进，自有能者为之。今日之计，但于河套以内广开渠道，以资分泄而利田畴焉，斯则大功已告成矣。昔刘继庄先生有言，有圣人起经理天下，必自西北水利始，余则谓经理西北水利尤必自河套始，故特综其始末，以俟开物成务之圣人择焉。

按：《河套与治河之关系》系由张相文君《西北调查记》内所节录，其中所述黄河沿革变迁及历次决口情形甚为详细，并实地勘查所得。如河套之地势，山川之位置，渠垦之兴废，实施之计画，均与此次调查相关，足以参考之处甚多，爰附编末，用备参阅。

黄河根本筹治意见书

黄河发源于巴颜喀喇山，东会星宿海，贯札陵、鄂陵二湖，盘积石西倾高地，东迤至中卫，皆行山峡间。自中卫而东入于河套，缭绕回环，极千余里。至托克托，两岸坡度渐起。南抵天桥，复行山峡，经龙门、潼关，又东折过三门，激砥柱，至孟津出峡而入平原，东行由利津入于渤海。河长八千里，流域达二百五十万方里，干支所及，为青海、绥远两区域及秦、晋、陇、豫、燕、齐等六省，为我国文化起原，自有史以来，固昭昭可考者也。乃博稽古籍，自禹平水土而后，河之为害，史不绝书，影响及于他水，扰害中原历经数千载。凡《禹贡》青、徐、兖、豫四州之域，接壤平原，纵横千里，膏腴之田动罹昏垫，其害国家，縻帑修守，无岁无之。而究因何故，不可不知其历史之沿革，与夫地理人工种种关系，兹试表之，藉以察往知来，庶其有所稽考耳。

甲　黄河下游地理沿革表

朝代	纪年		流略	历时	附记
	中历	西历			
唐尧	常尧❶八十载	2278❷	《禹贡》导河自积石至龙门，东过洛内❸，至于大坯，北过降水，至于大陆。又北播为九河，同为逆河，入于海	起	《禹贡》导河成功
商	河亶甲 丁亥	前1534	河亶甲元年，祀，徒❹，都于相。注：河亶甲立，是时嚣有河决之患，遂自嚣迁于相	七四五年	河始为患
周	定王五年 乙未	前612年	河徒❺宿胥口，东行漯川，至长寿津与漯别。东北至成平，复合禹故河，至漳武入海	九三二年	自《禹贡》导河成功之年至是，历一千六百七十七年，河始徙
秦	始皇帝 二十二年 丙子	前255年	王贲攻魏，引河沟灌大梁，大梁城坏	三四七年	河水始有南向

❶　常尧　唐尧。
❷　2278　当作“前2278”。
❸　洛内　当作“洛汭”。
❹❺　徒　当作“徙”。

续表

朝代	纪年		流略	历时	附记
	中历	西历			
汉	武帝 元光三年 己酉	前132年	河决濮阳瓠子口，东南注钜野，侵淮、泗，梁、楚之地被灾尤甚	一二三年	河始患淮、泗
	武帝		武帝自宣房塞后，河复北决馆陶，分为屯氏河，东北经魏郡、清河入渤海		屯氏之分，史不言其年代，然为时必短
	元帝 永光四年 辛巳	前40年	河决清河灵鸣窦口，屯氏河复绝其后，遂由千乘入海	九二年	河始害济
	王莽 始建国三年 辛未	后11年	河决魏郡，泛清河、平原，至千乘入海，北渎遂空	五一年	自周定王五年河徙至是，历六百十二年，河再徙
	明帝 永平十三年 庚午	后70年	王景修汴渠，筑堤自荥阳东至千乘海口千余里，次年渠成	五九年	
宋	太宗 太平兴国三年 戊寅	后978年	河大决滑州，泛澶、濮、曹、济，东南流至彭城入于海	九〇八年	
	真宗 咸平三年 庚子	后1000年	河决郓州，浮钜野，入淮、泗	二二年	

续表

朝代	纪年		流略	历时	附记
	中历	西历			
宋	真宗 天禧三年 己未	1019年	河决滑州，历澶、濮、曹、郓，注梁山泺，合清水古汴渠，东入于海	一九年	
	仁宗 景祐四年 丁丑	1037	河决横陇，遂为大河经流，东京之故道废	一八年	
	仁宗 庆历八年 戊子	1048	河决商胡，合永济渠注乾宁军入海，是为北流	一一年	自王莽始建国三年至是，历一千〇三十七年，河第三次徙
	仁宗 嘉祐五年 庚子	1060	北流复决为二渠，自魏、恩东至德、沧入海，是为东流	一二年	
	神宗 熙宁九年 丙辰	1076	河决澶州曹村，澶渊北流断绝。河道南徙，东会于梁山张泽泺，分为二渠，一合南清河入淮，一合北清河入海，次年塞	一六年	
	哲宗 元符二年 己卯	1099	河决内黄，东流断绝	二三年	

续表

朝代	纪年		流略	历时	附记
	中历	西历			
金	世宗 大定年		此事不见《金史》，范成大《北使录》：“浚州城内有积水若河，盖黄河剩水也。”《朱子语录》：“元丰间，河北徙，自是中原多事。后来南流，金人亦多事。近来又北流，见归正人说。”盖是时河当南流，寻复北流也	约六〇年	
	章宗 明昌五年 甲寅	1194	河决阳武淤堤，灌封丘而东注梁山泺，分为二派。北派由北清河入海，南派由南清河入淮，汲、胙之流遂空	约三五年	自宋仁宗庆历八年至是，历一百四十六年，河第四次徙
元	世祖 至元九年 壬申	1272	河决新乡广盈仓，徙自原武，出阳武南，而新乡之流遂绝	七八年	
	成宗 大德元年 丁酉		河决杞县蒲口，旋徙而北，自陈留入兰阳、仪封	十三年	
	泰定帝 元年 甲子	1324	河决开封，由汴渠东入徐，合淮、泗入海	三九年	

续表

朝代	纪年		流略	历时	附记
	中历	西历			
元	顺帝 至正四年 甲申	1344	河决金堤，北侵安山沼，入会通运河，延袤于济南、河间	二〇年	
	顺帝 至正二十六年 丙午	1366	河北徙，东明、曹、濮、济宁皆被灾	二二年	
明	太祖 洪武八年 乙卯	1375	大河南决，挟颍入淮，蔡河之下流渐绝	九年	
	太祖 洪武二十四年 辛未	1391	河决原武之黑阳山，东经开封城北。又南行至项城，经颍州、寿州，全入于淮，而故道遂淤	一六年	
	成祖 永乐十四年 丙午	1416	河决开封，经怀远县由涡河入淮	二五年	
	英宗 正统十二年 丁卯	1447	河决沙湾入海，寻决荥泽入淮	三一年	

续表

朝代	纪年		流略	历时	附记
	中历	西历			
明	英宗 正统十三年 戊辰	1448	河徙开封而北入汴，至寿州入淮。又决荥阳，东至开封而南经陈留，自亳入涡口，经蒙城至怀远入淮	一年	
	景帝 天顺五年 辛巳	1461	河自武陟徙原武，而获嘉之流绝	一三年	
	孝宗 弘治二年 己酉	1429	河决汴城入淮，复决黄陵冈入海	二八年	
	孝宗 弘治五年 壬子	1492	河决杨家、金龙等口东注，溃黄陵冈，下张秋堤，入漕河，与汶水合而北行	三年	
	孝宗 弘治六年 癸丑	1493	河决张新东堤，夺汶水入海	一年	
	孝宗 弘治七年 甲寅	1494	刘大夏筑太行堤，北流遂绝，始以一淮受全河之水	一年	自金章宗明昌五年至是，历三百年，河第五次徙

续表

朝代	纪年		流略	历时	附记
	中历	西历			
明	孝宗 弘治十八年 乙丑	1505	河北徙三百里，至宿迁县小口入漕河	一一年	
	武宗 正德二年 丁卯	1507	河徙入泡河，大水坏民居	二年	
	武宗 正德四年 己巳	1509	河北徙一百二十里，至沛县飞云桥入漕河	二年	
	武宗 正德五年 庚午	1510	河北徙仪封县小宋集，冲黄陵冈，溢入贾鲁河	一年	
	世宗 嘉靖九年 庚寅	1530	河自沛县北徙金乡鱼台，出谷亭口	二〇年	
	世宗 嘉靖十三年 甲午	1534	河决赵坡塞，南向亳、泗，东出谷亭之流绝	四年	

续表

朝代	纪年		流略	历时	附记
	中历	西历			
明	世宗 嘉靖十九年 庚子	1540	河决野鸡冈，由涡河入淮	六年	
	世宗 嘉靖三十七年 戊午	1558	河北徙，新集淤而为陆二百五十余里，视故道高三丈有奇	一八年	
	神宗 万历十七年 己丑	1589	河由李景高口决，入睢陈故道	三一年	
	神宗 万历二十五年 丁酉	1597	河决黄堌口，经符离桥，出宿迁新河口入大河，半由徐州入旧河济运，而二洪告涸	八年	
	神宗 万历三十年 壬寅	1602	河决蒙墙寺，入归德，南与淮会，入洪泽湖	五年	
	神宗 万历三十二年 戊午	1604	河决米旺口，荡漾三载，至徙于沟而定	二年	

续表

朝代	纪年		流略	历时	附记
	中历	西历			
明	神宗 万历四十六年 戊午	1618	河决皮沙堽，由封丘、曹、单至考城，复入旧黄河	一四年	
	熹宗 天启元年 辛酉	1621	河决灵璧，由永姬湖出白洋小口与黄会，故道湮堌	三年	
	熹宗 天启三年 癸亥	1623	河决徐州大龙口，徐、邳、灵、睢河并淤，双沟河亦淤，上下百五十里俱成平陆	二年	
	怀宗 崇祯十六年 癸未	1643	河决汴城，南入于涡	二〇年	
清	世祖 顺治九年 壬辰	1652	河决封丘，由长垣趋东昌，坏安平堤，北入海	九年	
	圣祖 康熙六十年 辛丑	1721	河决武涉，下大清河入海	六九年	
	高宗 乾隆十六年 辛未	1751	河决阳武，下张新入海	三〇年	

续表

朝代	纪年		流略	历时	附记
	中历	西历			
清	高宗 乾隆二十六年 辛巳	1761	河决中牟，夺涡入淮	一〇年	
	高宗 乾隆四十五年 庚子	1780	河决仪封、考城，夺涡入淮	一九年	
	高宗 乾隆五十二年 丙午	1786	河决睢州，南入涡、淮	六年	
	仁宗 嘉庆三年 戊午	1798	河决睢州，全由亳州入洪泽湖	一二年	
	仁宗 嘉庆二十四年 乙卯	1819	河决武陟，注张秋，东北入海	二一年	
	宣宗 道光二十年 庚子	1840	河决祥符南岸，下注凤、颍夺淮	二一年	
	宣宗 道光二十三年 癸卯	1843	河决中牟南岸，由凤、颍入淮	三年	

续表

朝代	纪年		流略	历时	附记
	中历	西历			
清	文宗 咸丰五年 乙卯	1855	河决铜瓦厢，夺大清河，至利津铁门关入海	一二年	自明孝宗弘治七年至是，历三百六十一年，河第六次徙，为今河
	德宗 光绪九年 癸未	1883	河水泛溢，因是筑两岸之堤以至海口，两岸之距由十余里至二十余里。后二年，河水渐高于地，由十五呎至二十呎	二八年	
	德宗 光绪十六年 庚寅	1890	韩家垣决，正流趋东，所经之铁门关正轨已横截作堤	七年	
	德宗 光绪十七年 辛卯	1891	河决郑州，南入洪泽湖	一年	
	德宗 光绪二十四年 戊戌	1898	河决距济南四十里王家梨行，害田至二百平方英里，积沙之量达一万六千兆立方呎	七年	
	德宗 光绪二十六年 庚子	1900	河南徙滨蒲交界之马仙王庄，经蒲台城南至五里庄，仍归旧河，今蒲台城徙入北岸	二年	
民国	元年 壬子	1912	河决濮阳双合领，至阿城上之坝头，复归旧河。民国四年塞之，糜帑六百万元	一二年	

自《禹贡》河成功之年起，至清文宗咸丰五年止，前后计四千一百三十三年，大河经流之改徙凡六次，其徙溃之著而未为经流者六十余次，至于暂决复塞者不与焉。

乙 河套地理沿革表

《禹贡》雍州之域，战国属赵，《史记》赵武灵王二十六年，复攻中山，攘地北至燕代，西至九原，是为汉族占领河套之始。二十七年，西北略地，从云中、九原直南袭秦。后赵衰，匈奴入居河南。

秦始皇帝三十三年，使蒙恬逐匈奴，收河南地，以为四十四县。又渡据阴山，逶迤西北，谓其地为新秦，徙民实之，宁夏水利沟渠由此始。三十五年始皇崩，天下大乱，匈奴复夺其地。

汉武帝元朔二年，逐匈奴，遣卫青渡河，历高阙，收河南地。主父偃言河南地肥饶，外阻河，蒙恬城之以逐匈奴，内省转输戍漕，广中国，备边之本也。乃集朔方城，立朔方郡，缮蒙恬故城，因河为固。朔方西河皆引河灌田各数万顷，官士卒六万余。

东汉永平中，置度辽将军屯营曼伯，以防南北匈奴。已而北匈奴耗，南单于请复障塞，乃增置缘边诸郡，列屯塞下。顺帝永建初，陇西羌乱，西河、上郡皆残破。四年，虞翊上疏，谓三郡沃野，水草丰美，土宜产牧，宜复城邑，事耕屯。从之。于是激河浚渠为屯田，省内郡费以亿计。

东汉建安二十年，省云中、定襄、五原、朔方郡，郡置一县领其民，合以为新兴郡。

魏晋时，中原多故，套地沦于异域。未几，拓跋氏兴盛乐，兼有河西，开富平西三十里艾山支渠，通河水溉公私之田四万顷，大获利。

隋开皇中，于河南置丰、胜二州。

唐景龙二年，张仁愿于河北岸筑三受降城，以拂云堆为中城，与东西二城相去各四百里，于牛头牟那山置烽堠一千八百所。开元二年，移安北都护府于中城，置屯田。

元和六年，韩重华募人十五屯，屯置百三十人而种百顷，东起振武，西至云中界，极于中城，出入河山之际六百余里。屯垦相望，人得肆耕其中，岁省度支钱千三百万。唐末，河套之地为西夏所据。

元太祖破辽青冢，乃由东胜渡河收西夏地。用郭守敬精研水利，循黄河测量地平高下，而元人享国日浅，故只能修复宁夏唐来、汉延各渠，而套地未遑顾问。

明初，李文忠公定大同，西略丰州，遂城胜州，以统套内之地。俟军士耕牧其中，浸浸乎有复汉唐之旧矣。乃永乐初，移治延绥。至天顺六年，元裔毛古里孩等乘虚入而据之。

清以伊克昭盟七旗合乌拉特、土默特、阿拉善等部，河套内外悉隶版图，惟设私垦之禁，故套地依然荒落。康熙西征，秦晋贫民相与负来而往，先使土默特与之同化。乾隆间，遂越包头而至后套，浚渠耕田，道途相属，惟疆吏区画未得其人，故（购）〔沟〕塍纵横不中程式。虽然，大河南北固已渐化游牧之风为凿井耕田之世矣，而河套地理沿革大略如是。

由是以观，河流之迁徙有数年一变者，有数十年或数百年一变者，然自孟津以上，禹迹俱存，以海为壑，则古今不易也。盖孟津以上，两岸山峰重叠，河行其间，无利亦无害；下则平原莽莽，土性疏浮，河挟其湍湃之势纵横冲决，故多改徙。其徙溃之地点，要不出澶、滑、阳武、兰封之间。其由北道者必经漳、卫至津沽以入海，由东道必经济、漯至滨、棣以入海，由南道者必经淮、泗至涟、阜以入海。故此数川流域北起永定河，南至扬子江，西起太行、伏牛、大别等山之东麓，东至大海，除山东半岛外，凡直、鲁、豫、苏、皖五省境内接壤平原百余万方里，今昔患水之区要皆为黄河影响所致。此地理之关系者一。

《禹贡》之后七百余年河始为患，千六百余年河始徙，西汉时河患渐多，至宋、明而极，清又次之，金、元南北分流得其中数。惟东汉下至李唐，河流顺轨，几及千年，直于禹河争烈，究以何故而能致此，不难借学理以解之。三代之时，草昧初开，边荒之地，人迹罕至，遥想其时，平原则草长弥漫，山间则森林遍野，防沙遏水有天然之能，是故禹河历千余载而不之变也。战国之后，人化渐进，趋势竞争。下逮汉武，兵戈扰攘，恒无虚岁，疆场之役，一彼一此，遂使大河流域洪荒时代之丛树深林摧残焚毁，山蹊之间同归跃跃[1]，于是天然之功用失而西汉之河患屡矣。此森林之关系者二。

自汉武帝宣房塞后，用事者争言水利，西河、朔方皆引河溉田。下历东汉，以至隋唐，屯垦戍守，建设不废，而套中沟浍容水之量直无异长江之有洞庭、鄱阳诸水库为之潴，故东汉以后河历千载而不变，实收河套屯垦间接之功用也明矣。唐末河套之地已为西夏所据，惟兴州、灵州引河溉田，若河东、河北则分属于辽。辽亡，夏金之争几无宁岁，至是汉唐屯垦之制殆已尽弃。及元季，虽有郭守敬研精水利，亦但及于宁夏一隅，若宁夏以东则未遑顾问，盖因元人之有国日浅也。明人则举延

[1] 跃跃　据上下文意，或当为“濯濯”。

绥以北尽归蒙古，而蒙人不知水利之讲求，故套地之荒落仅以供游牧之场，此宋、明之河患所以日亟也。清主中原，亦沿旧制，至雍、乾之世始复凿渠耕田之事业，此又有清河患之少于宋、明之原因也。总而言之，河套垦辟既兴，必广开沟渠以资浇灌，是与治河有相因而及之势，否则潢污行潦之水皆助河为虐也。此河套农垦之关系者三。

我国治河自禹之后，惟称贾让三策，其上策主议徙民，不与水争地；中策主议开水门溉田以杀水势；下策乃缮完故堤，培薄增卑。此三策者，上策宜于古，至汉时已未能实用，今者人稠地少不必置论矣。中策王景用之功垂千载，河始迁变。考景立水门，令更相洄注，时大河左右名薮巨浸，尤不失吐纳之能，迨后河淤填积，再岁而高，失其效用，故至宋季，中策复不可行。宋、元以次，有贾鲁三法，亦不过小补。如潘季驯、靳辅诸公，虽号一世治河之能臣，然所行之法大抵贾让所谓之下策也。考之地理，自荥泽而东，大河所经之地堤迹重叠，旧槽高过地平以上，可知因堤为深之河政不足以持久远之计。此人工之关系者四。

黄河源远流长，受雨地区之广已如前说，考其潴水之地，只札陵、鄂陵二湖，然面积亦不甚大，而河套向为蓄水之区，今则地层淤高，水不能及，仅宁夏与后套灌田之外别无潴水之地。故河流消涨之迅急，含沙成分之特殊，在上游倾斜之地，水不减运输之力，一至中土平旷夷行之地，水势流缓，黄沙增垫，故河床之败坏，海口之淤高，决溢之害所由来也。此因少潴水之关系者五。

距今六十一年，即清文宗咸丰五年，铜瓦厢告决，河徙，夺大清河入海。初大清河宽至三里，深及六丈，足以容泄巨流，后因河底沉沙，未三十年河床增高，遂生泛溢，因复自荥泽筑堤以至海口。后二年水高于地，由十五英尺至二十英尺，决溢亦屡矣。据太乐测验，自一千八百八十三年至一千九百零三年，其二十年间河底实已增高十五英尺，则河床之日益窳败显而易见。兼之海口高仰，一旦失其宣泄之灵，将又何途之归？是以征诸已往之故道，参之最近之地形，不得不筹及黄河之将来。至于改徙之道，虽不能预定，然以地形之高低、水性之就下，势有必然之趋向。今所当研究者，在溃决之地点耳。美国工程师团前次勘淮，首亦注意于此，因在开封左近多方考察，盖恐在导淮期内黄河南徙，彼为投资慎重起见，可知黄河关系下游水道影响之大也。此最近地理与河道之败坏种种关系者六。

呜呼！河患有如彼种种关系，司河事者而不之察，徒以捧土填堤扼其冲要，一至伏秋汛至波浪上堤，则朝野皇皇如临大敌。迨节届霜清幸而不败，始庆一岁之安。曩者濮阳之役，千里为墟，糜帑数百万始经堵合，以今例昔，成事可征，然则国家之费于此者何可胜计。方今科学昌明，技术日进，事无不治，端在人为。闻之莱因河，其害与我黄河相似，彼荷兰立国于其下游，能精研水利，乃得莱因之益。然则黄河非不可治，而难于谋治之始耳。苟欲为根本之至计，藉成永远之图，亦断非默守成功所能奏效，慎终于始，须当胸有全河，斯可以言治矣。兹乃博搜古本之所记，群采最近之舆图，利害关系亦昭昭可考，因编绘黄河流域及其变迁之图，一览之下得了然全体。由是粗述管见四端：曰调剂水源，曰汇纳暴涨，曰整理河身，曰疏浚海口。执此纲维，先事精测，以立工程之基础，庶其不甚悬绝耶。请继此以言计画。

（一）调剂水源

何以言调剂水源也？山势高而水性下，一遇霖雨则陡然奔注，至河床不能容受而毫无停蓄，不幸亢旱则难乎为继。何如纡留其水，俟沾雨之后不即倾泻，时而乏雨，泉膏滋润，仍源源不竭，是以曲其直而缓其急，杀其力而节其破坏。俟水盘行而下，纡徐不迫，则水之上流滞而下流安矣。然则何如调剂也？曰山植森林而已矣。黄河流域自孟津而上，山居十之六七，其山系之大者若积石、若贺兰、若西倾、若六盘、若吕梁、若秦梁、若太行、若太岳、若阴、若岷、若槁、若梁等山靡望皆童，不毛十有七八，则山巅之水何为而不陡下？设使山有森林，则木本排比，根株盘结，枝条低拂，落叶弥漫，水之直流者曲矣，急流者缓矣，曲且缓则水力弱，剥蚀泥沙者鲜。且根株有吸水之力，落有滞水之能，水含于中，徐徐而下，诚如是也，则河无暴涨，何由而泛？水鲜挟淤，何由而壅？不泛不壅，河道岂有改徙之理？禹河历千载而不变，是非古代深山丛树遏水防沙，天然赞助以成此伟功乎？况森林为文明国之表示，近者殴[1]西各国精研水利，无不并重森林。据最近调查，荷兰、瑞典及俄罗斯诸邦，其森林面积几居全国土地之半，其他森林少之诸国亦十之二三。我国自三代之后无复“斧斤以时入山林”之禁令，致今需用木材悉以仰给东、西洋为外府，可不痛惜也哉！民国成立，有鉴于此，初设农林部，定有山林专条。今方计画进行之始，莫若就河域荒山划分林区，别为国有民有，官为之导，先行栽种，以为模范。基础既定，逐渐推广，准许民间组织公司，明定保林章约，限期栽种。至凡属民产之荒山，责令私家种树，按面积之多寡定年栽秧本若干，合国有民有之区，一律期以十年栽种竣事，则费积十数载之经营，可获亿万年之利益，图在甲而功及乙，何弗为之？此遍植森林，调剂水源，为根本

[1] 殴　当作“欧”。

筹治者一。

（二）汇纳暴涨

何以言汇纳暴涨也？水有纳之地则无病乎溢，有汇之地则无忧乎竭。彼长江之源青海夹瞿塘水流非不急也，然而无决者，有洞庭、鄱阳诸湖为之纳也。彼运河过戴村，绕泰岱，非有源之水也，然而无涸者，有蜀山、昭阳等湖为之汇也。纳与汇并用则潦与旱俱绝，明乎此，黄河消息盈虚之道可知矣。然则如何而后汇纳也？曰垦辟河套而已矣。河套地居塞外，三面环河，面积约三十六万方里，今属之绥远特别区域。考其地在古代为内海，后由冲积地层，而土性粘软，必藉河水浸灌之而资种植，收获颇丰，故有"黄河百害，惟富一套"之谚也。上年地学会会长张蔚西君曾经调查，谓"前清公私所垦多在后套，汉时所谓南北两河间也。顾当时规划既未周详，而所开渠道又复多湮，灌输不广，此则急宜改作者也。至于南河之南，今则谓之河西，其地三面环河，南亘沙梁，相其地层纹理宛然，盖皆河水冲激而成者，可知其生殖之力不亚后套矣。惟比之后套地势较高，河水之泛溢不能及之，虽有汉民垦种，不逮十之五六。今如由西河上流磴口以下诸处因其天然之形，就沙梁以北广开横渠一道，使南北两河相并，而东至托城之西，与古沙陵湖相汇后，由横渠北岸多凿支渠，随凿随垦，资其租入以赡工作。河渠之上则多植榆柳以固之，于是而南河之南，沙梁之北，凡鄂托、杭锦、达拉特、准噶尔诸旗地悉可变为腴田。且自西河以抵托城，其直径不及千里，约计凿渠所耗不及千万，此则豫、东两省数年防河之费耳。河渠既开，乃为上流辟无尽藏之利源，以视堵塞下流徒为无底之漏卮者，其得失为何如耶？"

是说也，余甚韪之，然余之意犹有进者，则井田是也。考井田之制，昉自黄帝，三代因之。至于秦渐渐澌灭，自商鞅开阡陌，而井田旧制扫地无余，于是井田之利不可见。而后世有言井田者，经济家辄以为诟病，不知地有可井者、有不可井者，衍沃之土可井，杜预之说是也。且河套平原莽莽，无高山大泽为之障害也，无城廓庐舍为之蒙蔽也，规之为井，而《周礼·遂人》所载凡所为遂、为沟、为洫、为浍之制可再见矣。藉曰不可行也，何以南通张啬公于通之吕四开垦荒地，规划布置，颇得井田之遗意，不数年而其效大著，于今之河套亦仿行之，其利之所在，当不可以亿计？今兹规划，按河套之面积三十六万方里，除畜牧之场、值林之区以及沙梁等不可耕种之地，通计以三分之一为可耕者。划三万方里为兵区，分屯一千计，照颁定营制屯各一营，授地三十方里。又划八万一千方里为民区，亦分屯一千计，照垦荒条例施行之屯各八十一方里。其沟渠面积准以公例，约得垦地三十分之一，则沟渠所占面积当不下五六千方里。黄河巨浸既溉十一万余方里之田，复有五千方里沟渠容汇，虽至伏秋汛涨，其不容于套者亦已微矣。然则只余龙门以下汾、渭、沁、洛诸水，即有暴发之患，亦可自下游治理之。至若垦地计划，如兵屯之制，即以戍边及继续裁遣之军队，或将来退伍者编制之。照现今之营制，每兵受地三十亩，划三百亩为一小区。区划五段，环区浚沟，以明界蓄水，分垄析段。再设沟塍，而区与区之间必有桥道沟浍，舟楫可通，设闸放闭，以资输运。一段之耕作二人共之，一区之耕作十人共之，合十二小区为一中区，移兵百二十户，连长率之。而每一中区必有一小区之地为公田，购集各种新式农具，试验比较，择其佳者自行仿造，分布各兵。其土质肥料以及农事之副产品分别研究，尽善尽美。合四中区为一大区，屯兵五百户，营长率之。而每一大区必有二小区之地为公田，设立市街以便交易，若农事试验场、讲习所、测候所、小学校亦宜规划之。每一大区垦地一万四千四百亩，公田一千八百亩，合三十方里沟渠约一方里。凡兵必令其挈带妻孥，为永远移家之计，庶兵与田相依为命。此兵屯之制之大略也。

民屯之制照井田之法，划方一里为一小区，区分九份，一份为公田，屯民八户，各六十亩。合八小区为一中区，另以一小区之地为公田。中区有村，村有长。合八中区为一大区，即一民屯。另以一中区之地为公田，有市[1]，市有长。小区环以沟，广丈五；中区有浍，三丈；大区有渠，即屯渠，广六丈。沟浍俱通，渠而支而干而河，舟楫往来，而区与区有桥道。合计一大区，屯民五百二十户，垦田三万零七百二十亩，公田村市一万三千零二十亩，计八十一方里，沟二方里有七。田别等差，由民缴价报领，或由公司承揽，招民垦种，但疆理区划须有一定。此民屯之制大略也。

至规划之程序，假定期以十年，第一年设立兵屯一百，民屯亦一百。即以民屯所收之缴价内，去有关蒙古王公之条例所余之款，为兵屯锹锄营舍等费。先从后套及大河之旁近划定地段着手，国家筹银二千万元，为开渠基本经费。第二年设立兵屯民屯仍各一百，布置与第一年同，就大河旁近及干渠旁近划定地段实行之。而第一年屯兵一百营之饷，以二成给各兵购办种子与农具之补助，其余八成作为支渠开辟费。第三年设立兵屯民屯仍各一百屯，由干渠之旁近划分地段实行之。腾出第一、二年之二百营屯兵之饷，除例给种子农具之外，余款继续以开支渠。第四年至第十年每年设立兵屯民屯仍各一百屯，然第四

[1] 据上下文义，此处意指“大区有市，市有长”。

年即有一百兵屯租税与一百民屯之常税收入。兵屯每亩租税假定五角，每屯收入七千二百元，民屯每亩常税假定二角，每屯收入六千一百四十四元，合计兵民二百屯，收入一百三十三万四千四百元。第五年倍之，第六年三倍之，至第十年以后每年则一千三百余万元。由此言之，国家之所费基本金二千万元，而养民百万户，岁增租税一千三百万元。且河套垦辟以后需水已多，下游为患之势自可减免，而河防之费亦断能减少。拔斯民出水火，永登衽席，诚一举数得之策也。此以垦辟河套，利用河水溉田，藉沟渠以汇纳暴涨，为根本筹治者二。

（三）整理河身

巨川下游在平衍之中，流缓沙停，积累洲堵，依自然之趋势，徐徐移动河槽。而黄河决益剧烈，影响至巨，固人事有所造成，亦由于急溜散沙不能凝结洲堵，随处垫高其河床。山东半岛又阻其尾，遂辗转于鲁之南北，恒使河道有非常之变。欲使河流顺轨进行，须审知地势之倾斜，河床之深广，所需行水之量，施以相当之方法，务使深浅合度，水面下常保相等之横断面积，则常年之中流速有定，无泛滥与涸之虞矣。试举补救方法如次。

一曰修遥堤约栏水势也。黄河汇百川而鲜有潴水之地，泛涨势难一河所能容泄，况自孟津而下地势平衍，不堤则漫溢无边，堤之复虞溃决。考堤防之制，起自战国，然其时两堤之距不下五十里。后世如潘、靳诸公治河方略，首重于堤，盖亦有遥缕之别。缕堤逼临河滨，用以束水攻沙，遥堤则去河五七里、十数里不等，用以束拦暴涨，庶缕堤不幸而决，水至遥堤而止，即以杀其势，非如今之河堤逼近水边之危险。查自咸丰五年铜瓦厢决河，夺大清河，改自利津入海。始而大清河深宽容泄量裕如，乃沉淤日久，至光绪九年泛滥。由是自荥阳两岸筑堤以达海口，两堤之距自十余里至二十余里，名为官堤，以防漫溢，设置亦称周密。乃后二年，附近居民为保全滨河田产，临河建筑，名为民埝，而官堤由是任其坍塌矣。自民埝设立以后，河水之增高渐至地面一二丈，故至光绪十七年有郑州之决，二十四年有济南王家梨行之决，及民国元年又有濮阳双合岭之决，幸所决之处未成径流，然损害民田已不下数千顷，糜费公款至数百万，而私家损失不与焉。由此可知临河筑堤之害，亦可见遥堤之不可无也。盖遥堤之用，以备水出民埝，得有游波之地。即有河床内田禾损失，亦断不至较决溢成灾及堤塞之费为重也。且河多一次溢决，河槽即多一次增高，以至河道改徙，原有建筑之成绩尽弃，复谋设施，公私损失又复几何？为今之计，莫若规复官堤，就原有基址严加修整，广植榆柳以固堤根。设或民堤决溢，有此预为之备，庶不至漫溢无收，以免溃决之祸。惟官堤之外、民堤之内宜多筑横堤，俾水出民堤之后遇横堤即止，非至异常盛涨之年，不必使遥堤以内之地尽受损害。即有不能幸免之地，亦应由公家酌赔损失，而转征之于他受益地亩，理宜乐从。况此等担负多则二十年，上游森林与河套之成绩已著，则普庆安澜，定无永负之累也。

一曰固缕堤束水攻淤也。古本记河水一石含沙六斗，西人目之为世界第一浊流。《泰乐黄河杂记》言河水每年挟沙一万七千五百兆立方呎，此皆足以证黄河含沙成分之特多也。此等浊流按之学理，惟有增其水速，俾淤随流去，不使停积于河床。其法须大其流水半径，小其横断面积，即减河之阔而增河之深也，或用浚、或用筑、或浚筑并用。然黄河之害有二要点，治理者不可不知，一为洪水时常高于地面，二为河底留淤甚深。

若是者，浚之工大而费重，筑之工省而费轻，果能筑之得当，俾水流畅行，非特淤随水去，且可借水力自凿河槽。潘季驯四任河事，惟“筑堤束水，束水以攻淤”之二语后世尤称之。故整理河身，利用缕堤亦一要端。

一曰挑引河以改良流路也。黄河自孟津以下，地层为冲积平原，土性疏散，急流浊水终演成曲屈河形。夫水浊则富有含淤，流急则富于搬运，设利导之，以整齐流路，使流心不偏不倚，则搬运力处处相同，而淤沙沉淀力亦少。若流心偏倚一方，则一河之中流速左右各不相等，则一边流速急，剥蚀力增，一边流速缓，沉淀物多，于是河形渐就曲矣。上游曲向，下流心不能与两岸平行，必偏向一岸前进，遇岸生阻，方向又变对此岸，若是者愈营愈曲，此险工之所由来也。于是有河防之设，曰风防、雨防、昼防、夜防，名目众多，无烦备载。其建设有临险筑埽，有背险月堤，复有建挑坝、开引河。实则筑埽当河之冲，未有不败者，即或幸免，且当岁岁为之，其劳费何可胜述；月堤则退避其锋，而河性汹悍，得寸进尺，及至河形愈变，险者愈险。不若挑坝拍其势，引河导其流，借水力以自治权冲，尚可由人操纵，久之流路自改矣。清圣祖南巡，谕黄河险工顶溜湾处须挑挖引河，盖亦改良流路之意。惜当时技术欠精，且未与挑坝并用，未遂大效。

一曰改造地面，使水平线减低以固河道也。黄河自孟津而东地平低下，洪水地上行，藉堤防以约之，不过一时急救之法，未尝以保永久之不变也。闻黄河滨近低洼之地甚多，时或有水，不能耕种，弃之诚为可惜。何如择其面积较广者建筑圈堤，复贾让之中策，开陡门引河水以注之。其浅者仿江南水田之法，种稻以尽地利，深者则为水库，俾黄河暴涨有以回注之所，则漫溢为患之势自可减少。而河水含淤肥美，质量丰富，沉淀之速，不十数年涝区而易为沃壤矣。考南河低地受此益良多，前人审之已熟，不自今日始也。一俟此处填满，再转移他处，逐渐推行，地面渐高，水平线自降，而河流安矣。以上四法整理河身为根本筹治者三。

（四）疏浚海口

《禹贡》纪河“至于大陆，播为九河，同为逆河入于海”，盖以河入海，水势散漫，输运力消，而海潮顶托浊水沉淤，故以九河之力同为一力输送浊水逆海而入，不使遗淤海口，故能功垂久远，而河不变也。自九河失道，后世治河者亦无浚海之良方，听海口之壅塞，以致宣泄不灵，决溢频继，改徙无常，而外阻于舟楫往来，至失交通之利。然则治河能不以海口为重耶？考之河夺大清河，初由铁门关入海，历今不过六十年，而海几易，今则铁门关去海已六十里矣。现时河路形如网络，支干不分，小潮帆船不能外达，其海口之淤浅已可概见矣。前比国工程师来东勘河，曾有建议，拟筑海口石堤直达海之深处，意在束流攻淤。法固良善，惟工大费巨，当此国库空虚，恐难办到。即或能之，亦非久远之图，数十年后又将淤至堤端，前功尽没。不若权宜行事，用一接筑接浚之法，择一较深较顺之流作为河尾，其末端以中等之海水位滩脚为止，计排水之大小定河度之广深，利用挖泥机船往来疏浚，即以所浚之泥培筑两岸之堤。堤之高以河水不旁泄、海潮不旁进为度，使河有束缚之力，攻淤入海，则海口自无壅垫之虞。数年之后口外又有新淤，仍用此法接续浚筑，庶工省费轻，收效绝大。尾闾既通，不特河水畅行无阻，即大小汽船直达海洋，交通便利，将来黄河口岸辟为商场，亦意中事耳。再，河尾两旁新淤滩地，滨海则筑以环堤，临河酌留水门，俾海潮上溯，河水灌入滩中沉淤于内，潮退则滩中之水由水门洄注，以助河力攻淤，而滩地卑者渐高，成田亦速，是筹治海口所宜计及者也。此以接续浚筑海口，束水攻淤，为根本筹治者四。

以上四端筹治纲要略已俱举，至于施工之程序，则宜划分三区。第一区以黄河海口起点，至天桥为止，凡属整理河身与浚筑海口之计画，预估工费以二千万元；第二区以天桥起点，至中卫止，属于河套垦辟计画，拟开浚渠道预估工费计见第二规画。二千万元；第三区以本河流域之荒山为范围，凡属森林计画，预估经费一千万元。综三区之设施纲要，基本经费当为五千万元，即以十年期限，每年亦必五百万元之数方为有济。而筹之之法有三，曰拨公款，曰筹民捐，曰借外债。盖筹治黄河以培植森林与垦辟河套，为实事中绝大之事业。今者农部计画森林与垦荒之举正在进行，由此项拨款兴办理出当然，此其一也。援照黄河经过省分塞决之例按亩抽捐，或发行水利公债证券，优给子金，分年还本，而以河套垦地纯利收入用为抵偿，以存大信。用黄河流域之资财办黄河流域之水利，权操于已，利益均占，此其二也。公款民捐，筹有的数，则可先行举办，若复不足，则借外资以补助之。果不浪费且能成功，虽出利息，得胜于失，则借债亦称胜算，此其三也。

虽然，此种大计画需基本金至五千万元，毕工之后利益何在实为惟一问题。兹就河套垦地范围直接指出地亩、捐税，计第二规画。收入已见前说。他如森林以调剂水旱，木材以充国人之需；海口浚则航路、交通、商业得以发展，税源得以增活；河身整则水流舒畅，无泛滥之灾，则滨潦之地同为沃壤，所谓裨益国计民生者，诚在此举矣。谨议。

按：《黄河根本筹治意见书》系山东南运湖河筹办处所编，其中所述筹治黄河根本计画，如调剂水源、汇纳暴涨、整理河身、疏浚海口，并历次溃决之原因以及将来实施之计画，均以河套为莫大之关键，爰附编末，用备参考。

附《测量规划经费预算书》

黄河筹治要端已概述于前，而履行第一要义，则惟精密测量，以求完备之图册，然后按图稽册，计划工程，则事半功倍，如操左券以待矣。即考《禹贡》治水，望山川之形，定高下之势，为因勾股之数。而元郭守敬陈凡水利治河之事，亦以海面较京师至汴京定其高下之差，又自孟门而东沿黄河故道纵横数百里测量地平，将以分杀河势。此治水必以测量为本，古人固已筹之熟矣。近世如巴拿马运河沟通太平洋与大西洋，长仅五十哩而保有八十五呎，水面之高下，交通以便。荷兰立国于海平线之次，日与水争地，民率以康。他如西人拓土殖民，如新英伦、新西兰等地工事之成绩，条理井井，抑知创始之初，其于种种关系，恒经数年或数十年之勘测研究，不遗余力，乃能举措，悉当成此伟功，不然岂有能无毫厘千里之误也哉！闻之美人之言，黄河涡流以四十八小时回旋，达七尺之径、五百呎之深，不预测水力遽施要工，未有不败者。又比国工程师路法尔氏前来勘河，虽有建议，率以未能按图索骥为憾，而一再以从事测绘郑重声明，益信图事未备，种种计画无可为考证之资。是整理黄河必从精测入手，其庶几不甚悬远，爰定《测量办法暨经费预算书》附揭于后。

（一）第一区

区域：由黄河口起，经历城、开封至天桥止。

要义：整理河身，疏浚海口。

办法：准此要义，须测三角、地形、水准、流量以求完备之图册，其方法如次。

（甲）三角。按：黄河自海口至天桥流长约计三千里，拟用三角锁沿黄河内堤选布角点，固以标帜，而后测其角度，计算各点之精确位置，绘成黄河一般之骨骼，而定地形之测量基础。其边长平均以一千二百米达即约二里，每日成绩平均以五里计之，需时六百日。设班长二人，班员六人，测夫十二名，分两班进行。每班每月以实测二十日计，需十五个月，加例假三个月，合计需一年半告成。

（乙）地形。沿三角点布测全河形势，凡堵口、险工、减水堤坝一一详其沿革，注记于图，以及入河支流、新旧海口之状况，尤当特别施测以成完备之图样。兹就其区域应分二段，自海口至荥泽为一段，河长一千二百里。河外有民堤，有官堤，去河甚远。平均计之，两堤之距约为七里，则河长一千二百里，以方里计约为八千四百方里。用二万分一比例测图，每日成绩以十方里计，需八百四十日。又自荥泽至天桥为一段，河长一千八百里，只测河道及两岸形势，每日成绩以河长五里计之，需三百六十日。两段合共需时一千二百日。设班长四人，班员八人，测夫二十人，分四班进行。每班每月实测以二十日计，需十五个月，加例假三个月，合计一年半告成。

（丙）干线水准。沿河之任一岸进行，以定河流地平、岸高各项之倾度及全部水准之基础。设置石标，预计自海口至荥泽每间一千米达设一所，荥泽以上每间三千米达一所。每日进行干线五里，计需六百日。设班长二人，班员四人，测夫八人，分为两班。每月每班实测以二十日计，干线三千里需十五个月，加例假三个月，合计需一年半告成。

（丁）支线水准。沿干线所设之石标，证以实地上之形势，或增或减，挨次通过。两岸所有岸高、水深、地平、河底一一测绘，并其最高、寻常最低之水位，于是各个横断面以成，而全部范围内之同高线亦可表示。兹酌每一石标测一断面，约计需测九百处。每日成绩得一断面（按：黄河两堤之距平均约七里，荥泽以上虽不及七里，而水流迅急，施测亦非普通河道可比，故预算每日实测以一处计），需九百日。设班长三人，班员六人，测夫十二人，分三班进行。每班每月实测以二十日计，需十五个月，加例假三个月，合计需一年半告成。

（戊）流量测量。黄河流速因季候之变化，故洪涨之时其速度大于平时数倍。据工程家之勘估，河底泥沙尝因水流有一定之变动，若遇障碍必生涡流，危险实甚。若不审查全域水量及来水、过水含沙成分及其消长盈虚之度，然后整理，始有标的。其设施有如左之事项。

（1）量水标。所以审查水面之增减，而决定其倾斜与来水、过水之关系。

（2）雨量计。所以统计降水之量与河水消长之关系。

（3）流量。于各重要水口测验流速及断面，计算来水、过水、去水之量，并验水流含沙成分及停淤之若何。

以上设置须俟审定地点，派员驻测。兹假定十处，每处测员一人，测夫三人，合计测员十人，测夫三十人。其经测时间暂以一年半，但须得两次洪涨之比较。

（己）海口测量。海口为排水唯一机关，当注重测验潮流高下及渟淤之度，以及海岸纵横、地高水深，须详细测绘，制成同高线图及断面，以为工程设备。设班长一人，班员一人，测夫三人，专司测验。其期间暂定亦一年半计之。

（庚）制图。三角图根用五万分比例绘制一分，每人连注记、校对每日成绩二十里计，需一百五十日。地形就原比例清制一分，自荥泽至海口八千四百方里，每人连注记、校对每日成绩二十方里，需四百二十日。又自荥泽至天桥一千八百里，每人连注记、校对每日成绩十里计，需一百八十日。又纵断面图清制一份，计道线三千里，每人连注记校对每日成绩二十里计，需一百五十日。又横断面图清制一份，计九百个，每人连注记、校对每日成绩二处计，需四百五十日。又制总图一份，连缩图、摹图、注记、校对约二百六十日，加以印图、晒图及临时发生事件，预计三百九十日，合计制图需时二千日。以五人合制，除星期及寒暑例假不计外，约一年半告成。

按：以上编制，应设测绘主任一人，筹画全区测绘事务，监督所属职员，考定成绩。副主任一人，协助主任执行各事。监视员三人，常川到班，分任考察，以利进行。书记、庶务各一人，传递丁三人。所需测量经费预算表列于次。

	每月预算	二年预算
主任一人	一百六十元	三千八百四十元
副主任一人	一百二十元	二千八百八十元
监视员三人	三百元	七千二百元
书记一人	三十元	七百二十元
会计一人	三十元	七百二十元
庶务一人	二十四元	五百七十六元
传递夫三人	三十元	七百二十元
公役六人	三十元	七百二十元门役、厨役、杂役各一人，茶房三人

续表

	每月预算	二 年 预 算
公费	一百元	二千四百元房租、文具、邮电局用消耗各品
小计	八百二十四元	一万九千七百七十六元
班长十二人	七百二十元	一万二千九百六十元以一年半计
班员三十五人	一千四百元	二万五千二百元
制图员五人	一百五十元	二千七百元
测夫八十二人	五百七十四元	一万零三百十七元
材料费 三角标、水准标、量水标、绘图器	一百五十元	二千七百元三角标一千五百所，每所一元二角，计一千八百元。水准标九百所，每所六角，计五百四十元。木标、量水标、绘图器约三百六十元。合如上数
消耗品 记载表簿纸笔、绘图用品	五十元	九百元
杂费 公物❶、搬运、船费	二百二十元	三千九百六十元三角二班三十元，干线二班二十元，海口一班二十元，支线三班三十元，流量十班一百元，地形四班二十元。合如上数
小计	三千二百六十四元	五万八千七百五十二元
合　计		七万八千五百二十八元

开办费五千元。经纬仪二副，一千元；地形仪四副，一千二百元；水准仪六副，一千五百元；六分仪一副，一百元；流速计十副，五百元；雨量计十副，五十元；测竿、卷尺等，一百五十元；开局置备费五百元。合如上数。

总计八万三千五百二十八元。

说明：测绘手续势难同时并进，如三角出发，地形同时无所事事，地形出发，制图亦无事事，故于测绘各班须分期招集，

❶ 公物　据下文第二区表格“杂费”内容，此处或为“公费”。

始无缓急之分。兹拟按序办理，三角出发，三月后地形出发，又三月始设制图，故各班预算以一年半期，内部计算二年期。登明。

（二）第二区

区域：自天桥至中卫，南界边城，东、西、北环河，即河套地。

要义：为河套垦辟之计划。

办法：准此要义，须测三角、地形、水准、水量，以求完备之图册。其方法如次。

（甲）三角。按河套之地面积广大，三角测量若全部网罗，需时既久，费用亦繁。兹拟用简捷之法，择适宜路线，用单三角网选布角点，固以标帜，而后测其角度，计算各点之精确位置绘成图根，以定地形之基础，其边长平均用一千八百米达即约三里估计。干线自天桥至中卫，黄河本流干线一道约一千八百里，黄河北流干线一道约计七百里，磴口至托城干线一道约计八百里，河曲至平罗干线一道约计八百里，沿塞自横城埠至托城干线一道约计一千二百里，再定南北线六道约计三千七百里，合计干线约九千里。每日成绩平均五里，需时一千八百日。设班长三人，班员九人，测夫十八人，分三班进行。每班每月实测以二十日计，需三十个月，加例假六个月，需时三年告成。

（乙）干线水准。沿三角定点逐一测其高低，以为地形同高线之基础。设班员三人，测夫九人，附设于三角班，与三角同时并进。

（丙）地形。根据三角点精测地形，以半米达高之同高线表示之，凡垦地之面积、土质分别等类，河道沟渠之形状、沿革、地理等，以成完备之图册。兹就该区三十六万方里，视地形之繁简定比例之等差，大致可别为三级：第一级如后套及宁夏等区，约计六万方里，用一万分一比例测图，每二十方里测一闭塞圈，每日成绩十二方里，需五千日；第二级如前套将来可垦辟之地，约计为十万方里，用二万分一比例测图，每八十一里测一闭塞圈，每日成绩二十五方里，需四千日；第三级如沙漠之地预筹继续施行灌溉者，约计为二十万方里，用五万分一比例测图，五百方里测一闭塞圈，每日成绩一百方里，需二千日。又后套及其他渐进开垦之地沟渠水道须预为规画，以期完善，并特别派遣测绘之事，预计一千日。合为一万二千日。设班长二十人，班员二十人，测夫八十人，分二十班进行。每班每月实测以二十日计，需三十个月，加例假六个月，合计需时三年可成。

（丁）支线水准。根据道线水准测地面之高下，以达完结同高线之作图。拟设班员二十人，测夫六十人，附设于地形班，与地形同进。

（戊）水量。关系灌溉，至为重要，故于河渠之来水、去水及雨量、雪量均须设站测验，以便统计全套水量消长盈虚。兹拟建设水标、雨量计记载及流速测站专员驻测，暂定三处，设测员三人，测夫六人，其期暂定三年。

（庚[1]）制图。三角图根用十万分一比例绘制一份，每人注记、校对每日成绩三十点，计八千四百点，需二百八十日。地形图就原比例清制一份，计一万分一图，每人连注记、校对每日成绩二十四方里，计六万方里，需二千五百日。二万分一图，每人连注记、校对每日成绩五十方里，计十万方里，需二千日。

[1] 庚　按天干顺序当作“己”。

五万分一图，每人连注记、校对每日成绩二百方里，计二十万方里，需一千日。清制五十万分一总图一份，每人连注记、校对、缩图、摹图需时三百日，晒图、印图及临时发生事项预计二百日。合为六千日，加例假共为七千二百日，以八人合制，需时三年告成。

按：以上编制应设测绘主任一人，副主任一人，监视员三人，书记、会计、庶务各一人，传递夫三人。所需测绘经费计算于次。

	一月预算	三年半预算
主任一人	一百八十元	七千五百六十元
副主任一人	一百五十元	六千三百元
监视员三人	三百六十元	一万五千百二十元
书记一人	三十五元	一千四百七十元
会计一人	三十五元	一千四百七十元
庶务一人	三十元	一千二百六十元
传递夫三人	四十二元	一千七百六十四元
公役六人	四十二元	一千七百六十四元
公费	一百元	四千二百元
小计	九百七十四元	四万零九百零八元
	一月预算	三年预算
班长二十三人	一千八百四十元	六万六千二百四十元
班员五十二人	二千八百六十元	十万零二千九百六十元
班员三人	一百三十五元	四千八百六十元
制图员八人	二百八十元	一万零八十元

续表

	一月预算	三年预算
测夫一百七十三人	一千三百八十四元	四万九千八百二十四元
材料三角标、量水标	三百元	一万零八百元三角标八千四百所，每所平均一元二角，计一万〇八十元。量水标及其他器械约计需七百二十元。合如上数
消耗品 记载表簿纸笔、绘图各件	九十二元	三千三百十二元
杂费公费、搬运费及船费	三百四十五元	一万二千四百二十元
小计	七千二百三十六元	二十六万零四百九十六元
合	计	三十万一千四百零四元

开办费一万五千元。经纬仪三付，一千五百元；地形仪二十付，六千元；水准仪二十三付，五千七百五十元；流速计三付，一百五十元；雨量计三付，十五元；测竿、卷尺、绘图器械等三百八十五元；开办费一千二百元，合如上数。

总计三十一万六千四百零四元。

说明：测绘手续分为三期，第一期三角班出发，三个月后再地形班出发，又三个月再成立制图班，故各班预算以三年计，内部预算以三年半计。登明。

（三）第三区

区域：以黄河流域之荒山为范围。

要义：为植林蓄源之划。

办法：测量荒山之位置面积，划分林区，以求完备之图。其方法如次。

（甲）测量。按黄河流域计约二百五十万方里，去已有之林、已垦之地及石齿暴之山不计外，以七万二千方里必可划为林区。用三角法选布角点，建设标的，测其位置及面积，以及坡度高下、土质土宜，按十万分一之比尺作图。每五十方里设一点，计需设一万四千四百点。每日成绩一百方里计，需七千二百日。设班长十二人，班员三十六人，测夫七十二人，分十二班进行。每班每月实测以二十日计，需三十个月，加年暑假六个月，合计三年告成。

（乙）制图。按原比例地形图清制一份，每人连注记、校对每日成绩一百方里，需七百二十日。清制五十万分一总图一份，连缩图、摹图、注记、校对一人需时三百六十日，加晒图、印图、计画及临时发生事件，预计以七百二十日。合计需时一千八百日。以二人合制，需三十个月，加例假六个月，需时三年告成。

（丙）测候所。于适宜之地筹设测候所测验风雨气候，假定三处。设观测员三人，助手三人，其期暂定三年。

按：以上编制应设测绘主任一人，副主任一人，监视员一人，书记、会计一人，庶务一人，递传夫二人。所需测绘经费计算于左。

	一月预算	三年预算
主任一人	一百八十元	六千四百八十元
副主任一人	一百五十元	五千四百元
监视员一人	一百二十元	四千三百二十元
书记一人	三十五元	一千二百六十元
会计一人	三十五元	一千二百六十元
庶务一人	三十元	一千零八十元
传递夫二人	二十八元	一千零零八元
公役五人	三十五元	一千二百六十元
公费	一百元	三千六百元
小计	七百十三元	二万五千六百六十八元

续表

	一月预算	三年预算
班长十二人	九百六十元	三万四千五百六十元
班员三十六人	一千九百八十元	七万一千二百八十元
测候员三人	一百三十五元	四千八百六十一元
制图员二人	七十元	二千五百二十元
助手三人	三十元	一千零八十元
测夫七十二人	五百七十六元	二万零七百三十六元
材料三角标	六百三十二元	二万二千七百五十二元一等标一千四百四十个，每个五元，计七千二百元。二等标一万二千九百六十个，每个一元二角，计一万五千五百五十二元。合如上数
消耗品 记载表簿纸笔、绘图各件	六十元	二千一百六十元
杂费公物搬运费	一百八十元	六千四百八十元
小计	四千六百二十三元	十六万四千四百二十八元

开办费七千元经纬仪器十二付六千元，小平板十二付一百二十元，测候仪三所一百五十元，绘图仪器二百三十元，开办费五百元。合如上数。

总计十九万九千零九十六元。

以上三区测绘经费合总为五十九万二千零二十八元，督办机关未列入预算。并陈。

民国五年谨拟：

河套沿革考

河套古雍州地，在周为朔方。《禹贡》载“析支”“渠搜”，今宁夏东北河水遇山析为二枝，析枝故城在此。渠搜则在今怀远县东北，《水经注》所谓“河水自朔方东转，迳渠搜故城”是也。周宣王时，猃狁内侵，命尹吉甫伐之。至太原，命南仲筑朔方城。《诗》曰“天子命我，城彼朔方”，其地在今靖边县北。春秋时，晋文公攘戎狄居于河西圁洛之间，号曰“赤白翟”。自是以来皆为戎狄所居。

战国时，魏惠王十九年，筑长城，塞稒阳。秦孝公十一年，魏鞅围固阳，降之。魏襄王十七年，命大夫奴迁于九原。赵武灵王二十年，西略地至榆中。二十六年，又攘地西至云中、九原。是时赵、魏有河西、上郡以与戎界边。至秦昭王时，宣太后诈杀义渠戎王于甘泉，因灭义渠，于是秦有陇西、北地、上郡，筑长城以拒胡。而赵武灵王亦变胡服，习骑射，北破胡林、楼烦，筑长城，自代并阴山下至高阙为塞，而置云中、雁门、代郡。是时河套始内属，然仍叛服不常也。

秦始皇既并天下，乃置九原郡，使蒙恬将三十万众北击胡，悉收河南地，因河为塞，筑四十四县，徙谪戍以充之。又使蒙恬渡河取高阙、陶山[1]、北假中，地近五原。筑亭障以逐戎人，徙谪戍实之，初县。三十六年，迁北河、榆中三万家。是为河套垦植之始。

汉兴，匈奴内侵。武帝元朔二年，遣卫青、李息等大出击胡，收河南地，置朔方、五原郡，兴十余万人筑卫朔方，费数十百巨万。而主父偃盛言“朔方地肥饶，外阻河，蒙恬城之以逐匈奴，内省转输戍漕，为广中国、攘外狄之本”。当时公卿皆言不便，而武帝卒用偃计，立朔方郡。自是匈奴怨汉夺其地，数寇河南，扰朔方，杀略吏民。五年春，复令卫青、苏建、李沮、公孙贺、李蔡等出朔方击右贤王，大破之。匈奴振

[1] 陶山　《史记》卷六《秦始皇本纪第六》作“阳山”，当是。

恐。于是浑邪王杀休屠王，并将其众降汉，陇西、北地、河西益少胡寇，乃徙关东贫民处河南新秦中以实之。元狩三年，山东被水，复徙贫民关西、朔方、新秦中七十余万口，贷与产业费以亿计。是时塞下徙民日众，而垦植稍稍盛焉。

东汉自光武以来，南、北单于构怨相侵伐。至章帝章和元年，北匈奴以鲜卑侵伐大乱，屈兰、储卑、胡都须等五十八部诣五原、朔方、北地降。安帝永和五年，羌复盛。是时二千石令长多内地人，怯于战守，皆争上徙避寇难。朝廷从之，遂移安定徒[1]美阳，北地徙池阳，上郡徙衙。百姓随道死亡，丧其大半，自西汉以来屯垦实边之计画为之尽隳。顺帝永建初，西河、上郡、朔方皆残破。四年，虞诩上疏请复三郡，略谓“《禹贡》雍州之域，厥田惟上，且沃野千里，谷价殷积。又有龟兹盐池以为民利，水草丰美，土宜畜牧，牛马衔尾，群羊塞道，北阻河山，乘厄据险，因渠以溉，水舂河漕，用功少而军粮足。故孝武皇帝及光武筑朔方，开西河，置上郡，皆为此也。顷遭元元之灾，众羌内溃，郡县兵荒二十余年。夫弃[2]沃壤之饶，捐自然之财，不可为利；离河山之阻，守无险之处，难以为固”云云。九月，诏复北地、上郡归旧土。始言河套屯垦之利者，惟此为最详。惜乎！阅时未久，中原大乱，边地亦偃。至建安末年，遂并五原、朔方而弃之，使匈奴、鲜卑窟穴于此，卒肇五胡之乱，则河套之有关于中国者岂浅鲜哉！

晋安帝义熙三年，秦王兴以赫连勃勃镇朔方，会魏主珪归所虏秦将于秦，秦亦归贺狄千以报之。勃勃怒，叛秦，袭杀设奕于，并其众，自以为夏后氏之苗裔，称大夏天王，建都城于

[1] 徒　据文义及下句，当作“徙”。

[2] 弃　《后汉书》卷八七《西羌传第七十七》作“弃”，当是。

朔方黑水之南，名曰统万。统万居河套内近南，自是河套之地又与中国间阻矣。魏太祖登国六年九月，袭五原，屠之，收其积谷。太宗时，筑长城于长川之南，起自赤城，西至五原，延袤二千余里，备置戍卫，因河溉田。薄骨律镇将刁雍上表请开富平西艾山旧渠通河水，于是溉公私田四万顷，官民均获其利。

隋高祖开皇元年，遣司农少卿崔仲方发丁三万，于朔方、灵武筑长城，东至黄河，西距绥州，南出勃岭，绵亘七百里。明年，复令仲方发丁十五万，于朔方以东缘边险要筑数十城以遏寇虏，诏置丰、胜二州于河南。炀帝大业三年，发丁百余万筑长城，西距榆林，东至紫河，一旬而罢。四年秋，又发丁二十余万筑长城，自榆林谷而东。长孙晟奏："染干部落归者既众，虽在长城内，犹被雍闾抄掠，请徙五原，以河为固，于夏、胜两州，东西至河，南北四百里，掘为横堑，令处其内，任情放牧。"上从之。

唐高祖武德初，以丰州绝远，先属突厥，交相往来，吏不能禁，用太子建成议，废丰州，虚其城郭，徙百姓于灵州，割并、五原、榆平之地。于是突厥遣处罗之子都设率所部万余家入处河南地，以灵州为境。帝会群臣，问所以备边者。将作大匠丁筠请于五原、灵武置舟师扼其入，中书侍郎温彦博曰："魏为长堑遏匈奴，今可用。"从之。太宗贞观中，遣柴绍、薛万彻击师都，刘旻、刘兰率劲兵据朔方东城，师都兵势日蹙，其从父洛仁斩师都，诣绍降，以其地为夏州。绍又破匈奴，夺得河南地，因置州郡以领之。中宗时，张仁愿为朔方军总管，请乘虚夺取河南地，于河北筑三受降城。役者尽力六旬而三城俱就，皆据津要，北拓地三百余里，于牛头朝那山北置烽堠一千八百所。自是朔方无寇患，减镇兵万人，岁捐费以亿计。元宗时，张说以时无强寇，奏罢戍兵二十余万使归农。其后韩重华于元和六年为振武军转运使，出赃罪吏九百余人，给耒耜与牛，使耕其旁近便地，为之奔走经营，相原隰之宜指受方法，连岁大熟，吏得偿所亡失四十万斛。因益募人为十五屯，屯置百三十人而种百顷。令各就高为堡，东起振武，转而西过云中界，极于中受降城，出入河山之际六百余里。屯堡相望，寇来不能为暴，人得肆耕其中，岁省度支钱千三百万。唐之屯于河套者，于此可见一班焉。五代及宋、金皆为西夏地，自唐末拓拔思恭以讨黄巢有功，赐姓李，有银、夏、绥、宥、静五州之地，后号西夏。宋咸平中，复取宋怀远镇，置兴州，寻为西夏，国都即今宁夏县是也。

《宋史·夏国传》云："真宗时有唐龙镇，地势险峻，东至黄河二十里，河东曰东缠河，西曰西缠，骑兵所不能及。番部有来、义二族，尝持两端事契丹，后为契丹所破。二族来归，朝廷悯其穷而优容之。仁宗时为夏元昊所并，俱废，在河套。"又谓："兴灵有古渠曰唐渠，曰汉源，皆支引黄河，故灌溉之利，岁无旱涝之虞。其时河东、河北之地则分属于辽。辽亡，夏金为八馆之争，抢攘纷纭，几无宁宇，汉、唐屯垦遗规至是殆尽归湮漠矣。"又按《种世衡传》，世衡以西边用兵，守备不足，遂建言延安东北二百里有故宽州，请因废垒而兴之以当寇冲，右可固延安之势，左可致河东之粟，北可复银夏之旧。朝廷从之，命董其役。夏人屡出争，世衡且战且城，城成赐名青涧城。世衡开营田二千顷，募商贾，通货利，城遂富实。由是观之，西北实边之计固莫过于屯垦者矣。

元灭夏，立西夏、中兴等路，后废之。其地东属云内、东胜二州，延安、宁夏等路。郭守敬曰："西夏有古渠在中兴者，一名唐来，其长四百里；一名汉延，其长二百五十里。他州正渠十，皆长二百里，支渠大小六十八，灌田九万顷，兵乱以来废坏淤浅。”守敬相度形势，皆复其旧，至于宁夏以东则未暇经理。盖元人之有国日少，故虽有守敬之精于水理，亦但及于宁夏一隅耳。

明初，大将军汤和考[1]察罕脑儿，获猛虎陈，定东胜，置延安、绥德二卫。大河以北为干喇即乌拉特。所据，套之内则为王保保居之。洪武中，逐保保，城东胜等城，拨绥德卫千户刘宠屯榆林庄庄北，由河套直至黄河千有余里改宁夏路，设宁夏府。府废，徙其民改置宁夏卫，迁五方之人实之。又增前、中、左、右共五屯卫，隶陕西行都司。虏遁河外居，汉北、延绥得以无事，屯戍耕牧之利益可见焉。至天顺六年，毛古里孩、阿勒绰尔之部始入河套为寇。成化四年，乩嘉思兰杀阿勒绰尔，并其众，而结满都鲁入套为巢穴。九年，总督王越击败之。未几，火筛之部复入套居之。总制杨一清上言河套当复，会刘瑾用事，寻得罪去，遂无敢言及河套者，其后屡入寇。嘉靖中，吉纳部落击破火筛居此，号为鄂尔多斯，服属于察哈尔。有子九人，分牧而处，其河东则为俺答之部，名西土默特。隆庆间，俺答归顺，封顺义王，名其地为归化。土默特自明中叶以后，河套内外悉入蒙古为游牧地，其势力范围为明人所不敢问。故除宁夏、榆林二卫之外，不复有屯垦之迹焉。

明臣之论河套者，大抵以增营堡、筑墩台、修边墙为言，鲜有为屯垦计者。如兵部尚书程信谓河套地旷远，无水草，兴师十万则馈粮加倍，自古御戎，来者拒之，去者勿追而已。吏部侍郎叶盛谓河套沙弥水浅，难以住牧，春迟霜早，不可耕种。

[1] 考　当作“攻”。

都御史余子俊谓修葺垣墙墩堡，增筑草场界至，时加巡察，敢有越出塞垣耕种及移徙草场界至者，俱治以法。以此观之，其于河套屯垦计画全未见及，概可知矣。后总督王越谓守险拒敌，防其深入，于榆林及新设城堡各计其屯田岁入之数留兵屯守，而移置其多余之屯于定边营要害之地，委谋勇将官统之，如此则虏不敢深入。总督王琼谓榆林东中二路大边六百五十六里，当修者三百十里，二边六百五十七里，当修者二里[1]四十八里。二边乃成化中余子俊所修，因山为险，屯田多在其外。大边乃弘治中文贵所修，防护屯田，中间率多平地，筑墙高厚不过一丈，可坏而入。今当先修大边，必使岸堑深险，墙垣高厚。此虽言及屯田，犹非为河套计画也。惟总督曾铣《请复河套疏》筹画精详，最为卓识，略谓：河套古朔方地，三代以来悉丽中国。汉武帝取河南地，为朔方郡，筑城缮寨，因河为固，后世称之曰雄才大略。唐初，朔方军以河为境。嗣是张仁愿取河南地，于河北筑三受降城，突厥不敢逾山牧马，朔方亦无寇，岁捐费亿计。至宋，李继迁叛走斥泽，进陷灵、肃，河套复为虏有，卒不能制。

我太祖高皇帝顺天应人，薄海内外皆隶版图，岂界河套已乎？后以东胜孤远，撤之内守，复改榆林为镇城。方初徙时，套内无虏，土地沃膏，草木繁茂，禽兽生息，当事之臣不以此时据河为守，乃区区于榆林之筑。此时虏势未大，犹可委也，失此不治。弘治八年，虏编筏渡河，剽掠官军牧马。十二年，拥众入寇。自后常牧套内，侵扰中原。孝庙、武庙常欲复之而未能，故使虏酋吉囊得以据为巢穴，出套则寇宣、大、三关，京师震恐，入套则寇延、宁、甘、固，生民荼毒。夫河套自三代以迄于今，中国所守，以界夷夏。又我圣祖之所留也，一统

[1] 里　当作“百”。

故疆，三边沃壤，其理宜复。又谓："将套中之地预为踏拨，多立鱼鳞藉册，以防日后弊端。每军民一户给田二顷，俾岁耕一顷闲一顷，是为闲田，以养余力。其沿边军民亦出召募有欲守边者，皆给以田。引黄河之水为大小之渠以溉田，可备旱涝，高黍下稻，任土所宜，数年之后，套地可尽垦。而又仿井田之意，广沟洫之制，吾民易于稼穑，勇于驱驰，既临河设险，夏秋决难侵犯，我得耕稼矣。比及河冻，农事已竣，乃于讲武之时，为御虏之计，民不告劳，农不告费，行之既久，则河湟之地不异中州，此规模节目之大略也。"有明一代论河套者，未有深切于此者也。

清太宗灭察哈尔，蒙古各部率属来归，封爵有差。顺治中，以套内鄂尔多斯编分六旗，后增一旗，共七旗，自为一盟，名伊克昭。套北乌拉特编分三旗，隶乌兰察布盟。套东归化土默特编分二旗，设都统、佐领，其官制并同内地。而套西阿拉善厄鲁特则自为一部。雍正元年，于土默特增设同知等官。四年，公、舅舅隆科多等奏，略谓宁夏阿拉善山前自察汉托辉至石嘴子，其野广平，土脉肥润，籽种易生，其地性暖，可引水如西河。六年，河并古渠大沟、黑龙口、倒流河、新河、黄泥河、董家河，悉前人引水分水故道，以年久多淤塞，然形迹尚存。今若更建渠坝及放水闸，其两岸可以垦田万顷。又甘肃巡抚石文焯亦以前意奏闻。上从之，于是命侍郎通智等开惠农、昌润二渠。渠成，增置宝丰、新渠二县，后省。乾隆四年，筑绥远城，移镇守将军驻札。二十九年，增设清水河、托克托、萨拉齐通判等厅，属山西省，于是土默特之部筑室耕田俨同内地。自土默特同化后，汉族日以西渐，至河套租地耕种。道光之后，蔓延至于后套，浚渠数十道，垦地至数万顷。光绪二十九年，命贻谷督办蒙旗垦务，并设五原、东胜等厅。至是各旗私垦之地一律呈报垦局丈量给领，而鄂尔多斯、乌拉特、土默特、阿拉善旗地编分如故也。河套屯垦之沿革大略如是矣。

按：《河套沿革考》系南运湖河筹办处所编，其中所述河套历代屯垦之兴废，既详且尽。秦、汉以前皆为戎狄所居，本无垦植之设施。秦、汉之后始归中原，于是河套垦植渐知讲求。及至唐、宋之际，又为辽、金所据，而河套垦植忽兴忽废，迄于今日。观此可知河套历代经营废弃之大略情形矣。

河套内外设置郡县沿革表

朝代	郡或州道	领县	所在	说　　略
周				《职方氏》：雍州春秋戎狄之地，战国属秦、赵、魏
	朔方		套内	宣王时猃狁内侵，命尹吉甫伐之。至太原，有功而归，乃命南仲筑朔方城。《水经注》：河水东北迳朔方县故城东北。《诗》所谓“城彼朔方”是也
	上郡		套东南	《史记》：惠文王十年，魏纳上郡十五县。《元和志》：绥州，战国时属魏，为上郡。今府谷、神木皆其地
	固阳		套北	《史记》：魏惠王十九年，塞固阳。《水经注》：河水东迳椆阳故城南。椆，一作固
	榆中		套内	《史记》：赵武灵王二十年，西略地至榆中。河套至榆中在府谷东北河套中
	九原		套北	《史记》：赵武灵王二十六年，攘地西至云中、九原，欲直南袭秦

续表

朝代	郡或州道	领县	所在	说　略
秦				北地、九原、云中、上郡等四郡之地
	云中郡		套东	今萨拉齐、托克托、清水河等县皆秦云中郡地
	九原郡		套北	今五原县属河北乌拉特一带皆秦九原郡地
	上郡		套东南	《河套志》：榆林府属四县，葭州治二县皆秦上郡地
	北地郡		套西南	《河套志》：宁夏府属各县及榆林府之定边县皆秦北地郡属
汉				并州刺史部
	北地郡		套西南	郡治在马岭，后移治富平，领县十九，录八县
		富平	套西南	今宁夏县及灵武县地
		廉	套西	今宁夏县地
		灵武	套西南	今宁夏县及灵武县地
		灵洲	套西南	《河套志》：在灵州界
		眗衍	套西南	《河套志》：在灵州界
		眴卷	套西	《河套志》：在新渠县界
		方渠	套西	《河套志》：在新渠县界，半及宝丰县
		弋居	套南	汉《地理志》：弋居有盐官。按：当在今盐池县及定边县界
	朔方郡			领县十，脩都、呼遒二县未详

续表

朝代	郡或州道	领县	所在	说　略
汉	朔方郡	三封	套西	《水经注》：河水东北迳三封县故城东。《十三州志》：县在临戎县西一百四十里
		临戎	套内	《水经注》：河水又北，迳临戎县故城西
		沃野	套内	《水经注》：河水又东，枝渠东出，谓之铜口，东迳沃野故城南。刁雍论漕运曰：谷在河西，运输至沃野，须渡大河
		窳浑	套西	《水经注》：河水又北迤西，溢于窳浑县故城东
		临河	套内	《水经注》：河水东迳高溯❶南，又东迳临河县故城北
		广牧	套内	《水经注》：河水又东迳广牧县故城北
		朔方	套内	《水经注》：河水南迳马阴山西，又东南迳朔方县故城东北
		渠搜	套内	《水经注》：河水自朔方东转，迳渠搜县故城北
	五原郡			领县十六，录十县
		西安阳	套北	《水经注》：河水迳朔方县故城东北，屈南过五原西安阳县南
		河目	套北	《水经注》：河水自临河县东迳阳山南，南屈迳河目县左

❶ 溯　当为“厥”。

续表

朝代	郡或州道	领县	所在	说　略
汉	五原郡	宜梁	套北	《水经注》：河水东迳原亭城南，又东迳宜梁县故城南
		稒阳	套北	《水经注》：河水又东迳稒阳县故城南
		临沃	套北	《水经注》：河水东迳稒阳城南，又东迳临沃县南
		河阴	套内	《水经注》：河水又东迳河阴县故城北
		九原	套北	《水经注》：河水又东迳九原县故城南
		五原	套北	《水经注》：九原县西北接对一城，盖五原县故城，其城南面长河，北背连山
		成宜	套北	《水经注》：河水东迳薛田城南，又东迳成宜县故城南
		曼柏	套内	《河套志》：在府谷北河套中
	西河郡			领县三十六，录八县
		富昌	套内	《水经注》：湳水东迳西河富昌故城南。《河套志》：在榆林府东北河套中
		美稷	套内	《水经注》：湳水出西河美稷县东南，流入长城东。《河套志》：在榆林府东北河套中
		大成	套内	《河套志》：在榆林府北河套中
		虎猛	套内	《河套志》：在榆林府东北河套中

续表

朝代	郡或州道	领县	所在	说　略
汉	西河郡	圜阴	套南	《汉书》：师古注：在圁水之阴，今银州地
		圁阴	套南	《禹贡锥指》：米脂县有圁阴故城，圁阳当在东北
		增山	套南	汉《地理志》：县有道出眩雷塞
		鸿门	套南	《河套志》：在米脂县西
	云中郡		套东	领县十一，录五县
		云中	套东	今托克托县地
		咸阳	套北	《水经注》：大河东迳咸阳县故城，南屈而流，白渠水注之
		沙陵	套东北	《水经注》：白渠水迳沙陵县故城南，西注沙陵湖，湖水西南入于河
		桢陵	套东	《水经注》：河水东过云中桢陵县南
		沙南	套内	《水经注》：河水又东过沙南县北
	定襄郡			领县十二，录一县
		桐过	套东	《河套志》：县南境今偏关县及清水和县地
	上郡			领县二十二，录五县
		独乐	套南	《延绥志》：县在米脂县北
		奢延	套南	《水经注》：奢延水出奢延县西南，东北流迳其县故城南。《河套志》：在怀远县

续表

朝代	郡或州道	领县	所在	说　略
汉	上郡	龟兹	套南	《禹贡锥指》：榆林卫本汉上郡龟兹县，北至边墙十里
		白土	套内	《水经注》：圁水出上郡白土县圁谷，东迳其县南。《河套志》：在榆林府西北河套中
		高望	套内	《河套志》：在榆林府河套中
	雁门郡			领县十四，录一县
		武州	套东	今偏关县
三国				后汉羌乱，朔方、西河等郡皆磯破。三国时匈奴居之
晋				义熙后赫连勃勃于奢延水之北、黑水之南筑统万城。《蒙古游牧记》：统万城在怀远正西九十七里，土人呼为白土城
南北朝				后魏夏州、灵州、盐州、朔州等州郡末季入后周
	夏州		套内	《地形志》：太和十一年，改治大夏。领郡四，录三郡。《水经注》：统万城即夏州治。《河套志》：在怀远县界
	化政郡			《地形志》：太和十一年置，领县二
		华融	套南	《周书》：宇文贵封华融县侯，从孝武西迁，进爵化政郡公
		严绿	套南	真君七年置。《河套志》：在怀远界

续表

朝代	郡或州道	领县	所在	说　略
南北朝	阐熙郡		套南	《地形志》：太和十一年置，领县二。《元和志》：故城在今长泽县西南二十里。《河套志》：长泽县今定边县地
		山鹿	套南	《河套志》：在靖边县地
		新囩	套南	《河套志》：在靖边县地
	代名郡			《地形志》：太安二年置，领县二。《河套志》：在榆林境
		呼西		《地形志》：太安二年置，有横水。《河套志》：县在今榆林境，当即汉呼遒县旧地
		渠搜	套内	《地形志》：太安二年置。《河套志》：汉渠搜在废夏州北，即今榆林府西，北魏后县宜在其地
	灵州		套西南	后魏太延二年置，薄骨律镇，孝昌中改置灵州
	盐州大兴郡		套西南	《河套志》：在灵州，兼中卫县地，领县一
		五原	套西南	州郡治
	东夏州上郡			《允[1]和志》：绥州，后魏神龟元年，东夏州刺史张部于此置上郡，属东夏州。领县二
		石城	套南	《元和志》：汉圁阴县地。《冯志》：在神木县西南四十里
		因城	套南	《元和志》：汉高奴县地。《冯志》：在安塞县西一百三十里

[1] 允　当为“元”。

续表

朝代	郡或州道	领县	所在	说略
南北朝	东夏州上郡	沃野镇	套内	《风土记》：沃野，汉朔方郡沃野县地
		悦跋城	套内	《后魏书》：敕安原屯悦跋城。《河套志》：在榆林北河套中
	朔州		套北	《地形志》：汉五原郡。延和二年置镇，后改为怀朔。孝昌中改为州
		银城	套内	《元和志》：汉沙南县地，晋、魏此地不立县邑，至后魏为银城县地
		稒阳	套北	《十六国春秋》：后魏登国九年，使元义屯田五原，至于稒阳塞外
隋				改州为朔方、灵武、盐川、榆林、五原等郡
	朔方郡			后魏夏州化政郡，西魏改弘化郡，后周因之，隋改朔方郡。领县三
		严绿	套南	见后魏
		宁朔	套南	后周置。《元和志》：县西北至夏州一百三十里。《河套志》：在榆林县西
		长泽	套南	后周置，属阐熙郡。隋废郡，以山鹿、新囼二县入长泽县
	灵武郡		套西南	后魏灵州地，后周置带普乐郡，隋改为灵武郡。领县六，录五县

续表

朝代	郡或州道	领县	所在	说　略
隋	灵武郡	回乐	套西南	后周置，属带普乐郡。今灵武县地
		弘静	套西	开皇十一年置，今宁夏县地
		灵武	套西	后周置历城郡及建安县。隋废郡并更县名，属灵武郡。今平罗县兼鄂托地
		怀远	套西	后周置怀远郡及怀远县。隋废郡，以县属灵武。今宁夏县地
		丰安	套西南	开皇十年置。《河套志》：在宁夏府中卫县，兼新渠、宝丰二县
	盐川郡		套西南	后魏盐州，大业初改为郡。《河套志》：郡在榆林府定边县砖井堡地，兼宁夏府灵州界
		五原	套西南	《河套志》：在灵州界
	榆林郡即胜州		套内	隋《地理志》：开皇二十年置胜州，大业初置郡。统县三。《通典》：郡东至河四十里，北至河五里
		榆林	套内	《元和志》：本汉沙南县地。历魏、晋及周，此地皆无县邑。开皇七年置榆林县
		富昌	套内	隋《地理志》：开皇十年置。汉西河郡有富昌县
		金河	套东南	《元和志》：榆林关即金河县治所

续表

朝代	郡或州道	领县	所在	说　略
隋	五原郡即丰州		套内	统县三。《元和志》：周永丰镇。开皇三年于镇置丰州，炀帝初改为五原郡。《锥指》：州在榆林卫西北塞外七百里，本汉广牧县地
		九原	套内	隋《地理志》：开皇五年置。《元和志》：本汉广牧县地，其城，周、隋间俗谓之甘草城
		永丰	套内	《元和志》：汉临戎旧地，周置永丰镇，开皇中改为县
		大同城	套北	《河套志》：在中受降城西二百二十里，今榆林府河北岸
唐				改郡为州而以道辖之，其地为关内道及河东道之西境
	关内道			东距河，西抵陇坂，南据终南，北边沙漠，河套之地悉在其内
	夏州		套内	唐《地理志》：领县三。隋朔方郡
		朔方	套南	唐《地理志》：隋严缘县，贞观二年改朔方县。《河套志》：在榆林府怀远县，兼宁夏府宁夏县
		德静	套南	《河套志》：在怀远县
		宁朔	套南	《河套志》：在榆林府榆林县，兼宁夏府宁夏县
	灵州		套西南	隋灵武郡。唐改为灵州，置大都督府。开元中置朔方节度使，领县五

续表

朝代	郡或州道	领县	所在	说　略
唐	灵州	灵武	套西南	今灵武县地，兼宁夏县地
		怀远	套西	隋置，唐因之
		保静	套西	隋弘静县
		回乐	套西南	隋置，唐因之
		温池	套西南	《河套志》：神龙五年置，属灵州。大中五年属威州。今宁夏府灵州
	盐州		套西南	领县三，录县二
		五原	套西南	隋置，唐因之
		白池	套西南	贞观九年属灵州
	安远城		套西	先天三年置，隶灵州。景福初升为警州。今平罗县地
	麟州		套内	唐《地理志》：开元十二年，析胜州之连谷、银城置州，领县三。《神木县志》：州在城北六十里。本汉新秦地，唐置胜州，今在塞外
		新秦	套内	唐《地理志》：开元二年置，后废。天宝元年复置
		连谷	套内	《元和志》：贞观八年置，属胜州。天宝元年割属麟州。《神木县志》：在麟州北十里
		银城	套南	唐《地理志》：旧属胜州，天宝元年属麟州。《神木县志》：县在州南四十里

续表

朝代	郡或州道	领县	所在	说　略
唐	胜州		套内	隋榆林郡。领县二
		榆林	套内	隋置，唐因之
		河滨	套内	《元和志》：贞观三年置。黄河在县东十五步，渡河处名君子津。《寰宇记》：县在州南一百九十里
	丰州		套内	隋五原郡，唐改丰州。领县二
		九原	套内	《元和志》：永徽四年于附郭置九原
		永丰	套内	隋县。《元和志》：县在州西一百十六里
	安北都护府		套北	唐《地理志》：开元十二年徙治天德军，县二。《元和志》：天德军在西城正东微南一百八十里
		阴山	套北	唐《地理志》：天宝元年置
		通济	套北	唐《地理志》：安北大都护府，领通济县
	宥州		套内	唐《地理志》：开元二十六年置宥州，其后徙废。元和九年复置。距故州东北三百五十里，后寄治长泽，领县二。《元和志》：废宥州在盐州东北三百里，在夏州西北三百里
		延恩		唐《地理志》：开元二十六年置，后废。元和九年复置
		长泽	套南	唐《地理志》：本隶夏州，元和十五年来属。《河套志》：在静边县界

续表

朝代	郡或州道	领县	所在	说　略
唐	中受降城		套北	《元和志》：景云二年，张仁愿于河北筑三受降城，以拂云祠为中城，与东西二城各相去四百里。又中城本九原郡地。《锥指》：中城在废夏州北八百里
	西受降城		套北	《通鉴》：西城在丰州北黄河外八十里。《九边考》：城西南，直灵武
	东受降城		套北	《九边考》：东城南，直榆林
	大同城		套北	《河套志》：在中受降城西二百二十里
	河东道			北边匈奴，西据河，其西有岚、云二州，地接河套
		岚州	套东	领县四，录一
		岚谷	套东	今偏关县
		云州	套东	领县一
		云中	套东	今托克托县
王代				五代世乱，郡县时有废省，且文字不完，今从略
宋				属西夏，东北分属于辽，宋仅麟、丰、府三州，后陷于金
	麟州新秦郡		套内	宋《地理志》：属河东路，县一。唐麟州，五代因之，宋靖康元年割与夏
		新秦	套内	唐新秦、连谷、银城，五代因之，宋政和四年废银城、连谷入焉

续表

朝代	郡或州道	领县	所在	说　略
宋	府州荣河郡			宋《地理志》：属河东路，县一。后唐以麟州东北河滨地置，宋永和❶五年赐郡名荣和❷，靖康初入夏
		府谷	套东	宋《地理志》：府州治府谷县
	丰州宁丰郡			宋《地理志》：嘉祐七年，以府州、萝泊州建州。政和五年，赐郡名宁丰。《九域志》：丰州南至府州一百十五里，西南至麟州一百四十里，领塞二。靖康初入夏
	夏州		套内	《宋史》：西夏河南之州曰夏州
	宥州		套内	《宋史》：西夏河南之州曰宥州、盐州
	盐州		套西南	
	兴庆府		套西	唐灵州，宋初废为怀远镇。咸平中入于西夏，为兴州，旋升为兴庆府，为西夏国都。今宁夏道治
	静州		套西	唐保静县，夏置静州。今宁夏、宁朔二县
	定州		套西	唐定远城，夏置定州。今平罗县地
	云内州		套北	《辽志》：唐中受降城。辽初改云内州，属西京道，领县二
		柔服	套北	《明志》：汉九原县地
		宁人	套北	《明志》：汉九原县地

❶ 永和　当作“政和”。

❷ 荣和　当作“荣河”。

续表

朝代	郡或州道	领县	所在	说　略
宋	天德军		套东	归化土默特地
	东胜州		套东	辽《地理志》：唐胜州。辽太祖破振武军，胜州之民皆趋河东，州废，后复置，统县二。《蒙古游牧记》：辽东胜州与隋、唐胜州相近，但隔一河
		榆林	套内	《明志》：唐胜州，治榆林县，后废。辽复置
		河滨	套内	《明志》：隋榆林县地。唐拆置河滨，后废。辽复置，属东胜州
元				东胜、云内二州及大同、宁夏等路，末造均为王保保所据
明				明初城东胜等州，并立屯戍。天顺间为蒙古所据，明只宁夏、榆林二卫所属陕西行郡司及都指挥使
	行都司 宁夏卫		套西	明初置宁夏府，后改为卫，隶陕西行都司，今宁夏道治
	宁夏前卫		套西	今宁夏县
	宁夏右卫		套西	今宁朔县
	平虏所		套西	今平罗县
		灵州所	套西南	西夏盐州，元改灵州。明初州废，改置所为宁夏卫，宣德三年移治清季之灵州地
		宁夏后卫	套西南	在花马池，今盐池县
	都指挥使 榆林卫		套南	领东、中、西三路二十堡。《九边考》：成化八年筑榆林三路边墙，遂弃河守墙。今沿边墙一带之地

续表

朝代	郡或州道	领县	所在	说　略
明	归化土默特		套东	宣德初筑云州，设兵戍守，后入蒙古，为西土默特。隆庆间来归，是名归化土默特，即辽天德军。今萨拉齐、托克托其地
	鄂尔多斯		套内	明初城东胜，并立屯戍，天顺间入蒙古，后属察哈尔，是为鄂尔多斯。有子九人，分牧而处，即唐丰、胜二州之地
	乌拉特		套北	唐中、西受降城，辽云内州，金因之，元属大同路，明初为蒙古所据，曰乌拉特
清				清初鄂尔多斯来归，分所部为六旂，后增一旂，曰郡王、曰准噶尔、曰达拉特、曰杭锦、曰鄂托克、曰乌审、曰札萨克。又乌拉特则分为三旂，曰东公、曰中公、曰西公，并土默特之部，陆续设厅管辖。其宁夏、榆林各卫均设府置县，详于下
	宁夏府		套西	明宁夏卫。雍正三年改为府，属甘肃布政司。领州一、县六。（中卫县不录）
		宁夏	套西	明宁夏卫及前卫。雍正三年改为宁夏县，附郭
		宁朔	套西	明宁夏右卫。雍正三年改为宁朔县，附郭
		平罗	套西	明平虏千户所。雍正三年改平罗县，后兼管河东鄂托克旂地

续表

朝代	郡或州道	领县	所在	说　略
清	宁夏府	灵州	套西南	明灵州所。雍正三年改为州，兼有鄂托克旂地
		新渠	套西	明宁夏卫地，雍正五年置县，乾隆三年省入平罗，今田州塔是其治所
		宝丰	套西	明宁夏卫地，雍正七年置县，乾隆三年省入平罗，今故城仍称宝丰
	榆林府			明榆林卫。雍正九年改为府，属陕西布政司。领县四
		榆林	套南	明榆林卫。雍正九年置府并设首县，治在寨内，后兼辖乌审旂地
		怀远	套南	明怀远堡。雍正九年置县，治在寨内，后兼辖乌审旂地
		靖边	套南	明靖边堡。雍正九年置县，治在寨内，后兼辖乌审旂地
		定边	套南	明定边堡。雍正九年置县，治在寨内
		葭州属神木	套南	明县。清因之，治在寨内，后兼辖郡王、札萨克、鄂托克、乌审各旂南境之地
		府谷	套南	明县。清因之，治在寨内，后兼辖准噶尔旂地
		保德州属河曲	套东	治在河东，后兼辖准噶尔旂地
		宁武府属偏关	套东	雍正三年置，治在河东
		归绥道属萨拉齐厅	套东	明归化土默特地。乾隆九年设厅，治在河东，后兼辖达拉特旂地

续表

朝代	郡或州道	领县	所在	说　略
清	榆林府	托克托厅	套东	明归化土默特地。乾隆九年设厅，治在河东，后兼辖准噶尔旂地
		清水河厅	套东	明归化土默特地。乾隆九年设厅，治在河东，后兼准噶尔旂地
		五原厅	套内	鄂尔多斯、杭锦、达拉特旂地及乌拉特旂地，季年设厅
		东胜厅	套内	鄂尔多斯、郡王、札萨克、准噶尔旂地，季年设厅
民国	宁夏道			改厅为县，裁府留道，以归绥道所辖区域最广。其南部属榆林道，西南属宁夏，东南属雁门道
			套西	治宁夏县，辖县八，录六。县本汉北地郡富平县西之地
		宁夏	套西	清宁夏县，民国因之，本汉北地郡廉县之地
		宁朔	套西	清宁朔县，今移治满城，本汉北地郡灵武县之地
		平罗	套西	清平罗县，民国因之，本汉北地郡方渠县、朔方郡临戎县地
		灵武	套西南	清灵州，民国二年改为灵武县，本汉北地郡富平县地
		盐池	套南	清灵州花马池分州。民国二年改为盐池县，治在寨内，兼辖鄂托旂地。本汉北地郡富平县地

续表

朝代	郡或州道	领县	所在	说　　略
民国	宁夏道	金积	套西南	清灵宁厅，后改为金积县，本汉北地郡灵州县地
	绥远道			治归绥县，辖县八，录五县
		萨拉齐	套东	清萨拉齐厅，后改县，汉云中郡咸阳县地
		托克托	套东	清托克托厅，后改县，汉云中郡云中县地
		清水河	套东	清水河厅，后改县，汉定襄郡相过县地
		五原	套内	清五原厅，后改县，汉五原郡及朔方郡地
		东胜	套内	清东胜厅，后改县，汉朔方郡及西河郡地
	榆林道		套南	治榆林，辖县二十三，录七县
		榆林	套南	见清。本汉上郡龟兹县地
		神木	套南	见清。本汉上郡白土县地及西河郡美积县地
		府谷	套南	见清。汉云中郡沙南县地
		横山	套南	清怀远县，今改为横山县，本汉上郡奢延县地
		葭	套南	清葭州，今改县，本汉西河郡圁阴县地
		定边	套南	见清
		静边	套南	见清。汉上郡奢延县地

按：《河套内外设置郡县沿革表》系南运湖河筹办处所编，河套历代所领辖之州郡以及地名位置均缕晰详列，用附编末，以备参考。

水經注河套形勢圖

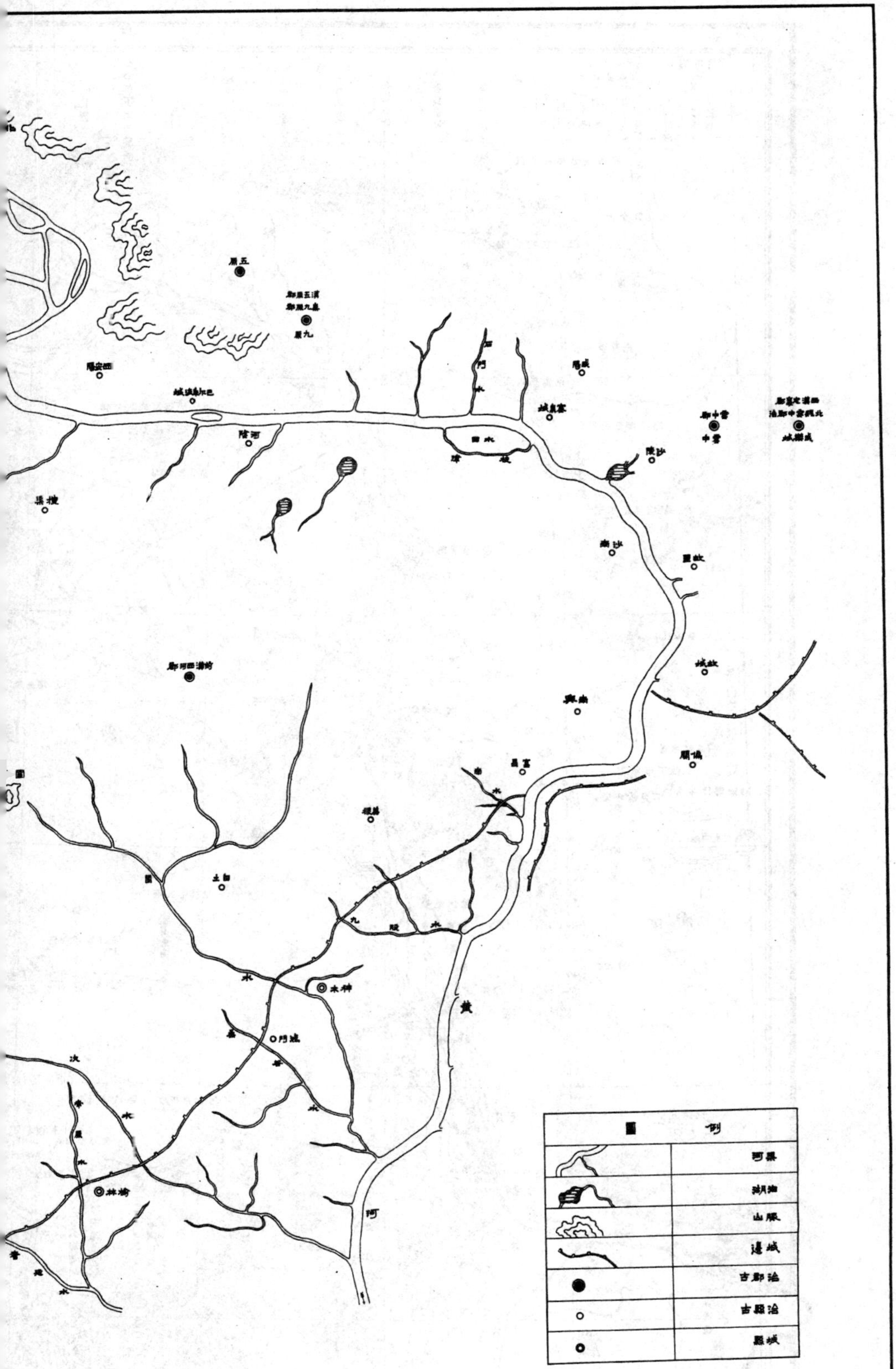
圖例
河渠
湖泊
山脈
邊城
古郡治
古縣治
縣城

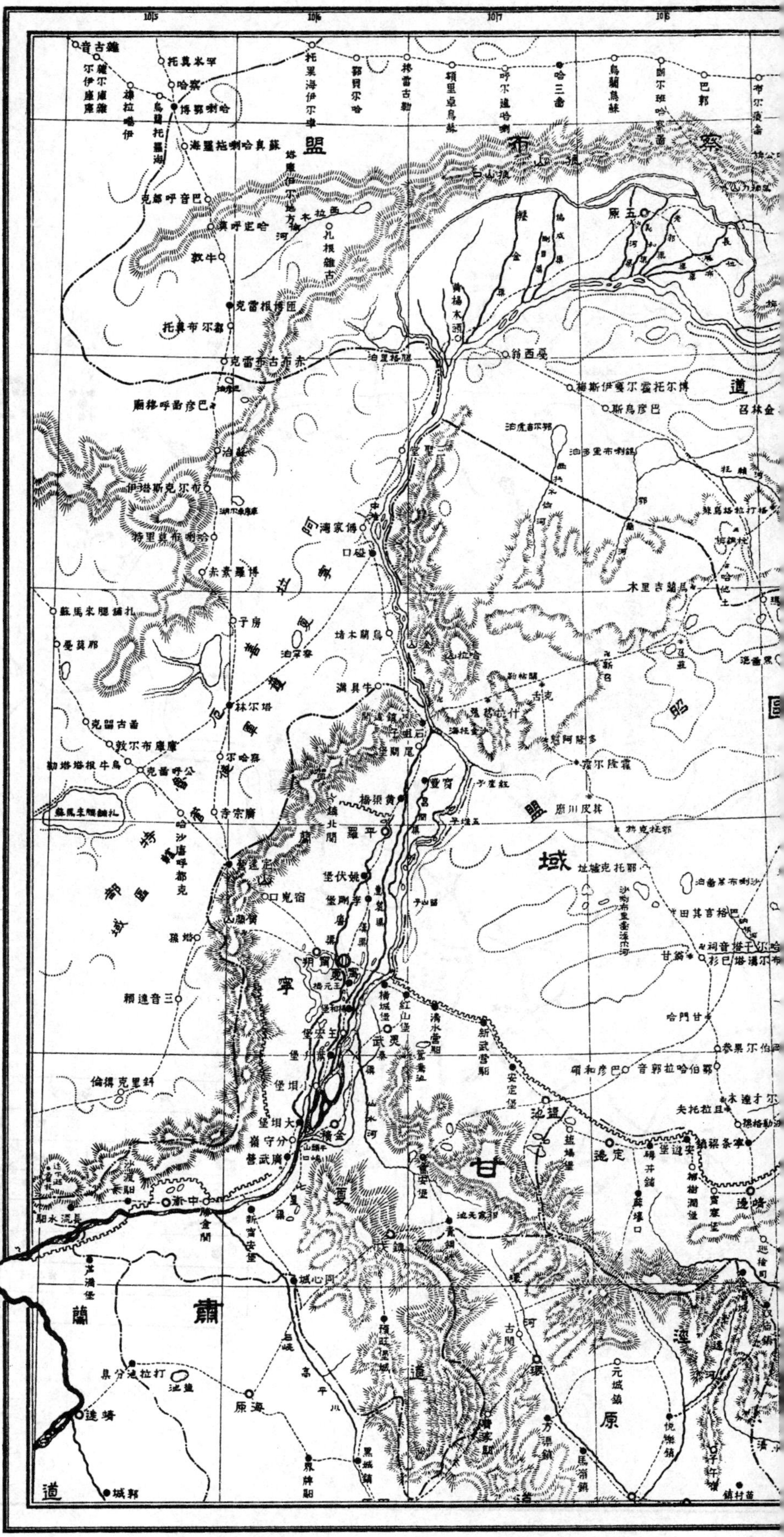
盟
道
寧
夏
甘
肅
蘭
域
中衛
平羅
定邊
靖遠
海原

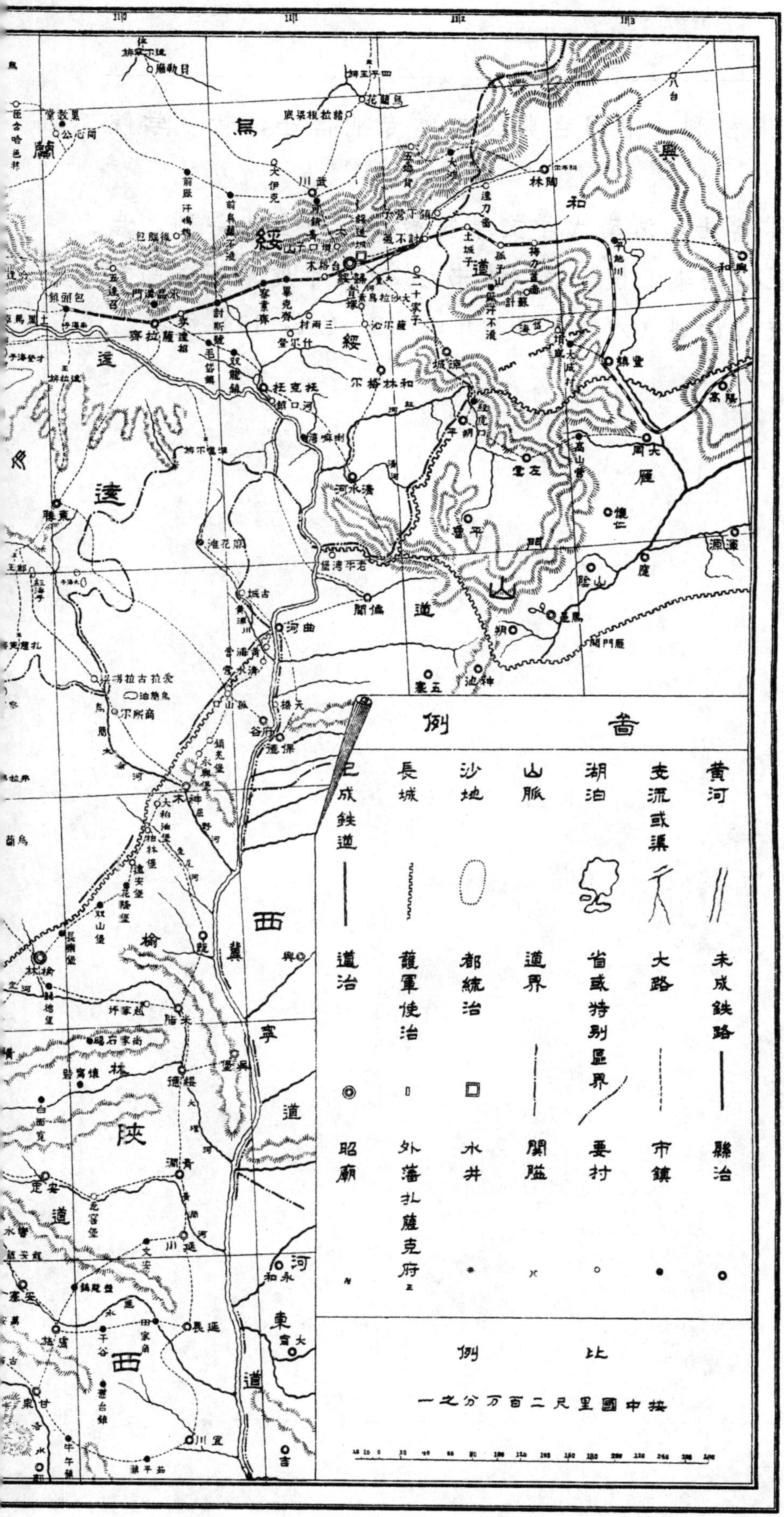
圖例
黃河
支流或渠
湖泊
山脈
沙地
長城
已成鉄道
未成鉄路
大路
省或特別區界
道界
都統治
護軍使治
道治
縣治
市鎮
要村
關隘
水井
外藩扎薩克府
昭廟
比例
按中國里尺二百万分之一

整理人： 宋福利，中国古典文献学专业博士，新乡学院讲师。

杨亮，文学博士，河南大学文学院教授，博士生导师。点校整理出版《王恽全集汇校》等。本书为2019年度河南省高校科技创新人才支持计划（人文社科类）（2019－CX－11）成果。

绥远河套治要

吴小伦　整理

整理说明

清末民初，各地军阀纷立，战乱不断，社会秩序紊乱。绥远五原县河套一域同国内大多数地区一样，处于动荡之中。多民族杂处，生计维艰。各地方势力或出于增强实力，保存势力范围；或为了发展经济，造福一方百姓，先后兴办水利，发展教育，革新风俗，取得了一定的积极效果。本书即付梓于这一背景之下。

《绥远河套治要》著者周晋熙（生卒年不详），字颂尧，四川成都人。清光绪三十一年（1905 年）十月，以山西试用典史之职，随钦差督办蒙旗垦务大臣、绥远城将军贻谷办理河套垦务。历任西盟垦务总局绳丈委员、乌拉渠坝工局委员等。民国后，供职于绥远垦务总局，一度代理总办。周氏一生勤于著述，办过报纸，成就颇丰。现尚有《绥灾视察记》《华北水利述要》《京绥游记》《鄂托克富源调查记》《准郡两旗旅行调查记》等书存世。

《绥远河套治要》共 23 章，从其内容看，可分为五部分：一是地形地貌，即《山川》；二是经济发展，涵盖《垦殖》《水利》《商务》《农业》《矿质》《牧畜》《出产》《林业》《交通》等；三是行政建置与吏治，包括《疆域》《沿革》《建置》《设治》《蒙旗》《吏治》；四是军事与社会治安，包含《要隘》《教堂》《军事》《会匪》；五是风俗文化，即《古迹》《文化》《风俗》。其中，《古迹》《要隘》《农业》《蒙旗》记载较详，而尤详于《垦殖》《水利》两章，图文并茂，对河套地区之垦殖、水利作了大篇幅叙述，特别是八大干渠的沿革及其支渠的数量、名称、长度和灌溉面积，堪称精细，体现出作者对水利重视程度之深。

本书最显著之特点是作者对西北边陲的关注，如《绪论》中言："年来或亲历考查，或著言提倡，即欧美人士，亦时相往还，明为游历，实则居心叵测。是河套之关重，固大有人在矣。"又言："度亦有志西北者所乐观也。"《山川》章复言："藉供有志西北者之参考也。"次之特点是本书之"经世致用"，如《要隘》章之"以备军事之参考"，《水利》章之"俾经营水利者有所考镜也"等。周氏撰写本书之目的即是为河套地区的发展提供借鉴和参考。本书之内容基本涵盖了绥远河套地区的政治、经济、军事、文化及民生，概可同方志类书籍相埒。清末以迄民国，著者周氏随同贻谷、王同春等人，亲历河套地区，书中所载多其栉风沐雨、亲自勘察之所得，足堪信赖，为我们了解民国时期该地区的风土民情、社会发展、政治制度、社会治安等提供了较为翔实的资料，具有较高的史料价值。唯《教堂》《吏治》失之简略，《军事》征引史料错讹较多，《会匪》《风俗》二章与水利关系不大，此次整理不予收录。

《绥远河套治要》成书于民国13年（1924年）冬，现有国家图书馆藏铅印本（原书钤印"国立北平图书馆珍藏""紫江朱氏存素堂所藏图书"）、《近代中国史料丛刊三编》辑录本等。本次整理，系以国家图书馆藏本为底本，并参照正史相关内容及《绥远通志稿》《绥远全志》《绥远概况》《绥乘》《蒙古游牧记》等绥远地方文献，《自序》补录自《近代中国史料丛刊三编》辑录本。

本编纂单元由吴小伦整理，不当之处，敬请批评指正。

整理者

目　录

整理说明 …… 349
绥远区域全图 …… 354
自序 …… 355
绪论 …… 357
第一章　疆域 …… 358
第二章　沿革 …… 360
第三章　山川 …… 362
第四章　古迹 …… 364
第五章　要隘 …… 370
第六章　建置 …… 374
第七章　设治 …… 379
第八章　垦殖 …… 383
第九章　水利 …… 391
第十章　商务 …… 408
第十一章　农业 …… 409

第十二章　矿质 …………………………………… 412
第十三章　牧畜 …………………………………… 414
第十四章　出产 …………………………………… 415
第十五章　林业 …………………………………… 417
第十六章　交通 …………………………………… 418
第十七章　文化 …………………………………… 420
第十八章　蒙旗 …………………………………… 421

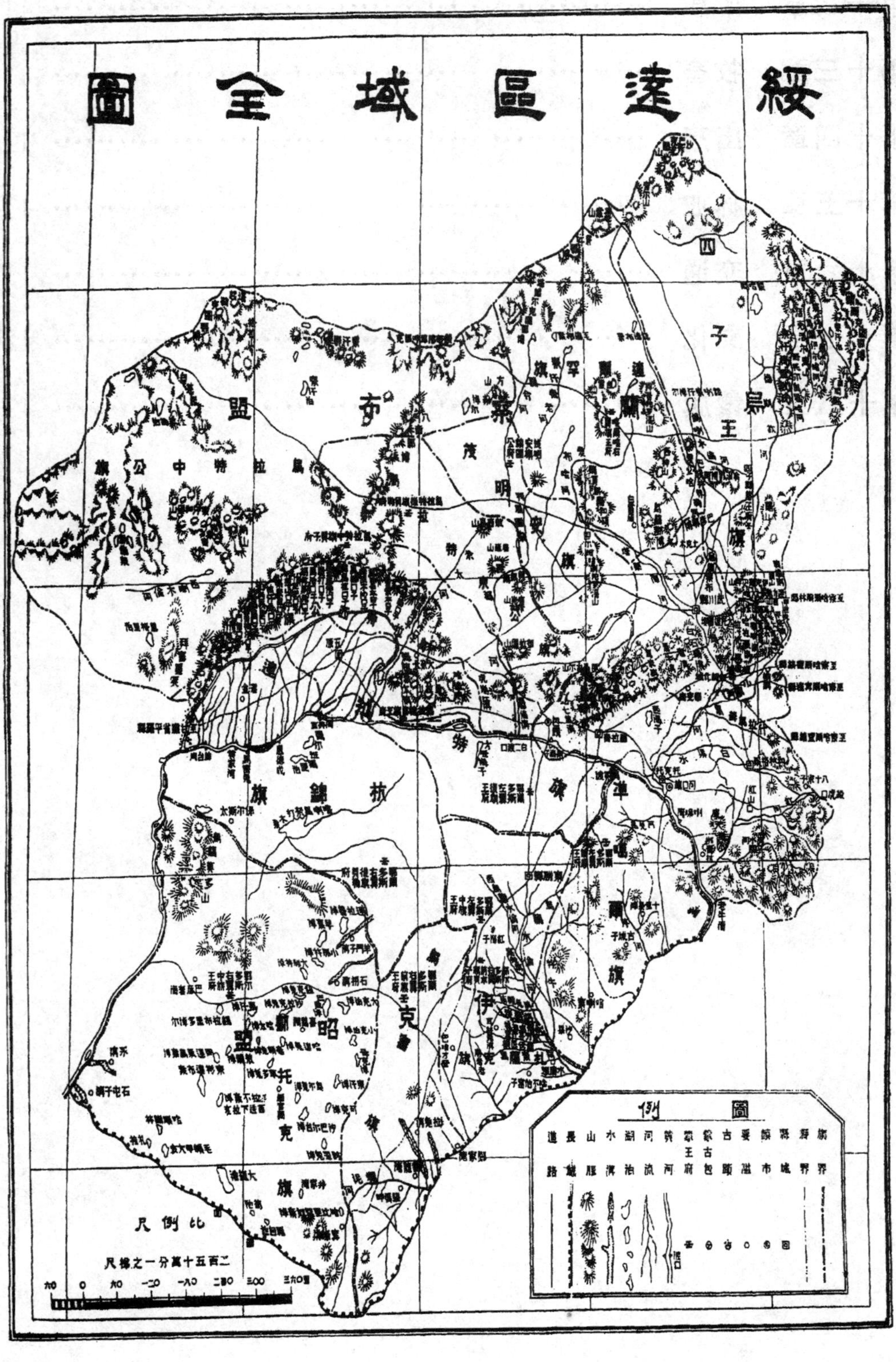
綏遠區域全圖
圖例
比例尺
二百五十萬分之一縮尺

自序

河套地居绥区西陲，当西二盟鄂尔多斯北鄙之冲要，沃野千里，广漠无垠，物产丰富，形势险要。历代以还，草昧于战国，辟于秦，盛于汉，虽衰于魏、晋，而复兴于北魏。迨至隋、唐以后，又有五季之衰，历辽、金、元而不能振，至明又复沦陷。迨有清末叶，始有绥远将军兼垦务督办贻谷，惨淡经营八大渠之举，旋因事去官，未竟全功，自是荒废又若干年。

迩来开发西北之声日高一日，河套密迩内地，垦辟势不容缓。予于前清光绪三十年间，随贻谷将军办理垦务，直至今日，未尝间断。其间专办河套垦务凡五年，对于该地水利、地亩、牧畜、林、矿各种情形，粗知梗概。本年夏间，复有河套之行，阅时五十余日，目睹田野荒芜，渠道失修，人民流亡，匪类潜伏。抚今追昔，不禁感慨系之。时值政变，举国一致主张移民殖边，爰将平日一得之愚，率书成帙，名曰《绥远河套治要》。明知粗陋寡闻，不足以当大雅一粲，而西北同志林君烈敷、朱君锦屏，以内容材料率皆翔实，力促灾黎，以裨时用，并承林君担任校阅之劳，铭感之余，弥增愧恧，所望政府实行开拓，以救时艰。全国之幸，岂惟区区祈祷而已哉！

中华民国十三年孟冬

成都周晋熙序于古丰州之寄庐

绪论

绥远五原县河套地方，俗称“后套”。幅员辽阔，延袤千里，田亩纵横，沟洫交错，出产丰富，矿苗繁多，诚为西北重要之区。一般有志西北者，莫不注意焉。年来或亲历考查，或著言提倡。即欧美人士，亦时相往还，明为游历，实则居心叵测。是河套之关重，固大有人在矣。考此地，原属蒙藩，清末隶于晋，设抚民之官。民国元年，设县曰五原，驻包头遥制，划归绥远特别区。四年，筑城于隆兴长村之北五里地方。进行未久，庶政待兴。不意连年匪患频仍，元气因之大伤，遂致田园荒芜，人民流离，商贾失业，十室九空。不但绥区受无穷之影响，即国家亦同受其害。是故河套一日不兴，绥区一日难期发展。此诚有国者所当注意者也。

今将关于河套疆域、沿革、山川、古迹、要隘、建置、设治、垦殖、水利、商务、农业、矿质、牧畜、出产、林业、交通、文化、蒙旗、教堂、吏治、军事以及会匪状况、风俗情形，撮其概要，分章编述，都为一卷，度亦有志西北者所乐觏也。

第一章　疆域

五原县河套地方，居绥远西境，东接包头，南近陕边，西通甘宁，北控库蒙，东西延袤千里，南北宽广三百里，实占绥区面积之半。居于西二盟，鄂尔多斯伊克昭盟杭锦旗、达拉特旗之北部，所有乌兰察布盟乌拉特部之东公旗、中公旗、又名东大公旗。西公旗均环绕于东北。《禹贡》属雍州之地，所谓“朔方”是也。世界沧桑，迭经变迁，忽夷忽夏，疆域纷更。当前清时，归山西归绥道萨拉齐厅之管辖。及至末叶，绥远将军贻谷振兴垦政，于光绪二十九年遂有五原厅之设，以杭锦、达拉两旗，乌拉特三公旗地及右翼后旗地与左翼后旗之西境隶焉。民国元年，改厅为县，驻于萨拉齐县包头镇内遥制。四年，始将县署移驻五原县隆兴长北五里，建城治理。八年，析县属之乌拉特东公旗地，别隶固阳设治局。[1] 固阳设治局，今已改县。十二年，又将县属东、西公旗三湖河一带，划归包头设治局[2]管辖。

---

[1] 《政府公报》（上海书店 1988 年影印本）第一五四四号（1920 年 6 月 1 日）、《近六十年全国郡县增建志要》（台湾鼎文书局影印东亚印书局 1936 年本）卷下载：固阳设治局成立于民国九年。

[2] 《政府公报》（上海书店 1988 年影印本）第二八八零号（1924 年 3 月 28 日）、《近六十年全国郡县增建志要》（台湾鼎文书局影印东亚印书局 1936 年本）卷下载：包头设治局成立于民国十三年。

五原河套地方现在之疆域，东至包头设治局东公旗之七分子，东北至固阳县莫林河红花塔拉小佘太，东南至包头设治局西公旗之西山嘴，南至东胜县北界暨杭锦旗、鄂托克旗北界，西南滨临黄河，西至甘肃平罗县，毗邻额鲁特旗阿拉善王之地界，西北至狼山与贺兰山接脉之处，北至乌拉山迤北外蒙土谢图汗部落。按以方里计之，合三万方里。每里以五顷四十亩计算，共合华亩一千六百二十万亩之多。此河套疆域之大略也。

第二章　沿革

边郡之设始于汉，汉以上无从考也。故河套莫详于汉，亦莫确于汉。自汉迄今，有四运之分。战国、秦汉间初运也，北魏时二运也，隋、唐季三运也，有清一代经贻谷经营，渐次垦辟，而功未竟，然亦可谓四运也。民国肇造，如能兴治，亦一转运之机。

考河套，本新秦中地，汉初入匈奴，武帝元朔二年，收其地，置朔方郡，徙民十万以实之。朔方之北，依秦九原郡改置五原郡。卢芳之乱，窃据边郡。光武中兴，始置并州以领之。灵帝末，羌胡大扰五原郡，流徙分散。建安十八年，省并州入冀州。二十年，始集塞下荒地，郡置一县领其民，合为新兴郡，侨治太原界。迨至西晋，为前后赵、前后秦地及赫连夏地。石勒并朔方，兼置朔州。义熙九年，赫连勃勃于朔方北筑城都焉。

河套五原郡，汉末没于匈奴，苻秦得其地，亦为五原郡，后为赫连夏所据。及至北魏，依山黄河南迁，故道名曰乌加河，河套之名自此始，属朔州之太[1]安、附化二郡。大河以南，为东

---

[1] 太　当作“大”。据《魏书》（中华书局本）卷一〇六《地形志》改。

夏州之朔方郡，要[1]以榆林之故丰州当之。隋开皇五年，始置丰州。大业初，改为五原郡。此五原在隋所以有丰州之名也。至唐，乌加河北为中、西受降城，乌加河南为丰州九原郡，大河南杭旗地为宥州宁朔郡。考唐以盐州所改之五原在今之陕西界内，去古五原千有余里，未能与隋之五原混而为一。既移五原之名于盐州，故将丰州复秦九原之名曰九原郡，此唐之五原所以不与隋之五原同地也。汉之五原在北河之北，隋五原、唐九原在北河之南，此又治所不同也。唐末分入五代、辽、夏，乌加河北为辽之云内州，乌加河南为季夏所有。宋、金时，北境为丰州，南境仍为季夏所有。元并夏、金，以其地并为夏州。河套内地初属中兴等路，后废属宁夏路。明属蒙古，仍为宁夏路。清乾隆以后，为山西萨拉齐厅。光绪以后，改为山西五原厅。民国以还，改厅为县，属于绥远特别区。

---

❶ 要　疑为顾祖禹《读史方舆纪要》。光绪《山西通志》卷三十《考一之八》案："汉五原在河北。顾氏以榆林之故丰州当之，乃隋以来之五原郡也，误。"顾氏《读史方舆纪要》（中华书局本）卷六一《榆林镇·丰州城》引胡氏云："（丰州城）在汉五原郡稒阳塞外，其实即五原旧城矣。"

第三章　山川

疆域有变更，山川无改移。塞北之山，以阴山为鼻祖，一曰大青山，又曰大斤山、秦山，其实即阴山也。接长白山、兴安岭之余脉，横亘绥区武川、归绥、萨拉齐县、包头设治局，属内后口子，为中断落点之处，又分脉为二。一循五原北境，以达甘肃贺兰山；循河东徂，障蔽大漠，以趋辽海，古称为“北干”者也；在五原境内名曰乌拉山。一循五原东南至西山嘴为止，名曰磨尔根岭，又曰乌拉前山，其实均名曰阴山也。

河套以阴山为干，川以黄河为经。阴山之在五原河套境内，随地异名。西北狼山最大，俗称“两狼山”，又名“狼居胥山”，东西延长四百二十里。东南乌拉山亦大，由包头设治局属昆都仑口起点，东西有二百七十余里。狼山即古之阳山。乌拉前山即古之牛头朝那，又曰么尔根岭，又曰阿尔布坦山。在昆都仑河发源为居延山，当包头设治局、五原、固阳县三界之间。《水经注》：黄河自临河县东经阳山南。《汉书注》曰：“阳山在河北。”即今五原之西境狼山也。又牛头牟[1]，唐景（隆）〔龙〕[2]

---

❶ 牛头牟　见于《元和郡县志》卷四《关内道》，即《旧唐书》卷九三《张仁愿传》之“牛头朝那山”。

❷ 隆　当作“龙”。“景龙”是唐中宗李显的年号。余径改。

中张仁愿在山北置烽堠一千八百所，自是突厥不敢度山以争，即今之乌拉前山西山嘴是也。（乌拉前山又名曰断头山。）

黄河源出星宿海西巴颜喀喇山之东麓，自入归德堡边始名黄河。由归德堡边凡三大折，流四百里，经积石关入河州界，东北由兰州经甘肃平罗县出边，循鄂托克旗以达五原之角渠，五角渠即今之乌加河也。岐分两派。一派南流，为黄河之新道，所谓“南河”是也；一派即乌加河，为黄河之旧道，宛如弓形，所谓“北河”是也。自南河以南、长城以北，俗名曰“大套”。自南河以北、北河以南，俗名曰“后套”，即古之河套也。河流西自磴口入套，东自西山嘴出套，流绕五原境者六百余里，凡纳二水：曰佘太河，曰乌尔图河。佘太河源出敖西喜山，西流会苏尔哲河，注于河。其地在乌拉特三公旗北八十里，有舍特河，即佘太河也。至乌尔图河，源出雪山，西南流注于河。其地在乌拉特三公旗北一百里。按：河套之山川，为西北最优之点，今详为述之，藉供有志西北者之参考也。

第四章　古迹

河套，古之名区也，自汉以来，古迹甚多。当明之世，沦于蒙古，或毁灭无存，或译音变更。乏韵士之歌咏，无太史之纪录，年远代湮，是存而不存矣。今予以知者纪之，考者载之，不过拾遗而已。

长城　长城在世界上与西伯利亚、苏尼士河比衡，为三大巨工之一。在河套有南、北之筑。赵武灵王筑长城，自代并阴山下。秦始皇三十三年，北逐匈奴，自榆中并河以东属之阴山，土色皆紫，故今有“紫塞”之称。隋之长城名曰“通漠”，开皇元年四月，发稽胡修筑长城。五年，使司农少卿崔仲方发丁三万抵朔方。大业三年七月，发丁男百万筑长城，逾榆林至紫河。四年七月，发丁六十万筑长城，自榆谷而东。阴山之长城遗迹无存。是长城为历代所建筑，而秦政独享其名也。

统万城　即赫连夏故都。义（兴）[1]〔熙〕九年，赫连勃勃筑于朔方水北、黑水之南，在河套南鄂尔多斯右翼界内宁条梁

---

[1] 兴　当作“熙”。据《晋书》（中华书局本）卷一三〇《载记第三十·赫连勃勃》载：“（赫连勃勃）改元为凤翔，以叱干阿利领将作大匠，发岭北夷夏十万人，于朔方水北、黑水之南营起都城（统万城）。”夏凤翔元年即晋义熙九年。余径改。

之北，后改名横都城。宋元嘉初，勃勃名其四门：东曰招魏，南曰朝宋，西曰服凉，北曰平朔。有清道光二十五年，榆林知府徐松檄怀远县知县何丙勋，确查统万城之故址，于是携南针，随步定向。从县城[1]之闉水西渡，出边墙。又西渡磨菇河，又西渡西水河，又西渡无定河，地势迤而高，曼陀二里许至旧相传之白土城。细加相度，在怀远城正西九十七里，至于古黑水。黑水河在无定河东，距怀远县城五十里，有淖泥河东入无定河之下流。其地有土围三重[2]，俱用土筑。渡无定河，西行二里进头道城，又西半里进二道城，又[3]数十武进三道城。头二道城内仅余瓦砾，已无遗址之存。惟三道城内南面西隅钟楼、东隅鼓楼。〔鼓楼〕[4]只存基址，坚筑白土墩，高六丈，无级可乘。钟楼尚堪登眺，高约十二丈，白土筑（城）〔成〕[5]，鸡笼顶式大厦一间，半悬钟[6]，屋顶形迹宛然，周围飞栏八层，插椽孔穴，历历可数，尚有三四孔。松椽半橛，系蒙古人猱升拔而薪之矣。南面列土墩七，坚硬如石，似系楼台之基，北头有白土坡，似系宫殿之基。北城东西两角亦有土墩，当即俗所谓"转角楼"者。内城东西不及一里，南北约一里。考其城，在河套五原河南之西南，今已倾圮，无人凭吊。据土人言及，每朔望昧爽时，空中辄现城阙之形。无定河斜络城南，转抱东城而东北流。怀远以北，别无故城基址。此必统万城无疑矣。

---

[1] 民国《绥远通志稿》卷十《古迹（故都）》："县城外"。

[2] 民国《绥远通志稿》卷十《古迹（故都）》："其地有土城，周围三重。"

[3] 民国《绥远通志稿》卷十《古迹（故都）》："又西"。

[4] 鼓楼　脱字。据民国《绥远通志稿》卷十《古迹（故都）》"鼓楼只存基址"及下文"钟楼尚堪登眺"补。

[5] 城　当作"成"。据前后文义改。

[6] 民国《绥远通志稿》卷十《古迹（故都）》载："大厦一间，半已圮，其半悬钟。"

九原故城　在今之河套五原东界，乌拉特三公旗北，与固阳县界毗连。汉武帝元朔二年所筑。

鸡延城　即居延之转音，在九原城之左。

郎君城　在九原城之右。

五原故城　汉光武（建）[1]〔省〕五原郡，徙其吏人置河东，与九原故城西北接对，确在阴山之北，今之五原东北。《明统志》谓在陕西神木，则大误矣。

临沃故城　东汉所建，河水东过临沃县南，注石门。即今之昆都仑沟。水自石门障，东南流经临沃城[2]。以地理考之，在今之五原县西南。以现在地理考之，当在乌拉前山分线处迤西，包头设治局界内也。

宜梁故城　在河套乌加河之东北，与九原故城西界一山之隔。河水自西安阳东经田辟城南，又东经宜梁县故城南。阚骃：在五原西南六〔十〕[3] 里，又名曰石崖城。

朔方故城　朔方城在今之五原县东北、乌加河之南，谓之什贲，汉时所建。

西安阳故城　距朔方城乌加河一河之隔，在今之五原县东北。河水经朔方东北屈南。

成宜故城　在宜梁、西安阳之间，滨近乌加河北岸，去五原西部塞八十里。

河目故城　在乌加河北岸，与今之五原县对接。河水自阳山南南屈，经河目县左。

---

❶ 建　当作“省”。《后汉书》卷一《光武帝纪》载：“是岁，省五原郡，徙其吏人置河东。”据改。

❷ 民国《绥远通志稿》卷十二《古迹》此处有“东”。

❸ “六”下脱“十”。据《水经注》卷三《河水》补。

稒阳故城　在五原郡东，今已划入固阳县境内，固阳县命名亦取于此。以地理考之，在今之昆都仑沟北、白彦沟迤北之间也。

临河故城　即朔方故城[1]，今之五原县乌加河西岸狼山南，与高阙塞相近。河水自高阙南，又东经临河县故城西，行五百里，分为二歧。一为南河；其一分流至套外之阿尔布坦山南，迤西为大泊，俗称"腾格里脑儿"，即古之屠申泽也。屠申泽在乌加河上流，为古之黄河故道，今已沙压，湮没无迹，所谓"北河"是也。西汉有两临河之建，城则仅一也。

临戎故城　在黄河南，今之五原西南，汉末时废圮之。又曰贺葛真城[2]，咂把湖在其右也。

渠搜故城　在朔方故城之东南。

广牧故城　在乌拉前山黄河之南，今之五原县东南东胜县境内。

苏武城　相传汉武帝时，武出使被留居此城，牧羊受辱之处。其城在五原县黄河东岸，归绥有其一，不知孰是。然按子卿被留时，在霍去病斥逐匈奴之后，阴山一带已无虏迹，何又被留？相传如是，姑存疑问。

李陵碑　在五原县西北境狼山麓下。

中受降城　在五原县境乌加河北岸阴山之南，张仁愿所筑。城内有拂云堆祠，今已遗迹无存。

西受降城　在中受降城西，距五原丰州故城西北八十里，有李华三城、韩公庙碑。元和八年，黄河泛溢，南城均毁坏，今更无存。

---

[1] 民国《绥远通志稿》卷十二《古迹》与《绥远全志》卷三《故城郡县考》此处均有"西北"。

[2] 贺葛真城　民国《绥远通志稿》卷十二《古迹》作"贺兰真城"。

新受降城　在西受降城东、中受降城西，唐开元中张说筑，北有雕[1]鹈泉。

云内州故城　在五原县（北）〔东〕[2]。

丰州故城　丰州故城有二，在五原者为隋之丰州城，在五原县河套内。

天德军城　在中降城西北二百里，唐天宝中所建。

大同故城　在天德军城西南三里，隋时所筑。

废宥州　在黄河之南杭锦旗界内。

河阴故城　在乌拉前后山之间，汉时所置。

敬本故城　在中受降城北，壕堑深峻，可以守。按：以贾耽地理求之，想是九原郡城，赵武灵欲从九原直南袭秦，即此地也。

范夫人城　在五原黄河北岸，汉将所筑。应劭曰："范夫人，汉将妻也。"征和三年，李广利出五原塞，匈奴要击广利于夫羊匈山狭，广利击破之，乘胜追匈奴，北至范夫人城。

黑城　在五原县之黄河北岸。

成吉思汗墓　在五原河套之南，鄂尔多斯境内七旗，立有鄂博，设达尔哈特五百户，承办祭祀，并派札萨克一员专司其事。因以成吉思汗于岁次丁亥七月十二日殁于图尔默格依城，于是以辇奉柩至所卜久安之地。因不能请出金身，遂造长陵，共仰庇护。于彼处立白屋八间，在阿勒坦山阴、哈岱山阳之大谔特克地方建立陵寝，号为索多博克达成吉思汗[3]。自后元裔之

---

[1] 雕　民国《绥远通志稿》卷十二《古迹》与《绥乘》卷八《古迹考》作"鹛"。

[2] 北　民国《绥远通志稿》卷十二《古迹》作"东"。考以方位，当以东为是。

[3] 成吉思汗　同治六年寿阳祁氏本《蒙古游牧记》卷六《内蒙古伊克昭盟游牧所在》作"大明青吉思汗"。

袭汗号者，率即位于八白屋前。鄂尔多斯者，乃为汗守御八白屋之人，故以得名。至今每年夏历七月，于鄂博行骡马大会，西二盟王公群趋之。如有会议事项，亦于是会议决行之，名曰“乃金合洛会”，杀牲赛神以祭之。有谓元太祖葬地在榆林边外极西北，地名察罕额尔格。译语察罕，白也；额尔格，帐房也。亦与八白屋义合。《地学杂志》：张相文著《成吉思汗陵寝辨证》，记载最详。

伊克昭　伊克者，蒙语大也。昭，庙也。今译昭为召，讹也。在鄂尔多斯境内，因成吉思汗园寝得名。七旗亦奉之为盟，言其大也。

板禅昭　在五原县西境，永济渠下游。

福音寺　在五原县境东大佘太村西北，依山而建。

古独个尔昭　在五原县境西协成地南。

梅令庙　在五原县西，距县城二十里。

大梅令庙　在五原县西蔓会村教堂地，乌加河东岸。

甲证坝昭　在东公中教堂地之北。

杨家河昭　在黄特劳亥河之东、王文祥牛犋之西，其北尚有一也。

德成渠昭　在吴祥地天德毓东西之间。

刚目昭　在忠义西之北、祥太魁之南。

狼山昭　在乌加河北岸、狼山东皮房之西。

常兴堂昭　在曹四喜渠北。

义和渠昭　在田大人地东，一在把总地内，一在北牛犋之东北。

老郭河昭　在白家太营东，一在阜恒兴之北。

塔布河昭　在姚家河头之北、塔布河南岸。

第五章　要隘

河套居于绥远之西，当中路之要冲，南扼陕、晋，北控库蒙，为包头西鄙之屏蔽。今将关于要隘地点，分晰列述，以备军事之参考。

河套　河套古名区也，居五原县之全境，三面跨河，东北临山，占鄂尔多斯伊克昭盟之北、乌兰察布盟之西南境。形势雄坦，地理宽广，诚为西北要隘之重点，亦为古今用兵扼要之区也。

榆溪塞　秦却匈奴于河套，树榆为塞。

榆林关　在鄂尔多斯之南忽洛池之间，五原城东。

光禄塞　在五原县阴山之北、北假之东。秦汉时号为“绝塞”。

鸡鹿塞　在五原县西境乌加河西岸屠申泽，即腾格脑儿。后汉永元初，窦宪出鸡鹿塞，即是处也。

石门障　石门障在大青山、阴山、乌拉前后山断峡分线处。乌拉前山即牛头朝那山，一名曰云迦关，现名昆都仑沟，又名光禄塞，原名石门子，即今之后口子也。汉时筑支就城、头曼城、虖河城、宿虏城、稒阳城稒作固，今固阳县即取义于此，即王莽之固阴。以为障。秦孝公十一年，卫鞅围魏，降之。汉亦至稒阳塞，即是处也。当五原、固阳、包头三交界之要冲。民国二年，蒙匪横行，河套国军据有此险以败之，占地势优胜也。以西皆北假也。秦始皇三十三年，使蒙恬渡河取高阙、阳山、北假，中筑亭障，以逐匈奴。汉元帝初元五年，罢北假田官。《王莽传》：五原北假，膏壤殖谷，遣兵屯田。即北假是也。阳山在河北阴山之南，似在古之河目县。然以《汉书·地理志》考之，应在东部都尉治下。北假者，以地假于贫民，使垦种也。

佘太河　发源处为敖西喜山，为阴山南北之要冲。由石汗口、海流兔口流入于套。

哈达门沟　俗称谓之牧虎关，在牛朝那山，由大佘太、台梁迳南官井梁，以通前山之荷叶萨齐，亦要隘也。相传高旺曾过此关，施有黄风术，以致迄今台梁终年风沙不息。想系高颎用兵之地，年远代湮，遂以讹传讹也。

西山嘴　西山嘴当乌拉前山之点，即北假之区也。南滨黄河，为前山入套之咽喉。唐景（隆）〔龙〕[1] 中，张仁愿筑三受降城于牛头牟那山北，置烽堠千八百所。自是突厥不敢度山放牧，减镇兵数万人。牛头朝那山之名则不免讹也。永淳初，突厥入寇丰州，州将崔智办与战败绩，即此处也。

大佘太　大佘太在五原县东境，为乌拉后山入套之要隘，当五原县东境屏蔽，关系全套要隘，为军事上必争之地。民国二年，蒙匪内犯，晋军败绩，精华焚毁殆尽。至今元气尚未复也。

莫伦河口　在大佘太西，山势雄厚，与什拉葫芦素、山水

[1] 修筑三受降城时间史载不一：《旧唐书》卷九三《张仁愿传》与《新唐书》卷一一一《张仁愿传》作“神龙三年”。《旧唐书》卷一九四《突厥传》作“中宗即位后”，中宗在位于弘道元年（永淳二年）至嗣圣元年、神龙元年至景龙四年。《新唐书》卷二一五《突厥传》记载相同，但卷三八《地理志》作“景云三年”。《唐会要》卷七三《单于都护府》作“景云二年”。

大坝对峙，为民国二年晋军与蒙匪战争之区。

乌补勒口　在五原县东北境，通外蒙赛音诺颜之要路。

鸟吉蒙太口　在阴山东北，为外蒙入境之要隘。

乌蓝石太口　在五原县东北，通外蒙要口。

海流木心口　在阴山正北，通乌拉特后旗贝勒府，即中公旗，一曰东大公旗之要道。

马相口　在五原县北境，通外蒙之要隘。

乌蓝脑包　乌蓝脑包为五原县北境重镇，距县城五十里，为通事行与蒙人交易之所。民国二年蒙匪内犯后，晋军团长赵守钰筑营以扼守。民国四年，卢占魁又盘踞是地，其险要可知。

韩乌拉口　韩乌拉口在狼山之东，外蒙库伦来往之要道。

马盖息便口　在狼山之东，正北越中公旗界，以达察汗泊迤北察汗鄂博。

庆打口　在五原县西北，通中公旗之要口。

马池口　在狼山之北，通察汗泊。

胡芦斯兔口　在狼山之北，形势险要。民国二年，晋军与蒙匪战，遇伏败绩，即是处也。

什盖记口　在狼山口东，亦险要之区。

狼山口　在狼山正北，五原县西北，山势层峦叠嶂，为用兵险要之地。

东袄盖口　在狼山口之西。

乌盖口　在缠金乌加河正北，通木纳山之要隘。

乌盖柏尔口　在五原县西北境狼山口之西，通木纳山，以达格拉山之要隘。

门他口　在黄羊木头之北，直达塔起勒克图鄂博之要隘。

什凉口　在缠金之西北，北可抵哈珀察齐泉。

大坝图口　乌拉山之西点，经西喇木伦河，以抵察汗和砍山。

高阙塞　在狼山口之西，《蒙古游牧记》即所谓“绰农陀罗海”者也。其口正当黄河北流折东处，两山对峙，有若门然。中间一路通新疆，较他路近二千余里。古高阙或即是欤？

按：以《游牧记》考之，当在套西。按以形势论之，应在石门障也。

大同川　大同川在中受降城西，即狼山湾也。所谓大同川指今之大同，则误矣。

水道要隘　河套北有阴山之险，南有黄河之恃。其黄河之要隘，则西起磴口，东至苏台庙，又东至黄家湾，又东至马密兔，又东至惠德成，又东至同兴堂，又东至白二渡口，又东即出套，以达包头南海子矣。

第六章　建置

边郡之设，莫古于汉。虽迭经变迁，而形势依然。今将历代建置关于五原河套者详列之。

战国　河套属赵，武灵王破原阳以为骑邑。秦并天下，却匈奴，树榆为塞。三十五年，除道九原，抵云阳，堑山堙谷以通之。

汉　河套本新秦中地，汉初入匈奴。武帝元朔二年收其地，置朔方郡，使校尉苏建筑朔方城，领县十，在河套者七，在套西者三：曰朔方，曰修都，曰临河，曰呼遒，曰窳浑，曰渠搜，曰沃野，曰广牧，曰临戎，〔曰三封〕[1]。又以九原郡改为五原郡，设东部都尉治，扩充县十六：曰九原，曰固陵，曰五原，曰临沃，曰河阴，曰（蒲）〔蒱〕[2]泽，曰南兴，曰武都，曰宜梁，曰曼柏，曰成宜，曰稒阳，曰莫（鞀）〔䵑〕[3]，曰西安阳，曰河目，曰文国。卢芳乱后，光武中兴，始置并州以领之，遂将五原郡之固陵、（蒲津）〔蒱泽〕[4]、南兴、稒阳、莫（鞀）

---

[1] 曰三封　原书脱字。据《汉书》卷二八《地理志》补。

[2] 蒲　当作“蒱”。据《汉书》卷二八《地理志》改。

[3] 鞀　当作“䵑”。据《汉书》卷二八《地理志》改。余径改。

[4] 蒲津　当作“蒱泽”。据《汉书》卷二八《地理志》改。

〔黽〕、河目六县[1]，另隶他郡。朔方郡之修都、临河、呼遒、窳浑、渠搜五县，而以西河之大城县隶之。灵帝末，羌胡大扰，流徙分散。建安（三）〔二十〕[2] 年，始集塞下荒地，郡置一县领其民，合为新兴郡，侨治太原。

晋　晋并[3]治晋阳，领（郡九）〔郡国六〕[4]，五原郡为（九郡）〔六郡国〕[5] 之一。建武入朔方。永和五年，徙治五原。永建四年，复故新兴郡。魏武分太原地，置治九原县。石勒并朔方。永嘉中，刘卫辰据之[6]。义（兴）〔熙〕九年，赫连勃勃在朔方水北、黑水之南筑城曰统万，建都焉。

北魏　魏初都盛乐，后没于秦。道武兴，以陉北为畿内地，五原置朔州。延和二年，置为镇，后改为怀朔。孝昌中，改为朔州，领郡五，为太平、大安二郡[7]，其附化郡之附化、息泽二县南境隶东夏州之朔方郡，河套于是荒弃。

隋　隋仍为五原郡。开皇五年，置丰州，五原郡依然统县三：曰九原，曰永丰，曰安化。仁寿元年，置总管府。大业元

---

[1] 《后汉书·郡国志》未载六县，疑为省并。

[2] 三　当作“二十”。据《三国志》卷一《魏书·武帝纪》改。

[3] 并　即“并州”。

[4] 郡九　当作“郡国六”。据《晋书》卷十四《地理志》改。余径改。

[5] 据《晋书》卷十四《地理志》载：六郡国为太原国、上党郡、西河国、乐平郡、雁门郡、新兴郡，新兴郡下有九原县。

[6] 误，据文渊阁《四库全书》本《通鉴纪事本末》卷十六下《拓跋兴魏》载：“（东晋穆帝升平三年）夏四月，匈奴刘悉勿祈卒，弟卫辰杀其子而代之……（晋孝武帝太元十六年）卫辰为其部下所杀。”即崛起于升平三年（三五九年），卒于太元十六年（三九一年），而永嘉年间为三零七年至三一三年，时代相差较甚。

[7] 据《魏书》卷一〇六《地形志》载：五郡为大安、广宁、神武、太平、附化。

年，府废。七年，为五原郡。义宁元年，太守张〔长〕[1]逊奏改归顺郡。炀帝废州，仍为五原郡[2]。

唐 唐初仍沿州制，以丰州辖汉民，乃别置羁（縻）〔縻〕[3]州以辖蕃户。九原郡设都督府[4]，省安化[5]，属县二：曰九原，曰永丰。（长安）〔开元〕[6]二十六年，所迁胡户置宥州。（永徽初）〔贞观二十一年〕[7]，置燕然都护府，领狼山等羁（縻）〔縻〕府州共二十有七[8]。〔麟〕[9]德初，又改为单于大都护府。垂拱二年，罢镇守使。开元二年，复曰单于大都护府[10]。十年[11]，置中、

---

[1] “张”下脱“长”。据《旧唐书》卷六一《张长逊》补。另据本传：张长逊隋代为里长、五原郡通守，至唐始授五原太守。

[2] 据《隋书》卷三《炀帝纪》载：“（大业）三年壬辰，改州为郡。”故废州时间在义宁元年之前。

[3] 縻 当作“縻”。“羁縻”是唐代针对周边少数民族地区的统治政策。余径改。

[4] 据《旧唐书》卷三八《地理志》载：“（丰州下）隋文帝置，后废。贞观四年，以突厥降附，置丰州都督府，不领县，唯领蕃户。十一年废，地入灵州。二十三年，又改丰州。天宝元年，改为九原郡。乾元元年，复为丰州。”领县二：九原，永徽四年置；永丰，隋县，武德六年省，永徽元年复置。

[5] 《隋书》卷二九《地理志》载：“五原郡统县三……九原、永丰、安化。”《旧唐书》卷三八《地理志》载：“怀远，隋县。界有隋五原郡。武德元年，改为丰州，领九原县。”安化、永丰二县或在隋末已废，永丰唐置时间不详。

[6] 长安 当作“开元”。据《旧唐书》卷三八《地理志》改。

[7] 永徽初 当作“贞观二十一年”。据《通鉴纪事本末》卷二八《唐平铁勒》改。

[8] 据《旧唐书》卷三八《地理志》与《新唐书》卷三七《地理志》载，燕然都护府下辖府州不只二十七之数。

[9] “七”下脱“麟”。“麟德”为唐高宗年号之一。

[10] 又改为单于大都督府……复曰单于大都督府 据两唐书《地理志》，此为单于大都督府沿革。

[11] 十年 误。《旧唐书》卷九三《张仁愿传》，《新唐书》卷一一一《张仁愿传》，《旧唐书》（中华书局本）卷一九四《突厥传》，《新唐书》卷二一五《突厥传》与卷三八《地理志》，《唐会要》卷七三《单于都护府》均未有“十年”之载。

东、西三受降城，徙治安北大都护府于丰、胜二州之境。天宝初，改九原郡[1]，安北、单于二都护并属于朔方郡[2]。

宋　宋攻契丹，得丰州，后没于西夏，徙治府州地，名曰“宁丰”。

辽　太祖神册元年破唐，置代北云朔招讨司，后改云内州，隶西京道，领柔服、宁人二县，渐成井邑。乃以国族为天德军节度使，富民、振武二县并属丰州。

金　金取辽地，升丰州为总管府，置天德尹。后并隶西（京）〔南〕[3]路，宁人[4]入柔服，增设云川县，而西夏地如故。皇统九年，升为天德总管府，置西（北）〔南〕[5]路招讨司，以天德尹兼领之。

元　元并夏、金，仍为云内州，属大同路。原初属西夏中兴等路，后废属宁夏路。

明　明初置东胜卫，不久亦废（人）〔入〕于蒙古鄂尔多斯暨乌拉特部。终明之世，皆不内属。

---

❶ 据《旧唐书》卷三八《地理志》载：“（丰州）天宝元年，改为九原郡。”

❷ 据《旧唐书》卷三八《地理志》：夏州都督府，天宝元年改为朔方郡，领朔方、德静、宁朔、长泽四县，云中都督府、桑干都督府、安化州都督府、宁朔州都督府、仆固州都督府寄在朔方县界，定襄都督府、达浑都督府寄在宁朔县界。故“安化、单于二都护并属于朔方郡”有误。

❸ 京　当作“南”。据《金史》卷二四《地理志》改。

❹ 据《金史》卷二四《地理志》载：“宁仁（人），旧县也，大定后废为镇。”

❺ 北　当作“南”。《辽史》卷四一《地理志》西京道：“丰州天德军节度使，兵事属西南面招讨司。”又《大金国志》卷三八：“招讨司三处：西南路丰州置司、西北路桓州置司、东北路泰州置司。”《金史》卷二四《地理志》：“丰州，并隶西南路招讨司。”

清　清天聪八年❶，征服蒙古❷。乾隆六年，设归绥道萨拉齐厅以隶之。光绪二十九年，设五原厅，驻包镇❸遥制之。

民国　民国元年，归绥道改归绥观察使，五原厅改为县。三年，改绥远道以辖之。

---

❶　天聪八年　《钦定外藩蒙古回部王公表传》作“天聪九年”，其卷三四载：“天聪九年，大军收复察哈尔（蒙古著名部落之一）。”

❷　蒙古　即“漠南蒙古”。《清史稿》卷一三七《兵志》载：“蒙古以瀚海为界画，其部落之大类有四：曰漠南内蒙古，曰漠北外蒙古，曰漠西厄鲁特蒙古，曰青海蒙古。清初，漠南蒙古臣服最先。至康熙初年，而漠北喀尔喀三部内款。及亲征准噶尔，而青海诸部来庭。惟漠西厄鲁特部，至乾隆间始征定焉。”

❸　包镇　即“包头镇”。

第七章 设治

河套地方，当明之时，为蒙古所据，终世不属内封。及至有清入关定鼎以后，天聪八年，太宗征服察哈尔，土默特部众悉降，河套蒙古各旗相继来庭，遂增设协理通判分管之。乾隆四年，始有萨拉齐协理通判之设，遥制河套。二十五年，改为理事通判厅。（二十七）〔同治四〕[1] 年，改通判为同知。光绪十年，改为抚民厅兼理事。廿九年，山西巡抚吴廷斌奏，以边外地方民繁，非设官分治无以为绥边弭患之谋，长治久安之计。加以各处蒙汉错居，民教杂处，垦务议创，百废待兴。现既将界址勘有端绪，自非遴委熟悉边情之员，先行署理，无以收人地相维之效云。遂析归绥道属萨拉齐厅治三百六十里之大佘太，附益以达拉特旗、杭锦旗、乌拉特中西东三公旗地，置五原厅抚民同知理事衔。移山西汾州府同知一缺驻于包头镇，以姚学镜为五原厅同知。其境界以包头镇西门外五里脑包为起点，此为河套设官之始。然在包遥制，人民仍复依然无所倚赖。嗣改议于隆兴长，皆未果。侨治包头，不过稍有形势而已。迨至三十年，又划五原厅鄂尔多斯郡王旗地，添设东胜厅抚民通判，移山西汾州府碛口通判一缺驻包治理。是包头镇仍属于萨拉齐

[1] 二十七 当作“同治四”。据《清史稿》卷六十《地理志》改。

厅，而于镇内有两厅公署之组织，权限混淆，民苦不便。旋又改章，有距新厅治远、旧厅治近者，则仍归旧厅管辖，以从民便，而纠纷愈甚。

又，三十三年，山西巡抚恩寿等会奏，略云：窃照前准西盟垦务大臣贻谷咨，光绪三十一年三月初九日奏请将伊克昭盟郡、札两旗改归五原厅管理一折，奉朱批“着山西、陕西巡抚会同妥议具奏。钦此。”❶ 当经会商酌办。查郡王、札萨克两旗，地势迤〔迺〕相连，在河套以南伊克〔昭〕盟鄂尔多斯部内，左为准噶尔旗，右为乌审旗，与陕之榆林府接壤。郡旗寄民约七八千家，札旗寄民约千余家。两旗放垦之地均在南境，至活鸡图沟而（上）〔止〕❷。沟以南自康熙、雍正至光绪年间，迭次展界，地亩俗称“新旧牌子”地。其南界悉接边墙，从前垦务未兴，该旗地私垦人民遇有词讼命盗案件，每以距何处为近，即赴何处呈诉。如两旗迤南则赴陕之神木、府谷两县，迤北则赴晋之萨厅❸。近则草莱日辟，负（来）〔耒〕❹ 者络绎于途，三公、杭、达等旗既已设官分治，该两旗事同一律，自未便任其无所归宿。垦务大臣前奏所以请隶五原厅者，诚因时制宜之计。因五原幅员本广，若益以此两旗之地，终虑鞭长莫及。兹查郡王旗之坂素濠后改置羊场濠。地方，背负黄河，西邻大昭，为两旗适中平衍之区，拟于其处增设厅治，抚民理事通判一员，就垦界划疆而理。新旧牌子迤南，一切命盗讼案久向秦边控诉者，

❶ 《山西、陕西巡抚会奏郡札两旗地方事务日繁，拟请增设东胜厅折》此处有“咨行两省”。

❷ 上　当作“止”。据同上改。

❸ 《山西、陕西巡抚会奏郡札两旗地方事务日繁，拟请增设东胜厅折》有“听民自便，并无界限。”

❹ 来　当作“耒”。据同上改。

仍归陕省治理，迤北则统归新厅管辖。此地在前明为东胜城，即名曰“东胜厅”。此五原划治之所由来也。

民国以还，元年命归绥道为观察使，厅改为县，同知改为知事，裁大佘太巡检以节经费。二年，与山西划分，设特别行政区，裁观察使，置民政厅管辖之。此为划疆分治之始。三年，将军改为都统，增设绥远道道尹，五原县依仍其旧。四年，筑城于隆兴长，迁治焉，以乌拉特三公旗地及右翼后旗与左翼后旗之西境隶之。

又，绥远道尹详，以据五原县详覆：“遵查职县，东界萨县，西界甘肃平罗县，南界陕边，北界大漠，袤延千余里，纵横六七百里，耳目难周，控制匪易。县属大佘太地方，为南北之要冲，外蒙出入之门户。又有缠金地，西接宁夏三百余里，南连陕边，北至狼山，东至隆兴长亦二百里，形势扼要，非仅为甘、陕之大道，亦外蒙出入之要津。拟请各设县佐一员，以资佐理”等情。查该县辖境辽阔，向系寄至包头，商民望治，庶政未兴。重以前年蒙匪内犯，该县适当其冲，地方精华蹂躏殆尽。盗贼充斥，比户流亡。现虽饬移本治，然抚循亦有难周。县佐之设，实较他县为尤亟。其大佘太及缠金两处，一居该县东北，为外蒙出入之要津；一居县之西南，为甘、陕交通之大道。形势均关重要，似均（设）有设置县佐之必要。惟兹值国家财政困难，建设宜权轻重。缠金距县治较远，控制较大佘太更难，拟仅于该处设置县佐一缺，正在进行。都统潘矩楹去任，又复中辍。八年，析县属之乌拉特东、中两公旗地，别属固阳设治局。今已改县。十二年，又析乌拉特三公旗前山西山嘴及后山七分子以东，属包头设治局。十三年七月，绥远都统马福祥又复注意五原四境，各拟添设县佐，委派绥远实业厅厅长兼垦务总办段永新前往勘查。予得随往服务，遂建议割长济渠地以东为大佘太设治局，丰济渠地以西强油房地方置临河设治局，即汉时临河县之故址。以资治理。马都统准如所请，并拟在西山嘴地方再添设县佐一员，以补不足，一俟呈明政府，即可实行。惟经费以原有西盟垦务分局裁撤，所有经费七千余元，藉资挹注补助，其不足一万余元，亦不难筹措。此五原现在改治之情形也。

第八章　垦殖

我国西北之实业，垦殖为先，不待智者而知矣。而垦殖良好之区，莫过于绥远之河套。有明以世，蒙人封闭自锢，利弃于野。及至清代末叶，一般地商与蒙旗订立草约，任意私垦，遂致械斗之风、残杀之案不一而足，官蒙亦无可如何。地遂以辟，陕、山人民亦由此日渐麇集耕种。然仍春出秋归，未能臻于繁盛。此河套垦殖发端之大略也。

光绪朝，山西巡抚胡聘之奏请开办垦地，事未果行。庚子拳匪之变，岑春煊由甘带兵赴京勤王，路经河套，注意开垦之谋。两宫西巡回銮，奏请贻谷为西盟垦务督办大臣，于二十九年着手进行。此公家开垦之大略也。

溯西盟开办之初，原议从乌兰察布盟之乌拉特中、东、西三公旗着手。嗣因联盟抵拒，费尽唇舌，而伊克昭盟之达拉特、杭锦旗方克先后遣派蒙员接洽商议，乃于二十八年八月筹办设局事宜，至二十九年六月始行开办。先由杭、达两旗修渠招垦入手，次第扩充。三十一年，归化垦务总局裁撤，遂改包局为总局，名曰西盟垦务总局，委任姚学镜为总办。河套敷设分局十余处，以资办理。当时，贻谷大臣办理垦政，对于蒙民恩威并施，规模大举，不幸获谴去官，以致功亏一篑。然为西北开发利源之首创，其功固不可没也。予于光绪三十年先在河套办理垦务六年，嗣后又在包头办垦三年。民国以还，服务绥远垦务总局又五年。前后忽忽十余载。感逝流光，耻名不立，惟于垦务情形，尚能知其梗概。今将关于河套一部分分晰言之，以备留心垦政者之参考焉。

达拉〔特〕旗报垦之始末

达拉特旗报地，其别有二。一曰放垦地，即“四成补地”是也。一曰永租地，即现时包种征租之地是也。四成补地报垦，因“庚子赔教”一案，欠款甚巨。该旗几次筹偿，尚欠尾数银十七万两零，无力措交，拟以蒙地作抵。其时该教士欲得现银，而不愿留地，以致教案交涉一时不能完结。遂由绥远城将军信恪、山西巡抚岑春煊、西盟垦务督办贻谷设法筹赎，招集公司，共凑银十二万两，赎回达旗赔教地亩。其不足之数，仍由山西筹措应用，以济蒙旗之急，而遂教士之心。一再与达拉特旗交涉，始而居奇，往复确商，始将萨拉齐南濒临黄河之四成生熟地一段，允交二千顷。每亩地价以七钱核算，招户承领，共抵银十四万两。规定之后，除应折扣河渠、昭庙、牛犋、柳林不堪耕种之地外，尽数勘丈，实丈净地一千二百三十五顷。其不足之地，将河套长胜渠内黄瑙楼上下、贾不色、八拜水道、燕安河等处渠地报垦。所谓“四成补地”，此为西垦入手之基，并将长胜渠改名为长济渠。此即水利进行之开端。

着手之初，黄河漫涨，报垦之地多被淹没。招户承领，稍有停滞。此项地亩荒价计分四等：曰上地，曰上次，曰中地，曰中次。共放上地八百零八顷五十六亩九分，每顷价银一百两，合库平银八万八百五十六两九钱；共放上次地三十八顷二十三亩，每顷价银九十五两，合库平银三千六百三十一两八钱五分；共放中地四百零四顷七十五亩五分，每顷价银九十两，合库平银三万六千四百二十七两九钱五分；共放中次地一百六十八顷四十四亩六分，每顷地价银八十五两，合库平银一万四千三百一十七两九钱一分。综计四等地共放一千四百二十顷，合库平银十三万五千二百三十四两六钱一分。常年岁租并四等为三，计上地每亩应征银二分二厘，中地每亩应征银一分八厘，下地每亩应征银一分四厘，每年共应征银二千八百一十二两四分九厘。其领户多系官户，不善经营，以致渠道淤废，地亩荒弃。民国以还，匪患频仍，牛犋迁徙一空，满目荒凉，一时不能振兴。十一年间，经绥远垦务总办段永新为补救农业起见，遂将常年岁租以有青苗之地交纳，其荒废者豁免，藉示体恤招徕之意，呈由绥远都统转咨财政部核准在案。而一般地户多已散失内地，一时不能麇集，将膏腴之地任其荒废，殊为可惜。此河套“四成补地”垦殖今昔之情形也。

永租者，由垦务局年年招种，征收租银，其地租而不放，公家但为蒙旗经理，地仍属蒙，而不为我有者也。报垦之初，系由达拉特旗遣派台吉巴咱尔格尔第到绥商办。光绪二十九年四月间，巴咱尔格尔第呈请先尽长胜、改名长济。缠金改名永济。两处开渠垦放，其余该旗各地段听候任便陆续开渠，渠水能到何处，地即放至何处之提议。贻谷大臣七月派员勘查，八月，由达旗正式呈报，以永租地渠至何处，即将何处开垦，日后所得租银，以七成归公、三成归旗。是为达旗报垦永租地之始。

然达旗之地早为地商私垦，如老郭、改名通济。沙河、义和、丰济、刚目各渠地是也。盖地随渠为转移，无渠则地等同石田。是地为达旗所有，而渠系地商所挖，故达旗虽将地亩报垦，而渠不得不由公家收回方能着手。至三十年起，始将后套各渠，劝导地商报效收回。而地商王同春在二十九年间，报出中和渠，由西南河岸起至东北杭、达两旗交界止，约长二十三里。又东北连接开渠，约长二十三里，系与王在林、韩钺所开，王同春应有十分之五。嗣因无力，而又以陈四阻挠，是以不能再开。在达有地无渠，在杭有渠无地，倘开官渠，计当可省工三十余里，固不无小补。若欲全行浇灌，非将刚目、灶火两河循旧疏凿，不克尽其地之所有，并将隆兴长房院一所、车二辆、马六匹、牛四头，情愿一并报效。此地商报垦之始也。

公家接收之后，租银计分四等：上上地每顷收租银四十两，上次地每顷收租银三十两，中次地每顷收租银廿五两，下地每顷收租银二十两。所收租银以二成为渠工，其余分为十分，以蒙得其三，公得其七，此公、蒙初次规定之条件也。自公家收回，积极整理，每年可丈青苗两千顷以外，综计光绪三十年起至三十四年止，共征租银二十一万三千一百六十一（万）〔两〕[1]九钱九分。至宣统年有加无已，而达旗竟欲收回自办。经坤岫[2]督办商定，每年收回租银公、蒙各半。

迨至民国以还，政局变更，遂致渠地全行废弛，所有贻督办惨淡经营之功，百万元渠工之费，一旦损失，前功尽弃，至今人士莫不感叹。及至元年，公家无力兴修渠道，改为民户包

❶ 万　此处文义不通。以本句语法和银数计量单位度之，当以“两”为是，据改。

❷ 据《清史稿》卷二四《德宗本纪》载：“（光绪三十四年四月）命信勤充垦务大臣。”又卷二五《宣统皇帝本纪》载：“（宣统二年九月）乙巳，署绥远城将军、督办垦务大臣信勤以疾免，调坤岫代之。”坤岫任督办在宣统二年九月乙巳之后。

租，每年以两千顷承垦，每顷以十五两交租，共合库平银三万两，公、（家）〔蒙〕[1] 各得其半，渠归租户修挖。办理数年，民力未逮，拖（次）〔欠〕[2] 愈巨。议者以“散户承包，致有经营失宜”之诮。九年间，又有蔡成勋都统使第一师旅长杨以来假借灌田公社，统包八渠永租地亩之后，一意贪图私利，不顾全局。截至十一年，积欠租款十万余元，渠道废坏无遗。经五原绅董王同春、张厚田、杨文林、杨嗣殷、崔国仁、魏三槐、王哲、马骥等呈请整顿，（夏）〔复〕[3] 经绥远垦务总办段永新呈明马督办，与灌田公社杨以来一再交涉，始行收回。由五原地方人士组织汇源水利公司，承包丰济、永济、刚目、沙河、义和五渠之地。其长济、塔布、通济三渠之地，归兴农社承包。至各渠余地，由原地户承租，并规定章程十七条，以资遵守。而河套水利经费，已垦地每顷应征银一两二钱，未垦地暨昭庙地每顷应征银三两三钱，每年可收经费洋五千余[4]。本年遂设水利总局以资整理，拟于十四年分起实行。此永租地现在办法之改定也。

杭锦旗报垦之始末

杭锦旗报地之初，该旗贝子阿尔宾巴雅尔遣派梅令棍布到绥议商，当由贻谷大臣饬令指报。而该旗札萨克愤棍布之擅行指报，中途反悔，经贻谷大臣一再严责，胁以奏参，札萨克始

---

[1] 家　当作“蒙”。据前文“蒙得其三，公得其七”和本句“各得其半”改。

[2] 次　当作“欠”。据下文“积欠租款十万余元”改。

[3] 夏　据前句“经五原绅董王同春……呈请整顿”与本句“经绥远垦务总办段永新呈明马督办”，以语法度之，当作“复”。据改。

[4] 揆以全文，当为“五千余元”。

终拒抗不允。及议定，仍由梅令棍布自行指交，仿照达拉特旗办法，渠至何处即开至何处。札萨克益愤。于是咨呈理藩部将梅令棍布革职，报垦事更形坚持。贻谷大臣乃以违抗朝旨，摇动大局，奏参革去该札萨克之伊克昭盟盟长之职。该札萨克怵威求全，始将杭盖、中东两巴噶地段报垦。东北地界达拉特旗，西界王善旧渠北，南界黄河。仍言无论如何，总不能依照梅令棍布所报之地办理。

光绪三十年为开办之始。分为四段，曰元、亨、利、贞。共设四分局，属于西盟总局。又续报两巴噶之西界，王文祥耕种地之黄托勒盖河东畔地一段，东界蓝锁河，西界黄托勒盖河，南界黄河，北界达拉特旗地，内分渠地、旱地两种。所报两次之地，共计东西长约二百七八十里，南北宽约七八十里，可放地四千余顷。即以四千顷计算，每顷以七十两计之，共应征押荒银二十八万两。嗣后改订渠地为五等：曰上地，曰上次，曰中，曰中次，曰下地。价与达旗同，惟下地每顷规定地价银八十两。

嗣后，续放之地又改上地九十两，上次八十五两，中八十两，中次七十五两，下七十两。旱地计分五等：上地每顷押荒银五十两，上次地四十两，中地三十两，中次地二十两，下地十两。综计渠地共放地二千八百三十九顷五十亩二分，共应征银二十五万七千二百八十八两九钱七分；旱地共放一千一百七十八顷五十三亩，共应征银四万七千九百八十三两一钱三分。两项总计地四千一十八顷三亩二分，共合库平银三十万五千二百七十二两一钱。

常年岁租渠地并为三等，计分上、中、下，与达旗同。旱地亦分三等：上地每亩应征银一分六厘，中地每亩应征银一分二厘，下地每亩（庆）〔应〕[1] 征银一分。以上两项渠、旱地亩，每年应征银二千七百四十两八钱一厘。惟所用渠道淤废，此项地亩因之大受影响。

垦务总办段永新于十一年间，与达旗地亩同案呈请见青纳租，民困稍苏。然此项地亩丈放最宽，夹荒、余荒甚多，如将来渠道疏浚，地方发达，则清丈可增三千顷以上。而昭庙地当杭锦旗，报垦时，本定每庙每面拨给二里半。嗣于光绪三十一年间，规定大庙每面丈给五里、中庙四里、小庙二里。丈时连庙中心计算，复行规定昭庙之地由公家代租，每年每顷给昭庙银五两，公家收渠租六两。嗣又垦请收回自行经理，至今仍属私垦。每年公家每顷仅收水利经费银一两二钱，现已拨归水利总局经费。

至户口地自报垦后，租地一顷，给银五两。嗣以联名恳请发还，以资养赡。拟定原户口有地百顷者，准给十分之二；有五十顷者，准给十分之三；有二三十顷者，准给十分之五；十顷内者，按以八成。札萨克呈请以有户口地者仅数十户，倚赖牧厂为生，恳请一律拨给。三十二年，贻谷大臣派员往勘，将沿河一带废地给作牧厂。自姚家寨子起，西至黄托勒亥河止，计长二百十五里，宽六里至二里不等。自划拨以后，即将原户地收回。盖原户口地多系膏腴之区，而沿河之地均斥卤之地也。现在蒙人牧厂多在沿河一带，藉以谋生。此杭锦旗报垦始末之状况也。

[1] 庆 当作“应”。据前后文“应征银”改。

乌拉特西公旗报垦之始末

河套地方自杭、达两旗报垦，其东首尚有西公旗膏腴之地。其初坚不报垦，公家一再交涉。光绪三十二年八月间，始指报乌加河迤南什拉葫芦素地一段，东至旧有山水坝为界，南至什拉葫芦素南大渠为界，西以达拉特旗为界，北以山水坝为界。嗣又添报红们图地一段。彼时山水坝多已废圮，乌加河水又复漫溢，非修挖渠坝，难资招放。且距大佘太甚近，地属膏腴。三十三年间，委派会办元恺办理。予初随同勘丈，继又委派专修渠坝工程。所放之地，共计分为四等：曰上上地，每顷押荒银一百二十两；曰上地，每顷一百一十两；曰中地，每顷押荒银一百两；曰下地，每顷押荒银九十两。共放地一千七百余顷，合征库平银一十七万九千余两。购地之主多系官僚，无农业之经验，以至今日地亩荒废殆尽，而积欠荒价尚在五万余两。虽有丈青征收岁租体恤之明文，而地户散漫他处，无从补救。按以岁租照以“四成补地”规定，现在公家虽拟将拖欠之户撤回另放，而渠道一时未能疏浚，承领之户仍属不甚踊跃。此西公旗报垦今昔之大略也。

第九章　水利

黄河之为患于中国，尽人而知之矣。然在下流则为患，在西北则有利。而且西北水利振兴，则下流之患亦不难消除，此则世人所未知也。

按：黄河发源在青海巴颜喀喇山脉间，星宿海为起点，入甘肃西宁道境内。西宁即古之西羌，又谓之湟中地，当青海入甘肃之孔道。正东经巴戎、循化两县，顺小积石山入兰山导河，经皋兰县北镇远桥，曲折北流。出长城，过兰州、靖远，折而东流，入宁夏道境内。复入长城，经中卫、金积、灵武、宁朔，又东折而东北流至宁夏，出边墙以达平罗，即入于河套，所谓“西套”者也，计长一千三百里。由贺兰山阿拉善额鲁特旗东麓北行，入绥远五原县之境，为狼山所阻。向东流行，由西山嘴经托克托县会黑河，折而南流，经清水河县西，曲折南下入山西、陕西境。环绕鄂尔多斯旗之三面，南限边城，称曰河套，所谓“黄河百害，惟利一套”是也。其实河套一隅专指五原县境一部分，其他则谓之河西，非河套也。唐时始兴水利。贞元[1]

[1] 贞元　德宗年号，下文“永徽四年，置有陵阳渠”，则“水利提倡之始”不应在“永徽”之后的“贞元七年”。开渠时间史载亦不一，《旧唐书》卷十三《德宗纪》与《新唐书》卷三八《地理志》均作“贞元七年”，《玉海》卷二二《地理》作“贞观七年”。

七年，开延化渠，引乌水入库狄泽，溉田二百顷，为水利提倡之始。永徽四年，置有陵阳渠，建中三年浚之，溉田置屯，寻弃之。有咸应、永清二渠，贞元中刺史李景略开，溉田数百顷。嗣后，历代亦未注意于是。及至有清，始有地商私租蒙地，实行水利之经营，渐次发展。光绪末叶，由贻谷大臣收回办理。此水利归入正轨之概略也。

河套之黄河故道，即今之乌加河，古之北河也。循狼山之南，跨乌、达两旗之间，迤西则隶杭锦。寻源溯委，绵亘七百余里。河身现时仅宽二百余丈至二三十丈不等，形如弓背的起点。在阿拉善额鲁特旗之传家湾，为黄河之故口，而土崖断续，新黄河不能流入，遂南迁，即今之黄河新流也。至准格尔教堂所挖借用渠身，不过三丈。当年，河道由准格尔以北，地均平坦，不辨河身。七十里至纳只亥，再由纳只亥迤东，沙山横亘，势若长峰，宽长不等，高下悬殊。一百二十里至沙沟堰，再东在杭锦旗西巴噶，土人呼为“冈冈午作河”，蒙人呼为“老不更河”，言其为旧大河也。再东名可淖，仍为沙山所压。循北山根，河身分为两道，东行数里至义太魁，又由义太魁至梅令庙，或沙山积压，横亘河中；或土陇淤塞，深谷为陵。河岸又多为山水冲刷，缺残断续。由梅令庙迤东，岸宇整齐，河水尚可浇灌。再东一百九十里至红们图，河身均尚完整。由红们图百里至王柳濠，地极洼下，众流所归，俗名曰“乌梁素海”，淤平不明河身者约十七八里。河势宽泛，漫无际涯，然水汇于乌梁海则不得出。黄河故道之利益，在于能受上游诸渠之水，转输于下游诸渠，为河套诸渠之总干。若不将此黄河故道疏浚，使全套血脉流通，则水利决不能达圆满之目的。因黄河故道地势居高临下，用水最易。若以现在新黄河而论，地势居洼，使之北昂，

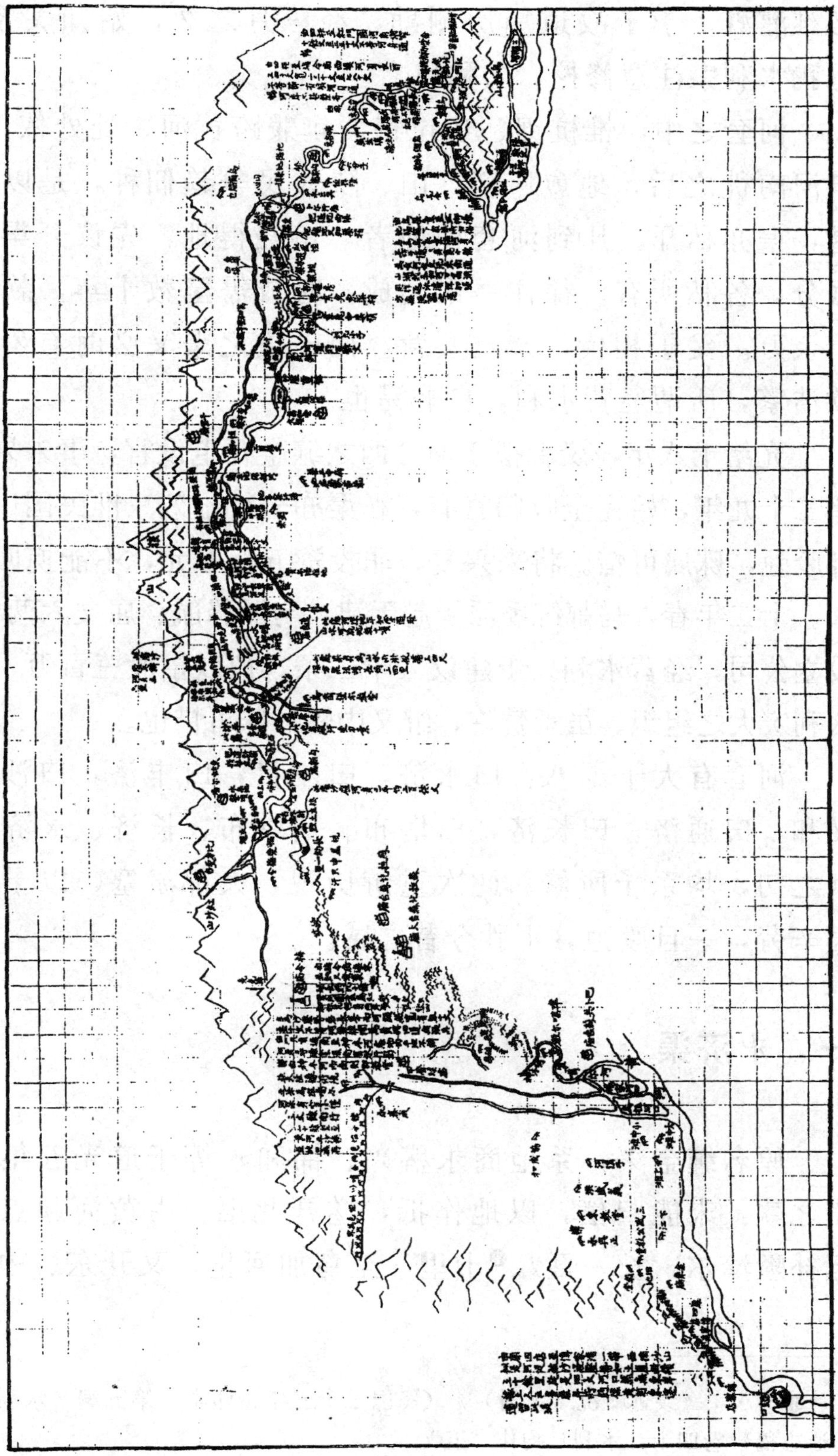

河套之黄河故道圖
(印島加河圖每方十里)

必难灌溉。予于故道周历测勘，经三月之久，始知关系之要。愿我水利家注意修挖，勿稍忽之。

河套之中，惟杭锦、达拉特两旗兼跨黄河，处处依渠为命。自河南徙之后，地愈广衍，山、陕人民争趋佃种，是以地为私垦，渠亦私开。凡到河套种地者，甫经得地，先议开渠。支别派分，各私所有。往往一渠之成，时或需至数十年，款或糜至十余万。父子相代，亲友共营。而已成之渠又必时有岁修，需款浩繁，所谓经营水利，良非易也。

光绪十八年，议者拟于河套西之缠金开屯设官，事未果行。光绪二十九年，始完全收归官有，私渠亦全行报效。惟民国以还，大都废弛，殊属可惜。将来兴复，非投资五百万元，不能挽回而期永久。十二年春，马都统委派予赴天津，与潘馨航、屈文六两君接洽，设立公司，经营水利。予建议二十二条，拟以招股三百万，为河套水利宏大之组织。虽承赞许，继又中辍，殊可惜也。

河套有大干渠八：曰永济，曰刚目，曰丰济，曰沙河，曰义和，曰通济，曰长济，曰塔布。其塔布、长济、永济三渠开创之初，均系予所修。此次重游历视，大都淤塞，以予六年风雨辛劳，一旦废弛，不胜今昔之感。

一、永济渠

原名缠金渠，系地商永盛兴、锦和永等于道光五年借贷达旗之款，未能归偿，以地作抵，遂开此渠。由黄河起点，东北至补隆淖尔，长一百八[1]十里，至乌加河止。又开东、中、西三

[1] 八 《绥远概况（上册）》（民国二十三年铅印本）第五编《水利》与《绥远通志稿》卷四十《水利》均作“五”。

渠，暨乐善堂渠三❶十里，其形如彗。归公后，予得专司其事。另辟新口，自沙蛟循西大渠口以抵北稍，计长二万三百六十七丈二尺五寸。又开枝渠六。曰乐字渠❷，原名乐善堂〔渠〕❸，计长四千八百二十五丈三尺。曰蓝字渠，自乐字渠起，至图林盖河止，计长一百一十丈。曰永字渠，原名西大渠，计长三千三百四丈六尺。曰远字渠，原名中枝渠，计长四千三百四十丈五尺。曰流字渠，原名旧东渠，计长八千八百五十六丈❹。曰长字渠，原名新东渠，计长六千二百八十九丈七尺。其永济干渠之病，因公中庙渠腰太软，每年时有淹没之患。而渠无专身，下游亦不免淤塞。今有王同春欲将长字渠劈成正身渠，稍入刚目境内之乌加河，需费洋五万元。如能告成，则永济渠可一劳永逸，为八大干渠之最优者。

五原城基地办理之始末

查五原设治，始于光绪三十二年，为达拉特旗未经报垦之地。贻谷大臣饬给地价五千两，迄未发给。久之，始由垦款项下借提银一千四百两交领，派员查勘该地应行划留放垦，分别等则，以及浇水情形并垦放章程。然未经核定颁行。此项城基地于三十四年丈过八十余顷，共征三成折色银四百余两，七成

❶ 三 民国《绥远通志稿》卷四十《水利》作“九”。

❷ 民国《绥远通志稿》卷四十《水利》，《边疆史地文献初编·北部边疆·察绥蒙民经济的解剖》与《绥远概况（上册）》（民国二十三年铅印本）第五编《水利》均无“乐字渠”，而有“东梢（渠）”。

❸ “堂”下脱“渠”。

❹ 八千八百五十六丈 民国《绥远通志稿》卷四十《水利》与《绥远概况（上册）》（民国二十三年铅印本）第五编《水利》均作“六千二百余丈”。

本色麦子三百余石。民国元年，交由地方官自行招放。因无人承领，暂照垦局租地章程办理。又因不能借用义和渠水，租户日渐减少。三年，始由垦务代议招放。五年，从复规定，可堪耕种者约五百顷，每顷以四十两计之，可收荒价银二万两之谱。房基地可售四十余顷，每顷以四百两匀算，约收荒价银一万六千余两。以上两项共可收银三万六千余两。内除城墙四围计长一千二百四十一丈八尺四寸，厚一丈六尺，墙内留路二丈外，城濠留沿宽二丈，共计二十丈三尺五寸，合地四顷三十七亩七厘。衙署地基长九十一丈三尺，宽六十六丈四尺，合地一顷一亩四厘。城内留南北路一道，宽四丈，长三百二十丈四尺五寸，合地二十一亩三分六厘；又东西路一道，宽四丈，长三百二十丈四尺五寸，合地廿一亩三分六厘。留高等小学校地基五十亩，初等小学校地基五十亩。留街巷地一顷，文庙地五十亩，武庙地五十亩。又，街道由五原城南门〔起，至〕[1] 隆兴长桥头止，长一千八十丈，宽二丈，计九十亩。其中曲巷临时留九十亩。房基地分为三等：上等每亩征收库平银六两，中等每亩征收库平银四两，下等征收库平银二两。垦地分为三等：上等每亩征收库平银六两，中等每亩征收库平银四两，下等地每亩征收库平银二两。子枝各渠，民户自行修挖。房基地不分等则，每亩升科银二分。由五原城南门起，至隆兴长桥头，修筑马路一道，长一千八百丈，宽五丈，此规定城基之大略也。

嗣以地势高昂，无人承领。十二年，又复减等，始行踊跃。现在未放之地仅七号。王同春又挖新支渠一道，浇灌甚易。再能于城南多修枝渠，则城基不难普浇。附图于左。

综述上项河套之垦殖，系属归公者而言。现在达旗又将奇

---

[1] “门”下脱“起，至”，据下文“五原城南门起，至隆兴长桥头”补。

克穆地报垦约一千余顷，尚未勘收丈放。其他私垦地如大佘太、台梁、召庙户口地，以及教堂地，为数在二万顷以上。沿乌拉后山三公旗之牧厂及私垦地，为数亦在万顷以上。如能逐渐施设，锐意进行，将来垦殖前途之发展岂可限量哉！

一、刚目河渠

一名刚毛，又曰刚卯，一曰刚门。咸丰年间，商人贺清开浚，股分众多，支渠林立。渠身甚长，渠口有新旧。自黄河起点至于乌摄古琴出稍，直达达拉特旗之察汗淖、秃龙盖等处，计新口长七百六十丈，为王同春续开。旧口在黄芥濠，长三千六百丈。两口均流于正身。而旧口至新口交界处长四千丈，由正身至永盛和长二千六百丈，由永盛和至张存梅渠长一千七百丈，由张存梅渠至复隆长长二千一百丈，由复隆长渠至吕三渠长一千一百丈，由吕三渠至沙梁长一千丈，又由乌摄古琴渠至沙梁长二千三百丈，共计旧口至渠稍计长一万四千八百丈。

查此渠之新口，为王同春集股开浚，坐落刘三地内。至旧口之东，距黄河正身四里，由黄河之西北流，有套河一道，斜向东南之水倒入新口，名曰“倒灌口”，各地户均用此口，计长七百六十丈。公家收回，为予友贾秉臣经营修挖。由色盖地起，至色盖天生濠止，开生工一段。又自天生濠起，迤东至旧刚目河止，又开生工一段。其枝渠十有其二[1]。曰永盛和渠，因永盛

[1] 十有其二　疑误。本段以“曰”列出之支渠确“十有其二”，然据《绥远概况（上册）》（民国二十三年铅印本）第五编《水利》与民国《绥远通志稿》卷四十《水利》引《经济调查》所载，“张存梅渠”“高喜四渠”“张枢林渠”亦为刚目河支渠，且“张存梅渠”“高喜四渠”分别有支渠“六”和“三”，则刚目河支渠总数已“十有其五”。

和、张双驹、天吉泰、祥泰魁四号共修之枝渠，浇灌贾家盖地、老大他拉地、察汗淖地三段，计长九千丈，内有子渠十六。张存梅渠，计长二千八百四十丈，内有子渠六。高喜四渠，计长五千四百丈，内有子渠三，可浇色盖地七十余顷。曰周大存娃渠，又曰霍锡龄渠，计长五千四百丈，内有子渠九，浇灌色盖地。张枢林渠，计长四千七百丈。曰陈双牛渠，计长三千二百丈，内有子渠二，浇灌色俊图地。曰永厚成渠，又曰麻二渠，计长一千八百丈，内子渠八，浇灌红顶甲格齐地。曰乌块补隆渠，计长七百丈。曰同元成渠，计长一千九百丈，内子渠二，可浇地六十余顷。曰李万福渠，计长一千四百丈，内子渠二，可浇地六十余顷。曰韩钺渠，计长三千六百丈，浇灌哈木芦库伦、贾家圪洞、乌摄古琴之地约百顷。曰吕三渠[1]，计长三千四百七十丈，约可溉古独棍地八十余顷。曰白言太渠，又万英渠，计长二千四百二十丈，内子渠三，可浇地七十顷。曰王步来渠，计长五百四十丈，可浇小格庙丹把地十余顷。曰康福祥渠，计长五千四百丈，可浇哈独拐淖地二百余顷。现在此渠多已淤废，若再修复，约需工赀在两万元之谱，始克通畅，并可浇地千顷上下，只视经营者之进行如何耳。

一、丰济渠

原名中和渠，又曰天吉泰渠，为地商王同春、韩钺所开，计长一万六千七百七十四丈。归公后，为予友许藻卿接续修挖。

---

[1] 吕三渠　《绥远概况（上册）》（民国二十三年铅印本）第五编《水利》作“吕三万渠”。

由蟒盖图至五分子，加长二千三百四十丈一尺。其子渠有五[1]。曰王在林渠，计长四百丈，并可借用灶火河水，浇灌水道他拉地三百余顷。曰韩钺渠，计长一千五百八十丈。又东枝渠计长九百丈，又西枝渠计长九百三十丈，又中枝渠计长八百二十丈，共可浇地百余顷。按：以现在渠身完好，经营得宜，以河套水利言之，此渠占八渠之冠，农民亦藉此有所依赖焉。

一、沙河渠

原名永和渠，亦系地商王同春所开。自黄河起至梅令庙止，计长一万六千八百丈。而干身又有恒河渠，又曰烂大渠，又名和合源大渠，为王同春所开。自黄河起点，北行至南牛犋。永和渠、东枝渠计长一万五千丈，归公后统名曰沙河渠。修理得法，迄今适用，且能引水入于义和渠，普灌他处之地。至和合源枝渠三道[2]：一西太渠，自沙河起至孟兴德房西南止，计长一千九百八十三丈；一中渠，自沙河起至哈拉噶尔濠止，计长二千二百四十丈；一东渠，自沙河起至沙梁止，计长一千四十丈。十三年，又由沙河开城渠，由城北绕流，城基地可资灌溉。若能再于义和渠挖一枝渠，绕流城东南，则城基地五百顷不难普浇矣。

---

[1] 民国《绥远通志稿》卷四十《水利》与《绥远概况（上册）》（民国二十三年铅印本）第五编《水利》均载作八渠，且渠名不同，即察（茶）汗包渠、察（茶）汗淖渠、淖拉召渠、白来渠、五分子渠、彭光渠、李增祥渠、十八圪兔渠。

[2] 民国《绥远通志稿》卷四十《水利》与《绥远概况（上册）》（民国二十三年铅印本）第五编《水利》均载作四渠，且渠名不同，即吕三（万）渠、蛮圪素渠、长工渠、新渠口。

一、义和渠

系地商王同春所开，蜿蜒最长。自黄河起，北行至锦绣堂北，歧为三枝。一东引通大盛成渠，一东北行通老郭渠，一北行为本渠之正身。至旧把总地又歧为二：一东行通老郭渠，一北行经五原县南隆兴长，通乌加河，计长一万八千丈。自西公旗什拉葫芦素报垦，即将此渠划归专渠。上游之地，平口浇水，如水小不得已时，得在旧把总地筑坝数日，以资灌溉。惟近年黄河南迁，旧口已不适用，另修新口，耗费三万余元，仍不通畅。十三年，借用沙河之水。将来黄河若不北徙，此渠终难得益也。

一、通济渠

原名老郭渠，系地商郭敏修所开。在口曰“四大股”，在尾曰“五大股”，为河套水利开始之大渠。自黄河起点，至板担渠稍止，袤延二万一千六百丈，为河套八干渠最长之渠，灌溉杭、达两旗地亩最多。而退水由乌加河浇溉下淖之地尤众，分枝于短辫子河通长济渠，系天生濠，计长七千二百丈。又自黄河口至白家渠口，计长一万八百丈，内借用天生濠河甬四千五丈，其修挖之渠计六千三百丈。此段乃郭敏修、史老虎、万太公、李达元四家（公）〔合〕[1] 开，所谓“四大股”是也。又自白家渠口至板担渠稍止，计长一万八百丈，系郭敏修独开，所谓“五大股”是也。其枝渠有二十七。曰义成公四渠，系地

[1] 公　当作“合”。据下文“三家合开”改。

商陈四、史老虎、积厚堂三家合开，一枝在义成公[1]南，一枝在义成公[2]北。曰复太长二渠，地商贺瑞雄所开；一南北渠，自老郭河起至奔把图濠止，计长一千一十三丈；一东西渠，自义和渠起至王三房东北止，计长一千六百九丈，可浇地二百余顷，为当年王同春与陈四争执浇水之要点。曰吉尔蛮太三渠，一在村北，一在村西[3]；在村北者引短辫子河之水；在村西者，一口两稍，引四大股水用之。此项枝渠自老郭河起至柳林子东南止，计长九百三十五丈。曰高金科渠，又曰高蔡两家河，又名蔡家渠，计长五千五百二十丈。曰李达元渠，计长二千九百二十丈，浇地二十余顷。曰刘保小子三渠，又曰白家渠，又曰头道渠、三道渠、四道渠，统计长五千二百丈，可浇地一百四十余顷。曰郑映斗二渠，又曰万太公渠，又曰西大渠，计长一千八百丈；又人字渠，计长七百八十丈，可浇地三千余顷[4]。曰史老虎八渠，又西北东南十字渠，自老郭河起至蔡家渠止，计长一千四百二十丈；又南北十字渠，自老郭河起至渠稍止，计长八百八十五丈。曰郭敏修三渠，系用短辫河之水，出于老郭河干渠之外，公家收回，为予友徐润之所修，普灌地亩于光绪三十年至宣统末年；嗣后稍有失修，亦尚可用。旋以黄河南迁，另辟新口，则日见失败。及至灌田公社于民国九年包租，坐享其成，不加工作，遂将此良好之渠全行废坏，若再修复，非需工赀五万余元，难期浇灌也。

---

[1][2] 《绥乘》（民国十年铅印本）卷十一《水利略》此处有“村”。

[3] 《绥乘》（民国十年铅印本）卷十一《水利略》载：“二在东鸡尔蛮太村北，一在西鸡尔蛮太村西。”

[4] 三千余顷　疑误。据《绥乘》（民国十年铅印本）卷十一《水利略》载：“郑映斗二渠，皆由老郭河开浚，约可浇地二三十顷。”又前文刘保小子三渠“统计长五千二百丈，可浇地一百四十余顷。”

一、长济渠

原名长胜渠，地商侯应魁所开，借用塔布河上游之渠身，计长三万六千丈，每年灌地不下千顷，而渠身多占高昂之地。惟曲湾太甚，时多淤阻，是一大病。改道他徙，又系低洼之区，所以迭次兴修，而迭次受害也。计枝渠二十一。曰樊三喜五渠，可浇五十余顷[1]；又南大渠计长九百四十丈，东大渠计长四百七十丈，东小渠计长二百八十丈，北大渠计长一千九百五十丈，退水渠计长七百三十[2]丈。曰杨赐忠三渠，可浇地一百余顷，计长二千七百四十八丈；又人字渠计长二百三十七丈，又十字渠计长三百四十八丈。曰夏明堂三渠，可浇地七十余顷；又西大渠计长二千三百四十丈，西北渠计长四百五十丈。〔曰〕[3]乔相华四渠，可浇地二十余顷，大渠计长一千八百丈，西大渠计长九百九十丈，十字渠计长三百六十丈，东渠计长三百三十丈。曰王存二渠，可浇地十余顷，东渠计长一百八十丈，西渠计长九百丈。曰樊根来渠，又曰西大渠，计长一千五百丈。曰高金科三渠，西大渠计二千二百三十丈，东大渠计长一千二百六十丈，半截渠计长七百丈。归公后，予修其上游，予友俞子信专修下游，详细测勘改修。下淖之地，莫不得其利益。不意民国九年自经灌田公社接办包租后，未能投资兴修，全行废弛，十余万之工本辛劳，一旦全功尽弃。此渠若再兴复，又须十余万

---

[1] 五十余顷　《绥乘》（民国十年铅印本）卷十一《水利略》作“六七十顷”。

[2] 《绥乘》（民国十年铅印本）卷十一《水利略》无“十”。

[3] “丈”下脱“曰”。据“乔相华四渠”前后之“曰樊三喜五渠”“曰杨赐忠三渠”“曰夏明堂三渠”“曰王存二渠”补。

元始克有济。河套办理水利之难，于此可见一班矣。

一、塔布河渠

塔布，蒙语“五数”也，又曰“五大股”。因地商樊三喜、吉尔古庞、夏明堂、成顺长、高和娃合股所开，故曰“五大股”。自黄河起点，经布袋口循成顺长至渠稍，计长一万八千丈。内有枝渠二十一。曰樊根来五渠，又曰小东淖渠，计长四百三十丈，大东淖渠计长二百二十丈，董应魁渠计长一百五十丈，北淖渠计长三百一十丈，大西淖渠计长五百二十丈。曰陈驼羔四渠，可浇地五十余顷，一名头道西南大渠计长七百三十丈，一名二道西南大渠计长一千三百三十丈，一支渠计长二百三十丈，一名三家渠计长六百五十丈。曰张照七渠，可浇地二百余顷[1]，一塔布渠计长一千七百丈，交界渠计长五百七十丈，西大渠计长五百二十丈，成顺长渠计长二百三十丈，壕北渠计长二百五十丈，壕东大渠计长六百二十丈，壕东一[2]渠计长三百二十丈。曰李安邦三渠，一小召东渠计长五十丈，一店东渠计长一百九十四丈，一龙家河畔渠计长二百五十丈。曰金长春渠，又名辛大渠，计长五百四十丈。曰姚章盖渠，一口两稍，计长七百二十丈，可浇地百余顷。此渠归公后，予独任修挖之责，费尽二年辛劳，耗资五万余元，始克告成。其渠身之良好，旱台之整齐，为八大干渠之冠。又于革余村建筑大桥，便利行旅，每年可浇千顷以上。此次亲往履勘，全行废坏，将来若再修挖，尚需工程费在六万元之多，水利继续之难，殊可

❶ 二百余顷 《绥乘》（民国十年铅印本）卷十一《水利略》作“一百七八十顷”。

❷ 一 《绥乘》（民国十年铅印本）卷十一《水利略》作“二”。

慨也。

以上述河套八大干渠之主脑，其他不可枚举。如干渠之蓝锁[1]、灶火河、德成渠、邬家地渠、阿善渠、天德毓渠、吴祥渠、魏凤山渠、户口地渠、土默尔刘三地渠、杨成祥渠、厂汗波罗渠、锦绣堂渠、陈四渠、十大股渠、哈盖渠、曹四喜渠、常兴堂渠、王文祥渠。在西界教堂，渠曰黄托罗亥渠、黄羊木头渠、杨家河渠、准格尔渠、中国地渠、蔓会渠。在东界教堂，渠曰扒子补隆渠，为赔教之渠，亦为予所修。在什拉胡芦素地，曰什拉葫芦素渠、红们图渠、介干补隆渠、霍禄素太渠。在蒙旗范围内，一为杭锦贝子渠，一为达旗户口渠。综计以上各渠，或为公有而为公共兴修，或系私渠独自经营。而公家由垦务经营者，则八大干渠也。自十四年划归水利总局管辖，督饬进行。然以绥区实业而言，以河套为发展之地，而垦殖应以水利为先务，是水利关乎西北之实业明矣。

凡渠有干渠，有枝渠，有子渠。是以干统枝，以枝统子，方克势成一局。自道、咸迄今百余年，地商之创辟，光绪末叶贻谷大臣擘划之周详，综计前后耗用工程费在千万元以上，其水利关系可知。不意近年日见废弛，一蹶不振。若不及早补救，挽已失之利源，则绥区实业前途终恐无发展之期。并附渠图于后，以资留意水利者之参考焉。

按：渠道有干、枝、子渠之分，又有地堰，以为遏水浇地之用，并筑坝以防水之冲刷，与截水灌地之需。其工程有土坑、土方之别。土坑者系浚深之谓，土方者系筑高之称。然每方均宽

[1] 蓝锁　《绥乘》（民国十年铅印本）卷十一《水利略》载："蓝锁渠，地商王科祥开，长一百余里，附属支渠凡八。"渠工按："地商王科祥办到东盛源地，开渠一百余里，名曰蓝锁，一曰干渠，一曰南大渠，一曰东渠。"

五原河套圖

擬修五原河套大幹渠計劃圖

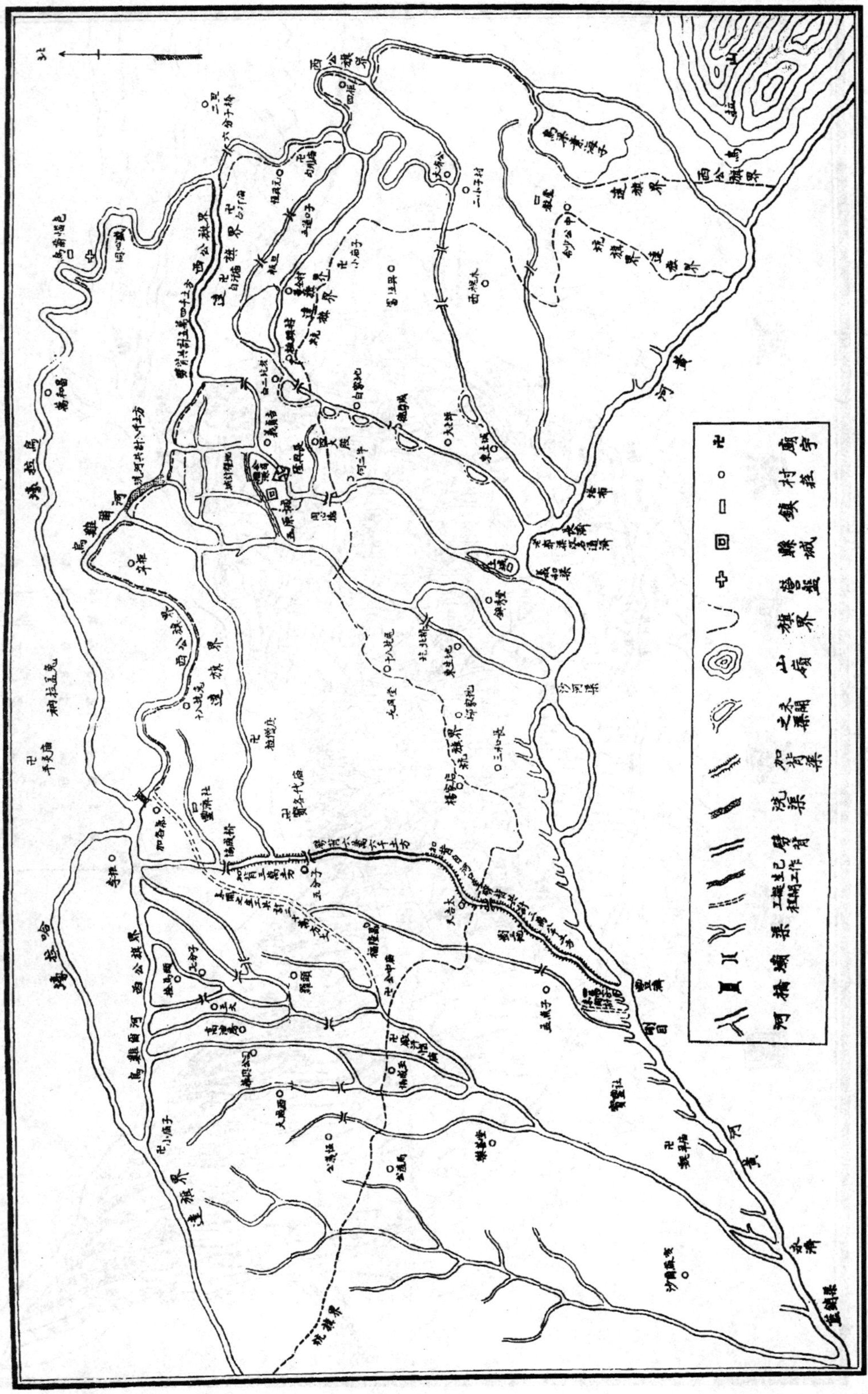

长一丈、深一尺为一方。然其中有背坑、半背半丢以及全丢之别。背坑者，完全用草斗谓之背斗。背土于渠背；半背半丢者，初出土用锹铲土于背，嗣用草斗背之；关内人有用箩筐者。全丢者，用锹掀土于渠外。背工多用于干渠暨坝工，半背半丢多用于枝渠，丢工多用于子渠暨堰道。至渠背之合宜，旱台之整齐，则视监工者之经营如何耳！然以现时观察，予不过稍得其皮毛，而确有经验者属王同春，张季直君在农商部时，曾聘为顾问，查视黄河一周。惟年近古稀，将来继续深恐无人。此次与予谈及河套之水利，意见相同。因河套地势西南高而东南低，北高又南低，中段又腰软，时有渠身溃决之虞，非将乌加河旧黄河故道修通，再由西山嘴王六濠修通退水，可期一劳永逸。而八大干渠之工程，应以永济渠为急务。如能逐渐施设，则河套水利可臻完善。兹将永济渠应修工程图说附列于后，俾经营水利者有所考镜也。

第十章　商务

河套地方本无商务之可言，然商务不能发展原因，实与垦殖水利有联带之关系。何则？河套以农业为要素，农业振兴，商务势必随之起色。曩昔河套草莱未辟之先，系属蒙人游牧之区，商人贸易不过茶马互市而已。嗣后外蒙时相往还，遂在大佘太设立通事行，藉资营业。自开垦后，地户遍设牛犋，包头商人始有以货物交易，换购粮食、牲畜、绒毛、皮张、药材以归，仍无现金之营业。此种商人不过行商之名目，亦因交通不便，不敢正式设店。及至光绪末叶，垦务振兴，正拟迁徙隆兴长与五原县城内，作永久之计。不意民国以还，初遭蒙匪之蹂躏，继受卢乱之骚扰，以致大佘太商号焚烧殆尽，一时不能恢复。通事行改设于乌蓝脑包后，距五原县城仅五十里，日见起色，现成一重镇焉。惟金融仍无现金来往，均用兑帖、凭信赴包使取，防为匪劫。然此项兑帖、凭信时有赝鼎之发生，地方使用不过八折，人民多受其害。近年虽有中、交两行暨丰业、平市、乾丰纸币充斥其间，多不肯周流，合计全县现洋不过三千余元，其商务困敝可知矣。

第十一章 农业

河套地方素以农业为要务，其农民之居处五原县东界，多包头镇人。中区系山西之河曲、保德，陕西之府谷、神木。西鄙多系甘肃汉、回两族之人，向视渠水浇地为转移。每年何处浇过，即移于何处耕种。春出秋归，谓之“跑青”。地方之不能发达，亦由于此。其原因有十。一、因地亩浇水无定。二、因租户检其地质佳者耕种，故居无定所。三、因不肯迁居建筑，以图久永。四、因娶室困难。五、因地面辽阔，人烟稀少，彼此观望，不肯落业。六、因村落散漫，无团结之能力。七、因人心不古，不能有互相维持之精神。八、因匪徒易于潜匿为患。九、无金融之机关流通，社会银钱交易以及存储事项异常停滞。十、因交通不便，输运维艰。有此十大原因，遂使地方难期发展。

而且现在弊政又有四点。其一，摊派繁重。每年若种一顷之地，则租价在三十五两以上，人工、籽种在三十两之多，而保卫团之饷项、军队之支应、区事之耗用，又在五十两，综计约需一百二十两左右。设遇荒歉，赔累堪虞。其二，土匪为患。河套地方，前清光绪末叶尚有“路不拾遗”之称。虽有康有为“富有票”之煽惑，地方颇为安谧。及至民国以来，逃勇溃兵、宵小无赖、一般不逞之徒时有骚扰，随扑随灭。自卢占魁大股蹂躏后，又复收抚盘踞，旋又溃叛，遂将会匪余孽留于社会。一般社会中人图苟安计，不得不入会匪，以致今日蔓延不可收拾。其三，吏治不良。河套地方，农民只知耕作，其他一无智识，全藉贤良县知事以资诱导。而官吏中多以括取金钱为目的，对于地方整顿各事，毫无提倡之希望。人民谋业之心多存犹豫。其四，保卫不力。河套地方辽阔，全藉保卫得力，方能安谧。该处所驻军队仅有驻防之名，彼所注意者不过保卫教堂暨机关而已。况地方之保卫团又多系收抚之兵，当事者无驾驭之能力，农民曷能得其实际？是故一般农民相率徙于教堂所在之地，以免摊派之累，且土匪之扰，教堂遂得从中居奇种种挟制，不亟图补救，非使河套尽成为租界不已也。

河套农业专赖水利，水有数种之分：曰春水，消冰水也。曰桃花水，三月水也。〔曰〕热水，四月水也。曰伏水，三伏水也。曰秋水，秋天之水也。曰冬水。冬令之水也。水以伏水为最佳。本年伏汛，用水泡地，至秋将余水放出收冻，次年地气一开，酥如鸡粪，不用犁耕，耙一次即可插耧撒籽。此种地可种麦籽、炒麦、莞豆各种夏禾，省工力而获利多，是以农民争租之。秋水较伏水为次，可播种谷、高粱、葫麻、菜（疏）〔蔬〕、黍子、豆等。桃花水可种谷。热水可种小谷、山药、菜蔬等类，而菜蔬内白菜出产最良。以甘肃之种籽较胜于京种，其芝麻、棉花予曾亲为耕种，收获亦好，惜人不注意。再，稻田于协成地试验之，甲于甘、陕所产，人亦不肯经营，良由在上者不能提倡之故。至春水多无人肯用，因起碱之故。冬水亦然。惟冬水上结厚冰，用以拉渠，则胜于修挖。惜经营渠道者每每只图浇地，不知保养渠身也。

若以地质言之，五原西界一带多沙，再以黄河胶泥渗和，尤为适宜，所谓“二和土长性最良”。沿河一带多明沙与层积泥，且又地势稍昂，浇水不如下稍，故每年田禾收成较逊。县之中区，胶性太大，每有地土揭皮、打瓦之虞。揭皮者，因胶地为日所（哂）〔晒〕[1]而起裂。打瓦者，因地受雨水而裂块。其地质相宜则属于下淖，是以长济、塔布两渠之地，积棘草遍地皆是，形如树林。地质肥壮，不问可知。至什拉葫芦素，系属沃壤，惟用水仰给于各渠稍之退水。虽有义和专渠以资灌溉，渠路太远，不敷应月。每年争水之案时有不免。总之，河套农业全视渠道修理如何，水能通畅，农业自不难发达。而包头一带之食粮，亦全藉河套为之挹注耳。

---

❶ 哂　文义不通，当作“晒”。据改。

第十二章　矿质

河套地方，山有乌拉前后之分，而乌拉后山即所谓阴山也。其山脉情形已于第三章内言之矣。按以阴山中之狼山即古之阳山，乌拉山即古之牛头朝那山。两山之枝当黄河溢为大泊处，为阿尔布坦山。当石门障昆都仑河发源处，为居延山，又名昆都仑麦垛山。当省嵬口防御处，为省嵬山。又有赤城山（又名乌兰拜星山）、东西德尔山、阿尔柴山、马神山、木纳山、河套山、雪山（又名察苏台山）、帷山（又名额鲁特山）、老虎山（又名巴尔图山）、鄂博图喀喇山、巴尔喀山、碧柳图山、莫惇山、麦垛山、伊克鄂博山，皆在五原县之北境。其他尚有音纳禄山、察汗呼烧山、白音诺绿山、克球山、火烧山、格郡山、格拉山、桃叶呼都克山、锁布落那呼都克山。所有山名多系蒙译之音。当佘太河北，有刻勒峰雪山之脉，南山谷内，松柏合抱，到处皆是，野兽亦多。惟属于乌拉特西公旗营盘之北，严禁伐木猎兽，人民时有以酒或砖茶饵看山。蒙古人私行砍伐，但一经拿获，则将所有充公，并鞭挞其人，驱逐山下。然利之所在，亦无法禁绝也。

北山矿苗最富，其已开采者，营盘湾、乌兰脑包、狼山湾等处，所产煤炭足供五原一带之需，而成分稍逊于固阳石拐沟等矿，因石性过大也。其他与固阳交界石门障之北有石棉矿，惟苗长仅寸余，不能供大工厂之原料，是一缺点。至天皮矿苗最富，到处皆是，较之归绥县境内所产则优之。大佘太附近莫伦河沟内煤炭矿苗甚多，惜无人开采。河套矿产不能发达之原因，实因人烟稀少，加以羊礴、羊礴即羊圈内粪积切块，晒干以供燃料。牛粪、柴草足以供日需之用，煤炭不过机关与商号中用之，所以销路狭窄，无人投资经营。将来交通便利，社会发达，则此项矿产必有开发之一日，而河套之利源，又岂可限量哉！

第十三章　牧畜

河套水草丰富，为牧畜最良之区。当草莱未辟之先，蒙、汉杂居其间，莫不以牧畜为生。毡帐林立，随地而居。其牲畜以羊为大宗，牛次之，马次之。或专设牧场，或公共畜牧，均以孳生为恒产。羊毛之产名曰“套毛”。春秋两季，抓毛运于包头销售，转行于天津。羊亦供包、归等处之食品。以牝羊计之，牧畜得宜，两年可获四羔，否则亦可得其三。惟肉不如外蒙扎合庆、义和公等处之羊，皮亦逊之。惟道路较近，销售尚易。牧畜之家，孳生均以三百为群，雇老少佣者，牧于水草丰茂之区，朝出晚归。如为蒙古人所牧，则任其于水草处设毡帐所谓蒙古包。以牧，原主不过查视而已。牛多牧于蒙古，以五十为群，惟种不良，非随牧随卖，否则，有牛受之传染，一病而不可治。牛除供本地耕作之用，余售于包头，转销于归化。马则西公旗所产最出名，走马甚多。不过马种愈传愈下，以致马体短小，体质薄弱，不能与甘肃、西宁之马种相颉颃也。

光绪末叶，地亩开垦后，牧畜之业不如曩昔之蕃衍。加之近年土匪骚扰，军队勒索，所有牧养之家损失甚巨，以现在调查，牧畜之户十不及三。绒毛、皮张价值之增，亦由于斯。将来若不设法改良，则河套之牧畜从此失败，无可挽回矣。

第十四章　出产

河套出产最富，粮食则以麦籽、谷、高粱、葫麻为大宗，多半由水路运输于包头出粜。其他绒毛、皮张大都为洋行吸收，运于天津出口。野兽有扫雪、獾、狐、狼、鹿等类，而狼皮最优，鹿茸则不如关东之产。红柳可砍伐制器，如筐、条、鞭、杆之类，能行销于山、陕。而枳棘一种，近年为外国所买。惟需工甚繁，取枳棘去其冗，得其中杆，扎成小捆，行销天津，转售日本，再由日本制成各种玩器，售于美国，获利颇多。本处居民仅知取杆为箸，不能制器以获利。药材有黄芪、党参、锁阳，运销内地。甘草以杭锦旗所产丰富，每年由商人设场采挖。对于劳动家，盘剥重利。对于蒙旗，租金稍为点缀，即可任意采挖。向来由水路运于托克托城贸易，每年不下二百余船。自京绥火车抵包后，以交通关系，商人莫不改道包头营业。托城商人在都统署力争未果，事势变迁，亦不能勉强挽回，托城市面因之一蹶不振。黄河南有杭锦旗盐碱湖，白盐出产仅行销于河西，而碱质则优于他处。惟制造粗劣，仅能销于五原、包头一带。若能设立工厂，以改良制造，定可挽外溢之利权。肉苁蓉甚多，不如阿拉善、额鲁特旗之美。现有宏丰公司在包收买，收分盐、淡两种，河套只淡种，阿拉善者为该公司包售，河套则随意收回转卖，究难收专售之效。将来交通便利，如有资本家投资扩充企业，则地方实业不难发展也。

第十五章　林业

河套地气温和，田多膏腴，对于植树最为适宜。而出产以乌拉前山内即牛头那，又曰磨尔根岭，历代即有大森林之天然产。惟属于乌拉特西公旗范围内，从前松柏皆大数抱，自前清光绪初绥远将军私伐之后，蒙控旗[1]于京师，将军被谴，遂致封锢。嗣以大火焚烧一月，古木尽为祝融收尽。近年始复成林，任其生长，而禁采如故，每年输出仅偷伐小树而已。至五原县境内，树林寥寥无几。自地归垦后，公家委派专员植树，各渠莫不遍栽，耗费数千金。因栽植不宜，保护不力，未能得收桑榆之效，继续者亦未实力进行，以致林业一端，至今仍属阙如。现仅五原县暨大佘太等处稍见之。而收效者为各教堂，皆用分亩种植插秧法，又复认真浇灌，所以到处成林。地方人民近亦稍知林业之利益，惟不知种植之法，群多观望。

查河套地方，栽植杨、柳、榆、椿以及洋槐、美国松，无不适宜，但须分亩种植，然后插秧、压条、撒籽均可。惟须围以土墙，俾免牲畜踏践之虞。再加以渠水按时浇灌，则十年间河套之林业发展，可翘首而待矣。

---

[1] 控旗　互乙，当作“旗控”。

第十六章　交通

河套占绥区西鄙之平原，方圆数百里，东通包头，西接甘宁，南邻陕边，北接库蒙，中有黄河环绕于鄂尔多斯一带，且由甘肃平罗以达包头，可谓水陆之区。迤南沙梁有驼路之往来。阴山之南端下乌兰脑包，又为赴新伊暨库伦以及赛音诺颜、土谢图、车臣等部落之孔道。四通八达，道路纷岐。

以包头起点言之，西北门经公忽洞、昆都仑沟进石门障、沙坝子、后口，转西循土哈马井、老爷庙圪疸，至台梁、乌兰忽洞、大佘太、东地头、古力板、撒拉伊肯补隆，以达乌兰脑包，顺狼山经东西皮房、义太魁、永成泰入阿拉善界，抵甘肃平罗县，谓之北路；又一歧由大佘太分路，经东地头入什拉葫芦素、山水坝，过二分子、四柜、厂汗淖、板旦、黄瑙楼、燕安河、东牛犋、隆兴长、十八圪图、五分子、公中庙、永成泰，循阿拉善界以抵甘肃平罗县，谓之中路；又一歧由大佘太循西南乌审泰，过乌加河，经贾不色、八拜水道、大有功、西槐木、阿善、邬家地、秀华堂、强油房，以达甘肃平罗，谓之南路。其水路由包头、南海子、西碾房、昭君坟、柳林子、西山嘴、白二渡口、姚家河头、同兴堂、惠德成、马密图、黄家湾、苏台庙，循石嘴子、磴口以达甘肃平罗县，谓之水路。又一歧三湖湾河，由史家圪凸、蓝胡圪凸、老冯圪凸、苏木图、安宏圪凸、八挂车、杨五套子、长牙店、柳林滩，归于黄河，再由包头柳林子过河，经鄂尔多斯左翼后旗地，循沙梁过才登海子、图尔班稻、图池喀喇、马奈打木素、保尔斯太，沿乌兰莫多山以达甘肃平罗县，谓之南驼路；由乌兰脑包出北口，经外蒙戈壁分驰库伦、新疆，谓之北驼路。惟每值夏秋之际，河套渠水浇灌地亩，行旅时苦不便，多半改道北山。然宿无旅店，地方荒凉，匪徒时有抢掠之事，人多苦之。至水路船只，脆薄不坚，常有损没之虞。运输油斤，改用混沌[1]。运输木料，改用木筏。然以交通而论，终难往来自如。政府现有包新铁路兴修之议，将来由包头西脑包接京包车线，循乱水泉、麻池、萨齐穿乌拉前山入哈打门沟，折北经台梁、大佘太、乌兰脑包出西套，以达甘肃兰州，则交通可称便利，旅行与运输亦无阻塞之苦。再由乌兰脑包修一枝路，以通库伦，不但西北内外蒙古有无穷之发展，对于军事上之控制，亦有若干裨益也。

---

[1] 混沌　疑为“浑脱”。（唐）李筌《太白阴经》（文渊阁《四库全书》本）卷四《济水篇》载：“浮囊，以羊浑脱皮，吹气令满，紧缚其孔，缚于胁下，可以渡也。”（明）叶子奇《草木子》（中华书局本）卷四《杂俎篇》载：“北人杀小牛，自脊上开一孔，逐旋取去内头骨肉，外皮皆完，揉软用以盛乳酪酒湩，谓之浑脱。”

第十七章　文化

河套人民大半由他处迁来，贫农占其多数，除耕牧外，则无所事事，文化上毫无注意。各牛犋商号不过有司赈之人而已，以致知识闭塞，世界大势，国家情形，漠然无知。虽有一二私塾，亦不过为冬烘先生之啖饭处。向学子弟仅读《百家姓》《千字文》《三字经》诸书，如能登记账目，则目的已达，冬烘先生可谓责任尽矣。迨至前清庚子拳匪之后，教堂设立学校，此为提倡文化之始。民国以还，五原创设高等小学一处，国民初等小学八处，女子初等小学校一处，稍具规模，仍不完善。而教堂神甫、牧师极力诱导，文化渐有进步，女学亦稍有起色。近年蒙旗子弟亦剃发入归绥中学校肄业，地方之子弟亦有中学毕业者。而蒙旗公文向以蒙文往，现已改为汉文居多，且皆邀有汉文之书记专司其事，其文化之进步，已非昔比。将来交通便利，则文化之输入，则可日见蒸蒸矣。

第十八章　蒙旗

河套蒙族历代沿革，前章已分晰言之。按以《明史》考之，明初时，套内及大青山以北，尽陷于蒙古元太祖仲弟哈萨尔之后。及太祖之后，分据大青山以北，是为乌兰察布六旗。太祖十五世孙达延汗之后，尽据黄河以南，是为伊克昭七旗。终明之世，不复内属。及至清代天聪（八）[1]〔三〕年太宗征服土默特后，喀尔喀右翼、四子部落、茂明安、乌拉特中西公三旗相继来庭，并设札萨克，锡号曰“乌兰察布盟”。黄河南之鄂尔多斯左右翼前、中、后各三旗亦设札萨克。后复增设前末旗，共为七旗，锡号曰“伊克昭盟”。是为西二盟。各设盟长、副盟长，统辖于绥远将军，分班赴京侍卫，遇事受理藩院之节制。民国以后，年班多免觐见，然仍属于绥远都统之管辖，遇事则受蒙藏院之节制。

在于河套者，有乌兰察布盟前、后、中三旗。前旗即今之西公旗，后旗即今之东公旗，中旗即今之中公旗，又曰东大公旗。东大者，蒙译仍为“中”也。均为元太祖哈萨尔十五世孙布尔海，游牧呼伦贝尔，号所部曰乌拉特，后分为三部。长子

---

[1] 八　当作“三”。据《清史稿》（中华书局本）卷七七《地理志》与乾隆《大清一统志》卷四〇五《土默特》改。

赖噶孙（噶布）〔鄂木布〕[1]幼子巴尔赛、孙图巴、曾孙色棱分领之。清顺治五年，以鄂木布子谔班掌前旗，封镇国公；以色棱子巴克巴海掌后旗，封辅国公；以图巴掌中旗，封镇国公。各受札萨克，世袭罔替。民国仍依旧制。而前旗于十三年绝嗣。牧地当河套之北，噶札尔〔山〕[2]之南，东至黄乌尔，九十里接茂明安旗界。南至黄河〔五十里〕[3]接鄂尔多斯界。西至拜塞墨突，百二十里接鄂尔多斯界。北至伊克尔德阿济尔噶，二百五十里接喀尔喀右翼界。东南到黄河，一百二十里接鄂尔多斯界。西南到黄河，一百里接阿拉善额鲁特旗及鄂尔多斯界。东北到苏郎，一百四十五里接喀尔喀（右）[4]〔左〕翼界。西北到塔起勒克图鄂博，二百八十里接喀尔喀右翼界。现在报垦归公之地已占十之六七，余多游牧之区，而人口以迷信佛教，日见衰落。

伊克昭盟即鄂尔多斯，古所谓新秦中地也，共七旗。先是，明嘉靖中，元太祖十七世孙衮必里克图墨尔根为济农，译言“郡王”也，入居河套，名所部曰鄂尔多斯，有九子分牧（两）[5]〔而〕处，今之七旗皆其裔也。踞河套东北隅，沿河蜿蜒而西，北为左翼后旗，即今达拉特旗，东半在萨拉齐县，西半则在五原辖境。额璘臣从弟沙克札，于清崇德六年来庭。顺治七年，封札萨克固山贝子，世袭罔替。牧地东至萨拉齐县黄河冒带津，现名毛岱，一百五十里接土默特界。南至贺陀罗海，一百一十

---

[1] 噶布　当作“鄂木布”。据《蒙古游牧记》（同治六年寿阳祁氏本）卷五《乌兰察布盟游牧所在·乌喇特》及下文“鄂木布子谔班”改。

[2] “尔”下脱“山”。据《蒙古游牧记》卷一《乌兰察布盟游牧所在》补。

[3] “河”下脱“五十里”。据同上改。

[4] 右　当作“左”。据同上改。

[5] 两　当作“而”。据《蒙古游牧记》（同治六年寿阳祁氏本）卷六《伊克昭盟游牧所在》改。

里接左翼前旗界。西至察罕额尔吉，百三十五里接左翼中旗界。北至黑水泊，二十里接乌拉特界。东南到阿鲁得勒苏，一百九十里接左翼前旗界。西南到哈锡拉克罗海，一百四十里接左翼中旗界。东北到台硕额拉苏，八十五里接土默特界。西北到淖和尔末里图，三百七十里接乌拉特界。其札萨克驻所在巴尔哈逊（潮）〔湖〕❶，户口尚繁衍，文化亦渐输入。

接达拉旗循河而西，至河套西北隅，斜分之为右翼后旗，即今之杭锦旗，在五原县辖境。额璘臣从子小札木素，清顺治六年，大札木素叛，小札布素不附逆，诏封札萨克镇国公，世袭罔替。孙都棱，康熙三十七年以从征噶尔丹督护粮运功，晋封固山贝子。都棱孙齐旺班珠尔，乾隆十九年晋封多罗贝勒。牧地东至兔毛河，四十里接左翼后旗。南至喀喇札喇克，一百四十里接左翼（后）〔中〕❷ 旗界。西至噶札尔山，一百四十里接右翼中旗界。北至塞特勒赫墨突，二十里接乌拉特界。东南到巴彦泉，一百五十里接左翼后旗界。西南到达尔巴哈冈，一百五十里接右翼中旗界。东北到拜塞墨突，四十里接乌拉特界。西北到哈落尔博罗，一百八十里接乌拉特界。札萨克驻所在鄂尔吉诺尔，又与杭锦旗平分河套西北隅。

循河而南至长城止，为右翼中旗，亦曰鄂托克旗，在汉为朔方郡之临戎、广牧二县地。魏晋荒弃。晋末赫连勃勃据为国都，定名曰统万。后魏灭赫连氏，建夏州为化政、阐熙、代名三郡地。隋移朔方郡于此。唐置宥州，五季时为季夏所据，元属宁夏路，明入于蒙古。额璘臣族子善丹于清崇德六年来朝，

❶ 潮　当作“湖”。据《蒙古游牧记》（同治六年寿阳祁氏本）卷六《伊克昭盟游牧所在》改。

❷ 后　当作“中”。据同上改。

顺治七年，封札萨克多罗贝勒，世袭罔替。牧地当腾格里泊，即古屠申泽也。东至察汗札达海泊，七十里接右翼后旗界。南至贺通图山，（谷）〔俗〕[1] 名回回墓，三百七十里接右翼前旗界。西至察罕托辉，二百五十里〔接赛因诺颜左翼右旗界〕[2]。北至马阴山，一百一十里接右翼后旗界。东南到库克陀罗海，一百里接右翼前旗界。西南到横城口，三百三十里接边城界。东北到鄂兰拜，一百二十里接右翼后旗界。西北到阿尔布坦，旧名省嵬山，二百二十里〔接赛因诺颜部界〕[3]。札萨克驻所在锡拉布里多诺尔，民事则于甘肃、陕西边县就近管理。地面辽阔，矿产甚多。惟蒙民倔强，近年革命之说盛行，蒙人称之曰“独规”，旗务纠纷，不可收拾。滨近平罗之地，前清放垦二百余顷。民国十三年，又放月牙湖等地二千余顷。

按：以所述各旗，乌盟前旗则人多狡诈，后旗则勇于战斗，中旗则富而纯厚。伊盟之左翼后旗则文化进步，右翼后旗则崇重道德，右翼中旗则性情猜疑。然均迷信于佛教，将见人口衰敝，终不免有灭种之虞。如能破除迷信，从事文化与耕牧，尚可挽回于万一也。

整理人：吴小伦，天津师范大学历史学博士，河南科技大学副教授，已发表论文二十余篇，整理点校出版《河防刍议》《河防通议》《治河图略》等文献。

---

❶ 谷　当作“俗”。据《蒙古游牧记》（同治六年寿阳祁氏本）卷六《伊克昭盟游牧所在》改。

❷ “里”下脱“接赛因诺颜左翼右旗界”。据同上改。

❸ “里”下脱“接赛因诺颜部界”。据同上改。

河南省水利规划

姬明明　整理

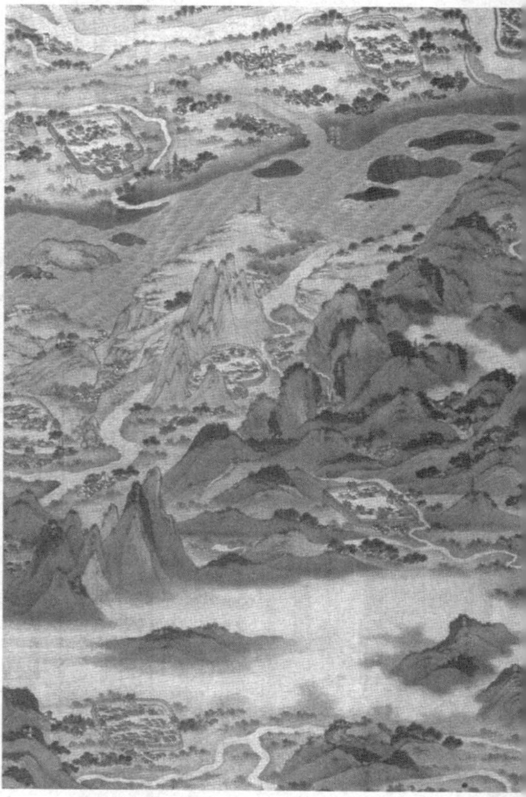

整理说明

《河南省水利规划》，作者曹瑞芝（1890—1953），字子仙，山西汾城县（今襄汾县）曹家庄人。1916年，毕业于山西大学土木工程系。1919年，考取山西省首批官费出国留学生，赴美国威斯康星大学学习水利机械、水利建筑以及盐碱地防治与土壤改良。1923年，获硕士学位后回国，出任山西督军府采运处长、水利技正，并任教于山西大学。1928年冬，任河南省府水利局工程师。一年后赴天津，任整理海河委员会工程师。1930年10月，任山东省建设厅水利组技正。1938年1月，受四川省政府特聘，赴成都出任四川省水利局技术室主任。1941年12月，赴重庆，先后任国民党政府行政院水利委员会技正与水利示范工程处主任。1943年9月，继任中国农村水利实业特种公司协理。1946年，受国民政府水利部派遣，率二二四测量设计队回山西工作。同年，被阎锡山省政府委任为山西省水利局长。1947年6月，以山西省代表和水利局长身份出席国民党政府首次全国水利会议。该年冬，出任南京水利部专门委员。1949年春，出任陕西省私立西北农工学院副院长兼水利系主任。太原解放后，曹瑞芝先生接受山西省人民政府邀请，率领原水利部二二四测量设计队返回山西太原。1949年9月，先后任山西省人民政府委员、山西省人民政府水利顾问、中苏友好协会山西分会理事等职，并出任山西省水利局总工程师。1950年3月，出席山西省第一届各界人士代表会议，被选为省人民政府委员和省政协委员，直到逝世。

《河南省水利规划》是曹瑞芝先生在1928年任河南省府水利局工程师时所作。在短短的一年任期内，曹瑞芝先生凭借良好的专业素养，在对河南境内的水文、水利情况进行实地查勘的基础上，为河南省的水利建设提出了宝贵的建议。该书由《河南黄河水利初步计划书》《河南全省水利进行计划书》《河南全省水利工程计划大纲》三编构成。其中《河南黄河水利初步计划书》是先生履任之初奉命查勘黄河情况后所著，其内容包括黄河河流状况、水量、含沙量及二者之关系，堤坝情况和沿岸自然地理情况。其他二编则涉及河南省的水利状况及水利工程的计划。该书提出的各项水利计划具有很强的可操作性，各种计划中以虹吸引水计划最具特色，也较为适合河南的水文情况。曹瑞芝到河南不久，即开始了虹吸管淤灌农田、改良土壤的工程建设。在黄河花园口首次安装6英寸虹吸管，试验出水甚旺，由出水处开挖渠道14里，经南北两须水河，可达贾鲁河。继之又装设24英寸铁管八副，出水效率达240立方英尺每秒，可灌溉沿岸五万余亩旱地。

此次整理是在河南书局1929年版本的基础上，以现代标点符号进行重新标点，对错别字进行校勘。

本编纂单元由姬明明整理，若有不当之处，敬请批评指正。

整理者

目　录

整理说明 …………………………………………………… 427

河南水利协会序 ………………………………………… 432

张序 …………………………………………………………… 434

陈序 …………………………………………………………… 435

自序 …………………………………………………………… 436

第一编　河南黄河水利初步计划书 …………………… 437

一　绪言 ………………………………………………… 437

二　黄河河流状况 ……………………………………… 437

三　黄河水量及流速 …………………………………… 438

四　黄水含沙量及其性质 ……………………………… 440

五　黄水断面之变迁 …………………………………… 441

六　流量、流速、水位及含沙量相互之关系 ……… 442

七　沿岸大堤、坝、埝及其防护方法 ……………… 442

八　大堤高度及河面与堤外地面之差度 …………… 445

九　黄河沿岸之雨量 …………………………………… 447

十　沿岸之地势 ………………………………………… 447

十一　沿岸之土壤及地层 ……………………………… 448

十二　沿岸之水潭 ……………………………………… 449

十三　沿岸农产物及其收获量 …………………… 450
十四　各种农产物之种植方法 …………………… 450
十五　沿岸之地价 ………………………………… 451
十六　引水方法 …………………………………… 451
十七　安设吸水机及其约略价值 ………………… 453
十八　利用瀑布 …………………………………… 457
十九　导引黄河 …………………………………… 458
二十　排水之必要 ………………………………… 459
二十一　预防泛滥 ………………………………… 459
二十二　治黄之步骤 ……………………………… 461
二十三　进行办法 ………………………………… 461
二十四　结论 ……………………………………… 462

第二编　河南全省水利进行计画书 …………………… 463

第一章　绪言 ……………………………………… 463
第二章　河南水利之状况 ………………………… 463
第一节　省政府提倡水利之设施 ………………… 464
第二节　历来兴办之水利事业 …………………… 467
第三章　水利行政计画 …………………………… 469
第一节　水利机关之整顿 ………………………… 469
第二节　行政之方针及步骤 ……………………… 470
第三节　水利行政之措施 ………………………… 471
第四节　水利事业之宣传 ………………………… 472
第五节　设立农业机器厂 ………………………… 473
第六节　筹设水利银行 …………………………… 473
第七节　制定水法 ………………………………… 474
第八节　成绩之统计与考核 ……………………… 474

第四章　水利工程计画 …………………………………………… 476
第一节　科学水利之设备 ……………………………………… 476
第二节　科学水利之调查 ……………………………………… 478
第三节　拟办之重要工程 ……………………………………… 510
第五章　结论 …………………………………………………… 521
第三编　河南全省水利工程计画大纲 ……………………… 523
绪言 ……………………………………………………………… 523
第一章　豫北水利工程 ………………………………………… 523
第一节　灌溉工程 ……………………………………………… 523
第二节　疏浚工程 ……………………………………………… 536
第二章　豫东水利工程 ………………………………………… 540
第一节　灌溉工程 ……………………………………………… 540
第二节　疏浚工程 ……………………………………………… 547
第三章　豫西水利工程 ………………………………………… 552
第一节　灌溉工程 ……………………………………………… 552
第二节　疏浚工程 ……………………………………………… 557
第四章　豫南水利工程 ………………………………………… 557
第一节　灌溉工程 ……………………………………………… 557
第二节　疏浚工程 ……………………………………………… 560
结论 ……………………………………………………………… 564

河南水利协会序

山右曹子山❶先生留学海外，攻习水利工程，学术邃深，技艺精绝，洵吾国水利界专门有数人才也。去岁秋，应聘莅豫，任省政府水利工程师兼水利工程委员会委员；一年以来，凡所设施，成绩斐然。先生鉴于吾豫黄河为害之大，不辞劳瘁，亲赴沿岸测勘，就其经验所得，制定施工策略，成《河南黄河水利初步计画书》，继复成《河南全省水利进行计画书》《河南全省水利工程计画大纲》，罗万流于寸楮，缩千里于尺幅，固裒然巨制矣。同人等捧而读之，悉其条分缕析，委曲精详；纽枢所在，固了如指掌；施治之方，更洞中窾要；益叹先生之学、之才为宏且大也！夫吾豫水利之不讲久矣！霪雨至，则随处洪流；旱象成，则尽成赤地；饥馑荐臻，民生憔悴；而黄河水势浩涌，为祸尤烈。灾害相循，补救无方，得先生此书，于吾豫水利情形既洞明其利害，整理之法亦有所依据，是何异迷津而逢宝筏，失路而得导师？其庆幸为何如哉！试观黄河沿岸开封煤口之安设吸水机，郑县花园口之用虹吸管引水灌田，并导入索须河以注于贾鲁河诸法，皆准诸书中计画所设施，而实效昭著者。于以见先生之作，乃按实立论，绝非闭门造车、削足适履之谈所

---

❶ 曹子山　应为曹子仙。

可比拟于万一也。果能按计画所定，次第举办，非惟绩奏安澜，功敷潴决，足以收完美之效，将见宏规大启，旷土顿成繁盛之区，气象一新。民众同享熙（嗥）〔皞〕之愉，其所以贻万世之利赖者且无穷焉。书成将付剞劂，同人等本于景仰钦服之诚，因不揣弇陋而为之序。

中华民国十八年八月一日

河南水利协会序于汴垣

张序

功莫便于因利，事多败于畏难。盖不知其利而不行，是为弃利；知其利而不能行，则畏事之难而因以堕其功，非有责者所以为民计也。

余长豫河务十有七月，除努力防水患外，并积极兴办水利。如沁河开闸十八道，黄河安吸水机三处，计全年可灌田七千余顷，在治河史上有相当之事迹，逍遥河上者，当有所见闻。余友曹君瑞芝，实导师也；余及河工同仁，则力行之者也。曹君为水利专家，其所著《河南水利规画》一书，对于全豫水利工程，有整个之计画，诚水利界之宝筏也。适余受经营印刷事业之命，乃助之成刊，公诸同好。此书于救济旱灾，裨益良多，同志讲民生主义者应各手置一编，作为参考也可。是为序。

桓台张文炜序于大梁

一八·七·一八

陈序

戊辰秋，余识曹君子仙于沪上，旋同服务于河〔南〕水利局暨河南南[1]水利工程委员会，心惬者有日矣。是年夏，曹君出所著《河南省水利规画》一书，乞序于余。余观是书内容，计分三部：一、《河南黄河水利初步计画书》；二、《河南全省水利进行计画书》；三、《河南全省水利工程计画大纲》，俱悉心擘画，详审周至。河南深居腹地，水利不讲，人民困苦颠连，苟循是规画而实行之，民生问题即易解决。余素醉心水利，得览是册，不禁神契，视为创办河南水利者不易之典也。顾创议维艰，实施尤难。曹君虽有详密之规画，至一一促其实现，斯又各界同人之责也。

民国十八年夏

西平陈泮岭序于河南水利工程学校

---

[1] 南　衍字。

自序

民国十七年九月，中国工程学会开第十一次年会于首都，余代表山西分会赴都参与会议。适河南省政府提倡水利，招聘水利工程师，余经工程学会介绍，遂应斯聘。抵汴之后，即奉命查勘黄河，有《河南黄河水利初步计画书》。时省府成立水利工程委员会，为全省办理水利之最高机关，余又兼该会委员之职，曾于会中屡次发表意见，如规定水法，实行量水，设立观测气候所、水利试验场等等，幸蒙采纳，行将见诸事实。本年五月，该会委员长张钫手书水利计画数十项，并命余主稿成篇，遂有《河南全省水利进行计画书》之作，然助余而成是稿者，李君大猷也。六月，张委员长兼长河南赈务会，复令计画水利工程费用，实行以工代赈，又赖鄢君鸿程之助，而草《河南全省水利工程计画大纲》。兹值中国工程学会复于八月在青岛开第十二次年会，爰将上述三项计画都为三篇，名曰《河南省水利规画》，将于会中宣读是书，并希工程同人有以讨论而纠正之，亦藉以报告一年来之工作情形耳。是为序。

曹瑞芝，十八·八·六·开封

第一编　河南黄河水利初步计画书

一　绪言

豫省黄河，自古为患，兴堤筑坝，防范綦严，及时至夏秋，洪水奔腾，偶尔溃决，一泻千里。生命财产淹没损失者，不可计其数也！是以政府、人民历来对于黄河，皆畏之如虎，方防之避之之不及，又奚暇思有以利用之耶？兹值科学进步，治河有方，机械发达，日精月异，而谓当此时也，黄河之水不能利用，其谁能信之？省政府有见于此，特命瑞芝前往查勘，奉命之后，沿河踏查百数十里，略有所得，谨述于下。

二　黄河河流状况

据陈公善同《豫河续志》所载：黄河上游虽历甘、陕、山西，而两岸崇山夹峙，不得肆其湍激之性；且其流尚微，河槽亦深，自不能恣为冲决。逮出龙门而下底注，伊、洛、瀍、涧注于南，沁、溴、济、丹汇于北，其势愈大，其力愈横；及过河阴之东，地衍沙松，河成坦坡，防范稍疏，则恣为泛滥。然据此次调查，黄河自光绪十三年郑州石桥决口后，迄今四十一年，河槽稳定，无甚变迁，大有日就轨道之势。仅将刻下河道状况，略述于下：

黄河自入豫境，即沿邙山东流，行至泛[1]水古柏嘴口，折而东北，抵沁河入黄处，始近北岸，经过平汉铁路黄河桥，受北岸护桥堤之拦挡，遂折而东南，直达荥泽渡口，复沿南堤东行，至中牟三堡；于是始离南岸，即当阳武越堤之冲，又复转而东南，抵开封十八堡，沿南堤经过黑岗、柳园两渡口，再东北至陈桥，顺北岸直至兰封渡口；及抵杨庄左近，复接南岸，再折而东北，遂入直隶境界。如第一图。

三　黄河水量及流速

河南河务局历来考查黄河水量，仅求水位之高低，其报水位以中汛十一堡志桩为准，该志桩以河深十五尺为底水，所报之水位，即高于底水之尺数也。由立夏起，每日早晚报二次；至入伏日，每日按寅、午、酉三时报三次；至霜降后，每日报一次。兹将下南分局十五、六、七年河水比较表列下：

年　别	伏　汛	霜　清
十五年	二丈一尺一寸	二丈一尺九寸
十六年	二丈二尺	二丈一尺六寸
十七年	二丈一尺四寸	二丈零九寸

按：每年伏汛，约在七月，霜清约在十月，霜清通常水位最低，伏汛水位最高。然就上表观察，十五年度伏汛之水，尚低于霜清时八寸。据河务局声称，因是年伏日无雨，天气炎热，以致水量减少也。沿岸人民多谓黄河水位历年改变约有五尺，光绪十三年大水时，水位之差约为八尺。

---

[1] 泛　当作“汜”。

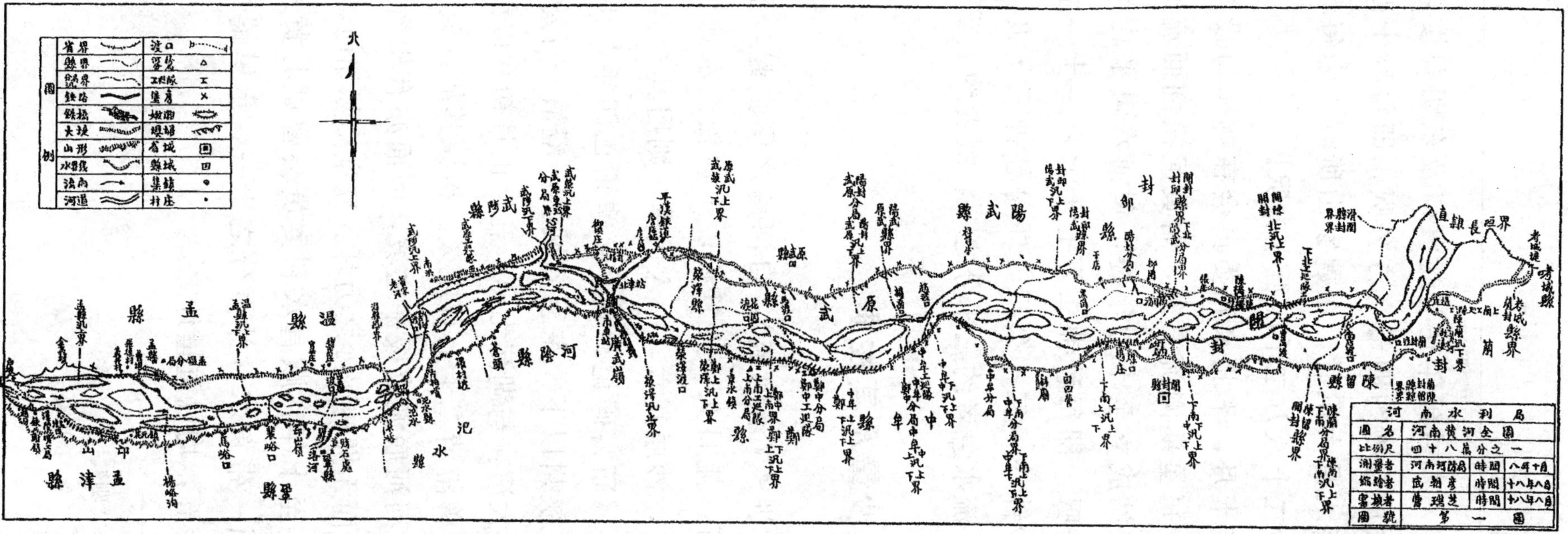

河南水利局
圖名 河南黄河全圖
比例尺 四十八萬分之一
測量者 河南河防局 時間 八年十月
縮繪者 底翔彥 時間 十八年八月
審核者 曹瑞芝 時間 十八年八月
圖號 第一圖
圖例
省界
縣界
分局界
鉄路
鉄橋
大堤
山形
水界綫
流向
河道
渡口
碉房
工程隊
堡房
嫩灘
埧埽
省城
縣城
集鎮
村庄
北
孟縣
溫縣
孟津縣
鞏縣
汜水縣
河陰縣
武陟縣
原武縣
陽武縣
鄭縣
中牟縣
封邱縣
開封
陳留縣
蘭封

民国八年，朱君延年在兰封渡口及东明阎楼等处所测黄河流量：六、七月每秒约四千立方公呎，即每秒十四万一千二百立方呎。同年八月大汛时，在魏家山所测，为每秒约八千立方公呎，即每秒二十八万二千四百立方呎。

自十七年十月，华北水利委员会在柳园口设站量水，按新法测算流量，每星期测流三次，而黄河横剖面流速、水量记载甚详。计自该站成立至十七年终，黄河水量平均为每秒钟七百八十五立方公呎，即每秒钟二万七千七百一十一立方呎。其平均速度为每秒钟一·二一公呎，即每秒钟三·九七呎。又查黄河水面坡度，流水急者约三千分之一，缓者约五千分之一。

四　黄水含沙量及其性质

据明潘季训[1]《治河疏》：自河南之阌乡起，至归德虞城县止，河经五府，流日久，土日松；土愈松，水愈浊。故平时之水，以斗计之，沙居其六，一入伏季，则居其八矣。

据武陟县《庙宫碑记》载，前清雍正四年冬十二月初九日，豫省黄河西自陕州以下，东至虞城县，澄清一千余里；至十六、十七等日，水大清，与湖淀无异；五年正月初六以前，尚尔清澈。是知黄河之水曾澄清二十七日之久。推原其故，或系当时陕州至虞城一段，黄河河底淤成极平之坡，河面亦有相当宽度，以致水之流速缓慢，而无押转泥沙之力耳。究竟实际如何，尚待研究。

民国七年至十年，顺直水利委员会曾试验黄水含沙量。当盛涨时，陕州一带黄水含沙百分之十一，十里铺百分之七，洛口百分之三·五，均以重量计之。

---

[1] 训　当作“驯”。

华北水利委员会去年十月至十二月底所测：平均含沙量约为每千立特水，舍[1]沙五百一十四葛兰姆，约计为百分之〇·五，此即去年冬季黄河之含沙量也。河边滩出之地，土质肥沃，农产赖以丰收，足证黄水所含物质，除纯沙而外，十之七八为肥料，引之灌田，甚相宜也。

十八年二月上旬，曾在近于御坝之处取黄水一瓶，托由吴君遵淮在上海化验室化验，其结果如下：

水中含固体百分之四七·二。

临时硬性物质 $CaCO_3$ 百分之二〇·五。

永久硬性物质 $CaCO_4$[2] 百分之八·五。

总硬性物质百分之二九·〇。

从上表观察，黄河之水性甚硬，如沿岸安设锅炉，尚须用练水机（Water softening apparatus）；然黄水澄清，堪为饮料上品，开封之水，远不及焉。

五　黄水断面之变迁

豫境黄河，自过平汉铁路桥，地势平衍，土质疏松，非特河槽迁移无常，即同一河槽，而其断面之变迁亦无一时或同。兹按华北水利委员会开封柳园口水文站自十七年十一月五日至十八年四月十五日水文记录，绘出黄水断面变迁图。如第二图。

图上所列各断面图，虽根据短时间之记录，不足代表全年之变迁，而其改变之迅速，颇足惹起工程家之注意。盖堤岸出险，皆此断面变迁所致也。

---

[1] 舍　应作“含”。

[2] $CaCO_4$　无此物，当为“$CaCO_3$”。

六　流量、流速、水位及含沙量相互之关系

据费礼门氏考察，黄河河槽不变而河床可刷深之处，为流行于天然山峡之一段。又谓各地河床被侵蚀之沙土，迁移无恒，黄水所含泥沙，大部分为当地冲刷之沙土，其从上游携来者仅一小部分。然就华北水利委员会开封柳园口水文测量记录观察，黄河在开封一段，亦有时河槽不变而河床可以刷深，不过因河槽甚宽，河床易于变迁，不能维持长久耳。参观第二、第三两图。

从图上观察，流量、流速、含沙量其曲线性质大致相似，即流速、含沙量皆以流量大小为转移也。惟黄河水位有时不因流量之增加而提高，亦有时不因流量之减少而降低，是则黄水之特性，不可不注意也。

七　沿岸大堤、坝、埝及其防护方法

黄河在豫之西，则山脉宛延，束水就范，起伏有常，数千年来迄无何[1]患；豫之东则频近于海，易于导泄，故漫溢多而溃决少。豫省地居腹心，三门而下，水势骤阔，土薄沙散，临河城郭或低于河，一经溃决，为患甚巨；不得已而以两岸堤防坝埝，约其势，缓其冲，而维护之。堤之长度，南岸二百四十二里，北岸三百二十七里。南岸邙山沿河一带亦有大堤，长约一百六十五里。

沿岸修筑石坝，计三百四十八处；土坝二百四十一处；砖石坝二十一处。坝之小者曰朵，沿河共有石朵六百九十四处。其他埽工、护石等不计也。

---

[1] 何　当作“河”。

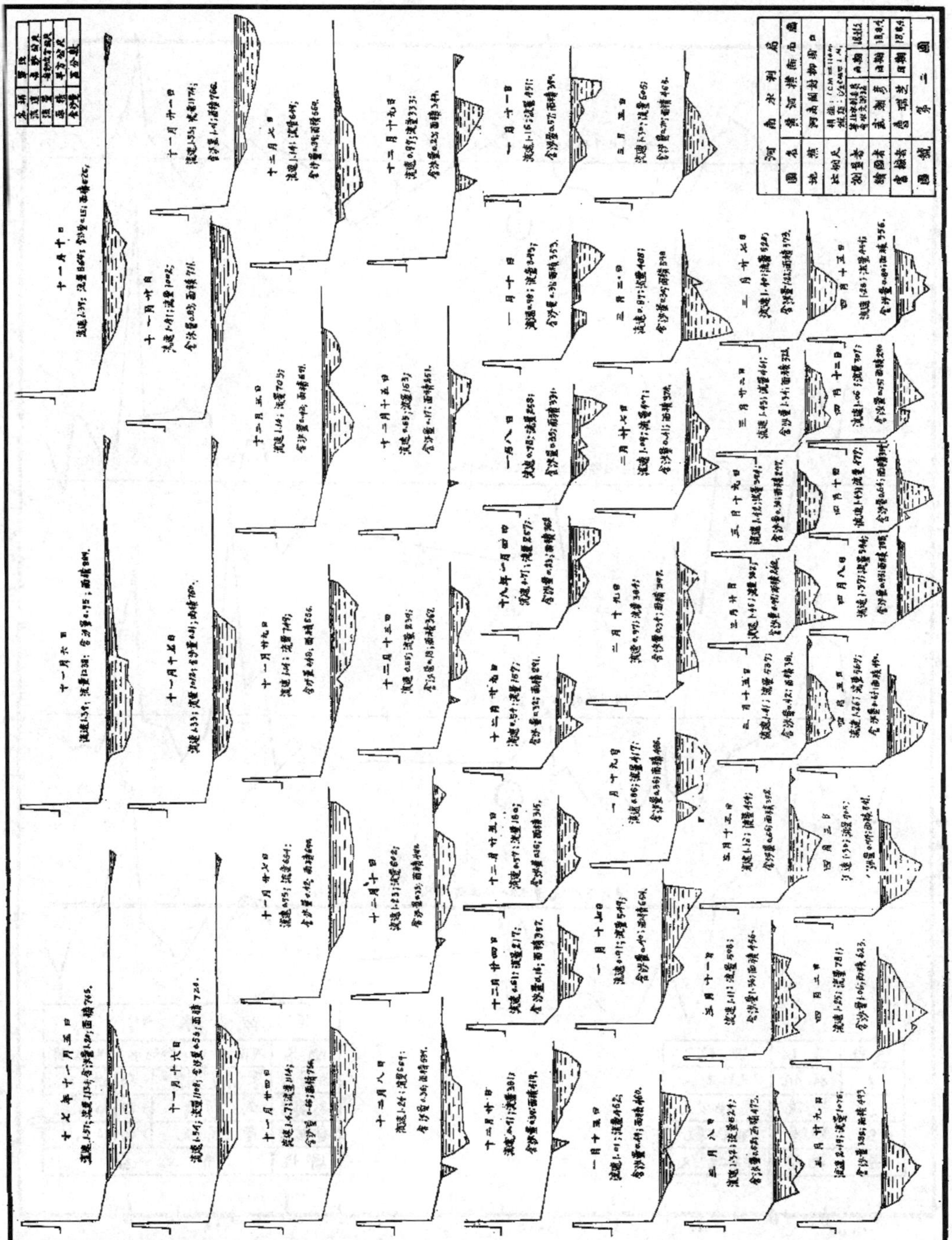

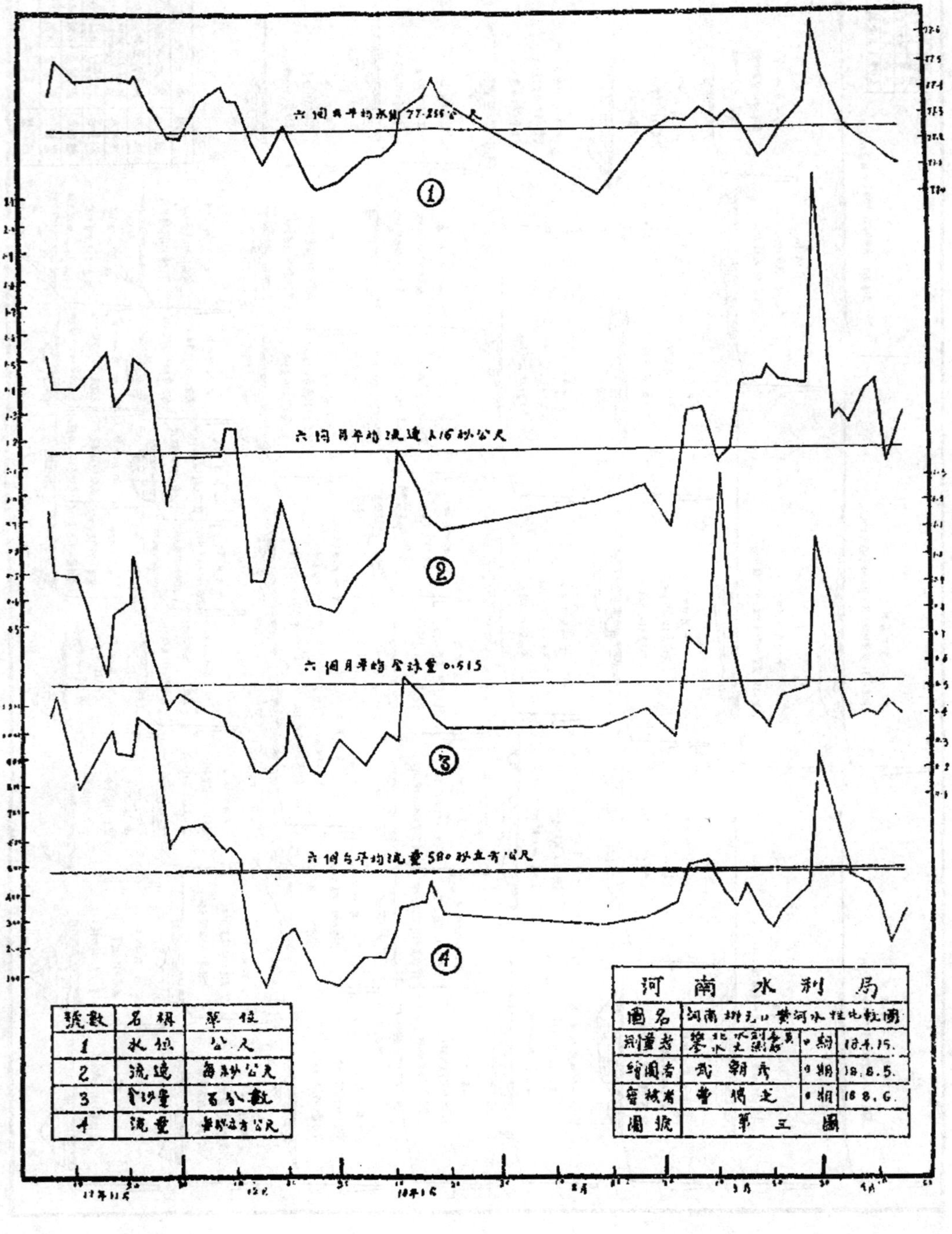

①
②
③
④
六個月平均含沙量 0.515
號數 | 名稱 | 單位
1 | 水位 | 公尺
2 | 流速 | 每秒公尺
3 | 含沙量 | 百分數
4 | 流量 | 每秒立方公尺
河南水利局
圖名 | 河南柳園口黃河水性比較圖
測量者 | 日期 | 18.4.15.
繪圖者 | 武朝秀 | 日期 | 18.6.5.
審核者 | 日期 | 18.8.6.
圖號 | 第三圖

河防在堤，而牢堤在人，堤坝之上，每二里修一堡房，堡老、堡夫常川住守，防护埽岸，修补坍塌，填塞穴窝，看守柳株。三伏九秋之间，不分风雨，昼夜防守，法至备矣！

八　大堤高度及河面与堤外地面之差度

黄河两岸之堤，高于水面十六至二十呎，堤面之宽五十至百五十呎，堤坡倾斜约四十五度，河面与堤外地面高度之差随地而异。沿[1]兹沿南北两岸选择数处，开列表式以说明之。

兹将一九一九年费礼门测图列下，表明黄河堤外地势之关系。如第四图。

岸别	地　点	河高于地	地高于河
A南岸	荥泽渡口		二呎
	郑县花园渡口	一呎	
	马渡口	四呎	
	中杨渡口		三呎
	赵口渡口四、五堡之间	十一呎	
	黑岗口		三呎
	柳园口		一呎
	兰封杨庄一带		十呎
B北岸	孟县张后、义井村一带	九呎	
	温县官北庄		十呎
	武陟南赵	四呎	
	阳武祥符庄	十七呎	
	开封杨砦	八呎	
	开封张砦	四呎	

[1] 沿　衍字。

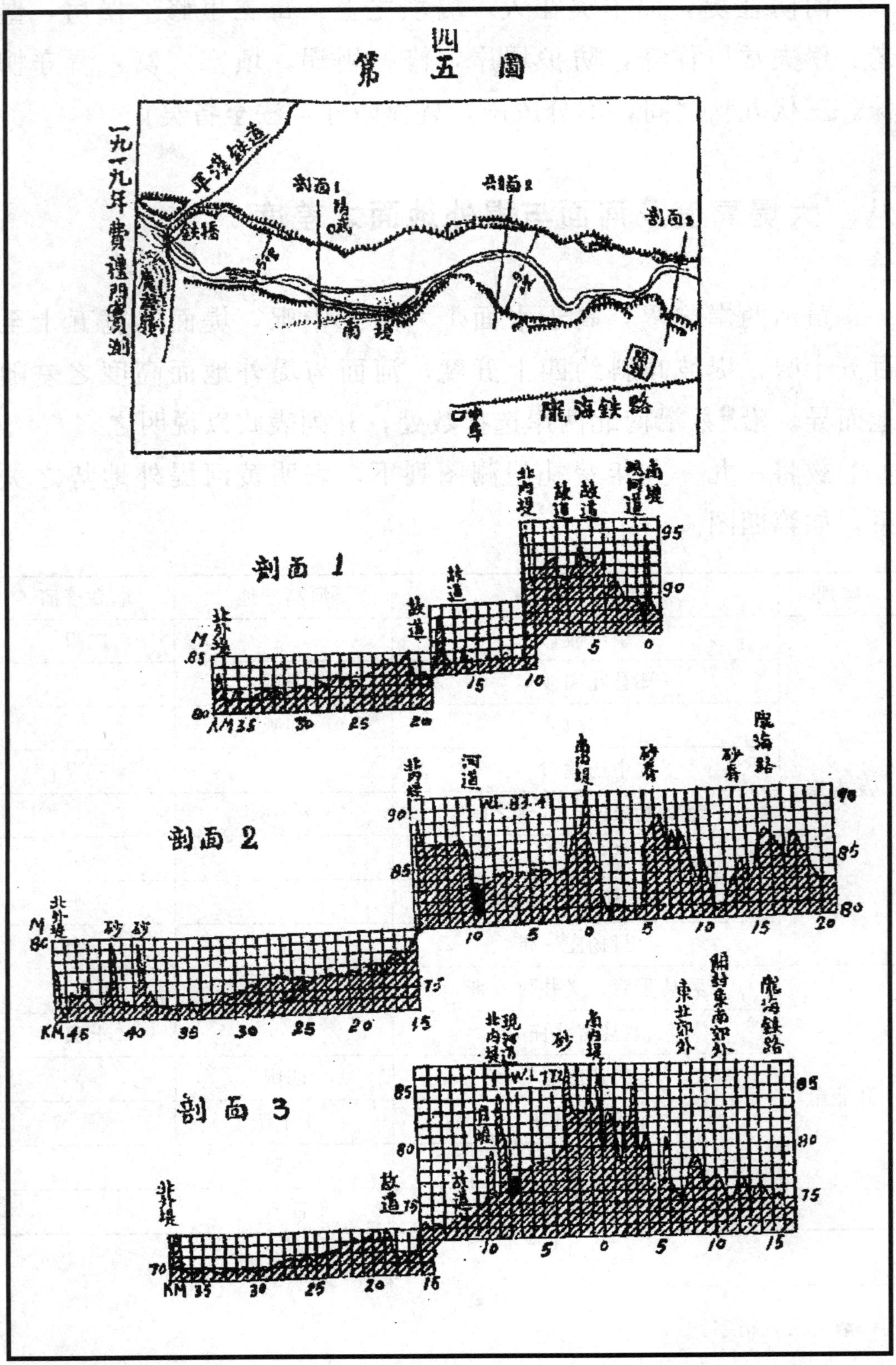
第五圖
一九一九年費禮門測
平漢鐵道
鐵橋
剖面1
剖面2
剖面3
南堤
隴海鐵路
剖面 1
剖面 2
剖面 3

九　黄河沿岸之雨量

查陕州测站雨量记录，自民国八年至十四年，七年平均雨量如下：

一月	〇・二吋	七月	四・一七吋
二月	〇・一一五吋	八月	三・九七吋
三月	〇・五六六吋	九月	二・六五吋
四月	〇・六六八吋	十月	一・〇九吋
五月	二・五吋	十一月	〇・一八二吋
六月	二・二六吋	十二月	〇・一四二吋

从上列表中研究，通年平均降雨约一八・六吋，五、六、七、八、九月为一年中降雨最多时期，而此五个月中，尤以七、八月为最多。

据柳园口一带人民称述：十年来无大旱，每年约有三次大雨。阴历三月、四月、八月各一次，每次降雨一犁，深约七寸；其他小雨统计不过一犁。每按三寸纯雨计之，每年降雨仅十三寸。据美国经验，沃沙土壤田中小麦、谷子、高粱，每年最大收获需水量均在三十吋以上。虽气候不能相同，而所降之平均雨量恐不及农产物需水量之半数，可断言之矣。

十　沿岸之地势

黄河南岸荥泽以西，沿河多山，间有田地，为数无多。荥泽而下，即为南岸之大平原，略向东南倾下，由柳园口至开封曾作一度之测量，其坡度约为一千四百三十分之一。黄河在北岸由济源出山，渐趋平原，至卫河流域，地面趋低，渐向东北倾下，观第五图《历代黄河变迁之状况》，可以知其梗概矣。

十一　沿岸之土壤及地层

威尔逊（E. C. Wilson）氏曾分晰[1]河南黄土，其所含各种化学原质，按百分计之如下：

矽	六四·二二
氧化铅及氧化铁	一八·一
氧化	六·三一
氧化	二·〇九
氧化钠	〇·二二
氧化	〇·九九
二氧化碳	四·一
水分	〇·七三
有机物或易化气之物	一·八一

此等土质适于麦、黍、豆、谷之农产物。惟据本地农人经验，种棉不甚相宜，间有卑湿之地，多成咸卤。

郑州豫丰纱厂地层：地面填土五尺之下为白沙，土壤厚七尺，次为陶土五尺，下为流沙，掘有二丈，尚未出流沙层。

开封一带，沙质土壤厚约二尺，下有沙土约七尺，又灰色细沙土约二尺余，少含水分，再下为黄沙层，厚约二尺，黄沙之下为黑沙层，颗粒较大，有水甚旺，即开封一带之井水沙层也。

[1] 晰　当作“析”。

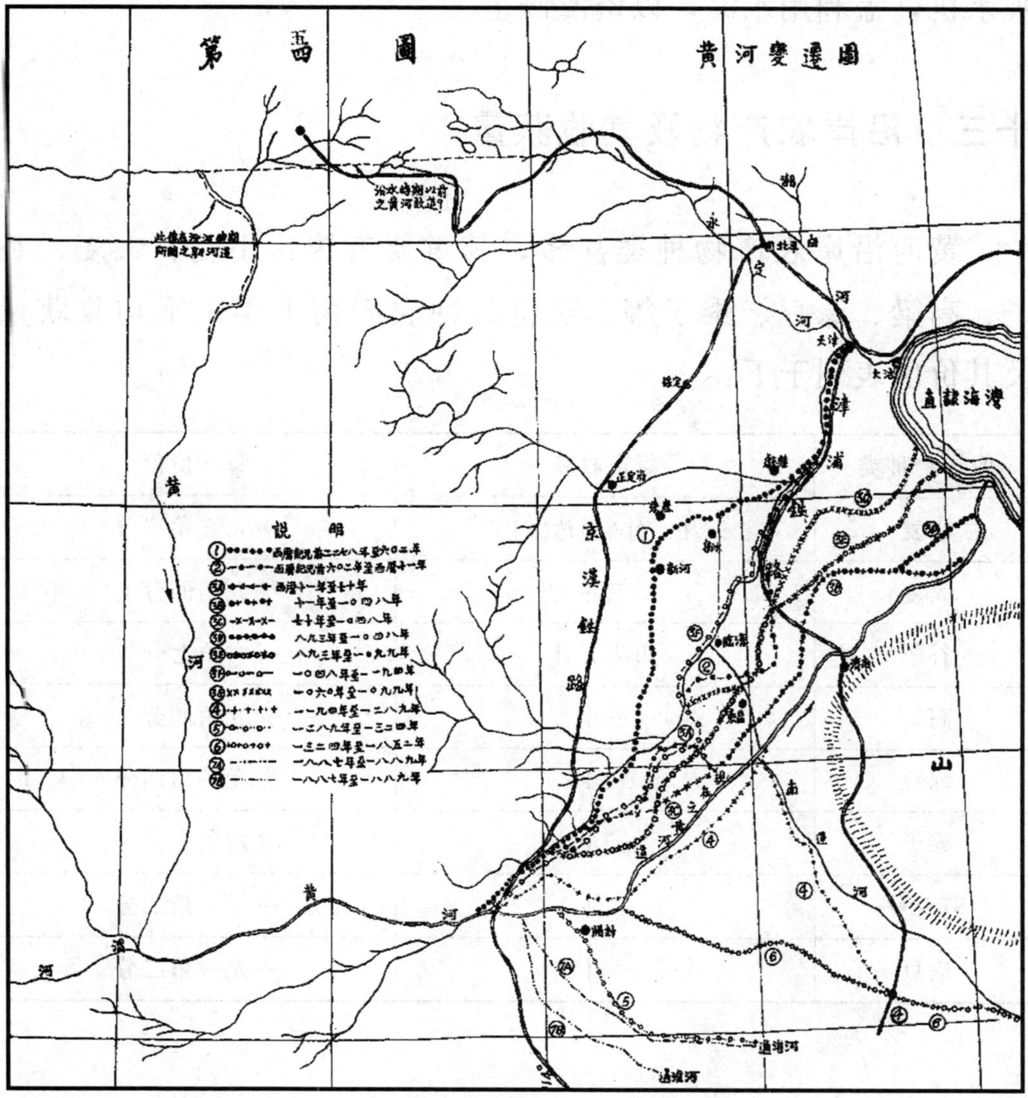

十二　沿岸之水潭

历来黄河决口之处，多成水潭，柳园口斜大王庙石桥之水潭，其最著也。潭之大者五六方里，小者一二方里，皆终年有水，深达丈余，其水面低于黄河水面有达七八尺者，其水之来源，当为由堤下沙层渗来黄河之水。河务局在斜庙、林圃安设吸水机，盖利用水潭，以资灌溉也。

十三　沿岸农产物及其收获量

黄河沿岸农产物种类甚多，其重要者为：小麦、大麦、谷子、高粱、绿豆、黍子等。兹将各种农产物十年来平均收获量及其价值表列于下：

农产物种类	每亩收获	每斗价值
小麦	三斗，每斗重约二十斤	一元三角二分
大麦	三斗	九角四分
谷子	四斗五升	六角七分
高粱	三斗	九角四分
绿豆	二斗	一元一角四分
黍子	三斗	六角七分
菀豆❶	二斗	一元一角二分
扁豆	一斗	一元一角二分

十四　各种农产物之种植方法

小麦、大麦、菀豆、扁豆均于阴历中秋前后下种，第二年五月初收割，二月、三月为需水之期，是时如每半月降雨一犁，即可丰收。谷子三月半至四月初下种，长高一寸锄第一次，二寸锄第二次，四寸锄第三次，至七月十五日前后即行收割。夏

❶　菀豆　即豌豆。

日天长，每月须降透雨三次，方可丰收。高粱三月初十前后下种，六月二十前后收割，锄苗、需水与谷子同。绿豆四月初十前后下种，八月前后收割。黍子与谷同时下种，锄苗、需水亦相同，惟收获早半月。

十五　沿岸之地价

查黄河南岸花园口以东约有七百余顷卑湿之田。黄河北岸前稑村一带，地势低下，终年潮湿，难成五谷，亦有数百顷。此二处之地价，异常低廉，每亩三元至十元不等，咸卤甚者，竟有不索价值亦无承受者。沿岸地势较高之田，每亩十三至十六元。若土壤中含沙较少，收获亦较丰者，其价值每亩三十至六十元。

十六　引水方法

黄河南北两岸之平原既分向东南、东北逐渐倾下，则黄水引出自可顺地势而行远。堤外地面之低于河面者，宜用涵洞或虹吸引水；高于河面者，宜用机器引水。兹分述之。

一、涵洞引水法。沿堤选择适当地点，建设铁筋混合土涵洞。向水之面，装置水门，可司启闭。水门之外，须设挡沙闸以防泥沙流入涵洞，淤塞渠道。至洞口之大小，形状之安排，当依地势之状况，水量之多寡，速度之快慢，而设计焉。此种引水法实际上不易建设，因历年黄水泛滥，为患甚巨，人皆畏之为虎，故对于堤防不愿稍有开动，深恐一旦出险难以善其后也。

二、虹吸引水法。在堤上安设湾曲铁管，一端插入黄河，一端置于渠口。本湾管吸水原理：使黄河之水经道堤上引入渠道，其抽空方法因管之直径大小而异，直径在十八吋以下者，用填水抽空法，即在湾管上端接以垂直管，附安舌门，湾管之两端亦安舌门。当灌水时闭湾管两端舌门，开垂直管舌门，插漏斗于管中，使水灌入；水满之后，去尽空气，然后闭垂直管舌门，湾管两端舌门同时开启，则水自行引出矣。直径在十八吋以上者，灌水过费时间，则宜用喷射器捕空法；在湾管上端安设喷射器，以舌门通塞之，湾管出水之端用舌门闭之，入水之端，插入水中，用气压机压气或锅炉通汽，经过喷射器放射空中。因受压之空气或蒸汽速度甚快，遂将湾管中之空气带出，俟湾管中空气去净，水满管中，闭喷射器舌门，开管端舌门，而水自流行矣。或用抽空机，抽净空气亦可。惟抽空机抽空，须连接于至少二十四呎之铁管，该铁管垂设湾管上端，以免水之吸入机器。

三、机器吸水法。此法系在沿岸堤上安设吸水机，使黄河之水，唧过堤岸，达于田地，按地势情形，开渠导引以资灌溉者也。各国所用吸水机种类甚伙，然以瑞芝在美国亚里氏公司（Allis chalmers manufacturiny Co.）吸水机部实习一年半之经验，深知适用于黄河大堤者仅有两种：一为离心吸水机（Centrifugal Pump），一为螺吸水机（Screw Pump）是也。唧水高十五以上宜用离心吸水机，十五以下宜用螺吸水机。

拖动吸水机之机器亦有数种：曰电气摩托，曰柴油（一名黑油）引擎，曰蒸气引擎。此外尚有煤气、煤油、汽油引擎及蒸汽脱尔宾。煤汽引擎虽真[1]接燃烧煤炭，随处多有燃料；然查吾国所有安置煤汽引擎，多半易生毛病，且熟谙煤汽引擎之工

[1] 真　当作“直”。

匠颇不易得。煤油、汽油价值过大，殊不合算。蒸汽脱尔宾因速度过高，不适于慢速吸水机，故皆略焉。

十七　安设吸水机及其约略价值

沿岸安设吸水机有两种办法：

（一）沿岸分若干段，选择燃料价值最低之处，安设总发电机；再定吸水地点，安装摩托吸水机，用电线通电拖动之。

（二）选择吸水地点，安设吸水机，用引擎拖动之。

黄河水流，迁移不定，忽而近岸，忽而淤远，遂使选择吸水地点多感困难。电汽摩托吸水机装置简单，重量较小，便于移动，有逐河吸水之功能，安置引擎，则迁动不易矣，然摩托吸水机须安设发电机，规模较大，若灌田千顷以下，则所费较多；引擎吸水机单独装置，小大由之，虽十顷之地，亦可安设。两种办法，互有长短，惟在因地制宜而已。至于安设吸水机之手续，应先测得灌田面积、安设地点、吸水高度、导水远近，然后计算机器马力大小及其价值若干，拟具计画，再行购机安设。兹为说明机器价值大略，假设灌田一千顷，水须十八呎，约略估计如下：

（一）摩托吸水机

摩托吸水机须安设七百五十启罗瓦特总发电机，而此发电机之发动机可资比较者有两种：一为蒸汽脱尔宾发电机，一为柴油引擎发电机。

1 蒸汽脱尔宾发电机

甲、建设费

发电机　十四万七千元

摩托吸水机及电线　七万六千元

导水建筑物　十万元

共计大洋三十二万三千元，每亩摊洋三元二角三分。

乙、开行费

炭（每吨四元，每马力每小时用炭一磅半）　一万一千五百元

车油　一万元

折旧　一万六千元

薪工　七千元

保险　四千九百五十元

修理　二千五百元

共计五万二千四百五十元，每亩每年摊洋五角二分。

2 柴油引擎发电机

甲、建设费

柴油引擎发电机　十万零六千元

摩托吸水机、电线　七万三千元

导水建筑物　十万零一千元

共计大洋二十八万元，每亩摊洋二元八角六分。

乙、开行费

柴油（每马力每小时用油〇·三六五磅，每磅开封价一百元）　七万一千一百元

车油　一万四千元

折旧　一万四千元

薪工　七千元

保险　四千二百元

修理　二千五百元

共计大洋十一万二千八百元，每亩每年摊洋一元一角三分。

（二）引擎吸水机

1 蒸汽引擎吸水机（安设四组，每组灌田二百五十顷）

甲、建设费

蒸汽引擎及吸水机　四组十五万六千元

导水建筑物　十三万元

共计大洋二十八万六千元，每亩摊洋二元八角六分。

乙、开行费

炭（因吸水地点远于产炭地点，每吨价洋须十元，每马力每小时用炭二磅半）三万二千四百元

车油　一万五千元

折旧　一万二千八百元

薪工　八千元

修理　三千五百元

保险　二千三百四十元

共计七万四千零二十元，每亩每年摊洋七角四分。

2 柴油引擎吸水机（安设四组，每组灌田二百五十顷）

甲、建设费

引擎吸水机　十六万元

导水建筑物　十三万元

共计大洋二十九万元，每亩摊洋二元九角。

乙、开行费

柴油（每小时每马力用四磅）　五万二千九百元

车油　一万五千元

折旧　一万三千元

薪工　八千元

保险　四千五百元

修理　三千五百元

共计大洋九万六千九百元，每亩每年摊洋九角六分。

从上表中比较，安设蒸汽脱尔宾发电机及蒸汽引擎吸水机为最经济。前者虽较后者每亩多摊洋三角七分，然每年开行费用每亩所摊之款较省二角二分，则每年可省两万二千元，故仍以安设蒸气脱尔宾发电机为宜。

客冬省政府由上海购回吸水机八部，其三部已安设于黄河沿岸煤口。此三部吸水机，有两部用一部柴油引擎拖动，系购自慎昌洋行；一部购自常州厚生机器厂，以一部柴油引擎拖动，出水量为每分钟四千二百加仑，共可灌田五千四百亩。兹将建设及开行费用列下（关于煤口吸水站另有小册报告）：

甲、建设费

柴油引擎吸水机三部　七千九百三十四元

蓄水地渠道、机器、房屋等　一万二千元

共计大洋一万九千九百三十四元，每亩摊洋三元七角。

乙、开行费

柴油（每小时每马力用油半磅）　三千四百零二元

车油　八百元

薪工　八百元

折旧　四百元

修理　三百元

共计大洋五千七百元，每年每亩摊洋一元零六分。

前者瑞芝在上海购机器时，曾经比较蒸汽引擎与柴油引擎机器，价值相差无多，惟蒸汽引擎在三十马力以下者，普通每马力每小时燃炭七磅，以每吨炭价洋十元计之，其每年燃料费适于上述柴油引擎相等。而煤口一带炭价，每吨在十一元以上，故用柴油引擎较为经济。

按：以上所述各种机器建设及开行费用，如灌田在一千顷以上，则以用蒸汽脱尔宾发电机拖动摩托吸水机为相宜；灌田在百顷以下者，则以柴油引擎拖动吸水机为合算；若吸水地点近于产炭之处，而炭价在每吨十元以下者，则以蒸汽引擎拖动吸水机为经济。又灌田在千顷以上，每亩每年摊开行费五角二分；若灌田五十项❶，则每亩每年摊开行费即超过一元矣。是知灌田亩数愈少，安设机器费用愈大。

又查慎昌洋行之吸水机系英国货，以所灌田亩计算，其价值每亩摊洋一元七角三分。厚生机器厂之吸水机系中国货，每亩摊洋仅九角五分，价值比较，几差一半。虽中国所造不及外国所造者效率大、用时久，而以两部抵一部则有过之，故用中国货亦甚经济。惟中国各厂所造吸水机，其最大之出水管直径为十二吋，诚为一大憾事！

十八　利用瀑布

据胡君步川调查：峪河上游辉县薄壁镇之瀑布，水自绝崖降下，计八百二十呎，水量为每秒钟二八·四立方呎，水清无泥沙，可资利用。查薄壁镇距黄河约一百余里，若安设电站，用电线通至黄河沿岸或其他相当地点，利用所发之电，拖动摩托吸水机，引水灌田，甚为经济。

该处瀑布既有每秒钟二八·四立方引❷之水量，又有八百二

❶ 项　当作“顷”。

❷ 引　当作“呎”。

十呎之水头，则可发生电量一千四百五十启罗瓦特，引至黄河沿岸，约有一千三百马力，拖动吸水机，以水头十八呎计算，可吸水每秒钟三百五十立方呎，每次灌水六吋，每年灌田四次，共可灌田一千七百五十顷。其建设费略估如下：

水轮发电机　二十八万元

摩托吸水机及电线　八万元

修路　一万六千元

导水安装等　十万元

测量费　六百元

共计大详[1]四十七万六千六百元，以所灌田亩计之，每亩仅摊洋二元七角三分。安设之后，其开行费用因不用燃料为数甚微。

十九　导引黄河

黄河两岸既有向东南、东北倾下之地势，而卫河、惠济河又有可能导引之位置，不可不设法开导，藉资利用。

A 北岸导黄入卫，其利益有二：

一、增益卫河水量，通畅豫津航路。查卫河航运收入，刻下每年已达十一万七千元，收税最多之时期为阴历二、三及九、十月，十一、十二、正月次之，四、五、六、七、八月最少。收税最少之时，即上游灌溉之期，水位不足，航路不畅，职是之故。是以导黄入卫，实为通津航运之要图，利国便民，莫此若也！

二、灌溉卫河流域。

[1] 详　当作“洋”。

B 南岸导黄入惠，其利益亦有二：

一、导黄入惠，水过开封城内，可供城市卫生上之应用。其建设费用，河南水利局已有详细计画，见《河南水利局月刊》第一期，兹不赘述。

二、灌溉惠济流域。

二十　排水之必要

黄河两岸卑湿之地，多成咸卤，干旱年光犹可略见农产，一遇雨水，即无法耕种，故其地价极贱，每亩值洋仅一至五元。咸卤甚者，不索价值，亦无人承受。肥沃之田，废而无用，甚可惜也。查黄河北岸前程村以北，卑湿田地约有数百顷，南岸花园渡口以东亦有七百余顷。如此类之地，均宜开掘排水沟，或安设地下排水管，引水归池，用吸水机唧入黄河，以资排泄。俟地面干旱，又用吸水机，将黄河之水唧入田，以资灌溉。如是则咸卤可除，地成膏腴矣！

二十一　预防泛滥

上述豫省境内之黄河，四十一年无水患发生，大有日就范围之势，其重要原因，厥有四端：

一、已建设之平汉铁路护桥堤及阳武之越堤，使黄河寻出一定轨道，颇收稽曾筠以坝治溜、以溜治槽之实效。

二、沿岸逐年添设护崖石，使河岸巩固，不易冲毁。

三、各支流流域引水灌田，日多一日，使黄河之水量减少。例如沁河已开渠道四十余处，水量小时已不足用。

四、黄河上游受水面积内之山坡荒地逐年开垦，为数日多，使雨水未流入黄河之前已被新开田地吸收其一部分。

有此四端，而黄河已能稍就范围；若在扩而充之，其有裨益于预防泛滥，可无疑也。兹将扩充方法，略述于左：

一、振兴支流水利。查黄河支流，若洮若渭若汾若洛，可兴利之地，随处多有；倘再督促各处，开渠导水，以资灌溉，非特有利于农田，亦可减患于黄河。例如山西汾河上游兰村筑坝，下游新绛安机吸水（详治汾计画），皆当务之急，不可缓也！

二、改建各支流已开渠道之闸门。查各支流已开之渠道，因闸门设计不良，多半不敢利用洪水，以致田地干旱之时不得用水，而黄河水涨之际反而增流，两受其害，诚为憾事！若能改建新式闸门，无论何时，均可用水，则其弊自免矣。

三、添设新堤，以流治槽。查武陟有护桥堤，阳武有越堤，而黄河已大受其约束。若在于其他易于泛滥之处添设新堤，束水就范，则河槽当更稳固矣。又查护桥堤之设，其目的原在保护黄河桥，孰意自此堤成后，河归南岸，而下游河北大堤之内淤出良田不可计数，村庄加多，人安其业，建堤之为利，岂不大哉？

四、逐年添抛护崖石。查护崖石为铺散石于堤之内坦，以防水之冲刷堤岸。初次安设，时或陷落，及落至一定深度，坐定地脚，则不至再陷。据历来经验，已固定之护崖石被黄水冲毁者极少，故以石护崖，诚为护堤最简单、最经济之良法。然近数年来，河务局因款项支绌，所添护崖石为数有限，殊属可惜！急应筹有的款，逐年添加，经若干年后，黄河堤岸尽成石崖，虽有汹涌之水势，亦不易冲毁也。

五、继续开垦山荒。黄河上游受水面积内之山坡荒地随处有之，若多加开垦，或造林，或耕种，均可吸收雨水，减少流量。

二十二 治黄之步骤

治理黄河，应分三期：

第一期，引水开渠，大兴灌溉。

第二期，以坝治溜，以溜治槽。

第三期，兴工挖泥，畅通航路。

自民国以来，黄河流域灾患频仍，哀鸿遍野，民不堪命，是以振兴灌溉，以利民生，实为当务之急。黄河既兴水利，而水量自减，水量减少，再施以治之之方，自属事半功倍。比之用兵，灭敌之势而后攻之，方可胜敌也！黄河经流数千余里，筑坝治槽，工程洪大，然收获既丰，筹款有着，分年行之，或易从事。且河槽概[1]定，洪水不致汛[2]滥，而两岸新开之田地又无虑万千，其为利亦溥矣！河糟[3]虽有定，而水之深浅不能一致，欲通航路，尚须用机挖泥。人民既有灌溉之田，又获新开之地，此等挖泥之工，当不难举办也。

二十三 进行办法

以上所述，不过就目力之所观察，略言其大概办法而已；至详细情形，尚待精确测量，悉心研究，方可计画得当，进行

---

❶ 概　当作“既”。

❷ 汛　当作“泛”。

❸ 糟　当作“槽”。

无阻。故刻下所应进行者，均为研究上之工作，谨略述之：

一、应行测量各项。

1. 黄河沿岸灌溉及排水区域。

甲、灌溉区域。

乙、排水区域。

2. 导黄入惠济经过路线。

3. 导黄入卫河经过路线。

4. 薄壁镇瀑布。

二、调查黄河各支流水利。

三、调查黄河北岸柳园口至曹门口及兰封县杨庄一带水利。

四、各支流入黄处设立测流站。

五、黄河上游受水面积内勘设观测气候所。

测量完毕，详加研究，研究有得，拟具办法，循序而进，或不至失当矣。

二十四　结论

查有清一代，黄河决口凡三十九次，而豫境竟达二十四次之多，足证黄河水患，豫省为最。然近四十余年，河槽稳定，泛滥无闻，滔滔大水，竟有自就范围之势。若于沿岸安机吸水，实行导黄，修筑坝埝，巩固岸堤，改建支流渠道之闸门，开垦黄河上游之山荒，减少流量，束水就范，虽当洪水之际，不易为患矣。兴水利即所以除水患，防水患即所以兴水利，果能相因而行，不遗余力，则若干年之后，安知数千载所谓祸水者，不一变而为福海耶？瑞芝实引领望之！

第二编　河南全省水利进行计画书

第一章　绪言

水利种类，界说不一。自广义言之，灌溉、防潦、航运、水动力、自来水、农田排水、城市排水皆水利也。自狭义言之，则仅农田灌溉而已。河南对于广义之水利，虽一切工程尚属幼稚，而对于狭义之水利，则因省政府竭力提倡，已获有相当之结果。据建设厅及水利局调查：民国十六年以前，八十五县共有水田四万二千三百三十九顷；十七年一年，又增加八千九百零七顷。若以灌田一亩获利六元计，则每年增加之水利收入合洋五百三十四万四千二百元。此实河南人民近年来直接享受政府之利益，亦即河南省政府解决民生问题之巨大成绩也。惟自民国以来，天灾人祸，纷至沓来，民穷财尽，于焉已极。所谓狭义之水利尚不能充分发展，又遑论广义之水利乎！兹值全国统一，建设伊始，用特根据河南水利之现状与需要，通盘筹画，拟具《全省水利进行计画书》。一得之愚，愿与诸同人共商榷之。

第二章　河南水利之状况

欲计画水利，必先明水利进行之现状，现状既明，然后因病下药，方能适合其需要，不至离题过远，徒托空言。兹分省政府提倡水利之设施及历来兴办之水利事业说明之。

第一节　省政府提倡水利之设施

省政府提倡水利之设施可按机关、经费、仪器、人才四项述明如下。

一、水利机关

豫省黄河，历来政府设有专官，专司河防。民国二年三月，改为河防局，管理黄、沁两河防务，此外别无专办水利之机关。四年，省政府奉北京政府令，设立河南水利分局，为办理全省水利之最高机关。当以财政支绌，议就省署先设水利会，暂为筹备。七年，令各县设立水利分会。八年，河防局改组为河务局，并筹定契税附加之三成水利费。九年一月，河南水利分局乃正式成立，同时取消水利会。十年十一月，北京政府内务部饬令各县劝办水利公会，其后呈报成立者虽有数十县，大都有其名无其实。十一年四月，河南水利分局又奉令缩小范围，减少经费。十二年三月，各县水利分会改组为水利支局。十六年六月，因政局变迁，分局即行中止；八月，省政府成立后，始将原设之河南水利分局改为现今之河南水利局，并设立水利分局四十八处。十七年四月，经省务会议议决，凡两县以上之水利分局，仍旧存在，各县单独设立者取消，归各县建设局接收。当时仅有水利分局四十三处，旋因天久不雨，亢旱成灾，省政府注重水利，积极进行，于是建设厅、民政厅、河务局群起而争办水利。省政府并规定《人民凿井酌发补助金办法》，以示提倡。十月，成立河南水利工程委员会，委派专员，组织测量队，赴各处办理水利，并由省政府随时发给工程补助费。十一月，拟定《水利协会章程》，通令各县设立水利协会，协助政府办理水利。本年四月，河南水利局又缩小范围，局长由建设厅长暂兼，并将原设水利各分局按河流区域改组为十一处，刻已完全成立，进行一切矣。

二、水利经费

民国九年，河南水利分局成立时，所用经费系契税附加之三成，水利费每年收入约六万元，除每年经常费开支二万九千四百零八元外，余均作为工程费用。十一年四月缩小范围，经常费减为五千元；七月又稍加增，改为八千六百七十六元。十六年十月，河南水利局成立，每月预算为一千一百八十四元。十七年五月，又奉令将契税附加之水利费四成暂归教育，其余六成仍归水利。八月，每年经常费改为一万八千零六十元。本年二月，增加为二万一千八百十六元。四月，局长由建设厅长暂兼后，又减为一万零九百零八元。至各县水利机关经费最初均不甚多，甚至每一水利分会经费每月不过制钱一二十串耳。十二年，改组为水利支局，经费数目并未明白规定，多仍其旧，或稍增加。十四年，修正支局章程，每年经常费定为一千二百元，至少不得过五百元。十七年，全省设立水利分局四十八处，甲等十一处，每处每年经常费二千八百元；乙等三十二处，每处每年经常费二千二百元；丙等五处，每处每年经常费一千五百元。丙等分局均系一县单独设立，旋于是年四月取消，原有经费多归入建设局。本年四月，又按河流区域改设水利分局十一处，一等七处，每处每年经常费四千八百元；二等四处，每处每年经常费三千八百四十元。其他如昔日之水利公会及现在之水利协会则均系民众团体，经费无定。

三、测量仪器

凡一切工程上之设计，皆以测量之结果为根据，故测量仪器之购置，实为水利事业发展之初步；且由测量仪器之多寡，亦可断定水利事业进行之迟速也。豫省原有水利多系民众自行举办，设施简易，不事测量；工程稍大即不易举办，间或举办亦鲜有能成功者。至民国九年，河南水利分局成立后，始购置水准仪两架。十年，河南水利工程测绘养成所又购置齐普鲁盖耳一架及平板仪两架。从此办理水利，始有测量仪器之可用。彼时当局藐视水利，原有仪器因保管失当，已伤损殆尽。自河南水利局于十七年得到契税附加水利费之六成，又添购经纬仪一架、水准仪两架、平板仪四架及手水准两件。以前之实业厅并无测量仪器，改为建设厅后，始购置经纬仪四架、水准仪三架。本年，河南水利工程学校又购置经纬仪架[1]、水准仪两架及平板仪八架。以上三机关共有经纬仪六架、水准仪九架、齐普鲁盖耳一架、平板仪十四架及手水准两件。去冬，水利局又由上海向德商定购流速计二具，不久当可应用。此外，河南陆军测量局测量仪器甚多，对于水利亦可协助测量。去年，水利工程委员会所派测量队五队，除黄河水利测量队系用建设厅仪器，及水利局一队系用该局仪器外，其余豫北、豫西、豫南三队均系借用陆军测量局仪器，测量人员亦由该局人员组织。虽因时局及农忙关系，各队暂停工作，而河南水利测量之盛行，已见一斑矣。

四、人才培养

民国七年，各县设有水利分会，系由地方绅士办理，多乏水利工程学识。前河南水利分局长阎枚有见于此，乃于十年七月开办水利工程测绘养成所，培植水利人材，河南之有水利学校，盖自此始也。十一年年终，学员毕业共九十五人。十二年

[1] 脱字，当为“一架”。

三月，即由河南水利分局完全委充各县水利支局长。此后各处办理水利，始粗知应用测量及工程上之设计。十四年，河南水利工程协进会又创办水利专修科，毕业学员人数有限。建设厅以水利事业日渐发达，人材益感缺乏，乃于去年冬季开办水利工程学校，将来期满卒业，水利前途当不患人材之缺乏也。

第二节　历来兴办之水利事业

河南历来举办之各项水利事业，可按灌溉、水患及航运三项说明。

一、灌溉

豫省兴办水利，为时已久。史书所载，如西门豹引漳灌邺之类，其灌田亩数多不可考，姑从略焉。去年，省政府水利工程委员会组织测量队多组：豫北两组，分由王嘉乐专员及刘蓬山顾问领导；又张中孚专员领导一队于豫南，王凤岑专员领导一队于豫西。关于黄河沿岸水利另有一组，领导是队者该组队长周礼也。此数队分途测量，成效卓著，现所拟办之各项伟大工程计画多根据该测队工作之结果。同时并有梁式堂委员赴辉、汲等县指导挖泉，颇收灌溉之利。据调查所得，截止十七年年底，全省水田共有五万一千二百四十六顷，其中水利最多之处计有十县，列表于左：

武陟县	沁河	三四六〇·〇〇
郑县贾	鲁河	二二四一·〇〇
沁阳县	沁河	一七八四·五〇
灵宝县	好阳河	一四四四·五〇
修武县	丹河	一一八二·〇〇
安阳县	漳、洹两河	一〇三七·〇〇

辉县　卫河　九二二·〇〇

博爱县　丹河　八〇九·五〇

宜阳县　洛河　七一三·五〇

洛阳县　洛、伊两河　六九〇·〇六

据上表所列，以一县之大，灌田数百顷，乃至二三千顷，水利事业颇有可观。然与全省农田三百五十万顷比较，则各县所有水田仅占其百分之一·四；假定未调查各县所灌农田为百分之[1]·六，共占全数百分之二。换言之，即全省农田尚有百分之九十八不能享灌溉之利。

河南雨量虽无普遍及长时间之记载，而据陕州黄河岸雨量站之报告，自民国八年至十四年，七年中每年平均雨量为一八·五一三吋。按小麦、棉花每年需水约四十余吋，黍、谷等三十余计算，该处雨量仅及其半，无惑乎其苦于亢旱也。

二、水患

前清一代，黄河决口凡三十九次，而豫省竟达二十四次之多。其最近而最著者，即光绪十三年郑州北石桥决口是也。当时黄溺而死者，无虑百万（或曰七百万）。是知河南水患，当以黄河为最烈。其次则为沁河，自晋武帝泰始七年至今一千七百二十八年，决口凡四十一次，平均四十二年决口一次，每次损失约在三百余万元；统计历年损失，约有一万二千三百余万元。其最近者，如民国六年九月十八日，武陟县方陵村沁河决口，淹没地面东西三十五里，南北十八里，房屋坍毁者二百余处，水浸三年，田禾不收。其他各河虽无黄、沁两河之巨，而被淹之区，随处多有。且无年无之，统计损失亦不在少。如颍、沙、汝、洪等河下游，偶逢大雨，山洪暴发，则汝南、上蔡、息县、

[1] 脱字，当为〇。

淮阳、商水、沈丘、项城等县尽成泽国，受患面积约二百方里，其为患亦烈矣。总之，吾国水患之最大者为黄河，受其害最烈者为河南；而河南之水患又不特黄河已也，其他各河鲜不为害。故河南之水利，当以防潦工程为最重要也。

三、航运

河南自来各河流航运之兴废，大抵因建都、运漕为转移。东汉都洛阳，修汴渠，并凿陕南山，决河东注。迨至隋唐，航运大兴，由江达淮，由淮达汴而入河；溯河西上又可达洛，或入渭。宋都大梁，东南由淮入汴，西北由洛入河，转而达汴；汴河运米，每年可至七百万石，其他军器供给亦莫不赖此。自元明迁都燕京，会通河成，漕运改道，而汴河遂废，惟循卫河尚可直达天津。然津至道口二十五日可运货一次，现则需时半载矣。至其他河流，除黄河航线较长外，如洛、沁、汝、洪、沙、颍、白、淮等河，虽均通航船，而航线较短，且多年河道失修。昔日繁盛之区，一变而为凋零之地，航道之退化亦云极矣！

第三章　水利行政计画

水利行政办理工程以外之水利事务，关系至为重要，如水利机关之整顿、行政之方针及步骤、水利行政之措施、水利事业之宣传、设立农业机器厂、筹设水利银行、制定水法、成绩之考查与统计等，皆应具体计画以利进行，兹分别述之。

第一节　水利机关之整顿

欲水利事业进行之顺利，水利机关须有健全之组织，兹将现设水利机关应行整理之点分述于下。

一、统一水利行政

河南现有河南水利工程委员会、建设厅、水利局，各县建设局、民政厅、河务局等机关，均办理水利。似此水利争相提倡，殊途同归，固可收众擎易举之效。然各自为政，究未免窒碍丛生。若以河南水利工程委员会为河南水利行政最高评议机关，河南水利局为执行机关，各项水利案件经该委员会议决，均交由建设厅，令水利局执行；其他机关对于水利有所措置，可提交水利工程委员会核议，议决施工会同水利局办理之。如是则行政统一。

二、选用专门人材

学非所用，用非所学，为各种事业不进步之主因。河南水利机关设立有年，而成效未能大著者，实由于未能任用专门人材使然。查吾国学子，专门研究水利者随处有之，倘于各级水利机关一律延聘专家，督率工作，事得其人，人尽其能，水利事业当有可观。

第二节　行政之方针及步骤

按进化程序可分水利为二：第一步为自然水利，即以人类原有智能就水流自然状态，引导开浚以资利用者也。第二步为科学水利，即应用科学原理及机械能力，以最经济之方法利用天然水流者也。无论何地，水利之趋势皆循此进化程序而进。曩者所谓浚河、筑堤、开渠、修闸，工程大都简易；近则渐知应用测量，工程设计亦日较精密，已逐渐科学化矣。故水利行政之方针，应顺此潮流趋势而促进之，使一切工作均施以科学方法，则水利前途方可望长足之进步。或有疑科学水利用款甚多，将来不易推行者，若通盘计之，则较诸自然水利甚为经济。试举一例以证明之：如于黄河沿岸安设电站吸水灌田，每年灌溉四次，安设费每亩仅摊洋三元，开行费每亩每年仅摊洋六角。较之人工凿井一口，至少需洋数十元，用辘轳汲水，每日每人至多不过灌田三亩，每日工资在五角以上。孰为经济，昭然若揭。故以科学方法办理水利，实为进步的、经济的，非自然水利之不计水量、轻耗水源可比也。

据以上所述，可知河南水利事业已渐向科学水利前进，并证明科学水利确较自然水利为经济。惟一切水利若纯施以科学方法，非有多数专门人材主办其事不为功。当此才财两缺时期，前途进行，阻碍良多；河南民生凋敝，已达极点，水利之宜发展已有迫不及待之势。自然水利举办较易，积极提倡诚为必要。故河南水利行政之步骤，应一面督促兴办自然水利，并尽量使其科学化，一面准备科学水利，并于经济能力范围内尽量发展之。如是办理，方可望于最短期间收最大之效果也。

第三节　水利行政之措施

办理各项水利工程，行政方面应有之措施可分为三项，即未办前款项之筹措、举办时主办之机关及工竣后工程之管理是也。兹分述之。

一、款项之筹措

款项之筹措，按工程之大小、性质可分三种办法：（一）工程范围甚大，需款较多，民力不能筹措者，应由省政府措拨专款办理。如河渠附属有官产或公产，可整理之，作为办理该河渠工程之基金。（二）工程较次者，可由县地方筹款举办，不足时，呈请省政府补助之。（三）工程小者，需款不多，可由直接享受利益之民众集款办理之。

三[1]、主办之机关

主办之机关，按款项筹措之方法亦可分为三种：由省政府措拨专款办理之工程，可由委派专员会同水利局主办之；县地方筹款举办者，可由水利局会同县政府主办之；如系民众自己集款举办者，即由民众自己组织团体主办，而由水利局督促指导之。

三、工程之管理

无论何项水利工程，工竣之后均交由水利局负责管理。如系民众集款举办者，可由民众团体自行管理，而以水利局监督之，遇管理发生纠纷时，得由水利局斟酌情形接收代管之。

第四节　水利事业之宣传

河南一般人士非不知水利事业之重要，乃以水利常识缺乏之故，兴办多不得法；更有迷信祈雨、风水而致阻碍水利之进行。是以水利事业欲于最短期间得充分之发展，水利常识及破除迷信之宣传亦为必要之工作。兹分资料及方法两项述之。

一、宣传之资料

高深之学术与伟大工程之设计均系专门学者之任务，决非普通民众所能为力，故宣传之资料当以水利常识与破除迷信为限。其主要者约有十五项：一、灌溉须知；二、凿井须知；三、防潦须知；四、排水须知；五、凿泉浅说；六、机器车水浅说；七、水利调查测量法；八、灌溉量水法；九、平田及灌田方法；十、水之功绩；十一、水权；十二、改良农具；十三、渠闸设计；十四、祈雨与风水；十五、水利故事。其中除一、五、六、

[1] 三　当作“二”。

八、十、十一六项已编印成册外，其余亦均在编纂中。

二、宣传之方法

宣传之方法，可分三项：（一）将各种水利常识分别编纂成册，印发各县；（二）编排通俗戏剧，宣传有益水利之常识，破除有碍水利之迷信；（三）令各水利分局会同各县政府随时招集民众，恳切讲演，以广宣传而收实效。

第五节　设立农业机器厂

查豫省历来一切汲水灌溉，多用辘轳、桔槔、戽水等人力机械。近数十年始购用水车，利用牲畜之力。至吸水机器，则除去年冬季，河务局购有三架，安设于开封黄河南岸之煤口、斜庙；及今春，建设厅购有十三架，运往灵宝、新安、巩县、新乡等处安设，外他无闻焉。此项机器均系购自上海、无锡、常州，或转购自国外，价值既昂，转运更属不易。河南非特无专造此项机器之工厂，即普通之铁工厂亦不多见。今春省政府曾令兵工局仿造十四匹马力柴油引擎之吸水机，嗣因时局关系，未见成功。将来全省水利大兴，需用机器之处愈多，将必大感困难。应由省政府设立农业机器厂，专造关于水利及农业之各种机器以资应用。至资本如何筹集，似可指拨赈款一部，先行开办。因设立机器厂亦属以工代赈，可以救济多数失业工人，目的又在补助农业及发展水利，与赈款应有之用途无甚冲突也。

第六节　筹设水利银行

查各项水利工程，往往需款甚巨。豫省财政枯竭，民力凋敝，地方人民虽拟兴办，而有心无力，只有望洋兴叹，徒唤奈何。例如，济源县去年拟开挖甘霖渠，因需款甚多，曾请省政府补助，虽业已准拨千元，而该渠人士终以不敷之数尚巨，未敢具领，迄未动工。又如安阳县开挖民生渠，今春渠未成而款已尽，因请省政府补助，以期完成，当经水利工程委员会议决，准其向农工银行贷款一万元，后因时局关系，未曾贷出，该渠亦搁置，至今未能竣工。此外，各处拟办工程因一时无法筹款，不能举办者指不胜数。今果欲救此弊，似应由省政府确定专款，筹设水利银行，凡地方办理水利事业，款有不敷，一时难筹者，均可向该行暂贷以完成之。至其基金筹集方法，拟于契税上增加少许，将增加之收入作为基金。查契税在民国五、六年间系按百分之九征收，后改为百分之六，外附加一分二厘。现如再增八厘，计每年可增加收入二十余万元，期以十年，共可得百余万元。以之充作基金，先发行公债或钞票，即可克期成立。如此办理，购置房地之富户仅增加极微之负担，而水利事业已蒙莫大之利益，将来水利发展，解决民生，胥尽赖焉。

第七节　制定水法

我国向无明文规定之水法，遇有水权争执，地方官吏无所根据，每就两造势力之强弱，而谋解决之方法，往往缠讼多年，莫能清结，水利事业因而停止进行者，不一而足。将来推行科学水利，水权争执更易发生，故目下实有制定水法之必要。应先令有水利各县将各处水利习惯及关于水利之争讼案件，择性质之不相同者汇报建设厅，然后请法学及水利专家研究讨论，拟具法案，由省政府核准后，通令各县实行之。

第八节　成绩之统计与考核

各种工程举办后，须统计其成绩，比较考核，以观效果而图进步。兹将应统计与考核之事项分述于后。

一、成绩之统计

关于水利行政应统计之事项甚多，兹举三例：一、水利机关之统计，如《工程管理机关名称地址一览表》《各河工程负责人员花名总册》等；二、工程经费之统计，如《省款办理工程一览表》《各县地方款办理工程一览表》《赈款办理工程一览表》等；三、水利人材之统计，如《河南水利学校毕业人数统计表》《办理水利人员出身一览表》等。

关于水利工程之统计，兹择重要者举四例焉：一、农田灌溉之统计，如《各河流域详图》《水源与土地面积比较表》《灌溉亩数总册》《灌溉区域详图》《灌田闸口一览表》《灌溉沟渠一览表》《各河流灌溉亩数一览表》《机器吸水灌溉亩数一览表》《井、泉、湖、塘灌溉亩数一览表》《各县灌溉亩数比较表》等；二、水患及排水之统计，如《各河受水面积比较表》《各河水量涨落表》《各河流域内雨量气候比较表》《防患工程一览表》《城市排水与农田排水一览表》《历年水灾损失数目比较表》等；三、各河航运之统计，如《各河航线距离比较表》《各河商船数目比较表》《各河航业收入比较表》《各河渡口一览表》等；四、水动力之统计，如《水动力工程一览表》《水动力马力数目统计表》《水动力用途一览表》等。

二、成绩之考核

关于水利行政应考核之事项，亦举数例如下：一、水利机关之状况，如机关应否改组，工程管理是否得法，及处理工作人员之功过等；二、施行水法之效果，如水法有无应行修改之处，及各县施行水法之成绩等；三、各县办理水利之状况，如各县水利成绩之比较，水利事业宣传之效果等。

关于水利工程应考核之事项，例如，一、各河水流生产力之比较，《水流用途表》《各处水之功绩比较表》工程图及照片等；二、各种水利工程之效果，如整理河道之效果，新凿沟、渠、井、泉之效果，机器吸水之效果及利用水动力之效果等。

第四章　水利工程计画

水利事业当以工程为主体，而行政辅之。故工程计画，尤为重要。兹分三项述之：（一）科学水利之设备；（二）科学水利之调查；（三）拟办之各种水利工程。

第一节　科学水利之设备

河南现已有水利工程测绘养成所及水利专修科毕业之水利人材，与建设厅、水利局等机关之测量仪器，办理科学水利可谓稍具端倪。而对于观测气候、量水、灌溉试验等重要事项之设备，多付缺如，亟应分别筹设如下。

一、设立观测气候所

各种水利工程，如灌溉、防潦、排水、水动力、自来水等，其直接或间接之水源，即为雨量；其他如温度、湿度、风力、风速及蒸发量等项，亦莫不与之有密切之关系；而雨量之大小，气候之变化，尤非有长时间之详细记录，不足用为水利工程设计之根据。民国八年，前顺直水利委员会曾在陕州黄河岸设立雨量站。十年，北京中央观象台在开封曾设有测候所，但因时局多故，于十四年均无形停顿。去年，华北水利委员会又在陕州及开封柳园口黄河岸设立测流站，附测雨量及气候。内政部亦通令各处筹设雨量站，同时水利局并购制有雨量计十余具，拟遵照设立雨量站，当以水利分局改组未果。现拟先令各水利分局选择适当地点，设立观测气候所，记录雨量及关于气候测验各事项，按月具报备查。然后再令各县一律设立，以期普遍而资参考。

二、设立河流量水站

各河流量之大小、水位之涨落及其含沙量之多寡，必须详细测量，以供计画航运、灌溉及防潦等工程之用。河南向无是项记载，工程设计无从参考。刻下仅有华北水利委员会在黄河岸设立之测流站，而其他各河仍毫无设备。现拟先调查人民对于各河水量之经验，详细记录以作暂时之标准。同时选择地点，设立测流站，树立水尺，由水利分局随时记录，按月具报。其详细办法见水利局编纂之《灌溉量水法》中，兹不复赘。

三、灌溉试验场

农田灌溉在水利事业中为主要部分，水之功绩即专指灌溉面积与农作物需水量之关系而言。其功绩之大小，因土壤性质、气候变化、导水建筑、田地预备、耕种改变、导水时间、灌溉方法及农作物种类等等之改变而异。其详细情形见水利局编纂之《水之功绩》，兹不赘述。故欲提高其功绩，对于以上各项影响非精密试验不为功。美国一八九八年至一九〇八年曾作十年水利调查，结果知农人灌溉任意用水，其损失水量达百分之三十至五十；嗣后设法节制用水，减少地面废弃及地下渗漏等损失，遂使同一水源之区增加水田甚多。河南现有水田已调查者约五万余顷，如能设法减少水量损失，提高水之功绩，以多灌田百分之二十，每年每亩获利八元计之，则每年可增加八百万之收入，其为利亦溥矣。故应选择相当地点，设立灌溉试验场若干处，依据科学方法，随时试验，以资研究。

四、组织水利测量队

无论举办何种工程，莫不先事测量，以为计画及工程设计之根据。按：《河南全省水利工程计画大纲》导黄入卫、入贾鲁，黄河沿岸安设吸水机、虹吸管，以及其他各河流大小工程，急待施测，故水利测量队之组织，实为刻不容缓。现拟由水利局组织四队，一队测量导黄入卫，一队测量导黄入贾鲁，一队测量黄河沿岸安设吸水机、虹吸管，一队留驻局内以供临时派遣。并令各水利分局各购置水平仪一架、平板仪各二架，将分局内技术员组织成队，测量所管各河流之工程。

第二节　科学水利之调查

灌溉之如何振兴，水患之如何防御，航运之如何恢复，排水、自来水、水动力又应如何发展，均待详细调查，以便应用科学方法分别计画。去年，对于河道状况，曾由水利局令各水利分局调查一次，当时因各分局尚未完全设立，未能详尽。今用科学方法办理水利，调查工作更为重要。拟一面由水利局委派专员，调查各项伟大工程；一面制定各种水利调查表，颁发各水利分局，令其重新调查。除调查及填表方法另编详细说明书外，兹将各种水利调查应注意之事项，提纲撮要，列表如左。

一、灌溉调查概要

甲、天然情形

一、气候。

1 雨量——四季分配，改变，极度，烈度，性质。

2 温度——作物生长时期内之温度。

二、经纬度。

三、地形。

四、地质。

乙、田地

一、田地面积——总面积，可灌溉之面积。

二、地形——崎岖，平坦。

三、地面及地下土壤之性质——肥脊[1]，碱卤，构造，植物生长。

四、地点——距铁道及街市之远近。

五、耕种价值。

六、生产额——未灌溉前，既灌溉后。

七、平田及除莠。

八、地主及关于法律之状况。

九、田地价值。

十、灌溉之必要。

十一、相似之灌溉田地。

丙、水源

一、地面水。

1 河流水量记录——近导水处，其他地点，其他可比较之河流，水量之性质，集水量（Runoff）之特性。

2 集水量之计算。

3 受水面积（Drainage Area）——性质，雨量。

4 蓄水——河水之性质，河流水量年月日之改变、必要之需水量，四季干旱雨潦之维持，平均集水量，雨量，蒸发。

5 返回水（Return Water）——导出水量，消耗水量，四季分配，天然或人工泻水情形，化学上之分析。

6 水之性质——水中所含之化合物，洪水及正常流水所含之

[1] 脊　当作“瘠”。

泥沙等，泥沙等之性质及影响。

7 优先权——已判决者，未判决者，水之四季要求，返回水。

8 水法——判决，诉讼。

二、地下水。

1 水面距地面之深度。

2 接水地层。

3 水量。

4 化学上之分析。

丁、水之功绩（Duty of Water）谓灌溉期内每亩田用水若干亩呎也（一亩田灌水深一呎者为一亩呎）。亦有以一秒立方呎水通灌溉期内所灌田之亩数计之者。

一、作物之种类及其性盾[1]。

二、作物需水量。

三、导水处水量。

四、入田处水量。

五、总需水量。

六、四季中极大需水量与平均需水量之率数。

七、水之蒸发量。

八、灌溉时期。

九、导水时间及方法。

十、用水方法。

十一、分水方法。

十二、管辖方法。

十三、分配损失。

---

[1] 盾　当作“质”。

十四、渗漏损失。

十五、量水单位。

十六、量水地点——干渠入水口，支渠入水口。

十七、宪法——对于水之规定。

十八、水权契约。

十九、法庭判决。

二十、预备田地。

二十一、改变耕种。

二十二、水价。

二十三、地面及地下土壤之性质。

二十四、气候（详前）。

二十五、渠道及其他导水建筑物。

戊、起水方法

一、导引系。

1 蓄水池地盘——对于田地之地点，在河流中，离开河流，容量，防漏，淹没田地之性质，用地权，蓄水池之生命，蓄淤量，渗透。

2 坝——地基，坝之地盘，高度，种类，出水口，放水闸。泻水门地点、容量。可靠之建筑材料，运输情形，水蒸气。

二、吸升系。

1 地方情形。

2 唧筒之位置——河中，渠中，井中。

3 水量——应需水量，共需水量，最大水量。

4 引擎之负荷——水头，极大负荷。

5 动力种类——炭，煤气，油，电，空气，水，风，人力。

6 唧筒种类——往复唧筒，离心唧筒。

7 唧筒效率。

8 吸水建筑物——引水箱，导水管，滤水门，吸水池，出水口，地基，水站房屋。

9 附属物——锅炉，摩托，小唧筒，节速器，管辖器，气管，水管，活弇等。

己、导水方法

一、水门——位置，开口，防淤方法。

二、渠道。

三、水量。

四、坡度。

五、堤面距水面之高度。

六、允许速度。

七、水中所含物质。

八、沿渠道之地文情形。

九、渠侧泻水沟。

十、土崩。

十一、沿岸物质湿时之坚度。

十二、导水损失。

十三、渠道抹面。

十四、导水建筑物——导水门，泻水门，水闸，降落闸，水沟，涵洞，阴沟，架渠，沙柜，经过官路或铁道之桥梁，量水柜。

十五、去淤建筑物。

十六、利用水动力之机会。

庚、排水方法

一、天然水沟。

二、人工水沟。

三、泥管。

四、戽水。

辛、杂项

一、劳工情形。

1 方法——包工，日工。

2 工人——工资，牲畜。

二、建筑材料。

1 出产地。

2 距用处之远近。

3 在出处之价值。

4 运费。

5 火车。

三、机器及用具。

1 机器种类。

2 机器制造厂。

3 机器价值。

4 搬运。

四、水动力。

1 地点——河中，坝前，干渠中。

2 可靠之动力——水头，水量，回转数，轴马力。

3 脱尔宾种类。

4 节速器及节压器。

5 发电机。

6 距城市之远近。

7 在城市之电价。

8 电线之组织。

五、地方争端。

六、地主。

七、所筹款项之酬报。

八、偿还款项之时期——方法，利息。

壬、计算价值

一、用地权及水权。

二、开端费用。

三、筹款费用。

四、管理费用。

五、工程费用。

六、执行费用。

七、维持费用。

八、预备损耗。

九、偿债基金。

十、诉讼。

十一、律师。

十二、公共干涉。

十三、损失。

十四、建筑时期。

十五、建筑时之利息。

十六、建筑物之价值。

十七、超过预算。

十八、工资。

十九、利息。

二十、预算之酬报。

二十一、利益。

癸、总结

一、其他已知之件可资比较者。

二、建议。

调查灌溉应分拟办与已办两种：

拟办灌溉者，即有水源，有田地，有灌溉之可能性，而尚未兴办水利之谓也。对于此种灌溉之调查，不外下列三问：

第一问，田地有无灌溉价值？

第二问，水源是否足用？

第三问，导水之价值若何？

关于第一问应行调查者，前列之甲、乙两项是也。关于第二问应行调查者，丙及戊项之第一节是也。关于第三问，则戊、已、庚、辛、壬、癸各项是也。此三问中，惟第三问须需详细之野地测量及精确之室内研究。若第一、第二两问题调查之后未见善果，则不必详细测量矣。

已办灌溉者，即现在各处已有之灌溉未曾加以改良之谓也。其主要之调查，即水之功绩，前列丁项二十五节无一不与之有直接影响焉。

二、防潦调查概要

甲、天然状况

1 地形。

2 地质。

3 防御面积。

4 排水面积。

5 气候。

6 雨量。

7 温度。

8 水文情形。

9 淹没面积与洪水水位之关系。

乙、田地及财产

一、性质。

1 城市。

2 住宅。

3 工业。

4 乡村。

5 农业。

二、田地。

1 田地面积。

2 特性。

3 生产量。

4 价值。

三、洪水影响。

1 防御——必要，愿望，可否实行。

2 损失财产之价值。

丙、洪水

一、洪水流量。

1 水尺（水位及洪水次数）。

2 排水面积（特性、地形）。

3 雨量。

二、洪水积聚。

三、渠道容量。

丁、法律

一、区域团体。

1 是否合法。

2 有无特权。

3 损失及利益。

4 争讼。

戊、工程

一、测量。

1 地形。

2 河道及堤岸情形。

3 用地权。

4 铁道，道路，电线之变迁。

二、需要工作。

1 划界。

2 管辖。

3 断绝交通。

4 导引。

5 蓄水及滞流。

6 容量。

三、坝（基础、出口、溢道）。

四、河道及堤岸。

1 高深、容量、坡度。

2 侵蚀。

3 堤墙及其他防御工程。

4 水流及水浪。

五、改良河流。

1 堤墙。

2 铺砌。

3 防浪建筑物。

4 翼坝。

六、桥（铁路、道路）。

已、建筑方法

一、包工契约——工价计算。

二、工人。

1 籍贯。

2 分组工作（人或牲畜）。

3 工资。

三、工人住所。

四、材料。

1 出产地。

2 运输距离。

3 运输情形。

4 运费。

五、机械。

庚、计算

一、开端费。

1 行政费。

2 督工费。

3 建筑时期。

4 建筑时之利息。

5 建筑住所。

6 预计工程价值及维持费用。

7 建筑价值。

8 筹款。

9 公债票。

10 折扣。

11 利息。

12 课税。

13 利益及损失。

14 维持费。

15 折旧。

16 开行费。

17 意外费。

辛、结束

1 比较材料。

2 适当工作。

3 讨论。

4 建设。

三、航运调查概要

甲、普通

一、航路之需要。

1 航路愿望。

2 可否实行。

3 利益。

二、航船。

1 种类。

2 载重。

3 竞争。

三、货物。

1 种类。

2 价值。

3 出产额。

乙、天然

1 地形。

2 地质。

3 气候。

4 雨量变易。

5 温度（冰、结冰期）。

6 暴风雨。

7 地震。

丙、水源

水流——水尺记载，蓄水，平均水流，水流变易。

丁、水法及航行法

一、河岸。

1 用地权。

2 罚规。

3 争讼。

4 利益及损失。

戊、工程

一、水文测量。

1 水量及水位（水尺）。

2 测深。

二、地形测量。

1 用地权。

2 占地。

3 渠道及河道位置。

三、坝。

1 坝基。

2 蓄水。

3 调节水流。

4 翼坝。

四、商港。

1 码头。

2 防浪堤。

3 护堤。

4 航路记号。

5 货栈。

6 灯光。

五、闸坝。

1 船支大小。

2 升高容量。

3 水门。

4 开行时期。

5 闸坝机械。

六、器具。

1 拖拉用具。

2 灯。

3 动力（传达、价值）。

4 装货卸货机器。

七、航路。

1 开挖。

2 挖泥机。

3 机器之种类。

己、工人及材料

一、方法。

1 契约。

2 工资。

二、工人。

1 籍贯。

2 是否可靠。

三、材料。

1 来源。

2 是否可靠。

3 运输。

4 距离。

5 价值。

四、用具。

1 用具种类。

2 用具价值。

庚、计算

一、计算。

1 开端费。

2 行政费。

3 工程费。

4 建筑时期。

5 建筑时之利益。

6 建筑费及超过预算。

7 筹款。

8 公债票。

9 折扣。

10 利息。

11 偿债基金。

12 损失。

13 利益。

14 通行税。

15 维护费。

16 折旧。

17 开行。

18 课税。

19 意外费。

二、筹款。

1 摊派。

2 财产。

3 公债票。

4 保证。

5 市价。

辛、总结

1 比较。

2 研究。

3 复算。

4 建议。

四、水动力调查概要

甲、动力之需要

1 特种用途。

2 特别工业。

3 普通工业。

4 动力之批发或零售。

5 动力装载之性质。

6 四季动力之装载。

7 动力之分配。

乙、天然状况

1 地形。

2 地质。

3 气候。

4 雨量（一年四季雨量之改变）。

5 温度（冰冻情形）。

6 暴风雨之次数及特情（大风及微风）。

7 地震。

丙、水文及地形测量

一、水流——年月日水尺及记载。

二、泛滥——蓄水及池塘（合宜者、可办者）。

三、渠道——位置，开挖，建造，渗透。

四、河岸田地。

1 建筑物地基。

2 铁路。

3 传达、电线及德律风。

五、水头——高度，及高水位、低水位、平均水位之改变。

六、水动力——可靠之动力及其变迁，能扩展之总量及动力之分配。

七、辅佐动力及将来发展之预备、必要。动力之大小，水动力之种类，燃料价值及其他影响于动力价值之项。

丁、水动力法

1 水道权。

2 罚规。

3 特许权。

4 损失。

5 争讼。

戊、工程

一、田地。

1 占地。

2 水道。

3 用地权。

4 道路。

5 桥梁。

二、坝。

1 坝基。

2 洪水量。

3 溢道。

4 闸坝。

5 泄水门。

6 水闸。

7 鱼道及过载道（或名筏道）。

三、渠口工程。

1 水量。

2 水头之损耗。

3 闸门。

4 渠道。

5 涵洞。

6 土壤。

7 侵蚀。

8 淤泥。

9 砌面。

10 坡度。

11 档架（Rack）。

12 水门。

13 引水管或水槽。

四、机器房。

1 地基。

2 形式（耐火者、木、铁）。

3 设计（窗门、屋架、地板、墙、走廊、室、梯路、自来水等）。

五、下游之水。

1 水量。

2 永久性。

3 水头损失。

4 土质及材料。

5 砌面。

6 淤泥。

六、器械。

1 脱尔宾。

2 发电机。

3 调速器。
4 助速器。
5 开关。
6 阻电器。
7 变压器。
8 调整器。
9 滤油器。
10 开机门。
11 起重机。
七、电之传达。
1 线之消耗（距离、电位、变压、电量）。
2 隔电（材料、隔绝物、地线等）。
3 形式（木杆、钢杆、钢架、基础、涂漆、电镀）。
己、工人及材料
一、包工契约。
1 籍贯。
2 是否可靠。
3 分组工作（人或牲畜）。
4 工资。
二、材料。
1 来源。
2 运输。
3 距离。
4 价值。
三、建筑用机械。
1 种类。

2 可靠之机械。

3 价值。

庚、计算

一、计算。

1 房产地土。

2 水权。

3 用地权。

4 开端费。

5 管理费。

6 工程费。

7 法律费。

8 建筑时期及建筑时之利息。

9 建筑费及超过预算。

10 筹款费。

11 利息。

12 折扣。

13 偿债基金。

14 清债。

15 维护费。

16 折旧。

17 开行费。

18 课税。

19 电力价。

20 装载及动力之分配。

21 售出电价与电厂动力之价值比较。

22 市面发达后电之价值。

23 意外建筑。

24 损失。

25 利益。

26 毛利。

27 纯利。

二、筹款。

1 普通股份。

2 优先股份。

3 公债票。

4 保证。

5 市面。

6 折扣。

辛、总结

一、比较事项。

二、适当工作。

三、建议。

五、农田排水调查概要

甲、天然情形

1 地形。

2 地质。

3 水文情形。

4 气候。

5 雨量及其变化。

6 温度。

7 交通（道路、铁路）。

8 贸易。

乙、田地

1 区域面积。

2 排水面积。

3 土壤及地层。

4 肥料。

5 肥料之需要。

6 耕种。

7 植物。

8 木材。

9 有无排水必要。

10 增加生产。

11 改良。

12 价值。

13 地主。

14 法权。

15 排水区域之组织。

16 财产（损失、利益）。

丙、水文

一、水源（本区域之水，其他地方之水、洪水、潮流）。

二、地面水。

1 河流（记录等）。

2 排水面积（沼泽、河湾）。

3 蓄水。

4 雨量。

5 河流导引。

三、地下水。

1 处理。

2 工程（渠沟、阴沟、堤埝、洪水道、出口、吸水机）。

丁、排水工程

一、测量。

1 测量方法。

2 测量路线。

3 天然排水沟。

4 水沟位置。

5 用地权。

6 纵断面。

7 地图。

8 出口（尺度、地基）。

二、堤岸及河道。

1 河道容量。

2 堤岸尺度及地基。

3 土壤。

三、蓄水——防害蓄水池及河道之水流。

四、堤岸。

1 残缺。

2 地层及地下土壤。

3 废水沟。

4 借土。

五、河道及洪水道。

1 尺度。

2 堤台（Berm）。

3 坡度。

4 建筑工程。

5 防御工程（砌工、铺垫）。

六、排水沟。

1 容量。

2 沟距。

3 横断面。

4 长度。

5 破[1]度及其保护方法。

6 土壤性质。

七、桥、道路、阴沟、堰。

八、抽水机械。

1 位置及出水量。

2 燃料性质。

3 价值。

九、出口。

1 坚固。

2 保护方法。

3 水门。

4 基础。

5 邻近地面之影响。

戊、建筑

一、建筑契约。

二、工人。

1 籍贯。

2 分组工作（人或牲畜）。

---

[1] 破　当作“坡”。

3 工资。

三、材料。

1 出产地。

2 运输距离。

3 运输情形。

4 运费。

四、机械。

1 浚泥机。

2 刮削器。

己、计算

一、开端费。

二、管理费。

三、工程费。

四、督工费。

五、建筑时期。

六、建筑时之利息。

七、建筑费及超过预算。

八、筹款费。

九、公债票。

十、折扣。

十一、偿债基金。

十二、清债。

十三、利息。

十四、利益及损失。

十五、维护费。

十六、折旧。

十七、开行费。

十八、意外费。

十九、预计之酬报及实利。

辛、总结

一、比较相似之工程。

二、当适工作。

三、结算。

四、建设。

六、城市排水调查概要

甲、目的

一、排水之用途及必要。

二、排泄家庭废水。

三、排泄工业废水。

四、排泻雨水。

乙、废水来源及水量

一、家庭〔废水〕。

1 排水量。

2 现在人口及风景。

3 自来水量。

4 地下滤水情形。

二、工业废水。

1 水量。

2 工业性质（染工、制皮厂等）。

三、暴雨量。

1 水量。

2 雨量。

3 排水面积。

4 暴雨性质。

5 水尺记载。

6 相同地方暴雨之比较。

7 暴雨之集水量公式。

丙、排水组织

一、废水。

1 水沟（混凝土、砖石工、黏土、金属）。

2 废水量。

3 坡度。

4 水口。

5 障阻物。

6 溢流。

二、引水方法。

1 自流系。

2 吸引系（动力及其价值）。

三、附属物。

1 水沟进入孔。

2 聚水池（Catch Basins）。

3 灯孔。

4 水门。

5 吸水机。

四、设备。

1 水之清洁及滤清法。

2 吸水法。

丁、处理废水

一、放入河流使废水稀薄（河流记录）。

二、田[1]于灌溉。

三、沉淀及过筛。

四、调治。

1 腐烂法。

2 滤水法。

3 化学还原（工业剩品）。

4 去菌法。

五、沉淀。

1 烧灰。

2 造肥料。

戊、所有权及经营——城镇所有权

己、计算

1 开端费。

2 管理费。

3 工程费。

4 督工费。

5 法律费。

6 建筑时期。

7 建筑时之利息。

8 建筑费及超过预算。

9 筹款费。

10 公债票。

11 折扣。

12 利息。

[1] 田　当作“用”。

13 偿债基金。

14 损失。

15 利益。

16 维护。

17 折旧。

18 开行费。

19 意外费。

七、公共自来水调查概要

甲、目的——自来水之用途及需要

1 家庭。

2 工业。

3 卫生。

4 农业。

5 防火。

6 风景。

乙、水源

一、自来水源。

1 雨水。

2 河流。

3 湖泊。

4 地下水。

二、水量。

1 人口及其将来之发展。

2 四季及每小时需水量及救火需水之改变。

3 蓄水调节。

三、改良水之性质。

1 沉淀。

2 凝结。

3 空气清水。

4 滤水。

5 硬水。

6 软水。

7 去菌。

四、给水方法。

1 自流系。

2 吸升系。

五、应用上之特性。

1 定量。

2 流动性。

3 高压力。

4 低压力。

丙、设备

一、吸水厂。

1 发动机及吸水机。

2 原动力（水力、煤气、肥炭、油、风力、电力）。

3 附属物（房屋、锅炉、摩托、调速器等）。

二、水道。

涵洞及暗水道（混凝土、砖石、木、铁）。

三、水管。

1 铸铁管。

2 熟铁管。

3 钢管、铆钉、螺铆钉、虾合。

4 木管。

5 铅管。

四、辅佐器。

1 龙头（门或舌门）。

2 管嘴（单双）。

3 舌门及舌门箱。

4 空气舌门。

5 调济舌门。

6 量水表。

五、附属物。

1 滤清器。

2 蓄水池。

3 高水柜及直立水管。

六、建筑及设计。

1 自来水（现在及将来之需要）。

2 吸水机之设置。

3 发动机之房屋。

4 蓄水池。

5 滤清方法。

6 分配及布置（水管、水门、工人、量水表、铅管）。

丁、计算

一、田地及水权。

1 用地权。

2 罚规。

3 损失。

二、开端、管理、工程、督工、法律等费。

三、建筑之时期及建筑时之利息。

四、建筑费——工程费及超过预算。

五、发展工业之消费。

六、筹款——折扣、利息、偿债基金。

七、维持费、折旧、开行及意外费。

八、复算——总额及实利。

戊、管理

一、私人及地方所有权。

1 督工。

2 室内。

3 野外。

4 设置。

5 簿册。

6 记录。

7 规则及章程。

己、总束

一、比较事项。

二、通体研究。

三、建议。

第三节　拟办之重要工程

河南水利事业经以前各方之调查，虽未能十分详尽，而可办之工程已发现不少。统计灌溉建设费约需洋四百二十九万元，疏浚工程费约需洋三百零一万元，每年水利收入可增加洋二千余万元。一切工程计画详于《河南全省水利工程计画大纲》中，不再赘述，兹择拟办工程之重要者略举数项。

一、导黄入卫计画

查黄河故道，由沁河口左近东北直达新乡，长约八十五里。若就故道开挖新河，并在第二道堤左近向东开一干渠，武陟、修武、获嘉、新乡、荥泽、原武、阳武、延津八县计可灌田二万余顷。且导引黄水入卫，增加水量，则津卫航路汽船可以畅行无阻，利益尤大。预算测量、购地、土工、闸工、桥梁工程、管理经营等工程建设费，约共需洋一百五十四万元。将来所得灌溉利益，每亩以每年增加生产值洋六元计，两万顷每年增加生产共可值一千二百万元；所得航运利益，每日平均以运输货物两千吨，每吨加收整理费洋六角计，每年计可收入洋四十三万二千元。总计以上两项利益，每年共洋一千二百四十三万二千元。

二、黄河沿岸电站吸水计画

查黄河南岸，自荥泽口东至花园口长约十八里，可灌之田约计二百顷；花园口以东六七十里均为卑湿之地，约有七百五十顷须事排水，遇干旱时期，可吸取黄河之水以资灌溉。又查黄河北岸，沁河以东地面高于低水河面仅八九尺，可灌之田约有一千余顷，平汉铁路以东之平原尚不在其内；前程村以北地势低下，终年潮湿，约有二百余顷须事排水，干旱时亦可吸水灌溉。上述黄河两岸须灌溉、排水之田共计二千余顷，若于黄河北岸御坝附近建设一千启罗瓦特电站，通电于各处吸水机较其他单独引擎吸水机甚为经济。预算购置发电机、吸水机与其附属物，以及建筑、安装工资等一切费用，约需洋三十八万三千五百元，每年开行费共需洋七万七千二百元。将来所得灌溉及排水利益，每亩以每年增加生产值洋六元计，每年水利收入共可值洋一百零八万元。

三、导黄入贾鲁计画

查黄河南岸花园口南至贾鲁河长仅十余里，即汇入贾鲁。若由此设闸开渠，导引黄河水增加水量，下游汇沙注淮，转入运河，直达苏、浙，可以贯通黄河、淮河、长江三河之航运，联络津浦、平汉、陇海三路之交通；沿河两岸农田，并可藉以灌溉，利益之大，莫过于斯。预算测量、购地、土工、修闸、桥梁、蓄水池、挖泥机、工程管理等工程建设费，约共需洋七十五万元。将来所得航运利益，每年税收以较沁河航运税收多收二倍以上计之，沁河每年税收现已达四十五万元，则将来此河航运每年税收至少在百万元左右。其他灌溉所得之利益不计也。

四、辉县薄壁镇瀑布电站吸水计画

查辉县薄壁镇白龙潭之瀑布，水自绝壁下降，高达八百二十呎，水量十七年十一月为每秒钟二八·四立方呎，今年一月测量为每秒二四·四立方呎。据该处人十余年经验，知该瀑布通年水量大于今年一月测量二倍以上之时期为阴历五至十一七个月。

据今年一月水量计算，白龙潭瀑布能发生电量一千二百五十启罗瓦特。又查新乡以东地势平衍，土壤肥沃，虽系卫河流域，而田高川下，不易开渠；欲行灌田，尚须安设吸水机。卫河水量刻下不足使用，然导黄入卫计画果见实行，不患无灌溉水源。新乡距白龙潭直线距离仅约八十余里，将来电站成立，电气传达距离亦不过百六十里。将上述电量引至新乡一带，尚有一千一百七十匹马力拖动吸水机，设地高于水面一丈，每秒钟可吸水四百立方尺，以每年灌田四次计之，共可灌田二千顷；若灌田两次，则可灌田四千顷。预算购置发电机、吸水机与其附属物，以及修路、安装、测量等一切费用，约共需洋五十七万零六百元。每年开行费因不用燃料，为数甚微。将来所得灌溉利益，每亩以每年增加生产值洋六元计，每年增加生产共可值洋二百四十万元。

五、疏凿泉源计画

（1）丁公泉疏浚计画。

查辉县城西南有丁公泉，面积约有二亩，年久失修，淤塞已甚，水量亦因之减少。拟挖深开宽，扩充面积为五亩，所增加水量约可灌田四百顷，俾益民生，实非浅鲜。预算购地、土工等工程费，约共需洋二千六百五十元。将来所得灌溉利益，每亩以每年增加生产值洋六元计，四百顷每年增加生产共可值洋廿四万元。

（2）马坊泉疏凿计画。

查修武县北马坊村北数十武马坊泉面积约有五十亩，可灌田百顷。惟年久失修，淤塞过甚；且周围屡塌，若不加以疏浚修筑，恐泉源将有湮没断绝之虞。预算土工、修筑等工程建设费，约共需洋一千六百元。将来所得灌溉利益，每亩以每年增加生产值洋六元计，百顷增加生产共可值洋六万元。

六、机器吸水计画

（1）黄河北岸陈桥渡口机器吸水计画。

查黄河北岸陈桥口迤北，地势平坦，土质甚佳，宜于农产，面积约有一百五十方里，合八百余顷，除四分之一不能灌溉者外，其余可灌之田约有六百顷。拟于开封、封丘两县交界处谢寨附近安设机器，吸水灌田。预算工程建设费约共需洋十八万元，每年开行费约共需洋六万元。将来所得灌溉利益，每亩以每年增加生产值洋六元计，六百顷每年增加生产共可值洋三十六万元。

（2）孟津县黄河南岸机器吸水计画。

查孟津县城附近一带平原，南环邙山，北临黄河，自铁谢镇迤东，地势稍向东南倾斜，黄河水面低于平原不及一丈。若于此处安设机器吸水灌溉，极其便利。计其面积约有六百七十顷，除四分之一不能灌溉者外，其余可灌溉之田约有五百顷。拟于铁谢镇附近安设吸水机，吸取黄河之水，按照地势，开渠导引，以资灌溉。预算工程建设费约共需洋十五万元，每年开行费共需洋五万元。将来所得灌溉利益，每亩以每年增加生产值洋六元计，五百顷每年增加生产共可值洋三十万元。

七、虹吸引水计画

查黄、沁两河沿岸河面高于堤内地面者，随处多有，虹吸引水甚为相宜。去年冬季曾设计虹吸管子，并由上海按照设计购回六吋、四吋者各两付。四吋者已在黄河煤口吸水站蓄水池试验，六吋者已在郑州黄河花园口西大堤将军庙二道石垛下安设试验，均出水甚旺。将军庙之虹吸试验后，即在出水处向东南开渠，穿过北索须河，直达南索须河，计长约十二里。刻下吸出之水，已引入南索须河，经过张庄、大庙村、京水镇，折而南向，至东弓庄西约二里之处归入贾鲁河。故黄河之水经虹吸导引可达直[1]贾鲁河，自无疑问。有黄河丰富之水源，复有贾鲁河沿岸广大之田地，开渠灌溉，其利甚溥。兹先按灌田千顷计画，共需二十四吋虹吸管子八付。预算购置虹吸管子与建筑、测量、购地、土工、管理等一切费用，约共需洋九万五千元。将来所得灌溉利益，每亩以每年增加生产值洋六元计，千顷每年增加生产共可值洋六十万元。

---

[1] 达直　二字互乙，当作“直达”。

八、凿井开塘计画

（1）全省凿井计画。

查豫省各县除山岭地域外，含水沙层距地面多不甚深，普通约在一丈与五丈之间，凿井汲水尚属相宜。有河流经过县分自宜开渠导水，以资灌溉；而无河流县分，或有河流而距河较远地方，均应凿井以辟水源而救旱荒。惟各县水利情形，未能得精确之调查，且新设各县，如博爱、自由、平等、民权四县，区域面积无地图参考，故计画现在各县应行凿井数目，颇感困难。兹先按照前北京农商部调查河南田地面积，参考旧有各县地图，求出各县田地约数，减去调查所得之现有水田及预估不能凿井之田地面积，平均以每十亩须凿一井计算，造具《全省凿井计画一览表》。虽未能十分详确，而有此大略之数，即可着手进行。兹将该表列下。

河南全省凿井计画一览表

县名	田地总面积（以顷计）	水田面积（以顷计）	不能凿井田地之面积（以顷计）	预算应凿井数	备考
开封县	三九三四九	二七四	七八〇〇	三一二七〇〇	
陈留县	一二四九九	四八二	二四〇〇	九六一〇〇	
杞　县	四一一一五	一八	八二〇〇	三二八九〇〇	
通许县	一三四六四	五	二三〇〇	一一一五〇〇	
尉氏县	一五五四二	六二〇	三二〇〇	一一七二〇〇	
洧川县	一一八七五	九三六	二二〇	八七三〇〇	
鄢陵县	一七九一九	八二〇	三六〇〇	一三四九〇〇	
中牟县	三〇九〇一	一七六	六一〇〇	二四五二〇〇	
兰封县	一五一六六	三〇	三〇〇〇	一二〇三〇〇	

续表

县名	田地总面积（以顷计）	水田面积（以顷计）	不能凿井田地之面积（以顷计）	预算应凿井数	备考
禹　县	二七二三〇				先试办
密　县	二六九二六				先试办
新郑县	二〇二〇二	六六	八〇〇	一二一三〇〇	
商丘县	三六一〇四	五〇〇	七二〇〇	一八四〇〇〇	
宁陵县	二〇九四三	一四	四〇〇〇	一六九二〇〇	
永城县	四七三六二	五四	九四〇〇	三七九〇〇〇	
鹿邑县	四六〇〇六	一〇〇〇	九二〇〇	三五八〇〇〇	
虞城县	九六〇九	一〇	二〇〇〇	七五九〇〇	
夏邑县	一九二三九	二九	四〇〇〇	一五二一〇〇	
睢　县	三六五〇〇	三〇	七四〇〇	一九〇七〇〇	
考城县	一八六〇六	未详	三八〇〇	一四八〇〇〇	
柘城县	一四九三五	三〇	三〇〇〇	一一九〇〇〇	
淮阳县	五四六四七	四七六	一〇八〇〇	四三三七〇〇	
西华县	二八五二八	三一九	五六〇〇	二二六〇〇〇	
商水县	二一四三四	三〇〇	四二〇〇	一六九二〇〇	
项城县	一九九四九	未详	四〇〇〇	一五九四〇	
太康县	二四三七九	四三〇	四八〇〇	一八九四〇〇	
沈丘县	二九五三	未详	六〇〇	三五三〇〇	
扶沟县	二一六六二	六三〇	四二〇〇	六八三〇〇	
许昌县	二四四九二	一三八六	四八〇〇	一八三〇〇〇	
临颍县	一五九五八	九四三	三一〇〇	一一八一〇〇	
襄城县	一七二六六	六三〇	六八〇〇	九八三〇〇	
郾城县	一七三九二	一三七五	三四〇〇	一二六一〇〇	
长葛县	一〇七二四	二〇五	二〇〇〇	八五一〇〇	

续表

县名	田地总面积（以顷计）	水田面积（以顷计）	不能凿井田地之面积（以顷计）	预算应凿井数	备考
郏　县	二〇六一五	二二四一	八〇〇〇	一〇三七〇〇	
荥阳县	一四九四四	一七			先试办
荥泽县	四〇八三	三一	一六〇〇	二四五〇〇	
河阴县	五四三三				先试办
汜水县	八六〇三	八五			先试办
南阳县	五六一五九	未详	三三七〇〇	二二四五〇〇	
南召县	四八五九五	二二			先试办
唐河县	五七六〇四	未详	三四〇〇〇	二三六〇〇〇	
泌阳县	五六五〇五	未详			先试办
镇平县	三二五六八	九一〇			先试办
桐柏县	五一五四五	未详			先试办
邓　县	六四九三三	八〇〇			先试办
内乡县	一一二八六三	未详			先试办
新野县	三一六九〇	未详			先试办
淅川县	四九八二〇	二一五			先试办
方城县	四〇八八五	未详			先试办
舞阳县	二四二八一	未详			先试办
叶　县	三〇〇五一	未详			先试办
汝南县	六六五五八	一三二〇〇	五三三五〇〇		
上蔡县	二八七五一	一三三	五三〇〇	二三三一〇〇	
确山县	四三七一〇				先试办
正阳县	三四一五〇	未详	一三五〇〇	二〇六五〇〇	
新蔡县	一八八五八	未详	三八〇〇	一五〇五〇〇	
西平县	二一〇五九	八九	一一五〇〇	九四七〇〇	

续表

县名	田地总面积（以顷计）	水田面积（以顷计）	不能凿井田地之面积（以顷计）	预算应凿井数	备考
遂平县	一六一九一	一〇四	一一三〇〇	四七八〇〇	
信阳县	八二三一四	未详			先试办
罗山县	六四六〇二	未详			先试办
潢川县	二九九八八	未详			先试办
光山县	九九一五五	未详			先试办
固始县	六五六一六	未详			先试办
息　县	四九七二四	三六〇〇	一〇〇〇	四五一二〇〇	
商城县	一〇二六八二	未详			先试办
洛阳县	三四五八三	六九〇			先试办
偃师县	一七〇一七	二八			先试办
巩　县	一九六五五	未详			先试办
孟津县	一七四二三				先试办
宜阳县	三一〇〇五	八三七			先试办
登封县	三四七〇九	未详			先试办
洛宁县	四八八六七	六〇			先试办
新安县	二七九七八	未详			先试办
渑池县	五六九〇〇	三六			先试办
嵩　县	一〇〇八〇四	未详			先试办
陕　县	五一八四七	一二五			先试办
灵宝县	三三〇〇五	一四五三			先试办
阌乡县	二〇二五二	一〇六			先试办
卢氏县	一五八六五	一一七			先试办
临汝县	三二三五	一〇九			先试办
鲁山县	四二六九六	三七八			先试办

续表

县名	田地总面积（以顷计）	水田面积（以顷计）	不能凿井田地之面积（以顷计）	预算应凿井数	备考
郏　县	一一五六一	三〇			先试办
宝丰县	二一五八六	六一三			先试办
伊阳县	三六六二〇				先试办
安阳县	二九九八七	一九二四	一八〇〇〇	一〇〇六〇〇	
汤阴县	二〇二九六	六〇	一二〇〇〇	八二三〇〇	
临漳县	九三八二		二〇〇〇	七三八〇〇	
林　县	二五三七五				先试办
武安县	二六一三〇	二七九			先试办
涉　县	二三一四七	一三一			先试办
内黄县	一四四三六	九	二八〇〇	一一六三〇〇	
汲　县	一六七九九	一九四	一一〇〇〇	五六〇〇〇	
新乡县	一三四三七	一一一三	五一〇〇	七二二〇〇	
辉　县	二七七六七	二〇九〇	一九六〇〇	六〇七〇〇	
获嘉县	一一五三五	五七八	八〇〇〇	一九五〇〇	
淇　县	一四九四八	二一	九〇〇〇	五九二〇〇	
延津县	一三一三三		二六〇〇	一〇五三〇〇	
滑　县	四三七八六		一〇〇〇〇	三三七八〇〇	
浚　县	二一〇〇三	五八〇	八二〇〇	一二二二〇〇	
封丘县	一四九〇七		二八〇〇	一二一〇〇〇	
沁阳县	二四二二七	二〇三三	一四四〇〇	七七九〇〇	
济源县	二五二三二	七八四	二二〇〇〇	二四四〇〇	
修武县	二二四六四	一八七五	一八〇〇〇	二五八〇〇	
武陟县	一三八八三	四三四〇	二八〇〇	六七四〇〇	
孟　县	七五六六	四二三一	三二〇〇	一三〇〇	

续表

县名	田地总面积（以顷计）	水田面积（以顷计）	不能凿井田地之面积（以顷计）	预算应凿井数	备考
温　县	七〇六九	七〇三	一四〇〇	四九六〇〇	
原武县	七五七六		一五〇〇	六〇七〇〇	
阳武县	一五四二〇		三〇〇〇	一二四二〇〇	
计总	全省田地面积共三四八八五一九顷				
	全省应凿井数除多山县分不宜凿并试办者不计外，共为九八一七四〇〇□				

上表所载应凿井数，为目下农田防旱最低之需要，进行不容稍缓。去年省政府曾规定奖励凿井章程：小地户三户以上联合共凿一井者，由该管县政府给以十元之补助金，呈报省政府作正开销。如按上表应凿井数，平均以每百井有一井须给补助金计算，约共需补助金洋一百万元；每年凿成五分之一，五年内可以凿齐，每年约需补助金二十万元。现拟请省政府指拨赈款作为凿井补助金，责成各处水利分局及各县建设局会同各县政府督促民众开凿，并依照原定奖励凿井章程或另定办法以奖励之。

（2）豫南开塘初步计画。

查豫南信阳、罗山、正阳、息县、光山、潢川、新蔡、固始、商城等县，终年雨量较其他各县常大二三倍，乃至五六倍。惟各月雨水不匀，夏秋甚多，余时过少，故平均雨量虽大，犹不能免于亢旱。该处地面土质多系黏土，不易渗透，地下不透水地层亦不甚深，以之筑塘蓄水，甚为相宜。县志载罗山县旧有塘十一，新蔡十四，商城十六，正阳三十八，息县八十六，于以见本地人民开塘灌田为时已久。据现在调查，上述九县新开之塘，约在百万以上，可谓发达矣。灌田之法，因筑塘位置之高下而异。塘低于地，则用人力或机械汲水；地低于塘，则设闸开渠，引水灌田。惟该处地面广大，未开之塘，随处多有，亟应提倡，继续兴办，以广灌溉。拟令该管水利分局会同各县政府切实调查，督促开塘。若工程费在一千元以上，中小农家无力担负时，应请省政府设法补助之。

第五章　结论

豫省地面可分为四大流域：一、卫河流域，丹、卫、漳、淇等河属焉；二、黄河流域，黄、沁、伊、洛等河属焉；三、汉水流域，白、湍、唐、浙[1]等河属焉；四、淮河流域，史、淮、汝、洪、沙、颍、贾鲁、惠济等河属焉。有此四大流域之水源，复有三百五十万顷之田地，今全省水田仅五万余顷，占全数约为百分之二，即全省农田尚有百分之九十八尚未享灌溉之利。且各处河流水患时见，航运日衰；其他水利事业如自来水、水动力、农田与城市排水等工程均属幼稚，亟待发展。据现在之调查计画，如导黄入卫、导黄入贾鲁、黄河沿岸电站吸水及虹吸引水、辉县薄壁镇瀑布电站，及凿井挖塘各计画，乃发展各种水利事业之初步，积极举办，诚为必要。但欲实行此种计画，无论水利行政或水利工程，均非有切实之整顿与相当之准备不为功。故行政方面应将各水利机关整理健全，规定行政方针与步骤，以为办理水利之标准。民智不开，则宣传常识以启迪之；机器缺乏，则设立机厂以供给之；经费不足，易致半途而废者，则有银行以补助之；水权不明，常有争讼纠葛者，

[1] 浙　当作“淅”。

则定水法以解决之。工程方面，如设立观测气候所、量水站、灌溉试验场等，皆发展科学水利之基础，急应限期完成，并同时按正当方法调查测量，以作工程设计之根据。果能依此而行，则数年之后，所谓广义之水利事业必大有可观，而河南之民生问题亦可因之解决矣。

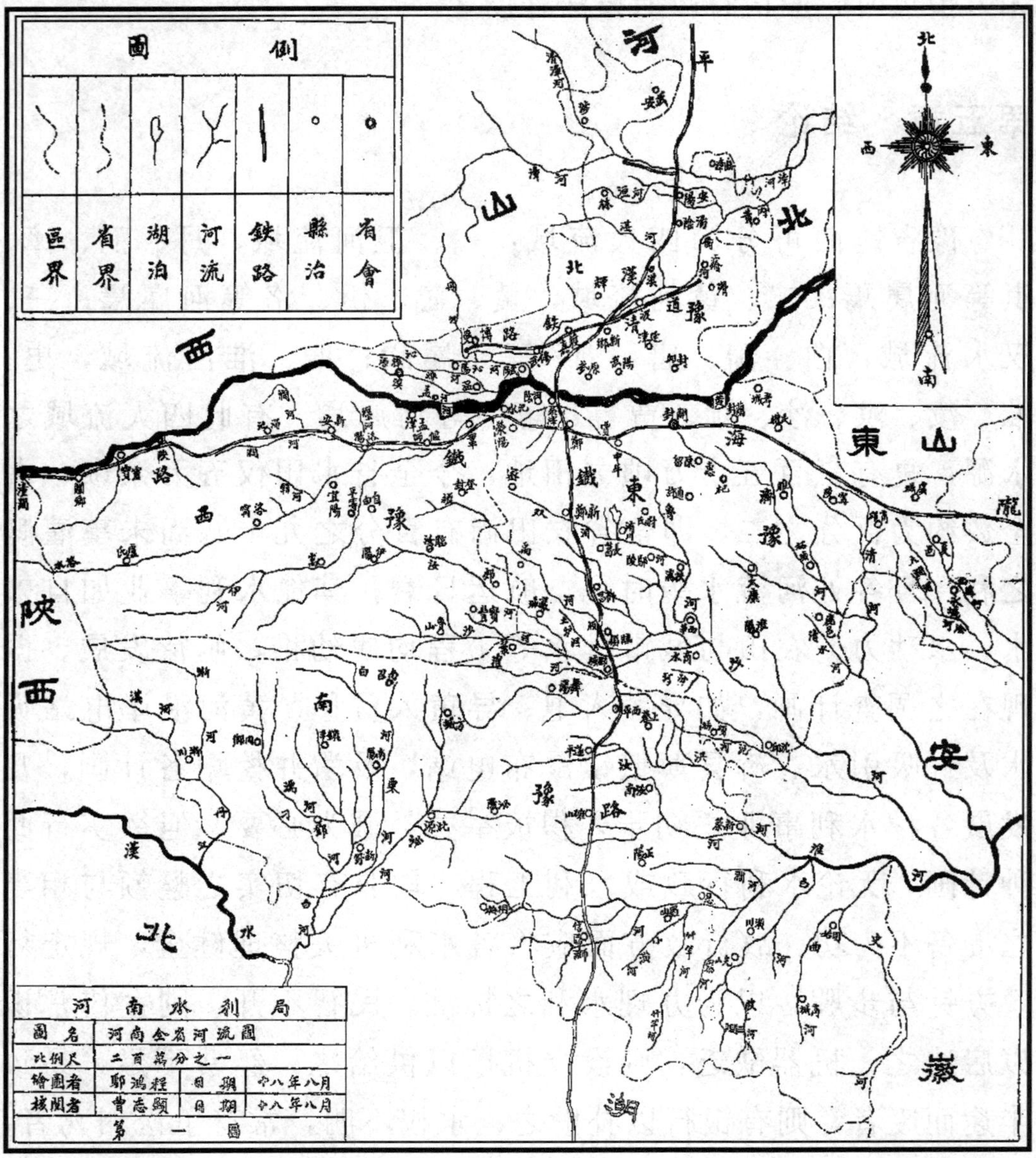

第三编　河南全省水利工程计画大纲

绪言

河南全省关于水利各项工程已有一年之调查测量，所得结果业经拟具初步计画。统计灌溉建设费大洋四百三十八万九千九百三十元，疏浚工程费三百零一万五千五百元，合计七百四十万五千四百三十元。每年增加水利收入二千三百二十二万三千六百元。兹将计画大纲分别开列于后。

第一章　豫北水利工程

第一节　灌溉工程

（一）导黄入卫计画

查黄河故道，沁由河口左近，东北直达新乡，长约八十五里。若就故道开挖新河，并在第二堤道左近向东开一干渠，则武陟、修武、获嘉、新乡、荥泽、原武、阳武、延津八县计可灌田六万余顷。且黄水入卫，而津卫航路畅通，利莫大焉！兹将建筑费及其利益略计如下。

甲、建筑费

1 测量费。卫河流域及灌溉面积内各种测量，约需洋二千元。

2 购地费。开斫干渠约占地七十二顷，平均每亩按洋四十元计算，共需洋二十八万八千元。

3 土工费。开斫干渠计挖土一百九十四万方，每方按洋五角计算，共需洋九十七万元。

4 闸工费。导引闸、节水闸及获[1]岸工程，约计工料洋五万元；干渠跌水闸五道，每道约需工料洋一万元；支渠分水闸，约需工料洋五万元，共计需洋十五万元。

5 桥梁费。修桥二十座，每座需洋三千元计算，约需洋六万元。

6 工程管理费。营造时期，约需工程管理费洋二万元。

7 经营费。工程完竣以后，未得灌溉利益以前，约需经营费洋五万元。

总计以上各项费用，共需洋一百五十四万元。按灌地两万顷计算，每亩摊洋七角七分。

乙、利益概算

1 灌溉利益。按流量二千立方秒呎计算，平均每四十日灌田一次，约可灌地两万顷。以每年每亩增加生产值洋六元计算，总计每年增加生产值洋一千二百万元。

2 航运利益。查卫河二十年前，每日来往货物重约千吨。将来导黄入卫，补充卫河水量，汽航可以畅行无阻，则往来货物当能超过以前数倍。平均每日按两千吨计算，每吨加收整理费洋六角，每年可增收洋四十三万二千元。总计灌溉与航运之利

---

[1] 获　当作“护”。

益，每年一千二百四十三万二千元。

（二）辉县簿壁[1]镇瀑布电站吸水计画

查辉县薄壁镇白龙潭之瀑布，水自绝壁下降，高达八百二十尺。水量十七年十一月为每秒钟二八·四立方呎，今年一月测量为每秒二四·四立方呎。据该处本地人十余年经验，每年阴历正、二、三、四月约与测量时相等，五月则大二倍至三倍，六、七、八月大六倍至七倍，九月三至四倍，十、十一〔月〕约二倍，腊月水量与正月略同。惟十一、十二两月，每日上午水尚可流，下午即冻结成冰。是知该瀑布通年水量大于今年一月测量时二倍以上之时期，为阴历五至十一七个月。据今年一月水量计算，白龙潭瀑布能发生电量一千二百五十启罗瓶[2]特。

查新乡以东，地势平衍，土壤肥沃，虽系卫河流域，而田高川下，不易开渠，欲行灌田，尚须安机吸水。就卫河水量而言，航运时期尚不足用，自无余水引以灌田。然导黄入卫，事属可能，果见实行，不患无灌溉水源。新乡距白龙潭直线距离约八十余里，将来电站成立，电气传达距离亦不过百六十里。将上述电量引至新乡一带，尚有一千一百七十马力拖动吸水机。设地高于水面一丈，每秒钟可吸水四百立方尺。以每年灌田四次计之，共可灌田二千顷；若灌田两次，则可灌田四千顷。兹将建筑费估计如下。

甲、建设费

1 水轮发电机，二十八万元。

2 摩托吸水机，六万元。

---

[1] 簿壁　当作“薄壁”。

[2] 瓶　当作“瓦”。

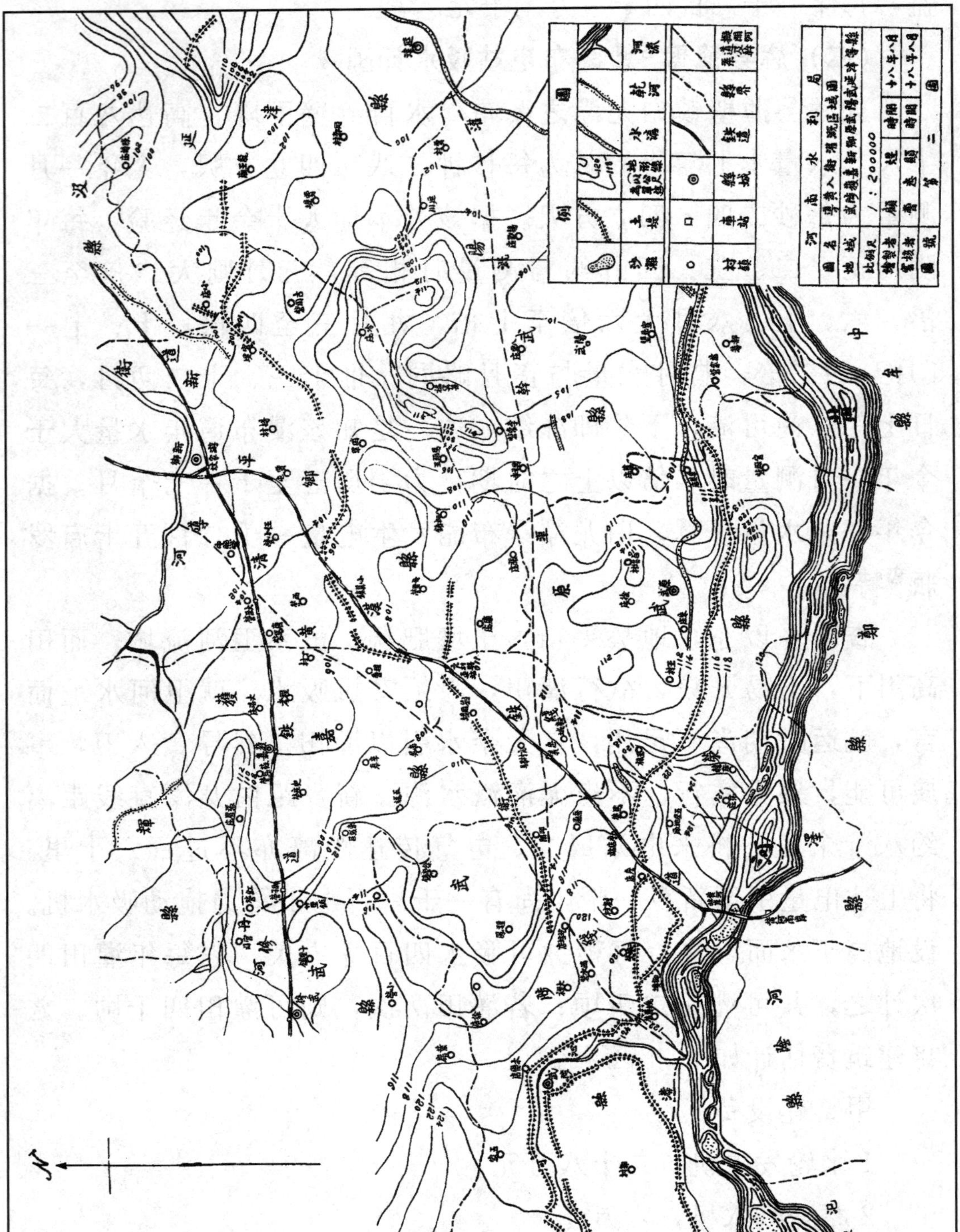

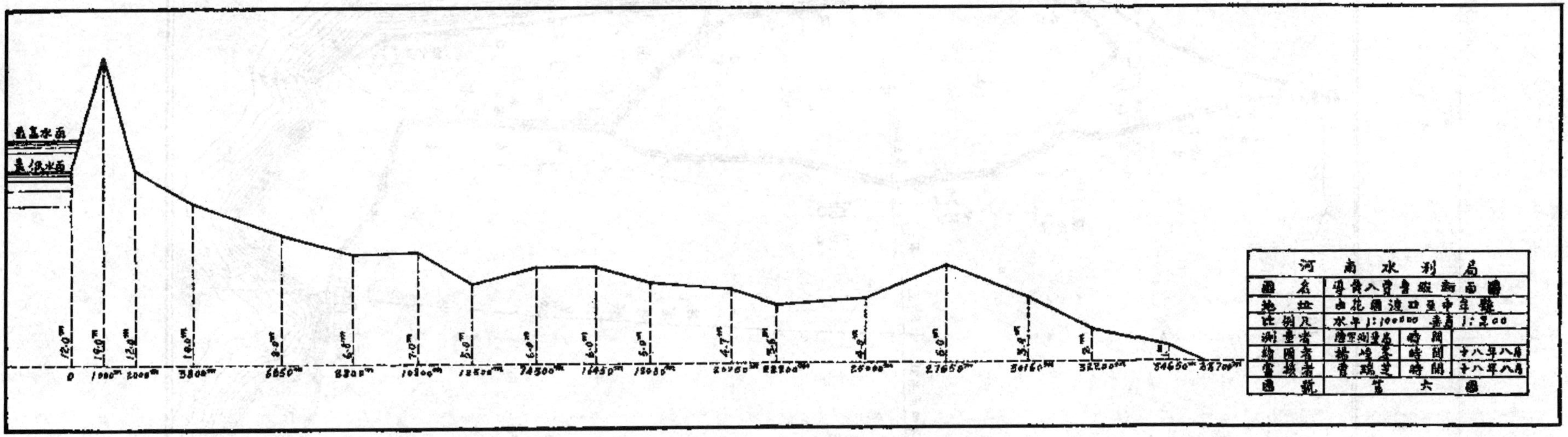
最高水面
最低水面
12.0m
19.0m
12.0m
10.0m
6.0m
7.0m
5.0m
6.0m
6.0m
5.0m
4.7m
3.5m
6.0m
0
1000m
2000m
3800m
6650m
8800m
10800m
74500m
16450m
27650m
河南水利局
图名
地址
比例尺
水平1:100000
测量者
时间
绘图者
十八年八月
审核者
曹瑞芝
十八年八月
图号
第六图

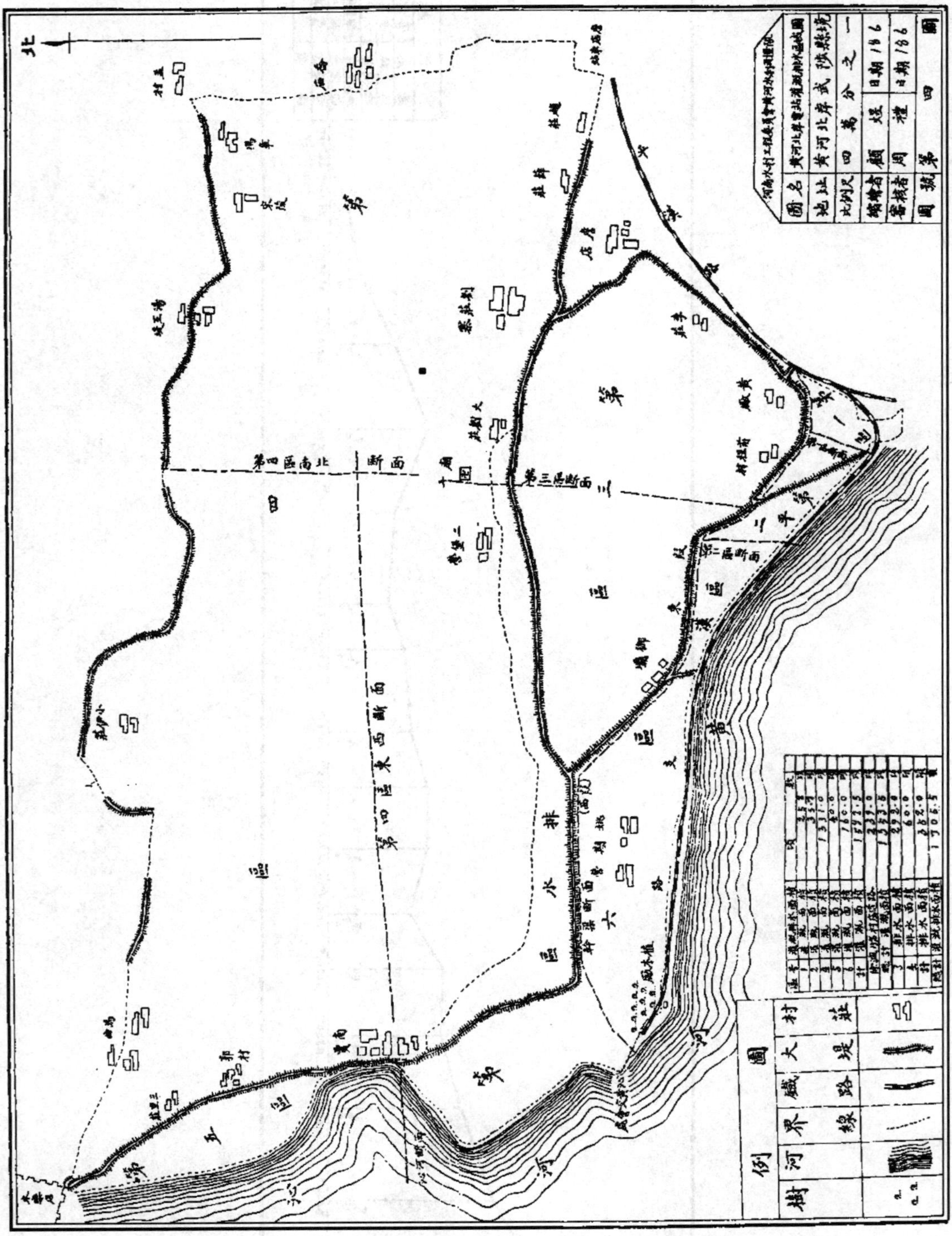

3 电杆、电线、变压器，十万元。

4 修路，三万元。

5 导水安装等，十万元。

6 测量费，六百元。

共计大洋五十七万零六百元。以灌田四千顷计之，每亩仅摊洋一元四角三分。安设之后，其开行费用，因不用燃料，为[1]甚微。

乙、利益概算

按上述四千顷之水田，以每亩每年增加生产值洋六元计算，每年水利收入可达二百四十万元。

（三）浚县卫河引水灌田计画

查浚县淇门一带地滨卫河，土壤肥沃，因水利未兴，连年苦旱。故拟建闸开渠，引水灌田，以救旱灾，而利民生。据测量，卫河沿岸及淇门一带地势数较卫河寻常水面稍低，须筑拦河坝，提高水面三公尺，方能引水入渠，灌溉便利。计灌田面积，在千顷以上。仅将工程费及其利益估计如下。

甲、工程费用

1 石料。按修筑闸坝需石料六万八千立方尺，按每立方尺需洋四角计算，共需洋二万七千二百元。

2 石灰。修筑闸坝需石灰十三万斤，按每斤需洋七厘计算，约需洋九百一十元。

3 木料。修造闸门需木料八百立方尺，每立方尺按洋一元二角计算，约需洋九百六十元。

4 木石工。修筑闸坝需木石工一千五百工，每工按洋五角计算，约需洋七百五十元。

---

[1] 疑漏“费”。

5 地价。开斫干渠计占地八十亩，每亩需洋六十元计算，约需洋四千八百元。

6 土工。开斫干渠计挖土二万方，每方按洋三角计算，约需洋六千元。

7 测量费。测量地形及灌溉面积等，约需洋六百元。

总计以上各项，约需洋四万一千三百二十元。按灌溉面积千顷计算，每亩摊洋四角一分二厘。

乙、利益概算

按灌地一千顷，每年每亩增加生产值洋六元计算，共计每年增加生产值洋六十万元。然此系按照最少之数计算，实际之利益必不只此数。

（四）浚县淇河引水灌溉计画

查浚县枋城西邻淇水，堤岸之外，一片平原，坡度倾斜，适于灌溉。需款不过二万六千元，灌地不下一千顷，利益之大，莫过于斯！兹将款项分配及利益概算，开列于左。

甲、工程费用

1 购地费。开斫干渠共占地八十亩，每亩按洋七十元计算，共需洋五千六百元。

2 土工费。开斫干渠约挖土方八千方，每方按洋三角计算，共需洋二千四百元。

3 闸坝费。修筑闸坝约需石料三万立方尺，每立方尺按时价洋四角计算，共需洋一万二千元。

4 木桩费。修筑闸坝地基需木桩二千根，每根需洋五角计算，共需洋一千元。

5 石灰费。修筑闸坝工程约需石灰八万斤，每斤按洋七厘计算，共需洋五百六十元。

6 桥梁费。拟修桥梁四座，每座需洋一千一百元，共需洋四千四百元。

7 测量。测量地形及灌溉面积等，约需洋六百元。

总计需洋二万六千五百六十元。按灌溉地一千顷计算，每亩摊洋二角六分五厘。

乙、利益概算

按灌地一千顷，每亩每年增加生产值洋六元计算，共计每年增加生产值洋六十万元。

（五）安阳县民生渠引水灌田计画

查安阳县西水冶镇附近旧有马蹄等泉，水势甚旺，曾于十七年夏挑挖深度，扩充面积，流量较前更大，亟应开渠引水，以资灌溉。据调查，水冶镇西南一带可灌之田一千顷。兹将工程费用及利益，分述于后。

甲、工程费用

1 土工费。按开挖干渠共挖土十五万方，每方按洋三角计算，共需洋四万五千元。

2 筑洞费。干渠中间一段须筑暗洞，计长七千尺，每尺按洋一元计算，约需洋七千元。

3 杂费。各项杂费约需洋三百元。

4 测量费。测量地形及灌溉面积等，约需洋七百元。

总计以上各项，共需洋五万三千元。按灌地面积千顷计算，每亩摊洋五角三分。

乙、利益概算

按灌地一千顷，每年每亩地增加生产值洋六元计算，共计每年值洋六十万元。

（六）内黄县洹河引水灌溉计画

查内黄县居邻洹河，每逢大雨，漫溢为患，应修闸开渠，引洹河之水以灌两岸之田，藉分水势。沿岸可灌之田，计约千顷。所需工程费用及其利益，分列于后。

甲、工程费用

1 闸工费。修筑拦河闸及导引闸约需工料洋四万六千元。

2 土工费。开斫干渠土工约需洋四千元。

3 测量费。测量地形及灌溉面积，约需洋六百元。

4 地价。开斫干渠所占之地，拟于测定渠线以后，按亩估价，待将来灌溉时，由受益亩数摊。究竟需款若干，现在难以预定。

总计除购地费外，共需洋五万零六百元。按灌地面积千顷计算，每亩地摊洋五角。

乙、利益概算

按灌溉面积一千顷，每亩每年增加生产值洋六元计算，每年共计增加生产值洋六十万元。

（七）济源县沁河引水灌溉计画

查济源县沁河于出山处，沿山斫洞开渠，引水灌溉，极为便利。历年政府因此处工程竣后，可灌沁、济、温、孟、武五县民地约五百顷，曾拨款兴工，然其事终未竟成，殊为可惜！亟应添款继续开斫，以利民生。尚需工程费洋三万余元，计其利益每年约三十万元，兹分列于后。

甲、工程费用

1 购地费。按延长干渠约需购地四顷，每亩需洋三十元，共需洋一万二千元。

2 土工费。开斫干渠计挖土四万方，每方按洋五角计算，共需洋二万元。

3 闸工费。修筑导引闸及分水闸，计需工料洋二千二百元。

4 桥梁费。修筑桥梁五座，计需工料洋二千二百元。

5 测量费。测量地形及灌溉面积，约需测量费六百元。

总计以上各项，共需洋三万七千元。按灌溉面积五百顷计算，每亩地摊洋七角四分。

乙、利益概算

按灌地五百顷，每亩每年增加生产值洋六元计算，每年共计增加生产值洋三十万元。

（八）陈公泉疏浚计画

查辉县西南有陈公泉，年久淤塞，水量减少。拟扩充面积为三亩，浚深三尺，可灌溉民地五十八顷。兹将其疏浚费及其利益，分述于后。

甲、工程费用

1 土工费。疏浚泉池约挖土二千方，每方按洋五角计算，共需洋一千元。

2 购地费。查该泉原有面积仅一亩，今扩充为三亩，计占民地二亩，每亩按洋五十元计算，约需洋一百元。

3 闸工费。修筑导引闸，约需工料洋三百元，总计共需洋一千四百元。

乙、利益概算

按灌地五十八顷，每亩每年增加生产值洋六元计算，共计每年增加生产洋三万四千八百元。

（九）丁公泉疏浚计画

查辉县城西南有丁公泉，面积约有二亩，年久失修，淤塞已甚，水量亦因之减少。拟挖深开宽，扩充面积为五亩，以增加水量，约可灌地四百顷，俾益民生，实非浅鲜。兹将工程费用开列于左。

甲、工程费用

1购地费。按原有泉池面积二亩，扩充为五亩，须购地三亩，每亩需洋五十元计算，共需洋一百五十元。

2土工费。疏浚淤积及扩充面积，约挖土五千方，每方按洋五角计算，共需洋二千五百元。

总计共需洋二千六百五十元。

乙、利益概算

按灌地四百顷，每亩每年增加生产值洋六元计算，共计每年增加生产洋二十四万元。

（十）焦泉疏浚计画

查辉县西南焦泉，失修已久，深仅三尺，水量减少。拟再斫深三尺，以增加水量而资灌溉。约挖土二千方，每方按洋五角计算，共须洋一千元。疏斫以后，约可灌地二十四顷，每亩每年按增加生产值洋六元计算，每年共计增加生产值洋一万四千四百元。

（十一）马坊泉疏斫计画

查修武县北马坊村北数十武马坊泉，面积约有五十亩，可灌田百顷。惟以年久失修，淤塞过甚，且周围屡塌，若不加以疏浚修筑，恐泉源将有湮没之虞。兹将其费用与利益，分述于左。

甲、工程费用

1土工费。按原有面积五亩，深三尺，再浚深四尺，共计挖土一千二百方，每方按洋五角计算，共需洋六百元。

2修筑费。修筑四周沿岸，约需工料洋一千元。

总计需工料洋一千六百元。

乙、利益概算

按灌溉之面积百顷，每亩每年增加生产值洋六元计算，每年共计增加生产洋六万元。

（十二）朴泉疏斫计画

查修武县西北河湾村及小朴村，有大朴、小朴二泉，水势虽旺，但以泉池甚小，出水无多，仅灌田二顷。拟将二泉面积扩充为十亩，深五尺，以增加水量，约可灌田十顷。所需费用及利益分别列后。

甲、工程费用

1 购地费。按扩充泉池十亩，每亩需洋三十元计算，共需洋三百元。

2 土工费。开斫泉池十亩，深五尺，共计挖十三千方。每方按洋五角计算，共需洋一千五百元。

总计需洋一千八百元。

乙、利益概算

按灌溉面积十顷，每亩每年增加生产值洋六元计算，每年共计增加生产洋六千元。

（十三）龙母泉疏斫计画

查修武县东北五里源村东北三里许龙母泉，年久失修，现已淤塞。拟将其面积扩充为五亩，斫深五尺，以增加水量，约可灌地三十顷。兹将工程费及利益分述于后。

甲、工程费用

1 购地费。按扩充泉池面积五亩，每亩需洋三十元计算，共需洋一百五十元。

2 土工费。开斫泉池五亩，深五尺，约计挖土一千五百方。每方按洋五角计算，共需洋七百五十元。

总计需洋九百元。

乙、利益概算

按灌溉面积三十顷，每亩每年增加生产值洋六元计算，每年共计增加生产洋一万八千元。

（十四）皇母泉疏浚计画

查修武县西南皇母泉村南里许皇母泉，多年未修，久已淤塞，且其附近小泉甚多。拟将各泉统加疏浚，约可灌地七十顷，计需工程费洋一千元。灌溉利益，每亩每年按增加生产值洋六元计算，每年共计增加生产洋四万二千元。

以上灌溉建设费洋共计二百三十二万九千三百三十元。每年增加水利收入洋一千七百九十四万七千二百元。

第二节　疏浚工程

（一）济河

查济河由济源县庙道镇起，至大河庄入溴水河，计长五十二里。淤塞几半，时有泛滥，湮没禾稼。疏浚之费，约需洋一万五千元。

（二）万全河

查该河自济源县万全寨起，至庙道镇入济河，计长三十三里。淤塞大半，泛滥为灾。疏浚费约需洋八千元。

（三）泷河

查该河自山西入济源境，经袁火寨村，至合河村入溴河，计长七十七里。淤塞已甚，夏秋之间，霪雨时行，洪水暴发，沿河之处时被淹没。疏浚费约需洋二万元。

（四）马陈河

查该河自济源县三界堂村起，至李店入三岔河，计长三十里。淤塞已甚，山洪暴发，淹及禾稼。疏浚费约需洋八千元。

（五）泥沟河

查该河自济源县泥沟河村起，至李家堡入溴河，计长二十里。少有淤塞，时形淹没田禾。疏浚费约需洋五千元。

（六）郎岔河

查该河由济源县郎□[1]村起，至岔村入溴河，计长十七里。少有淤塞，时形泛滥。疏浚费约需洋五千元。

（七）龙河

查龙河由济源龙台寺起，至桥头出境，计长三十三里。淤塞已甚，时形淹没田禾。浚疏费约需洋一万元。

（八）沇河

查该河自孟县城东北三善村入境，至城东张庄出境，计长二十五里。淤塞几半，夏秋霪雨时行，河水暴发，常有淹没情事。疏浚费约需洋八千元。

（九）溴河

查该河自孟县城北里奉村入境，至城东贾营村东出境，计长五十三里。淤塞过甚，夏秋之间，霪雨时行，河水暴涨，每有决口淹没情事。疏浚费约需洋一万元。

（十）岔河

查该河自济源县石坛沟起，东南入黄河，计长十八里，淤塞过半，洪水暴涨，淹没禾稼。疏浚费约洋五千元。

（十一）粉石河

查该河自济源县王家山起，至粉石河村入黄河止，计长七十里。少有淤塞，夏秋洪水暴发，时有泛滥。疏浚费约需洋二千元。

---

[1] 此处或空一格，或缺一字。

（十二）清底河

查该河自济源清底北起，至龙潭沟入黄河，计长十三里。夏秋雨水暴涨，泛滥为害。疏浚费约需洋四千元。

（十三）丁家河

查该河自济源吉坎沟起，至芮庄入黄河，计长三十里。少有石块淤塞，雨水暴发，泛滥为害。疏浚费约需洋一万元。

（十四）河底河

查该河自济源前凹起，至刘口入黄河，计长四十里。略有石块淤塞，一遇雨水过多，即行泛滥。疏浚费约需洋一万二千元。

（十五）沁河

查该河源出山西沁水县，自济源县境出太行山，东南流至武陟县入黄河。由沁阳县境至黄河，计长一百六十里。淤塞颇高，山水暴发，势甚猛烈，稍有疏忽，为害堪虞。疏浚费约需洋四十万元。

（十六）丹河

查该河自博爱九道堰起，至新乡县入卫河，在修武境内一段，计长六十二里。河身淤塞稍窄，每当山洪暴发，此河即泛滥为灾。修理费约需洋五万七千元。

（十七）龙河

查该河自修武县西灵泉村起，至获嘉境入丹河，计长六十六里。每值夏秋霪雨，山水暴发之时，下游沿河庄村常被淹没。疏浚费约需洋一万元。

（十八）涝河

查该河自沁阳东界入温县境，至张圪垱入漭河，计长三十六里。河身太窄，每遇水量过大，河身不能容纳，排泄不及，时有泛滥之灾。修理费约需洋六千元。

（十九）高河

查该河由沁阳东界入温县，至曲河村入涝河，计长廿九里。夏秋时，河水暴发，冲破堤岸，泛滥无涯。修理费约需洋五千元。

（二十）石门河

查该河自辉县石门口起，至文庄入北流河，计长三十九里。夏秋山水暴涨，泛滥横流，田禾庐舍，受害甚烈。疏浚费约需洋五千元。

（二一）淇河

查该河自淇县天赉渠闸口起，至淇县东南之小河口止，计长七十里。每逢夏秋，雨水过多，辄泛滥成灾。疏浚费约需洋一万元。

（二二）天然渠

查该渠自封丘大村集起，至染固村止，计长三十里。年久失修，每逢阴雨，积水无由宣泄，须事挑挖，以资排泄。约需洋三千元。

（二三）文岩渠

查该渠自封丘起，至长垣县止，计长四十里。年久淤塞，必须开挖。约需工程费洋一万四千元。

（二四）古章河

查该河自涉县郭家庄起，至田家嘴止，计长七十里。遇大雨满槽，时有泛滥，沿河民田多被淹没。疏浚费约需洋一万元。

以上共需疏浚工程费洋陆拾肆万贰仟圆。

第二章 豫东水利工程

第一节 灌溉工程

(一) 黄河沿岸电站吸水计画

查黄河南岸，自荥泽渡口，东至花园渡口，长约十八里，可灌之田约计二百顷。花园口以东六七十里，均为卑湿之地，约有七百五十顷，须事排水。遇干旱时期，则吸取黄河之水以资灌溉。

查黄河北岸，沁河以东，地面高于河面仅八九呎，可灌之田计一千余顷，平汉铁路以东之平原，尚不在其内。又前程村以北，地势低下，终年潮湿，难成五谷，地价之贱，竟有不索价值亦无人承受者。其面积，东西十余里，南北四里，计约二百四十顷。此地宜开排水沟，引水归池，用吸水机唧入黄河，以资排泄；俟地面旱时，又用吸水机将黄河之水唧入田地，以资灌溉。如是则或涝或旱，无伤农事矣。

上述黄河南北两岸灌溉排水之田约计二千余顷，若建设一千启罗瓦特电站，通电于各处吸水机，较其他单独引擎吸水机甚为经济。兹将建设及开行各费开列于左。

甲、建设费

1 锅炉脱尔宾发电机及开阔，大洋一十四万元。

2 摩托吸水机，大洋六万元。

3 变压器及其附属物，大洋三万元。

4 电线及其附属物，大洋三万元。

5 电杆，大洋一万元。

6 机器房，大洋一万八千元。

7 沉淀池，大洋六千元。

8 滤沙门，大洋一千五百元。

9 管子及舌门，大洋五千元。

10 电站基地一百亩，大洋三千元。

11 办公室及围墙，大洋四千元。

12 机器基础，大洋五千元。

13 安装费用，大洋一千元。

14 桥梁及导水建筑物，大洋五万元。

15 工资，大洋一万元。

16 修理机器房，大洋一万元。

以上共计建设费大洋三十八万三千五百元。每亩灌溉两次，摊洋一元五角；灌溉四次，摊洋三元。

乙、开行费

1 煤炭，以每启罗瓦特用炭二磅，炭价每磅六元，每年开行二百天计算，大洋二万五千七百元。

2 车油，大洋一万六千元。

3 薪工，大洋七千元。

4 折旧，大洋二万元。

5 保险，大洋六千元。

6 修理，大洋二千五百元。

共计每年开行费大洋七万七千二百元。每亩每年灌田两次，摊洋三角；灌田四次，摊洋六角。

丙、利益概算

按灌溉面积二千顷，每亩每年增加生产值洋六元计算，每年共计增加生产值洋一百二十万元。

（二）黄河北岸陈桥渡口机器吸水计画

查黄河北岸陈桥渡口迤北，地势平坦，土质甚佳，农产颇优。计其可以实施灌溉之地，约有六百顷。拟于开封、封丘两县交界处谢寨附近安设机器，唧水灌溉，以利农田。现因详细调查尚未完竣，各项建设费用未能详细计画，故约略估计如下。

甲、建设费

共计十八万元，每亩摊洋三元。

乙、开行费

每年共计洋六万元，每亩摊洋一元。

丙、利益概算

按灌溉面积六百顷，每亩每年增加生产值洋六元计算，每年共计增加生产值洋三十六万元。

（三）导黄入贾鲁计画

查黄河南岸花园渡口南至贾鲁河，仅十余里。若由此设闸开渠，导引黄河之水增加水量，下游汇沙注淮，转入运河，直达苏浙，可以贯通黄河、淮河、长江三河之航运，联络津浦、平汉、陇海三路之交通，沿河两岸农田并可藉资灌溉，利益之大，莫过于斯！兹将建筑费及其利益略计如下。

甲、建筑费

1 测量费。测量贾鲁河流域及灌溉面积等项，约需洋五千元。

2 购地费。开斫导引渠及开宽溹[1]须河与贾鲁河，约占地二十顷，平均每亩按洋四十元计算，共需洋八万元。

3 土工费。开斫干渠，疏浚溹须与贾鲁河，计挖土六十万方，每方按洋五角计算，共计洋三十万元。

4 修闸费。导引闸、节水闸、分水闸、排淤等闸及护岸工程，约需工料洋二十万元。

---

[1] 溹　当作“索”，余同。

5 蓄水池。修筑大蓄水池两个，轮换使用，以便修理，约需洋五万元。

6 挖泥机。蓄水池内沉淀之泥沙，须购挖泥机一架，以资长期疏浚，约需洋六万元。

7 桥梁费。修筑桥梁十五座，每座按洋三千元计算，共需洋四万五千元。

8 工程管理费。营造时期，约需工程管理费洋一万元。

总计以上各项工程费用，共需洋七十五万元。

乙、利益概算

查沁河南有黄河，北有道清路、沁河流域，水陆交通，可称便利，似无须沁河亦可转运无阻。然考沁河航运税收，每年已达四十五万元。若导黄河入贾鲁，汇沙入淮，转入运河，直达苏浙，贯通淮、黄两河之航运，连络津浦、平汉、陇海三路之交通，西北东南直贯苏浙皖豫，并可由黄河转入山陕。所处之形势如此！交通之便利如斯！将来之航运当为豫省各河之冠，航运税收必较沁河多至数倍。即以二倍计算，每年约在百万元左右。至于商业之发达，文化之进步，其无形之利益，更不可计数。

（四）虹吸引水计画

查黄、沁两河，寻常水面高于堤外地面者，随处多有，利用虹吸，引水灌溉，甚为相宜。去年冬季，曾设计虹吸管子，并由上海购回六吋、四吋者各两付。四吋者□[1]已在黄河煤口吸水站蓄水池试验。六吋者在郑州花园渡口西大堤将军庙二道石朵[2]下安设试验，均出水甚旺。将军庙之虹吸试

[1] 原文漫漶不清。

[2] 朵　当为“垛”。

验后，即在出水处向东南开渠，穿过北索须，直达南索须河，长约十里。刻下吸出之水，已引入南索须河，以资灌溉矣。下游经过张庄、大庙村、京水镇，折而南至东有庄西约二里之处，即可归入贾鲁河。故黄河之水，经虹吸导引，可直达贾鲁河，自无疑问。既有黄河丰富之水源，复有贾鲁河沿岸广大之肥地，开渠灌田，其利甚溥，则将来黄、沁两河沿岸不难普及也。

兹按灌田千顷计画，共需二十四吋虹吸管子八付，每付每秒钟出水三十立方呎，八付每秒钟共出水二百四十立方呎，即可灌田一千顷。其各项费用及利益分述于后。

甲、建设费

1 虹吸管子八付，三万二千元。

2 吸水柜，五千（九）〔元〕。

3 引水池，六千元。

4 测量费，二（十）〔千〕元。

5 购地费，四千六百元。

6 土工费，四万元。

7 管理费，一千元。

8 意外工程及杂费，四千四百元。

总计以上各项费用，共需洋九万五千元，每亩摊洋九角五分。

乙、利益概算

按灌溉面积一千顷，每亩每年增加生产值洋六元计算，共计每年水利收入大洋六十万元。

以上灌溉建设费，共需洋一百四十万八千五百元。每年增加水利收入洋三百七十六万元。

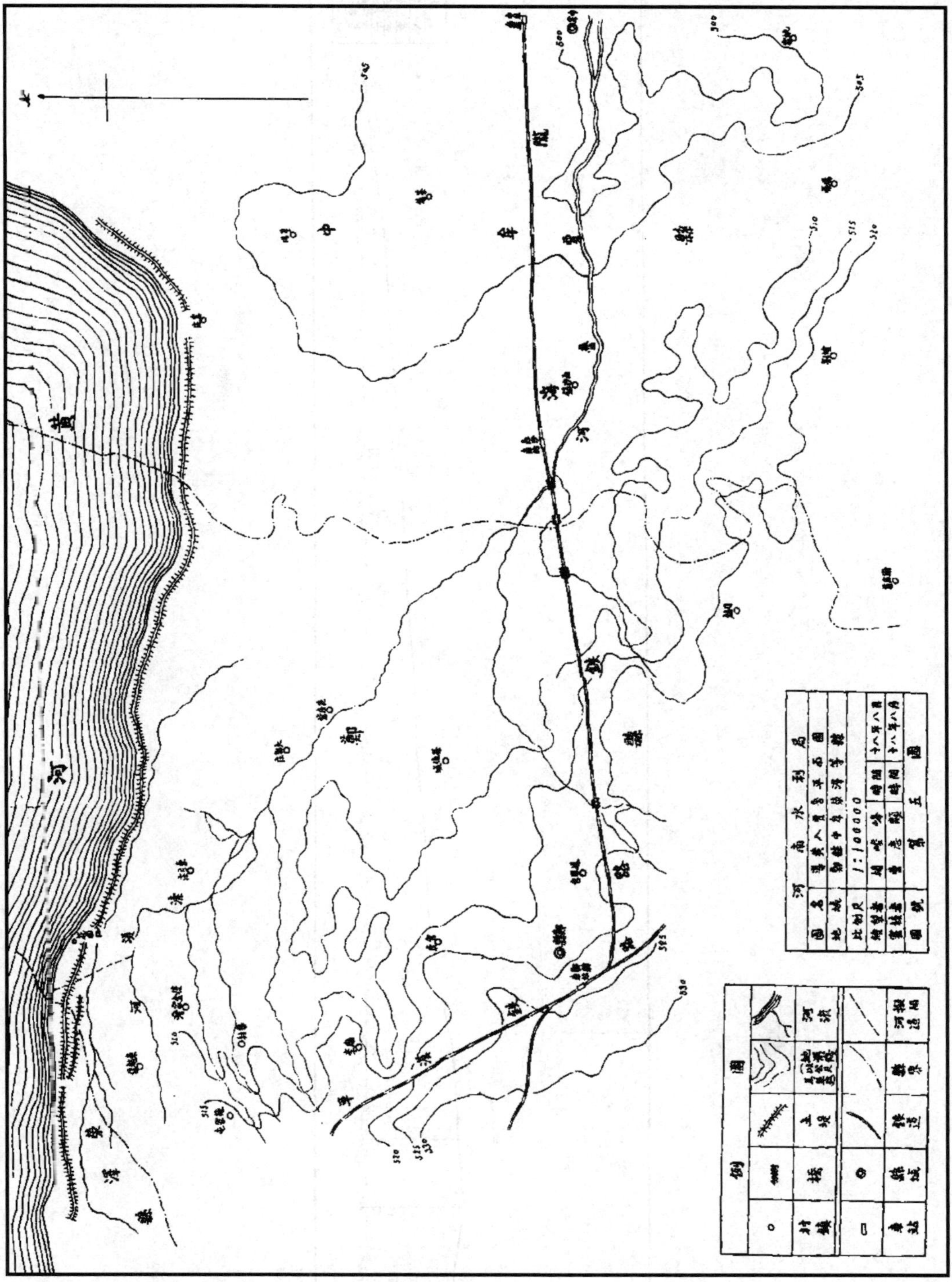
1:100000

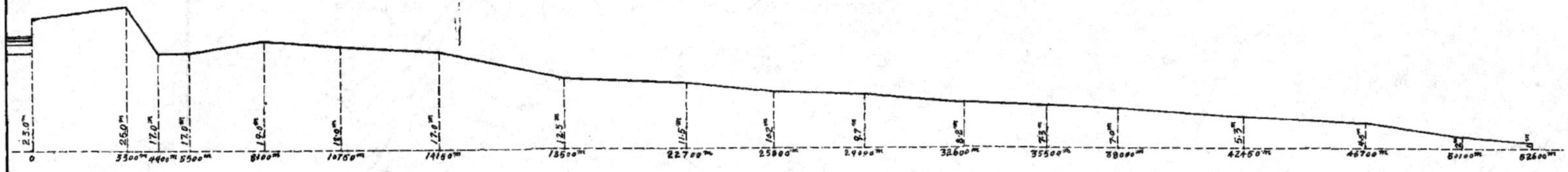

河南水利局			
圖名	導黄入衛縱斷面圖		
地址	由沁河口至新鄉縣		
比例尺	水平1:100000 垂直1:500		
測量者	陸軍測量局		
繪圖者	關鴻程	時間	十八年八月
審核者	曹瑞芝	時間	十八年八月
圖號	第三圖		

第二节 疏浚工程

（一）惠济河

查惠济河自民国疏浚以来，于兹九年，由开封至陈留一段又复节节淤塞。开封城内今春业已挑挖，惟下游水流不能通畅，城内之水仍难宣泄，且有积水更甚之虞，急待疏浚。据测量所得，由开封水门洞起，至陈留县西关高阳桥止，计长七万一千五百呎，约合四十里，计挖土十八万方，每方按洋八角计算，共需洋十四万四千元。

（二）沙河

查商丘县境内有古沙河一道，自县南土城门外蜿蜒西北，经高王庄、奇观楼集、赵村集、宁陵、考城，至兰封达于黄河，长四十余里。又查该河自县土城南门分向南，经起口、田庙、李口、丘口、皂德等集至亳境，长七十八里。共长一百二十里多年失修，久已淤塞，每遇大雨，河水暴长[1]，沿河等处恒受泛滥冲没之害。如挑挖通畅，旱潦有备，则沿岸农田约计十万亩可免泛滥之灾，裨益农田，当匪浅鲜。约需土工费洋十万元。

（三）小青河

查该河自中牟县南双楼起，至开封硝庄入贾鲁，计长二十六里。河身淤塞，夏秋水发，沿河两岸七八里之内多被湮没，急待疏浚。约需洋一万七千元。

（四）小沙河

查该河由陈留西南黑王起，至县东大营出境，计长二十二里。形迹仅存，每遇霪雨，四处漫溢，害及禾稼甚巨。若从事疏浚，约需洋七千元。

---

[1] 长 通“涨”。

（五）小河

查该河自陈留县西南郑庄起，至县东北保定寺入惠济河，计长二十里。河身均淤塞，夏秋雨多，时行漫溢。疏浚费约需洋六千元。

（六）七里河

查由陈留县西北和尚庄起，至县东北赵寨入小河，计长十里。全河淤塞大半，易于漫溢。若事疏浚，约需洋三千元。

（七）汝河

查自郾城大新店起，至漯河镇止，计长三十六里。河床内积沙过多，水暴涨时，郭湾一段曲折太甚，时有溃决之患。疏浚费需洋一万二千元。

（八）洄曲河

查自郾城干河嘴起，至潭嘴村东南止，计长五十四里。因洪水倒灌，水势一停，挟沙即行沉垫，洪水倒流，时不能容，即四溢奔流，为害非浅，应急疏浚。约需洋一万三千元。

（九）唐将河

自郾城白寺寨东汲渠起，至丁寨村入洪河止，计长七十七里。由九空桥至丁桥一段，约三十里，淤塞不堪，一遇大雨，全河淹没，无复田与河之分，为害甚巨，应急疏浚。约需洋八千元。

（十）颍河

自襄城颍桥镇起，至郾城青龙镇北六里止，计长九十里。河床纡曲，泥沙易落，水来即与河平，动辄四溢。疏浚费约需洋一万四千元。

（十一）高底河

查自许昌县黄家桥起，至马三桥止，计长一百里。近年淤塞，水涨则溢，大旱即涸，无复灌溉之利，非急挑挖不可。约需洋一万五千元。

（十二）石梁河

查自许昌石固镇起，至马三桥止，计长一百一十里。日益淤塞，水大河窄，势不能容，常见泛滥之患。疏浚费约需洋一万五千元。

（十三）浍河

查自永城西南马头寺集起，至永、宿交界李口集止，计长百里。田野之水，携泥冲积，淤深三四尺，每逢霪雨，淹没田禾，附近人民，频年受灾。如欲疏浚，计需洋一万三千元。

（十四）古汴河

查自永城县西曾亭集南起，至城南白羊沟入浍止，长计六十里。泥沙沉垫，几与平地等，每逢大雨，溢出两岸一二里，不能种田，南岸居民，受害尤大，急宜疏浚。约需洋八千元。

（十五）巴沟河

查自永城县起，至永、夏交界朱桥止，计长九十四里。中间有二十里淤成平地，来源浩瀚，至此不能容纳，泛滥为灾，荒废田亩约有数十顷。从事疏浚，约需洋五千元。

（十六）向河

查自夏邑蔡河起，至永、夏交界朱桥止，计长三十里。淤垫二三尺，因上源浩瀚，下游淤塞，不能容纳，以致时有泛滥，附近田禾，多受损失。若事疏浚，约需洋八千元。

（十七）巴青河

自虞城北关外起，至夏邑韩道口止，计长一百里。淤塞二三尺，来源甚猛，自此不能容纳，向南泛滥漂流，淹没田禾约数百顷。疏浚费约需洋一万五千元。

（十八）包河

自亳、永交界之温集起，至大土店东之永、亳界止，计长五十五里。淤塞不堪，成一坡河，水流不畅，每逢大雨，泛滥两岸，淹没田禾，村民大受其害。疏浚费需洋一万二千元。

（十九）減河

查自永城潘路道口西北六里邵寨东门外起，至永、萧交界止，计长四十三里。岸土冲积，高底相间，来源浩大，不能尽量宣泄，每年夏秋阴雨连绵，溢出两岸十余里。疏浚费约需洋一万元。

（二十）双洎河

查该河发源于嵩山，经密县、长葛、洧川、尉氏、鄢陵、扶沟，入贾鲁河，长约二百余里。惟该河两岸均低，每逢洪水暴发，即四处泛滥，年约湮没田禾数万顷，为害甚大，急宜兴修。约需洋二十万元。

（二一）泄水沟

查民权县由断堤头向西，经六唐镇路桥下，向南至贾窑，向东经田南，至东大河，计长三十里。须开斫沟渠，以资宣泄，则附近一千八百余顷民地可无水患之虞。约需工程费洋二万元。

（二二）永济渠

查杞县永济渠，年久淤塞，大雨之时，不能容纳水量，沿渠之地约八万亩，每受其害，必须疏浚，以免溃决之患。约需洋三万元。

（二三）铁里河

查杞县铁里河，年久失修，河身淤塞，堤岸坍塌。每逢雨潦，沿河之地约二万亩，均被湮没，急待治理，以减沉灾。约需洋一万四千元。

（二四）永利渠

查杞县永利渠，淤塞太甚，连年成灾，故须兴修，藉资宣泄，以利农田。修挖之后，沿河之地约计一万亩，可免水患。约需洋一万元。

（二五）薛套坡沟

查商水县李村南地方薛套坡有泄水沟一道。自该坡起，至钱营入乌沟河止，长约五里。惟以年久淤塞，未曾疏浚，坡内之地约计千亩，屡受其患。若加以疏浚，即可畅流无阻。约需工程费洋二千元。

（二六）弃儿沟

查商水县留村地方有弃儿沟一道，长约十二里，淤塞已久，未曾疏浚，上游为枯河，每遇枯河水涨，即倾泄沟内，水势湍急，常有冲决泛滥之害，淹没沿岸良田约五千亩，宜加疏浚，使一律深通，以资宣泄，而除沉灾。约需疏浚费洋三千元。

（二七）柳涉河

查柳涉河发源于太康，经西华县境位埠口入淮阳，南流至白马沟汇入大沙河，长计六十里。年久失修，河身淤塞，漫溢为害，两岸三千顷之良田屡被淹没。亟应疏通者，长二十五里，合四万五千尺，口宽十三尺，底宽七尺，深四尺。拟开成口宽七十尺，底宽五十五尺，深七尺，共挖土十九万六千方，每方按洋三角计算，共需洋五万八千元。

（二八）虬龙沟

查夏邑县虬龙沟自程集起，至永城入巴沟，疏浚通畅，可免水患。计地五百亩，约需工程费洋三千元。

（二九）唐沟

查夏邑县唐沟自唐双庙起，至歧麦口入歧河止，长约二十五里。疏浚以后，可免除水患。计地约八百顷，约需疏浚费洋六千元。

(三十) 新沟

查夏邑县新沟自南双庙西门外起，至唐沟止，约长十五里，若能开挖通畅，则双庙一带，良田二十余顷可无水患。需工程费洋三千元。

以上共计疏浚工程费洋七十七万四千元。

第三章 豫西水利工程

第一节 灌溉工程

(一) 孟津县黄河南岸机器吸水计画

查孟津县城附近一带平原，南环邙山，北临黄河。自铁谢镇迤东，地势稍向东南倾斜，黄河水面低于平地不及一丈。若于此处安设机器，唧水灌溉，极其便利。计其面积，约有六百七十顷，除四分之一不能灌溉者外，其余可实施灌溉之地约有五百顷。拟于铁谢镇附近安设唧水机，吸取黄河之水，按照地势之情形，开渠导引，以资灌溉。兹将其工程费及其利益分别开列于左。

甲、建设费

按灌溉面积五百顷，每亩摊洋三元计算，共计洋十五万元。

乙、开行费

按灌溉面积五百顷，每亩每年摊洋一元计算，每年共计洋五万元。

丙、利益概算

按灌溉面积五百顷，每亩每年增加生产至少值洋六元，共计每年增加利益三十万元。

（二）汝河引水灌溉计画

查宝丰汝河，水量充足，便于灌溉。拟于袁庄东地开渠，引汝水向东南，经过大胡庄、高皇庙、王明寨等村，长约二十里，可灌田五十顷，计需工程费洋七千元，分述于左。

甲、工程费用

1 购地费。开斫干渠约占地五十亩，每亩需洋四十元，共计需洋两千元。

2 土工费。开斫干渠挖土一万方，每方按洋三角计算，共需洋三千元。

3 闸工费。修筑导引、分水等闸，约需工料洋一千六百元。

4 测量费。测量地形、渠线、面积等，约需洋四百元。

总计以上各项约需洋七千元。

乙、利益概算

按灌溉面积五十顷，每亩每年增加生产值洋六元计算，共计每年增加生产值洋三万元。

（三）马蓝河引水灌田计画

查宜阳县南区南保镇有马蓝河一道，水量颇足，若开渠引出山口，可灌田二十余顷。惟工程浩大，开斫维难。兹将工程费及利益开列于后。

甲、工程费

1 石工费。拟于南保镇附近开斫石洞，约需工程费洋五千元。

2 购地费。开斫干渠约需购地四十亩，每亩需洋四十元，共需洋一千六百元。

3 土工费。开斫干渠约挖土五千方，每方按洋五角计算，共需洋二千五百元。

4 闸工费。修筑导引闸及分水闸等，约需工料洋五百元。

5 测量费。测量渠线及地形等，约需洋四百元。

总计以上各项，共需洋一万元。

乙、利益概算

按灌地面积二十顷，每亩每年增加生产值洋六元计算，共计每年增加生产值洋一万二千元。

（四）汜水河修筑灌溉计画

查汜水县境内汜水自竹川村至张湾一带，沿岸之地势形如山坡，而河床窄狭，涝时有塌岸损田之患，且地高水低，旱时灌溉不易。若加以修筑，即可转害为利，约可灌溉民地八百顷，约需修筑费洋十万元，每年可得灌溉利益四十八万元。

（五）开斫洛宜渠计画

查宜阳县境杨店村滨临洛河，若自该村起，开渠引水，至洛阳白村止，计长四十里，可灌田二百顷。每年水利收入，计大洋十二万元。所需工程费用及利益分述于后。

甲、工程费

1 购地费。开斫干渠约占地一百亩，每亩按洋四十元计算，共需洋四千元。

2 土工费。开斫干渠约挖土五万方，每方按洋五角计算，共需洋二万五千元。

3 闸工费。修筑导引、分水等闸，约需工料洋一千元。

4 测量费。测量地形及渠线等，约需洋六百元。

总计以上各项，共需洋三万零六百元。

乙、利益概算

按灌溉面积二百顷，每亩每年增加农产值洋六元，共计每年值洋十二万元。

（六）开研协济渠计画

查宜阳下河头村，地势相宜，开渠便利。拟自该村起，按照地势，开斫渠道，导引洛水至洛阳黄建桥止，长约四十里，约灌田二百顷。兹将工程费及利益，分述于后。

甲、工程费

1 购地费。开斫干渠约占地八十亩，每亩按洋四十元计算，共需洋三千二百元。

2 土工费。开斫干渠约挖四万六千方，每方按洋五角计算，共需洋二万三千元。

3 闸工费。修筑导引、分水等闸，约需工料洋一千元。

4 测量费。测量渠道位置及地形、灌溉面积等，约需洋六百元。

总计以上各项，共需洋二万七千八百元。

乙、利益概算

按灌溉面积二百顷，每亩每年增加生产值洋六元计算，共计每年增加生产值洋十二万元。

（七）开斫博陵渠

查渑池县池底河，水量敷用，地势顺利。若于池底村西北开口，向东南长约四里，即可灌田六顷。约需工程费洋一千五百元，每年水利收入计大洋三千六百元。

（八）开斫民生渠

查渑池县北峡河，水量充足。若于西崇村南开口，至塔泥桥街附近，开渠三里，即可引水灌田四顷。约需开斫费洋一千元，每年水利收入计大洋二千四百元。

（九）开斫城南渠

查偃师县城南自寺庄起，引洛水东流，至许家庄南，仍入洛河，长约五里，可灌田五顷。约需工程费洋二千元，每年水利收入计大洋三千元。

（十）修筑夹河渠

查偃师县夹河渠，水源发自洛境，因年久未修，每遇霪雨，四出泛溢。拟自喂羊庄起，东至岳滩村，开渠筑堤，计长二十三里，下游入于伊水，可灌田五顷。约需工程费洋四千元，每年水利收入计大洋三千元。

（十一）开斫惠民渠

查宜阳洛河，水量丰富。拟开斫惠民渠，以资灌溉。惟此渠导引地点岸高河深，工程浩大，如能实现，可灌田百顷。需工程费洋一万元，每年水利收入计大洋六万元。

（十二）洛河引水灌田计画

查巩县境内有洛河一道，自偃师入境处，曰前庄。自该庄之西，开口挖渠，经刘苏村、回郭镇、罗庄、清易镇，至小訾田，贯延二十余里，仍入洛河，约可灌地百顷。计需洋十万元，每年水利收入计大洋六万元。

（十三）柳票渠疏浚计画

查灵宝县柳票渠由项城村起，至娄下村止，长二十五里，淤塞不通流水。如能疏浚通畅，可灌田一千一百顷。拟挖深五尺，约需洋一万一千二百元，每年水利收入计大洋六十六万元。

（十四）疏浚涧河渠

查陕县四保谷水马村涧河渠，年久未修，淤塞过甚。原能灌田三顷，疏浚通畅，可灌田三十顷。约需工程费洋三千元，每年水利收入计大洋一万八千元。

（十五）开斫涧河渠

查陕县第二区沙底村涧河渠，长五里，灌田二百顷，嗣因山洪暴发，将渠冲毁。拟重修筑，约需工程费洋一千五百元，每年水利收入计大洋一十二万元。

以上共需工程费洋四十五万九千六百元。

以上每年增加水利收入，计洋一百九十九万二千元。

第二节 疏浚工程

（一）洛河

查洛河由洛阳县锁家营起，至洛城西南周公庙止，长约六十五里，每年秋季，水发堤溃，泛滥为灾。修筑费约需洋五万元。

（二）伊河

查伊河由平等县酒后村起，至洛阳龙虎滩东偃师县境，计长一百五十里，年久未修，河底淤塞愈高，河身愈宽，每逢春秋，大雨时行，河水四溢，田禾被害。拟疏浚筑堤，约需洋十二万元。

（三）沙河

查该河自宜阳关地起，至凹里止，计长十二里，淤塞过甚。拟疏浚通畅，约需洋七千元。

（四）羊河

查该河自宜阳周村起，至温花入洛河，计长十里，淤塞过甚，每逢水发，洪水四溢，田禾被害甚多。需疏浚费洋三千元。

以上疏浚工程费，共需洋拾八万元。

第四章 豫南水利工程

第一节 灌溉工程

（一）万龙池引水灌溉

查罗山县万家店万龙池，水源甚富，下游流入麻田河。若将池疏浚，再于河中建筑闸坝，约灌田二十五顷。每年可增加生产值洋一万五千元，约计需建筑费洋一万元。

（二）小潢河引水灌溉

查罗山县小潢河，水量丰富，可资灌溉，惟水面较低于沿岸地面，必须修筑石坝以增高水位，约可灌田三十四顷。每年可增加生产值洋二万元，约需工程费洋八千元。

（三）富瀛湖引水灌溉

查罗山县东关富瀛湖，泉原[1]甚旺，足资灌溉，惟地高湖下，不便导引，必须修筑堤岸，以增高水面，约可灌田七十顷。每年可增加生产值洋四万二千元，约需工程费洋五千元。

（四）修筑港口大闸

查固始县港口大闸，外御淮河八里之迎水浪，内泄七百顷之巨浸，适当交流之冲，极难修筑，以故屡修屡倾，终至废弛。若能再加以学理，改良建设方法，俾启闭便利，蓄泄得宜，则可转害为利，每年可救田七百顷，俾无水旱之虞，关系甚大，未便久延。约需工程费洋五万元，每年增加水利收入洋四十二万元。

（五）上曲河疏浚灌溉

查固始县上曲河，创兴于楚相孙叔敖，重修于清康熙时之杨汝楫，计长三十余里，灌田四百顷。民国四年，经吴之缙复修，惜其不谙水性，开挖过窄，未至二年，已经淤塞，现时已淤沙五尺至一丈不等。若稍加疏浚，修筑闸坝，共需洋七万元，每年增加水利洋二十四万元。

（六）唐河设闸计画

查唐河县境内唐河，纵贯县境，南达江汉，数十年前，船

---

[1] 原　当作“源”。

舶来往，商业繁盛，甲于邻县，且两岸田园，多资灌溉。近以河身淤塞，舟行困难，欲加疏浚，则工程过大，不易办理，尤恐疏浚以后，再行淤塞。惟有在埠口、源潭、上屯三处各设储水闸，以提高水位，以便航运，且资灌溉。计是项工程，每处约需洋三千元，共需洋九千元。

（七）黄洋河引水灌溉

查南召黄洋河流域李清店镇东寨外及韦湾保巩家崖地方，均可筑坝开渠，引水灌溉。计其面积约四十六顷，每年水利收入计大洋二万七千六百元，约需工程费洋六千元。

（八）白河引水灌溉

查南召县白河流域韦湾保姬昌寨地方，可斫石引渠，利用白河水，约灌地二十顷。每年水利收入计大洋一万二千元，需工程费洋三千元。

（九）空山河引水灌溉

查南召县空山河流域十里铺保官庄与竹园及藏庄等地方，均可筑坝开渠，引空山河水，约灌地二十六顷。每年水利收入计大洋一万五千六百元，约需工程费洋一万二千元。

（十）鸡子河引水灌溉

查南召县西坪川保地方五里庙村、杨西楼村、姜子阴村及纸坊村四处，均可筑坝开渠，引水灌田二十五顷。需洋六千元，每年水利收入大洋一万五千元。

（十一）鸦河引水灌溉

查南召县城南坪川保掩映潭及朱砂铺保草店两地方，均能斫石开渠，约计灌地三十二顷。约需工程费洋七千元，每年增加水利大洋一万九千二百元。

（十二）鸦河引水灌溉

查南召县西抬头保曹店镇西寨外及朱砂铺两处，均可开渠引水，约灌地三十顷。计需工程费洋六千五百元，每年水利收入计洋一万八千元。

以上共需工程费洋十九万二千五百元。

以上每年增加水利收入大洋八十四万四千四百元。

第二节　疏浚工程

（一）汝河

查汝河上游名为沙河，自入汝南境始名为汝河。经正阳、新蔡、息县后，注入淮河，长约七百里。年久失修，夏秋之时，山洪暴发，每易溃决，两岸二十里内皆受其害。计其受患面积，约有五千方里，急须疏浚，以减水患。此次工程预计至少需洋六十万元。

（二）洪河

查洪河发源于方城，流经叶县、舞阳，然以地高河（底）〔低〕，河不为患。至西平以下，经上蔡、汝南，至新蔡汇于汝河，长约四百里。惟以河道窄狭，每至夏秋，山水暴发，辄漫溢溃决，泛滥为灾。近数年来，西平、上蔡等县屡受其害，损失不可以数计，必须挑宽浚深，以资宣泄。约需挑浚费三十五万元。

（三）沙河

查沙河发源于泌阳老鸦山，经遂平、上蔡，至汝南境，名为汝河，长约一百二十里。淤塞已久，水流不畅，每逢夏秋，阴雨过多，漫溢溃决，为害甚巨。疏浚工程约需洋十二万元。

（四）杀河

查杀河由西平县洪河南岸东坊、永保之间向东南，经上蔡入汝河，长约六十里。年久失修，淤塞殆平，下游地势渐高，水无出路，每逢夏秋，洪水贯入，容纳不能，宣泄无由，以致泛滥横流，两岸民地三十万亩尽成泽国，每年损失至数百万元之多，急待疏浚，以杜后患。约需疏浚费洋十万元。

（五）淤泥河

查淤泥河自西平黄龙池、黑龙潭两处汇流，经周坡，至郾城县境五沟营入洪河，计长六十里。惟周坡地势低洼，每遇霪雨，水即停积坡内，下游不通，不能宣泄。拟由坡心向下开挖三十里，以泄积水。约需土工费洋一万元。

（六）柳涯河

查柳涯河自西平崇教保姜龙池起，至重渠保东南流入上蔡汝河，长约七十里。以年久失修，多有淤塞，每至夏秋之时，阴雨连绵，辄多漫溢之患，必须疏浚，以资排泄。约计需土工费洋二万元。

（七）柳堰河

查柳堰河自上蔡陈塞里起，至问津里入汝河止，计长三十余里。上下游均有淤塞之处，一遇阴雨，即有漫溢之患，沿岸之地，约有八十顷，均受其害。稍加疏通，则水害自免，约需土工费洋一万元。

（八）包河

查包河自上蔡县东岸里起，至生安里止，长约三十里，近年以来，屡有泛滥。拟挑挖通畅，以资宣泄，约需洋八千元。

（九）石羊河

查遂平县境内石羊河至该县城北一段，河身窄小，每有漫溢溃决之患。至下游与柳堰河汇合以后，水势即大，而河身与上游宽深相似，且南岸无堤，漫溢之患尤甚。应由县城西回龙寺起，至入汝河止，长约六十里，疏浚通畅，则沿河两岸之地约一千六百顷，可免水患。

假设浚成之横断面积：岸坡为一比一，山洪暴发时水深为十三尺，底宽为四十尺，横断面积为七百平方尺，约挖土十三万方，每方按洋三角计算，共需洋九万元。

（十）金陵河

查金陵河自遂平县西北起，向东北入上蔡柳堰河，汇于汝河，长五十里。节节淤塞，夏秋山水暴发，常有漫溢之虞，须挑挖通畅，以除水患。约需修挖费洋一万六千元。

（十一）奎旺河

查奎旺河自遂平县沈寨区起，入上蔡县柳堰河止，计长五十里。年久淤塞，且堤内荻苇丛生，防碍水路，夏秋雨水过多，常行泛滥，急待兴修，以畅水流。约需工程费洋一万元。

（十二）闾河

查该河自正阳县城西南起，经息县境，至入汝河止，长约三百里。年久失修，多有淤塞，每逢阴雨，河水暴涨，辄淹没两岸田地，宽约四里，总计约一千二百方里，每年损失约计七万元。必须挑挖通畅，以便宣泄。约需工程费洋三万元。

（十三）谷河，即清水港

查该河自正阳县板桥店西北起，至息县入淮河止，长约一百二十里。淤塞处甚多，每逢夏秋之季，霪雨连绵，淹没沿岸民地。宽约四里。须加疏浚，以通流水。约需浚疏费洋二万元。

（十四）泥河

查该河自息县西北隅万安塘起，至长陵集入淮河止，长约百里。中间淤塞四十里，一遇水涨，则泛滥两岸民地宽约五里，计其面积约二百五十方里，每年损失，约计两万元。若挑挖通旸，需洋六千元。

（十五）唐河筑堤计画

查唐河流域杨厂村南一段，长约三里，向无堤捻[1]；而古惠庄袁楼一带，地势低洼，每逢夏秋雨多，辄行泛滥，方圆约计四十里，损失之巨，难以数计。应于该段修筑堤捻，以资防卫。计需工程费洋三千元。

（十六）唐河排水计画

查唐河县境内泌河与唐河交界之处，名曰三叉口，西有大沟一道，自东蜿蜒而来，长约四十余里。附近地势洼下，每遇水涨，则王湾、宋沟、汉庄、杜楼等村尽成泽国。救济之法，应将此沟稍加疏浚，并于王湾之东修筑河堤。计是项工程，约需洋二千五百元。

（十七）泥河疏浚计画

查该河自唐县西北相河镇入境。民国初年，沿河犹能灌田二百顷，船舶尚可直达该镇。近数年来，河身淤塞，平时航运不通，田亦无水灌溉，一遇大雨，即行泛滥。若将淤塞之处疏浚畅达，不独无泛滥之虞，即沿岸之地皆可引水灌溉，约计五百顷，且可航运无阻。约需工程费洋一万二千元。

（十八）信阳浉河

查信阳浉河发源于桐柏山中，由县西入境，东流经罗山、息县汇于淮，每逢六月中旬，山泓[2]暴涨，县东五里店四围五百顷田园房屋尽被淹没。拟筑石坝数处，约需建筑费洋一万二千元。

以上疏浚工程费，共需一百四十一万九千五百元。

---

[1] 捻　当作“埝”，余同。

[2] 泓　当作“洪”。

结论

以上四章所列各项费用，兹分灌溉建设费、疏浚工程费及每年增加水利收入三项，分别列表于下：

款别／地区	灌溉建设费（以元计）	疏浚工程费（以元计）	合计灌溉建设及疏浚工程费（以元计）	每年增加水利收入费（以元计）
豫北	2329330	642000	2971330	17947200
豫南	192500	1419500	1612000	814400
豫东	1438500	774000	2132500	3160000
豫西	459600	180000	639600	1992000
总计	4389930	3015500	7405430	23943600

从上表观察，灌溉建设费，豫北最多，豫东次之，豫西、豫南最少。疏浚工程费，豫南最多，豫东次之，豫北、豫西最少。若以每年增加水利收入言之，豫北最多，豫东次之，豫西、豫南最少。

统计以上灌溉计画，建设费大洋四百三十八万九千九百三十元，可辟水田三万九千九百零六顷，每亩仅摊洋一元一角，而每年增加水利收入二千三百九十九万三千六百元。疏浚工程虽需三百零一万五千五百元，而亿万生命财产不至再受损失，其利之溥可而知矣。

整理人：姬明明，现为河南大学中国史专业博士研究生，研究方向为明清社会史、明清灾害史。曾发表论文《明代河南洪涝灾害的量化研究》等，参与编纂《中国水利史典·黄河卷》等。

包西水利辑要

李留文　整理

整理说明

《包西水利辑要》，乌济时编辑。民国18年（1929年）由中华印书局印行。

“黄河百害，惟富一套”，河套地区水利条件得天独厚，其中以包西水利最为重要。历史上很长的时期河套地区为蒙古人的牧场，清道光八年（1828年），朝廷准许开放后套（即包西地区），招商垦种。若干年后王同春等人进入河套，引水灌溉，开垦出大片良田，五原、临河等城镇也陆续出现，河套水利迅速发展，河套也进入大开发期。到清末，已经形成了以永济渠、刚济渠、丰济渠、沙河渠、义和渠、长济渠、通济渠和塔布渠等八大渠为主要干渠的灌溉体系。进入民国，兵荒马乱，各派军阀垂涎河套之利，肆意搜刮。如民国9年（1920年），当地驻军强行组织灌田水利社，征收钱粮。但他们只管收费，不问浚渠，百姓苦不堪言，河道逐渐淤塞，膏腴之地又复变为荒野。北伐战争胜利后，1928年，绥远设省，地方归于平静。主管水利和垦殖事务的绥远建设厅厅长冯曦决心重整河套水利，“订定章程，资为准绳，设置专局，俾司管理。”又从山西银行争取到贷款十四万多元，遂于1929年4月召开包西水利会议，拉开包西水利复兴的序幕。《包西水利辑要》实际上就是这次会议的会议纪录和新订章程规制等文件汇编。

编辑者乌济时当时的身份是“建设厅包西水利主任”，应为建设厅内部包西水利管理机构的办公室负责人员。他参与包西水利会议的身份是“会议纪录”。会议通过的章程规制和会议记录由其整理、汇总，编辑成册。可以说，他只是《包西水利辑要》的具体整理者，这本书真正的编纂者应该是时任建设厅厅长的冯曦。冯曦，字紫禾，山西代县人，清末拔贡生，1912 年留学日本，毕业于早稻田大学，回国后出任山西省议会秘书长，1926 年奉调赴绥远办理垦务，1929 年出任绥远建设厅厅长，后代理省政府主席。中华人民共和国成立后任绥远省人民政府文史馆馆员。冯曦长期从事绥远水利和垦务事业，呕心沥血，勤勉不辍，深受时人敬重。另外，原书封面题名者为马骏，查考整卷书以及相关的资料，均无马骏之名，可能是中华印书局中具体负责本书印刷者的名字，存疑。

原书卷首有冯曦撰写的序言和包西各渠修浚计划形势图，正文包括两部分内容：第一部分是绥远建设厅制定的章程规制，包括“管理包西各渠水利暂行章程”“包西各渠水利管理局暂行章程”“包西各渠水利公社通行章程”“河渠管理章程”等具体的章程，还附有“包西各渠经理董事一览表”“包西各渠水利管理局规定分配各渠监督人员表”等内容。第二部分是水利会议纪录、会议期间各渠的折呈和处理意见以及所核定的各渠工程土方、贷款数量等内容。正文之后附有包西各渠适用各种表格样式十二种。

《包西水利辑要》是有史以来第一部有关河套水利管理的资料汇编，真实地记录了南京国民政府初期绥远建设厅采用官督民办的方式对于河套水利的整顿。书中保存了包西各渠的珍贵史料，如包西灌区耕地有粮地、召庙地、户口地、未垦地、移民地、学田地、实业基金地、永租地等诸多名色，如河套地区移民中的官方色彩（参加包西水利会议的有山东移垦事务所郝中衢），再如土匪对于灌区民户的劫掠烧杀的记录等。这对了解河套水利的变化过程以及河套地区的区域社会史都是不可或缺的，弥足珍贵。

《包西水利辑要》仅有民国18年中华印书局铅印本行世，本次整理以此为底本，参考了《绥远省河套调查记》《绥远志略》《巴彦淖尔文史资料》第十五辑《河套水利》等书籍，相互参校。

本编纂单元由李留文整理，若有不当之处，敬请批评指正。

整理者

目　录

整理说明 …… 567

弁言 …… 572

绥远省包西各渠修浚计画形势图 …… 574

绥远建设厅冯厅长召集包西各水利社经董会议摄影 …… 575

上编　章程及办法 …… 576

绥远建设厅管理包西各渠水利暂行章程 …… 576
绥远建设厅包西各渠水利管理局暂行简章 …… 578
绥远建设厅包西各渠水利管理局组织经费表 …… 579
包西各渠水利公社通行章程 …… 580
河渠管理章程 …… 584
奖励兴办水利简章 …… 587
包西各渠妨害水利惩罚办法 …… 588
包西各渠渠款保管简章 …… 589
水利官员考核条例 …… 590
包西各渠设置苗圃办法 …… 592
完成包西渠利贷款办法 …… 594
完成包西渠利贷款合同 …… 595
绥远建设厅负责催还包西渠工借款办法 …… 596

下编　纪录及计画 …………………………………………… 601
绥远省政府建设厅召集第一次包西各渠水利会议纪录 … 601
本厅审查会议期间各渠建议请求各案指示文并原案 …… 625
本年各渠修浚估工清折并本厅审查指示全案 ………… 639
会议期间各渠联合提陈估工折呈 ……………………… 654
附录表式 ……………………………………………… 658

弁言

粤维现流黄河自甘、宁东来，横贯河套。而狼山之阳有乌家河，一曰乌拉河，自宁、绥接境，析大河之水北趋东折，复转而南，绵七百里，成一弓形，是即黄河故道，古之北河。两流之间，旷野千里，沟洫纵横，世称后套。伊古以来，渠成水到则农产丰盈，灌溉失宜即石田坐叹，厥土然也。干渠之大者，今有十道，胥引自黄河，现流而纳之乌家河。小干渠、支子各渠，殆不可以缕算。受水区域为绥远省之临河、五原、大佘太三县。近在清季，兴垦浚渠，当时八大干渠曾经收为官有，经营惨淡，盛极一时，乃二十年来工弛流滞，田以日芜。谋国者流莫不认为开发西北当务之先。其包头县境三湖河流域各渠同源大河，引灌亦广，按诸形势，实与乌家河上下联带，非使其脉络贯连，无以广绥西水利。曦曩总垦务，即尝并顾而兼筹之矣。兹者训政伊始，建设方殷，水利振兴关系尤重。爰以职权所属，企图整顿扩充，用是订定章制，资为准绳；设置专局，俾司管理；知民力不裕，为乞贷款而助之兴修；虑改进维艰，召集会议以从事研讨。详审筹画，督饬进行，夙夜彷徨，于今又已数月。只以各渠在事暨有关诸人率皆出自畎亩，对于一切章则容或未得尽悉，而会议纪录等件，亦复待于颁布，特以辑为是编，刊之专册，颜曰《包西水利辑要》。今而后从事于斯者人手一编，克以了然于办理之规程，而关心西北之士一经浏览，亦藉可略谂进行之经过，似于渠务前途不无裨益也。述其缘起，以弁于耑。

中华民国十八年六月一日

雁门冯曦叙于绥远建设厅

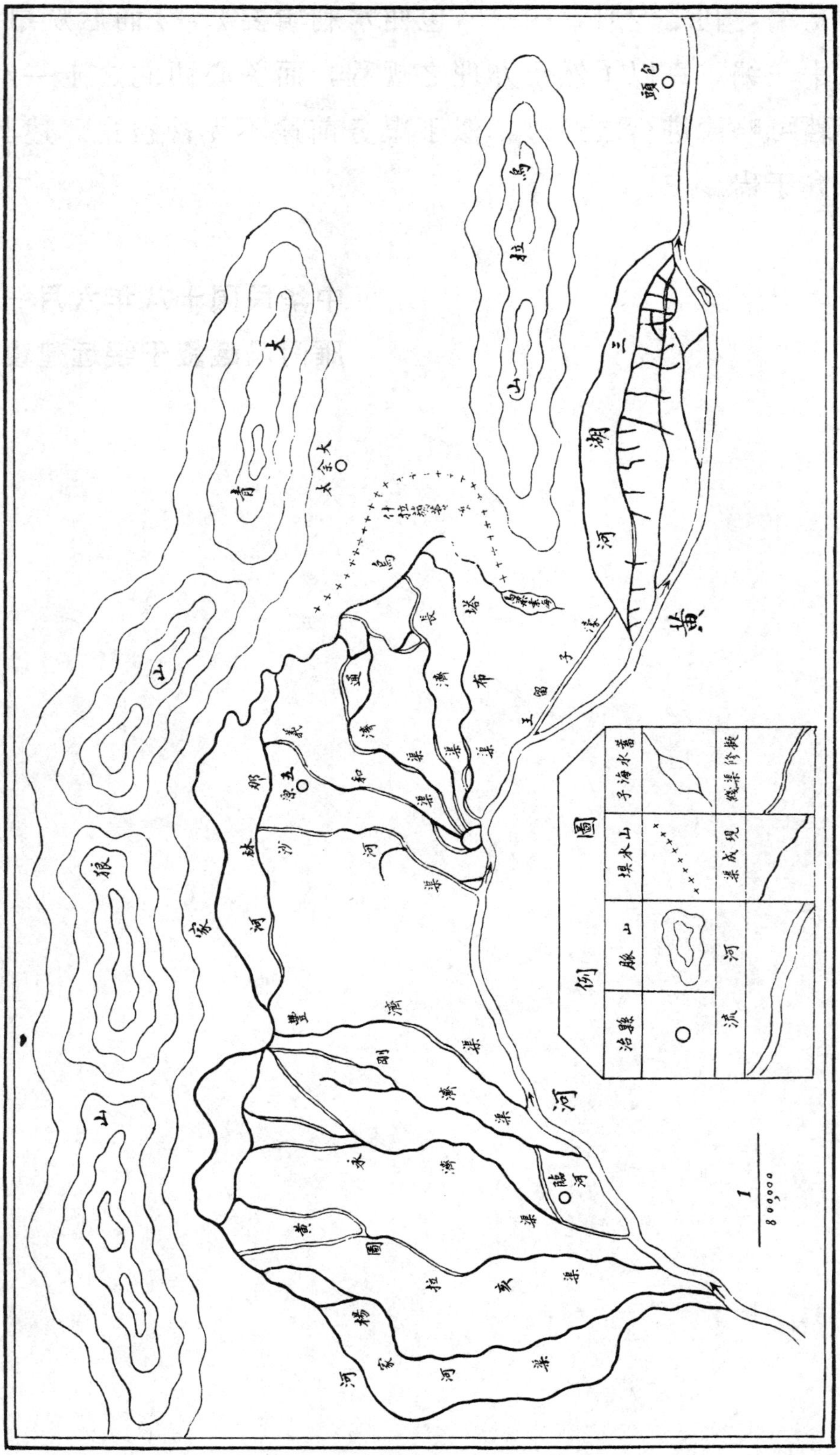
綏遠省包西各渠灌溉計畫形勢圖

綏遠建設廳馮廳長召集包西各水利社經董會議攝影
十八年十月二十九日

上编　章程及办法

绥远建设厅管理包西各渠水利暂行章程

第一条　绥远建设厅为期完成包西各渠渠工，振兴水利，藉谋农业之策进、建设厅之发展，对于包西各渠水利事宜，依本章程之规定监督管理之。

第二条　凡包西中滩、后套等处官民各渠，及山水渠道之渠工水利各事，自民国十八年一月一日起，统筹归建设厅继续办理。

第三条　建设厅为实行管理各渠起见，设置包西各渠水利管理局于五原县政府所在地，其组织简章另定之。

第四条　各渠工程无分经常、岁修、特别重大，统照旧由各该渠水利公社负责经理，并由管理局监督指导。

第五条　各渠工程凡经常、岁修由公社随时呈报管理局相机办理，其特别重大者，应先事估计，备具计画、预算等书，呈请管理局转呈建设厅核办。

第六条　各渠所属粮地、召庙地、户口地、未垦地、移民地、学田地、实业基金地、永租地等，民户均应各照每年夏秋间勘丈青苗地亩数目担任各项渠款，由公社经征，管理局协催之，其收支规定如左：

一、经常修渠费：每年每顷纳银七元充岁修工程之用，开支有余，由公社保管之；不敷，由公社召集合渠民户议定筹补方法呈局，转呈核行。

一、特别修渠费：各渠遇有特别重大工程，先尽余存经常修渠费内拨支；再有不敷，由公社商由本渠民户中筹垫之，在三年内由本渠民户照青均摊。

一、水利经费：每年每顷纳银三元，以一元五角充管理局经费，有余，报解建设厅另款存储；不敷，呈请建设厅核筹之。以一元五角充该渠公社经费，倘有不敷，得先事呈准，另行筹支。

一、公社对于一切渠款之收支应按季分晰，列册呈报，管理局转呈查核之。

第八条❶　各项渠款之保管章程另定之。

第九条　各渠遇有特别重大工程，确为本渠力所弗胜者，于必要时得由公社呈局转报，建设厅体察情形，转呈绥远政府筹与贷款，补助兴修之。

第十条　各渠浇水章程由管理局会同各公社分别各渠实地情形及习惯酌拟定，呈核实行。其大纲如左：

一、各渠浇水办法以使各本渠民户得享平均的水利为原则。

一、各渠向系平口，各民户不得筑闸筑坝。倘非有闸坝不能激水浇地者，必须事先察看水势，商允请准，且以不妨他人水利为限度。

一、各渠浇使春、热、伏、秋、冬等水，应分别按照向章习惯，口轮稍，稍轮口，依次轮流引灌，不得紊乱。

一、各渠渠水须先尽青苗地浇灌，俟浇毕，方准依次轮浇其他未种地亩。

一、各渠渠水有余，照曩例彼此代浇，以收互助之益，但

❶　原书无第七条，可能是编码有误。

绝对的禁止私擅卖放。

一、各户使水须限以一定之次序及日期，不得逾越，或私自开放渠口。

第十一条　建设厅为奖进水利，对于各公社职员办理渠务之成绩每年考核一次，其考核章程另定之。

第十二条　凡有违反上列各条规定情事者，均由各该管县局长负执行惩处之责任。

第十三条　各渠灌溉所及之地段内关系地亩上其他事件，不在本章程管理之列。

第十四条　建设厅为讨论各渠水利兴革事件得召集水利会议。

第十五条　本章程倘有未尽或须修正之处应随时增改之。

第十六条　本章程十八年一月一日实行。

绥远建设厅包西各渠水利管理局暂行简章

第一条　本局以督促完成包西各渠渠工、增进水利为宗旨。

第二条　本局定名为“包西各渠水利管理局”，直隶于建设厅。

第三条　本局设于五原县政府所在地。

第四条　本局设置职员规定如左：

局长一员。

渠务总查一员，直隶于建设厅执行其职务。

文牍员一员。

会计员一员。

管理渠道委员六员。

办事员二员。

以上均由建设厅委任。

第五条　本局为缮写文件巡渠催款等事，得雇用书记、马巡及夫役。

第六条　本局对于各渠水利公社立于监督指导之地位。

第七条　本局对于各渠一切水利事宜之处理，悉遵绥远建设厅管理包西各渠水利章程之规定，并依建设厅之命令行之。

第八条　本局职权规定如左：

关于各渠工程之督促完成及监督养护事项。

关于各渠公社组织进行之监督指导事项。

关于渠工之查勘、考核及成绩之调查报告事项。

关于各渠公社各项款项收支及存储考核事项。

关于各渠公社渠工计划预算审查事项。

关于各渠浇水办法之拟定、引灌之支配、淤澄之预防及纠葛之解决事项。

关于新渠开挖之劝导计划事项。

关于各渠民户公社之请求转报事项。

关于建设厅委办事项。

第九条　本局经费由各渠所属地亩每年按顷应征三元水利经费内之一元五角项下拨充之。倘有不敷，应呈报建设厅核办。

第十条　本局办事细则另规定之。

第十一条　本简章如有应行增正之处，由建设厅修改之。

第十二条　本简章自十八年一月一日起实行。

绥远建设厅包西各渠水利管理局组织经费表

职别	员额	薪工预算数		备　考
局长	一员	一二〇元	〇〇〇厘	
渠务总查	一员	七〇	〇〇〇	查总查一员，月支薪水四十元，旅费三十元，合计如上数

续表

职别	员额	薪工预算数		备考
文牍员	一员	六〇	〇〇〇	
会计员	一员	六〇	〇〇〇	
管理渠道委员	六员	三六〇	〇〇〇	查委员六员，月各支薪水三十元，旅费三十元，合计如上数
办事员	二员	六〇	〇〇〇	查办事员二员，月各支薪水三十元，合计如上数
书记	十员	一六四	〇〇〇	查书记二员，月各支薪水二十元，又六员，月各支十六元，又二员，月各支十四元，合计如上数
马巡	十二名	一四四	〇〇〇	查马巡十二名，每名月支饷钱十二元，合计如上数
夫役	四名	三六	〇〇〇	查夫役四姓，每名月支工食九元，合计如上数
公费	月支	一〇〇	〇〇〇	
临时费	月支	一〇〇	〇〇〇	
总计	五十八员名	一二七四	〇〇〇	
附记	查本表规定经费数目，系根据垦务第三、五两分局兼水利支经费预算数目分配编列，合并声明			

包西各渠水利公社通行章程（各社应署为某某渠水利公社章程）

第一条　本社定名为某某渠水利公社。

第二条　本社以负责经理本渠一切事务，企图振兴水利、增进农民福利为宗旨。

第三条　本社事务，如工程进行、款项收支等项，悉遵绥远建设厅管理包西各渠水利暂行章程之规定及其个[1]有关诸法令行之。

第四条　本社一切进行须受绥远建设厅及直接管辖之包西各渠水利管理局之监督指导。

第五条　本社仍用前奉绥远垦务总局刊颁某某渠水利公社钤记（或本社呈奉绥远建设厅刊颁某某渠水利公社钤记），以资信守。

第六条　本社于进行上遇有涉及地方事项而不能自行达到时，得呈请所在地之县政府（或设治局）处办之。

第七条　本社所属灌域以本渠渠水浇灌所及之地亩为范围。

第八条　本社设置职员如左：

甲、经理一人。

乙、副经理一人（或二人）。

丙、文书员一人。

丁、会计员一人。

戊、司账一人。

己、渠头一人。

庚、副渠头一人至五人。

辛、渠夫若干人（酌量事实上之需要确定之）。

壬、雇员夫役若干人（酌量事实上之需要确定之）。

第九条　经理、副经理由本渠民户就本渠种地之户中声望素著、熟悉水利者票选之，以得票最多者为经理，次多者为副经理，但经理所得票数须在投票人三分之一以上。选定后须呈由管理局转报建设厅加委。文书员、会计员、司账、渠头、副渠头由经理遴用，但须得董事会之同意。

---

[1] 个　当作“各”。

渠夫由渠头商承经理于每年春初雇用之，其名额之决定仍应取得董事会之同意，但遇急迫情形得变通之。

雇员夫役由经理雇用之。

第十条　经理执行本社关于渠务之一切对内对外事宜，副经理帮同经理之。经理因故不能执行社务时，由副经理代行其职权。

文书员受经理之指挥，掌管本社文书事宜。

会计员受经理之指挥，掌管本社预算、计算及款项出纳事宜。

司账受经理或会计员之指挥，掌管本社簿记事宜。

渠头受经理之指挥，掌管本社勘验及指挥渠闸工程并开闭支干渠口各事宜。

副渠头帮同渠头管理各项渠工事宜。

渠夫受渠头之指导，执行劳工事宜。

第十一条　经理、副经理任期二年，得连选连任。

第十二条　本社应支公费及人员薪工规定如下：

甲、公费月支（二十元至四十元，酌量社务之繁简定之）。

乙、人员薪工。

（一）经理、副经理均系义务职，但经理得月支车马费二十六元，副经理得月支二十元。

（二）文书员、会计员、渠头每人月支十八元。

（三）副渠头、司账每人月支十二元。

（四）渠夫、夫役每人月支七元。

（五）雇员月不[1]视其职务之繁简，由经理商同董事会临时决定之。

第十三条　本社置董事会董事名额（五人至九人，各社酌量确定之），由本渠民户就本渠种地之户中票选之，其人选以具

---

[1] 不　据文义当作“支”。

有名誉经验者为限，选定后呈由管理局转报建设厅备案。

第十四条　董事会董事应互选董事长一人，并推选常务董事二人至三人，掌日常会务。

第十五条　董事会职权如左：

甲、建议本社水利兴革事宜。

乙、解决经理咨询事件。

丙、实行审核本社预算计算。

丁、经理以下各职员有废职或违章情事，得提出弹劾。

戊、遇必要时得召集本社全渠民户会议。

己、本简章各条明白规定事项。

第十六条　董事会董事均为义务董，但常务职事并在开会期内，每日得酌支膳宿费五角。

第十七条　董事膳宿等费，由本社常年经费内向经理支领之。

第十八条　董事会公费由第十条规之，公费内支用不得另行支取。

第十九条　董事会每届春复[1]应每月开常会一次，秋冬二季每季开常会一次，如有临时发生事件，得由董事长召集，临时会议解决之。

第二十条　董事会董事任期定为一年，但得连选连任。

第二十一条　本社及董事会办事细则另定之。

第二十二条　关于经董之选，举凡本渠民户种地在一顷以上者均有选举权。

第二十三条　经理、副经理及董事会董事被选任职后，如有废职或违章情事，除由建设厅以命令撤销更选外，亦得以全

[1] 复　当作“夏”。

渠民户过半数之可决撤销更选。

第二十四条　经董选举及更选，由本渠民户听承管理局及县政府（或设治局）召集办理之。

第二十五条　本社常年应征各款，依管理章程之规定，须勘丈青苗后征之，但因春夏间必要之需用，经董事会可决，得预备征五分之一至三分之一。

第二十六条　本渠各民户浇使渠水，遵照浇水章程办理，不得违背。

第二十七条　本章程遇有应行修改之处，须由建设应召集水利会议时提出修正之。

第二十八条　本章程自决议公布之日施行。

河渠管理章程十八年一月二十二日本厅公布

第一条　建设厅为整顿水利、确定水权以免轇轕而归一致起见，凡绥远全省河渠除中滩、后套各有规定外，均依本章程管理之。

第二条　凡绥远地上地下流动或静止之水，为人民公众利益所系，无论何人或团体，不得占为私有，但得依本章程之规定呈准引用之。

第三条　凡开引河渠，经人民呈准后，均由建设厅分别注册，并发给用水证书以资保障。

第四条　凡规复废渠、创开新渠，均应呈由建设厅核准，并填明下列各项，附具图说。

（甲）呈请人之姓名、年龄、籍贯、住所，如系团体，应填明团体名称、办公地点，并附呈详细章程两份。

（乙）导引河泉名称。

（丙）干渠所在地及经过路线。

（丁）地段四至、面积及其土质。

（戊）用水时期及次数。

（己）干渠长度、宽度及深度。

（庚）资本若干，并预计何时动工、何时完工。

（辛）关于其他开渠计划工程等项。

第五条　渠工完竣后，须呈经建设厅勘验，确与前条呈请各项相符，开渠者应即另文呈请注册，其应行注册之事项如左：

一、引用河泉名称。

一、干渠长、宽及深各若干度。

一、浇地亩数及时期。

一、组织及管理情形。

第六条　建设厅收到上项呈文，经派查明确后，迅予批发证书，其用水权即于呈请核准之日开始。

第七条　在同一水源上引水溉地，其用水权以上轮下接为原则，以特许优先为例外。

第八条　在同一水源上引水溉田，不准沿河打坝，但于必要时经建设厅之特许者，不在此限。

第九条　人民无论在何泉上引水灌田，建设厅得按照呈请时日之先后依次付予优先权，他人不得争执及有侵害情事。

第十条　人民每次取得用水权应以该田亩所必需之水量为限，并须确定所灌之地段及四至，不得移灌他地或浪费，致妨害他人之水权。

第十一条　人民取得用水权，如因废置不用，致地荒芜逾二年者，该权即行消灭。但此后如欲再用水时，得依本章程呈请注册仍准回复其水权。

第十二条　凡渠道经过必需之土地，应按邻近同等地亩估价，向地主购买，地主不得托词拒绝，若系官地，得呈请建设厅转呈省政府，免交地价以示提倡。

第十三条　凡修筑渠道经过马路、铁路、河渠等交点，所需闸门、桥梁等之建筑或改造费，概由开渠者负担。

第十四条　渠道开凿时，或成立后，如对于他人或公众之利益发生任何妨害，应由开渠者赔偿。

第十五条　如工程建筑任何部分与原案或原计画有变更时，须先呈报建设厅核准，但干渠之口须筑闸门，不得稍有变更。

第十六条　建设厅聘请水利专门人才、购置测量仪器以规划促进全省水利，于人民呈请勘查时得酌收勘查费。其等则如下：

（一）面积在一百顷以下，每顷缴勘查费一元。

（二）面积在一百顷至三百顷者，首一百顷每顷缴洋一元，其余每顷缴洋五角。

（三）面积三百顷以上、五百顷以下，除首三百顷照第二项缴费外，其余每顷缴洋二角。

（四）面积在五百顷以上，除首五百顷照第三项缴费外，其余每顷缴洋一角。

（五）以上各项缴费，人民得以地亩依照市价抵代现款。如以拟行灌溉之地作抵，其价额应按照未引水之地价为准。

第十七条　渠工完成后，如有仿照包西各渠之办法组织公社征收水费者，其渠款之保管均依《包西渠款保管简章》办理。

第十八条　建设厅所派查渠人员均有警察权，人民如有违犯本章程之规定者，得随时逮捕，交县罚办。

第十九条　本章程如有未尽事宜，得由建设厅随时提出修正之。

第二十条　本章程自公布之日施行，原有水利规则同日废止。

附呈请注册文式如左：

呈为某县局某区某村某渠呈请注册事。窃民等前于某年某月日在某地呈请开渠，业蒙批准在案。现渠工均已完竣，理合依《河渠管理章程》第五条之规定备文呈请鉴核，准予注册，并发给证书施行。谨呈绥远建设厅。

具呈人署名印

中华民国　年　月　日

附用水证书式如左：

为发给用水证书事。照得某县局某区某村某渠业经遵照《河渠管理章程》呈请注册在案，此特给证书，准予用水，右给

某县某村　收执

绥远建设厅

中华民国　年　月　日

奖励兴办水利简章十七年十一月六日本厅公布

第一条　本简章以奖励兴办绥区水利为宗旨。

第二条　水利以开渠为主，而以凿井辅之。

第三条　渠道分成渠、废渠、筹开之渠三种，凡现在能引水灌地者为成渠，现在湮没淤塞者为废渠，拟创开渠道者为筹开之渠。

第四条　前条所列三种渠道由本厅制定河渠调查表，今发各县局长调查报告之。

第五条　凡规复废渠、创开新渠由县局长督令发起人就地

集拟，其有实在无法筹集者应绘图贴说，呈候核夺。

第六条　各县局井水较浅之地，每县局长应调查明确，劝令人民以土法凿井。

第七条　凡有合于左列各规定之一者，由县局长查明出力人员，择优请奖：

一、各县局长联合，或各村联合创办水利，组合开渠著有成效者。

一、创办水利公司，开渠凿井以营业为性质，而定价低廉、办理完善者。

一、创兴水利，或堤防水害，纯由人民出资、出丁，不藉公款补助者。

一、凡在一村提倡凿井十眼以上者。

第八条　前条之奖创励如左：

一、匾额。

一、奖章。

一、奖状。

第九条　凡有左列情事之一者，由县局长查明，依法惩办：

一、以水利为营业，而故意把持地方，勒捐乡愚者。

一、故意阻挠兴办水利事业者。

一、经理渠道从中渔利者。

一、因争水聚众械斗者。

第十条　县局长将办理水利第四条至第九条之各情形应遵令呈报，以凭派员考查。

第十一条　本简章自公布之日施行。

包西各渠妨害水利惩罚办法

一、本办法对于包西、中滩、后套各渠遵适用之。

一、本省通行之兴办水利简章对于包西各渠仍一并适用。

一、各渠民户有左列情事之一者即为妨害水利。

（甲）擅违定章、筑坝以截水激水者。

（乙）为自身私利以致毁渠、淤渠及淹人田禾者。

（丙）蔑视公家利益，有阻害水利之行为，或非法之需索者。

（丁）关于法（今）〔令〕有明文规定者。

一、各渠民户有妨害水利之行为者，依本条之规定分别办理。

（甲）赔偿所致之公私损害。

（乙）罚令修渠。

（丙）送交法庭依法处办。

一、各渠经董有触犯者，应照规定从重处办。

一、惩罚处分由绥远建设厅核令包西各渠水利管理局会同该渠所在地之县政府，或设治局，执行之。

一、本办法规定有所不及者，以建设厅命令行之。

包西各渠渠款保管简章

第一条　本简章为保护包西各渠利之永久，对于关系修筑渠工之各项渠款，均依本简章之规定保管之。

第二条　公社经渠理对于渠款之保管负完全责任。

第三条　公社征起渠款除水利经费准其照章动支外，余如经常修渠费，抑或曾经核准征起之特别修渠费等款，应分别妥为保管。即关系渠道必须开支之项，倘系未经核准遽即动支，公社经理亦须负责赔补。其有私自挪用及侵蚀除照数赔补外，并分别加以惩罚。

第四条　公社保管渠款得以董事会之决议，存放于殷实商号，但须先行呈报管理局备案，并随时受其检查。

第五条　前条存放渠款之各商号须彼此连环保证，以坚信用。至其存放之手续及责任，仍由经理完全担负之。

第六条　各渠董事会及公社会计员对于渠款保管上发现情弊时，得向管理局检举之。

第七条　本简章如有未尽事项，应由建设厅随时增正，并以厅令行之。

第八条　本简章自公布之日实行。

水利官员考核条例十八年月三十日内政部公布[1]

第一条　水利官员之考绩依本条例行之。

第二条　本条例所称水利官员分左列三种：

一、各省专办水利之职官。

二、各县县长。

三、各县建设局长。

第三条　水利官员办理水利成绩每年考核一次，由主管机关分别奖惩之。

第四条　奖励分左列五等：

一、升叙。

二、加俸。

三、记大功。

四、记功。

五、嘉奖。

第五条　惩戒分左列六等：

一、免职。

[1] 原文缺月份。

二、停职。

三、减俸。

四、记大过。

五、记过。

六、申诫。

第六条　水利官员有左列事实之一者，由主管机关察核情节，酌拟奖励：

一、办理或协助河海紧急工程，应付敏捷，因而免灾或减轻者。

二、督率人民，或协助，抢险堵防，奋勇勤劳者。

三、蓄水备旱，挑水防灾，其受益地亩在五百顷以上者。

四、修治或协办河塘堤埝沟洫，卓著成效者。

五、办理灌溉或拟水事业，其受益田亩在五十顷以上者。

六、协办河海工程劳绩卓著者。

七、开凿田井在百眼以上者。

八、巡查水道堤埝，防患未然，确有成效者。

第七条　水利官员有左列事实之一者，由主管机关察核情节酌拟惩戒。

一、水灾发生，怠于防制致成重大损害者。

二、旧有河塘工程及其附属工作物怠于维护，因而酿成灾害，或发生损害者。

三、旧有沟洫不（如）〔加〕督修，因而淤滞贻害田亩者。

四、对于兴办水利及预防水灾毫无计画者。

五、对于水利工程处置失当，以致虚耗公帑者。

六、对于所属员役督饬无方，致荒职务者。

第八条　专办水利官员应予以升叙之奖励，或免职之处分者，由各省建设厅详叙事实，呈由省政府行之，并报内政部备案。

第九条 专办水利官员应予以加俸之奖励，或停职及减俸之处分者，由各省建设厅拟定加俸及减俸金额，或停职期限，呈由省政府核定行之。

第十条 专办水利官员应予以记功、嘉奖之奖励、或记过、申诫之处分者，由各省建设厅以厅令行之。

第十一条 各县县长办理水利应予以升叙之奖励，或免职之处分者，由各省建设厅会同民政厅详叙事实，呈由省政府行之，并报内政部备案。

第十二条 各县县长办理水利应予以加俸之奖励，或停职及减俸之处分者，由各省建设厅会同民政厅拟定加俸减俸金额，或停职期限，呈由省政府核定行之。

第十三条 各县县长办理水利应予以记功、嘉奖之奖励，或记过、申诫之处分者，由各省建设厅会同民政厅以厅令行之。

第十四条 各县建设局长办理水利应得之奖惩，均由各省建设厅以厅令行之。

第十五条 本条例规定功过得互相抵销，其记功或记过二次者，但抵记大功或大过一次。

第十六条 每年考绩均于年终行之，并将办理详情，由省政府转报内政部备查。

第十七条 本条例自公布之日施行。

包西各渠设置苗圃办法

一、包西各渠应每渠设置苗圃一处，由各该渠水利公社负责办理之。

一、各渠苗圃应设于本渠适中地点，择砂质土壤之平坦地段能随时灌水者为适宜。

一、每苗圃以五十亩为度，第一年年业面积为二十亩，就中插栽杨柳枝条十五亩，播种榆树五亩，其余三十亩为以后历年移植及插枝播种之需。

一、苗圃地段择定后，圃地周围应掘筑土楞，将圃地深耕一次，圃内分做步道、水渠，晰画为区，治成苗畦，以便插枝播种。

一、各渠苗圃育成苗木，除供本渠渠背造林之需用外，得发给本渠各种地民户分别自由栽种。

附：方法

（甲）杨柳育苗法。将苗畦整理妥竣，取二三年生物柳枝条，粗如指大，切成尺长，在畦内规定距离四寸整齐排列，用锥形植棒斜引成穴，将枝条按原生顺序插入穴中，踏实其土壤，勿使稍留空隙，插枝露出地面的八九分，斜度向阳。经过约一个月，萌芽自出，须剪使每株仅留一枝，以利发育，三年即可起出，造林植用。

（乙）榆树插种法。将苗圃治平压实，上水一次，用撒插法将榆子每亩约净榆子三斗匀撒畦面，覆土三四分厚，再溉水一次，遮盖秸草一层，以防干燥，约六七日萌芽出土，即撤去盖草，随时灌溉。至二年春季起掘，施行移植，一次即可造林植用。

附：各渠插枝造林法

一、利益。渠背造林，树根盘绕土中，可以团结土壤，免除渠背崩决之患。异日成材，可资利用，再有余材，尤可售得代价，补助渠工。

一、地段。包西各渠无分干支渠，其两岸或堤背地段均须次第植树造林，以资保护。

一、年度。包西各渠应限于三年内一律造林竣事，以减少溃决冲淹之害。

一、树种。本省所产杨柳或杞柳，气候、土宜均易生长。

一、方法。每年清明、谷雨之间，或秋季落叶后，取粗如手指之杨柳树二三年生枝条切为尺段，用锥形植棒斜引成穴，各穴距离尺五至二尺，斜度北向，将枝条以序插入，外露及寸，切忌插伤皮部，用足踏实，灌水一次即可发芽。

一、培护。枝条成活后，次春将每株丛生条枝酌剪数枝以壮发育，二年后即可取植造林。但宜随时防范人畜一切之加害为要。

完成包西渠利贷款办法

第一条　绥远省政府建设厅为完成后套、三湖河、中滩等处渠利，特奉总司令阎合准向绥远山西省银行贷款四十万元，按各渠需要分别贷付。

第二条　绥远山西省银行贷给各渠之款应由绥远省政府建设厅照下列各条负责偿还。

第三条　凡各渠水利社必须借款完成之渠，先将修理渠道计画，及指定灌域若干，并所拟借款之数，由董事会议定，会同正副经理一并呈由该管县政府暨包西水利管理局转呈建设厅核定。

第四条　前条所定各节经建设厅核定后，准借若干，即责由各该渠水利社出具借据，由全体董事暨正副经理署名盖章，呈由该管县政府暨包西水利管理局转呈建设厅，通知绥远山西省银行照数贷付。

第五条　贷款利息定为月一分二厘，按年清缴。

第六条　归还期限由借款之日起，足满一年，还三分之一，其余以二年为限，每年各还三分之一，由各渠水利社正副经理董事等并所在地地户依限筹。唯每年应出利息必须每年付清，本付息时期至迟不得过阴历十月。

第七条　所贷之款至期不能归还，由省政府建设厅令该管县政府及包西水利管理局会同查明情形，勒令借款各渠照前条规定办理。但经理人如系营私舞弊，任意挥霍，以致亏累者，应强制该经理人偿还。

第八条　各渠经董倘有更换，对于前任经董借款，如查无第七条所定“但”书以下之行为者，应由后任经董继续负责，不得推诿。

第九条　本办法经政务会议决定后，由绥远省政府建设厅与绥远山西省银行订入贷款，会同实行遵办。

完成包西渠利贷款合同

立合同绥远省政府建设厅、绥远山西省银行为绥西河套修渠需款案

本年一月二十五日特奉总司令阎电令，准绥远建设厅由绥远山西省银行借款十四万元，兹将借款办法详列于左：

一、绥远省政府建设厅向绥远山西省银行因修渠借款，总额以十四万元为。[1]

一、借款时须分数次，每次以需款日起息，定为每元月息

[1] “总额以十四万元为”此句似不通，存疑。

一分二厘，接年清缴，由建设厅出给借款印据，厅长署名，交由银行以作信证。

一、每届还款以借款之日起，满足一年，先还三分之一，其余以二年为限，每年各还三分之一，由建设厅依照限期，本息一并清偿。

一、原借款系何种币制，应还本息仍按原币清偿。

一、本借款由绥远省政府担保，负筹之责。

一、本借款以绥远垦务总局全年归公收入作抵，凡收有垦款应随时送交绥远山西省银行专帐存储，以本息还清之日再行提取，但不得存储他行号。

一、本合同成立后，由绥远省政府呈报晋察绥总司令部备案。

一、本合同经双方同意后，由绥远省政府政务会议通过，共缮二份，由绥远省政府建设厅、绥远山西省银行应盖印章，各执一份，以资信守。

绥远省政府建设厅
绥远山西省银行　订立

厅长

经理　印

绥远省政府主席

绥远垦总局总办　印

绥远建设厅负责催还包西渠工借款办法

第一条　绥远建设厅为包西水利事宜，由厅管理。所有水利公社积欠绥远平市官钱总局渠工借款息本洋三万九千七百三十元八角六分，息利洋三千八百二十八元四角六分七厘，共计本息洋四万三千五百五十九元三角二分七厘，由厅负责催还。

第二条　绥远平市官钱总局前借给各渠之款，应由绥远建设厅照下列各条负责催还。

第三条　各渠水利社应照单列领过息本更立借据，积欠息利定期归还，由董事会议定，会同正副经理一并呈由包西各渠水利管理局并该管县政府或设治局转呈建设厅核定。

第四条　前条所定各节经建设厅核定后，即责由各该渠水利社出具借据，由全体董事暨正副经理署名盖章，呈由包西各渠水利管理局并该管县政府或设治局转呈建设厅，送交绥远平市官钱总局存证。

第五条　归还期限由更立借款之日起，足满一年还三分之一，其余以二年为限，每年各还三分之一，由各渠水利社正副经理、董事等□[1]所在地地户依限筹，惟每年应出利息必须每年付清，本付息时期至迟不得过阴历十月。

第六条　所贷之款至期不能归还，由建设厅令该管包西各渠水利管理局并该管县政府或设治局会同查明情形，勒令借款各渠照前条规定办理。

第七条　此项渠款截至十八年三月十五日止为一结束之期。

第八条　本办法经商订后，由绥远建设厅与绥远平市官钱总局订入贷款合同，实行照办。

[1] 原文此处漫漶不清。

包西各渠经理董事一览表

渠别	正经理	别号	籍贯	副经理	别号	籍贯	董事长	别号	籍贯	董事
包头第三区各渠	贺级三	连升	乌西拉公特旗	王锡钦		河北	刘蕴斋			王存智 贺安春 马子华 王李锁 王　元 刘常沛 王　升 郭鸿宾
塔布渠	马得海	步云	河南	安　礼 孙成龙	和卿	山西代县	刘存义	子宜	五原	王世棠 马贵来 刘存仁 菅银罗 侯昇云 田有拉 韩　玉 于　宏
长济渠	杨嗣殷	佐周	河北	刘忠烈 冀　才	运明	山西保德	杨瑞麟	子云	陉型	李得新 张　恒 郭　祥 菅三挠 蒋三级 何湧渊 张拴居 安汝辑
通济渠	郭维纲	子常	五原	白义怡	英俊	山西	吕凤鸣	岐山	五原	赵喜元 白怡义 丁有明 王拉居 刘志天 赵　光 袁　俊 刘旭堂
义和渠	武勇	勳臣	山西	瞿云程	步青	山西	薄恒亮		五原	刘裕堂 吕凤鸣 辛崇业 段保成 张映奎 李维垣

续表

渠别	正经理	别号	籍贯	副经理	别号	籍贯	董事长	别号	籍贯	董事
沙河渠	张映奎	文卿	山西河曲	蔺二庆		山西	刘世杰	子俊		郭连和　卢俊山 龙大庆　辛在子
丰济渠	田全贵	喜廷	吉林	张威	振远		陈万山			王政仁　王玉马 印元保　冯　在 马花狗　杨福来
永济渠	韩增禄	仁山	临河	吕宝山 刘子镄 南灵虚		云峰	杨正业 汪治泉		临河	陈占财　胥在堂 韩道明　王克仁 刘富存　何湧顺 李　鸿　田中木
黄土拉亥河	李皋	鸣鹤	临河	陈彦清 刘　长			傅正业			刘长义　张文焕 张　应　武增光
刚济渠										
杨家河										
乌拉河										
附记	一　乌拉河向属永济渠管理 一　杨家河自行经管，认缴经费一元五角 一　刚济渠归并永济渠管理									

包西各渠水利管理局规定分配各渠监督人员表

渠　　别	人　　员	办　　法
长济塔布	苏德崇　李国治	约期更番分驻工次，督修稽核
永济	苏继善　赵士英	同上
包头第三区各渠	李之实　李钧仪	同上
义和通济	贾培德	往来工次督修稽核
沙河丰济	冯龙藻	同上
黄土拉亥杨家河	刘伟	同上

下编　纪录及计画

绥远省政府建设厅召集第一次包西各渠水利会议纪录

时间：中华民国十八年四月二十八日上午十时

地点：包头抵产局内临时会场

主席：冯曦　建设厅厅长

秘书：周晋熙　垦务总局秘书

纪录：乌济时　建设厅包西水利主任

出席：冯世偁　包西各渠水利管理局局长

宫兆麟　包西各渠水利管理局副局长

孙文彬　垦务第三分局局长

王井民　刚济渠水利公社经理

吕宝山　刚济渠水利公社副经理

杨正业　刚济渠董事长

郝中衢　山东移垦事务所副主任

田全贵　丰济渠水利公社经理

陈万山　丰济渠董事长

贺级三　包头第三区各渠水利公社经理

郭鸿宾　包头第三区各渠水利公社副经理

刘治邦　包头第三区各渠董事长

王　升　公济渠董事
费峻如　公济渠董事
王锡钦　西大渠董事
张发祥　西大渠代表
王银维　东大渠董事
王　鹅　东大渠代表
侯　玺　沙河渠水利公社经理
兰二庆　沙河渠董事
武　勇　义和渠水利公社经理
刘裕堂　义和渠董事
马得海　塔布渠水利公社经理
安　礼　塔布渠水利公社副经理
刘存义　塔布渠董事长
冀　才　长济渠水利公社副经理
杨瑞麟　长济渠董事长
韩增禄　永济渠水利公社经理
汪治泉　永济渠董事长
白怡义　通济渠水利公社副经理
吕凤鸣　通济渠董事长代表
李　皋　黄土拉亥渠水利公社经理
刘　宝　黄土拉亥渠董事长代表
杨嗣殷　长济渠水利公社经理

列席：刘郁文　陈大禄　周富　刘蕴斋　马凯　李廷玉
刘连先　瞿五十一　胡先华　苗三挠　邬补发
陈殿明　蔡满仓　刘凤山

（所列姓名职务系以签到簿所签署为根据）

报告事项

主席：今天召集诸君在此开会，主要宗旨系为求整顿后套及三湖河的水利，亦即是本厅接管包西各渠后第一次的集会。此项会议原拟亲赴五原举行，并且早日开会，但因徐主席前往北平，本人兼代省政府主席事务，以致不能分身前去，不得不劳大家到包一行。再者，早拟开会，又何以延迟至今？则以李局长因病言去，始而嘱其在局调治，既而伊病一时难愈，本厅对于局事又不愿遽易生手，以致辗转日时。迨伊以病重坚请辞职，而渠工在即，期间又极迫促，遂不得不准其辞职，委冯局长暂行兼代。因此之故，所以迟至如今方始开会。关于开会意义，早经本厅令行管理局转知各公社，想大家均已知道。现在渠利之事，国人每每谈起后套、三湖河，均谓为绥省菁华之区，几乎有代表绥远全省的价值，但是我们反观自省起来，土地虽大，近年来渠果如何？淤澄所致，有名无实，诸君生长于斯，或久居于斯，定所深悉。假使再过数年，试问又将如何？凡此情形，诚不能不归过于官厅。因为从来官厅对于渠务只知收款开支，不管修工，驯致养成坏习惯。而地方方面则均只顾目前，不顾远大；只顾私利，不顾公益。偶有关于公众利益的事，官厅又不协助，倘若长此以往，恐将来各渠之废坏尤有甚于此时。此我地方官厅及民众所最当严重注意者。余于民国十五年总办绥垦，对于渠事认定仅恃官办，官好则办得好，官不好则一定办得不好，至为危险。故此提倡官督民办，其后经孟前总办时期将各渠水利公社组织起来，大致规模算已粗具。渠道久废，竟得此佳好机会，实为地方之幸事。不过官厅尽管尽力督率，是一方面，民众能办不能办为两问题。所谓能不能即是地方方面对于渠事能够尽力振兴与否，以及不良习惯能够一律铲除与否的意思。诸君从事于渠，余甚希望努力为之。自去年以来，计画修浚包西各渠，恐民力之未逮，特请阎总司令允准，向山西省银行商借贷款拾肆万元，以为借给各渠藉资本年各渠整顿修挖之补助。其所以贷借如此之数目，系经征询所得，大概估计。现拟重与诸君商量，有所不敷，总得大家努力设法筹集。关于在事各人，如余与今日与会诸君暨未及到会而身为经董者，统须一洗从前不良习惯，竭尽能力一直做去。贷款补助修挖，企图获得水利，水利所溥，包西定可日进发达。余之希望定卜圆满达到，余不禁为大家贺。但换一方面言之，余亦不禁为大家哭。所贺者，大家对于修工力有不及，得此贷款之资助，得到上述之良好结果，民众生计立臻于充裕地步，以故大可言贺。藉使非然，所有私利观念、不良习惯一概不能改革铲除，势必致依然办理不好，即官厅无论如何热心帮助，无奈地方始终不热心办理，恶劣成绩既经暴露，则将来之机会愈遭难逢，以极好之包西地方而自己办不到好处，宁非天下最可痛哭之事？余不敢不向大家痛切言之，并有附带报告者。贷款之事酿酝已五阅月，即大家得知亦已逾三月。在此五阅月中，即已着着筹画，步步进行，煞费经营，多历周折。迄于来包之前五日，省行方面尚且几欲中变，中经多方斡旋，始得承允。不过又复顾虑，省政府对于所贷之款无确切之抵当担保，深恐一去不返，损失堪虞。并有鉴于上次各渠向平市官钱局所借之借款，至今应付本息均未按照定期履行，以致省行为自身营业利益计，亦良不得不慎重考虑。经余又复电陈总司令至十五次，呕尽心血，情甘担保，其后议始又定。但是省行方面既允又变，实有二个原因：一为前鉴不远，前已言之；二为有为难处，盖雁门各县自经战后，原有渠道完全毁坏，今年亦正须贷款修工，省行在应付上委，实不及兼顾包西之事。不过以目下言，则雁门尚未办到，而包西先已办到。特于此附带报告诸君知道，此并非见好于诸君及我包西地方民众之意，乃是希望到会诸君并俟回渠转告未到会而有关于渠之诸君，自此次会议商定一切之后，务须痛除积习，尽捐私利，大家用十二分心力，官厅当与地方共同努力，以全副精神谋在今年修工，将各渠早为完成。各渠有所建议，尽可提交，以便分别决议。或有应为本厅职权决定者，则付之审查决定。自此次会议后，各渠在事诸君对于决议决定各事，务要依照实做，不容再稍有诿延，此系余所厚望于地方诸君者。又因徐主席现仍未返绥垣，省府事冗，极望尽一日之力，将应商事件一律商议完竣方好。

冯局长世偁：世偁来绥期间甚短，到后套期间尤短，办事经验既少，于水利更无确切的研究。此次因李局长病辞水利管理局长，奉厅长电召到绥，欲委以兼代局务，当以精力不及，未敢遽承。良以此中关系，不第对于后套、中滩关系，且系对绥远全省命脉所在，在弟个人岂敢对于数百万同胞及长官轻言尝试？只因厅长以接替无相当之人，恐误水利进行，一再谆嘱。重以后套、中滩各渠经董、地户诸君，多与世偁感情甚好，反复思量，不能不牺牲一切，尽力从事。否则如此重大之责任，断不敢毅然决然担任。世偁为此，上有厅长，下有经董，厅长又以宫局长来襄局事，和衷有人，此后对于渠事，亦唯有秉承厅长之意旨，容纳各经董之指导，大家努力，共同工作。此系就世偁个人方面情形而言。至于今日在此召集会议之意义，早已转知，今又蒙厅长说明，勿须再为赘述，只有希望就今日之会议，将官厅与地方应行商决各事逐一商决；其有非会议所应解决者，则陈呈厅长，听候决定，令行遵照。至此后办理各渠事宜上，则盼各位经董随时加以不客气的指导，使世俩对于督饬进行不致稍有陨越，此乃弟个人对绥远、对大家的一点希望。

周秘书晋熙：鄙人自民国十四年以后，未曾再到后套、三湖湾等处。去年又复远役平津，服务于交通界，以致现在对于后套、三湖河各渠之最近状况，苦未能详悉真象。但鄙人以沿革上关系，因绥灾奇重，地方痛苦异常，故在平津对于中外各慈善团体迭以私人资格乞请赈济，各方面曾有见询以绥远救济方法者，鄙人则常以治标、治本两项答之。所谓治标，即言春耕缺乏种籽，必有赖于接济。所谓治本，则水利一端实为久远之图，此时尤为当务之急。盖绥省与察哈尔不同，察省无水的来源，便无水利。我绥则黄河迤逦，自来以惟富一套著称于世，疏导利用诚属事半功倍。但时至今日，反观自省，乃竟适得其反，不第不富一套，抑且尽成荒芜。此即不善利用之明征。幸冯厅长注重民生，对于包西水利尤复提倡，不遗余力，此我绥西同胞千载一时之绝好机会。鄙人服务垦务，而水利事宜建设厅另有主管之人，在职务上并未负有任何责任，平日亦未参加任何意见，但以后套、中滩之振兴全在渠道。欣逢冯厅长煞费苦心，各方接洽，用谋以工赈性质修挖完成，而救济我绥西诸同胞。此种极大极佳机会，鄙人不能不额手称庆，亦不能不追随提倡。即如此次补助修渠贷款一事，冯厅长尽力斡旋，极费周章，电陈阎总司令至十五次，始得促成，迄于昨晨方为定局。假使不获如此，及对于银行方面无相当之接洽，则恐一切无从进行，此乃晋熙最近帮助厅长建议的原因。至于渠务事项，建设厅管理局实负责任，但对于渠工进行办法晋熙一知半解，无不尽言，缘鄙人提倡修渠已非一年，就今日论，适才厅长所说，官厅与地方应当痛除积习，尽捐私利，共同努力，以谋完成，一番名言谠论，实为对症之药，至堪令人钦敬。鄙人不敏，敬敢奉劝诸君：务要趁此大好机会，同心合力的实做起来，不好的习惯一律去掉，拣好的做，自然我绥西固有的水利利源不愁不能挽回。况且包宁一路势在必修，农产物之运输当然便利，西北最大之利源，亦即是我西北同胞幸福之所在。盼望诸君切实秉承厅局一秉大公的努力工作，并且预祝早日成功！

孙局长文彬：文彬今日以绥远垦务第三分局局长参加盛会，私心至为荣幸！因为去年对于水利事宜，在垦务局兼办时期曾经帮着大家胡乱办过些日子，今天特说几句极简单浅近的话。今年各渠修工上得到极大之帮助，在民众方面实在是最便宜的事。何以言之？诸君试想，晚近以来办理水利谁曾拿出如此大款过来？即如从前灌田，公社等等只管收款，没做过一锹土的工，这是大家所共知的。今年厅长代为筹画贷款至十四万元之多，完全由于维持民生起见，这正是实现民生主义。目下社会经济如此恐慌，试问在各县乡间农民要借几块钱款，得出利息、押产业、有保人，须有出借的人才借的成，是如何困难？如今厅长给予包西民众以如此巨额之接济，解决若许之困难，在民众应当如何办理，方可以仰副此种厚意？本席意见以为只有大家彻底的努力工作，方有以对厅长、对自己。并且渠是大家的渠，与大家自身有切己利害的关系，愿大家注意实行，才不辜负厅长维持民生的一片苦心，便也是文彬区区的一点愿望。至于三湖河渠工，联带本人职务，更愿随赞诸公进行。

讨论事项

（一）审核各渠所估工程分配贷款案（主席临时提出）

主席：（说明提案理由。）现在限于时间，我们应先将贷款之分配酌量各渠需要之比例商量定规，以便陆续讨论。本厅预先拟定应行研究的各个议案，所以特提前提出此案，并且有应当先行说明的，照李前局长汇转各渠估计工程，统共需款不下二十二万余元，再加三湖河一部分，倘若完全如了大家的意思，恐非有三十万元之款不可。现在我们仅仅借到了十余万元，又不能再行追加贷款，款少工多，所以在此种关头，必须有赖于大家努力，原来计画才可以告成功。我有两个意思对大家说：其一，大家分投努力，将各个渠均都修好，自然是最好。其二，万一力有不及，就要先尽紧要的工程做，民力一时不能担负的，可以暂时从缓，想法慢慢再做。现在可以拿贷款作为基础，贷款不足之数，应由民户筹担，能够完全修好，那固然是我们唯一的希望。现在应当先就各渠原估工程计画逐一研究，即便将贷给的款数分配决定，请周秘书按照管理局汇转各渠公社所呈计画估工原折，并将本厅对于所估各工审核指示之点，挨次宣布，以凭大家研究。

周秘书：今日开会之间，又接据各渠联合送到估工折呈一件，内容估计各数目微与原案出入。兹特一并宣布，以便讨论。

（朗读塔布渠原呈计画及新估折呈。）

塔布渠原案估算须做工七段，用款二万三千三百余元。而现在新呈折内所列则系四段工程，用款五万五千元。比较起来，前后两歧，请塔布渠负责人说明，究竟按原案做？抑或对于原案另有理由，须为变更？

马德海：今日所递各渠联合折呈系昨晚所办，事出仓卒，约略估算，仍应请依照原案讨论，并非有何变更。

周秘书：（朗读建设厅审核塔布渠原案指示结果。）

马德海：钧厅所指塔布渠芥茉淖一段腰高一节，乃系过去事实，因去年修挖，曾经深下一尺，如今腰已不算甚高。

安礼：本渠工程上年挖过五百七十丈，稍带旧口，共九百七十丈，其余走天生濠，均未曾挖过，共走八道弯，将来取直，约须做一千七百丈，用款五万元，并须完全劈帮下底，方为要善。

冯局长：所说本年做法，究竟系要截弯取直，抑或要劈帮下底？即是须得用款五万五千余元，抑或须用二万三千元？

白怡义：八道弯一律取直，恐需做三千一百丈才行，似宜视款项如何酌定之。

杨瑞麟：此项做法，渠线之经过大与粮地有关，务宜先行研究，否则必有问题。

主席：现在要点系讨论如何做法，不过截湾工程较大，其一经过粮地能否日用，其二要注意贷款统共仅有十四万元，因此只能以照原案去做，咨询有无异议。

安礼：可以照原案修挖。

白怡义：上游工程必须彻底，下游工程可以量力撙节。

主席：现既决定照原案做，所需之款系二万三千三百余元，拟分配贷款一半，其余自筹。

安礼：去年修工拖累甚重，今年民力实无再筹巨款能力，应请多为分配，以期兴工。

主席：今年之款系为修今年之工，与去年亏累系为两说，万不能并为一谈，此点一应到会各渠负责之人一律严重注意。

冯局长：塔布渠干涸十有余年，今年地又放垦，民户尚须担负买地缴款。关于修渠委实困难，似须酌量情形，稍为增加贷与之款。

主席：二万三千余元之工程，贷给一半，已属鉴察其困难，从优分配。既是如此情形，最多贷与一万八千元，务须按照原案所估各工以次去做，其他大规模之工程只可俟诸明年。

安礼：既蒙贷给一万八千元，自当努力办理。

周秘书：现在继续讨论义和渠工程。

（朗读义和渠原呈计画及新占折呈。）

义和渠原案估算须做五段，合土方十二万七千方，用款四万三千三百余元。今日接到联合折呈，则系三万八千二百二十元，是何缘由，请义和渠负责人说明。

武勇：原案多估土方三千余，系同委员由沙畔寻口，多走数里，今日联呈所列三万八千余元，系将不紧急之工程酌量减除，即请照此讨论。

周秘书：（朗读建设厅审核义和渠原案指示结果之一、二两项。）

武勇：义和渠所浇城基地不多。

周秘书：所估此项工程做去，有无把握？

武勇：按照做去，渠口已直接黄河。

主席：修工既已决定用款一层，贷款应拨与一半，合一万九千元，余由民户自筹。

周秘书：（朗读建设厅审核指示应由什拉葫芦素民户组织公社各情。）

此系本厅提倡水利之一种指示，现在特附带报告大家知道。

武勇：本渠民户连年困苦，仍请多借些款。

主席：借款是补助性质，主要得民户自己担负，试问挖渠果为谁挖？且此项贷款须兼筹各渠，统通分配，仍应暂定一万九千元。

武勇：谨当遵照努力做去，如各渠分配倘有余款，仍希望酌为本渠增加。

周秘书：现在义和渠讨论终了，继续讨论永济渠工程。

（朗读永济渠原呈计画及新估折并建设厅审核指示结果。）

本渠原案估用二万零九百五十二元，新呈内列渠口除外四段工程，需用一万八千余元。本厅审核原案时曾指示以修挖西大渠，而新呈则谓所指示与事实不符。此事不第永济本渠民众应予注意，即有关水利者，莫不应予以注意。仅顾目前，将来恐噬脐已晚。

韩增禄：西大渠地形稍高，似不若照原案兴做。且西大渠正干宽十二丈，其工较大。

主席：永济上游水势极大，下游倘不宏大，实恐不足宣泄。此事将来必须妥慎筹画，至于目下所讨论者，应以此次做法，究应按照原案，抑或依照今日联合折呈所开？

汪治泉：原案系经与李局长等从长商量所定拟，目前当可实行，请仍照原案讨论。

韩增禄：照原案是需款二万零九百五十二元。

主席：应分配永济渠贷款一万元，不足之款由民户自筹。

周秘书：现在继续讨论通济渠。

（朗读通济渠原案呈计画及新估折呈、审核指示。）

原案估十三万六千余方，用款四万七千七百余元，新呈折列系四万零九百二十元，因何两歧？请通济渠负责人说明。

白怡义：此项不符系因土方价目。今日所递折呈一律照三角合算。故而两歧。原计画并未变更。

周秘书：原案计画既未变更，而建设厅对于原计画审核指示。要紧问题在于研究渠口的寻觅。

主席：今后务宜长济与通济分口才为妥当，且关系永久之计。余意以为此渠工程如何做法，贷款如何分配，可作最后讨论。因为觅口不着，即使修挖终无效验。必须将口择定，然后修工，用多少款才能决定，贷款分配才有标准。

白怡义：厅长所说甚为当要。此时本渠倘若找不到新口，即便官厅借给款项，本人不亦不敢妄为担任。

周秘书：义和渠之病，重在于口，所以得先说口，而全渠工程乃系一口一稍。

白怡义：原计画上游二十里工程即连口在内，所估用款亦系匀配计算。

周秘书：综合大家意思，无论长济下退，或义和仍使旧口，统非即遽所能决定。可照主席意见，作为最后从长讨论，现在继续讨论长济渠。

（朗读长济渠原呈计画及新估折呈并建设厅审核指示。）

本渠所估工程需款二万七千三百八十元，但其中大有公一段恐地形低过。

冀财：计画大有公渠背西一段，拟就原渠附近劈帮截弯，相去最远小过一里，其他似亦不低，将来实测时一测便知，仍请依照原案讨论，以资进行，不致有何舛错。

主席：本渠所计画既有把握，不致有何舛错，甚好！但要问去年曾浇过多少地。

冀财：去年浇过五百余顷，今年若将正稍挖好，可能浇地千顷不至为难。

主席：照历年及今年浇地情形，说来民户尚有余力，此次贷款应定分配一万元。

冀财：上年虽曾浇地，实亦困苦，仍望多借。

主席：此关通盘分配，暂定一万元，先继续讨论其他渠，容将来研究。

周秘书：现在讨论刚济渠。

（朗读刚济渠原呈计画及新估折呈并建设厅审核原呈指示结果。）

刚济渠原案估计四段工程，今据折呈内又复追加两稍。

主席：从前对于此渠修浚本拟暂且搁置，现在山东移垦事务所副主任郝中衢君来称：对于修挖刚济除官厅贷款补助外，山东移民方面可以负担，所以又须讨论，以便已废之渠得以修复，但垦民方面能担任款项若干，应由郝君确实表示。

郝中衢：此次来绥所携现款本为不多，况须修挖支渠即需七八千元，故对于刚济干渠之事，官厅既然贷款协助，本人自当竭力帮助起款。

主席：再移垦事务所对于垦民此后不能再如从前之放任从事，必须严为约束，使之安分守法。倘有不听约束、不守范围者，应即开除其移民籍。

郝中衢：近二年来因无法进行，故致诸事敷衍，今后修渠既有办法，自可整顿经营。

主席：所谓移民开垦，必须按照原日规定：每人自种地亩一顷，方为垦民。此种垦民不但修渠费用应当担负，无容抗诿，即地方上一切负担亦应当与一般农民尽同等之义务，官厅对之亦一律待遇，并不稍有歧异，苟有偏畸，垦民尽可陈诉。

周秘书：此渠修挖与否之关键既在移民地，则郝副主任对于进行应提出相当之意见，以凭讨论。且从前曾有借永济渠水之拟议，目下是否有继续前议之必要，并永济渠方面对之有何意见，统望即席一并详述。

韩增禄：从前刚济渠因永济渠倡议，欲永济出资，故未解决。

周秘书：从前既无决定，现在仍就计画修挖，原案研究为是。

主席：原案估计工费二万二千余元，用如此之巨款以挖渠，究竟能浇地若干，应由该渠负责人说明。

吕宝山：上游浇杭锦旗地一百五十顷，下游浇移民地共三村，约地三百余顷，原呈估工系谋另找新口。

韩增禄：刚济工程渠若欲修挖适用，大可以分为两年办理，今年先挖旧口浇上游之地，其下游之地永济渠可以帮助，以为临时救济之计。俟明年民有余力，再行全修，本年人民负担上可以减轻。

主席：此种意见甚为妥当，如此办法有一万元即可挖通。

郝中衢：韩经理所说办法甚好，但莫若觅一种一劳永逸之策，民户可以少挖支渠，多担负些亦无不可。

主席：可以照原案计算，以二万元为标准，贷给一万元，其余不足，上下游各担五千如何？

吕宝山：可以即照如此决定去做。

主席：现在应继续讨论沙河渠工程。

周秘书：（朗读沙河渠原呈计画及新占折呈并建设厅对于原呈审核指示之结果。）

本渠所估四段工程共需款二万二千余元。

主席：上年有坐坝毁渠情事，最堪痛恨。此次所估工程应将其所毁部分除外，方为公允。原案所估是何情形，应由该渠负责人明白报告。

侯玺：所估居款[1]之中业已将上年淤毁之处所需修挖之费除去计算，缘上年所淤三段一经冬冻多已拉好，今年估工之际已择出尚未拉好之处，责成原户赔修。

主席：沙河情形民力较裕，此次贷款应分配八千元，不敷

[1] 居款　文义不通，疑为“渠款”。

由民户担任，继续讨论他渠。

周秘书：（朗读丰济渠原案及审核指示。）

主席：丰济工程既不大，民力又有余，足以自了，无须借款。

田全贵：去年修渠耗用六千余元，尚有债累未清，今年工程亦必须加背，请厅长酌量补助。

陈万山：本渠原可自了，诚如厅长所说，但连年被匪，目下情形已非昔日，实属不能自了。

主席：今年贷款系为修今年之工，不能与去年垫借各旧事混为一谈。今年修工必须买粮，体察所称各情形，应分配贷款一千五百元，以示本厅提倡之意，少借少还，其余仍须地方大家努力。

周秘书：现在继续讨论黄土拉亥渠。

（朗读黄土拉亥渠原呈计画新估折呈及建设厅审核指示结果。）

前日临来包时，厅中曾接临河设治局电报，请借款二万元。修渠原案计画需款一万七千五百余元，今日所呈折开数目亦属相同，并无变更。

主席：黄土拉亥本系完好之渠，连年浇地不少，民力绰有余裕。本年所需不及两万，一面由贷款补助一些，一面应由公社尽力筹集，务使修挖通畅为要。

李皋：近两年来情形亦不甚好，希望厅长多为借给款项，以资兴修。

刘宝：连年受军事、匪灾影响，本年修渠多赖于官厅借款帮助。

主席：黄土拉亥借给五千元。

李皋：尽可大家去凑合着办去。

周秘书：现在应当继续讨论乌梁素海子工程，此关系后套各渠泄水，水利管理局原呈汇案曾经计画。

（朗读原案及建设厅审核指示。）

主席：今年工程系就贷款之补助，择渠工之紧要。此项乌梁素海子之修挖，据估需款二万余元，目下遽难办到。所有计画应予保留，以待将来另行筹办。

周秘书：（朗读原呈扒子补隆渠修挖估工清折及建设厅审核指示。）

扒子补隆教堂渠原系专渠，其所浇之地大部分可以塔布渠引灌。今年塔布挖好，所有上扒子补隆海素一带各地统可淌水，水利管理局计画所估六段工程需款一万一千元，在现时情况之下似觉不暇及此。

安礼：近来扒子补隆教堂已经从渠口着手挖渠，特并报告。

主席：修渠系一种投资事业，譬如投一万余元之资本可以取得倍蓰此数之利益，方为合算，此渠可浇之地倘若可以塔布代替，引浇塔布又势在必修，以故此项估计应俟塔布挖成仍有浇不到处时，再作第二步办理，刻下可从缓议。

周秘书：（朗读包头第三区各渠水利公社原呈本年修挖估工清折及建设厅审核指示文。）

贺级三：对于今年挖渠筑闸计画，已经与管理局公共商拟，载在原呈案内。现在本社另有建议书提出大会，请一并付诸讨论。

周秘书：（朗读包头第三区各渠经董及代表等建议书。）

综阅本建议书内容，建议各条多系建设厅预备提案中所已有，应否归提案中合并议之？

冯局长：自当合并讨论。

周秘书：建议书原文署名之人刘治邦等均仅只列名，并未加盖名章。是否有何情形，抑系漏章？请自行说明。

王锡钦：纯系漏盖名章，即应补盖。

刘治邦：漏章当然补盖，并无其他情形。

主席：建议追加工程一万二千元一节，此时款已分配，且亦有数目限制，早曾说明尽紧要的工程做，如何能再扩充？本厅审查该社原案，对于王六子壕之修挖，应分配贷款三万元，但须俟详细实地测量后，及能浇范围之地亩报垦招放时方准拨出贷款，以求核实。原案内所估公济渠接挖关系完成该渠，应分配贷款五千元。又西官渠修挖较急，应分配二千元。均先行拨付，以便早日兴工。至于各支渠，绝对的由民户自行筹修，不能补助，以归一律。

王锡钦：西官渠既拨给借款，西大渠亦应借款。

主席：贷款有限，容俟将来有大宗款项再行筹画补助。此外尚有何项工程，应继续讨论。

周秘书：（朗读包头第四区拟修公议洪水公生三渠估工原案及建设厅审查指示文。）

主席：关于此事有两个问题，一则如此巨大工程，实行时须官厅尽其责任，先行实地测量，方可以有把握，目下未及遽办。二则所用之款为数太巨，非目下所能即办。此种实情当为大家共见共知，然亦不能从此搁置。余对于本省各渠，提倡修浚，业已列表，请求华洋义赈救灾总会帮忙工赈，借款七八十万元以资兴办。如得该会之同情，将来必派员勘查，以现时绥省财政力量，非待此种款项不能办理。余当随时为之注意，不但兴和、托克托等县有待于此，即后套三湖湾等渠，此款一到，亦可以仍然补助，兹特因便报告大家知道。

周秘书：本年计画原案中各渠工业经逐一提商，仅通济渠事尚待讨论。

白怡义：通济渠口流成套子，上有义和挡阻，下有长济挡阻，倘若两均不让，通济本身实无办法。况其间又于复泰昌私渠。

主席：渠口不先觅定，修挖等于徒劳，非先将渠口问题研究妥当不可。

白怡义：此事非仅关系通济一渠，请到会诸君公共研究，有了办法再向各渠商量。

田全贵：有关系的各渠互相讨论，只要于公共的渠有利益，不管私渠愿意不愿意。从前曾有说公家要将官渠渠口让给私家渠去用的话，那是绝对不能的事，如果那么让，其如民众何？

武勇：就当地形势说，长济可以寻口，并且长济估不了通济的口。

吕凤鸣：鄙意长济让通济亦不妨事，鄙人在长、通两渠均有地亩，此种说法甚为持平。

主席：此事与其凭空讨论，不若实地履勘后套各渠。诸君夙有经验，应当由管理局长会同各经理等此次会议回去之后，大家合力去实勘一次，并且持平评定，主张公道，将渠口问题决定了，以便动工。此时我先定一个贷款的假定数目。

杨瑞麟：主席所说办法甚为公允。

安礼：塔布渠去年曾经看好开口之处，当时因为有碍于长济渠，所以并没开挖，这原是大家互相关顾的意思，此次进行，亦望大家出以互助的精神。

主席：通济渠贷款暂定贷给一万五千元为假定数。

周秘书：参加计画修挖各渠都已议完，尚有随后请求之吴祥渠。据吴祥请愿将旧渠报归官厅修挖，可浇地数千顷，惟并未详细估计，应俟管理局查覆明白再行办理。

主席：关于贷款已经本厅拟定完成，包西渠利贷款办法经过省政府之决议，令行管理局转知各公社，现在并应就便报告大家知道。

周秘书：（宣读完成包西渠利贷款办法全文。）

主席：各渠工程事项及贷款数目大致均已说完，惟贷借之款俱系晋钞，其掉成本省钞票，市价应有加头，究竟如何折合，须有一律办法方足以昭核实而免弊窦。此事惟有在绥拨交各银行号汇到包头，于一个日期拨付大家，以便换算率可以一致，免得彼此纷歧，各领款人反多麻烦。此时借的晋钞得了升加，将来款时仍然给晋钞，实为正当办法，又时间业已不早，大家同要休息，今晚六时仍在此继续开会讨论。

时间：四月二十八日下午六时至十二时继续会议。

主席：现在继续会议，可先就本厅所提出各提案逐一讨论，然后各渠有何提案，再行以次研究。

（一）修改各渠水利公社章程案

周秘书：（宣读提案理由原文。）查现行包西各渠水利公社章程系上年绥远垦务总局兼办包西水利事宜时期召开包西水利会议所规定，现在管辖既已变更，管理章程又曾颁定，所有水利公社章程原定条文实有重加修改之必要。兹由本厅拟具草案，依原章第三十四条之规定提付大会讨论公决。（重加说明并将条文草案二十八条逐条讨论。）条文另刊。

（决议）照原案通过各公社遵照修改。

（一）规定各渠筑闸地点及各闸地段内浇地数目并禁止筑坝案

周秘书：（宣读提案理由。）查改坝为闸为本厅今后治渠之唯一必行办法，而包西各渠筑闸进行程序，须各将本渠全渠应行筑闸之地点斟酌决定，其次再将各个闸内地段，可浇地亩若干顷亩核计勘定，以凭兴修而均水利，藉以资编制灌域统计之需。今后各渠实行筑闸后，绝对的禁止再有打坝截水情事，违者以妨害水利论罚。关于上述地点之拟定，地数之查勘，经令该管理局转饬各社分别预备，此次召开水利会议应即详细讨论，以便确实决定。

（决议）由管理局督饬各渠经董详加勘查，由社拟具图案计画，报转妥定，以垂永久。

（一）各渠规定各渠浇水章程，并规定水程案

周秘书：（宣读提案理由。）查包西各渠浇水章程，因各渠情形互有不同，故本厅颁布之《管理包西各渠暂行章程》内第十条曾经明定各渠拟订浇水章程之大纲，以为各渠各自拟具草案之标准，且关系此案以及各渠水程之规定，经令该管理局预备一切，此次召开水利会议，亟应付诸讨论，以便公决。

（决议）由各渠自行拟具本渠章程，报经管理局汇核转呈，核定施行。

（一）宣布包西各项渠道水权案

周秘书：（宣读提案理由。）查本省河渠管理法早经公布施行，关于水权已有明白规定，本厅对于包西各项渠道之管理，无分干支渠与山水渠，暨原来官修、民户自修、地方公修等等，依总理《建国大纲》第十一条：所有渠水之水权统应归于省有。即各该渠道在工程修筑与民户担负上纵有分别，而其水权则悉属地方政府所有。本厅对于各自修渠将通盘查计，颁发用水证以资考核，而明水权，兹特提出讨论宣布。

（决议）各公社遵照转行宣布各民户一体知照，其河渠管理法为全省通行章程，应一并遵照。

（一）增加各渠地亩水利经费征额案

周秘书：（宣读提案理由。）查上年包西水利会议决定：包西各项渠道所浇地亩，一律按年每顷征收水利经费三元，以一半归公，充管理经费，一半归社，充水利公社经费。现经一年，为企图管理经理之进行，不致有感窒碍起见，以为原定征额似嫌过少，通盘计算，实不足以敷经费所需。本厅审量斟酌，拟此后每顷按年征额一律增为五元，以二元五归公，以二元五归社。在各民户负担增加为数无多，而局社办公经费于以不致匮乏，实为管理经理上所攸赖，此案亟应讨论决定之。

（决议）各渠一律遵照办理，并征额既经改定，应在管理章程内修订之。

（一）决定包西各自修及山水渠一律征收水利经费，并组织水利公社实行管理案

周秘书：（宣读提案理由。）查本厅设局管理包西各渠，原以专一责成振兴水利，故为求实行管理起见，依管理章程第二条之规定，无分私人自修、地方公修，抑或任何山水渠道，在原则上言之，统应由各该渠浇地之民户照章组织水利公社，负责经理其本渠之事务，以便统归于管理局管理之下。且无论何项渠道所浇何项地亩，既一律征缴水利经费，则公社之组织亦不致有经费莫出之虞。应付公决，以资办理。

（决议）由管理局督饬办理。

（一）决定各渠设置苗圃及种树固渠实行办法案

周秘书：（宣读提案理由并所拟办法。）查渠背种树，树根盘绕土中，可以团结土壤，免除崩决之患，且树木成材尤可以资利用，其功效最为显著。种树之法，最单简易行者，厥惟插条。而欲期推广者，则必须每渠设置苗圃以培秧苗。兹由本厅

拟具包西各渠，设置苗圃办法及插枝造林办法，提付公决，以便实行。

（决议）照原案通过，由各渠公社负责，依照实行。

（一）讨论各渠联组乌加河水利公社案

周秘书：（宣读提案理由。）查乌加河上纳诸流，下司宣泄，倘能修治得宜，各渠胥受其益。上年会议曾以须由各渠联合组织一乌加河水利公社，彼时因各渠公社尚未组织就绪，是以不克办理。现在各渠公社办理已均一年，规模已具，有乌家河水利公社亟应由各社各就本社经董中推出二人或四人，共同组织之，以期分工合作，脉络贯连，其应需何项经费亦应趁此次会议讨论担负方法。

（决议）目下各渠组织尚未臻十分完妥，此案先照大体通过，由管理局于适时期督饬实行之。

（一）决定妨害水利惩罚办法案

周秘书：（宣读提案理由并所拟办法原案。）查本厅对于本省一般水利事业曾经颁定奖励兴办水利简章，明定奖惩，对于包西各渠自应一律适用。第后套、中滩各渠道多系成渠，关于治理之要点不仅在于兴利，而要在于防害，故本厅对于各该渠之有违章筑坝及为私利而毁淤渠道，淹人田禾等项情事，均认为妨害水利，防遏取缔不容不严。为订定兹拟具办法，提出大会讨论公决。

（决议）奖励办法照通行之简章办理，其惩罚办法照原案通过，各渠一律遵行。

（一）决定改选各渠公社任满各董事案

周秘书：（宣读提案理由。）查上年各渠选出之董事，受职虽有先后，而按照任期一年之规定，目下多已届满，亟应分别先后，办理改选，以符定章。本厅兹特提出此案，望各公社各自注意。

（决议）各渠遵照，分别于适当时期实行之。

（一）杨瑞麟等临时动议永济等渠一致希望打刘九坝，拆学田东坝，以期各渠一律平口淌水共维水利案

周秘书：此提案关系甚巨。河套近年以来渠道不良，皆由尾闾不通，致多淤废。将来须将红们图以下疏畅以达三湖河，则全套可资宣泄。惟工程浩大，日下尚无此项巨款兴修，且荒地甚多，水量用途甚广，此时尚可暂缓。而乌家河由西至东互贯各干渠之尾，各干渠之退水皆击于此。如任意筑坝截水，势必淤澄可虞。然此段地皆高昂，必须筑坝方能灌溉，自应严定筑坝地点以资遵守。除旧有之项十六道作为永久之坝，其余新坝应一律拆毁，嗣后似不得再筑新坝以维水利。请各渠经理可先将固有十六坝所在地点报告，以便永作确定。

韩增禄：固有十六坝，计：一、韩乌拉，二、义和长，三、乌哈马尔，四、常五壕口，五、拴驹子，六、四柜，七、天聚公，八、六分子，九、伊肯布隆，十、和叶都贵，十一、红们图，十二、白银诺尔，均系旧坝，十三、音店布隆，十四、李五坝，十五、牧羊公司，十六、乌兰搗包，均新坝。

贺连升：确定固有之坝，拆毁其他各坝，并永禁再筑，固系王当办法，但三公旗学田地势陡高，打坝原因由于永济渠稍流水不畅，退水未能放下，非临时打坝不能引水，所以欲拆学田东坝，须以永济退水通畅为先决问题。

（决议）固有十六坝之外其余各坝一律拆除，并无论何人不准再筑，至学田东坝目下永济已修，退水自然通畅，自亦不成问题。

（一）韩增禄等临时动议，请明定甲渠水浇乙渠地应如何担

负水利经费案

（决议）由各渠酌拟适当办法，呈厅审核施行之。

（一）主席临时提出，各渠如有提案或建议陈请各件，倘非会议所能遽决，而系本厅职权上应行决定者，仍应各自提陈，以凭审查核足，以厅令施行案。

（决议）各经董遵照拟具提陈，由厅审核令行之。

时间：四月二十九日上午九时，继续会议。

主席：此次开会，因为时间上的关系，已将大体各端有所决定。此外何渠如有提案、建议、陈请等件，可按照决议由其经董提陈本厅，当准酌妥，当详审筹议，以定可否。最后尤有数事向大家说说：

（一）刚济渠经理等会同永济渠经理，适间曾有陈请，大致以修挖刚济费力多而收效小，拟将刚济公社取消，归并永济公社兼办刚济渠之一切经理事宜。此系出于务求实际的办法，本厅可以允许，其陈请与核示情形容以厅令饬遵。因此关于昨日分配贷款，自当随之变更，计永济本身并刚济共定贷与一万九千五百元。此节应报告。

（二）余意各渠公社开支，现在既经增加水利经费，定亦不致再感拮据。凡所支出，希望大家照章办理，并力事撙节，总求以民众负担作自身负担一样设想。倘若仍有不敷，则应就地另设核实方法，以资筹足。无论如何，不准动修渠费。

（三）此次贷款专为补助本年民力之不足。修理本年之渠工，绝对的不准挪作弥补上年亏累之用，如有此等情形，一经发觉，即以私挪公款论。

（四）再者，公社经理、副经理等为一渠民户服务，志趣非常纯洁，人格非常高尚，自应尽其心力，出以清廉，方为正办。乃年来颇闻有并不常川在社办事，托人代理敷衍者；亦有开支渠费不作工程者；更闻上年会议并借款时有逗留包头、五原，以公众之款作赌博之资者；更有浮开冒报，动辄以请客交际为名侵蚀公款者，凡此种不良习气，在今日青天白日旗帜之下统应一律改革，方不愧为革命政治下之国民。此不过举出往事，希望大家有则改之，无则加勉之意。

（五）贷款分配既定，一俟回绥，即行分别拨交，其晋钞掉为本省钞票，升加之数应以款拨到包之日为准，以便各渠一律，而免参差不一。

（六）大家负责修挖本渠，当于管渠委员之外添派相当之员帮同监督工程，稽核用款。期以每渠各有专人，不致稍滋贻误。大家对于工作务要特别加紧，做一段报一段，完一渠报一渠，是为至要。会议已毕，就此宣告闭会。

本厅审查会议期间各渠建议请求各案指示文并原案❶

绥远建设厅以召集包西水利会议期间，据各渠建议请求各案，经审查筹议，分别指示，令行该管包西各渠水利管理局查照，分别转饬，遵照办理。原文原案汇录如次。

（原文）

为核定示遵事。案查此次召集包西各渠水利会议，关于本厅提议暨宣布各案，业经在大会决议并公布各在案。其在开会期间据该管理局转到有关各渠之建议请求各案，兹经本厅详加

❶ 原书无此标题，据目录加。

筹议，核示如左：

一、塔布渠水利公社经理马得海、副经理安礼呈以上年修工不敷一万九千余元，拟请于勘放本渠永租地援案每顷加修渠费三十元，再不敷恳准令上游粮地担负一部，以资清理案。

一、塔布渠水利公社经理马得海、董事长刘存义折呈，自十七年五月成立，进行困难情形，陈请鉴核案。

以上二案经本厅审查，以该公社经董从事困难，自系实情，亦为本厅所深悉。所有上年修工不敷之款自应设法情理归垫，着该公社自本年起按照全渠勘丈青苗地数，不分何项地亩，一律每顷另征补修渠费款壹拾元，以资补偿，即以三年或四年内取足不敷款额为度，并即责成该管理局并该管理设治局核实监督，逐年另案报核。

一、丰济渠水利公社经理田全贵、董事长陈万山呈以沙河渠属东十八屹兔地永恃本渠浇灌，请援上年长济渠浇塔布渠地办法，所收费款除公家六成外，其余各分二成，以昭公允案。

查此案所呈，如果该东十八圪兔地势高峻，即使沙河修通，亦属不能浇灌，确属实在情形，应候该管理局酌拟彼渠地浇此渠水之通行办法，呈经核准，再行一律遵办。所请援案之处，应毋庸议。

一、通济渠水利公社经理白恰义、董事长吕凤鸣呈以历次修渠均以本渠之口作为长济渠口，而长低通高，不得浇灌，请核示以便施工案。查此案已于大会决议，由有关之义和、长济、通济等渠经董回渠后，秉承该管理局实地同履勘，妥拟办法，呈核以凭施工，仰即照办。

一、沙河渠水利公社说帖，将十八年动修渠工以及关于本渠重要事项分别说明，请鉴核案。

查说帖所陈三项情形均悉。惟关上年筑坝淤毁之段，虽经冬水拉洗已臻通畅，仍应由该管理局切实查勘，务令悉复元状，免碍浇灌为要。

一、刚济渠水利公社经理王井民、副经理吕宝山、董事长杨正业、山东移垦事务所副主任郝中衢、永济渠水利公社经理韩增禄、董事长汪治泉会同建议，由永济洋行渠地方开挖新口，则刚济地亩完全浇遍，请取销刚济公社，公推副经理、董事长各一人，董事二三人，加入永济公社，帮同办理案。

查修渠浇地重在实际，建议所请取销刚济渠水利公社一节，洵属允当，应准照办。仰即督饬刚济灌域民户公推副经理一人，董事二人加入永济渠水利公社，共同合作，以利进行，并由该管理局专案具报为要。

一、黄土拉亥河水利公社经理李臬、副经理刘长、陈彦清呈请体恤民艰核发渠款以维民生案。

查此案请求目的在拨给贷款，业经在会议时期决定宣布矣。

一、垦务第五分局委员永泉条陈议修王六子壕尚未果行，兹又有拟挖集股渠作进水口之议，可浇地五千余顷，需款六万元. 福国利民，厥功伟大，请计察案。

查此案与民户吴祥请修西山咀官神庙渠暨王六子壕工程系属一事，已决令该管理局并案办理，拟呈核夺。该委员所陈折图颇中肯綮，应予存查参考，仰饬知照。

一、包头第三区各渠水利公社经理贺级三，副经理郭鸿宾，董事长刘治邦、董事杨三、王锡钦、王银维、马子华、刘成山、王升、刘蕴斋，地户代表贺级三、张发祥、陈大禄等建议事件六项，请审核示遵案。

查：（一）项关于公济渠贷款事业经在大会决定，应候汇案拨贷。其关于王六子壕工程贷与之三万元，应照决议，候由该管理局实行，测勘后再行核定办理。（二）项西大渠请配贷款，应从缓议。（三）项西官渠贷款已经大会决定，应俟汇拨。（四）项请严定征收修渠费、水利经费期限及逾期不缴惩处办法，及（五）项民户私拆闸坝，违章霸水，请严定惩罚专则，均事关通案，仰该管理局核议呈夺。（六）项经常费不敷一节，此次会议业经决议，增加水利经费征额矣，建议之处应毋庸议。

一、乌盟乌拉特前旗代表贺级三请求两项：以西大渠历收水租一半归旗，现在应请规定。又西官渠属地亩免出修渠费、水利经费案，查包西各渠水利组织，公社办理系属通案，所请求第一项碍难核定。至西官渠属地亩免出修渠费及水利经费一节，假使各渠纷纷效尤，试问何以办理？应毋庸议。

一、包头中滩东官渠农民代表刘凤山、王锡钦，东官渠董饶、王万贵、王鹅、王元、刘常沛、黄殿士、杨拴拴、赵山、魏德武、丁仲等，禀请免征东官渠修渠费，以昭公允而恤民艰案。

查禀称东官渠非常坚固，无修理必要，可免征修渠费，固属实情，然该代表董事等既知三湖河一口四稍，试问各稍均自谓无修理必要而免微修渠费，则三湖河及各渠修渠所需又将何出？该代表、董事等须知该东官渠所隶属之水利公社系包头第三区各渠水公社，顾名思义，应以各渠共同尽缴费之义务，方能一律享浇水之权利。同属地方民众，亟应顾全地方公益，所请之处碍离准行。

一、包头而[1]三区各渠水利公社经理贺级三提议对于河头地应征收修渠节案。

---

[1] 而　当作“第”。

查河头地亩对于修渠费应如何担负方足以昭公允，事属通案，仰该管理局按之各渠实地情形，统筹酌拟，呈候核令通行。

一、塔布渠水利公社经理马得海陈请关于各渠购买货物米面请予免税案。

查此事关系税收，碍难转请。惟各渠修工既仿工赈，则所购修工所用粮石可以随时呈请免征也。

一、包西各渠水利公社共同建议各渠应办事宜分别六项，请鉴核案。

本案建议：(一)项拟组包西各渠水利委员会。查包西水利既有各公社各自经理，又有管理局通盘指导，已可分功合作，力图改进，所请应毋庸议。(二)项永济渠三县局轮流浇水，期限既经公决，应准备案。惟各县境内各个闸段尤应自行妥筹公允办法，以垂久远，而泯争执。(三)项本渠水浇他渠地，关于永租已有成案，其关于粮地，除水利经费应归所隶属之渠社征收外，所有修渠费着以四六分配，即六成归该粮地所隶属之渠社，四成拨给放水之渠以资补助，即由该管理局通行各渠一律照办。(四)项通济渠口问题，查长济、义和、通济三渠渠口事件，已于会议期间由本厅嘱令有关之各渠经董秉承该管理局实勘通筹，呈报核定矣。(五)(六)两项关系黄土拉亥渠之保养，建议之处，应准备案，并由该管理局转饬知照。

一、长济渠董事长杨瑞麟提议丈放永租地时每顷附征修渠费二十元案。

本案提议附加修渠费一节，查该渠渠稍淤澄，其修工所需照章办理，已足敷用，无再加征必要，应毋庸议。

以上各案仰该管理局查照指示事理，分别饬遵及办理勿延为要，此令。

（原案）

一、塔布渠

窃查塔布渠原系十余年停修之渠，自去年五月间成立水利社以来，即从事重修，工程浩大，自不待言。所有自去年五月间起至九月止，按工程通盘计算，共支出工程费洋三万五千余元，再加职社经费三千余元，统共三万九千余元。除贷款一万五千元及货物赢余洋四千余元外，实不敷支出洋一万九千余元。此项不敷之款，均系永租地地户垫付，粮地户向未借助，亦有经理东挪西借，尚有带息之款，逼催急于星火，避债几于无台。倘不设法清理，实系难以支持。此系实在情形，未敢有丝毫虚饰，为此请恳厅长施恩准予于此勘放塔渠永租地援照前放公济渠地之原案，每顷加收修渠费洋三十元，不敷之数再恳厅长另行设法，令粮地户担负一部分，以资清理垫款，而利进行。理合具文呈请，伏乞鉴核恩准，示遵施行。谨呈绥远建设厅厅长冯。

塔布渠水利公社 正经理马得海 副经理安礼

谨将职社自十七年五月份成立进行困难情形缕晰陈明，呈请鉴核。

一、查职渠自光绪三十一年黄河泛滥，渠道冲坏，历年固加岁修，皆只顾目前，并未通盘修理，以致渠道淤澄，几至不可收拾。每年灌浇地亩无几，而且多在上游，是以去年蒙厅长俯念民艰，准予贷款，发给职社一万五千元。职等本系乡愚，茫茫无解，徒知历年上游水势尚好，下游多不能见水，原意藉此万余巨款再行筹垫一部分，将渠身渠稍加以修理，合渠见水，粮石自然增加，民户宽裕，就地再行通筹整修一次，尚可望一劳永逸。不意天心不佑，渠口不畅，水势不旺，粮石欠收，复遇匪患猖獗，民户流离，大受损失，不但渠工计画未能完善，就地筹垫之款无着，以致所发贷款借本息信用亦失。自罪自戾，何用待责。今幸蒙厅长不弃，参加会议，通筹渠务，复准贷款，拯救万民，不但职等铭刻五内，而万民亦感戴无既矣。

一、查职渠所浇之地，上游粮地居多，下游纯系永租。职去年领款之际，维持信用，根本解决，本以天年增收为要点，即有不符，尚能在永租地内预为筹借，虽塌下民债按年拨地筹，尚可支持信用。时下已将此地丈放，前由管理局呈请，按地增加渠费三十元，藉资偿还贷款，复可弥补民户垫款，不失信用，是否可行，未蒙批示，如蒙允准，是否可连同前已放粮地一律增加一次，以济目前急需，待命之至，伏乞示遵，谨呈绥远建设厅。

塔布渠水利公社　正经理马得海
董事长刘存义

一、丰济渠

窃职社对于沙河渠所属之东十八圪兔，历年依赖职社浇灌。查该东十八屹兔地势高竣，即沙河渠完全修通，亦不能浇灌此地，永远依恃职社浇灌，惟职社对于浇非本渠之地其征收修渠费及水利经费向无一定之办法，殊欠完善，拟恳厅长准予援照去年长济渠浇塔布渠地，每浇地一顷，除公家六成外，其余四成各分一半，以昭公允而资遵守，理合具文呈请，伏乞鉴核俯准示遵施行，谨呈绥远建设厅厅长冯。

丰济渠水利公社　正经理田全贵
董事长陈万山

一、通济渠

窃查职渠与长济渠向由灌田社包办，尔时渠口淤澄，灌田社为省工省钱计，所以将职渠渠口作为长济渠口。继至民国十四年间收回官办，亦因长济渠不用挖口，亦能浇地，又为省工起见，又未设法开挖新口。是以近几年以来，长济渠低，通济渠高，所有水量尽入长济渠，而通济渠不能浇灌。此系实在情形，理合具文呈请，伏乞鉴核示遵，以便施工施行，谨呈绥远建设厅厅长冯。

通济渠水利公社 经理白怡义 董事长吕凤鸣

一、沙河渠

谨将职社民国十八年动修渠工以及关于本渠重要事项缮具说帖，分别说明，恭请鉴核。

计开：

一、查职社本年估修渠工计共四段，第一段由渠口至吕二渠口，计长十六里，约估土方二万八千个；第二段由十大股至蛮圪素计，长十里，约估土方一万五千七百五十个；第三段由长工渠至新渠口，计长九里，约估土方八千六百四十个；第四段由新渠口至西梢，计长二十里，约估土方二万二千五百个。以上四段共估土方七万四千八百九十个，每个工洋以三角计算，共合洋二万二千四百余元。业经呈报有案。

一、查职社本年估工预算呈报后，奉包西各渠水利管理局公函，略谓所估四段渠工究以何段为急，要应迅速查覆等因，当饬渠头沿渠查勘据报，惟第二段暂能缓修，渠口及第三、四段急应挖洗，业经呈覆在案。现在渠口工程已于四月十五日出工挖洗，盖该渠口沙套历年淤澄已极，若不即时兴工挖洗，将来灌溉青苗必受影响，并经呈请派员查验在案。

一、顷奉包西水利管理局第二十九号训令，附件内开查沙河渠所估四段工程均尚妥协，唯上年违章筑坝，责有攸归，应由该局长赶令负责之人从速实在陪修。不能令其与本年修工混为一起，遂其取巧之计，致耗其他民户财力，以示平允，而昭惩戒，切须注意。查上年因渠水干涸，在圪殿桥十大股权宜筑坝，作系循前兼办包西水利事宜，绥远垦务第五分局召集之临时会议之决议，至后因筑坝澄渠，当呈请严令当初请求筑坝负责之民户陪修，均有成案可考。且其上年筑坝淤澄之渠段系本年估工之第二段，该段渠身因上年冬季结冰时水势暴涨，已将淤澄处之泥沙被水冲去，现在该段渠身其通畅无异未淤澄之先，本年春季估工时因渠内尚未解冻，故尔一并估入，现在该段渠身缓挖亦可，并经呈明包西各渠水利管理局亦在案。

一、刚济渠

查刚济渠蒙厅长借款万元，感激自不待言。惟现因黄河南迁，寻挖新口毫无相宜地点。今由大家共同议决，拟请由永济渠之洋行渠地方开挖渠口，以便浇灌，刚渠地亩亦足能完全浇遍，又可以分永济渠之水势而免决口之虞，洵属一举数善。所有刚济渠贷款由永济渠担负完全责任，刚济渠水利社取消，又可节省经费，不过准刚济渠地户内公推副经理一人，董事长一人，董事两三人加入永济渠社帮同办理，以利进行，是否准行，伏乞示遵，谨呈绥远建设厅厅长冯。

正经理王井民
刚济渠　副经理吕宝山
董事长杨正业
山东移垦务事所　副主任郝中衢
正经理韩增禄
永济渠
董事长汪治泉

一、黄土拉亥河渠

为请体恤民艰，核发渠款以维民生，仰恳恩准事。

窃职社奉钧宪训令第二十九号，计抄附绥远建设厅十八年份审核包西各渠渠工决定计画清单一纸，内开：查黄土拉亥河应分别缓急，先开新口，挖正稍，其原估西稍可稍从缓。且该渠民户不乏殷实之家，尽可提早筹挖也等因。奉此，查职社成立在十七年春间，彼时干渠淤澄不堪，计估必须修挖工程两大段，所需渠工费用五（十）〔千〕[1]余元，并未蒙上峰恩赐贷款，均系全渠民户摊资支付，计共支出修渠工款五（十）〔千〕余元，除客秋征收修渠费相抵外，迄今尚欠民户垫付渠款洋四千余元，早已逼催职社偿还，以维其个人生活。对于再向民户借款，实际上极难办到。况去年自秋冬以来，赵匪千余名来往经过三四次，蟠聚两月有余，架票勒赎，残杀人民，无所不用其极，其尤最堪痛恨者，焚烧场面六十余处，计烧粮不下万余石，远近无不知之，素日殷实之户均已变为穷民，其素不殷实者更可想而知。至将赵匪铲除以后，又加饿民扰乱，稍能顾住饮食之家又无一不受饿民之影响，此均系实在情形，未敢丝毫饰词揑报，是以职社民户迥非昔比。对于今年渠工，完全由民户摊资修挖，既免动用国帑，又不出利息，本应遵照办理，无奈职社等及民户值此饱尝匪患、特受损失之际，贫者固贫，不贫者早均转为贫窭，即生活亦不能维持，由民户完全摊资修渠一节，实系难以遵办，为此泣恳钧宪恩准，贷予渠款万余元，不敷之数再由职社竭力筹垫以竟全工，而兴水利，除呈水利管

[1] 此处“十”应为“千”。因下文讲此款“除客秋征收修渠费相抵外，迄今尚欠民户垫付渠款洋四千余元。”故渠工费用应是“五千余元”。下一行的“十”亦改为“千”。

理局外，理合具文呈请，伏乞鉴核恩准，体恤民艰，核发渠款以维民生，实为德便。谨呈绥远建设厅厅长冯。

经理李皋

黄土拉亥渠水利公社

副经理刘长、陈彦清

一、包头王六子壕

谨陈者，查王六子壕开渠口，民国四年初，勘渠口即有是议。因水势过猛，浇中滩地二千四百余顷恐有不能以泄水势，始有开夹心滩旧渠口之规定。迨河北地、五村地相继报垦，进水口时有淤澄，水流不畅，地多水少，大半荒芜。近年来多有改修王六子壕之议，迄未果行。兹又有拟挖集股渠作进水口之议。查此口较王六子壕地势尤高，水流尤畅，中经杭旗地一段，能浇成亥滩、毛力托拉亥、哈拉补隆、八卦车等处地约二千余顷，连同旧垦中滩等地，共可浇五千余顷，诚可谓最好一道大干渠，约需洋六万元之谱，福国利民，厥功伟大，应请详察，陈请绥远建设厅。

永泉谨呈

一、包头第三区各渠

谨将包头第三区各渠经董及地户请求各件开陈鉴核。

计开：

（一）查职社曾蒙钧厅支配派定开挖王留子壕工程洋三万元，分配接挖公济渠洋五千元，现下急待动工，恳请厅长迅予核发，以策进行。

（二）查西大渠原系西公旗私垦时开挖，并未出稍。嗣经公家收回后，地虽放竣，仍未接挖，至今该渠下游各地数年滴水未沾，八九百顷之膏腴地多半荒芜。该渠接挖出稍为现下最要不可迟缓之工程，职社业将接挖出稍渠线勘定，预估约需土方四万方，合洋一万元，惟此项工程虽筹挖已久，因民户困苦，无力进行，拟请听长由此次支配各渠贷款内分拨六千元，其余由本渠民户筹办，俾得该渠即日兴工，以期渠稍通畅，泽惠均沾，而免向隅偏枯。

（三）西官渠亦未完成，致水量不能普灌，为刻下紧要之工程。职社已将接挖渠路测定，预估约需担土方三万五千方，合洋八千七七百余元，拟请厅长由此次支配各渠贷款内分拨四千元，不足由地方筹助，俾得接续完成，地方民众沾泽非浅。

（四）每年应征修渠费暨水利经费，应请严定征收期限及逾限不交惩处办法。

（五）民户私拆闸坝及违章霸水应请严定惩罚专则。

（六）查职社经常费不敷甚巨，应请如何补助以维社务。

以上提议恳请厅长审核，公决施行。

经理　贺级三

包头第三区各渠水利公社　副经理　郭鸿宾

董事长　刘治邦

西官渠董事　杨　三

西官渠地户西公旗代表　贺级三

西大渠董事　王锡钦、马子华

东大渠董事　王银维、刘凤山

公济渠董事　王升、刘蕴斋

西大渠地户代表　张发祥

中滩地户代表　陈大禄

一、包头西大渠、西官渠

乌盟乌拉特前旗代表贺级三为关于西大、西官两渠修渠费等事，逐条开陈，请求核夺示遵。

（一）查中滩西大渠系未放垦时，由西公旗筹资开挖之渠，自该渠地亩报垦，由公家丈放后，核定每年每顷征收水租洋七元，以一半归公，以一半归西公旗，为补助当年所花工程费，历经办理在案。自十七年水利事宜归诸地方，所有划定之一半水租费应如何规定，请示遵。

（二）西官渠属地亩系西公旗自种户口地，该渠亦系旗下筹资开挖，每年补修疏浚各事向系自行修整。自去年水利划归地方，入秋时丈过青苗一百五十余顷，所有修渠费及水利经费应否免出，请钧鉴核夺，并乞示遵。

乌盟乌拉特前旗代表　贺级三

一、包头中滩东官渠

禀为免征东官渠修渠费以昭公允而恤灾民仰祈钧议立案事。

窃查三河湖中滩之渠系一口四稍，东官渠之稍于民国六年开渠，按全渠道之地亩，农民各出修渠费洋三十元，至今渠道非常坚固，无有修理之必要。自上年设立水利社以来，对于东官渠之工程并无花消之款，实与他渠稍不同也，而且灾歉连年，所以修渠费无力完纳。是以恳请提议免征渠费，其水费照章完纳以昭公允而恤灾民，理合具禀，恳请钧鉴核夺施行，谨呈绥远建设厅。

刘凤山、王锡铭
王万贵、王鹅
包头县第三区中滩东官渠农民代表　王元、刘常沛
黄殿士、杨拴拴
赵巍德、武丁仲

各渠谨将包西各渠应建议事宜分别开具条列呈，请鉴核。

计开：

一、概凡包西各渠水利，当日新月异，力图改革，要求一致办法，非取缔不可。今各大渠民众为促进水利起见，拟提倡组设包西各渠水利委员会一处，以资兴办。

一、永济渠浇水办法已经三县局各经董等妥为规定，此后浇水须按季轮流灌溉，当夏秋两季，按临、五、佘三县局各浇水半月，而春冬两季各浇水一月。灌毕勿论何人，须将渠口堵塞。为表决。[1]

一、凡本渠之水利所浇他渠之地，永济地除公家征收六成外，其余四成一半归其本渠，一半与归[2]放水之渠。粮地除水利经费归本渠征收外，其余修渠费应归与放水之渠征收半数。

一、通济渠渠口问题，无论义和渠让，或长济渠让口，恳乞厅长就急解决，以便进行而利渠务。查长济渠现用之口本系通济渠口，后因黄河南迁，两渠均为权田社经理，为节省经济起见，合用一口。

一、黄土拉亥渠自鸭子兔至上蛮会渠迤东非本渠旧有之地，不得由本渠擅自修挖支渠，以维干渠之永久畅旺（以不如此，则干渠非，势必淤澄）。

一、黄土拉亥渠渠稍五加河以北，有陈三人自该黄土拉亥渠挖一支渠。查该陈三人地非本渠辖地，上游之地未经浇完时，不得令其放水，以免舍己顾人之诮。

---

❶ “为表决”三字似为衍字。

❷ “与归”互乙。

本年各渠修浚估工清折并本厅审查指示全案[1]

一、塔布渠

谨将塔布渠本年应行修挖各段工程，分别段落情形及估计土方并需洋各数目缮具清折，呈请鉴核。

计开：

第一段，渠口下底（因黄河南移，渠口淤塞，重行修挖。）

一、由黄河边至旧口处，计长四百七十六丈、宽三丈七尺、深三尺，共计土方五千二百八十三方六分，每方工洋四角，共合洋二千一百一十三元四角四分。

第二段，淤澄下底

一、由旧口处至头道湾，计长四百九十六丈、宽二丈九尺、深二尺，共计土方二千八百七十六方八分，每方工洋三角，共合洋八百六十三元四分。

第三段，劈帮下底

一、由头道湾以下，计长一百五十丈、宽二丈九尺、深二尺，共计土方八百七十方，每方工洋三角，共合计二百六十一元。

第四段，切湾取直

一、由三福子店而李三长门生[2]计长二千三百八十四丈、宽三丈、深四尺，共计土方二万八千六百八方，每方工洋四角，共合洋一万一千四百四十三元二角。

第五段，劈帮下底

[1] 原书无此标题，据目录加。

[2] “生”字在此不可解，疑漏“工”字，原应为“生工”。

一、由李三长门前至张玉柱渠口，计长一千五百丈、宽三丈、深二尺，共计土方九千方，每方工洋三角，共合洋二千七百元。

第六段，下底

一、由张玉柱渠口至王有治渠口，计长二千二百四十五丈、宽二丈九尺、深二尺，共计土方一万三千二十一方，每方工洋三角，共合洋三千九百六元三角。

第七段，切湾取直

一、在塔布木独南切湾取直生工一段，计长五百丈、宽二丈六尺、深四尺，共计土方五千二百方，每方工洋四角，共合洋二千八十元。

以上七段共计土方六万四千八百五十九方四分，每方三角、四角不等，共合洋二万三千三百六十六元九角八分。

查塔布渠原呈计估七段工程，尚属可行。惟仅注意上游未能通筹，全渠殊属疏漏，应令该公社一并筹议修挖，且该渠由农门店起经葛蛇至芥茉淖一段最为腰高，非挖不可，并应转饬切实注意。

一、义和渠

谨将义和渠本年应行修挖各段工程，分别段落情形及估计土方并需洋各数目缮具清折，呈请鉴核。

计开：

第一段，开挖新口

一、由土城子西至河套子，计共长一千三百五十丈、宽四丈、深四尺，共合土方二万一千六百个。

第二段，劈帮下底

一、由老堺口至二元子湾，计共长一千二百三十丈，每丈估土方十九个，共合土方二万三千三百七十个。

第三段，渠身下底

一、由二元子湾至三岔口，计共长一千三百八十丈、宽四丈，深三尺三寸，共合土方一万八千二百一十六个。

第四段，渠身下底

一、由北牛犋至拉嘛支渠，计共长二千零零六丈、宽四丈、深三尺，共合土方二万四千零七十二个。

第五段，渠稍下底

一、由啦嘛支渠至五加河，计共长二千七百八十丈、宽四丈、深三尺三寸，共合土方三万六千六百九十六个。

以上五段共合土方十二万三千九百五十四个，每个土方以三角五分计算，共计洋四万三千三百八十三元九角。

查义和渠原估五段工程，均尚可行，惟应转饬注意之点有二：（一）现在拟开新口，应设法勿仍取接心滩旧线，以期一劳永逸。（二）将来俟有余力，可筹挖一支渠，以灌溉五原城基地。

查义和渠渠稍以迄六分子桥之乌家河一段淤澄过甚，必须修挖，由本厅酌定追加工程。另由该局饬由大佘太设治局，境之什拉葫芦素二分子渠民户迅即组织水利公社，使负责经理之。

一、永济渠

谨将永济渠本年应行修挖各段工程，分别段落情形及估计土方并需洋各数目缮具清折，呈请鉴核。

计开：

第一段，渠口下底

一、由河口下至合顺元，计长九百丈、宽十二丈、深一尺，共合土方一万零八百个，担工每方三角，合洋三千二百四十元。

第二段，正稍劈帮

一、由大工房下至纳林河，计长六千丈、宽一丈、深四尺，共合土方二万四千个，担工每方三角，合洋七千二百元。

第三段，东退水渠下底加背断续不等

一、由大工房下至乌加河，计长三千六百丈、宽二丈、深二尺，共合土方一万四千四百个，担工每方三角，合洋四千三百二十元。

第四段，劈帮下底

一、由乐善堂渠口下至树湾，计长五百四十丈、宽一丈、深四尺，共合土方二千一百六十个，担工每方三角，合洋六百四十八元。

第五段，劈帮下底

一、由邬二达桥下至乌加河，计长七千二百丈、宽六尺、深四尺，共合土方一万七千二百八十个，担工每方三角，合洋五千一百八十四元。

以上五段共合土方六万八千六百四十个，共计洋二万零五百九十二元。

查永济渠原估二、三、四、五各段工程根本错误。假使依照修挖，亦断不足以资退泄，即无以免除下游决口之水患与夫各地争水纠纷。盖大凡一渠正干不宏，将何以容纳上游极旺之水而宣泄之？该渠历年溃决，本年又复泛滥，足为明证。且永济为后套大渠，就实地情形度之，在理亦不应无一正干，尤不当强以低下支流为正干。兹经决定，转饬该社，本年修工务宜力矫旧非，应改以旧西大渠为永济渠之正干，庶可承纳宣泄，不致贻舍本逐末、益少损多之诮。查西大渠线计长三千三百四丈六尺，平均宽修回丈[1]，深下五尺，应做土方六万六千九十二

[1] 宽修回丈　误，应为“宽修四丈”。

方，每方以三角计，合需工费一万九千八百二十七元六角，连同原估修口暨挖正稍工程共需三万元有零即可从事。其他各工如乐善堂支渠等应从缓议。倘该支渠民户自愿于担任修挖，审定工程之外另有余力，可以自行修挖，本厅亦所许可。至前令张海锁等赔修各工，并应转饬切实补修，务必彻底。方今甫在解冻，不能以业已赔修为搪塞也。

一、通济渠

谨将通济渠本年应行修挖各段工程，分别段落情形及估计土方并需洋各数目缮具清折，呈请鉴核。

计开：

第一段，淤澄下底

一、由渠口至杨锄勾房后，计共长二千七百丈、宽口底平均四丈、深三尺，共合土方三万二千四百个，每个土方三角五分，共合洋一万一千三百四十元。

第二段，淤澄下底

一、由蔡家渠口上下，共计长五百四十丈、宽口底平均三丈五尺、深二尺，共合土方三千七百八十个，每个土方三角五分，共合洋一千三百二十三元。

第三段，淤澄下底

一、由三盛泉渠口北至燕安和桥西，计共长七百二十丈、宽口底平均三丈、深二尺，共合土方四千三百二十个，每个土方三角五分，合洋一千五百一十二元。

第四段，淤澄下底

一、由黄恼楼渠口至五道口村，计共长七千二百丈、宽口底平均三丈、深三尺，共合土方六万四千八百个，每个土方三角五分，共合洋二万二千六百八十元。

第五段，北稍久塞

一、由五道口村至五加河，计共长三千二百四十丈、宽口底平均二丈四尺、深四尺，共合土方三万一千一百四个，每个土方三角五分，共合洋一万八百八十六元四角。

以上五段，共合土方一十三万六千四百四个，每个土方三角五分，统共合洋四万七千七百四十一元四角。

查通济渠为下滹重要渠道，此次原估五段工程均尚可行，惟将来必须另觅新口，方能适用。又此次修工除由公家贷与一部分外，其余应需全工费款，务令该社从长计议，再行兴修，以便视能担筹若干之数，为修工之标准，免致中辍无成为要。

一、长济渠

谨将长济渠本年应行修挖各段工程，分别段落情形及估计土方并需洋各数目缮具清折，呈请鉴核。

计开：

第一段，淤澄下底

一、由本渠口至大北滹桥西，共长二千七百丈、宽平均四丈、深二尺，共计土方二万一千六百方，每方以三角，共合洋六千四百八十元。

第二段，劈帮挖深

一、由西槐木桥至德恒永退水渠口，共长三千六百丈、宽平均三丈、深一尺五寸，共计土方一万六千二百方，每方以三角，共合洋四千八百六十元。

第三段，淤澄下底并挖生工

一、由正稍口至朝岱口庙，计长四千五百丈、宽平均三丈、深三尺，共计土方四万五百方，每方以三角，共合洋一万二千一百五十元。

第四段，劈宽挖深

一、由德恒永渠大工房至戌亥淖，计长三千二百四十丈、宽平均二丈、深二尺，共计土方一万二千九百六十方，每方以三角，共合洋三千八百八十八元。

以上四段，共计土方九万一千二百六十方，每方三角，共合洋二万七千三百七十八元。

查长济渠所估四段工程尚属可行，但其中大有公至白家地、蔡家地生工地位过低，不能适用。应由该局转饬，仍就原流，另作截小段切直计画，妥为办理，以免徒耗无补。如此修挖需工自较原估可省若干矣。

一、刚济渠

谨将刚济渠本年应行修挖各段工程分别段落情形及估计土方需洋各数目缮具清折，呈请鉴核。

计开：

第一段，重开旧口

一、由旧口至新口内会合处，计长一千五百三十五丈、宽三丈、深四尺，共合土方一万八千四百二十个，每方三角，共合洋五千五百二十六元。

第二段，渠身下底

一、由新旧口会合处以下洗修，计长一千八百丈、宽三丈、深二尺，共合土方一万零八百个，每方三角，共合洋三千二百四十元。

第三段，渠身下底

一、由刘三红渠口至乌尼古庆，计长四千五百丈、宽二丈二尺、深二尺，共合土方一万九千八百个，每方三角，共合洋五千九百四十元。

第四段，新出渠稍

一、由乌尼古庆处至丰济渠协成桥南，计长三千二百四十丈、生工宽二丈、深四尺，共合土方二万五千九百二十个，每方三角，共合洋七千七百七十六元。

以上四段，共合土方七万四千九百四十个，系担工每方三角，共合需洋二万二千四百八十二元。

查刚济渠重修旧口计画甚是，其余三段工程亦均可行，惟查已往大弊在经理不善，而尤与山东移民地大有关系。现在本厅决定贷助该渠之款，必须俟山东移民地王主任鸿一到绥，与之商有确实办法，方能拨贷兴修。应由该局转饬速来，以便计议，而资进行。至前此令行该局查究该渠之案，动关渠工，尤应切速查覆，毋托空言，致贻误于全渠渠务为是为要。

一、沙河渠

谨将沙河渠本年应行修挖各段工程分别段落情形及估计土方并需洋各数目缮具清折，呈请鉴核。

计开：

第一段，渠口下底

一、由河口至吕二渠口，计共长二千八百丈、宽四丈、深二尺五寸，共合土方二万八千个。

第二段，渠身下底

一、由吕二渠至蛮屹素，计共长一千八百丈、宽三丈五尺、深二尺五寸，共合土方一万五千七百五十个。

第三段，渠身下底

一、由长工渠至新渠口，计共长一千四百四十丈、宽三丈、深二尺，共合土方八千六百四十个。

第四段，渠身下底

一、由新渠口至西稍尾，计共长三千六百丈、宽二丈五尺、深二尺五寸，共合土方二万二千五百个。

以上四段，全系挖洗渠底，稍为劈帮，统共估计土方七万四千八百九十个，每个土方以三角计算，共需洋二万二千四百六十七元。

查沙河渠所估四段工程均尚妥协，惟上年违章筑坝，责有攸归，应由该局长赶令负责之人从速实在赔修，不能令其与本年修工混为一起，遂其取巧之计，致耗其他民户财力，以示平允而昭惩戒，切须注意。

一、丰济渠

谨将丰济渠本年应行修挖各段工程，分别段落情形及估计土方并需洋各数目缮具清折，呈请鉴核。

计开：

第一段，两面加背

一、由申圪旦下至罗圈，计长一千丈、宽一丈、深一尺，共合土方一千个，担工每方三角，合洋三百元。

第二段，加培西背

一、由罗圈下至白来渠，计长六百丈❶、深一尺五寸，共合土方九百个，半背半丢，每方二角，合洋一百八十元。

第三段，加培东背

一、由淖拉召渠下至五分子渠，计长三百六十丈、宽一丈、深一尺五寸，共合土方五百四十个，半背半丢，每方二角，合洋一百零八元。

第四段，挖深劈宽

一、由彭光渠下至旧桥，计长七百二十丈、宽一丈、深六

❶ 此处有长、深而缺宽，按土方数和长、深数据，宽应为“一丈”。

尺，共合土方四千三百二十个，担工每方三角，合洋一千二百九十六元。

第五段，挖深

一、由粉房圪旦下至五里生工，计长七百二十丈、宽二丈、深二尺，共合土方二千八百八十个，担工每方三角，合洋八百六十四元。

第六段，挖深劈宽

一、由五里生工下至西坝，计长一千三百五十丈、宽二丈、深二尺，共合土方五千四百个，担工每方三角，合洋一千六百二十元。

以上六段共合土方一万五千零四十个，共计洋四千三百六十八元。

查丰济渠原估各段工程未能筹及，正干与退水殊为遗憾。且该渠大病在五分子桥之腰软沙多，及五分子桥以下经协成桥，由加格气庙入乌加河之正干属于紧要工程，并未估入，非根本救济之道。仰饬该社知照力图改善，并竭其民户之全力自行筹修，是所至盼。

一、黄土拉亥河渠

谨将黄土拉亥河渠本年应行修挖各段工程，分别段落情形及估计土方并需洋各数目缮具清折，呈请鉴核。

计开：

第一段，开挖新口

一、由旧口西斜至河边，计长一千零八十丈、宽口底平均五丈、深四尺，共合土方二万一千六百个，每方三角，共合洋六千四百八十元。

第二段，渠身下底

一、由园子渠至下蛮会渠，计长二千七百丈、宽二丈六尺、深二尺，共合土方一万四千零四十个，每方三角，共合洋四千二百一十二元。

第三段，正稍劈宽下底

一、由路二桥至五加河修处断续不一，统共计长二千六百丈、宽二丈、深二尺，共合土方一万零四百个，每方三角，共合洋三千一百二十元。

第四段，西稍劈宽下底

一、由西稍渠口至五加河，计长三千一百丈、宽二丈、深二尺，共合土方一万二千四百个，每方三角，共合洋三千七百二十元。

以上四段共合土方五万八千四百四十个，统共合洋一万七千五百三十二元。

查黄土拉亥河渠应分别缓急，先开新口，挖正稍，其原估西稍可稍从缓，且该渠民户不乏殷实之家，尽可提早筹挖也。

一、乌加河渠

谨勘估由乌拉素海南端起至王六子壕止修挖泄水渠道，以便宣泄乌加河贯入乌拉素海积水，所需土方及需洋各数目缮具清折，呈请鉴核。

计开：

一、由乌拉素海子起至王六子濠止，共长三千零六十丈、均宽四丈六尺、深五尺五寸，共计土方七万七千四百一十八个，每方工洋三角，共合洋二万三千二百二十五元四角。

查乌家河下游乌梁素海工程关系全套各渠之退泄，工程重要宏大，原估过于简略，决不可行。应俟本厅派员实地履勘再为大规模之计画，惟该局于查勘各渠时，应注意查明由红们图引流以纳于王六子壕之段是何情形，随时呈夺，至将来如何派员之处本厅自有办法，勿待陈也。

一、扒子补隆教堂渠

谨将扒子补隆教堂渠本年应行修挖各段工程，并分别段落及估计土方与需洋各数目缮具清折，呈请鉴核。

计开：

第一段，渠口沙滩生工

一、由黄河边至旧口，计长二百零一丈、宽二丈二尺、深四尺，共计土方一千七百六十八方八分，每方工洋四角，共合洋七百零七元五角二分。

第二段，劈帮下底

一、由旧口至鳌池村，计长三千四百零九丈、宽二丈、深一尺五寸，共计土方一万零二百二十七方，每方三角，共合洋三千零六十八元一角。

第三段，劈帮下底

一、由鳌池村至瓦窑圪卜西叉渠口，计长二千零五十丈、宽二丈、深二尺五寸，共计土方一万零二百五十方，每方工洋三角，共合洋三千零七十五元。

第四段，劈帮下底

一、由瓦窑圪卜西叉渠口至义和魁十字渠，计长二千零一十八丈、宽一丈八尺、深一尺五寸，共计土方五千四百四十八方六分，每方工洋三角，共合洋一千六百三十四元五角八分。

第五段，劈帮下底

一、由义和魁十字渠至西河半大路口，计长一千五百六十丈、宽一丈八尺、深二尺五寸，共计土方七千零二十方，每方工洋三角，共合洋二千一百零六元。

第六段，劈帮下底

一、由西河半大路口至渠稍以东，计长六百五十丈、宽一丈（宽一丈）四尺、深一尺五寸，共计土方一千三百六十五方，每方工洋三角，共合洋四百零九元五角。

以上六段，共计土方三万六千零七十九方四分，每方工洋三角、四角不等，共合洋一万一千元零七角。

查扒子补隆教堂渠原为赔教专渠，其灌域率为塔布渠灌溉所及。此次既经修挖塔布渠，其流既畅，浇地自多，目下似无须投万余元之资金从事浚渫。一俟塔布修竣，仍有不能浇灌时再行核夺，作第二步之进行可也。

一、中滩三湖河各渠

谨将测勘包西应挖渠路及接挖渠路，并加背筑闸各工程，约估土方、工料、需款各数目，分别造具清折，呈请鉴核。

计开：

一、新勘渠路由王留子壕开口，挖至三湖河岸出稍，计长二十里、宽口底平均六丈、深五尺，约估土方十万八千方，此渠挖开普浇水地一千五百余顷。

一、勘定接挖渠路由西官渠背开口，接挖至黄河岸出稍，计长二十里、宽口底平均二丈二尺、深三尺，约估土方二万三千七百六十方。

一、勘定又由西官渠背开口，挖至西大渠为止，计长十里、宽口底平均一丈六尺、深四尺，约估土方一万一千五百二十方。

以上两渠挖开增浇水地六百余顷。

一、勘定由西大渠南稍开口，挖至黄河岸出稍，计长二十五里、宽口底平均二丈、深三尺，约估土方二万九千七百方。

一、勘定又由西大渠南稍向东南，从天生濠内洗挖，至黄河出稍，计长十五里、宽口底平均二丈二尺、深二尺，约估土方一万一千八百八十方。

以上两渠挖开增浇水地八百余顷。

一、勘定由土黑麻淖村东北公济渠新开渠接挖起，至山水渠为止，计长十二里，宽口底平均二丈二尺，深四尺，约估土方一万九千零零八方。

一、勘定又由西哈拉补达村北公济渠背开口，挖至毛扣窑子村南为止，计长七[1]、宽口底平均二丈、深三尺，约估土方七千五百六十方。

以上两渠挖开，增浇水地八百余顷。

一、洗挖工程因公济渠所开渠路过高，再向下洗挖，约估土方二千方。

一、加背工程因公济渠旧有渠背过低，应再增加，约估土方一万方。

一、拟在王留子壕渠上游进水处筑档水闸一座，约估工程洋一千八百元。

一、拟在各渠上下游共筑挡水闸六座，约估工程洋四千二百元。

以上计开挖渠路暨洗挖加背共约估土方二十二万三千四百二十八方，每方以二角五分，共合洋五万五千八百五十七元，连同筑闸工料总洋六万一千八百五十七元。

查中滩三湖河各渠原估各工应分别缓急办理，不能一律贷助。其中王留子壕一段工程暨公济渠之接挖，关系渠道之完成，应准兴修，其余各工近于支渠，或为目下不急者，可由地方自行酌筹之，应由该局转饬知照。

---

[1] 此处缺“里”字，据土方数和宽、深数据推出。

一、包西第四区各渠

谨将包头县第四区公议水利拟开新渠事宜详列三项如下，陈请鉴核。

计开：

〔一〕[1]、定名拟修公议渠一道，自召君坟东五旦补伦西开口，直抵至红脱湾天生公三壕，约长一百里，估计每一里计长以一百八十丈，渠口至渠稍接入天生公三壕沿入黄河，共计一万八千丈，核定渠口四丈，收底三丈，均以深六尺计之，渠口至渠稍平均长一丈，共计二十一方土，每方土工价洋二角五先[2]，以一万八千丈估计，共三十七万八千方土，共需款洋九万四千五百元。

拟修公议渠，境南抵沙梁畔，北挨大黄河，其中南北宽有十五里，窄有四五里不等，平均以宽八里计算，每东西长一里计地四十三顷二十亩，以长一百里计，合一万八千丈，共计四千三百二十顷。续加渠稍天然公三壕计长六十里，计地二千五百九十二顷，统计共合地六千九百一十二顷，咸能灌溉之。

二、定名拟修洪水渠一道，自黑赖昆兑沟口开口，修有石工，计长二里，直抵至沙楷湾旧渠境退水大河，计有土工五十里，渠口四丈，收底三丈，深以四尺计之，渠口至渠稍接入旧渠壕，统计长有五十二里，估计每长一里计以一百八十丈，平均长一丈，计共一十四方土，以九千三百六十丈，共一十三万一千零四十方土，每方土连石工平均工价洋二角八先，共需款

[1] 此处“定名”前似应有“一、”，因为后面有“二”“三”，“一”似不应该缺，故补。

[2] 二角五先　即“二角五分”。

洋三万六千六百九十一元。

拟修洪水渠，境南挨砂陵，北境黄河，其中南北宽有七里，窄有二里不等，平均以宽四里半计算，每东西长一里，计地一十三顷五十亩，计长五十二里，计长九千三百六十丈，共地七百零二顷。

三、定名拟修公生渠，自小淖尔村从公三壕接水开口，直抵旧炭场退水大河，计长二十里，渠口二丈六尺，渠底二丈，深以五尺计之，渠口至渠稍计长以二十里，估计每长一里计以一百八十丈，共长三千六百丈，平均长一丈，共需一十一方土五毫，共长三千六百丈，计四万一千四百方土，每方土需洋二角五先，共需洋一万零三百五十元。

拟修公生渠，境南靠沙梁，北近黄河，南北平均宽以一十二里计算，每东西长一里，计地六十四顷八十亩，计长二十里，共地一千二百九十六顷。

统共以上拟修新渠三道，共需款洋一十四万一千五百四十一元。将来此三渠修成之后，总计可以浇地八千九百一十顷。

查包头第四区拟开各渠渠线三道，均傍沙而行，是否相宜应待实地勘测方能定夺，且原估需款十四万余元，实非目下财政力所能逮，除俟本省将来筹有大宗款项再行审慎办理外，应由该局转饬原呈请人，暂从缓议。

会议期间各渠联合提陈估工折呈

第一次包西水利会议期间，据各渠水利公社联合提陈估工情形折呈一件，兹将原件录照于次。

计开：

一、塔布渠工程计分四段

一、由旧口至头道湾，加宽六尺，长四百九十六丈，深与底平。

二、由头道湾至李三昌，取直渠湾八处，长三千一百三十丈，宽三丈三尺，深与底平。

三、由李三昌至张玉柱，长二千一百八十四丈，宽三丈三尺，深四尺。

四、由张玉柱至马名旺，长五千二百丈，劈宽丈二。

以上合洋五万五千元。

一、去年塔布修工共需三万九千元，除公贷一万五千元外，下欠民款均无着落。

一、长济工程计分四段

一、由口至大北淖，土方二万一千六百，三角[1]，合洋六千四百八十元。

二、槐木至德恒永，长三千六百丈、宽三丈、深一尺五寸，计土方一万六千二百，三角，合洋四千八百六十元。

三、德恒永至梁居壕，计土方一万二千九百六十，三角，合洋三千八百九十元。

四、德恒永至大工房迤东，计土方四万五百方，三角，合洋一万二千一百五十元。

以上土方九万一千二百六十，合二万七千三百八十元。

一、通济工程五段

一、口至杨锄勾[2]，二土方三万二千四百，三角，合九千七百二十元。

二、人头树上下土方三千八百方。

---

[1] 三角　应为“每方三角”。下同。

[2] 口至杨锄勾　应为“由口至杨锄勾”。

三、三申泉至晏安和，土方四千三百二十方。

四、黄脑楼至五道口，土方六万四千八百方。

五、五道口至乌加河，土方三万一千一百方。

以上土方十三万六千四百，三角，合洋四万零九百二十元。

一、通济另觅新口。

一、渠水三尺，即平口浇水，不足，即杭锦、达拉两地各得水一半，自行轮流。

一、义和工程五段，共土方十二万七千五百五十方，三角，合三万八千二百二十元，前呈增加土方三千余，系因委员由沙畔寻口，尚多加数里。

一、沙河工程四段，共土方七万四千九百，三角，合洋二万二千四百元。

一、丰济腰底前次估工，六段必须加高，渠难免决口之患。

一、刚济渠前估工程四段，呈明在案外，尚有同元成正稍与东稍两段工程，共合约计土方三万余，需洋万元许，当以李前局长认作死稍，暂缓修挖。现该两渠稍地户因历年干弃，不堪再延，一再乞恳，如本渠兴工，该两渠稍决难缓修。

一、永济渠工程计五段，现渠口一段共五千余土方，因不能打口，暂行停挖。下余四段，共计土方六万余，合洋一万八千余元。前奉上宪谕令，挖冷西大渠，计长六千余里[1]，共土方二十一万余，需洋六万余元。统计本渠自黄河至五加河长一百五十里，现上段勿庸修挖者即有一百二十里，下余三十里长之三道稍修挖，共土方六万余，需洋不过一万八千余元，计浇地并不减少。挖西大渠需洋方[2]万余元，浇地亦不加多。两相比

[1] 里　当作“丈”。

[2] 方　当作“六”。

较，则挖西大渠于经济方面殊不相宜，前奉上宪训令，内开西大渠应兴工程共长三千三百丈，后经职社派人前往切实勘丈，计长六十一里许，所计三千三百丈之数与事实并不相符。

一、永济渠浇水办法。本渠共五道稍，经董事及各地户会议，一概不准作坝，完全平口浇水。正干渠作五闸，学田局用正稍浇水，韩乌拉二分子一带用东稍浇水，并决意打刘九大坝，放[1]学田局东坝。

一、查永济渠中下游旧年多系平口浇水，除极高之地准予作坝外，其他概不准截流水利，前议定取消学田局之坝，其新添之坝是否可行？

一、通、长、塔各渠永租地既经丈放，每顷应加之修渠费二十元，恳请准予征收，以维渠务。

一、包西各渠水利将来非设法保护不足以垂久，今民众拟设包西水利委员会，为推兴水利起见，应先取缔保护之。

一、各渠水利社常年经费为治渠之基金，应恳表决办法，以促进行。

[1] 放　当作“仿”。

附录表式

附包西各渠适用表式一

<table>
<tr><td colspan="4">渠工监理
管理渠道委员 某名 监
管 理某渠渠工逐日工作报告表 十八年某月分</td></tr>
<tr><td>日别</td><td>本日驻在地</td><td>渠工进行情形</td><td>其 他</td></tr>
<tr><td></td><td></td><td></td><td></td></tr>
<tr><td></td><td></td><td></td><td></td></tr>
<tr><td></td><td></td><td></td><td></td></tr>
<tr><td></td><td></td><td>（余仿此）</td><td></td></tr>
<tr><td>附记</td><td colspan="3"></td></tr>
<tr><td colspan="2">中华民国十八年 月 日</td><td colspan="2">渠工监理
管理渠道委员 某名</td></tr>
</table>

表　式　二

某县某渠水利公社人员年籍册

职别	姓名	别字	年龄	籍贯	备考

表　式　三

某县某渠董事会人员年籍册

职别	姓名	别字	年龄	籍贯	备考

表　式　四

<table>
<tr><td colspan="3" rowspan="2">区　别
目标　上季结存数　本季经征</td><td>收入</td><td colspan="3">支　出</td><td>结　存</td></tr>
<tr><td>本季收入数</td><td>本季支出经费</td><td>修渠支出款项</td><td>支出共计</td><td>本季结存数</td></tr>
<tr><td rowspan="5">某某渠水利公社中华民国十七年某季份收支款项简明表</td><td>转入上季结存数</td><td>水利经费</td><td></td><td rowspan="4"></td><td rowspan="4"></td><td rowspan="4"></td><td rowspan="4"></td></tr>
<tr><td rowspan="3"></td><td>修渠费</td><td></td></tr>
<tr><td>永租地地租</td><td></td></tr>
<tr><td>总计</td><td></td></tr>
<tr><td>附记</td><td></td><td></td><td></td><td></td><td></td><td></td></tr>
</table>

表　式　五

某县某渠水利公社职员衔名夫役薪工表册

职别	姓名	薪工	备考

表式六

某县某渠水利公社某月份征收 水利经费 修渠费 数日表册				
地户 花名	共折实青苗地数	应缴经 渠费数目	某月日已缴数目	下欠数目
某姓名				
总计户	共丈青苗若干	共应征 经 渠 费洋 若干 若干	共已征 经 渠 费洋 若干 若干	共下欠 经 渠 费洋 若干 若干
附记				

表　式　七

<table>
<tr><td colspan="4">某县某渠水利公社本年浇过 春
热
伏
秋 水地亩数目表册</td></tr>
<tr><td>段落地点 自
渠
口
始</td><td>浇过 春
热
伏
秋 水地</td><td>共计地数</td><td>备考</td></tr>
<tr><td>第几段或某某支渠</td><td>春（伏
热
秋） 水地</td><td></td><td></td></tr>
<tr><td></td><td></td><td></td><td></td></tr>
<tr><td></td><td></td><td></td><td></td></tr>
<tr><td></td><td></td><td></td><td></td></tr>
<tr><td></td><td></td><td></td><td></td></tr>
<tr><td>总计 春
热
伏
秋 水地各若干亩</td><td></td><td></td><td></td></tr>
<tr><td>附记</td><td colspan="3">一所浇冬水地亩另册造报</td></tr>
</table>

表 式 八

<table>
<tr><td colspan="8">某县某某渠水利公社中华民国十七年　月分支出计算书</td></tr>
<tr><td colspan="8">支出经常门　截至上月底结存数
本月分实支数
本月分结存数</td></tr>
<tr><td rowspan="2">科　目</td><td colspan="2" rowspan="2">本月份支付预算数</td><td colspan="2" rowspan="2">本月份支出计算数</td><td colspan="2">比较</td><td rowspan="2">备　考</td></tr>
<tr><td>增</td><td>减</td></tr>
<tr><td>第一款　某某渠水利公社　经常费</td><td></td><td></td><td></td><td></td><td></td><td></td><td></td></tr>
<tr><td>第一项　薪工</td><td></td><td></td><td></td><td></td><td></td><td></td><td></td></tr>
<tr><td>第一目　薪水</td><td></td><td></td><td></td><td></td><td></td><td></td><td></td></tr>
<tr><td>第一节　经理</td><td></td><td></td><td></td><td></td><td></td><td></td><td>正经理一员，月支车马费若干，副经理一员，月支车马费若干，共支洋如上数</td></tr>
<tr><td>第二节　委员</td><td></td><td></td><td></td><td></td><td></td><td></td><td>文牍员一员，月支薪水洋若干，会计员每支薪水洋若干，司账员月支薪水若干，共支洋如上数</td></tr>
<tr><td>第三节　雇员</td><td></td><td></td><td></td><td></td><td></td><td></td><td>雇员若干员，各月支薪水洋若干，共支洋如上数</td></tr>
<tr><td>第二目　工食</td><td></td><td></td><td></td><td></td><td></td><td></td><td></td></tr>
<tr><td>第一节　渠头</td><td></td><td></td><td></td><td></td><td></td><td></td><td>渠头一名，月支工食洋若干，副渠头一名，月支工食洋若干，共支洋如上数</td></tr>
</table>

续表

科目	本月份支付预算数		本月份支出计算数		比较		备考
					增	减	
第二节　渠夫							
第三节　夫役							
第二项　公费							
第一目　文具							
第一节　纸张							
第二节　笔墨							
第二目　邮电							
第一节　邮票							
第三目　购置							
第四目　消耗							
第一节　油烛							
第二节　煤炭							
第三节　茶叶							
第五目　修缮							

续表

科目	本月份支付预算数		本月份支出计算数		比较 增	比较 减	备考
第六目 杂支							
第一节 杂费					房租洋若干		
合计							
第二款 某某渠水利公社 临时费							
第一项 膳宿费							
第一目 膳宿费							
第一节 董事长							董事长若干人，因何事，共几日，每日每人支洋若干，共支洋如上数
第二节 董事							仝前
合计							
总计							
本月分支出总计银元							
民国十七年某月至某月共计支出银元							
总共支出银元							
会计员某某							

表　式　九

收支对照表

中华民国　年　月分

收入										科目	支出									
百万	十万	万	千	百	十	元	角	分	厘	收入之部	百万	十万	万	千	百	十	元	角	分	厘
										上月转入数										
										本月收入数										
										支出之部										
										经常门										
										薪工										
										薪水										
										工食										
										文具										
										邮电										
										购置										
										消耗										
										杂支										
										本月支出合计										
										余类推										

表 式 十

某县某渠水利公社某月份征收永祖地亩地租数目表册				
地户花名	共丈某等青苗地亩数	应缴租款数	本月已缴数	备考
总计	共丈 上 中 下 若干	共应征租洋若干	共已征租洋若干	
附记				

表式十一

某县某某渠水利公社中华民国十七年　月分收入计算书							
科　目			摘要	收入数		各种分配数	
第一款　某某渠水利公社　收入	第一项　水租	第一目　水利经费	水利经费				
	第二项　修渠费	第一目　修渠费	修渠费				
	第三项　永租地地亩	第一目　地租	永租地				
			收入合计				
			上月转入数				
			本月分支出				
			本月结存数				
		总计					
（说明）							

表式十二

<table>
<tr><td colspan="7">某县某某渠水利公社中华民国十七年　月分支付预算书</td></tr>
<tr><td colspan="7">支出 （经常）（临时） 门　　本月分实支预算数若干元</td></tr>
<tr><td colspan="2">科　目</td><td colspan="2">全预年算度数</td><td colspan="2">本付月预分算支数</td><td>备考</td></tr>
<tr><td>第一款</td><td>某某渠水利公社（经常费）（或临时费）</td><td></td><td></td><td></td><td></td><td></td></tr>
<tr><td>第一项</td><td>薪工</td><td></td><td></td><td></td><td></td><td></td></tr>
<tr><td>第一目</td><td>薪水</td><td></td><td></td><td></td><td></td><td></td></tr>
<tr><td>第二目</td><td>工食</td><td></td><td></td><td></td><td></td><td></td></tr>
<tr><td colspan="2">余类推</td><td></td><td></td><td></td><td></td><td></td></tr>
<tr><td colspan="2">合计</td><td></td><td></td><td></td><td></td><td></td></tr>
<tr><td colspan="7">（说明）</td></tr>
</table>

整理人：李留文，郑州航空工业管理学院教授。主要从事黄河中下游地区历史文化研究，在《光明日报（理论版）》《世界宗教研究》《安徽史学》《民俗研究》等刊物发表多篇论文。点校整理《治河通考》《两河清汇》等黄河水利文献。

陕西渭惠渠计划书

武强　整理

整理说明

《陕西渭惠渠计划书》一书，民国 24 年（1935 年）由黄河水利委员会导渭工程处编印。

20 世纪 30 年代，随着南京国民政府对全国局势控制的日益稳定，黄河流域的治理也开始成为水利、经济工作的重点之一。除已设立的黄河水利委员会的工作之外，南京国民政府积极邀请国际水利专家来中国考察黄河流域水文状况，以期有效解决黄河水患等问题。如 1935 年初，国际联盟应国民政府全国经济委员会的邀请，派荷、英、意、法四国水利专家聂霍夫（G. P. Nijhoff）、柯德（A. T. Goode）、起士曼（C. C. Geertsema）、奥摩度（Omodeo）来华，于 1 月 8 日由全国经济委员会专员蒲得利（M. Bourdrez）协助，张炯、张心源陪同，到开封视察黄河水性及埽垛工程后，从 12 日起分别视察黄河下游、河口及陕、晋等地。在陕西视察了泾惠渠、洛惠渠、引渭工程，26 日赴宝鸡峡视察拟建渭河水库工程。3 月底结束考察后写出《视察黄河报告》。

陕西渭惠渠工程，完成于 1935—1937 年。据相关记载，1935 年 3 月 1 日，陕西省政府成立渭惠渠工程处，省水利局局长李仪祉兼任处长。工程处向西安银行团贷款 150 万元，4 月正式开工修建渭惠渠。该工程由郿县魏家堡引水，管道长 177.80 公里，至民国 26 年（1937 年）12 月全部完成，可灌郿县、扶风、武功、兴平、咸阳等县农田60万亩，共投资230万元。民国27年（1938年）1月，渭惠渠工程处改为渭惠渠管理局（黄河水利委员会黄河志总编辑室编，《黄河大事记》，黄河水利出版社，2001年）。

《陕西渭惠渠计划书》由时任陕西省水利局局长李仪祉作序。李仪祉，陕西省蒲城县人。早年（清光绪三十四年，1908年）曾赴德国留学，入柏林工业大学，攻铁路、水利二科，宣统三年（1911年）受革命感召回国。后于民国元年再次赴德国留学，民国4年（1915年）毕业归国，受张謇之邀，任教于河海工程专门学校。自民国11年（1922年）起，关注陕西水利事业，先后倡修引泾工程、淘浚龙洞渠等。后因军阀混战，于民国15年（1926年）始返回西安，任职于水利局，之后又赴榆林勘察无定河水利。民国18年（1929年），订定《导泾计划》，次年受杨虎城之邀任陕西省建设厅厅长。民国21年（1932年）夏，泾惠渠第一期工程完成，该年秋，辞去建设厅厅长职，专任水利局局长，筹办洛惠渠工程，并完成泾惠渠第二期工程。民国22年（1933年）秋，任黄河水利委员会委员长兼总工程师，筹划并实施黄河治本及治标工程，亲赴黄河上游查勘暨筹办陕西渭惠渠工程。

《陕西渭惠渠计划书》即是在李仪祉率人查勘筹办任务完成，渭惠渠工程开工之前所编印的相关工程计划，于民国24年（1935年）1月编印完成。全书分十一节，其中第六节《工程设计及估价》又细分为多个小节，详细制定了相关工程的施工规格、所需费用等项目。李仪祉在本书的序言中，对渭惠渠工程的来龙去脉作了明晰的说明，并描述了渭惠渠与泾惠渠、洛惠渠等关中地区水利设施的关系，对渭惠渠的前景作了乐观的评价。

《陕西渭惠渠计划书》是一部工程计划书，相关术语较多，本次整理过程中，除极少数特殊情况外，基本未作直接改动。若发现原文有讹误，一般通过校勘记加以说明；原书的部分段落已有标点，但往往依据民国时期的行文，断句过长或过短的情况时时有之，本次标点在保持原貌的情况下进行了一定的修正。

本编纂单元由武强整理，若有不当之处，敬请批评指正。

整理者

目录

整理说明 …………………………………………… 673

序 …………………………………………………… 678

一　绪言 …………………………………………… 680

二　渭河概况 ……………………………………… 681

三　灌溉区域 ……………………………………… 683

四　测勘经过 ……………………………………… 684

五　渠道标准水量 ………………………………… 685

六　工程设计及估价 ……………………………… 686

甲、拦河坝 ………………………………………… 686

子、第一计划　垛石滚水坝 ……………………… 687

丑、第二计划　混凝土滚水坝 …………………… 688

乙、进水闸 ………………………………………… 689

丙、排洪闸及分水闸 ……………………………… 690

子、排洪闸 ………………………………………… 690

丑、分水闸 ………………………………………… 691

丁、跌水 …………………………………………… 691

戊、武功漆水河钢骨洋灰渡槽 …………………… 693

己、土工 …… 694
庚、桥梁涵洞 …… 696
辛、斗门 …… 697
壬、杂项工程 …… 697
子、修汽车路费 …… 697
丑、电话费 …… 697
寅、栈房费 …… 697
癸、工具及杂费 …… 698
子、转运铁轨车费 …… 698
丑、机器费 …… 698
寅、仪器费 …… 698
卯、汽车费 …… 698
辰、机械工具费 …… 698
巳、地价 …… 698
午、迁移坟墓费 …… 698
未、井口及房屋费 …… 699
申、职员出勤费 …… 699
酉、杂费 …… 699
七 工程总价 …… 700
八 渠成后之利益 …… 704
九 工程推进之步骤 …… 705
十 工款分期之支配 …… 706
十一 渭惠渠工程处暂行组织规程之拟定 …… 707
渭惠渠建筑工程说明书 …… 709

序

李仪祉

昔人之穿渠引渭者亦有之矣，如郑当时渠，如辅国渠，皆所以避河床之迂浅，为漕挽之（截）〔捷〕径。至以渭水溉田，则除滩地外，虽传记有所述，未敢尽信也。民国十二年，余方擘画引泾，华阴有吕益斋者，即屡以引渭之说进。时方混乱，人力物力俱极憔悴，一且不胜，矧敢骛多，故置以为缓图。蹉跎八年，泾惠渠乃始实现。迨其有成，乃谋引洛。洛工经始之后，于是移其测队之力以测渭。嗣西安议设陪都[1]，中央亦鉴于渭域关系之巨，特拨巨款，以为导渭之用。旋黄河水利委员会成立，秉中央政府之意，设立导渭工程处。于是中央地方，合力为之。有德人巴尔格者，鉴于宝鸡太寅峡内之可筑水库，拟有蓄水、发电、扬水，以溉高原之议，估工费八千余万元，实为我目前国力所不逮，且其计算亦未精也。余命傅建等实测太寅及石门等处山峡地形，知于其处拦洪以减下游河患则可，为灌溉谋则工过巨，未可遂谋也。于是又本益斋意，命于郿县附近觅堰址，得余家堡地，以为可。

[1] "九·一八"事变的次年，1932 年 3 月 5 日，国民党四届二中全会决定以长安为陪都，定名为西京，并委派张继等专员组成"西京筹备委员会"，并于当年 4 月 17 日开始办公。

又命孙绍宗、许心武等往勘之，亦佥以为可。时余病方兴，亦勉强一行，详为视察，果可用。于是计定，即命是渠为渭惠，以导渭工程处总工程师孙绍宗主其测绘设计事。时泾惠支渠工未竣，洛惠方开工，孙任泾洛工程局长，又益以渭惠之事，东西奔驰，往返千里。幸各方任事者，皆久经历练之才，同心合力以辅之，故得措置裕如。民国二十三年终，渭惠渠设计告成。先是泾惠渠之成也，得于右任院长、杨虎城主席之力最多。洛惠渠之肇始也，杨公始于前，邵力子主席继其后，主持甚力。宋子文先生莅陕，赞其计划之伟，毅然以全国经济委员会之力任其工事。故有今日，洛惠殆将观厥成，其于渭惠亦然。宋子文先生曾面命仪祉，谓巴尔格计划过当非可行，若郿县引渭公款不出二百万元，必力为之助。邵公以省政府之力倡导于上，而杨公则更力促其成。泾惠渠成效大著以后，国内各银行群集其力以惠农民，更欲推而广之，于是对于灌溉事业，大加注意。邹秉文先生至陕，与邵、杨二公一言，而渭惠之借款以定。国人勖助水利事业之热心，于兹可见。此任水利工作之同人，所宜引以为至幸而深以自勉者也。渭惠渠行将于民国二十四年之春开工矣，以省政府之力，全国经济委员会之助，银行之踊跃投资，其成功可立而待。洛、渭继泾而成，则八惠之中有其三，而灌溉面积有其半矣，五惠继之而起，必非难事。吾故于其计划书之将付梓也，祝其将来，而不敢忘益斋之先驱，宋、邵、杨三公之提倡，至孙总工程师暨各同人之力，尤所嘉勖者也。兹计划书始于地理及水文之详述，继于设堰引水及布渠分溉之设计，终于各项建筑物之计算及绘图，列图凡二十幅，大体已具，精审可覆，可以望施而行之矣。至工程中应有之细目，则可于工程进行中按时与地为之，非此书所可尽该也。

一 绪言

关中水道，渭、泾、洛为大，皆饶灌溉之利，汉唐诸代，堰渠甚多，惜以年久失修，尽归堙废。非独农田失灌溉之利，常致荒旱，即居民饮料，亦感极度困难，有时鉴井至二三十丈或三四十丈，犹不能得水。故发展水利之需，在关中更为急切。近年泾惠渠既成，洛惠渠亦相继兴工，以新法筑坝截流，开渠引水，制作益闳，效能大著。泾渠本年浇灌五千七百顷，棉田占三千余顷，就泾阳一县论，浇灌之棉产值二百余万元。洛渠于二十五年夏季工竣，可灌地五千顷，亦属产棉之区。渭河北岸郿县以东，如武功、兴平及咸阳等县之广大平原五百平方公里，土地肥沃，极利农产。爰自郿县城西北拦渭筑坝，于北岸开渠，经扶风、武功、兴平，东至咸阳，长约二百里，溉地可六十万亩，所费约二百万元，费省效著，实为目前切要之图。导渭工程处成立之后，即派测队从事测量地形，勘定渠道，钻探坝基，均已先后告竣，绘图设计尚须两月之久，谨先草拟初步计划，估计工料费用，期即着手筹备。惟所拟草图，将来详细计划，尚须切实研究，或有更改。兹将计划概要，分述于后。

二　渭河概况

渭河自甘肃天水县流入陕西陇县及宝鸡之交，至于太寅村约一百里，俱行于陇山谷中，太寅村以东，河行于秦岭以北之平原，于秦岭为平行线，距山麓二三十里至七八十里不等，东至潼关县城西入于黄河。行经陕西省境共约八百里，南岸支流多至十数，源皆来自秦岭，其较著者为清水河、汤峪河、里河、涝河、沣河、坝河，皆有灌溉之利，但未致力蓄水，仅恃天然来源以为供给，引水用水又不得法，故受益区域不广。北岸支流为金陵河、汧河、武河、泾河、石川河，源皆较远，泾、洛最大，长八百余里，其余各河长百余里至二百余里不等，除泾、洛外，灌溉之利均未发展。

渭河南北两岸，俱为黄土高原，自西向东并自山麓向河床倾斜，平均高原之倾斜度，大于河床之倾斜度，故自西至东，原岸高出河床自九十余公尺减至三十余公尺。自高原至河床分为三阶级，跌坡皆陡立，最高者称为头道原，次为二道原，又次为三道原，二道原及三道原宽各数里至十余里不等，此种形状，显为古代渭河冲刷所成，盖黄土性质松软，不任冲刷，河床初甚浅阔，积久愈深愈窄，乃成今日之阶级形状。洪水河槽宽约五百公尺，低水河槽宽百余公尺，间段因含沙淤积，河流迂回散漫，颇不整齐，宽度亦大异，河底多沙砾，堆积甚厚。太寅村以下倾斜度，平均约一千二百分之一。

渭河受两岸山谷及深沟之水，来源近而地势峻，夏秋暴雨之后，诸川奔凑，势甚汹涌，河水立致猛涨，洪水时期每秒流量多至四千余立方公尺，然为时甚暂，即复降落，每年汛期涨仅三四次，平时游波宽缓，流量甚少，最小时每秒仅三十立方公尺左右。

渭河干支各流，俱来自黄土地带，而山石复因剥蚀，间多崩坍，（舍）〔含〕沙特多。暴雨时，山坡因受雨水淋刷，泥沙俱下，洪水含沙量竟达百分之三十以上，土多沙少，低水含沙量只及百分之一二，土沙相间，其水可以肥田，极宜灌溉。

三　灌溉区域

本计划于郿县城西筑拦河坝，并从北岸穿渠，由干达支，可灌溉郿县及扶风县境之三道原，至武功县境，渐展至二道原，至兴平县境，益展至头道原，至于咸阳以东为止，面积四百五十平方公里，能灌溉之面积以八成计，为三百六十余平方公里，约六千顷。或更扩展至高陵县境泾渭合流处为止，又增加溉地甚多。其地土质为黄壤及黏土所合成，惟黏土成分甚少，近河滩地间有沙土，若得灌溉，俱肥沃异常，农作物为棉、麦、豆、谷、黍、芝麻及苎麻等，每年一熟，渠成以后，得水灌溉，则棉产增进收益，为量必巨，且可每年二熟，生产力不止增加一倍。自五年旱灾以后，农民转徙流亡，未尽复业，田地颇有荒芜，又必待水利之开发而后始能尽量耕种也。

四　测勘经过

导渭工程处成立以后，即组织测量队一队，包括导线班一班，水准班及地形班各二班，于二十三年一月完成宝鸡峡地形测量之后，即移往下游测量拦河坝址及灌溉区域地形，至五月底止共成图七十余幅，均已绘制完毕。并于二十二年十月起，设置咸阳水文站，二十三年五月起，设置太寅水文站，常年驻测水位、流量、含沙量、雨量及蒸发量等，复于七月间，派工程师一人，率领技术员及钻探工人，前往郿县钻探拦河坝基及进水闸基附近地质，绘成地质断面图多幅，以为设计之根据，九月间，以引渭借款成约，乃又派队作定渠测量，并派工程师随测队工作，以期迅速，三阅月测竣，主要工程亦设计十余项，共成图二十幅。其余建筑工程，则俟开工之后，随时随地计划，此时悉数该括，则有未能也。

五　渠道标准水量

泾渠已成功二年，以水少地多，每因争水而起纠纷。洛渠灌溉渠区域，虽为河源所限，仅有五千顷，然洛河流量有时每秒只五、六立方公尺，初成之数年，亦有地多水少之虞。惟渭河则较泾、洛均为优越，最小流量仍有每秒三十立方公尺，而面积则六千顷，即再往东扩展，亦不过八千顷，以加倍泾渠之水量，浇灌相等之面积，于管理上当减少许多困难。为易于管理计，为免争水纠纷计，渠水量定为每秒三十立方公尺，决不可图省些微之工费，而定低微水量，农民用水既不充足，管理上将感无穷之困难矣。（农田灌溉应需水量，请参阅《引洛计划书》。）

六　工程设计及估价

全部工程可分为左列各项：

甲、拦河坝坝身、护脚及两端护岸均属之。

乙、进水口。洋灰工程、料石工程及闸门机器均属之。

丙、排洪闸及分水闸。

丁、跌水。四道干渠之跌水均属之。

戊、武功漆水河钢骨洋灰渡槽。

己、土工。四道干渠之土工均属之。

庚、桥梁涵洞。四道干渠之桥梁涵洞均属之。

辛、支渠斗门。

壬、设备工程。凡设备工程均属之。

甲、拦河坝　如图 W1507 及 W1508[1]

拦河坝处之最大洪水河槽宽度约八百五十公尺，中间为沙滩，分河流为南北二支，往年南支系夹河，春冬时无水，今夏洪水将南支刷深，故冬令水小时犹未断流，然此于建筑坝身尚无大碍。今定坝身长度为五百公尺，坝顶高度为四七一·七公

---

[1] 原文如此，但全文只有一张图，且图上无对应 W1507 及 W1508 信息。余同。

尺，最大洪水量假定为每秒五千立方公尺，则坝顶水深可三·四公尺，两岸高度均在最大洪水位以上，无漫溢之虞，往上则河槽太宽，下移则两岸降低，故以该处为最合适之坝址。惟河床下层地质，前虽经探验，以发生困难中辍，未曾钻探到底，故坝之计划亦未确定。兹拟定两种设计，第一计划为垛石滚水坝，如河床下层有巨块卵石，板桩不能下硾时用之，第二计划为混凝土滚水坝，如板桩能下硾，自以采用此种计划为妥当。因坝址附近石料极缺乏，若从远处运来则价颇昂，而小石子则甚多，建筑材料不生问题，拟于机关正式成立之后，即派员试验，以确定采用何种计划。兹将两种计划分估之于左：

子、第一计划　垛石滚水坝　如图 W1508

此坝即用巨块卵石堆垛成坝，前坡一比十二，后坡一比三，遂垛遂夯，坡面用粗料石夯紧，使坡面较为光滑，用洋灰浆钩缝，横穿坝身有三道洋灰墙，以防水渗，并使坝身稳固，头道墙宽一·二公尺，深入河底三公尺，高共六公尺，二道及三道墙均宽一公尺，深入河底一·五公尺。计各种工料估之如左：

一、洋灰。成分一三五，每公尺长计十一又七公方，共计五千八百五十公方，每公方工料估洋三十元（每公方需洋灰一·六桶，合洋二十四元，石子一公方，合洋二元，沙子半公方，合洋一元，工资合洋三元，共计三十元），计洋十七万五千五百元整。

二、卵石。每公尺长计五十八公方，共计二万九千公方，每公方工料平均估洋六元（一半可取之于坝址附近，每公方工料估洋四元，一半运之于石头河，每公方工料估洋八元，平均估洋六元），共计洋十七万四千元正。

三、坡面石。每公尺长计十八公方，共计九千公方，每公方工料估洋十二元，共计洋十万零八千元正。

四、杂工。排水工程估洋三万元，木料估洋一万元，其他估洋一万元，共计估洋五万元正。

以上四项，共计洋五十万零七千五百元正。

五、南岸护岸工程，概用顽石、洋灰及石灰浆砌缝，上游下厚上薄，平均八公寸，斜坡一比一，高平均八公尺，每长一公尺计六又四公方，长六百公尺，共计三千八百四十公方，下游平均六公寸，高八公尺，长四百公尺，计一千九百二十公方，共计五千七百六十公方，每公方工料估洋十元，计洋五万七千六百元正，又垫土九万五千公方，每公方工资三角，计洋二万八千五百元，共洋八万六千一百元正。

六、北岸护岸工程较南岸尤为重要，万一河流北袭，则水口全部工程悉被摧毁，故护岸更须格外坚固，以期安全，坝之上下两端各砌护岸二百公尺，上游护岸须高出最大洪水位一公尺半，如此则洪水永无北袭之可能。护岸厚平均一公尺，斜坡一比一，高平均十公尺，共计护岸工程四千公方，计洋四万元正。

以上六项，共计洋六十三万三千六百元正。

丑、第二计划　混凝土滚水坝　如图 W1508

此坝可分为三部，即坝身、前护脚石及后护脚石是也。分估之如次：

一、坝身用一三五洋灰，上下各用长四公尺两层二吋板桩，以防水渗，每长一公尺计一三五洋灰十七公方，共八千五百公方，每公方工料估洋卅五元（有木料），共计洋廿九万七千五百元正。

板桩二吋厚，共四层，长四公尺，每长一公尺需板桩三百五十呎。工料估洋一百一十元，计洋五万五千元。

以上共计洋卅五万二千五百元正。

二、前护脚石。计卵石每长一公尺十五公方，一三五洋灰二公方半，卵石每公方估洋八元（下一半堆垛，上一半用一二九洋灰石灰浆砌之，上面用洋灰浆钩之），计洋六万元，一三五洋灰每长一公尺计洋八十七元五角，共洋四万三千五百元。

以上共计洋十万零三千五百元正。

三、后护脚石。每长一公尺计卵石十一又七公方，每公方佔洋四元（坝址附近之卵石足够用），共计洋二万三千四百元，坡面石每长一公尺计二又八公方，每公方工料估洋十二元，共计洋一万六千八百元。

以上共计洋四万零二百元正。

四、杂工。排水及其他估洋二万元。

五、护岸工程与第一计划同，计洋十二万六千一百元正。

以上五项，共计洋六十四万二千三百元正。

乙、进水闸 如图 W1509

进水闸之设计，与泾、洛不同，因地势及河床情形迥异，控制洪水机关，即设于此。为慎重计，于下一公里处另设排洪闸以防万一，进水闸门共六空，每空宽一公尺又七五，高二公尺，用绞轮启闭，与泾、洛用者相同（图样另设计）。所需工料估计如左：

一、钢骨洋灰工程二十公方，每公方估洋八十元，计洋一千六百元。

二、一三五洋灰工程二百四十公方，每公方估洋三十五元，计洋八千四百元。

三、粗料石工程六十公方，每公方估洋十五元，计洋九百元。

四、卵石工程一百二十公方，每公方估洋十元，计洋一千二百元。

五、闸门及机件六套，每套估洋一千三百元，计洋七千八百元。

以上五项，共计洋一万九千九百元正。

丙、排洪闸及分水闸

子、排洪闸

排洪闸一座，（如图 W1510）在进水闸下约一公里，渠闸四空，各宽二公尺，一绞轮平台，高出渠底五公尺五，排洪闸五空，各宽二公尺一。当河洪涨时，关闭进水闸，万一关闭失效，泥水冲入渠内，则于此处排泄入河，以护渠道，闸之设计，均详于图。兹将工料估如左：

一、钢骨洋灰工程计一百三十七公方，每公方估洋八十元，计洋一万〇九百六十元。

二、一二四洋灰工程计一百八十六公方，每公方估洋四十元，计洋七千四百四十元。

三、卵石工程计一百六十六公方，每公方估洋十元，计洋一千六百六十元。

四、闸门九套，每套估洋一千元，计洋九千元。

以上四项，共计洋二万九千零六十元正。

丑、分水闸

分水闸两座，一在总干渠之末端，与第二渠分水（如图W1518)，一在第三渠之6＋694处，与第四渠分水（如图W1519)。两闸之工料估计如左：

一、一三五洋灰工程计二十七英方，每英方估洋一百卅元，计洋三千五百一十元。

二、卵石工程计九十九英方，每英方估洋廿五元，计洋二千四百七十五元。

三、杂工约洋三百元。

以上三项，共计洋六千二百八十五元正。

丁、跌水

总干渠共有跌水十三座，共跌降二十三公尺又一分七厘，跌降在三公尺以上者有三座，三公尺以下、一公尺以上者七座，一公尺以下者三座。如图W151，系最大之三座跌水，工料估计照最高之跌水（即三·八五公尺）计算，合成每公尺之单价以计算其余跌水，虽不能悉相符合，大致相差不多，可作为初步之估计，详细确数须待设计后始能核定也。兹将最大跌水之工料估计如左：

一、钢骨洋灰工程计七英方，每英方估洋二百四十元，合洋一千六百八十元。

二、卵石工程计一百七十英方，每英方估洋二十五元，计洋四千二百五十元。（因石料缺乏，所有建筑拟均用钢骨洋灰，俟设计完竣，绘制详图，再估计比较，以资采取。）

以上二项，共计洋五千九百三十元正。

按以上估计，每跌降一公尺，合洋一千五百五十元，W1514图内之三座跌水，共跌降十公尺又五粎一粉七糎，合洋一万六千三百元，如图 W1515 系总干渠，其余之跌水，以跌降二公尺为标准计算，计：

一、钢骨洋灰工程四英方，每方估洋二百四十元，计洋九百六十元。

二、卵石工程计一百二十四英方，每英方估洋二十五元，计洋三千一百元。

以上共计四千元，合每公尺二千元，十座跌水共跌降十二公尺又五寸，计洋二万五千元正。计总干渠跌水十三座，跌降二十三公尺又一粉七糎，工料费共计洋四万一千三百元正。第二、第三及第四等总干渠之跌水，单价小于总干渠者数倍，共跌降四十一公尺又二粎四粉三糎，图尚未设计，今约略估之，每公尺千元，计洋四万一千二百四十三元。

以上各渠之跌水工料费，共计八万二千五百四十三元。

兹将所有各渠之跌水位置及高度列表如左。

跌水号数	第一渠		第二渠		第三渠		第四渠	
	位置	高度	位置	高度	位置	高度	位置	高度
1	18+000	1 800	0+150	9 324	21+500	3 792	0+400	1 673
2	19+900	1 200	1+200	1 696	24+100	2 766	1+000	2 200
3	22+750	1 000	3+150	1 300	28+100	1 333	7+800	1 066
4	23+250	3 850	9+200	1 967	30+100	2 167	12+500	1 966
5	24+300	0 600	15+900	1 150	35+700	1 611	26+900	2 100

续表

跌水号数	第一渠		第二渠		第三渠		第四渠	
	位置	高度	位置	高度	位置	高度	位置	高度
6	28＋950	1 900			41＋500	3 367		
7	30＋600	1 000			46＋200			
8	33＋000	0 800						
9	39＋300	3 667						
10	43＋800	3 000						
11	44＋550	1 600						
12	45＋300	0 800						
13	46＋500	23 017		15 437		16 802		9 005

戊、武功漆水河钢骨洋灰渡槽 如图 W1516 及 W1517

漆水河平时水甚小，山洪暴发时，则水深竟达数公尺，宽约百公尺，渠底高出河底十二公尺，为全渠最大之渡槽，以钢骨洋灰建造之，中间三大空，每空六十六英尺，两端两小空，各宽二十二英尺，基墩下用木桩径八寸，长一丈六，各空均属穹形，渡槽宽十八英尺又四〔英〕寸半，高九英尺，水深六英尺又七英寸，两边有人行路，栏以铁栏杆，渡槽全部甚为坚固，且颇美观，一切构造尺寸均详于 W1616 及 W1517 图上。兹将工料估计之如左：

一、钢骨洋灰工程。自穹形大梁以上系钢骨洋灰工程，计一百八十九英方，每英方工料估计洋二百四十元，（每英方需洋灰六桶，每桶十四元，合八十四元。石子一英方，合十五元。砂子半英方，合八元。钢筋四分之一吨，合五十五元。木料三百五十呎，合五十二元八角。工资二十五元二角。合计二百四十元。）计洋四万五千三百六十元。

二、一三五洋灰工程。基墩系一三五洋灰工程，计二百二十英方，每英方估计一百三十元（每英方需洋灰五桶，合七十元，石子十五元，砂子八元，木料二十元零八角，工资十六元二角，合计一百三十元），计洋二万八千六百元。

三、木桩共四百十一根，每根工料估洋六元，计洋二千四百六十六元。

四、栏杆。一吋半铁管一千二百尺，栏杆柱六十根，共估洋二千二百元。

五、杂项。如圆木、脚手、工具、挖土及排水白等项约一万元❶。

以上五项，共计洋八万八千六百二十六圆整。

己、土工

土工分渠计算，计总干渠即第一渠，长五十公里又一百公尺，共土方二 三一〇 八一九·一九公方，每公方估洋一角二分，计洋二七七 二九九·三〇元，第二渠长十七公里又九百公尺，共土方八八 五九八·六九公方，每公方估洋一角，计洋八八五九·八七元，第三渠长四十六公里又九百公尺，共土方六六七 四一三·一八公方，每公方估计一角一分，计洋七三 四一五·四五元，第四渠长三十六公里又六百公尺，共土方三六四三八六·四四公方，每公方估计一角一分，计洋四〇 〇八五·

❶ 此处“排水白”一处，疑似有漏字，待考。

〇八元，以上四渠共三九九 六五九·七〇元整❶，并列上方简表如左：

渠段		土方数（公方）			
起点	讫点	第一渠	第二渠	第三渠	第四渠
0+000	2+000	271 860.66	25 559.16	116 504.89	30 959.34
2+000	4+000	203 308.54	8 163.30	72 160.16	22 705.85
4+000	6+000	136 289.99	11 183.89	44 493.66	13 987.19
6+000	8+000	125 553.82	9 225.28	17 966.37	30 974.28
8+000	10+000	270 112.76	8 696.08	26 364.04	14 546.81
10+000	12+000	209 480.35	7 379.75	33 284.43	21 330.05
12+000	14+000	187 152.84	4 384.70	11 351.09	18 755.98
14+000	16+000	77 338.78	7 974.68	16 927.88	13 170.66
16+000	18+000	37 968.86	6 031.85	22 623.03	25 132.97
18+000	20+000	51 933.97		14 599.04	34 340.61
20+000	22+000	47 194.65		22 189.24	23 002.68
22+000	24+000	54 934.80		24 920.94	13 384.82
24+000	26+000	33 429.06		33 980.68	20 810.98
26+000	28+000	68 295.28		14 732.80	13 696.90
28+000	30+000	46 750.78		18 852.77	11 016.99
30+000	32+000	39 184.05		20 273.57	24 561.31
32+000	34+000	52 260.08		8 845.25	13 955.74

❶ 此处四条管道成本计算有误。其中，第一渠计洋二七七二九八·三〇元，第四渠计洋四〇 〇八二·五一元，共计洋三九九 六五七·一三元。此处保持原文，未做改动。

续表

渠段		土方数（公方）			
起点	讫点	第一渠	第二渠	第三渠	第四渠
34＋000	36＋000	65 193.54		15 734.55	14 322.11
36＋000	38＋000	41 576.32		33 145.67	3 731.17
38＋000	40＋000	36 616.90		41 123.28	
40＋000	42＋000	54 102.53		24 188.16	
42＋000	44＋000	63 998.54		16 421.84	
44＋000	46＋000	63 507.31		9 616.17	
46＋000	48＋000	32 516.78		6 113.67	
48＋000	50＋000	60 261.98			
	总数	2 310 819.19	88 598.69	667 413.18	364 386.44

庚、桥梁涵洞

一、总干渠。共有桥梁□座，如图 W1511，用钢骨洋灰建造，底宽二十四英尺，计一二四钢骨洋灰六·五英方，每英方估洋二百四十元，合洋一千五百六十元。卵石工程三十六英方，每英方估洋二十五元，合洋九百元，共计洋二千四百六十元。又如图 W1512，纯用钢骨洋灰，底宽三十英尺，计钢骨洋灰工程十四英方，每英方估洋二百四十元，合洋三千三百六十元，平均计之每座桥梁估洋二千九百十元，以十座计之，共洋二万九千一百元。其余桥梁二十座较小，每座以二千元计之，合洋四万元正。共计洋六万九千一百元正。

二、第二渠。共有桥梁十座，每座估洋四百元，计洋四千元。

三、第三及第四渠。共有桥梁六十座，每座平均估洋八百元，计洋四万八千元。涵洞共约十座，平均估计六百元，计六千元。

以上三项桥梁涵洞工料费，共计洋十二万七千一百元正。

辛、斗门

斗门用铁斗门，藉收一劳永逸之效，斗门每座约九十元，洋灰及石工约三百元，每座斗门，合洋三百九十元，以一百二十座计之，共洋四万六千八百元正。

壬、杂项工程

子、修汽车路费

由郿县渡口起修至余家堡约十余里，又由武功农林专校修至漆水河渡槽，亦约十余里，其余较重要处所亦须修，约三十里，共五十里，约洋五千元。

丑、电话费

由西安安置电话直达郿县坝址，约二百里，与农专合办，估计电杆、电线、话匣及工资，约一万二千元，各任一半，合洋六千元。

寅、栈房费

余家堡、漆水河及西安车站，均须建造栈房，存储材料及监工人员住房，约洋一万元。

癸、工具及杂费

子、转运铁轨车费

轻便铁轨二十公里，铁车二百部，由洛河运至郿县等处，约洋一万五千元。

丑、机器费

抽水机、洋灰拌合机及打桩机等，约洋一万二千元。

寅、仪器费

经纬仪两架、水准仪四架及其他仪器，约洋七千元。

卯、汽车费

载重汽车二部，座车一部，约洋一万元。

辰、机械工具费

约洋五千元。

巳、地价

凡渠道所占用之民地，均须按照时值发给地价，计总干渠共占地二千九百八十四亩，每亩平均十四元，计洋四万一千七百七十六元，其他第二、第三及第四等渠共占民地三千七百一十一亩，每亩平均八元，计洋二万九千六百八十八元。

午、迁移坟墓费

总干渠一千六百座，每坟平均五元，计洋八千元。其他三渠共迁坟墓一千七百九十座，计洋八千九百五十元。

未、井口及房屋费

总干渠线共有井眼一百六十个，每个平均四十元，计洋六千四百元；房间地窑八十一间，每间平均廿元，计洋一千六百廿元；其他三渠共有井眼四百廿七个，计洋一万七千零八十元；迁让房间地窑廿八间，计洋五百六十元。以上三项，共计洋十一万四千零七十四元正，并附表于后。

渠别	长度（公尺）	占用民地		坟　墓		房屋地窑		井　眼		总价
		亩数	地价	数目	迁移费	间数	估价	口数	估价	
1	50 100	2 984	41 776	1 600	8 000	81	1 620	160	6 400	57 796
2	17 900	423	3 384	238	1 190	1	20	71	2 840	4 734
3	46 900	1 847	14 776	773	3 865	24	480	224	8 960	28 081
4	36 600	1 441	11 528	779	3 895	3	60	132	5 280	20 763
合计	151 500	6 695	71 464	3 390	16 950	109	2 180	587	23 480	114 074

申、职员出勤费

技术人员、监工员，及采购材料员役，酌给出勤费或津贴，约洋一万二千元。

酉、杂费

不属于工程估计之工程杂费，约洋二万元。（以上十项，共计洋二十万零五千零七十四元正。）

七 工程总价

按以上工程，估计工具及杂费等共计洋一百六十六万八千三百四十七元七角。加工程预备费十二万元。加工程管理费十七万元。共计洋一百九十五万八千三百四十七元七角。

兹列工程估计总表如左。

渭惠渠工程估计工款总表

事　项		估计工款数	备　注
干渠工程	滚水坝	642 300.00	按第　计划估计❶
	进水闸	19 900.00	
	排洪闸	29 060.00	
	分水闸	6 285.00	
	跌水	82 543.00	
	漆水河钢骨渡槽	88 626.00	
	土工	399 659.70	
	桥梁涵洞	127 100.00	
	斗门	46 800.00	1 442 273.70
工程杂项	修汽车路	5 000.00	
	架设电话	6 000.00	
	建筑栈房	10 000.00	21 000.00

❶ 此处“按第　计划估计”，根据上下文，应为“第一计划”。

续表

事项		估计工款数	备注
工具及杂费	转运铁轨车	15 000.00	
	机器	12 000.00	
	仪器	7 000.00	
	汽车费	10 000.00	
	机械工具	5 000.00	
	地价	71 464.00	
	迁移坟墓	16 950.00	
	井口及房屋	25 660.00	
	职员出勤费	12 000.00	
	杂费	30 000.00	205 074.00
工程预备费		120 000.00	
管理费		170 000.00	290 000.00
合计		1 958 347.70	

第一期工程需要工款列如左表（自今春起至明年五月）。

事项		工款数	备注
总干渠工程	水坝	642 300.00	按第二计划估计
	进水闸	19 900.00	
	排洪闸	29 060.00	按一座估计
	分水闸	3 500.00	
	跌水	41 300.00	
	漆水河钢骨渡槽	88 626.00	
	土工	277 299.30	
	桥梁涵洞	69 100.00	
	斗门	11 700.00	按三十座计 1 182 785.30

续表

事　　项		工款数	备　注
工程杂项	修汽车路	5 000.00	
	架设电话	6 000.00	
	建筑栈房	10 000.00	21 000.00
工具及杂费	转运铁轨车	15 000.00	
	机器	12 000.00	
	仪器	7 000.00	
	汽车费	10 000.00	
	机械工具	5 000.00	
	地价	41 776.00	
	迁移坟墓	8 000.00	
	井口及房屋	8 020.00	
	职员出勤费	7 000.00	
	杂费	20 000.00	133 796.00
工程预备费		90 000.00	
管理费		110 000.00	200 000.00
合计		1 537 581.30	

第二期工程工款如左表（廿五年六月起至廿六年五月）。

事　　项		工款数	备　　注
干渠工程	分水闸	2 785.00	
	跌水	41 243.00	
	土工	122 360.40	
	桥梁涵洞	58 000.00	
	斗门	35 100.00	259 488.40
杂费	地价	29 688.00	
	迁移坟墓	8 950.00	

续表

事　项		工款数	备　注
杂费	井口及房屋	17 640.00	
	职员出勤费	5 000.00	
	杂费	10 000.00	71 278.00
工程预备费		30 000.00	
管理费		60 000.00	90 000
合计		420 776.40	

八　渠成后之利益

渭渠水量充足，且渠道力避垫工，故渠成后，即可充分浇地，绝少试渠及争水之诸种困难，预计后年成工之后，可浇地一千至一千五百顷，廿六年可浇地四千顷，廿七年即可浇足六千顷。如农民无力挖掘支渠，公家须设法补助，使之速成，盖此渠与泾、洛不同，泾、洛因水少地多，应逐步推进，而渭渠水量极充足，可同时灌溉，故利其速成，以浇地六千顷计，每亩每年最少以多产十元计之，可增产获六百万元，而地价之增加，又岂只数倍？渭渠流域与泾、洛同为产棉要区，泾渠方面，去年只泾阳一县用渠水浇灌之棉花，值二百五十余万元，小麦每亩约在一石左右，渭渠成后，棉花、小麦约各占半数，棉花供给西北各省纱布之用，足有余裕，可杜外货，挽回权利不少，小麦产额亦可供给关中人民需用，荒旱之年亦无冻馁之虞，农田水利为民生建设之首要，诚然。

九　工程推进之步骤

关于工程推进情形，于初步计划书中已论述大概，惟因建筑材料缺乏，筹备不及，再详察实际需要之情形，一年全部完工，甚不经济，浇地面积，以逐步增加进展为最佳，一时浇遍，势有未能，则工程之推进，亦应与灌溉需要相辅而行。且此渠工款系银行贷借，倘用之不合经济原则，势必多负债额，于实际既无益，徒增担负，不可不熟筹之于始也。查第一渠，即总干渠，可浇地一千七百顷，如于明年洪水期前，只完成第一渠，亦可浇地一千七百顷，其余各渠，纵令同时完工，亦只能浇地一千余顷，是徒增工款之需，□[1]实际毫无利益，故全部工程之推进步骤，应与浇地进展相辅并进，以切合实际，而求经济。分全部工程为两期，举办第一期为一年，举办拦河坝及第一渠工程，计用工款一百五十四万元弱，可浇地千七百顷，第二期为一年，举办第二、三及第四等渠工程，计用工款四十二万元强。如此分期举办，材料筹备可以从容用款，合乎经济原则，于浇地亦切合实际，诚为妥善之办法也。

---

[1] 原文模糊，根据上下文，应为“于”字。

十　工款分期之支配

工程推进之步骤，既以分期举办为最经济，则工款之分配，自以工程之需要而定，兹列简表如左：

年份	期别	月数	需款约数	说　明
廿四年	春	三	一〇〇 〇〇〇·〇〇	杂项工程（具）及定购材料
同	夏	三	三〇〇 〇〇〇·〇〇	购买材料
同	秋	三	三〇〇 〇〇〇·〇〇	购买材料及发给地价迁移坟墓等费
同	冬	三	五〇〇 〇〇〇·〇〇	土工材料及工程工资
廿五年	春	三	三〇〇 〇〇〇·〇〇	土工材料及工资
同	夏	三	三七 五八一·三〇	工资尾数

第二期工程工款分配表暂总略。

十一　渭惠渠工程处暂行组织规程之拟定

一、依据《陕西省水利局组织规程》第七条，暨《渭惠渠工程实施纲要》第二条之规定，组织渭惠渠工程处。

二、本处设处长一人，总理全处事务，由陕西省水利局局长兼任。

三、本处设总工程师一人，副总工程师一人，主任工程师一人。

四、本处分技术、总务二科，各设科长一人，由副总工程师或主任工程师兼任，不另支薪。

五、本处技术科，设段工程师三人，副工程师六人，工程员及测量员八人至十人，绘图员二人至四人，监工员十五至二十人，练习员二人至四人，受总工程师、副总工程师、主任工程师及技术科长之命，分任各项工程设计测量监工事项。

六、本处总务科设会计、材料、事务、文书四股，各股设主任一人，办事员四人至六人，雇员六人至十人，受处长、总工程师、副总工程师、主任工程师及科长之命，分任各项总务事项。

七、本处设医师一人，助理人，掌理医药。

八、本处总工程师、副总工程师、主任工程师、各科科长，由陕西省水利局局长呈请省政府任用。

九、本处段工程师、测量队长、各股主任及医师，由陕西省水利局局长任用，呈报省政府备案。

十、本处工程员、测量员、绘图员、练习员、办事员、雇员及医师助理，由处长任用，呈报陕西省水利局备案。

十一、本处规定测工十五人至二十人，公役十人至十五人。

十二、本处办事细则另定之。

十三、本规程自陕西省政府委员会议决公布之日施行，如有未尽事宜，由陕西省水利局呈准修改之。

渭惠渠建筑工程说明书

一　总规范

一、渭惠渠所施之工程，除特别注明外，均以公尺制为标准。所有度量，均依公尺、平方公尺及立方公尺计算，并规定每三·二八英尺合一公尺。

二、各项工程，无论已竣或未竣，其进行之尺度，均以工程师或其指派负责人员所量者为准绳。

三、各项工程，每届一旬，由工程师核正已完工程，出具工作证，呈明工程处，按照价值照付。但工程处得权宜工作轻重，酌扣工程费一成，作为保证金。此项保证金，须俟该段工程完竣后，始得悉数付。

四、各工程地工人之住所，须听从工程师之指挥，保持清洁，每段工人均须做公共厕所至少一处。

五、工人无论为本地工人，或外来工人，均须严守秩序。

二　土工

一、挖土界线及深度，均须依照工程师之规定，不得错误，界线以外，所标明应留之空隙地段内，不得堆土。

二、挖土方价计分三等：由原地平挖下四公尺，挑运在一百公尺以内，为普通土方；挖土在四公尺以下，或挑运在一百公尺以外，为挖深土方；渠心挖出土方，不足培渠岸两堤，或渠底高程为填土工程者，为填实土方。普通土方之堆土，须听工程师之指挥，排列整齐，挖深土方，得借用小铁车或小手车，转运至指定地点；填实土方，关系渠身之安全，填土时每三公寸为一层，先将土块打碎铺平，再用夯打实，逐层加高，其前后接连之土层，尤须刨松夯打坚固，凡土中含有瓦砾、碎砖或杂草等物，均须检除净尽。

三、堤外取土时，其取土坑应排列方整，远近由工程师指定。

四、土工筑堤，其高度须较图上高度再加高十分之一，以备松土沉实。

五、土工在挖方处，以挖出土坑计算；在填方处，以取土坑之体积计算；均收实方。如遇挖深土方，转用于填筑土方时，则由工程师斟酌情形，仅计挖方一面之实方方价。

三　钢板桩墙工程

一、钢板桩应需之长度厚度，均载在工程图样内，在施工以前，钢板桩之尺寸须经工程师之检定认可，方能应用。

二、钢板桩一经工程师检定后，即将钢板外面之数土[1]及浮锈，用清水及铁丝刷子洗净，并即上煎热臭油一遍。

三、钢板桩在未打以前，应先将板桩接（笋）〔榫〕，凸凹

[1] 数土　未知何义，疑为“敷土”。

两面，均用臭油膏子擦满，以防打入地中后，在接（笋）〔榫〕处漏水。

四、钢板桩在未打以前，应将钢桩头带好，以防锤打时有碎裂之虞，其下端应削成偏矢之形状，由工程师酌定。

五、打桩应用蒸汽打桩机，汽铊之重量，至小须为一吨半；此外由工程师斟酌工作之需要，再添加人力打桩机辅助之，但铊之重量至少须一千五百磅。

六、开始打桩，先须将桩架位置放稳，将桩树直后，始可打下。

七、钢板桩能顺适打入，即打至需要深度；若板桩不易锤下时，可将板桩打成一排后，再反转逐渐锤打；如仍不易锤下时须在板桩之顺水方面刨至桩底，以便验看桩之下层情形，再由工程师决定打法。

八、每日桩工进行，至少须打齐十五公尺。

四　混凝土工程

一、洋灰混凝土工程之成分，以体积为此例。（例如一二四混凝土，即一斗洋灰，二斗砂子，四斗石子，再加适宜之清水拌合。）

二、混凝土所用之石子，可用沿河出产之顽石，但须过筛，区分为 $2\frac{1}{2}$ 至 1 及 1 至 $\frac{1}{2}$ 两种。本工程内之一三六混凝土，均须用第一种石子百分之三十，第二种石子百分之七十，混合后再过斗量准。又一二四混凝土中之石子，则仅限用第二种石子。但无论何种工程所用之石子，均须用清水洗净，并须将掺杂之有机物，检除净尽。

三、砂子概用河滩旁堆积之砂层，但砂中所含沙土不得超过百分之三，并须由工程师斟酌情形，指导用清水淘洗。

四、本工程所用洋灰，均采用启新马牌洋灰，运到工程地后，须贮存于不透雨及能通风之席棚或铁皮棚内。

五、拌合洋灰所用之水，须十分清洁；如用河水，须先用砂池，将河水过淋，方可使用。每次混凝土内应需之水量，概由工程师按水份试验器试验后，加以指导。

六、混凝土内应掺块石之数量，须预先将块石体积量好，听工程师之指挥，再用清水洗净，方准施用。大块石之重量，以廿五公斤为限，大块石相间之距离，不得小于一公寸。

七、混凝土须用机器拌合，至少须用七立方呎之拌合机两具，每次拌合时以石子、砂子、洋灰及清水加入拌合机后，须经二分钟之时间，以期匀透。每次拌好后，即应完全倾出，再作第二次之拌合。其小量之混凝土工作时，得用人力拌合，并须听工程师之指导。

八、已拌好之混凝土，须即刻运转倾入木型以内，不得延缓时间，致混凝土失其效力。倾入木型后，即须用铁铲、铁锤插遍打实，务使混凝土干后不留空隙。

九、在基础部分之混凝土工作时，须先将地基底槽用清水洒湿；与钢板桩相接处，须将板桩上之浮油，用铁丝刷去净，以便易与洋灰接合，免致漏水。

十、混凝土之工作，如不得已须暂时停止进行时，经工程师之许可，方准停止；但复工时，须将已凝结之面，用铁凿做成新面，用水洗净，再浇以净洋灰浆后，再继续工作。

十一、混凝土打好后，其显露部分，须用麻袋遮盖，并不时

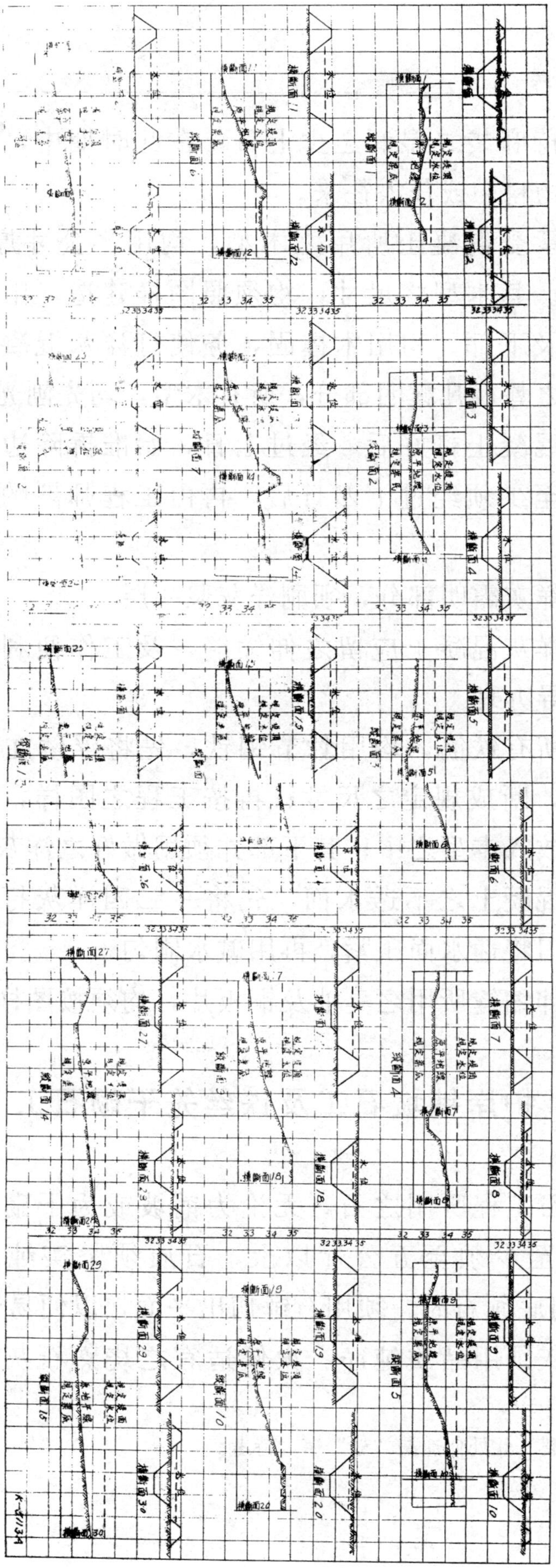

浇水，以保持麻袋之湿润至少七日；在此时期中，绝对禁止震动，或堆积物料，或任人往来。

十二、承受混凝土所用之木型，均用半公寸厚之美松板，或干杨木板。其木型之尺寸，均须照图样建造，用铁钉及螺丝钉牢；两旁及下部，均用木撑固，务使打洋灰混凝土时，不致牵动及渗漏之弊；凡露明部分，所有木型，均先刨光。

十三、混凝土打好后，经过七日，始准拆除边板；其下部承重部分，至少须经过十四日后，再由工程师斟酌情形，予以拆除。

十四、洋灰露明部分，须刷洋灰浆一层。

十五、洋灰混凝土应留之伸缩缝，及工作便利之接缝，均按工师之指导办理。

十六、所有铁筋，均用竹节钢铁，先将浮锈在沙子堆内磨去；按图样，断成规定之尺寸；再按工程之图样，用廿号铅丝帮扎坚固，放入本型之中；其下部并须用做好之洋灰支垫垫齐。

十七、混凝土之不透水面，先将一二四洋灰打好，拆除木板后，用瓦刀将迎水面压紧，再用碱水刷匀。

十八、伸缩缝所用之臭油及铜板片，均须按图样办理。

五　石工　护岸铺坡石工及铁丝笼干砌石工

一、铺石工程所用之石，无论为铺坡或为干砌石工，其每块之重量，至少须至五公斤以上，石质须坚实纯净，无伤痕裂❶，如用河底顽石时，须用石锤切出平面，以便易于压实。

二、石灰须用品质纯净、火候适宜之烧熟石灰为合格。石

❶ 无伤痕裂　此处似遗漏“缝”字，待考。

灰运到工程地时，由工程师检查，块灰须占全重量之九成，方可收用。

三、石灰在应用前（至少四日以前），须用多量之水化开，成为石灰浆，过细筛淋后，贮存备用。

四、一二九或一一六洋灰石灰浆，系以体积计算；惟化开之石灰膏，须以一·五立方尺作为干石灰一立方尺计算。

五、渭惠渠所有工程，无论何段工程，其应用石灰，概照本说明书第三节办理，并绝对禁止用干石灰砌石或砌砖。

六、护岸铺坡工程，须按照图样，先将土岸用夯打做坚实，再放线，将土岸削成适宜之坡度；先用一二九洋灰、白灰、沙灰，将底层石块码齐，再逐渐码厚，至应需之坡度为止；其露明石块一面，须取其平整；铺面石块，绝对不得小于廿公斤；各石块间须留二公分宽缝，俟全段码齐，经过相当日期后，再用一三砂子灰勾缝。

七、铁丝笼系用十号铅铁丝编成；每笼高宽一公尺，长二公尺，孔眼为二寸见方。铅铁丝交叉处，均用廿号铅丝扎紧，铁丝笼盖须用通长铅铁丝编制。

八、笼内码片石时，须分层码齐，其空隙须用小石子填满。上层尤须用大片石盖好，再扎铅铁丝。

九、所有铺坡工程，须随时按照图样，将界线及坡度等项砌做整齐准确。

整理人：武强，教育部人文社科重点研究基地河南大学黄河文明与可持续发展研究中心副教授，硕士生导师，历史地理学博士，人文地理学博士后。主要从事历史地理学、经济史研究，已发表论文三十余篇，主持国家级、省部级课题多项。

宁夏省水利专刊

蒋超 整理

整理说明

《宁夏省水利专刊》由宁夏省建设厅于1936年11月完成，时任省主席马鸿逵题写书名并作序，时任建设厅厅长马如龙作序。为本书题词的还有时任省秘书长叶森。全书对宁夏引黄灌溉的历史及现状进行了全面的回顾和总结，比较客观地反映了民国时期宁夏引黄灌溉的实际情况。此外，宁夏当局聘请了工程技术人员，按照现代水利工程的规范进行了测量和绘图，体现了宁夏从传统水利向现代水利过渡的特点。本书保留了不少珍贵的历史照片和文字图片资料，例如关于古代"飞槽"的结构图和灌渠管理的详细资料等。根据实际需要，宁夏主政者新修了许多沟渠，其中最为著名的是组织军队用两年时间，修成了长一百三十多里、灌田二十多万亩的云亭渠（马鸿逵的父亲马福祥，字云亭，云亭渠因此得名）。此外，马鸿逵主政期间，宁夏水利有不少新的建树，如水利观测机构的建立、水利法规制度的出台，以及水利建设的规划等，都是宁夏水利走向制度化、法制化、近代化的主要体现。

民国初年，宁夏撤府，改为宁夏道，水利管理沿袭清代模式，由道署兼理水利。1927年，甘肃省长薛笃弼将宁夏道署管理水利之事务改设为宁夏区水利总局专管水利。当时采用传统渠局制管理水利。1929年，宁夏改建行省，水利归建设厅办理。

1933年，宁夏实现政府改组，马鸿逵主政宁夏。1934年，宋子文视察宁夏，允诺由全国经济委员会拨款二十万元，资助宁夏水利。宁夏用这笔钱修建了云亭渠。1935年，改各水利渠局为水利执行委员会。1940年，建设厅水利监察委员会改组为宁夏省水利局。水利的委员制重新改为渠局制。

本次整理除对少量的标点符号进行必要的修改外，基本保持了原书的特点。出版时将插页图调整至编纂单元后。宁夏古灌区现已列入世界灌溉遗产名录，与此相关的文献整理保存工作显得至关重要，这也体现了黄河文化的悠久历史和影响力。

本编纂单元由蒋超整理，若有不当之处，敬请批评指正。

整理者

目 录

整理说明 …………………………………………………………………… 719

〔马鸿逵〕序 ……………………………………………………………… 724

〔马如龙〕序 ……………………………………………………………… 726

宁夏全省渠流概况 ………………………………………………………… 741

宁夏全省民国二十四五两年黄河工程之总说 …………………………… 744

宁夏沟洞疏浚之纪略 ……………………………………………………… 746

附：疏通黄阳沟及辟修小中北大等沟图说 ……………………………… 749

加修西大道沟桥一座及疏通四大沟意义 ………………………………… 749

渠工名词释义 ……………………………………………………………… 752

闸坝说 ……………………………………………………………………… 752

堤堺说……………………………………………………………………… 752

暗洞说 ……………………………………………………………………… 753

飞槽说 ……………………………………………………………………… 753

陡口说 ……………………………………………………………………… 753

底石说 ……………………………………………………………………… 753

物料说 ……………………………………………………………………… 754

夫役说 ……………………………………………………………………… 755

卷埽说 ……………………………………………………………………… 755

开水说 …… 756
测水说 …… 756
封渃说 …… 756
用水节候说 …… 757

各渠考述 …… 760
一　唐徕渠 …… 760
二　汉延渠 …… 806
三　惠农渠 …… 834
四　大清渠 …… 882
五　云亭渠 …… 894
六　昌润渠 …… 903
七　秦渠 …… 922
八　汉渠 …… 942
九　天水渠 …… 964
十　美利渠 …… 972
十一　太平渠 …… 983
十二　旧北渠 …… 986
十三　新北渠 …… 988
十四　复盛渠 …… 991
十五　羚羊角渠 …… 995
十六　羚羊寿渠 …… 996
十七　羚羊夹渠 …… 999
十八　七星渠 …… 1003
十九　贴渠 …… 1019
二十　柳青渠 …… 1020
二一　李家滩渠 …… 1026

二二　大滩渠 …………………………………………………… 1027
二三　孔家滩渠 ………………………………………………… 1028
二四　田家滩渠 ………………………………………………… 1029
二五　康家滩渠 ………………………………………………… 1030
二六　新北渠 …………………………………………………… 1031
二七　新南渠 …………………………………………………… 1034
二八　通济渠 …………………………………………………… 1035
二九　黄辛滩渠及长兴渠 ……………………………………… 1037
三十　丰乐渠 …………………………………………………… 1039
三一　新渠 ……………………………………………………… 1044
三二　新生渠 …………………………………………………… 1045
三三　中济渠 …………………………………………………… 1048
三四　长永渠 …………………………………………………… 1053
宁夏省各县渠水利委员会通则 ………………………………… 1074
宁夏省各县渠水利委员会委员选举条例 ……………………… 1077
宁夏省各县渠估工办法 ………………………………………… 1079
宁夏省各县渠水利人员奖惩条例 ……………………………… 1080
宁夏省建设厅科罚各渠春工误夫办法 ………………………… 1082
宁夏省政府建设厅暂行规定汉唐惠清四渠浪稻办法 ………… 1084
宁夏省水利暂行拘罚条例 ……………………………………… 1086

附载 ………………………………………………………………… 1089
言渠务书 ………………………………………………………… 1089
浚渠条款 ………………………………………………………… 1098
水利刍言 ………………………………………………………… 1104
整理河渠之计划 ………………………………………………… 1111
写在《宁夏省水利专刊》之后页 ……………………………… 1113

〔马鸿逵〕序

宁夏，鸿逵桑梓地也。先君云亭公，家兄子寅氏，相继治军治民于此，逾二十年。其保卫之功，教养之泽，地方称道勿替，可见感人之深也。鸿逵兼主民政于斯，又阅三寒暑矣。其地方之风俗、人情，与凡百之因革损益，具悉已素；而于河渠之利弊知之尤深。当衔命莅宁之初，复值国家励精图治，锐意维新，亟欲归政权于人民，成治功于岁月。用是本中央一贯之精神，就人民急切之需要，不自暇逸，急起图维。虑田赋之不均也，则举行土地清丈，虑灌溉之欠溥也，则开凿云亭渠道；复虑此犹有未普，则将旧有渠工水利，积极整理，以期岁无凶歉，勉行先总理尽利之训，而竟我父兄未尽之功。

夫人唯知宁夏河渠之利，而不知治理尽善之难。古人因河开渠，溥利万世：观其闸埆，可知工程之伟。视其槽洞，可知研究之精。先其梢溉，定其水分，可知试验之准确。而其浇灌三轮，封俵有时。春、秋二工，夫料有额。则取意未尝不美，立法未尝不良。然利之所在，害亦随之，综理者或掉以轻心，分司者或事以敷衍，而乡间豪劣，复浸至从中把持，自此百病丛生，官民同受其病矣。更因递嬗既远，根蒂已深，虽董之以严刑，振之以威怒，终阳奉而竟阴违，貌恭而不心服矣。

鸿逵细思，惟有将地方之事，治以地方之人，使其利害切于身，同令人民沾其惠。乃于第二次省政大会之时，决议彻底革新，与民更始。于是将各渠局改组为水利委员会，选举地方公正廉明与素悉渠务绅耆为委员。其委管、渠长、段长等，亦沓去恶留良，励其共济；并制定组织之条例，严立妥善之章程，必使料实工坚，毋误水泽也。

惟尝考他省之渠，自开辟成功后，当地人民即能永蒙其利，不遇洪水泛滥，或数十年无疏浚之工。宁夏之渠则不然，河水含泥过多，四时飞沙不止，乃三轮之水泽未遍，而各渠之淤淀已深，若非春秋二工，则渠身已成平地矣。故每岁夫料之派征，人员之视察，费用既属繁重，扰攘几无已时，如此而欲求积弊之尽除，岂可得乎？又以治渠之法，苦少专书，整顿之方，莫资取则。兹幸欧风东渐，科学日新，因令建设厅长马如龙，多聘专门技师，分赴各渠，实地勘测调查，绘制详确之图说，拟以整理之方针。良欲藉此初步工作，以便循序改进也。

今建设厅将各渠之沿革、灌溉之亩数，以及闸沟洞、陡口支渠，绘图附说，诠次成编，命名《宁夏省水利专刊》呈阅于余。余详察焉，虽殚精竭虑，擘划无遗，然叙述恐未能详尽，查测难悉属精确，惟有俟诸将来，实施精密水准测量，继续考查研究，益求改进发展，以赴事功。兹因付印，用缀数言弁之。尚望国内时彦，阅是编而予以指正，俾鸿逵有所取资；更当勉励精研，随时改善。讵仅仰副中央之付托，永利边境之人民，而鸿逵扪心自问，亦可稍免于愧怍耳。

宁夏省政府主席马鸿逵

〔马如龙〕序

宁夏，古朔方也。土地平旷，中贯黄河，品物蕃滋，村庄棋布。历代因河开渠，资其水泽，溉良田至数十万顷，利生殖于百余万人。每岁春、秋二工，夫料有额，浇灌三轮，封俵有规。治渠人员如能尽心其事，使工无迟误，水不愆期，则百业俱兴，年物丰阜。否则，工多废弛，水不到梢，则百业俱废，闾里凋残。其关系有如斯者。故凡言宁夏之建设，莫不以整理河渠为急务焉。

且查渠务，初由道署管理，自改省后，乃直辖于建厅。民国二十四年四月，如龙奉命为宁夏省政府委员，兼建设厅厅长。维时正值各渠春工已毕，头轮水泽开始俵封。遂本敬恭桑梓之热诚，及素悉其中利弊之管见，亲临各处视察，指示办理方针；并分段派员，严加监督。方幸梢流畅达，同望有秋，讵知河伯为患，决口时闻，而防范抢护又复大费经营，然此虽由天灾，恐亦人事未尽也。

用是推厥原因，究其症结，良以渠流含泥过重，四时飞沙入水，遂致逐段淤淀，阻滞横生；浸至水浅力微，泥沙难随水走；加之堤埂低薄，险象已成，一遇河水激增，山洪暴发，渠身即虞溃决。故必赖岁修，方能通畅，受水田亩，方免旱灾。但一岁所浚，每不能敌一岁所淤，而况修浚失法，积弊多端，虽查察綦严，劳攘无已，亦徒令数万夫工之征派，数十万物料之输将，如掷虚牝。终致浇灌失时，收成歉薄，人民则生机绝望，官府则善后无方，争讼纷纭，上下交困。

夫河渠既为民命攸关，浚治岂容或缓，乃拟切实整顿，以期扫除积弊，永利边氓。但以在昔渠工惟师旧法，欲资参考，复鲜陈编。遂秉承主席之命，延聘专门技师分赴各渠实地考察，从事数月，告厥成功。因命绘以精确之详图，附具说明及统计，以便逐渐改良，而完成其初步工作焉。

如龙自任事以来，谬承全国建设机关，纷函索寄刊物，愧无以应。今幸获此，亟以成编，爰命名《宁夏省水利专刊》，藉便分贻，兼资自鉴。凡各渠之沿革，流域之概况，灌溉之亩数，封俵之时期以及闸埽桥梁，渠工坝料，与夫支渠陡口，岁修工程，具皆详列于编。兹拟付印，乃略述数言，弁诸册首。尚望海内名贤远赐指正，俾有遵循。如龙当益自研求，随时改进也。是为序。

宁夏省政府建设厅厅长马如龙

寧夏省水利專刊題辭

農以渠興　民以農活　寔惟渠道

寧民命脈　禾黍芃芃　渠流濊濊

不事桔槔　無憂旱魃　惟勤渠工

遂免飢渴　後有平津　前有鄭白

心儀其人　行慕其澤

馬鴻逵

寧夏建設廳水利專刊 紀念

歷代之成規若是

寧民之命脈在茲

葉森敬題

宁夏青铜峡口形势之一

宁夏青铜峡口形势之二

唐徕渠大坝堡之正闸

汉延渠小坝堡之正闸

惠农渠龙门桥之正闸

十五路兵工挑挖云亭渠工作情形

汉延渠正闸桥前之永庆退水闸背面

汉延渠口滚水石坝

惠农渠龙门桥之建瓴闸

惠农渠上架设之菓子渠（汉延渠支渠）飞槽

惠农渠方家巷之跳水坝

大清渠之正闸

马主席视察云亭渠工程情形

云亭渠工程完成放水情形

云亭渠口之正闸桥

灵武县秦渠口

金积县汉渠口

正在建修汉渠口之背面

汉渠口之二

中卫县美利渠口

中卫县太平渠口

中宁县七星渠口

中卫县新墩河工码头

建筑中宁县石空寺河工码头

建筑中宁县大胜嘴河工码头

第十五路军兵

预备开垦云亭渠之梢段草地

开辟青铜峡工作之一瞥

劈峡施放炸药情形

工开辟青铜峡

马主席视察青铜峡工程之一

马主席视察青铜峡工程之二

青铜峡工程完竣试行汽车

建筑中宁县凯歌墩河工码头

中宁县山河堺

宁夏全省渠流概况

黄河自昆仑至积石，历石门大小峡以入宁夏，再北经绥、晋，绕流秦、豫、鲁、冀，而注于海。九曲万里，源远流长，灌溉溥资，运输宏济，仰见神禹疏凿之功，与夫天地并存而罔极也。

当河入宁属中卫之境，岸束流急，势若建瓴，过此河面渐阔，水遂平铺。自元、明、清三代以还，各利形势，开渠灌田，平壤荒芜，于焉尽垦。河之北有美利、太平、新北、旧北、复盛、新生、中济、长永、丰乐等渠。河之南有七星、羚羊角、羚羊寿、羚羊夹、柳青、通济等渠。渠长不一，各视所需，大者百余里，小亦数十里，故卫、宁两县，得水利为最多也。

河东北行二百余里，入青铜峡，峡中石山对峙，尤为天然渠口。峡东有二渠，其来甚古。一开于秦，名秦渠，长百四十余里；一开于汉，名汉渠，长约百里。两渠退水。复接引一渠，名天水，长三十余里。分灌灵武、金积两县之田。

峡口西岸有唐徕渠，为汉光禄废渠，而复浚于唐者，长三百五十余里。下有汉延渠，开于汉，长二百三十余里。两渠之间有大清渠，长七十四里；汉渠之下有惠农渠，长三百零六里，同开于清初。是为宁夏四大渠。惠渠以东，经本省主席马公少云于民国二十三四年新开云亭渠，长百二十里。以上五渠之尾，均北至平罗入于河，共灌宁朔、宁夏、平罗三县之田。平罗又有渠，名昌润，长百三十六里；其下有滂渠、永惠、永润、西官、东官等渠长各数十里，亦开于清，以灌县属北境田。

上列各渠两塀复有支渠，多至千余道，或数百道，长亦数十百里，尤难纪其名称。是以渠流纵横，田畴相望，不赖天雨，岁获丰收，虽地处边陲，而农作之便极矣。

夫宁夏，古朔方也。土地平旷，素为不毛；且大半尽属沙碱，必得河水乃润，必得浊泥乃沃。自资渠流以灌溉，遂变斥卤为膏腴，农业既兴，而民以饶裕，故有“天下黄河富宁夏”之谚也。惟河道变迁，水时消长，安澜蒙泽，泛滥成灾。复因河水入渠，挟泥过重，澄淀极速，民苦岁修；矧一岁所浚，不敌一岁所淤，而利害相随，遂为治理之要政焉。

尝考历代渠工制度，实为尽善。因河流直行，而渠口入水无力也，乃于各口之上，劈河面四分之一垒石为长塀以迎之。虑其水无限度，而有溃决之患也，乃距渠口十余里地，建石正闸一座，以节制之，入渠之水，定以五寸为分，止以十二分为率。欲水入渠而有蓄泄也，乃于闸之上修退水闸，水小闭之，使水入渠；水大启之，以泄其势。防水过大，而致壅塞也，乃于闸之外筑滚水坝，遇水泛涨，则从此滚出河外，必使正闸之水止循分寸而入渠。此外尚有提水闸、尾闸、堤埂及湖沼、桥梁之类也。

各渠两岸以草筑土堵水成渠者，名曰“塀”。沿塀居民挖小渠引水入田者，名曰“支渠”。又于塀上建小木闸者，名曰“陡口”。有高田受水彼渠，而隔在此渠不能得水者，则于渠上架木为槽以渡之，名曰“飞槽”。有退水入湖，或泄水于河，而被大渠所阻者，则于渠底架石为洞以通之，名曰“暗洞”。

人民岁除田赋正供外，复按田纳额草、木桩及红柳、白茨、芗菩、石块等物于渠工，总名曰“料”。其草曰“坝草”，以备险处和土筑塀，与闭闸堵口也。桩曰“沙桩”，用钉闸底及塀岸，使土坚固也。渠身被水冲处，必用土草筑墩以逼水，而外护柳茨沙桩，名曰“码头”。芗菩则以为绳缆也。或修闸底，亦必铺以柳茨，钉以沙桩，上复盖以石条，使无冲动之患也。

每岁于河冻之时，以草闭塞渠口，名曰“卷埽”。至清明征派民夫，挑渠叠塀，官司监工，力役一月，名曰“春工”。至夏至掣去所卷之埽，放水入渠，名曰“开水”。开水之时，必闭塞上段陡口，赶水到梢，名曰“封水”。又防水大冲决，一面将陡口开放一二分，名曰“俵水”。

追水已至梢，乃开上流各陡口，任其浇灌，既足又逼令至梢。封与俵，周而复始，上下段，灌须及时，至夏至日止，以长夏禾，名曰“头轮水”。立秋日起，封俵之法如之，至寒露日止，以长秋禾，名曰“二轮水”。立冬日起，封俵亦如之，至小雪日，以备春耕，名曰“三轮冬水”。

大抵头轮水，以立夏后十日内外得水为佳。秋田年前不浇冬水，俟新水浇灌，乃可下种，故二轮水为最要。冬水至立冬须淌遍，缓则结冻无及。夏、秋两禾得水四次者大获，三次亦丰收，二次减半，一次或过迟，皆无济矣。此全省各渠之概况也。

宁夏全省民国二十四五两年黄河工程之总说

黄河自本省中卫县之沙坡头入境，北流至磴口县而出境，直贯千里，势若建瓴，历代开渠灌田，边民永资利赖，故有“天下黄河富宁夏”之称焉。惟地方褊小，四野平原，河岸过低，土质松散，每遇河水暴涨，横流奔放入渠，顿使容量激增，各闸失其节制，因是堤（湃）〔埽〕溃决，泛滥成灾；或致河渠不分，防护无法。而沿河两岸凡为历年当水之处，日被冲刷，下成深坑，岸土虚悬，逐层崩陷，久则范围扩大，延及村庄，故常将宽达数里之农区永沦泽国，所有田庐物产荡泯无存，甚至河道变迁，为害愈烈。

故凡执政于斯者，莫不注重河防，拟建伟大之工，永为人民之利。但以宁夏边塞地瘠民贫，虽引渠灌田，然所浇终属有限，对于岁修渠工，财力已困；况河岸千里，防不胜防，工巨款多，万难肩任，乃只年于冲要地点，或修码头，或筑堤埽，聊资堵御，期救一时。若必大事兴修，一劳永逸，非藉国力决不为功，迭经文电请求，迄未邀准，即自勉为撙节，筹措补苴；并由官、民两方共负其责，以免灾区之扩大，而维民众之生机而已。

至本年沿河工程，属于中卫县者：在黄河北岸，有紧要之黑林滩、康家庄、星星庙，有补修之新墩，有预防之刘家庄、凯歌墩。又，南岸有紧要之一撮毛滩、刘家湾、晏公庙、马家咀子、永康堡，有预防之通丰滩、永丰滩。属于中宁县者：在黄河北岸，有紧要之枣园、于家营、渠口堡，有补修之永兴堡、石空堡、大胜嘴，有预防之黄羊庄、余丁庄、倪丁庄。又，南岸有紧要之张恩堡，有补修之山河湾。属于河东灵武县者：有紧要之上下蒋家湾、蔡家河，有补修之猪咀码头、古城湾。属于河西宁朔县者：有紧要之上下新工、晏公塀、王洪堡、王泰堡。其他如云亭渠之堤防工程，规模尤为宏大。

以上各处或为洪流埽刷，塌陷过宽，田亩多被漫淹，道路几经破坏，而汛期重届，险状环生，所有防范工程关系均属紧要；或为历年成工，复遭冲毁，而渠身所系，必须补修；或为洪水必经，形势严重，而乡闾危迫，亟宜预防。若不设法于先，及时兴办，必致贻害于后，重苦吾民。故于万分困难之中，以为剜肉医疮之计，筹集巨款，详细测勘，同时委派经验员绅，分设防河工程处，限日修筑，期获安澜。至所关利害原因，业已具详图说；特再述明崖略，俾知本年河工之重要与历次防范之情形也。

宁夏沟洞疏浚之纪略

宁夏水利，沟渠并重，渠则引流以溉田，沟则退水而入河，犹如人身之血脉，必须周流通畅，方免疲弱痼疾之忧。而各渠既灌之余水全赖沟道宣泄，使无停蓄漫淹之患，是以平畴水泽，终岁环流，灌溉攸资，民生永利，所谓一本散为万殊，万殊仍归一本也。本省河西各大渠之形势，皆自南而北，凡各大沟，多自西南而东北，沟道为渠所阻者，则凿渠底以通之，名曰“洞”，又因其引流潜行，亦名之曰“暗洞”。故沟渠遍地，纵横交织，利用相依，关系至切。设使有渠无沟，是水惟有来源而无出路，不但湖沼低田固常受其淹没，即较高之平原公路，亦难免同被泛滥。若是，则沟渠并重，而未可偏废者明矣。历至每年春工，官民重修渠道，而必及于沟者，以其淤塞之为害甚烈也。不知者以为宁夏之水利专重于渠，而昧于沟，是唯见水利之半面，未见其水利之全面，亦犹管中窥豹而已。查各大沟之起点，发源于各渠之上部者：曰东沟，曰西沟，曰永洪沟。发源于各渠之中部者：曰黑阳沟，曰黄阳沟。发源于省城之左右者：曰北大沟，小中沟。发源于唐渠以西者；曰西中沟，西大沟。此宁夏河西各沟之位置与名称也。兹再将其流域及经过之“暗洞”，逐一分述于后。

（一）东沟：在唐徕渠东，大清渠西，发源于大坝乡北界，引流历蒋顶、陈俊至汉坝乡界，遂向东转，穿过大清渠底，名曰永庆洞，再经瞿靖、林皋乡界，穿过汉延渠底，名曰林皋洞，仍向东汇归于惠农渠口，而入于河，长约三十余里，共泄以上七乡之余水。

（二）西沟：亦在唐徕渠东，大清渠西，发源于瞿靖乡西，经玉泉、邵岗、宁化至宋澄乡南界，向东穿过代山渠下，名曰永安洞，再至唐铎乡西南，向北有分水闸，分去一沟，名曰黑阳沟，又向东五里许，由汉延渠底穿过，名曰唐铎洞，仍向东历王洪乡界，至惠农渠底穿过，名曰王洪洞，东流入河，长约五十余里，共泄以上七乡之余水。

（三）永洪沟：发源于瞿靖乡北，介于汉、清二渠之间，东历马站、李俊乡界，西历邵岗乡界，由两方稻田退水，汇聚于各连湖，往北至李俊乡西入沟，复向北五里入于西沟，是沟系西沟之支沟，长三十余里，虽仅排泄四乡余水，而水势甚大，因四乡纯为稻田故也。

（四）黑阳沟：在唐徕渠东，汉延渠西，发源于西沟，由唐铎乡西北及分水闸而下，历曾岗、王全、许旺、西魏信乡界，向北有分水闸分去一沟，名曰黄阳沟，再向东穿过汉延渠底，名曰魏信洞，再向东经河西寨、李祥乡交界，至惠农渠底穿过，名曰永宁洞，复由河滩东北，经过云亭渠东北入河，长约五十余里，共泄以上六乡之余水。

（五）黄阳沟：是沟旧道，系发源于西魏信乡，由黑阳沟分水闸而下，依次汇入汪家大湖、马家大湖、史家湖、杨家湖各水，自汽车道头道沟桥以下，又汇入秦家湖、孙家湖、韩家湖各水，至谢谷俊界，往北历张政乡长湖套界，向南东转，由三合支渠下穿过，复穿过汉延渠底，名曰张政洞，直向东五里许，汇入该地左右各湖之水甚多，再穿过惠农渠底，名曰永固洞，复向东北十余里入河，长约四十余里，共泄以上八乡之湖水，但多年废弛，尚未疏通。

（六）小中沟：发源于新渠西，红花渠东，自王元桥北，历二道墩、头道墩，依次穿过支渠五道，一湖泄退一湖，至省城东南，汇入于高台寺前盐池滩沟口，接连往北，历邵必、更名乡界，至谢保乡马家大湖，汇入于北大沟，此沟系北大沟之支沟，长约三十余里。

（七）北大沟：其流域介于唐徕渠东，红花渠西，排泄省城南各湖之水，由东西城濠，汇入于北塔湖，复由北塔湖北接连沟口，向北十五里许，汇入马家大湖、小中沟，仍向北十五里许，至王澄乡穿过汉延渠底，名曰永丰洞，汇入王澄塔湖，再由塔湖东复接沟口，行五里许，穿过惠农渠底，名曰永济洞，经通吉乡东北，汇归于河，长约五十余里。此沟与小中沟，共退近城十余乡之余水。

（八）西中沟：发源于良渠口以下，凡属唐徕渠西，自良渠口北至省城南、良渠东、新城南，如盈上、宁城及盈南各乡余水，由数十连湖依次排泄，汇总于新城西大道之咸湖，又因沟桥洞下排泄，经过向家沟桥，往北退入于杨信乡之池子湖，复由池子湖入于西大沟。

（九）西大沟：发源于靖益乡之海子湖，历杨显各湖，至盈上孙家庄接连沟口，向北经盈南、盈北、杨信、于祥、洪广、镇朔等乡，往北入于雁窝池，终流至石嘴山而入于黄河，长约二百五六十里，共泄退宁夏县十余乡之余水。但西靠山坡，地多沙漠，废弛淤塞，急待疏通。

附：疏通黄阳沟及辟修小中北大等沟图说

查：黄阳沟，当清光绪末年，天气亢旱，渠流不足，因之湖水干涸，沟务废弛。迨至民国十八年后，尝因阴雨连绵，河渠浩荡，每届六、七月间，湖泊盈溢东西魏信两乡，遂致水无出路，民田官道同受影响，洼下地面遍成泽国，生产于以减低，交通几经断绝，此皆沟道不通之所致也。本厅马厅长到任以来，闲尝注意于此，亲临视察，提倡疏通，乃委派技正及沟洞专员会同勘查沟线，绘图说明。沟在张政桥西者，仍循旧道挑挖，至张政桥东，舍去旧沟道改向北行，经过赵府滩导至镇河乡之清水湖，往北导至姚家湖、马家湖，再往北导至金贵乡傅家湖、毕家湖，以及于蝗虫庙沟、清水河等处，然后循西河导至永济洞，与北沟汇合而入于河。所定计划原拟今春动工，后因春寒冰解稍迟，时不及待，只得缓至秋期筹办物料，明春再行修作。

查：小中北大等沟原系排泄省城周围湖泊之水路，民国二十二年，虽将永丰、永济两洞重修完好，奈沟道未能宽辟深挖，出水仍属不利，一遇秋雨连绵，影响于四面之汽车官道者甚巨。本亍有见及此，计划重修深宽，出水使其顺利，道路得以保全。本年夏，乃以兵工力量，将该等沟依照原定计划辟挖完善，自此水流畅达，而省城周围湖泊，既无停蓄之患，即附近交通，亦不至受其影响矣。

加修西大道沟桥一座及疏通四大沟意义

查：西大道系新城飞机场来往之要道，又系西中沟退水过渡咽喉之地，南有咸湖，集数十连湖之水，咸汇于此湖。该道中段，旧有退水沟桥一道，每遇秋雨滂沱，而一座沟桥排泄不及，势必淹漫官道，阻塞交通。本厅洞明此病，计划于该道之东增建沟桥一座，以分泄该湖水势。今春业以依照计划建修完善，自此两桥出水，混混常流，预卜秋间，即令湖水高涨，而该道自不至淹漫矣。

查：西大沟近靠贺兰山坡，十数年来，公家迄未经营，水大水小，任其漫淹，自飞行场建筑于此，遂成要地，近来每至秋间，而靖益、杨显各乡之稻田撤水，及山坡雨水，均汇聚于此，机场被其浸淹，乃该沟淤塞之所致。本厅深知沟道若不疏通，逢秋水灾之患，决难除去，故于今年之春，用兵工力量挑挖沟道，由杨显北方起，导至镇朔乡止。拟于明年再由镇朔县疏通至石咀山入河止……此处工程俟后仍须继续兴修，以期达到原定计划，方为完善，不然，则池子湖既非尾闾，必利于此者，反害于彼矣。

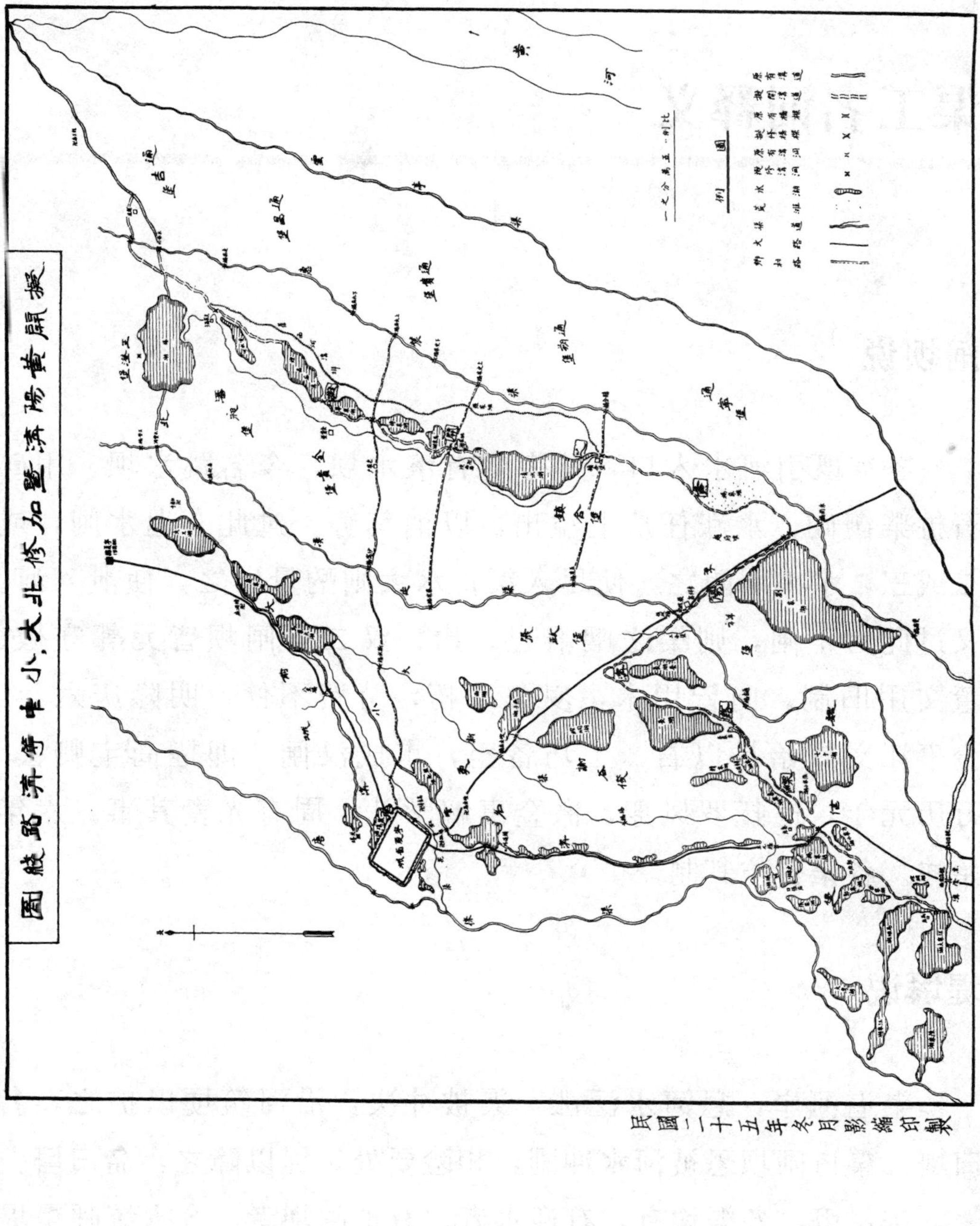
擬開黃陽渠暨加修北大,小中寧渠路線圖
民國二十五年冬月影縮印製

渠工名词释义

闸坝说

各渠既引河水入口，其旁则有滚水坝，今名跳水坝。用碎石桩柴镶砌，水涨任从上溢出，以消其势。过此有退水闸，或二或三，水小则闭之，使尽入渠；水大则酌量启之，使泄入河。又过此为正闸，则渠之咽喉也。唐、汉二渠闸坝皆元郭守敬、董文用旧制，向皆用木，岁久易朽，劳费不欿。明隆庆六年，佥事汪文辉始易以石，工巧备至，甫成汉闸，即擢尚宝卿去。万历元年，巡抚罗凤翔，檄佥事解学礼、周有光竟其事，六年始竣。各渠皆仿其制。

堤塀说

渠逼河岸，恐河水泛涨，渠被冲决，沿河筑埂以护之，名曰堤。渠口闸坝恐被河水冲刷，相险要处筑堤以障之，名曰塀。

按：塀，各渠均有，有迎水者，有护闸坝者，今人统呼渠堤曰渠塀堤埂，惟惠渠最大，旧堤自王泰堡至平罗石咀山；新堤自王泰堡至平罗县北贺兰山坡，长数百里，今半废，又灵武自渠口起，筑至漕河，明张公九德创筑，灵武之得免再徙者，赖有此堤及猪嘴码头耳。

暗洞说

渠势横亘，堤高于岸，则上段之水必不能向下段流去。前人因于渠底穿洞甃石以输泄之。如汉渠西各湖之水，阻汉渠不能达西河；河西寨以上湖水，阻惠渠不能入西河；金积汉渠之水，阻秦渠不能入大河者是也。暗洞之建，可谓巧夺天工。

飞槽说

各渠分布，东西阻隔，往往有此渠之地，而因势乘便接引彼渠之水以接济者，则用木槽跨渠上以通之，名曰飞槽。

陡口说

于渠之两岸堤塀，开口导引支渠，建筑洞式之闸道，名曰陡口。

底石说

底石何名乎？以制石埋于渠底而名之也。每岁春浚而民之狡猾者，懒惰者，往往不肯深挑，敷衍了事。前清侍郎通智洞悉此弊，因制石上镌准底字样，埋于工次，疏浚时，总以挑见此石为准。各渠多师其法。

物料说旧名颜料

物料者：草、桩、柳、茨、芗萻等类是也。和土筑埽堵塞渠口，非草不行，钉埽固土，非桩不行。芗萻则为绳缆。柳茨则为铺垫闸底，固护堤埽者。皆为渠工必需之物，故曰物料。旧例每田一分，出草四十八束，每束重十六斤。沙桩十五根，每根长三尺。于先年冬月征贮，以备来春工用。红柳、白茨、芗萻，则令民完纳，抵其应交之草。需用石灰，则于草内折银烧买。每草一束，折银一分。需用石块，亦于先年仲冬估计采办；并在折色开销。嗣以柴料过多，议请减半；每田一分，减草二十四束。后又议以六本四折征收，本色六成，折色四成。近交本色，远交折色，每草一分，折钱三百五十文；沙桩一分，折钱六十文。以供各项采买之用。惟清渠物料无多，全征本色。清乾隆二十六年，巡抚明以每年积弊包折夫料，无济实用，会议减征，经前宁夏道萨估勘，以各渠工料不敷，全征本色，其需用采买钱文，于汉、惠二渠人夫折价充用。二十七年，又议定七本三折征收，折夫之例，永行停止。同治乱后，旧例为之一变。唐汉两渠分上、中、下段以工之大小估计，上段征收本色，以草近而易交也。中、下段折收钱文。以草远而难运也。例如上段每亩征草一束，中段则折收钱三十文，下段则以七成折收钱二十一文。清渠征草若干，折钱若干，视工程大小估计，一律征收，不分上、中、下段。惠渠亦酌量工程，均征钱文，不征本色，所需物料，俱行采买，亦不分上、中、下段，惟分额田、马厂田。例如额田每亩征钱一百文，马厂田则征钱五十文，以此类推。各渠料款由渠长催扫。唐汉两渠渠长经费，于征款内除给一成；清渠除给五分；惠渠则于民间酌给，不除分数。各渠办法，大致相类。

夫役说

每年冬至后，各渠绅耆来城，各就内择派熟悉渠务数人，赴渠踏勘工程大小，估计夫料。并各举廉勤绅耆，管理银钱工料，曰首士；分段督修，曰委管；催派夫料，曰渠长；专司各闸启闭，并呈报水势消长，曰水手。唐、汉渠各四十名，每名给额田一分；惠渠四十四名，每名给灵州营滩厂地一分；昌润二名，每名给额田五十亩，均不征银粮草束。于来年清明，率作兴工，夫择精壮，各带锨笼。旧例每田一分，出夫一名，唐渠额夫五千七百六十三名零五日，汉渠额夫五千六百九十二名零十二日四分，清渠额夫一千九十六名零九日，惠渠额夫四千九百廿九名零十二日，昌润额夫一千六百九十七名。清明日上工，立夏日竣工，共挑浚一月。田半分者，挑十五日。又有零夫挑一二日者，皆计亩分挑。冬月卷（扫）〔埽〕，例拨半分田人夫，抵其次年春工之夫。春工后，又挑挖西河。自夏县河西寨起，至平罗县北东入于河，长三百五十里，曰西河，唐汉各渠剩水泄于群湖，群湖之水汇而泄于西河以入黄河。派夫曰热夫，岁有定额。西河虽在宁夏平罗地，而朔县田亩宿水，皆由之出，故派三县夫协挑。旧例夏县夫二百二十名，朔县四十名，平罗六百零一名。其各渠正夫，皆出自本渠受水各堡。到工迟延或有逃避者，皆计日倍罚。以免效尤夫不上渠之弊。同治乱后，奸民希免夫料，匿田不报，夫役仅得三分之一，渠之废弛，有自来矣。今渠之弊，半在匿田希免夫料，夫多则功倍，故欲渠之修，非复夫额不可，欲夫料之足，非复田额不可，夫役既足，而又策之以勤廉，严之以赏罚，欲渠之废弛，不可得矣。

卷埽说

每岁冬水既毕，河冰结冻，于十一月时，用柴土堵塞渠口，名曰卷埽。使春融时，河水不能溢入，渠身干涸，乃可修浚。至立夏工竣，则决去所卷之埽，开水入渠。

开水说

春工自清明上工，择其工程关紧之处，赶为修理。渠口固要，而渠身疏浚，亦不可缓。各处堤堐，先须踏看清楚，何者宜培？何者宜补？各工既毕，即择日祭告龙神，决去卷埽，开水浇灌，大约以立夏前三日为准。开水之后，宜督率水手、夫役沿渠梭巡，以防穿漏。水宜先灌梢段，自下而上，不可紊乱。

测水说

渠水既开，则于正闸立木一竿，以测水势，五寸为一分，以十二分半为率，王全臣《渠务书》，以十二分为率。水小则闭退水闸，逼水尽入正闸；水大则开退水闸，使水分泄入河。唐渠之西门桥，汉渠之张政桥，惠渠之永固桥，皆有测水木尺；西门张政永固桥水，以十四分为率，少则为不及，多则为太过。盖三桥居三渠之中，测水分数，可知到梢早晚。各渠官桥，皆有测水尺寸。又，旧例，峡口水过八尺，由宁夏官飞报南河防护河工。各渠皆严定测水分数，以防水小不能到梢，水大涨裂渠身之弊，最为关紧。

封湠说 “湠”同“俵”

每岁立夏开水，例委委员封水，将上游各支渠陡口闸闭，逼水至梢，取梢民得水结状以为验，名曰封水。封水之时，于各支渠酌留水二三分不等，名曰湃水，到梢后，自下而上，以次开放，头水、二水，以至冬水皆如是。然因时酌剂，往来稽查，惟在司其事者，若徒循成例，仅委衙役，则偷水卖水之弊，悉由此生焉。

用水节候说

各渠长百余里，或数百里不等，欲使渠流三时给足，令民间自酌物候，随宜浇灌，势必不能。故有头轮水、二轮水、三轮水之说，皆官为封湃，民自修理者，则由各渠首士督率封。上下始给。初开水为头轮水，浇大小麦、莞豆、扁豆，名曰夏田。其次胡麻、青豆、高粱、蚕豆及瓜菜，各渠下段又多种早糜谷，亦须浇灌。立夏后十日内外得水者为及时，半月后得水即减分数，二十日或一月不得水，虽有获，仅二三分矣。小满后种谷子，芒种前后种稻，夏至种糜子、绿豆，曰秋田。秋田年前不灌冬水，俟新水浇灌，乃可下种，过期便少获，故二轮水最要。秋夏田皆须灌三轮水，亦添灌夏秋田。小暑、大暑时，稻地尤不可一日绝水。立秋后沤麻，末伏种冬菜，唯白露前后，夏田已收，秋田皆熟，此时水可稍退，然亦须酌留四五分浇荞麦、迟糜子及冬菜，冬水霜降后封，至立冬后须遍，此为来岁夏田根本，须灌足，及春方可下种，此后水无所用。然往往有浸灌道途者，亦须禁。大抵各色麦豆得水四次大获，三次者亦丰收，二次减半，一次或过迟，皆无济矣。种稻须水最多，夏、朔二县地多低下，易生色，种麦豆三四年，必轮约种稻一次，藉水浸以消碱气，亦出于不得已。

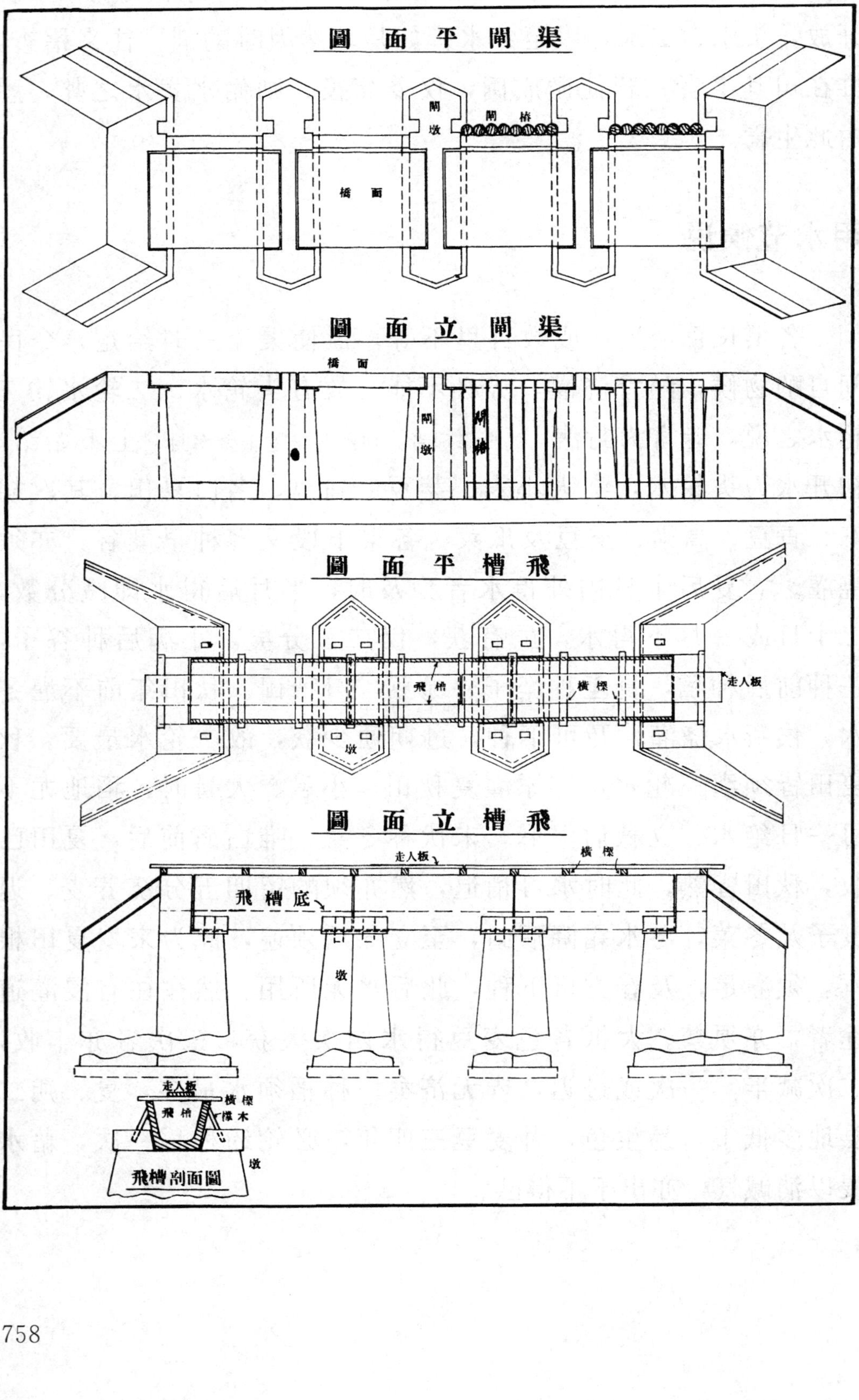

渠閘平面圖
閘墩
閘樁
橋面
渠閘立面圖
橋面
閘墩
閘樁
飛槽平面圖
飛槽
橫樑
走人板
墩
飛槽立面圖
走人板
橫樑
飛槽底
墩
走人板
橫樑
飛槽
樑木
墩
飛槽剖面圖

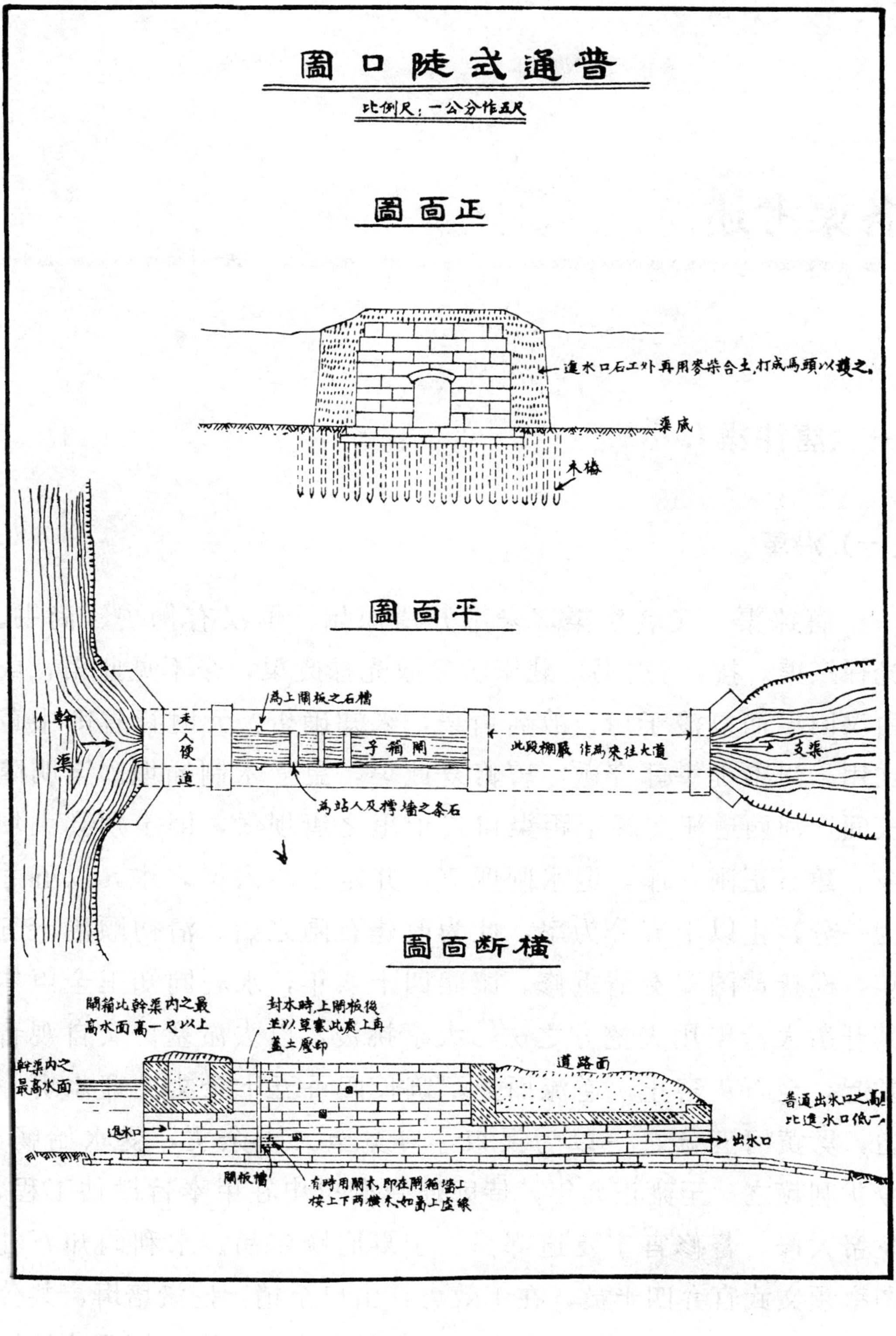
普通式陡口圖
比例尺：一公分作五尺
正面圖
進水口石工外再用麥柴合土,打成馬頭以護之。
渠底
木樁
平面圖
為上閘板之石槽
幹渠
走人便道
閘箱子
此段棚蓋 作為來往大道
支渠
為站人及撐墻之条石
橫斷面圖
閘箱比幹渠內之最
高水面高一尺以上
封水時,上閘板後
並以草塞此處上再
蓋土壓卯
幹渠內之
最高水面
道路面
普通出水口之高
比進水口低一
進水口
出水口
閘板槽
有時用閘木,即在閘箱墻上
按上下兩橫木,如圖上虛線

各渠考述

一 唐徕渠

（一）沿革

唐徕渠，又名唐渠，未悉开凿原始；惟汉有御史、尚书、光禄三渠。按：《唐书》载李听复故光禄废渠，今不见此渠，或由汉旧渠而复浚于唐，故名唐渠，未知确否？元时行省郎中董文用、河渠提举郭守敬，曾修复此渠，更立木制插堰。至明隆庆间，河西道汪文辉于距渠口二十里之唐坝堡，即宁朔县大坝乡。建石正闸一座，退水闸两座，并定正闸入渠之水，以五寸为一分，止以十五分为率，此为改建石闸之始。清初顺治十五年，巡抚黄图安奏请重修。康熙四十八年，水利同知王全臣本其开凿大清渠用夫挖方之法，大事挑浚，以去淤塞。又自观音堂起，至石灰窑止，逆流而上，筑长四百五十余丈之迎水堺一道，劈黄河五分之一以为渠口，口宽至二十余丈，受水始畅，今犹利赖之。至雍正九年，侍郎通智御史史在甲奉旨勘估工程，发帑大修，督修官宁夏道鄂昌、宁夏府顾尔昌、水利同知石礼图率领文武官弁四十员，在工效力，由口至梢，挖淤培堺，共分十三工。是役也，展长迎水堺至三里零十丈，于进口扼顶冲处倒流河之下，造滚水石坝三十丈，即今之大跳也。又增建三墩四空石闸一座，以泄余水；并正闸附近之碑亭庙宇，亦加修葺。工竣后，复于渠底布埋准底石十二块，使后来疏浚者有所遵循，虽此法早已湮没，然从此规模已备，至今无稍变动。乾隆四年及四十二年，又经宁夏道钮廷彩、王廷赞先后奏请借帑大修。嗣后虽例应岁修，无大记载。本渠自清初以来，特设水利同知，专司其事。至光绪年间裁同知，归宁夏府监理，而修渠料款，乃由受水农民按亩均摊。宣统元年，宁夏都统志锐为旗民学习农业计，请帑由宁朔县靖益堡唐渠之西掰，开湛恩渠一道，引水分注沿贺兰山坡一带新垦镇朔堡之地，惜上段为沙所淤，无力复修，今已等于废渠矣。及民国初年，府缺裁撤，归宁夏道管理。至十七年道缺又裁，改设水利总局，设总办一，甫经数月。至十八年改建行省，全省渠务归建设厅兼办，由厅委局长一员、段长四员、总段长一员，以专责成。至二十四年，举行二次省政大会，对水利制度详加讨论，遂改局长制为委员制，由本渠受水农民选举委员九人，内选常务委员一人，至勘估工料及一切应行兴革事项，仍由建设厅监督之。从此官督民修之精神，为之实现矣。

（二）流域概况

唐渠开口于青铜峡内百八塔寺之旁，沿西山之麓，经过石灰窑、龙王庙、观音堂而至石子梁；沙野滩南端。再北流经过大跳水，及头、二、三退水闸，直抵大坝之正闸前，无大屈拆，左为荒滩，右为倒流河，即收容跳水及各退水闸之小河。河外隔以迎门滩，即黄河之西河也。渠口宽四十八丈，由渠口至正闸前，长约十一公里三，合二十三中市里。为全渠之咽喉，每岁春工，以此段为最要焉。

由正闸起，微向西北流至玉泉桥，再曲折向东北流至大东方桥止，为本渠第一段，计长六十五公里半，合一百三十一中市里余。宽十余丈，深三五尺不等，灌溉宁朔县十一乡之田地。此段西埂靠山及沙漠，支渠多在东埂开口，计大坝乡十四，陈俊乡一，蒋顶乡十五，瞿靖乡九，玉泉乡十九，西邵岗乡七，宁化乡十三，李俊乡一，宋澄乡十四，曾刚乡五，靖益乡十三。各乡地多湖滩，除大坝乡外，十九为浪稻之水田。

由大东方桥起，微向东北流至大新渠口，复转北至省城西门桥止，为本渠第二段，计长四十三公里，合八十六市里。宽七丈上下，深五六尺，灌溉宁夏、宁朔两县十一乡之田地，而在大渠埂之乡有七，余皆受支流之水也。此段西埂外多连湖，东埂外上段为退水沟，下段亦属湖滩，因各乡田地低洼，泄水容易，浪稻水田几占十分之九。本段东西两埂支渠相等，内有良田、大新、洪花三渠，为本渠著名八大支渠之数也。计杨显乡有支渠十三，王全乡六，许旺乡五，魏信乡八，盈上乡六，丰盈乡甚大，分为盈上、盈下。宁城乡十三，前城乡十。

由省城西门桥起，微向东北流至站马桥以北之老罗渠口止，为本渠第三段，计长三十六公里六，合七十三中市里余。宽五六丈，深六七尺，灌溉宁夏县十三乡之田地。在渠埂之乡有十，余如李刚、镇朔、洪广三乡，系受太子、新济、支渠之水。此段地势稍高，两岸外之湖多属碱滩，故各乡田地，率多旱田，能浪稻之水田，未及十分之一。东西两埂之支渠亦相称，内东埂之太子渠又名亦的渠，八大支流帖、良、新、共、满、亦、罗、果之亦字，即指此渠。西埂之满达渠、罗渠亦本渠八大支流之数也。计中前城乡有支渠六，丰登南乡五，西左乡四，谢保乡十八，丰登北乡七，丰登甚大，分为南北两乡。玉祥营乡一，徐和乡五，桂文乡五，张亮乡八，常信南乡四，北乡七，丁义乡二十三。

自老罗渠口起，北至镇威乡梢坝止，为本渠第四段，计长五十五公里四百五十公尺，合一百一十余中市里。宽三丈上下，深三四尺，灌溉平罗县七乡之田地。此段地势愈下，距水愈高，全是旱田，无大支流。西埂较东埂渠口虽密，而各口灌田无几，埂外支流多无湖滩，而西埂外上段尤多沙漠，致将昔日著名之果子渠，亦被沙压失其效力矣。梢坝往北直至边墙，尚开退水渠一道，为退渠中之余水。曩时渠梢，可至上宝闸乡归入西河，此西河是古人所凿埂为退汉唐等渠之余水。今西河早已湮没，即泄入惠威一带之湖滩，然近来梢末渠口林立，名为一窝蜂，而水量常患不足，亦无余水可泄矣。本段支流，计高荣乡西甲五，东甲十七，姚伏乡三十七，周成东乡四十六，西乡五十四，本城乡所管之头二闸，各有十六，三闸十七，梢末威镇、惠威两乡共二十。

总计本渠共长二百一十一公里又八百二十九公尺，合市制中里四百二十三里又九十八丈七尺，一百五十丈为一里。合旧制三百五十三里又八丈七尺，一百八十丈为一里。共有大小支渠五百五十一道，除首末两段各有十余平口外，余皆石造大陡口及木石小灌洞也。共灌夏、朔、平三县四十二乡之田四十六万七千八百余亩。倘清末所开之堪恩渠不为沙压，则灌田亩数更有可观，洵西北第一大渠也。

（三）闸坝

宁夏各渠，春水常患不足，夏、秋惟恐泛滥，故春工时，先于进水口，修补迎水长埂，以期多噬洪流。唐渠长埂至五里有余，直分黄河正流五分之二，其进水之多，来势之猛，可以想见矣。幸元郭守敬有闸坝之设，流传于今，其法引水入渠后，于能泄水地点，布钉木桩为底，上用毛石即大块片石。草束，砌成滚水坝又名跳水。一道，水小则束之入渠，水大则从坝顶滚出，如此则渠内水泽，永无不足与泛滥之患矣。唐渠大跳水长四十五丈，底宽一丈八尺，顶宽一丈，高约八尺，滚出之水，入倒流河至清渠口，仍归于黄河。此种设备已属至善，然犹恐渠水进退不能自如，故过跳水后，又有退水闸三道，名曰头闸（即关边闸）、二闸（即宁安闸）、三闸（即汇昌闸），水小则闭之，使入于渠；水大则开之，以泄于河。俱系三墩四空，上架一无栏桥梁，桥长十九米四，宽三米六，石墩长十米，高四米，宽三米三，泄水孔，北三空，宽皆三米二，南一孔，宽只二米五。闸底有石坎，上置木梁，用司启闭，各闸退水皆入倒流河。过退水闸即是正闸，为全渠进水之咽喉，亦三墩四空，上架一有栏桥梁，一切尺寸与退水闸同。惟进水孔，中两孔宽皆三米二，边两孔宽皆三米四。又正闸下八字墙，附有木标尺一，尺以五寸为一分，以十五分为止。本渠进水量最大分数，头三两轮水，即春冬水。不得过十三分三，二轮水（即夏水）以十四分二为最。

正闸之东为贴渠口，进水宽三米五，与唐渠口并列，原系一礅两空，渠分东西两岔。于乾隆年间，折西岔归唐，惟留东岔，梢入清渠之减水闸。因渠长只二十余里，中又有退水闸两道，渠口进水量，不论分数矣。

正闸以上，淤淀甚速，故于渠水有余时，即开退水闸，利其向下冲刷之力，以拉淤泥，此退水闸之又一用途也。

正闸以下，因大陡口甚多，拉淤亦易，故唐渠正身无退水闸之设，为一特点。及至平罗县本城乡，因地势高亢，于县城东北两方，筑有头、二、三提水闸三道，闸制极简，仅依两面渠砌石墙两道，上架一大横梁，渠底砌有石坎，用以安放闸木。各闸石墙长十米，高二米，头闸为四米七，二、三闸皆为四米。水到梢时，依次由下向上，闭闸提水，以资灌溉。

渠梢向有尾闸一道，近因荒地日垦，需水较多，梢闸无启闭必要，现已变为土硬，名称亦呼为梢坝矣。坝长七米，高一米五，宽约一米，可见渠水到此，已微小无力矣。

(四) 渠埂

凡渠身两岸之堤及迎水堵水之坝，俱名曰埂。唐渠渠埂都有名称，是其特点；其原因不外埂上工多，而欲知工之所在，故名亦多焉。

渠口迎水长埂，长二千七百余米，底宽丈五，顶宽一丈，高约六尺，用石块、麦草垒砌之。不遇洪水，每年尚加毛石七八十船，每船重一万二千斤。而积年甚久，可知此埂之雄厚矣。

进口后，三闸有大湾埂，二闸有新工罗圈埂，内防本渠，外防退水之冲刷，头闸有张贵、苏武、马神三埂《旧志》：称王砚、张贵、城墙三埂。每年补修，亦属要埂。

由正闸起，至宋磴乡四方埂子止，长约九十里。东埂均系沙土，质甚松散，易为风移。每岁春工，沿埂险要处，多用麦柴合沙土打成。然一遇西风，为浪冲刷，倾倒更速，故临时又多赖挂柳。惜埂属沙土，植柳维难；况埂外湖滩较低，尤易出险。西埂全靠山边，有山水沟十数道，每逢暴雨，亦有冲决埂岸之患。此本渠上段沿埂工多之原因。

自宋澄乡邹家庄迤下黄沙垛埂起，至末梢止，则全属黄土埂，间有沙埂，亦不如上段之甚。因埂土坚固，顶宽有减至三五尺者，然单薄如此，一遇后有水湖，即立成险埂矣。况本渠渠道极形湾屈，以第一、二段之间，及老罗渠以下为尤甚。凡渠之湾处，一面淤积，一面冲刷，而受冲刷之一面，不得不加帮柴柳，布设码头，以抵御之。此本渠中下段沿塄工多之原因。

有以上两大病，而去沙既非人力所能去，截湾亦不胜其截，遂致沿塄皆有险工；且以险塄之名色，即为估工之目标矣。至各乡险要之塄，另详表册，兹不赘及。

（五）桥梁

唐渠直贯夏、朔、平三县，除第一段沿贺兰山坡为去定远营要道，平时无大交通外，余皆经过繁盛之区，故桥梁甚为重要；然以偌大之渠，而大小桥梁只有二十六座。且不能通车者四，离桥较远之乡往来诸多困难，现拟积极添修，以利交通。兹将各桥名称、构制由上而下，依次开列于左。

太白桥（即梢里桥，在蒋顶乡，六孔，石柱桥腿，木梁铺土桥面，长三十一米，宽五米，为通山后之大路。）

玉泉桥（在玉泉乡，五孔，石柱桥腿，木梁盖土桥面，长二十米五，宽四米半，为至西蒙王爷府要道。）

宁化桥（在宁化乡，此桥立有木标尺，最大水不过十五分二，七孔，石柱桥腿，木梁桥面，长二十二米半，宽五米，为经王窝铺大井头关，至山后要道。）

新桥（在宋澄乡，七孔，石柱腿，土木面，长二十八米六，宽四米四，为去山后及新城之大道。）

大东方桥（在曾刚乡，八孔，完全木桥，长二十一米半，宽四米二，为去任家寨子大道，并由此寨可去后山及新城。）

杨显桥（在杨显乡，此桥附水标尺，最大水量不过十六分，七孔，石柱桥腿，木梁盖土桥面，长二十六米，宽四米八，去向同大东方桥。）

社稷桥（在前城乡，六大孔，两小孔，共八孔，完全木桥，长二十七米三，宽四米六，为上前城宁城之东西大道，交通不繁。）

保安桥（在前城乡，七孔，长二十米，宽四米六，完全木桥，为由省城往西南乡之要道。）

西门桥（在中前城乡，省城西门外，此桥有标尺，最大不过十五分三，五孔，石柱腿，土木面，有栏杆，长十六米二，宽六米六，为出省往西要道。）

新桥（在丰登南乡，五孔，石柱及木柱桥腿，长十五米六，宽四米六，为由省城往西北要道。）

满达桥（在丰登北乡，五孔，石柱腿，长十六米五，宽五米，为由省至玉祥、洪广两营一带之要过❶。）

獾洞台独木桥（在谢保乡，五孔，长五丈五，宽四尺，桥腿用两根木柱架一横梁，上铺柴土，仅能走人畜。）

站马桥（在常信乡，此桥附有标尺，最大水分数不过十四分二，三孔，中间石柱腿，两边木柱腿，长四丈三尺，宽一丈三，为谢保、张亮、李岗各乡去西山要道。）

独木桥（在北常信乡，三孔，长四丈，宽四尺，亦用两木柱架一梁，再铺柴土而成，仅走人畜。）

天字桥（又名张明桥，在高荣乡，三孔，木桥，长二丈七，宽一丈二，为李岗及姚伏二堡往来大道。）

阎贵桥（在姚伏堡，两孔，附有标尺，最大水不过十分，石柱腿，有栏杆，长二丈五，宽一丈八，为姚伏东门外之要道。）

上桥（在周城乡，两孔木桥，长二丈五，宽一丈二尺，由

❶ 要过　似应为“要道”。

马家圪去西滩要道，交通不繁。）

白龙王庙桥（在周城东乡，两孔木桥，长二丈五，宽一丈二，为周城乡去西滩大道。）

下桥（又名张贵桥，在周城西乡，两孔木桥，长二丈五，宽一丈二，去西滩大道。）

风神庙独木桥（在周城风神庙前，两孔小木桥，长两丈，宽三尺，仅能走人。）

徐家桥（在本城乡，两孔，由三道石墙上架大梁，铺木板盖土而成，长二丈二，宽一丈二，由大兴圪去西滩大道。）

阎家步口桥（在本城乡，两孔，中间石墙，两边木腿，桥面长二丈二二，宽一丈，为去西滩之道。）

南门桥（又名太平桥，在平罗南门外，附有标尺，最大水不过八分，三孔，石漩洞，桥上建出廊房三间，桥长三丈五，宽四丈，高一丈，为平罗来省之大道。）

东门桥（又名沙干桥，二孔，由三道石墙架大梁，铺木板，板上又盖石条，长二丈，宽一丈二，为经通平桥去宝丰大道。）

龚家桥（在头闸下，两孔，完全木桥，长一丈七，宽一丈二，为渠之东西种地往来桥。）

北门桥（又名龙凤桥，两孔，由三道石墙架大木梁，铺木板沙土而成，长一丈七，宽一丈，高五尺，渠水至此，已只三尺深矣，为去黄渠桥之大道。）

（六）渠工事项

谚云："天下黄河富宁夏。"人但知宁夏河渠之利，而不知渠工之难；但知年种年收，而不知岁需修浚。一因河水含沙最富，入渠澄淀，以致一岁所挖，不敌一岁所淤。一因渠口受水虽多，而闸坍稍有疏忽，农民立即告旱，故物料、夫役之有备，规例、时间之严格，皆经古人千百年之经验，方有今日之效果。兹将本渠工程事项，择其要者，略述于左。

(1) 施工步骤

每年于冬至节后，由本渠负责者，昔为局长，现为委员。召集全渠受水而富有渠务经验之耆绅，由口到梢，详为勘查，查毕，即开会讨论次年春工之办法，依工大小，计划坝料，估计民夫，名曰估工。将工估定，一切夫料皆按亩匀摊，呈经建厅核准，呈报省府备案后，即开始征草束；并采办各种坝料，运至应需地点，以备来春之用。本渠长有三百余里，上段自曾刚乡以上十乡，因距渠口甚近，运输便利，所出民夫草束，名曰本色。每田一分，按六十亩为一分。出夫一名，役工一月。每田一亩，出草一束，重十二斤。田少者，数家朋一夫，名为朋夫。下段各乡，距渠口甚远，送草不便，则出民夫坝料，所谓坝料者，即采购各项材料如条石、毛石、木椽、石灰及公费等。所需之款也，名曰折色。每田一亩，出坝料洋一角三分，此占工征料之情形也。

每岁于春分节，先上渠口埽夫半月，名为卷埽。即系用柴土堵塞渠口，使春融时，河水不能入渠，以便挑挖也。本渠卷埽法用散柴，他渠用捆柴，各渠情形不同。即于两岸以竿拨草，草上压土，步步向前推进，以至合龙为止。长八十四丈，宽二丈八，高因河底不平，由五尺至一丈不等。又大跳北面，尚有腰坝一道，长三十五丈，宽一丈五，高五尺。埽坝与腰坝间之积水由大跳开口放出，因本渠口内，有打石结子工作，故多此一坝也。

至清明日，即上正夫，至立夏日止，为期一月，名为春工。

自正闸以下，约分四十段，全渠受水户民，皆按亩出夫，赴指定工所，每段用夫一百五六十人。因本渠险坝甚多，凡大湾水冲之处，上段之沙埂，下段之（簿）〔薄〕埂，均用土草筑一码头，外钉木桩围护之；且因湾处太多，每湾所淤沙墩沙墩是宁夏渠工语，即湾内所淤之沙堆。甚大，去之尤为费力，至平直处，则无工矣。渠内桥梁，亦于此时补修完善，此正闸以下春浚之情形也。至正闸以上渠口以下一段，以打结子即挑去所淤之石子。工为最大，关系亦最重要。从前春水，每患不足。经十七年水利专员崔桐选先将渠口石子大加挑挖，进水方得畅旺。此工分为四段，头结子由龙王庙门至观音堂；二结子至公子沟；三结子至石咀山；四结子至三闸前。此外尚有压大跳水代挑石子一段，每段用夫至少一百五十余名，工作一月。至所用器具，不似他渠用犁铧，乃用二人拉，一人扶之钢铁尖锄，每次犁起二三寸，且消耗甚快，故春工渠口用铁匠最多，亦是本渠特点。至加长埂，压大跳及修理各闸之工，皆于此时告竣。

春工已毕，至立夏日，则用挠拘、板锄，抉去所卷之埽，放水入渠，名曰开水。以后各段民夫，即行解散矣。

(2) 物料用途

春工民夫逾二十万，每岁坝料亦需五万元上下，其数可谓巨矣。夫夫之用途，已如前述，而物料之用途，数额最多者为草束；即稻、草、麦、柴。费款最巨者为石料。草之用途，仅渠口至正闸一段，每年额需五万余束；而渠身内之马头，及筑埂所需之草，年虽不一，总计亦逾数万也。至石料分为条石、毛石两种，条石用于闸上龙墩及八字墙，应需之数，年不一定，多则二百块，少则一百块。毛石之用，首在加高迎水长埂，多则用一百六十船；若无洪水时，八十船足矣。次修大跳，年用四十船，此为定额。又防冬水不足，大跳须用毛石加高，数亦不定。他如石灰、胶泥、柳木、大梁、茨菩等项，每年视工大小，临时估定外，尚有松椽一千五百根、上段为尖锄把、挠拘把及搭工人住棚，约七百余根，正闸下为打桩、坐埽及筑马头，约八百余根。闸木二百五十根，至锄钩铁锨绳缆等类，更须年年添补也。

(3) 督工点料

春工最为紧要，建设厅为防偷工减料、卖放民夫等弊，事先加派委员若干名，逐段点查夫料，以昭慎重，而期核实。复由水委会保荐本渠受水而富有经验之绅民一百零二名，呈请建厅加给委状，名曰委管。以八十四名各率民夫，分赴指定工段，监工一月，每名津贴公费洋十元。余十八名为封水委管，在封三轮水时，亦有津贴。

(4) 支流春工

以上所述皆干渠工作之概况。至八大支流，关系亦重，故每年春工，由公家按该渠之大小工，拨给额夫若干名补助之。至各小支渠，即归该渠会首集合本渠受水人民，按亩出夫，自行挑挖，公家惟随时抽查指挥工作而已。

(七) 委员会之组织及经费

本渠设委员九人，内选常委一人，月薪七十元。其余委员无薪，仅于封水督工时，共估出差费一千元。段长四人，每人月薪十五元。文牍、会计各一人，书记四人，水警四十五名，马警四名，薪资不赘。段长之下，每乡每年由人民公举渠长一人，系轮流充当性质。管一乡之支渠埽岸，兼催征坝料。每一支渠，又由本渠受水人民推举会首一人，经理本渠摊派夫料，挑挖做口，并察看该渠口左右，及干渠之埽岸。大支渠用有看丁者，与小支渠会首之责同。渠长、会首、看丁，皆无一定工资，惟受民众之酬劳而已。至委管员额与责任，前节已述，此外干渠口，尚有水手四十名，专司各闸启闭、呈报水量，并负渠口各要工用柴方法及看守料厂等责。此项水手率皆世袭，每名公家给额田一份（六十亩），免征银粮坝料地亩杂差，足见古人对水手之重视也。本年建厅为促进水利、统筹计划及革除积弊起见，又于小坝设一水利办公处，委视察长一员，每干渠委视察员一员。自此官督民修，各尽其力，收效之溥，已非昔比。

（八）支渠口

人但知唐渠进水之口，建筑甚善；而不知支渠之口，修法亦有研究，否则不能应付下列两种情况。

（1）唐渠之塀皆甚高亢也

凡高塀之口，出水皆猛，拉刷之力，因亦甚大，往往由口冲决，为患甚深。惟本渠各陡口，筑法合理，参看陡口图。不但冲决患少，犹能得两种利益：一、西塀外靠沙之段，约占一百五十余里，每年沙为风吹水刷，浸入西塀渠内之量，不知凡几，结果渠不为沙所淤，能维持一年灌溉者，因其所入之沙全被东塀各陡口泻水之力拉去矣；二、凡各陡口，皆有归宿，故无减水闸之设，每届夏季水大，下段渠水，亦能平稳，是其特点。

（2）唐渠最长封俵困难也

何谓封俵？立夏开水，例先迫水到梢，所有上游各支口，官厅严为封闭，其名为封。封时大陡口须留水几分，或遇天变河涨时，亦酌量开泄几分，此谓之俵。待末梢灌遍，依次向上开放，三轮水泽，均不误期，要皆封俵得法，渠口启闭极易之效能也。

（九）灌溉时期

查：宁省农产无干旱之患者，惟恃水利；然水利尤贵浇灌及时，否则百弊丛生，收成歉薄，故灌溉时期，诚水利上极严重之问题也。兹将用水节候，略述于下。立夏开水，谓之头轮水，浇大小麦、莞、扁豆等夏禾，至忙种时，上段浪稻子，下段种糜谷，皆用此轮水，故封水到梢，最迟不能过忙种。然上段大支渠，尤须先俵后封，否则亦难及时下种。如良田渠，非过二十天不能到梢，大新渠亦须十天，红花渠五天等类是也。

二轮水于夏至节后开放，谓之伏水，夏秋田皆须灌溉，惟上中段之稻禾，于大小暑用水要紧，下段之糜谷、高粱等秋禾，于大暑、立秋时用水最急。俟田禾溉足，而淌麦楂子、沤麻及种菜蔬等，亦于此时需水孔急。直至白露节前后，二轮水即无必要矣。

三轮水在霜降节前开放，谓之冬水，全渠均须灌足，为明春下种之根本。况宁夏地土质胶，碱性过大，如伏水淌楂子，即为去碱气，再淌冬水，经冬冻春融之变化，土即疏散。惟下段之冬水，由寒露到霜降，必须灌足，中上段亦不能迟至立冬后五天，一遇天变，即行退水，迟则即恐结冰，而渠塀有溢决之患。此宁省用水节候之大略情形也。

（十）结论

查：唐渠灌溉夏、朔、平三县之田，几估全省亩数三分之一。全省十大干渠，共灌田一百六十余万，而唐渠即占四十六万余亩。自渠口石结子工程，年加修浚，进水即行顺利，则全渠似乎无大问题矣。然如上段沙塀不坚，塀西支渠，为沙所压，致镇朔一带，荒田渐多；而改进方法，宜先筹画。兹将本渠应行兴革事项，胪列于左。

(1) 上段沙堧宜多下木桩也

查：上段沙堧，几成整个倒塌，虽因浪击，实由春工敷衍，而底不打桩之过也。自后春工，无论帮堧或筑码头，务先清理底盘，挖去浮沙淤泥，然后密排打桩，再用麦柴合土，层层筑起，外护树枝，自不易倾倒矣。如此虽觉多费，但桩在渠底，不易腐朽，一年打好，可保数年之用。

(2) 凡险要堧岸宜多造林也

查：渠堧愈险要处，树木愈少，其故皆为人砍用挂柳，以御临时之险也。既知树枝可以险抢，自应于险堧之外，多植柳林，况唐渠上段西堧外，有山水沟十余道，每当夏秋之季，山洪暴发，以该处极弱之沙堧，势难抗御。尤应于堧外对山沟之空地，多挖沟洫，广为造林，则山洪来势之凶猛既杀，渠堧自易维护矣。或谓本渠上段沙堧，植柳不活，实是欺人之谈！不然，何现在犹有古柳成行耶？至沿堧某处有树若干株，某处宜植若干株，另列表册，兹不赘及。

(3) 渠堧宜严禁取土及畜牧也

查：本渠极高之段，十居其八，全赖两堧以束水，堧土愈高，险要愈甚，一般人不察，多取堧土应用，危险孰甚？尤以省城东门外之洪花渠堧，西门外之干渠堧为尤甚焉。至本渠东堧外，湖堧甚多，最宜牧畜，每届夏秋，牛马成群，岂知沙堧性松，不堪践踏？况堧上之草，护堧最力，培植不暇，何可伤损？皆宜严禁，以防不测。

(4) 老罗渠口上宜添提水闸也

查：老罗渠，紧接复兴、新济、边罗三大支流，灌溉镇朔、洪广、常信等乡之田。每因渠口进水不利，灌溉难周，以致荒田日多；且镇朔一带土地肥沃，只因缺水，多未垦辟，故清末所开之湛恩渠，目的亦在此地，但久已无力复修。况此三渠原有之田，现因地荒夫少，春工不及挑挖，恐将来愈趋愈下，不堪收拾矣。今拟于老罗渠口外，由公家筑一提水闸；并严令该三渠负责人员大加修浚。如此则水高渠低，进水自畅，不但原有之田可得水泽；即未垦之荒亦易开辟，一举两得，获益良多。惟修闸之先，务要注意迤上之渠塀。查：由站马桥至罗渠口一段之塀，尚不薄弱，且渠身湾曲，古柳甚多，只将南渠以下一段之西塀，稍为加高即可，况此长未三里之地，所费亦无几耳。

(5) 末段三闸各支渠口宜速移位也

查：三闸上之张、徐、董、李各家大支渠，长皆七八里，灌田各逾千亩。惟因地势高亢，进水困难，浇灌不易普遍，其故全在渠口甚窄，而每年挖出之土积累如山，一经水浸下崩，以致咽喉壅塞。宜将渠口上移，从新开口，既免挖渠出土之难，亦可畅受水泽。至新勘渠道，如有占用他人田亩时，可设法购买，其费有限，其利无穷矣。

(6) 沿塀宜添设水房并宜常备抢险物料也

查：本渠在宁化、大新、良田、满达桥等处设有水房，已较他渠称便。惟至玉泉、曾刚、邵刚一带险塀之处，及离村舍较远之地，水房少，一遇出险，立决数丈；且往往上段出险数日，而下段尚不知出自何处，及至夫料齐备，损失之量，已不堪闻问矣。拟在该处添设水房，并常备抢险物料，一遇有险，即免因物料不备坐视扩大也。

(7) 以后渠工应改用洋灰也

查：洋灰最利于河渠工程之用，一则施工迅速；再则经久不（杇）〔朽〕。宁夏各大桥闸俱用条石、胶泥、石灰。条石有山价、工价，每块以六立方尺之体积，以离山甚近之本渠，亦需四元之多。石灰粘力薄弱，年年修补，所费实大。今后宜渐渐试用洋灰，虽不敢断言年省几何，然决无年年补修之烦累也。

(8) 沙压之渠宜筑阴沟以接济也

查：渠最大之病为吹入干渠之沙，若春浚得法，水力即可冲刷。惟支渠之沙，因水不利，往往将渠压塞。如下段果子渠，仅中段沙压数里，致下梢极广之肥壤不能开垦，殊深可惜！拟仿都市马路下之洋灰管阴沟，修筑接济，既能免沙，又可经久；至出水顺利，更非渠道可比。不过费用较大，事难创举，今姑志之，用资参考。

（十一）唐徕渠支渠

周家渠（由二闸斜对岸经过大坝乡至周家寨子，长三里，灌田一百余亩。）

贴渠（由大堺村经过大坝乡、陈俊乡至清渠减水闸，长二十余里，灌田一万三千余亩。）

张家渠（由大坝城根至大坝乡之西滩，长一里，灌田二十三亩。）

金家渠（由金家堺至大坝乡之西滩，长三里，灌田二百三十亩。）

陈家渠（由马家步口至大坝乡之西滩，长二里，灌田一百五十亩。）

马家渠（由马家堺经过马家寨至韦家滩，长一里半，灌田八十二亩。）

韦家渠（由马家步口至西滩，长一里，灌田一百三十五亩。）

余家渠（由余家湾经吴家庙前至马寨子后，长一里，灌田八十亩。）

俞家渠（由周家步口至西滩，长二里，灌田三百四十亩。）

周家渠（由吴家步口经吴家庙后至常家湖，长二里，灌田一百亩。）

沙家渠（由吴家步口至常家湖，长二里，灌田一百亩。）

吴家渠（由吴家步口经吴家寨子至常家湖，长二里，灌田三百亩。）

张家渠（由葫芦席湾经吴家寨子至车路，长二里，灌田二百亩。）

毛家渠（由沙家步口至沙家庙，长三里，灌田五百二十亩。）

沈家渠（由郁家塀经过郁家寨至大沟，长六里，灌田六百三十亩。）

卫渠（由孙家塀经曹家寨子至谢家湖，长八里，灌田一千七百八十五亩。）

沙渠（由张家塀经南家寨子至谢家湖，长八里，灌田一千六百六十五亩。）

张家渠（由桑家塀经张家寨前至官路，长四里，灌田三百六十五亩。）

周家灌洞（由南沙边经西滩至西边，长十二里，灌田三百四十亩。）

罗渠（由蒋家塀经渠南有王家湖大沟，长七里，灌田二千一百八十六亩。）

姚渠（由姚家塀经白龙王庙至大清渠，长十二里，灌田一千七百五十六亩。）

黄家灌洞子（由曹家西堺经西滩至西沙边，长八里，灌田四百六十亩。）

长流渠（由曹家堺经大路坑庙、李家寨、马羊湖等地入大清渠，长十五里，灌田二千六百五十四亩。）

康家灌洞子（由张家堺经胡家寨至西沙滩，长八里，灌田三百五十亩。）

陈渠（由张家堺经蒋顶村、阎家滩、张家堺至王家湖，长十里，灌田二千六百三十亩。）

阎渠（由阎家堺经蝗虫庙、阎家滩至东湖，长七里，灌田一千一百四十五亩。）

新渠（由花家堺经月牙湖、刘域滩及王家庄、八官湖，长六里，灌田九百八十五亩。）

倒水渠（由太平桥起入官湖，长二里，灌田四百六十五亩。）

胡家灌洞（由刘家西堺经西滩至保家圈，长七里，灌田三百四十亩。）

唐家灌洞（由西堺起经胡王两庄至西山坡，长四里，灌田二百八十亩。）

官渠（由刘家堺经刘家滩至王家湖，长四里，灌田一千三百亩。）

丁叶渠（由福福堺经刘家滩入清渠，长六里，灌田三千三百亩。）

王家小渠子（在李家寨子，长二里半，灌田二百二十亩。）

王家灌洞（在王家庄经西滩至西山边，长三里，灌田三百一十亩。）

李家灌洞（由唐家堺入大山水沟，长五里，灌田二百六十亩。）

罗殷渠（由史家埄经李家寨子后入敬家湖，长五里，灌田一千三百五十亩。）

桑叶渠（由马龙埄入叶家湖，长六里，灌田二千二百五十亩。）

鲁叶渠（由姜龙埄经夏家湖入董家湖，长六里，灌田二千五百亩。）

板木渠（由姜家埄入长湖，长三里，灌田六百亩。）

坦坦渠（由黄家埄经长湖边至武家高庙，长六里，灌田二千八百亩。）

陈家口（由陈家埄经陈庄至西山坡，长一里，灌田一百九十亩。）

郭家灌洞（由顾家〔埄〕经郭庄至西山坡，长二里，灌田三百五十亩。）

萧家渠（由萧家埄经萧家庄至三道湖，长一里半，灌田二百三十亩。）

甘露渠（由黄家埄经新营古灵台，长五里，灌田三千一百亩。）

王家灌洞（由王家埄经王家庄入碱湖，长一里，灌田二百五十亩。）

南家灌洞（由南家埄入碱湖，长一里，灌田二百五十亩。）

丁家渠（由倪家埄经玉泉桥入清水沟，长二里，灌田五百亩。）

强家渠（由强家埄入清水沟，长三里，灌田二百亩。）

汤家灌洞（由汤家埄经老营至山边，长一里，灌田四百亩。）

罗家渠（由罗渠埄入清水沟，长三里，灌田五百亩。）

汤家小渠（由汤家埄入献明湖，长二里半，灌田五百亩。）

五道渠（由何家塀入献明湖，长四里，灌田一千三百亩。）

张家小渠（由何家塀经沙滩入清水沟，长一里，灌田二百亩。）

沙渠（由沙家塀入清水沟，长三里，灌田二百六十亩。）

孟家渠（由何家塀经何家湖入清水沟，长三里，灌田四百五十亩。）

新渠（由何家塀入清水沟，长四里，灌田五百五十亩。）

叶渠（由叶家塀经玉泉村入清水沟，长二里，灌田五百五十亩。）

李家渠（由李家塀经山水沟玉泉村入杨家湖，长三里，灌田六百三十亩。）

潘家渠（由贺家塀经三旗村入清水沟，长三里，灌田二百亩。）

海万渠（由柳李塀经三旗村入清水沟，长四里，灌田一千三百二十亩。）

吴渠（由本塀经西邵刚至朱家湖，长三里，灌田二百六十亩。）

姜渠（由吴渠塀经西邵刚入清水沟，长四里，灌田一千二百五十亩。）

大渠口（由大渠塀经西邵刚入清水沟，长四里，灌田一千四百五十亩。）

樊渠（由樊渠塀经火石坝入西长湖，长二里，灌田二百二十亩。）

大湖渠（由沙石塀经吴家庄入齐庙湖，长三里，灌田三百二十亩。）

罗家土口（在罗家洼树园子，灌田三十亩。）

王家渠（在乔家塀，长一里，灌田三百余亩。）

新渠（在宁化渠西至山根，长四里，灌田五百二十亩。）

石渠（由乔家塀北头起经齐庙湖入沙湖，长五里，灌田一千三百亩。）

吴渠（长半里，灌田一百一十亩。）

杜渠（由柳李塀经宁化乡至清水沟入沙湖，长二里，灌田三百八十亩。）

西杜渠（长一里，灌田一百二十亩。）

王家渠（在山边，长一里半，灌田三百七十亩。）

上毛渠（由下毛渠塀经宁化桥入沙湖，长三里，灌田六百二十亩。）

翁家渠（长一里，灌田四百六十亩。）

宋渠（在山边，长一里，灌田一百六十亩。）

吴家小口（沿东塀外，长五十丈，灌田一百亩。）

下毛渠（由下毛渠塀入沙湖，长三里，灌田五百八十亩。）

落龙渠（由王家塀入清渠，长三里，灌田一千六百六十亩。）

李家小沙渠（由王家塀经宋澄乡入田，长一里，灌田一百亩。）

和尚渠（由牌坊塀经宋澄乡入大沟，长五里，灌田一千六百亩。）

吴家灌洞（由马立塀经宋澄乡至黑沟湖，长二里，灌田四百亩。）

代士渠（由车路塀经宋澄乡入沟过王洪洞，长七里，灌田一千四百亩。）

罗士渠（由车路塀经宋澄乡入大沟，长十里，灌田二千二百亩。）

本土渠（由车路塀经宋澄乡入大沟，长十一里，灌田三千零七十亩。）

小申渠（由牛舌湾入宋澄湖，长四里，灌田六百亩。）

甘渠（由牛舌湾入宋澄湖，长三里，灌田三百亩。）

曹家渠（由新桥北经张家寨子入宋澄湖，长四里，灌田四百亩。）

浦家灌洞（长二里，灌田三百亩。）

新渠即湛恩渠（由新桥马家塀经靖益乡之陈家沙滩、任家寨子，沿西沙滩边向北至海子湖，下任家寨子，现长二十里，灌田六百二十余亩。）

何家渠（由四方塀起入田，长一里，灌田二百亩。）

南渠（由王家塀经邹家寨至小沟，长三里，灌田一千二百亩。）

北渠（由王家塀入西城湖，长三里，灌田一千二百亩。）

新口子（由次五塀至沙滩，长一里，灌田二百亩。）

张母渠（由杏子塀入杏子湖，长半里，灌田一百五十亩。）

姚登口（在靖益乡，长半里，灌田一百五十亩。）

曹家口（在靖益乡由曹家塀入退水沟，长一里，灌田二百亩。）

张家口（在靖益乡由张家塀入退水沟，长一里，灌田一百五十亩。）

姜家口（在靖益乡由刘家塀入退水沟，长一里，灌田三百五十亩。）

小湾口（在靖益乡由小湾塀入退水沟，长半里，灌田二百亩。）

四合渠（由庞家塀经曾刚乡入大沟，长六里，灌田二千一

百亩。）

姚家小口（长一里，灌田一百亩。）

朱渠（由陈家堺入退水沟，长半里，灌田二百亩。）

高渠（由陆家堺经马大湖及曹家庄，长七里，灌田一千九百亩。）

塔塔渠（由塔塔堺经靖益乡入海子湖，长四里，灌田一千五百亩。）

五母渠（由下闸堺经靖益乡入湾子湖，长一里，灌田二百一十亩。）

余家口（由余家堺经大东方入湾子湖，长一里，灌田二百亩。）

黄家口（由黄家堺经大东方入湾子湖，长一里，灌田二百三十亩。）

徐家口（由徐家堺经大东方入庙子湖，长一里，灌田二百八十亩。）

庙家灌洞（在大东方入庙子湖，长一里，灌田一百二十亩。）

踏踏渠（由郭家堺经杨显乡入大湖，长五里，灌田一千三百五十亩。）

小中渠（由郭家堺经杨显乡入李家湖，长二里，灌田三百二十亩。）

五渠（由郭家堺经杨显乡入大湖，长五里，灌田一千二百八十亩。）

小湾渠（由小湾起入胶泥湖，长二里，灌田八百六十一亩。）

大河湾（由船路堺入田，长一里，灌田一百亩。）

叶渠（由姚家堺入大沟，长三里，灌田一千一百余亩。）

甘渠（由钱家堺经钱家庄入大沟，长三里，灌田一千四百二

十亩。）

红渠（由蒲湖塀经家庄入大沟，长三里，灌田五百九十亩。）

长渠（由月湖塀经杨家庄入大沟，长三里半，灌田七百三十亩。）

雷渠（由黄家塀入大湖，长三里，灌田九十一亩。）

段渠（由芝麻湖湾经芝麻湾入长渠沟，长二里，灌田四百八十亩。）

黄自渠（由黄家塀入大湖，长二里半，灌田五百九十八亩。）

火石渠（由张家塀经张家庙南入施家沟，长三里半，灌田一千一百零六亩。）

张连渠（由张家塀经张家庄入施家湾，长三里半，灌田一千一百零三亩。）

九渠（由九渠塀经进湖湾入大沟，长五里，灌田六百一十亩。）

小八渠（由九渠塀入大沟，长五里，灌田七百余亩。）

大八渠（在大八庄南，长四里，灌田七百余亩。）

杨家渠（由杨显桥上西塀入大沟，长一里，灌田二百二十亩。）

蒯家渠（由王家塀经杨显桥北入大沟，长四里，灌田二百余亩。）

沙渠（由杨显庙后入大湖，长二里，灌田八百八十六亩。）

大张渠（由朱家塀经寥家湖至湾子湖，长四里，灌田六百五十亩。）

七渠（由七渠塀经北湖之南入大沟，长七里，灌田八百余亩。）

小意渠（由杨家渠经寥家湖北入湾子湖，长二里，灌田二百三十五亩。）

六渠（由蒯家塀经蒯家庄至大沟，长七里，灌田一千二百零八亩。）

阎渠（由王家庄入西湖，长三里，灌田七百五十亩。）

蒯家口（由蒯家塀入蒯家湖，长一里，灌田五十亩。）

五渠（由陈家塀经许家湖及蒯家庄至大沟，长六里半，灌田一千零五十九亩。）

新渠（入西湖，长一里半，灌田四百五十亩。）

陆家房渠（入西沙湖，长二里，灌田一百五十亩。）

良田渠（由陆家湾经夏、朔两县之丰盈、上宁城、盈南、盈北、杨信五乡至牛家沟，长八十七里余，灌田五万四千七百六十八亩。）

头渠（由来家塀经夏家湖北至大沟，长七里半，灌田一千零二十亩。）

二渠（由王家塀经夏家湖至于沟，长五里半，灌田九百三十三亩。）

曹家渠（由曹家塀经连湖之东、韩湖之西入姜家湖，长六里，灌田五百亩。）

张家小口（由张家塀经张家庄入七子连湖，长三里，灌田二百五十亩。）

小三渠（由陆家塀经小学湖之西至小学湖，长三里，灌田二百七十三亩。）

大三渠（由陆家塀经王之桥至于沟，长六里，灌田九百一十七亩。）

唐家口（由唐家塀经高庙台子入七子湖，长一里，灌田二百三十亩。）

小四渠（由张家堺至四渠湖，长二里半，灌田五百三十二亩。）

正福渠（由高庙台子入七子连湖，长七里，灌田八百一十亩。）

张家小口（由张家堺入湖，长一里半，灌田八十亩。）

大新渠（由王元桥西王家堺经上前城、谢谷俊、邵心、张滕更名下前城等乡，至暗洞庙，长三十九里，灌田四万二千五百五十余亩。）

王家灌洞（由王家堺经王元桥，长半里，灌田二百亩。）

王家灌洞（由王家堺入王家光湖，长一里，灌田一百五十亩。）

徐家灌洞（由徐家堺入吴家小湖，长半里，灌田六百五十亩。）

胜家渠（由胜家堺入夏家湖，长一里，灌田二百一十亩。）

毛家渠（由毛家堺至砂湖，长一里，灌田二百三十亩。）

沈家渠（由沈家堺入咯哒湖，长一里半，灌田二百五十亩。）

高渠（由高堺经连湖入蒋家湖，长三里，灌田六百亩。）

葆家渠（由葆家堺入蒲柴湖，长一里，灌田七十亩。）

李家渠（由杨家湾入吴家湖，长一里，灌田二百三十亩。）

大砂渠（由杨家堺经杨家庄礼拜寺入吴家湖，长一里，灌田七百三十亩。）

贾家渠（由贾家堺经蒲柴湖入贾家小湖，长半里，灌田六十亩。）

小爷渠（由沈家堺经杨家庄入路东湖沟，长二里半，灌田一百二十亩。）

老爷渠（由李家堺经杨家庄入赵家湖，长四里，灌田八百一十亩。)

张家渠(由张家塀经连湖入河水湖,长二里半,灌田三百二十亩。)

张家渠(由洪湖渠入阎家湖,长二里,灌田二百三十亩。)

洪湖渠(由前城乡经宁夏省城大南门绕东城壕至八里桥之马家湖,长十八里,灌田一万九千余亩。)

张家小口(由樊家塀经省城南入城壕沟,长三里,灌田一百五十亩。)

倪家口(由倪家塀入宝湖,长二里,灌田二百六十亩。)

冰家渠(由冰家塀入蒲湖,长三里,灌田一百八十亩。)

沙渠(由鲍家桥入沟湖,长二里,灌田五百五十亩。)

倪家小口(在省城西门外,长一里,灌田七十亩。)

代湖渠(由西门外桥下入蒲湖,长一里,灌田二百亩。)

杨昭渠(由西门外桥南西塀至西湖,长十里,灌田四千八百亩。)

王营渠(由西门桥北东塀至城内西马营,长五里,灌田三百余百亩。)

荫家渠(由潘家塀经丰登南乡至吴家湖,长六里,灌田一千五百亩。)

张家渠(由马家塀至城北教场滩,长三里,灌田二百亩。)

马家渠(由马家塀北头至城北教场滩,长四里,灌田三百亩。)

低渠(由胡家塀经陆家湖之东至陈家湖,长三里,灌田四百亩。)

塔渠(由赵家塀经北塔入塔湖,长四里,灌田九百亩。)

大达子渠(由新桥南西塀经大小礼拜寺入柏家湖,长十四里，灌田七千五百亩。）

小达子渠（由新桥南李家塀入西湖，长二十里，灌田三千五百亩。）

木门渠（由上老䆟咀塀经老䆟滩入孙家湖，长三里，灌田四百亩。）

砂渠（由罗家经蔡家沙滩入城北马家湖，长十里，灌田一千四百亩。）

许家渠（由罗家塀经得胜塀入朱家湖，长二里，灌田五百亩。）

土渠（由下老䆟咀黄家塀经柏家湖边入刘家小湖，长三里，灌田四百二十亩。）

朱家渠（由朱家塀经得胜塀入马家湖，长四里，灌田二百七十亩。）

南双渠（由柏家塀经西左乡入孟家湖，长五里，灌田一千一百亩。）

北双渠（由柏家塀经西左乡入姜家湖，长七里，灌田一千三百亩。）

三号渠（由寨家塀经得胜塀之北入营盘后马家湖，长五里，灌田四百一十亩。）

孙家渠（在渠西孙家湖之东，长二里，灌田三百亩。）

五号渠（由马家塀经礼拜寺入夏家湖，长三里，灌田四百亩。）

小红花渠（由王家塀经礼拜寺八里桥入马家湖，长七里，灌田二千七百三十亩。）

小牛渠（由牛王庙经高家庄入暗洞庙东之盐湖，长九里，灌田一千四百七十亩。）

大牛渠（由牛王庙经马家滩东高庙桥前入刘家湖，长八里，灌田七百七十亩。）

马家小口（由马家塀入小湖，长一里，灌田一百七十亩。）

倪家小口（由倪家塀至倪家湾，长一里，灌田二百亩。）

吕米渠（由倪家塀经丰登北乡入徐家湖，长十八里，灌田一千九百余亩。）

桂家渠（在韩家塀，长半里，灌田九十余亩。）

崔家小口（由花家塀入内滩，长一里，灌田二百四十亩。）

老满达渠（由韩家塀经满达桥至新家沙窝，长十里，灌田二千二百四十二亩。）

新满达渠（由满达桥经玉祥营至牛毛满，长四十三里，灌田一万二千余亩。）

北达渠（由满达桥周家塀经徐和堡，至桂文杨家湖，长十二里，灌田一千三百二十亩。）

一乎渠（由马家塀经殷家湖以西之地，至殷家湖，长五里，灌田五百六十亩。）

梁家渠（由梁家塀至小湖，长二里，灌田二百三十亩。）

头渠（由刘家塀经徐和堡之东至李家湖，长四里，灌田六百三十亩。）

二乎渠（由马家塀经谢保堡至荫家湖，长四里，灌田七百八十亩。）

三乎渠（由马家塀经郑家庄至荫家湖，长六里，灌田一千二百八十亩。）

鲁高渠（由李家塀经高庙桥即今宁夏县，至大池湖，长十二里，灌田一千八百五十亩。）

二道渠（由徐家塀经徐和堡至北湖，长三里，灌田五百一

十亩。）

四乎渠（由季家塄经毛家湖至毛家湖，长六里，灌田九百五十亩。）

白水渠（由季家塄经毛家湖至毛家湖，长六里，灌田三百八十亩。）

三道渠（由曹家塄至黑姑兹湖，长二里半，灌田六百五十亩。）

保围渠（由赵家塄经张亮堡至王家湖，长三里半，灌田七百一十亩。）

枪子渠（由陈家塄经张亮光湖至王家湖，长四里，灌田八百四十亩。）

金家口（由金家塄入田，长半里，灌田五十三亩。）

王家渠（由张家塄至马家湖，长三里半，灌田六百五十亩。）

宋家渠（由王家塄至马家湖，长三里，灌田六百亩。）

营后渠（由郑家塄经郑家庄至张李愰湖，长八里，灌田二千七百六十六亩。）

太子渠（由郑家塄经张亮、李岗二堡至清水堡惠渠支流，长三十里，灌田一万二千六百二十七亩。）

上郑家渠（由郑家塄经沈家庄至太子渠，长一里，灌田二百三十五亩。）

下郑家渠（由郑家塄至郑家滩，长二里，灌田三百五十六亩。）

马过渠（由王家塄经桂文堡至史家湖，长八里，灌田二千一百六十亩。）

过家渠（由王家塄至王家湖，长三里，灌田六百四十亩。）

吴家二号渠（由吴家塄经郑家滩至北湖，长三里，灌田一千七百二十五亩。）

新甘渠（由桂家塀经桂文堡至黄家湖，长十二里，灌田二千四百七十亩。）

季李渠（由凤家塀经桂文堡至盖家湖，长六里，灌田一千七百三十亩。）

王家三号渠（由王家塀至王家湖，长二里，灌田五百九十九亩。）

蒋家四号渠（由蒋家塀经四十里店子至窊家湖，长五里，灌田七百零八亩。）

李家小口（由李家塀入田，长一里，灌田二百三十亩。）

大晒渠（由站马桥经晒业湖至李刚堡，长七里，灌田一千八百八十九亩。）

小晒业渠（由赵家塀经晒业湖至李刚堡，长十里，灌田八百余亩。）

刘家渠（由赵家塀经晒业湖至李刚堡，长十里，灌田二千五百亩。）

杨家渠（由杨家塀入田，长一里，灌田一百七十亩。）

西安子渠（由李家塀经常信堡至南渠，长七里半，灌田三千七百亩。）

马家小口（由马家塀经马家湾子至马家湖，长二里，灌田三百七十亩。）

东安子渠（由马家塀经马家滩至南湖，长三里，灌田八百五十亩。）

吴家小口（由吴家塀入田，长一里，灌田一百四十亩。）

南渠（由张家塀经常信堡至马家湖，长九里半，灌田三千六百八十一亩。）

卫渠（由黄家堺经白雀寺至白雀寺前，长五里，灌田一千一百五十亩。）

北渠（由李家堺经徐家庄至仓湖，长三里，灌田五百一十四亩。）

黄家小口（由黄家堺至滩内，长二里半，灌田二百一十亩。）

边罗渠（由罗家湾经常信堡至牛尾沟，长二十五里，灌田三千五百余亩。）

新济渠（由独木桥经常信堡至镇朔堡，长六十三里，灌田八千零五十三亩。）

复兴渠（由新济渠经洪广营至新济渠东堺，长三十二里，灌田七千三百余亩。）

老罗渠（由复兴渠口下经沙漠西至沙窝，长十里，灌田三千四百余亩。）

兴胡渠（由郑家湾经胡家庄入田，长三里，灌田四百七十三亩。）

营前渠（由赵家堺经丁义堡至东湖，长八里半，灌田二千五百五十亩。）

鲍家渠（由郑家湾经胡家庄，长二里，灌田三百五十二亩。）

营后渠（由吴家堺经丁义堡至北湖，长八里，灌田二千五百亩。）

中渠（由蒋家堺经丁义堡至谭家湖，长二里半，灌田二百二十五亩。）

孙家渠（由孙家堺经张家湖至张家湖，长三里，灌田一百四十亩。）

孝渠（由谭家堺经渠东大滩至谭家湖，灌田三百二十五亩，长三里半。）

吴家渠（由陆家埆经渠西地至张家湖，长三里半，灌田一百六十亩。）

兴胡渠（由杨家埆入田，长一里，灌田一百一十亩。）

大高渠（由徐家埆经高荣堡至沙窝，长十一里，灌田二千三百三十五亩。）

徐家灌洞（由徐家埆入田，长一里，灌田二百三十五亩。）

二渠（由谭家埆经丁义乡至谭家湖，长三里，灌田二百五十亩。）

徐家渠（由徐家埆入田，长二里，灌田二百四十亩。）

三渠（由张家埆入田，长二里半，灌田二百三十五亩。）

汪家灌洞（由汪家埆入田，长一里半，灌田二百三十五亩。）

汪家渠（由汪家埆至东湖，长五里，灌田三百五十亩。）

汪家小口（由汪家埆入田，长二里，灌田一百五十亩。）

果子渠（由孙家埆经高荣乡至沙窝，长七里半，灌田一千二百亩。）

杨家渠（由杨家埆经李岗堡至北湖，长四里半，灌田四百一十亩。）

六渠（由王家埆经李岗堡至北湖，长五里，灌田八百零四亩。）

新渠（由孙家埆至孙家小湖，长二里半，灌田一百五十亩。）

包家渠（由包家埆至北湖，长三里半，灌田一百亩。）

西方渠（由杨家埆经高荣乡至北湖，长五里，灌田八百二十四亩。）

东双渠（由姚家埆经高荣至北湖，长五里，灌田九百一十亩。）

李家渠（由李家埆至李岗堡北湖，长四里半，灌田一百八

十亩。）

中渠（由天子桥下入北湖，长六里半，灌田一千一百七十亩。）

刘渠（由刘家埆至北湖，长一里半，灌田一百五十亩。）

吴渠（由郑家埆入田，长半里，灌田一百五十二亩。）

段渠（由段家埆至东南湖，长一里半，灌田一百二十亩。）

新渠（由张家埆经高荣乡至北湖，长七里，灌田一千一百五十亩。）

沙渠（由王家埆经渠南大滩至南湖，长六里，灌田一千零四十亩。）

王渠（由徐家埆至北湖，长五里，灌田七百一十亩。）

许渠（由申家埆入田，长一里，灌田九十二亩。）

王渠（由王家埆经渠南之滩至王家湖，长一里半，灌田一百零六亩。）

申家灌洞（由申家埆入田，长一里半，灌田六十三亩。）

周渠（由周家埆至周家湖，长一里半，灌田一百零三亩。）

申渠（由申家埆入田，长半里，灌田五十二亩。）

刘渠（由刘家埆至阎家湖，长一里，灌田一百零三亩。）

申三渠（由申家埆入田，长数十步，灌田十二亩。）

孙渠（由申家埆入田，长一里，灌田一百一十亩。）

阎渠（由阎家埆至阎家湖，长二里，灌田一百二十一亩。）

李渠（由李家埆入田，长半里，灌田五十三亩。）

朱渠（由杨家埆经高荣、东甲至北湖，长五里，灌田九百二十一亩。）

杨家灌洞（由杨家埆入田，长半里，灌田四十二亩。）

头渠（由蒋家埆至北湖，长四里半，灌田四百八十二亩。）

二渠附属。灌洞（在二渠上五十米之处，长半里，灌田六十四亩。）

二渠（由王家塀至西湖，长四里半，灌田四百二十五亩。）

干渠（由马家塀入田，长一里半，灌田一百零四亩。）

银渠（由阎家塀至阎家湖，长一里半，灌田一百一十四亩。）

李渠（由李家塀经姚伏堡至西湖，长四里半，灌田一百六十三亩。）

张一渠（由郑家塀至西湖，长四里半，灌田二百八十六亩。）

王高渠（由刘家塀至西湖，长三里，灌田一百零五亩。）

花渠（由陈家塀至西河沟，长一里半，灌田一百零五亩。）

治渠（由杜家塀至西湖，长五里，灌田三百二十四亩。）

陈渠（由孙家塀至西湖，长四里半，灌田三百二十二亩。）

吴渠（由孙家塀至西湖，长四里半，灌田三百六十三亩。）

孙家渠（由孙家塀入田，长一里，灌田八十四亩。）

姚渠（由赵家塀至姚渠，长二里，灌田一百零七亩。）

何渠（由刘家塀至西河沟，长一里，灌田九十三亩。）

姚渠（由赵家塀经姚伏堡至西湖，长四里，灌田四百六十五亩。）

阮渠（由朱家塀至蒋家湖，长一里，灌田一百二十二亩。）

王渠（由杨家渠塀经姚伏堡至西湖，长五里，灌田五百零七亩。）

李渠（由李家塀入田，长半里，灌田六十亩。）

田渠（由贾家塀入田，长半里，灌田四十三亩。）

沙渠（由李家塀至蒋家湖，长一里，灌田一百三十四亩。）

谭渠（由李家塀入田，长一里，灌田九十三亩。）

福渠（由杨家塀经田洲塔至小湖，长五里，灌田一千二百一十四亩。）

王高渠（由樊家埆至阎家湖，长一里，灌田一百三十五亩。）

樊高渠（由樊家埆无梢，长一里，灌田五十四亩。）

头渠（由王家埆经姚伏堡至西湖，长五里，灌田四百八十五亩。）

支渠（由郑家埆经姚伏堡至西湖，长四里半，灌田三百三十二亩。）

郑渠（由郑家埆经姚伏堡至西湖，长四里，灌田二百零五亩。）

周渠（由樊家埆入田，长一里，灌田一百零三亩。）

中渠（由芦家埆入西湖，长三里半，灌田一百一十四亩。）

三渠（由芦家埆至西湖，长三里半，灌田一百三十二亩。）

芦渠（由芦家埆入西湖，长三里，灌田二百一十五亩。）

蒋渠（由蒋家埆入田，长半里，灌田二十亩。）

王渠（由王家埆至蔡湖，长三里，灌田三百八十七亩。）

张渠（由王家埆至蔡家湖，长三里，灌田五百七十四亩。）

史家渠（由史家埆经周成西乡入田，长半里，灌田二十亩。）

新渠（由王家埆至蔡家湖，长四里，灌田五百四十八亩。）

刘渠（由耿家埆至西湖，长三里半，灌田三百四十五亩。）

李家小口（由李家埆入田，长半里，灌田二十亩。）

李小口（由李家埆入田，长一百余步，灌田二十亩。）

朱渠（由李家埆入田，长一里，灌田一百二十亩。）

李小口（由李家埆入田，长半里，灌田二十亩。）

旧口（由史家埆至西湖，长三里半，灌田三百三十三亩。）

新渠（由余家埆至西湖，长四里，灌田二百八十七亩。）

田家小口（由李家埆入田，长一里，灌田一百五十亩。）

吴家小口（由李家堺入田，长半里，灌田二十亩。）

和渠（由丁家堺至古湖塘，长三里半，灌田六百五十一亩。）

丁家小口（由丁家堺入田，长一里，灌田三十亩。）

冯家小口（由全家堺入田，长一里，灌田八十五亩。）

罗渠（由冯家堺入西湖，长四里，灌田二百九十九亩。）

余家灌洞（由冯家堺至西湖，长一里，灌田五十亩。）

头渠（由冯家堺至西湖，长三里半，灌田三百一十六亩。）

闸渠（由阎家堺入田，长二里，灌田七十八亩。）

余家小口（由方家堺入田，长半里，灌田三十亩。）

方渠（由方家堺至小湖，长二里半，灌田二百三十五亩。）

孟渠（由谢家堺至西湖，长三里半，灌田三百三十六亩。）

谢家小口（由谢家堺经上桥入田，长一里，灌田六十六亩。）

邓家小口（由上桥下入田，长一里，灌田四十六亩。）

周渠（由童家堺至西滩，长四里半，灌田三百三十五亩。）

余家小口（由余家堺入田，长半里，灌田二十亩。）

小口灌洞（由余家堺经周正堡，长二里，灌田一百三十亩。）

余家小口（由余家堺入田，长半里，灌田三十亩。）

吴渠（由刘家堺至小湖，长二里半，灌田二百一十五亩。）

贾渠（由余家堺至小湖，长二里，灌田二百零五亩。）

地卧渠（由杨家堺入田，长二里，灌田七十亩。）

柴小口（由余家堺入田，长半里，灌田一十八亩。）

千渠（由杨家堺荣家小湖，长四里，灌田八百一十亩。）

杨家灌洞（由杨家堺入田，长五十步，灌田一十八亩。）

冯家灌洞（由冯家堺入田，长半里，灌田二十亩。）

小浮水（长数十步，灌田十亩。）

余渠（由冯家堺至湖，长一里半，灌田一百五十五亩。）

双渠（由孙家塀至千渠湖，长三里半，灌田一百五十亩。）

杨家灌洞（由杨家塀入田，长半里，灌田六十亩。）

路渠（由许家塀入田，长一里半，灌田一百二十亩。）

杨家小口（由许家塀入田，长半里，灌田十七亩。）

王家灌洞（由王家塀入田，长半里，灌田二十亩。）

曹渠（由周家塀入田，长一里半，灌田二百一十亩。）

林渠（由王家塀至小湖，长二里半，灌田二百九十三亩。）

姜家灌洞（由王家塀入田，灌田二十亩。）

美渠（由周家塀至小湖，长四里，灌田五百二十亩。）

沈渠（由姜家塀至西滩，长五里半，灌田五百五十四亩。）

姜家灌洞（由姜家塀入田，长半里，灌田十五亩。）

小坝渠（由姜家塀至姜家湖，长三里半，灌田三百三十五亩。）

童渠（由童家塀入田，长半里，灌田八十二亩。）

姜家小口（由庙南入田，长半里，灌田六十四亩。）

童家小口（由庙南经白龙王庙桥入田，长半里，灌田五十二亩。）

新孟渠（由孟家塀至小湖，长二里半，灌田三百二十亩。）

张家灌洞（由桥北入田，长半里，灌田一十五亩。）

斗渠（由任家塀入西滩，长三里半，灌田三百五十五亩。）

旧孟渠（由孟家塀入田，长一里半，灌田二百五十亩。）

王渠（由王家塀入田，长半里，灌田五十亩。）

徐家小口（由王家塀入田，长半里，灌田十亩。）

王家渠（由王家塀入田，长半里，灌田二十亩。）

老张渠（由余家塀至北湖，长二里，灌田二百八十亩。）

小张渠（由余家塀入田，长一里余，灌田二十亩。）

多益渠（由余家埆入田，长四里半，灌田五百二十亩。）

孙家小口（由杨家埆至小湖，长一里半，灌田四十亩。）

郭家小口（由杨家埆入田，长半里，灌田三十亩。）

王家小口（由王家埆入田，长一百步，灌田十五亩。）

前渠（由蔡家埆至西滩，长三里半，灌田三百五十五亩。）

蔡家小口（由蔡家埆入田，长半里，灌田二十亩。）

后渠（由蔡家埆经南营至西滩，长三里半，灌田三百五十五亩。）

徐渠（由徐家埆经下桥至小湖，长一里，灌田二十亩。）

柳呼渠（由王家埆入田，长二里半，灌田二百亩。）

头渠（由王家埆至西滩，长三里，灌田三百三十五亩。）

王家小口（由王家埆入田，长半里，灌田十五亩。）

中渠（由王家埆至西滩，长三里半，灌田三百一十五亩。）

高家渠（由杨家埆入田，长三里半，灌田三百七十五亩。）

双渠（由张家埆经北营至西滩，长三里，灌田二百四十亩。）

姜家灌洞（由姜家埆入田，长半里，灌田十五亩。）

王小口（由张家埆入田，长半里，灌田十五亩。）

王家渠（由王家埆入田，长半里，灌田六十五亩。）

南长渠（由张家埆经北营至西滩，〔长〕三里，灌田三百二十五亩。）

高渠（由李家埆入田，长一里半，灌田六十亩。）

正兴渠（由高家埆入田，长三里半，灌田三百一十五亩。）

高家小口（由郑家埆入田，长半里，灌田三十亩。）

北长渠（由王家埆至西滩，长二里半，灌田二百五十五亩。）

朱家灌洞（由高家埆入田，长半里，灌田八十亩。）

新口渠（由王家埆至西滩，长二里半，灌田三百三十亩。）

谢家灌洞（由谢家埔入田，长一里，灌田八十亩。）

史家灌洞（由史家埔入田，长八十步，灌田一十五亩。）

赵兴渠（由史家埔经郑家窊湖至赵家水湖，长三里半，灌田四百五十亩。）

柏家灌洞（在郑家埔，长一里，灌田六十亩。）

刘渠（由张家埔至西滩，长二里半，灌田三百零五亩。）

蒋家渠（在张家埔，长一里，灌田一百四十亩。）

张家浮水（在张家埔，长一百余步，灌田二十亩。）

小闸渠（由张家埔至西滩，长三里，灌田四百二十五亩。）

高家灌洞（在高家埔，长半里，灌田五十五亩。）

郑家灌洞（由郑家埔至郑家窊湖，长一里，灌田九十亩。）

童家灌洞（由童家埔至郑家窊湖，长一里，灌田九十亩。）

庙前渠（由张家埔经风神庙至西滩，长三里，灌田四百二十五亩。）

沙口渠（由风神庙经张家埔至西滩，长二里，灌田一百八十亩。）

郑家灌洞（在郑家埔，长半里，灌田三十五亩。）

中渠（在张家埔，长半里，灌田四十三亩。）

任渠（由任家埔至大兴墩滩，长四里半，灌田四百九十四亩。）

北边渠（在张家埔，长二里半，灌田二百八十五亩。）

老安渠（在徐家埔，长二里，灌田三百一十亩。）

高家灌洞（在杨家埔，长半里，灌田四十五亩。）

大徐儿口（由岳家埔至大兴垓，长四里，灌田五百七十五亩。）

大徐儿附属口

老安渠附属口

庙前渠（由徐家堺经徐家桥至西滩，长三里，灌田三百五十五亩。）

小徐儿（由阎家堺至大兴垏，长四里，灌田五百零六亩。）

毛家小渠（在毛家堺，长二里半，灌田三百五十四亩。）

张大灌洞（在张家堺，长一里半，灌田二百五十亩。）

张小灌洞（在张家堺，长半里，灌田六十亩。）

上王小口（在王家堺，长三里半，灌田三百二十亩。）

刘双渠（在刘家堺，长四里半，灌田八百七十三亩。）

陈边渠（由刘家堺至小兴垏，长三里半，灌田四百零五亩。）

李高渠（由李家堺至西滩，长四里，灌田四百五十亩。）

李家灌洞（在李家堺，长半里，灌田五十五亩。）

艾家灌洞（在艾家堺，长半里，灌田三十五亩。）

陆家渠（在陆家堺，长二里，灌田二百亩。）

营前渠（由王家堺经小兴垏至汽车路，长六里半，灌田一千七百一十五亩。）

陆家灌洞（在陆家堺，长半里，灌田三十五亩。）

营后渠（由王家堺经胡家垏至汽车路，长七里，灌田一千五百五十亩。）

阎刚渠（在阎家堺，长一里，灌田二百五十二亩。）

贾老渠（在贾家堺，长二里，灌田二百五十亩。）

张兴渠（由张家堺至西滩，长四里，灌田二百五十亩。）

高家灌洞（在高家堺，长半里，灌田二十亩。）

高家小口（在高家堺，长一百步，灌田十五亩。）

李毛渠（由李家堺至西滩，长四里，灌田三百五十亩。）

张子渠（由包家堺经阎家桥至包家湖，长二里，灌田二百三十二亩。）

贾家小口（在贾家塀，长二里，灌田二百一十亩。）

柳树渠（由高家塀至西滩，长四里，灌田二百五十亩。）

冯新渠（由冯家塀至西滩，长二里，灌田二百五十亩。）

李家灌洞（在李家塀，长半里，灌田二十亩。）

下李家灌洞（在李家塀，长半里，灌田一百一十亩。）

赵高渠（由刘家塀入西滩，长三里，灌田二百五十亩。）

虎尾渠（由李家塀至包家湖，长六里，灌田一千二百九十五亩。）

莫家小口（长半里，灌田一百八十七亩。）

下王家小口（在王家塀，长二里半，灌田二百二十亩。）

杨高渠（由杨家塀入西滩，长二里，灌田一百八十亩。）

杨高附属灌洞（长一百余步。）

小官渠（由杨家塀入西滩，长九里，灌田一千一百五十亩。）

江干渠（在秦家塀，长一里余，灌田三百零五亩。）

江干渠附属灌洞（长百余步。）

曹仁渠（由曹家塀经康熙湖之南至汽车路，长七里半，灌田一千七百七十亩。）

郁家灌洞（在李家塀，长一里，灌田一百五十亩。）

大官渠（由杨家塀入西滩经小盐湖之南，长十二里，灌田一千五百七十亩。）

柳浪渠（在张家塀，长四里，灌田一千零一十六亩。）

张家小口（在张家塀，长二里，灌田四百三十五亩。）

庙渠（在党家塀，长七里，灌田七百亩。）

姚浪渠（在张家塀，长四里，灌田六百五十亩。）

大化沿渠（由阎家塀经平罗城西南，灌田一千二百四十亩，长三里半。)

大黑义渠（由阎家堺经平罗城西至陈家湖，长七里半，灌田七百五十亩。)

阎家灌洞（在阎家堺，长半里，灌田一百一十五亩。)

小黑义渠（由阎家堺入西滩，长十里，灌田一千五百亩。)

汪家灌洞（由戴家堺入田，长半里，灌田七十五亩。)

朱家小口（由朱家堺入城河沟，长半里，灌田四十二亩。)

小化沿渠（由鲁家堺至南教场，长七里半，灌田一千六百亩。)

贾家灌洞（由贾家灌洞经平罗城之南门桥入城河沟，长一百余步，灌田二十亩。)

单渠（在毛家堺，长四里半，灌田八百亩。)

许家灌洞（在城河沟，长半里，灌田二十亩。)

吴家灌洞（长一里，灌田一百二十亩。)

和尚渠（在吴家堺，长四里，灌田六百亩。)

官渠（在吴家堺，长五里，灌田七百亩。)

岳家灌洞（在周家堺，长半里，灌田二十亩。)

王孝渠（在周家堺，长二里，灌田二百二十亩。)

边渠（在周家堺，长四里，灌田七百亩。)

李老渠（在周家堺，长五里，灌田七百五十亩。)

孔家渠（在孔家堺，长二里，灌田二百亩。)

大红花渠（在孔家堺，长四里，灌田六百亩。)

西红花渠（由朱家堺入城河沟，长半里，灌田二十亩。)

小红花渠（在孔家堺，长一里半，灌田二百亩。)

施家小口（由朱家堺入城河沟，长一里，灌田八十亩。)

朱家小口（在朱家堺，长半里，灌田二十亩。)

贺家渠（在朱家塀，长三里半，灌田六百亩。）

吴家灌洞（在吴家塀，长一里，灌田二十五亩。）

陈家灌洞（在陈家塀，长一里半，灌田三十五亩。）

郭家渠（在龚家桥，长五里，灌田八百八十四亩。）

夏家渠（在龚家桥，长五里，灌田三百八十四亩。）

庙前渠（在龚家桥，长二里半，灌田一百八十三亩。）

庙后渠（在桥北，长一里，灌田七十五亩。）

龚家小口（由桥北至玉皇阁，长一里半，灌田二十亩。）

龚家园子渠（在龚家塀，长一里半，灌田一百二十亩。）

贾家渠（在贾家塀，长三里半，灌田五百七十亩。）

枣子渠（在贾家塀，长六里，灌田七百五十五亩。）

龚家湾子渠（由塀入田，长一里半，灌田五十五亩。）

胡家小口（由塀入田，长一里，灌田五十五亩。）

徐家小口（由塀入田，长一里，灌田五十五亩。）

龚新渠（由塀入田，长一里，灌田五十五亩。）

张家小口（由塀入田，长一里，灌田五十五亩。）

沈家渠（由二闸入田，长六里，灌田九百八十八亩。）

杨孟家渠（由北门桥至西通平，长七里，灌田五百亩。）

许家灌洞（在北门桥，长一里，灌田六十亩。）

张家小口（在北门桥，长二里，灌田一百亩。）

顾家灌洞（在顾家塀，长二里，灌田二百亩。）

吴家渠（由吴家塀至威镇，长七里，灌田一千亩。）

夏家小口（在夏家塀，长二里，灌田一百五十亩。）

杨孟渠（在杨家塀，长六里，灌田五百亩。）

周家渠（由周家塀至惠威镇，长六里，灌田四百三十亩。）

沈渠（在周家塀，长四里，灌田四百三十亩。）

张家渠（由董家塄至内红岗，长七里，灌田六百亩。）

许渠（在董家塄，长四里，灌田一百五十亩。）

董家渠（在董家塄，长五里，灌田五百亩。）

徐家渠（由三闸至惠威镇，长八里，灌田一千一百亩。）

李家渠（由三闸至惠威镇，长八里，灌田一千一百亩。）

万家渠（由万家塄至汽车路，长二里，灌田三十亩。）

张家小灌洞（由何家塄入吴家渠。）

吴家渠（由吴家渠至汽车路，长三里，灌田四百亩。）

夏家灌洞（长一里，灌田三十亩。）

拓家渠（在拓家塄，长一里半，灌田一百五十亩。）

季家渠（由季家塄至季家庄，长五里，灌田四百五十亩。）

许家渠（由许家塄至汽车路，长五里，灌田三百亩。）

周家渠（在许家塄，长二里，灌田一百五十亩。）

张家渠（在周家塄，长二里，灌田七十亩。）

陈家渠（由陈家塄至西滩之湛恩渠，长七里，灌田一千零三十亩。）

周家渠（在周家塄，长一里半，灌田五十八亩。）

芦家渠（在芦家塄，长三里，灌田三百五十亩。）

金家渠（在金家塄，长三里，灌田一百五十亩。）

董家渠（由董家塄到威镇堡南，长五里，灌田二百八十亩。）

贺家渠（在贺家塄，长二里，灌田五十亩。）

钱家渠（在贺家塄，长二里，灌田二十亩。）

张家渠（在梢坝，长五里，灌田三百五十亩。）

钱家渠（由梢坝入沙边，长三里，灌田二百八十亩。）

土家渠（由梢坝到沙窝，长五里，灌田二百亩。）

王家渠（由梢坝到汽车路边，长五里，灌田二百亩。）

孙家渠（在梢坝，长半里，灌田三十亩。）

王家渠（在梢坝，长三里，灌田二百七十亩。）

孟家渠（由梢坝至汽车路，长四里，灌田一千亩）

二　汉延渠

（一）沿革

《西羌传》云：汉虞诩使谒者郭璜，激河浚渠为屯田，此为汉延渠之始。渠口开在宁朔县陈俊乡二道河，经宁夏城东而北，至宁夏县王澄乡归入西河。其后修浚变更之情形湮灭莫闻，自有明而下，始可稽考。明宁夏道汪文辉于汉坝乡地方，建石正闸一座。清顺治十五年，巡抚黄图安奏请重修。康熙四十年，河西道鞠宸咨复修。康熙五十一年，水利同知王全臣重修各暗洞，并甃以石。雍正九年，宁夏道钮廷彩、水利同知石礼图领帑重修。乾隆四年，宁夏道钮廷彩请帑重修。乾隆四十二年，宁夏道王廷赞请帑大修。光绪二十五年，宁夏道胡景桂委绅士于自乐等重修魏信暗洞。该渠口于前清时（究属何年，因志书未载，无从稽考。）因河水东趋之势益亟，将渠口改移马关嵯，两避其冲。光绪癸卯，口复冲坏，又经改至菖蒲沟卡子口，后又移至刘家滩。民国三年，水仍不畅，渠绅于镕呈请于大坝乡地方九道沟后，改开新口。惟嗣后因渠工日渐废弛，渠道淤塞几平！渠梢各乡骤陷涸旱，因之人民生活摇动，逃亡甚多。至民国十七年春工时，经甘肃主席刘郁芬委派宁夏区水利助理员崔桐选，严督修浚，一时雷厉风行，始将多年淤塞之渠道疏浚通畅，渠梢各乡逃民亦归故土，利赖至今。至于渠制行政之变迁，与各渠同，不赘。

（二）流域概况

查：本渠今自大坝乡之九道沟地方，开口进水，向东北流，经陈俊乡而至汉坝乡之正闸，长凡二十里，均系东傍河沿，西倚高岸，渠西陈俊与汉坝相邻之地点，有支渠四道，灌田二千余亩。自正闸以下，过汉坝而经林皋，再西经过马寨及李俊上方，复东经过叶升及任春上方，而至李俊桥，此为该渠之第一段，计汉坝乡渠东有支渠五道，渠西有支渠二道，灌田一千一百余亩。林皋乡渠东有支渠十一道，渠西有支渠十五道，灌田一万三千三百余亩。马寨乡有支渠十七道，灌田五千七百余亩。叶升乡有支渠十九道，灌田二万三千一百余亩。李俊上方有支渠十道，灌田五千五百余亩。任春上方有支渠十一道，灌田一万六千七百余亩。总计第一段共长五十二里半，支渠九十道，灌田六万五千四百余亩。（陈俊乡之二千余亩在外。）

自李俊桥起，渠西经过李俊下方唐铎、王全、许旺，复东经过任春下方王洪、王泰、杨和各乡，而至大官桥，即为该渠之第二段。计李俊下方有支渠十九道，灌田六千七百余亩。任春下方有支渠十八道，灌田四千五百余亩。唐铎乡有支渠十道，灌田八千七百余亩。王洪乡有支渠二十一道，灌田二万一千四百余亩。王全乡有支渠十四道，灌田七千八百余亩。王泰乡有支渠六道，灌田一万二千七百余亩。许旺乡有支渠十一道，灌田四千八百余亩。杨和乡有支渠二十四道，灌田一万四千九百余亩。总计第二段共长六十里，大小支渠一百二十三道，灌田八万一千五百余亩。

自大官桥起，渠西经过魏信及张政上方，复东经过河西寨及李祥上方，而至张政桥，即为该渠之第三段。计魏信乡及张政上方共有支渠三十一道，灌田一万四千六百余亩。河西寨有支渠十八道，灌田九千九百余亩。李祥上方有支渠十一道，灌田五千三百余亩。总计第三段共长四十里，支渠六十道，灌田二万九千八百余亩。

自张政桥起，渠西经过张政下方、汉左、王澄西方，复东经过李祥下方、镇河、金贵、潘昶、王澄东方各乡，而至尾闸，即为该渠之第四段。计张政下方有支渠十六道，灌田六千二百余亩。汉左乡有支渠十二道，灌田五千四百余亩。李祥下方有支渠五道，灌田二千二百余亩。镇河乡有支渠八道，灌田六千五百余亩。金贵乡有支渠二十道，灌田一万七千五百余亩。潘昶乡有支渠十六道，灌田一万四千八百余亩。王澄乡东西共有支渠八十八道，灌田二万四千三百余亩。总计第四段共长六十六里，支渠一百六十五道，灌田七万六千九百余亩。

查：本渠自正闸至尾闸分为四段，共长二百一十九里，共有大小支渠四百三十六道，经过宁朔县之陈俊、汉坝、林皋、马寨、叶升、李俊、任春、唐铎、王洪、王泰、王全、许旺、杨和、魏信、河西寨等十五乡，灌田一十六万七千三百余亩。经过宁夏县之张政、李祥、镇河、金贵、汉左、潘昶、王澄等七乡，灌田八万九千一百余亩。共计灌溉夏朔两县田地二十五万六千四百余亩。

（三）闸

查：汉延渠有正渠一座，退水闸三处，提水闸二处，（当年所谓之龙全闸、路全闸、李俊闸、唐铎闸、王全闸、纳家闸、小官桥闸、头闸等，今均废。）兹将各闸之情形，分列于后。

1. 正闸：正闸在汉坝乡，距渠口下二十里处，系三墩四空，墩空宽各一丈，高亦一丈许，全渠水量之大小即以此处而标定，实为该渠之咽喉，旁建龙王庙，该渠之办公处亦位于此。

2. 退水闸：（1）安定闸：距渠口下十五里处，系五墩六空，墩宽一丈，空宽九尺，高一丈。（2）永庆闸：在正闸前，亦系五墩六空，建筑与安定闸同。（3）新建闸：在正闸下半里处，系一墩二空，墩宽一丈，空宽九尺，高一丈。以上三闸之效用，系为渠水过大，或渠内无用水之必要时，则将闸空开启，使水泄退，若用水，或渠内水小时，可随时将闸空封闭，使增水量。

3. 提水闸：（1）二闸：在王澄乡，宽八尺，高五尺。（2）尾洞：距二闸下七里处，宽五尺，高三尺。此两闸之设，因渠梢渠低田高，灌水困难，故其效用即以提高水位，藉资灌溉。

（四）埽渠堤及河坝，俗名均曰埽

1. 迎水长埽：由渠口斜插河中，迎水入渠，故名。当初有四百余丈之长，后因历年淘蚀，现仅存一百六十余丈，上顶均宽两丈许。每年仍用草束石块作临时之修葺。

2. 滚水坝：今名跳水，河水入渠过大时，即从此坝溢，以减水势，故名。查前渠口在马关磋时，有跳水坝三道：曰大跳，曰小跳，曰三跳，今因渠口移至九道沟地方，以上两坝均经损坏，现存在者，仅三跳坝，距渠口下七里许，长六十丈，底宽三丈，顶宽一丈，系用大小石块堆筑而成。

3. 渠埽：查本渠自口至正闸一段，以及正闸下之第一、第二两段，险要甚多，每年应行修葺，以防疏虞。兹将所有要埽之名称，及其所在地，分别列表于后。

段别	要埽名称	所在地	在渠之某旁	长度	备　考
上（渠口至正闸）段	菖蒲沟埽	陈俊乡	东	六〇丈	
	双埽脑	陈俊乡	东	三〇〔丈〕	因受大清渠退水之冲刷
	洪记埽	陈俊乡	东	五〇〔丈〕	
	上新工	陈俊乡	东	一三〇〔丈〕	系里渠外河双方均须作护埽工程
	下新工	陈俊乡	东	三〇〔丈〕	与上新工同
	滕家埽	汉坝乡	东	一五〔丈〕	
	晏公埽	汉坝乡	东	一三〇〔丈〕	与上下新工同
第一段	黄家埽	汉坝乡	东	一〇〔丈〕	
	张家埽	汉坝乡	东	一〇〔丈〕	
	曹家埽	林皋乡	西	五〇〔丈〕	
	王家埽	林皋乡	西	四〇〔丈〕	
	贾家埽	林皋乡	东	六〇〔丈〕	
	上张家埽	林皋乡	东	六〇〔丈〕	
	下张家埽	林皋乡	东	四〇〔丈〕	
	卧龙埽	林皋乡	西	四〇〔丈〕	
	张家小埽	林皋乡	西	一二〔丈〕	
	暗洞上下埽	林皋乡	西	二五〔丈〕	
	朱家埽	林皋乡	西	二〇〔丈〕	
	仓蒲埽	林皋乡	西	四〇〔丈〕	
	刘家小埽	林皋乡	东	二〇〔丈〕	
	大沙埽	林皋乡	西	五〇〔丈〕	
	陈家小埽	林皋乡	西	一〇〔丈〕	
	上阎仪埽	叶升乡	东	一五〔丈〕	
	下阎仪埽	叶升乡	东	六〇〔丈〕	
	耿家埽	叶升乡	东	一〇〔丈〕	

续表

段别	要埽名称	所在地	在渠之某旁	长度	备　考
第一段	顾家埽	叶升乡	东	三〇〔丈〕	
	罗家埽	叶升乡	东	二〇〔丈〕	
	上下哈家埽	叶升乡	东	七〇〔丈〕	
	梁家埽	叶升乡	东	三〇〔丈〕	
	王家埽	叶升乡	东	二〇〔丈〕	
	小北渠埽	叶升乡	东	三〇〔丈〕	
	张家埽	叶升乡	东	四〇〔丈〕	
	上陆家埽	叶升乡	东	二五〔丈〕	
	下陆家埽	叶升乡	东	二〇〔丈〕	
	钱家小埽	马寨乡	西	一五〔丈〕	
	老湾埽	马寨乡	西	五〇〔丈〕	
	观音寺上、下埽	马寨乡	西	一〇〔丈〕 二〇〔丈〕	
	金家埽	马寨乡	西	三〇〔丈〕	
	曹家埽	马寨乡	西	三〇〔丈〕	
	雷家埽	任春乡	东	三〇〔丈〕	
	李家埽	任春乡	东	四〇〔丈〕	
	马家埽	任春乡	东	六〇〔丈〕	
	王家沙埽	任春乡	东	一五〔丈〕	
	杨家埽	任春乡	东	四〇〔丈〕	
	任家埽	任春乡	东	一〇〔丈〕	
	丁家埽	任春乡	东	二五〔丈〕	
	吴家埽	李俊乡	西	二〇〔丈〕	
	张家新埽	李俊乡	西	一五〔丈〕	
	戴家埽	李俊乡	西	二〇〔丈〕	
	沈家埽	李俊乡	西	三〇〔丈〕	

续表

段别	要堧名称	所在地	在渠之某旁	长度	备考
第二段	唐家堧	李俊乡	西	一〇〔丈〕	
	曹家堧	李俊乡	西	三〇〔丈〕	
	寿家堧	李俊乡	西	三〇〔丈〕	
	龚家堧	李俊乡	西	五〇〔丈〕	
	孙家堧	任春乡	东	四〇〔丈〕	
	上下杨家堧	任春乡	东	七〇〔丈〕	
	北渠堧	任春乡	东	二〇〔丈〕	
	侯家堧	王洪乡	东	三〇〔丈〕	
	胡家堧	王洪乡	东	六〇〔丈〕	
	眭家堧	王洪乡	东	三〇〔丈〕	
	解家堧	王洪乡	东	三〇〔丈〕	
	王家堧	王洪乡	东	二〇〔丈〕	
	吴家堧	王洪乡	东	二〇〔丈〕	
	郭家堧	唐铎乡	西	二〇〔丈〕	
	刘家堧	唐铎乡	西	三〇〔丈〕	
	夏家堧	唐铎乡	西	一五〔丈〕	
	张家大堧	唐铎乡	西	三〇〔丈〕	
	洛家堧	王全乡	西	一五〔丈〕	
	唐家堧	王全乡	西	七〔丈〕	
	王闸桥堧	王全乡	西	八〔丈〕	
	沈家堧	王全乡	西	八〔丈〕	
	谢家堧	王全乡	西	一五〔丈〕	
	沙湾堧	王全乡	西	八〔丈〕	
	陶家大堧	王泰乡	东	三〇〔丈〕	
	朱家老湾堧	王泰乡	东	二五〔丈〕	

续表

段别	要塀名称	所在地	在渠之某旁	长度	备　考
第二段	下朱家老湾塀	王泰乡	东	一五〔丈〕	
	张家大塀	王泰乡	东	三〇〔丈〕	
	朱家塀	王泰乡	东	一五〔丈〕	
	袁家上、下塀	杨和乡	东	一六七〔丈〕	
	徐家塀	杨和乡	东	六〔丈〕	
	刁家塀	杨和乡	东	八〔丈〕	
附记	以上一、二两段共有要塀七十六处，（除渠口至正闸一段外）须每年修筑，其下三、四两段渠塀树木较多，塀基尚属坚固，不过每年春工时，由各该段负责人遇缺随时补修。尚非要工，故未列表内				

（五）桥梁汉延渠自正闸起，顺次至马家桥止，全渠共有桥二十一座）

正闸桥（为宁兰汽车路必经之桥，长七丈，宽二丈，系下闸上桥，两旁作有木栏杆。）

林皋桥（长五丈四尺，宽一丈五尺。）

马寨桥（长五丈四尺，宽一丈五尺。）

李俊桥（为一二段之分界桥，长五丈五尺，宽一丈六尺。）

唐铎桥（长四丈六尺，宽一丈六尺。）

王全闸桥（长四丈八尺，宽一丈四尺。）

纳家闸桥（长三丈八尺，宽一丈五尺。）

大官桥（为宁兰汽车路必经之桥，长四丈四尺，宽二丈一尺，两旁作有木栏杆。亦为二、三段之分界桥。）

小官桥（长三丈九尺，宽一丈三尺。）

板桥（长三丈，宽一丈二尺。）

通吉桥（长三丈二尺，宽一丈五尺。）

张政桥（为宁横大道必经之桥，亦为三、四段之分界桥，长三丈二尺，宽一丈六尺。）

小新桥（长二丈五尺，宽一丈二尺。）

五度桥（长二丈五尺，宽一丈二尺。）

沙窝桥（长二丈四尺，宽一丈二尺。）

娘娘庙桥（长一丈八尺，宽一丈。）

潘昶桥（长一丈五尺，宽一丈。）

毕礼桥（长一丈四尺，宽九尺。）

王澄桥（长一丈七尺，宽一丈。）

丁家桥（长一丈四尺，宽九尺。）

马家桥（系单人桥，长一丈三尺，宽三尺。）

（六）暗洞

查汉延渠渠底，共有退水沟暗洞五处，兹分别列后。

林皋暗洞（在林皋乡，系东大沟由汉延渠通过之暗洞。）

唐铎暗洞（在唐铎乡，系西大沟由汉延渠通过之暗洞。）

魏信暗洞（在魏信乡，系黑阴沟由汉延渠通过之暗洞。）

张政暗洞（在张政乡，系黄阳沟由汉延渠通过之暗洞。）

王澄暗洞（在王澄乡，系北大沟由汉延渠通过之暗洞。）

（七）飞槽

查：汉延渠本身并无飞槽，惟惠农渠上段，渠东因渠低田高，无法引灌，故设以飞槽，借汉延渠之水而接济。兹将各飞槽接引之支渠及所在地列后，其飞槽之大小与作法，见惠农渠篇。

水磨渠（在叶升乡。）

散水渠（在任春乡。）

果子渠（在任春乡。）

丁子渠（在王洪乡。）

苜蓿渠（在王洪乡。）

西波渠（在王太乡。）

南渠（在王太乡。）

北渠（在王太乡。）

阎家渠（在阳和乡。）

蒋家渠（在河西寨乡。）

八户渠（在河西寨乡。）

（八）设置水准标尺之地点

查：汉延渠全渠设有水准标尺四处，分划均以十六分为限（每分以五寸许），以定水量之大小，兹分列于后。

（1）在正闸桥，（2）在李俊桥，（3）在大官桥，（4）在张政桥。

（九）设置水平底石之地点

查：汉延渠原定准渠底之坡度时，于相当地点埋置底石五处，以资永久保持其渠底之坡度，而免历年疏浚，致有起伏不平之虞。兹将其所在地列后。

（1）在正闸下，（2）在龙泉闸（即今之林皋桥），（3）在李俊桥，（4）在五全闸，（5）在板桥下。

（十）夫料之来源

查：汉延渠所需夫料，均由各该渠受水农民自行分摊输将。

惟该渠之上七乡，均纳本色（即草束），如汉坝、林皋、马寨、叶升、任春、王洪、李俊等乡。以下各乡，则均纳折色（即款项），至交纳之多寡，历年以工程之大小，临时比例增减而分摊之。以现在清丈后之地亩言，大约每亩草束不过三束有余，每亩摊款不过二角有余。夫额以每田六十亩，搭夫一名，作工一月，即每二亩田作工一日。

（十一）工程之设施

查：汉延渠之作工，于每年冬至节，全渠绅民将来年应作之工程履地勘查，共同估计所需之工料。至春分时，即上埽夫，卷堵埽坝。至清明节，始上正夫，将全渠工程按段分配，限弥月竣工。至立夏日，即行开放水泽。计每年规定应作之工程，自渠口至正闸一段，为修葺迎水长埽，扒打渠口之石结，补修跳水坝与各闸工，并各要埽等。其自正闸以下者，则按工程之大小，于每段分工若干，挑挖渠身，并修补各要埽。

（十二）水手之待遇及任务

查：汉延渠共有水手四十名，水手田二千四百亩。每名各给田六十亩，因在渠服务，所有一切差粮丁银，概予免征。于每年开工时，各水手经管点收草束。开工后，所有正闸以上之柴工，均由水手担任工作。又若出险工，即调熟习作工之水手，前往抢险。开水后渠口之开闸，水量之增减，均为水手之任务。

（十三）管理组织及经费

查：汉延渠于二十四年改局制为委员制后，由人民自行组织委员会管理之，内设委员五人，常委一人，段长四人。常委执行常务，其他委员共负全部责任。段长则按段负责作工与封水泽。委员会设文牍、会计各一，书记四人，承常委之命，办理一切。警察四十八名，供催征夫料、巡防堤堺、封水泽各役。又每年春工时，于各工分派临时监工员（俗名委管）若干员，以一月为任期。至该渠之经费，每年除工程费外，全年经费为一万余元。

（十四）汉延渠支渠

天字渠（在干渠东，长一里，灌田五十五亩。）

王家渠（在干渠东，长二里，灌田一百六十四亩。）

朱家渠（在干渠东，长二里，灌田一百八十一亩。）

低渠（在干渠东，长二里，灌田一百五十四亩。）

吴家渠（在干渠西，长三里，灌田二百五十亩。）

贾家渠（在干渠西，长二里，灌田二百四十亩。）

南渠（在干渠东，长二里半，灌田一百五十一亩。）

贾家渠（在干渠西，长二里，灌田一百二十亩。）

北渠（在干渠东，长二里半，灌田一百八十七亩。）

张家渠（在干渠西，长二里，灌田八十六亩。）

曹家渠（在干渠西，长二里，灌田九十六亩。）

邢家渠（在干渠东，长二里，灌田一百四十五亩。）

苏家渠（在干渠东，长二里，灌田一百二十五亩。）

王家渠（在干渠西，长三里，灌田五百四十七亩。）

徐家渠（在干渠东，长一里半，灌田二百三十七亩半。）

王家渠（在干渠东，长一里半，灌田三百五十亩。）

杜家渠（在干渠东，长四里，灌田二千八百一十八亩。）

沙渠（在干渠西，长百余步，灌田二十亩。）

訾渠（在干渠东，长一里，灌田一百六十三亩。）

王家渠（在干渠西，长一里半，灌二百四十亩。）

桑东渠（在干渠西，长二里，灌田三百六十五亩。）

王家渠（在干渠西，长一里半，灌田一百六十亩。）

鸭子渠（在干渠西，长一里半，灌田三百二十六亩。）

四渠（在干渠东，长二里，灌田五百五十亩。）

二渠（在干渠东，长一里，灌田一百四十七亩。）

张家渠（在干渠西，长一里，灌田二百二十六亩。）

王洪渠（在干渠西，长一里，灌田四百五十亩。）

新渠（在干渠西，长二里，灌田八百亩。）

东北渠（在干渠西，长二里，灌田七百四十亩。）

沙渠（在干渠东，长一里，灌田一百七十七亩。）

胡子渠（在干渠东，长五里，灌田一千五百八十二亩。）

小寇渠（在干渠西，长一里半，灌田四百二十八亩。）

大寇渠（在干渠西，长二里，灌田二百八十五亩。）

阎家渠（在干渠东，长三里，灌田七百七十四亩。）

西苑渠（在干渠东，长五里，灌田一千九百二十三亩。）

陈家渠（在干渠西，长三里，灌田三百四十五亩。）

张家渠（在干渠东，长三里，灌田七百九十二亩。）

哈家渠（在干渠东，长半里，灌田一百六十五亩。）

水渠（在干渠东，长十八里，灌田五千四百九十三亩。）

钱家渠（在干渠西，长半里，灌田七十八亩。）

大北渠（在干渠东，长九里，灌田二千九百亩。）

梁家渠（在干渠东，长五里，灌田一千九百亩。）

富家渠（在干渠西，长三里，灌田三百八十五亩。）

陈家渠（在干渠西，长一里，灌田四百四十一亩。）

张家渠（在干渠东，长四里，灌田一千零五十五亩。）

董家渠（在干渠西，长一里半，灌田三再二十六亩。）

王家渠（在干渠东，长一里，灌田二百二十亩。）

张沙渠（在干渠西，长半里，灌田五十八亩。）

王家渠（在干渠西，长一里半，灌田一百八十六亩。）

回渠（在干渠西，长三里，灌田二百一十亩。）

周家渠（在干渠西，长三里半，灌田二百七十三亩二。）

沙渠（在干渠西，长半里，灌田一百六十四亩。）

小北渠（在干渠东，长五里，灌田二千五百亩。）

小沙渠（在干渠东，长半里，灌田一百亩。）

萧渠子（在干渠西，长一里，灌田一百六十四亩。）

沙渠（在干渠西，长半里，灌田九十五亩。）

包家渠（在干渠东，长一里，灌田二百亩。）

徐家渠（在干渠东，长一里，灌田二百六十七亩。）

高渠（在干渠西，长五里，灌田七百二十亩〇六。）

低渠（在干渠西，长四里，灌田五百五十亩。）

何家渠（在干渠东，长半里，灌田七十三亩。）

陆家渠（在干渠东，长半里，灌田一百二十八亩。）

叶家渠（在干渠西，长半里，灌田二百二十七亩。）

殷黑渠（在干渠西，长三里，灌田七百零八亩半。）

郑家渠（在干渠东，长二里，灌田八百亩。）

四道渠（在干渠西，长二里半，灌田四百五十七亩。）

胡沙渠（在干渠东，长半里，灌田一百七十五亩。）

王家渠（在干渠东，长十里，灌田三千五百亩。）

赵家渠（在干渠东，长一里，灌田一百六十三亩。）

五道渠（在干渠西，长三里，灌田六百一十二亩。）

山水渠（在干渠东，长十五里，灌田五千余亩。）

沈家渠（在干渠东，长一里半，灌田一百八十亩。）

头渠（在干渠西，长二里，灌田五百五十七亩。）

南渠（在干渠东，长三里半，灌田一百六十亩。）

果子渠（在干渠东，长十八里，灌田一万余亩。）

马沙渠（在干渠东，长百余步，灌田五十亩。）

二渠（在干渠西，长二里，灌田三百八十亩。）

李沙渠（在干渠东，长三里，灌田六百四十三亩。）

南渠（在干渠西，长二里，灌田二百四十六亩。）

王木渠（在干渠东，长二里，灌田二百七十八亩。）

杨三渠（在干渠西，长二里，灌田二百五十八亩。）

任沙渠（在干渠东，长半里，灌田七十二亩。）

木水渠（在干渠南，长一里半，灌田二百四十四亩。）

沈家渠（在干渠西，长二里，灌田一百二十七亩半。）

下沈家渠（在干渠西，长二里，灌田一百七十四亩。）

丁家渠（在干渠东，长半里，灌田八十五亩。）

董家渠（在干渠西，长二里，灌田一百九十二亩。）

祖渠（在干渠西，长二里，灌田二百六十九亩。）

李小渠（在干渠东，长半里，灌田七十亩。）

新渠（在干渠西，长三里，灌田九百七十三亩。）

中渠（在干渠西，长五里，灌田二千二百四十亩。）

唐家渠（在干渠西，长百余步，灌田二十五亩。）

杨沙渠（在干渠西，长二里，灌田二百五十六亩。）

苏家渠（在干渠西，长半里，灌田一百二十一亩。）

孙家渠（在干渠东，长一里，灌田一百七十二亩。）

苏家渠（在干渠西，长百余步，灌田三十亩。）

马家渠（在干渠东，长二里，灌田一百七十亩。）

马家渠（在干渠东，长二里，灌田一百六十一亩。）

王家渠（在干渠西，长百余步，灌田四十亩。）

北渠（在干渠东，长五里，灌田五百五十二亩。）

马家渠（在干渠东，长百余步，灌田二十亩。）

王家渠（在干渠东，长一百五十余步，灌田三十亩。）

马家渠（在干渠东，长一里，灌田一百七十四亩。）

阎家渠（在干渠东，长五里，灌田一千二百九十亩。）

董家渠（在干渠东，长二里，灌田五十九亩。）

张家渠（在干渠东，长一里半，灌田一百七十六亩。）

王家渠（在干渠西，长一里半，灌田九十七亩半。）

张家渠（在干渠东，长一里，灌田一百二十五亩。）

哈家渠（在干渠西，长一里半，灌田一百三十五亩。）

张家渠（在干渠东，长半里，灌田四十二亩。）

杨家渠（在干渠东，长四里，灌田九百四十七亩。）

侯家渠（在干渠东，长半里，灌田一百四十九亩。）

双渠（在干渠西，长四里，灌田九百四十亩。）

侯沙渠（在干渠东，长半里，灌田一百一十二亩。）

杨家渠（在干渠西，长半里，灌田一十六亩。）

大水渠（在干渠西，长五里，灌田一千零三十一亩。）

侯沙渠（在干渠东，长半里，灌田三百零三亩。）

刘家渠（在干渠西，长一百五十余步，灌田七十二亩。）

侯沙渠（在干渠东，长半里，灌田九十亩。）

丁家渠（在干渠东，长八里，灌田三千三百五十亩。）

郭家渠（在干渠西，长四里，灌田二百一十一亩。）

侯家渠（在干渠东，长百余步，灌田五十亩。）

郭家渠（在干渠西，长百余步，灌田五十亩。）

段子渠（在干渠东，长四里，灌田八百九十亩。）

郭家渠（在干渠西，长半里，灌田八十四亩。）

小尼渠（在干渠东，长十五里，灌田三千九百七十亩。）

徐家渠（在干渠东，长半里，灌田八十亩。）

郭家渠（在干渠西，长百余步，灌田八十九亩。）

甘家渠（在干渠东，长八十余步，灌田二十亩。）

小营渠（在干渠西，长五里，灌田一千零三十六亩。）

陈家渠（在干渠西，长半里，灌田八十四亩半。）

刘家渠（在干渠东，长二里半，灌田二百九十亩。）

王家渠（在干渠东，长一里，灌田一百六十一亩。）

黄家渠（在干渠西，长半里，灌田一百亩。）

杜家渠（在干渠东，长一里，灌田八十五亩。）

黄家渠（在干渠西，长一里，灌田一百五十亩。）

周家渠（在干渠东，长一里，灌田一百四十八亩。）

谢家渠（在干渠东，长二里半，灌田三百零六亩。）

黑虎渠（在干渠西，长五里，灌田一千四百亩。）

范家渠（在干渠西，长二里半，灌田二百亩。）

马何渠（在干渠东，长六里，灌田一千八百八十五亩。）

南渠（在干渠东，长二里，灌田一百九十亩。）

王洪渠（在干渠东，长五里，灌田二千二百亩。）

钱家渠（在干渠西，长六里，灌田一千五百亩。）

谢家渠（在干渠东，长一里，灌田一百亩。）

张家渠（在干渠西，长二里半，灌田四百亩。）

老实渠（在干渠西，长六里半，灌田二千四百亩。）

谢家渠（在干渠东，长半里，灌田五十亩。）

小渠（在干渠西，长二里半，灌田五百亩。）

刘家渠（在干渠东，长五里，灌田七百五十三亩。）

殷家渠（在干渠西，长一里半，灌田一百五十亩。）

刘家渠（在干渠西，长一里，灌田一百八十亩。）

王家渠（在干渠东，长半里，灌田八十亩。）

刘家渠（在干渠西，长二里半，灌田二百二十八亩。）

殷黑渠（在干渠西，长六里，灌田一千六百五十亩。）

头渠（在干渠西，长五里，灌田一千二百亩。）

毛家渠（在干渠东，长六里，灌田六百亩。）

苜蓿渠（在干渠东，长二十里，灌田五千七百六十亩。）

吴家渠（在干渠东，长二里，灌田三百亩。）

二渠（在干渠西，长五里，灌田五百亩。）

吴家渠（在干渠西，长一里，灌田二百五十亩。）

杨家渠（在干渠东，长十里，灌田二千九百亩。）

罗小渠（在干渠西，长半里，灌田一百三十亩。）

陶家渠（在干渠东，长二里，灌田一千百七十三亩。）

王家渠（在干渠西，长一里，灌田二百亩。）

西波渠（在干渠东，长二十五里，灌田四千余亩。）

三渠（在干渠西，长五里，灌田一千二百亩。）

义子渠（在干渠西，长五里，灌田六百亩。）

地子渠（在干渠西，长七里，灌田八百亩。）

朱家渠（在干渠东，长百余里，灌五十亩。）

南渠（在干渠东，长十八里，灌田三千亩。）

五子渠（在干渠西，长七里，灌田六百亩。）

沈小渠（在干渠西，长一里，灌田二百五十亩。）

北渠（在干渠东，长十五里，灌田二千六百亩。）

新渠（在干渠东，长十里，灌田一千九百亩。）

袁家渠（在干渠东，长二里，灌田二百五十亩。）

唐家渠（在干渠西，长四里，灌田八百亩。）

王家渠（在干渠西，长半里，灌田八十四亩。）

二渠（在干渠东，长六里，灌田一千五百亩。）

唐家渠（在干渠西，长半里，灌田二百亩。）

刁灌渠（在干渠东，长一里，灌田一百亩。）

新甘渠（在干渠西，长五里，灌田一千亩。）

罗家渠（在干渠西，长半里，灌田一百亩。）

孙家小渠（在干渠西，长八十余步，灌田三十亩。）

张家渠（在干渠东，长一里，灌田二百亩。）

三渠（在干渠东，长三里，灌田一千五百亩。）

李家渠（在干渠西，长一里，灌田一百九十亩。）

新渠（在干渠东，长六里，灌田一千六百亩。）

坎子渠（在干渠西，长一里，灌田二百七十五亩。）

大双渠（在干渠西，长七里，灌田一千六百亩。）

马家渠（在干渠东，长半里，灌田八十亩。）

四渠（在干渠东，长六里，灌田一千亩。）

马家渠（在干渠东，长半里，灌田六十八亩。）

沙渠（在干渠西，长二里，灌田四百亩。）

五渠（在干渠东，长四里，灌田一千六百亩。）

五灌渠（在干渠东，长半里，灌田九十亩。）

南渠（在干渠东，长四里，灌田五百七十三亩。）

北渠（在干渠东，长四里，灌田六百五十三亩。）

曹家渠（在干渠东，长三里，灌田五百二十八亩。）

果子渠（在干渠西，长三里，灌田三百亩。）

孙家渠（在干渠西，长二里，灌田三百亩。）
二户渠（在干渠东，长三里，灌田五百亩。）
曲家渠（在干渠东，长四里，灌田五百亩。）
蒋家渠（在干渠西，长二里，灌田七百亩。）
刘家渠（在干渠东，长二里，灌田六百亩。）
营前渠（在干渠西，长二里半，灌田三百亩。）
营后渠（在干渠西，长二里，灌田七百亩。）
四户渠（在干渠东，长二里，灌田三百亩。）
五户渠（在干渠东，长三里，灌田三百六十亩。）
新口子（在干渠西，长二里，灌田二百二十亩。）
沙渠（在干渠东，长三里，灌田二百五十亩。）
头户渠（在干渠西，长二里，灌田五百亩。）
黑渠（在干渠东，长三里，灌田四百六十亩。）
西渠（在干渠西，长三里，灌田四百亩。）
东渠（在干渠西，长三里，灌田四百二十亩。）
阎家渠（在干渠东，长四里，灌田三百亩。）
狐子渠（在干渠西，长一里，灌田二百一十亩。）
蒋家渠（在干渠东，长四里，灌田五百亩。）
苏家渠（在干渠西，长一里，灌田二百二十亩。）
头户渠（在干渠东，长二里半，灌田三百九十八亩。）
二户渠（在干渠东，长三里，灌田六百五十亩。）
二渠（在干渠西，长四里，灌田九百九十二亩。）
杨家渠（在干渠西，长半里，灌田六十亩。）
大三户渠（在干渠东，长二里，灌田三百八十亩。）
三渠（在干渠西，长三里，灌田四百五十九亩。）
四渠（在干渠西，长三里，灌田四百六十亩。）

周公渠（在干渠东，长四里，灌田九百八十亩。）

周家灌洞（在干渠东，长一里，灌田一百二十亩。）

五渠（在干渠西，长三里半，灌田五百五十亩。）

下头渠（在干渠西，长五里，灌田六百二十一亩。）

五户渠（在干渠东，长三里，灌田四百六十亩。）

二口渠（在干渠西，长五里，灌田五百五十五亩。）

大双渠（在干渠西，长四里半，灌田一千一百一十四亩。）

小双渠（在干渠西，长三里，灌〔田〕四百三十七亩。）

东双渠（在干渠西，长二里，灌田二百六十四亩。）

孙家小渠（在干渠东，长二里，灌田三百四十亩。）

汪渠（在干渠东，长四里半，灌田九百二十亩。）

漆家渠（在干渠西，长一里半，灌田二百三十一亩。）

杨家渠（在干渠西，长一里半，灌田四百一十亩。）

高渠（在干渠东，长五里，灌田一千一百九十八亩。）

红渠（在干渠东，长三里，灌田六百六十亩。）

富家渠（在干渠西，长一里半，灌田一百九十三亩。）

东渠（在干渠东，长三里，灌田五百八十七亩。）

八户渠（在干渠东，长三里，灌田五百九十二亩。）

小高渠（在干渠东，长三里半，灌田五百五十亩。）

冯家渠（在干渠西，长一里半，灌田二百五十三亩。）

小北渠（在干渠东，长三里半，灌田五百八十亩。）

大北渠（在干渠东，长三里，灌田五百二十亩。）

大双渠（在干渠东，长四里，灌田六百二十亩。）

王家渠（在干渠西，长一里，灌田二百九十八亩。）

王家渠（在干渠西，长二里半，灌田四百五十二亩。）

施家渠（在干渠西，长三里，灌田四百二十七亩。）

公益渠（在干渠东，长二里，灌田三百五十亩。）

小鸟渠（在干渠西，长二里，灌田三百零五亩。）

南柯渠（在干渠东，长八里，灌田一千亩。）

马莲渠（在干渠东，长五里，灌田九百亩。）

五户渠（在干渠东，长五里，灌田六百亩。）

头户渠（在干渠西，长三里，灌田四百五十亩。）

六户渠灌洞（在干渠东，长半里，灌田八十亩。）

六户渠（在干渠东，长五里，灌田六百三十一亩。）

二户渠（在干渠西，长三里，灌田四百五十亩。）

二户渠灌洞（在干渠西，长五十余步，灌田一百亩。）

长户渠灌洞（在干渠西，长五十余步，灌田八十亩。）

长户渠（在干渠西，长九里，灌田一千四百亩。）

七户渠（在干渠东，长五里，灌田五百三十二亩。）

田十渠（在干渠西，长三里，灌田四百亩。）

一号渠（在干渠东，长五里，灌田三百四十亩。）

头户渠（在干渠西，长五里，灌田六百亩。）

二户渠（在干渠东，长七里，灌田四百九十亩。）

鲁家渠（在干渠东，长一里，灌田二百六十五亩。）

陈家渠（在干渠西，长一里，灌田一百亩。）

闸渠（在干渠东，长七里，灌田四百三十亩。）

公益渠（在干渠东，长半里，灌田四十亩。）

三户渠（在干渠西，长三里，灌田二百五十亩。）

三户渠（在干渠东，长七里，灌田六百亩。）

四户渠（在干渠西，长七里，灌田六百亩。）

新四户渠（在干渠东，长七里，灌田六百亩。）

赵家渠（在干渠东，长三里，灌田二百二十亩。）

四户渠（在干渠西，长七里，灌田七百亩。）

五户渠（在干渠东，长七里，灌田七百五十亩。）

陈家渠（在干渠西，长三里，灌田三百亩。）

徐家渠（在干渠西，长二里，灌田一百亩。）

杨风渠（在干渠东，长八里，灌田五百亩。）

郭家小渠（在干渠西，长一里半，灌田一百亩。）

新灌洞（在干渠东，长五里，灌田五百七十亩。）

头户渠（在干渠西，长二里半，灌田三百亩。）

边渠（在干渠东，长九里，灌田七百五十亩。）

五度渠（在干渠东，长十六里，灌田一千四百亩。）

苏家小渠（在干渠东，长二里，灌田一百五十亩。）

高家渠（在干渠西，长半里，灌田九十亩。）

李家渠（在干渠东，长一里，灌田八十亩。）

二户渠（在干渠西，长五里，灌田六百五十亩。）

大银合渠（在干渠东，长十七里，灌田二千五百五十亩。）

三户渠（在干渠西，长三里，灌田三百五十亩。）

四户渠（在干渠西，长五里，灌田七百五十亩。）

余家渠（在干渠东，长三里，灌田五百亩。）

五户渠（在干渠西，长三里半，灌田三百亩。）

六户渠（在干渠西，长五里，灌田五百亩。）

金家渠（在干渠东，长一里，灌田一百亩。）

七户渠（在干渠西，长四里半，灌田四百二十亩。）

小银合渠（在干渠东，长八里，灌田一千九百亩。）

刘家渠（在干渠东，长三里，灌田三百亩。）

八户渠（在干渠西，长五里，灌田六百五十亩。）

李家渠（在干渠东，长二里，灌田二百八十亩。）

杨高渠（在干渠东，长一里半，灌田二百亩。）
下八户渠（在干渠西，长二里，灌田一百亩。）
边渠（在干渠东，长五里，灌田二千九百五十亩。）
葛登渠（在干渠东，长七里，灌田二千八百亩。）
施家渠（在干渠东，长二里半，灌田三百亩。）
毕家渠（在干渠东，长九里半，灌田二千七百亩。）
张家渠（在干渠东，长一里半，灌田三百亩。）
蒋家渠（在干渠东，长二里半，灌田二百八十亩。）
小新渠（在干渠东，长十四里，灌田三千五百亩。）
条糟渠（在干渠东，长三里半，灌田四百亩。）
沙渠（在干渠东，长一里半，灌田二百五十亩。）
刘家渠（在干渠东，长百余步，灌田五十亩。）
施家渠（在干渠东，长一里，灌田一百二十亩。）
庙渠（在干渠东，长百余步，灌田五十亩。）
高渠（在干渠西，长五里，灌田六百二十五亩。）
常渠（在干渠西，长七里，灌田一千五百亩。）
庙小渠（在干渠东，长百余步，灌田四十亩。）
刘家渠（在干渠东，长三里，灌田四百五十亩。）
陆家渠（在干渠西，长三里，灌田三百亩。）
邓子渠（在干渠东，长三里半，灌田五百一十五亩。）
高家渠（在干渠西，长一里半，灌田二百亩。）
田家渠（在干渠西，长三里，灌田二百八十亩。）
赵家渠（在干渠东，长一里半，灌田一百六十亩。）
庙二渠（在干渠西，长七里，灌田一千一百四十亩。）
周家渠（在干渠西，长一里，灌田一百八十亩。）
大高渠（在干渠东，长十二里，灌田三千五百亩。）

丁家渠（在干渠西，长半里，灌田七十亩。）

南尾渠（在干渠东，长十二里，灌田三千五百亩。）

北毛渠（在干渠东，长十七里，灌田五千亩。）

尤家渠（在干渠东，长二里，灌田二百五十亩。）

头户渠（在干渠东，长三里，灌田三百亩。）

沙渠（在干渠东，长一里，灌田一百五十亩。）

罗家渠（在干渠西，长三里，灌田四百一十亩。）

钱家渠（在干渠西，长二里，灌田一百九十亩。）

冯家渠（在干渠西，长二里，灌田二百九十亩。）

二户渠（在干渠东，长三里，灌田二百八十五亩。）

曹高渠（在干渠西，长一里半，灌田二百八十亩。）

曹低渠（在干渠西，长一里半，灌田二百八十亩。）

曹灌洞（在干渠西，长半里，灌田一百亩。）

三户渠（在干渠东，长二里，灌田二百五十亩。）

四户渠（在干渠东，长二里半，灌田三百五十亩。）

五户渠（在干渠东，长三里半，灌田五百亩。）

罗家渠（在干渠西，长半里，灌田一百亩。）

中方渠（在干渠西，长三里半，灌田五百七十亩。）

六户渠（在干渠东，长二里，灌田二百八十亩。）

七户渠（在干渠东，长二里，灌田二百四十亩。）

张家渠（在干渠西，长四千零一十一尺，灌田[1]。）

黄家渠（在干渠东，长二里，灌田一百三十亩。）

小叶渠（在干渠西，长三里，灌田三百八十亩。）

王家渠（在干渠西，长半里，灌田七十亩。）

唐家渠（在干渠东，长二里，灌田一百亩。）

---

❶ 此处疑缺亩数。

八户渠（在干渠东，长二里，灌田一百一十亩。）
刘家渠（在干渠西，长一里，灌田一百九十三亩。）
孙家渠（在干渠西，长四里，灌田六百五十亩。）
辛家渠（在干渠东，长六里，灌田五百五十五亩。）
段家渠（在干渠东，长一里，灌田一百五十亩。）
中渠（在干渠东，长八里，灌田二千一百亩。）
岳家渠（在干渠东，长一里，灌田一百九十亩。）
岳家渠（在干渠西，长一里半，灌田二百亩。）
彭家渠（在干渠东，长二里半，灌田二百五十亩。）
潘家渠（在干渠西，长半里，灌田一百亩。）
顾家渠（在干渠西，长百余步，灌田三十亩。）
官家渠（在干渠西，长一里半，灌田二百五十亩。）
南方渠（在干渠西，长三里，灌田四百亩。）
北方渠（在干渠西，长三里，灌田四百一十亩。）
赵家渠（在干渠西，长一里，灌田一百八十三亩。）
顾家渠（在干渠东，长一里，灌田一百五十亩。）
李家渠（在干渠西，长一里，灌田一百亩。）
王家渠（在干西，长三里，灌田一百三十亩。）
顾家渠（在干渠东，长半里，灌田一百亩。）
陆家渠（在干渠东，长三里，灌田四百五十亩。）
曹家渠（在干渠西，长一里，灌田一百九十亩。）
曹家渠（在干渠西，长一里，灌田一百亩。）
陆渠（在干渠东，长二里，灌田二百二十亩。）
曹家渠（在干渠西，长半里，灌田五十亩。）
三户渠（在干渠东，长半里，灌田八十亩。）
头道渠（在干渠东，长五里，灌田七百亩。）

何家渠（在干渠东，长一里，灌田一百二十亩。）

刘家渠（在干渠西，长一里半，灌田二百亩。）

二道渠（在干渠东，长三里，灌田三百八十亩。）

何家渠（在干渠西，长半里，灌田八十亩。）

刘高渠（在干渠西，长一里，灌田一百三十亩。）

朱家渠（在干〔渠〕东，长一里，灌田一百八十亩。）

王家渠（在干渠西，长二里半，灌田三百亩。）

刘家渠（在干渠西，长一里，灌田一百六十亩。）

朱家渠（在干渠东，长一里半，灌田一百五十亩。）

朱家渠（在干渠东，长一里，灌田一百亩。）

王家渠（在干渠西，长一里，灌田一百五十亩。）

阎家渠（在干渠东，长一里，灌田二百亩。）

锅子渠（在干渠东，长一里半，灌田三百亩。）

孙家渠（在干渠西，长二里，灌田一百七十亩。）

南渠（在干渠东，长二里，灌田二百亩。）

杜家渠（在干渠东，长半里，灌田一百亩。）

赵家渠（在干渠西，长一里，灌田八十亩。）

李家渠（在干渠东，长二里半，灌田二百九十亩。）

杜家渠（在干渠东，长半里，灌田八十亩。）

胡家渠（在干渠西，长一里，灌田一百二十亩。）

蒋门低渠（在干渠西，长四里半，灌田五百四十亩。）

董家渠（在干渠西，长一里，灌田八十亩。）

董家渠（在干渠东，长一里，灌田一百亩。）

刘家渠（在干渠西，长一里，灌田一百一十亩。）

萧家渠（在干渠东，长三里，灌田四百亩。）

罗家渠（在干渠东，长三里，灌田四百亩。）

沈家渠（在干渠西，长一里半，灌田一百六十亩。）

李家渠（在干渠西，长一里，灌田一百一十三亩。）

曹家渠（在干渠西，长五里，灌田八百八十亩。）

李家渠（在干渠西，长二里，灌田二百亩。）

陶家渠（在干渠东，长三里，灌田四百五十亩。）

李家渠（在干渠西，长半里，灌田八十亩。）

陶家渠（在干渠东，长二里，灌田二百五十亩。）

叶家渠（在干渠东，长三里，灌田二百五十亩。）

陶家渠（在干渠西，长二里，灌田三百亩。）

周家渠（在干渠西，长一里，灌田二百亩。）

柳黑中渠（在干渠东，长五里，灌田四百亩。）

孙家渠（在干渠西，长二里，灌田二百五十亩。）

陈家渠（在干渠❶，长三里，灌田六百九十五亩。）

化家渠（在干渠东，长一里，灌田一百五十亩。）

张家渠（在干渠，长三里，灌田五百亩。）

陆家渠（在干渠西，长一里半，灌田一百一十五亩。）

王家渠（在干渠东，长百余步，灌田三十亩。）

郑家渠（在干渠西，长二里半，灌田二百二十亩。）

贺家渠（在干渠西，长二里，灌田三百一十亩。）

陈家渠（在干渠西，长二里，灌田三百三十亩。）

方家渠（在干渠西，长一里，灌田二百三十亩。）

熊家渠（在干渠东，长一里半，灌田二百亩。）

方家渠（在干渠西，长二里，灌田二百亩。）

裤子渠（在干渠东，长四里，灌田八百亩。）

唐家渠（在干渠西，长三里，灌田三百三十亩。）

---

❶ 据前后文句式，此处疑缺字。

陆曾渠（在干渠西，长三里，灌田四百五十三亩。）

化子渠（在干渠东，长一里，灌田一百五十亩。）

殷家渠（在干渠东，长四里，灌田五百亩。）

狐子渠（在干渠西，长一里，灌田一百四十亩。）

三　惠农渠

（一）沿革

本渠系清雍正四年侍郎通智、宁夏道单畴书奉旨所开，赐名惠农。先是，沿黄河东北一带之地，名查汉托护，向为游牧场，远距唐汉两渠，水泽不能波及，自开此渠，荒几尽垦，增田逾亿，为最富区。渠口原开在叶升乡俞家嘴南，宽十二丈，渠身向北直至平罗县西河乡归入西河，古之退水河，今已淹没。长二百里。去渠口十二里，建石正闸一座，曰惠农闸，计五空，即今任春乡之正闸桥也。上建桥房九间，碑亭一座，旁房三间。正闸后改至叶升乡东南之龙门桥，年月无考。退水闸四座，曰涤闸，曰建瓴，现只存此闸。曰平涛，曰庆澜。暗洞四道，现只存二道，余皆淤塞。曰美利，曰王洪，曰黑羊，曰黄羊。底石二处，尾闸一道，桥梁二十有二，塘房二十七处，现皆无存。支渠二十三道，陡口一百三十六道，凡渠身横截汉渠之支流，共架飞槽六道以渡之。又自渠东王泰乡至平罗石嘴口，沿河筑堤埂三百五十余里，以防黄河之泛溢。又疏通西河二百五十余里，以备余水之宣泄。又于渠塀植垂柳十万余本，至今犹扶疏在望。自雍正四年七月兴工，至七年五月告竣，共费帑银十六万两。

乾隆五年，地大震，渠口被毁。宁夏道钮廷彩奏请修复，自俞家咀至通润桥，即今之黄渠桥。增长十里有奇。乾隆九年，宁夏知府杨灏详请自通润桥以下，接修渠尾至市口乡，又增长三十里。乾隆十年，改口于宁朔县林皋乡朱家河。乾隆三十九年，因河东徙，又改口于汉坝乡刚家咀，至平罗县尾闸乡入河，共长二百六十二里。乾隆四十二年，宁夏道王廷赞，嘉庆十七年，宁夏道苏成额，道光四年，宁夏道瑞庆，先后请帑重修。同治年间，因地方变乱，居民流徙，渠工废弛，口亦沦没。光绪元年，户口复业，经宁夏水利分府移渠口于宁朔县陈俊乡王家河。后以入水不利，又移至汉坝乡马关嵯，与汉渠相并，自此两渠医争压迎水，迄无宁岁。光绪五年，经陕甘总督左宗棠判定马关嵯之西沟为汉延渠口，东沟为惠农渠口，讼始息。

光绪二十五年，渠口冲坏，下移至叶升乡张家滩。光绪二十七年，河流西趋，外塀刷没二十余里，杨和乡渠身亦被冲断，屡修屡圮，数年不得水泽，官民交困，渠几全废。至光绪三十一年，宁夏知府高熙哲改筑渠口于林皋乡之东，又将渠身由杨和乡之东改向西北，再绕趋东北，长约二十五里，至李祥乡仍归旧道。添退水闸二座，曰永康，曰永祥。此新改一段，中经高阜大滩（即黑泉湖），故有培塀引渡及深至丈余之处，从此渠身稳固，民困始舒。又因尾闸外土地肥沃，常患河水淹没，复筑土堤一道，以资堵御，护田泻水，利赖至今。宣统二年，河水东趋，又上移渠口于林皋堡方家巷。民国三年，又上移汉坝乡施家河，另辟新口，宽三十丈。另筑灖水坝二道，一在方家巷，长六十丈；一在俞家河，长八十丈。至民国成立，裁分府缺，改属宁夏道，道裁，设水利总局。及改行省，总局裁撤，归建设厅兼办，厅委局长一员负其责。本年经第二次省政大会议决，改局长制为委员制，本渠定委员七人，内常务委员一人，委员由民众选举。所有勘工估料及渠务兴革事项，仍由建设厅负监督指导之责，以利进行。

（二）流域概况

本渠开口于汉坝乡之施家河口，水流微向西北，再转向东北至龙门桥，计长十公里又八，合二十一中市里又九十五丈。是为正闸以上之一段也。中经方家巷、张家滩、余家河、滁闸、朱林塀、征家塀、建瓴闸等处，全在东岸。其间以方家巷大滙水，关系全渠命脉，工程十分险要。再下张家滩，原系渠口。内外受冲，亦属要工。其余如朱林等塀，须防后低外倒，均为渠口上普通必要之工。因口上一段，地势较河实高，惟中隔荒滩，宽窄无定，故易被水冲刷。而渠口迭经改易者，亦以此也。

由正闸起，微向东北流，直至通贵乡之上闸木桥，再转向正北至清水乡桥，计长九十二公里，合一百八十三中市里一百三十六丈。是为本渠第一段，灌宁朔县六乡、宁夏县八乡之田，约六万七千余亩。此段地势高亢，渠道特深，惟经黑泉湖一小段，系用渠塀束水，余尽阴渠，故得美好之名。然上水困难，虽段长口多，而灌田亦由此甚少也。其中由渠口至兼夫子桥，长六十二公里三，仅有陡口七十四道，为本渠支流最稀之一段。计通宁乡三十四，王洪、叶升各十余。他如李祥、河西寨、阳和、王太、任春乡，皆架飞槽以用汉渠之水，而口在本渠者，每乡不过二三道耳。再由兼夫子桥至清水乡桥，长仅四十公里半，而陡口则有三百一十八道之多，几占全渠口数之半，为本渠支流最密之一段。计通宁乡九，通朔乡七十六，通贵乡七十四，通昌乡五十四，通吉乡四十四，通义乡二十八，清水乡三十三。桥北有七道在内。除三道官渠及殷渠、龙化渠为石明口外，其余多系土口。而灌田逾千亩者，不过十五道；灌数十百亩者，则占全数十分之七以上。又本段湖沼最多，计清水乡水旱田各半，其他各乡浪稻之水田，竟占十分之八九。

由清水乡桥微向东北流至通平桥，计长三十公里又五七，合六十一中市里。是为本渠第二段，灌平罗县通伏等七乡之田，约六万八千余亩。本段大支渠全在东塀，西塀外多荒滩，所有小支渠，亦仅东塀二分之一。地势较第一段稍低，渠水大时，即与岸平，岸之上并无渠塀，若非土质性粘，实属危险万分。故本段十余大支流系石口，其余皆因土粘，率皆土口也。全段支渠共一百六十三道，计通伏乡五十六，通城乡二十三，五香乡十八，沿河乡二十六，交济乡三十七，六羊乡三，而六中一乡，系用邻乡支渠之余泽也。本段著名之大支渠为官四、老泮池、义学、六中、交济、仁义等渠，每渠灌田之数，最多不过二三千亩，其余支渠，各仅三五百亩。

由通平桥向北流至边渠，再微转向东北至黄渠桥，计十八公里又六，合三十七中市里。是为本渠第三段，灌平罗县十乡之田，约四万八千余亩，可知本段大支流之多也。本段支渠共五十二道，率皆石陡口；惟通平桥迤北，有土口十数道。计东西通平两乡二十七，通惠乡二，南长渠乡四，北长渠乡十一，惠北乡四，内西河乡四，而上下宝闸简泉等乡，系受渠梢之余泽。本段大支渠，西塀较多，著名者有二渠、三渠、上新渠等十二道。东塀仅有最大支流官四渠一道，本渠素称一口两梢，此即一梢也。惜近来失修，进水不畅，以渠身六十余里之长，仅灌田一万五千亩之谱；并致两岸沃壤日渐荒芜，亟应兴修，以宏水泽。又本段土质最为肥沃，湖滩荒地，亦较上游为少；而各种田产，既美且丰，诚属本渠最富庶之一段也。

由黄渠桥向北流至渠拐子，转向东北至尾闸绕向东南，再转向东北入河，共长三十二公里又二，合六十四中市里。是为本渠第四段，灌平罗县外西河等九乡之田，约五万六千余亩；及灌不在塀岸如上下省嵬西、宝池等九乡之田，约三万五千余亩。东塀外属昌润、官四两渠之流域，无大支流，只有退水渠一道，为最大之口；然仅用作退水，不灌田也。沿塀尚有长二三里之小灌洞，其梢即入退水渠内。西塀有沙淤、铁三等渠之大陡口十三道，长皆二三十里，灌田最多；并可灌至西山麓下之沙滩，因渠西地势低下如盆，素有三池万宝、聚宝、永固等三池。之称。相传西山根为黄河之故道，其信然欤？本段支渠共五十九道，计外西河乡三，通润乡五，西永固乡二，东永固乡九，渠中乡二，通丰乡四，万宝乡十四，聚宝乡七，尾闸乡十二，石咀乡一，此一道名为郑白渠。先是二十一年春，有石咀山巨绅郑万福拟于本渠渠梢开阙新渠一道，以垦本山下市口滩一带之荒地。当呈请建厅批准，并派员督助，不数月而工竣。又由郑绅筹款，招集贫民，开凿所有支渠，迄今已垦之田约计四千余亩也。

总计本渠共长一百八十四公里又一百六十四公尺，合市用制三百六十八里又四十九丈，合旧制里三百零六里一百六十九丈。共有大小支渠六百六十四道，灌溉夏、朔、平三县四十九乡之田二十八万三千二百余亩。其中沿渠塀者，共计三十七乡，平罗县即占二十有二，宁夏县有八，宁朔县仅七。大陡口全在通平桥以下第三、四两段之内，一、二两段几全属平口，可知此渠关系最重者，为末段之平罗县；而宁夏县次之，至宁朔县，则无关重要矣。在昔本渠中段之东及尾闸之西，荒滩尚多，自郑白渠创办于前，云亭渠开凿于后，则沿黄河一带之荒地，即可尽行垦辟也。

（三）闸坝

本渠开口于唐汉清三大渠口之下，每遇天旱，常患水量不足。故渠口上之滚水埧，即湃水。岁须加高培厚；而往往犹用汉唐诸湖之泻水以济之。然遇河水大时，中下两段搿渠又常虑冲决之患。此本渠所有闸坝，对于进水度量，犹难操纵自如，亟宜改良也。改良法，陈于末节。现在本渠对渠水进退之设备，有滚水坝二，退水闸二，正闸一。其中方家巷大水关系全渠命脉，距渠口约三里许，长六十丈，顶宽一丈二，高约一丈一，底甚宽，纯用毛石自然堆砌。本年因开凿云亭渠，为防水量不足，复加高四尺，此湃外无大滩，易受河水冲刷，内近渠口，适当水势猛流，是以非常险要。其次为余家河小湃水，长七十丈，此湃建筑最早，在方家巷大搿之先，故根基稳固，每年只修南北码头以护之，不必多加毛石也。小搿之下有湪闸，再下即建瓴闸，此二退水闸，同为三礅四空，上架无栏木桥梁，桥长二十三米，宽二米九，石礅长八米三，高二米五，宽三米三，泄水孔同为三米七，亦用闸木，上依木梁，下附石坎，以司启闭。建瓴闸之旁即进水正闸，又名龙门闸，五礅六孔，桥长三十八米，宽三米六，石礅略同退水闸，每孔进水宽度为一丈，本渠进水量以此桥定之，最大不得过九分。桥礅上架飞槽，名水磨渠飞槽，用渡汉延渠水以淌叶升乡第七之田，为本渠第一飞槽也。

龙门桥以下之闸，首即任春乡之正闸桥，四礅五孔，昔为正闸，今已名存实亡，桥之上惟架山水渠一飞槽耳。本渠渠身甚长，上两段地势甚高，无大陡口，此渠中退水闸，势在必设也。在昔阳和乡有永康闸，两礅三孔，河西寨乡有永祥闸，一礅两孔，俱用退水于河。今年春，在云亭渠口新建两礅三孔之正闸一座，渠中之水，大可由此闸节制之，遂拆废永康、永祥两闸矣。云亭正闸上架有栏大木桥，桥长三丈，宽一丈二，石礅宽五尺，长两丈，每孔进水，宽为六尺七寸，以退龙门正桥所入之水量，即足用矣。往下至通贵乡，有通贵桥两座，又名上下闸木桥，顾名思义，皆当日提水闸也。现因渠身淤高，水易入田，久不上闸矣。再下交济乡有沿河闸，两墩三孔，上架木桥，桥长二丈有七，当水小时，每次封水，照例上闸，以淌高田，近已多年不用矣。再下官四渠口有永治闸，一礅两孔，上架木桥，桥长二丈有五，因此渠虽为一最大支流，而进水不畅，每淌春冬水时，必须上闸三天，以期迫水至梢，灌溉满足。最末为龙尾闸，一礅两孔，上架木桥，桥长三丈，亦属提水闸之性质也。近年于闸外接开郑白渠一道，渠口之下有郑白桥一座，亦名福履闸，纯为提水而设，石工建筑颇称坚美。总之本渠，向患水不足用，故渠中多设提水闸。至于退水闸，已废两座，现惟侍云亭渠一口耳。

(四) 渠堺及工料

查本渠渠埽工少，原因有三：一因地势高亢；一为渠线较直；一则土性甚佳，故所需工料，全用于正闸至渠口之一段耳。兹将此段工程述之于下，至渠身险埽，另详表册。

(1) 施家河口迎水长埽　埽长六十丈，每年压埽，用柴一万五千余束，用毛石十余船。埽下近有东沟，年防河水冲入，亦用柴筑埽，约需五千束之谱。

(2) 方家巷大溅两面之长埽　此埽护溅最力，每年加之毛石，平均一百五十余船。而两面筑埽，用柴亦巨，此埽长六十丈，宽约五丈；尚有长十丈之支水埽一道。南埽长四十丈，宽约八丈，两埽每年用柴约五六万束，而岁需工料，全视河水大小为定耳。

(3) 张家滩长埽　长埽约六十丈，宽约八丈，内防渠倒，外防河冲，每年下埽压土，约需柴七千余束。

（4）余家河小溂　水此溂因系老溂，无须年加毛石，只筑南北马头以护之，用柴二千余束。北马头外有长塀，每年亦用柴三千余束。塀下为臭水沟，为防渠水外倒，每年筑塀，亦用柴四千余束。

（5）涤闸下之朱林塀　因塀外甚低，须筑马头，每年用柴六千余束。再下半里有征家塀，亦因后低，每年用柴三千余束。

（6）涤闸建瓴闸龙门桥等处　每年修补，用大石一二百块，无定额。

（7）渠工　本渠之工，全在渠口。故每年由渠口至龙门桥正闸，须用夫三千余；而正闸至渠梢，仅用夫一千余。

（8）使柴法　本渠使柴之法，与唐渠不同，唐使散柴，本渠使捆柴。捆柴卷埽，内有四寸粗之龙绳，须用菩菩制之，故每年估菩菩，约二万余斤。挂绳之椽子，每年亦须二千余根。

（9）卷埽　倘河水小时，须由马关嵯开口；并经马家滩本渠旧道，则工料更多，据估计仅卷埽之柴，亦需一万五千束之谱。

（五）桥梁

查：开凿本渠时，原建桥二十二座，后因渠身延长，增至四十三座之多。近有数座毁坏，尚未修复。兹将由口至梢之桥，逐一开列于左。

龙门桥（在叶升乡，为本渠之正闸，已述于前。）

跃浪桥（在叶升乡外，三礅四孔，修法与正闸同，木梁土面，上有栏，长八丈三，宽一丈七，为本渠及宁兰汽车公路上最大之桥。）

正闸桥（在任春乡，四礅五空，修法同上，长八丈，宽一丈四，惟石礅长四丈六，宽一丈，因礅上又与桥并架山水渠之一飞槽，无大交通。）

徐家桥（在任春乡，五孔，长六丈，宽一丈一，石柱木梁，无栏杆，为李俊、王洪两乡交通之要道。）

王家桥（在王洪乡，五孔，长六丈五，宽一丈一，石柱木梁，为农耕往来种地道，无大交通。）

王洪桥（在王洪乡，四孔，石礅，长七丈，宽一丈二，有栏杆，为宁兰汽车往来之要道。）

施家桥（在王太乡，五孔，石礅，长六丈三，宽一丈一，无栏杆，为去河边渡口之要道。）

东岳庙桥（在王太乡，六孔，长六丈五，宽一丈二，石柱木梁，无栏杆，为去河岸道。）

惠农渠桥（在杨和乡，为新建之大桥，三礅四孔，修法同正闸，长七丈，宽一丈三，有栏杆，并设有水标尺，为去云亭渠上游之大道。）

纸房桥（在杨和乡，六孔，长六丈，宽一丈，石柱木梁，无栏杆，为农民往渠东种地道。）

甘渠桥（在杨和乡，六孔，长五丈五，宽一丈二，修法同前，为种地往来桥。）

五渠桥（在杨和乡，于本年六月被水冲倒，尚未修复，为种田往来桥。）

孙家桥（在杨和乡，南有孙家飞槽，同于去年被水冲倒，现未修复。）

大庙孙家桥（在河西寨乡，五孔，长四丈八，宽一丈一，完全木桥，无栏。）

魏家桥（在河西寨乡，四孔，长四丈七，宽一丈一，完全木桥，无栏。）

南桥（又名双庙桥，在李祥乡，五孔，长五丈二，宽一丈，完全木桥，无栏。）

陆家桥（在通宁乡，于民国十六年被水冲毁，至今无力修复。）

兼夫子桥（又名永固桥，在通宁乡，六孔，长五丈二，宽一丈五，全木无栏，附有标尺，最大水不得过十二分，为由省城去横城渡口之孔道。）

镇河桥（在通朔乡，四孔，长五丈二，宽一丈二，石柱木梁，无栏杆。）

思家桥（在通贵乡，五孔，长五丈，宽一丈，石柱木梁，无栏。）

通贵桥（又名上闸木桥，六孔，长四丈五，宽一丈，全木无栏。）

通贵桥（又名下闸木桥，五孔，长五丈二，宽一丈，全木无栏。）

通昌桥（在通昌乡，五孔，长四丈五，宽一丈，全木无栏。）

高家桥（又名永治闸，亦名通吉桥，前年毁于孙军，无力修复。）

熊家桥（在通义乡，四孔，长四丈二，宽五尺，石柱木梁，不通大车。）

马家桥（在通义乡，三孔，长三丈五，宽一丈，石柱木梁，无栏。）

独木桥（在清水乡，三孔，长五丈五，宽五尺，木桥，不通车。）

清水乡桥（三孔，长四丈，宽一丈，石墙木梁，无栏。）

穆家桥（在通伏乡，一切同前。）

经堂桥（在通伏乡，四孔，长三丈七，宽一丈一，石墙木梁，无栏。）

惠闸桥（在通成乡，一切同清水乡桥。）

马家桥（在通成乡，三孔，长三丈二，宽一丈，石柱木梁，无栏。）

软桥（在沿河乡，三孔，长三丈六，宽一丈一，无栏。）

沿河栏桥（在交济乡，三孔，长二丈七，宽一丈，石墙木梁，无栏。）

新桥（又名永平桥，在交济乡，三孔，长三丈五，宽一丈，全木无栏。）

通平桥（在西通平乡，三孔，长三丈五，宽一丈，石柱木梁，桥面又铺条石作车轨，为通平罗之要道。）

永治闸桥（在内西河乡，两孔，长二丈五，宽一丈，石墩木梁，无栏。）

黄渠桥（又名通润桥，在通润乡，三孔，大石璇洞，长四丈，宽两丈，木栏杆，桥旁镶一龙头，水到龙口，水恰足用，为包宁交通之要道。）

永固桥（在东永固乡，两孔，长三丈，宽一丈二，石墙架梁，无栏杆。）

张斗子桥（在万宝乡，两孔，长三丈，宽一丈，全木无栏。）

独木桥（在尾闸乡，两孔，长二丈，宽三尺，仅通行人。）

尾闸桥（在尾闸乡，一礅两孔，长三丈，宽一丈五，无栏杆，为渠梢之提水闸也。）

郑白桥（又名福履桥，在石咀山乡，为本渠最坚美之石璇洞桥，两大孔，每孔宽一丈，桥长四丈，宽二丈，上有低石栏，与郑白渠同时修筑，为一提水闸也。）

（六）飞槽

本渠上游之地，属汉延渠灌溉流域。汉渠位于西，地势较本渠平均高一丈有余。清初开凿本渠，多截断汉渠东埂支流，因造本笕，置诸桥闸石礅之上，或用木柱支架之，东西横跨，以度汉渠之水。笕宽约三四尺，长随渠度，多在七丈以外。此笕古人名为过水，现因其用作渡水，凌空卧波，故又谓之飞槽。本省河西各大渠之飞槽，除大清渠有帖渠飞槽外，以本渠为最多，唐、汉两渠无之。兹将本渠十二飞槽，由上而下，列纪于左。

水磨渠飞槽（在叶升乡之龙门桥正闸上，长十二丈，深、阔各三尺，架于桥礅之北端，以渡汉渠之水磨支渠之水，灌叶升乡第七之田。）

正闸桥飞槽（在任春乡正闸桥上，长十丈，深、阔各三尺，架于正闸桥礅之北端，以渡汉渠山水支渠之水，其梢入于河。）

果子渠飞槽（在任春乡之北，长七丈五，深、阔各五尺，架于三石礅上，两岸为石墙，木槽周围用大木条拉钉之，下庋大梁，上可走人，以渡汉渠最大支流之果子渠水。过槽后，分五大支，以灌王洪乡南部之田，梢入于河，洵一最大之飞槽，亦一最大之工程也。）

丁子渠飞槽（在王洪乡，长八丈，深、宽各三尺，此槽由七木架支成，每架两石柱架一横梁，渡汉渠丁子支渠之水，灌王洪乡南之田，梢入于河。）

苜蓿飞槽（在王洪乡，长八丈，深、宽各三尺，槽腿用木架支成，渡汉渠苜菌支渠之水，灌王洪乡以北之田，稍入于河。）

西北渠飞槽（王太、王洪两乡，以此槽分界，槽长十丈，深、宽各三尺，支于木架上，渡汉渠西北之水，稍入于河，十年前，此槽架于桥上，自桥被冲毁，迄今未修。）

南飞槽（在王太乡，长八丈五，宽、深各三尺，架于南桥上，以渡汉渠南渠之水，稍入于河。）

北飞槽（在王太乡，长十丈，深、宽各三尺，此槽用七木架支成，以渡汉渠之北渠水。）

阎家飞槽〔在河西寨乡，此槽由四个木架架三接木筒（由大树干刻成）而成，木筒共长七丈，径一尺，渡汉渠之阎渠水，稍入于黑泉湖。〕

蒋家飞槽（在河西寨乡，此槽由五个木架架两架木筒而成，长七丈，径一尺，渡汉渠之蒋渠水，稍入黑泉湖。）

徐家飞槽（在河西寨乡，此槽长五丈，宽一尺半，高二尺，用六个木架支成，渡汉渠之二户渠水，稍入黑泉湖。）

魏家飞槽（在河西寨乡，长九丈七尺，宽三尺半，深二尺半，用木架分六孔支成，渡汉渠之八户渠水，至魏家庄，稍入云亭渠。）

（七）暗洞

查：阴沟暗洞，为泄水之重要工具。古人于开凿渠道之时，即有阴沟暗洞之修筑，使各渠余水积之于湖，由湖再入于河，法至善也。本渠湖沼之多，甲于各地，用为退水，以便耕农，无如年久失修，率皆淤塞，以致大好田亩，随处淹没，此本省水利上亟宜注意者也。本渠位于各渠之东，阻各退水沟入河之路，故于渠下甃石为洞以通之，名为暗洞。旧志载本渠有暗洞七，泄河西寨以上湖水之不入西河者。今仅有四，述之于左。

（1）王洪暗洞　此洞所泄之沟水，来路甚遥，由瞿靖之连湖、叶家湖、玉泉之三道湖，邵刚之献明湖、老鹳湖、李俊之沙湖，集以上诸湖之水，汇于一沟，至分水闸复分两岔，一岔向正东流入汉渠之唐铎暗洞，再微向东南经过惠渠之王洪暗洞，以入于河。王洪洞因虑水势洪大，恐不敷宣泄，故筑三洞并列之，每洞约宽六尺，高四尺，长二十余丈。两旁及八字墙俱用条石垒砌，上盖榆木板与毛毡、胶泥、条石等，可见旧时筑法，极为坚固也。

（2）永宁暗洞　由分水闸往北一岔，名为黑阴沟，经过曾刚、王全、许旺等乡，复集唐汉支渠之退水，再经过汉渠之黑阴沟洞，又名魏信暗洞。往东流绕河西寨之苇子湖边，沿惠渠左外，即至本渠之永宁暗洞矣。过洞不及二里，又经新建云亭渠暗洞，直入于河。此洞于二十三年春重新修筑，长约十八丈，高、阔各四尺有六，筑法同前。在昔本渠会将此洞堵塞，使沟水入渠，以济渠水之不足。后因湮塞成灾，遂于二十三年由厅重修之；然现在沟渠通连，入渠之水仍占多半，尚未达宣泄之目的，势须重修耳。

（3）永济暗洞　此洞又名银湖沟洞，泄省城周围之湖水，经八里桥暗洞庙；又汇谢保、王澄诸湖之水，过汉渠之永丰洞后，再东即为本渠之永济洞；复经通吉乡南至马厂入于河。此洞于民国二十年重修，长十八丈，洞内高、阔各四尺六寸，筑法同前。

（4）黑泉湖暗洞　查黑泉湖暗洞，南北约五里，东西亦如之，湖水长流，中贯本渠长堺，故堺中向有三暗洞并列，以泄堺西之水。每洞相距七十五米，宽四尺，高二尺半，长十二丈，用木板胶泥做成，无石工。现在南北两洞淤塞，仅中洞走水，亟宜补修者。

（八）其他事项

本省渠工，各渠情形不一，本渠与唐渠同者，不再赘及。兹将其特有者，述之于下。

（1）本渠物料之全交折色也。查：本渠所灌之田，全在通平桥以下，其上段百余里之长，灌田无多。是以渠口所用之物料，往昔民间完纳草束外，尚有红柳、白茨、沙桩，名曰颜料，不称物料。因上段田少，无法摊派，下段田多，运费复大，故通渠年交坝料之多寡，须按渠工大小现估之。本年每田一亩，摊款一角一分五厘，作为采购稻草、麦柴、芗蓄、松椽、毛石、条石、红泥、石灰之用。其大宗柴草，多由河东金积县采买之。

（2）本渠委管之额较少也。本渠委管只六十余名，仅及唐渠之半，一因渠身无大湾屈，减少去沙撇筑马头之工；次因渠口无石结子工，比较完工迅速；三则渠墈土好，无多用柴筑墈之处，此春工几全集中龙门桥以上之一段，督工委管，自无多用之必要也。

（3）本渠进水口之工有两处也。在昔汉、惠、清三渠，同开口于峡口外之马关嵯，三口并列。于光绪二十八、九两年，河水暴发，三口先后冲没，遂各择相宜水口，向下移开，俱用西河之水。数年前，因由夏家四河注入东河一岔也，以致西河水小。本渠居汉清两渠之下，深虑水小，难应所需，故不能不顾及马关嵯之旧口及马家滩之旧渠道。然欲复马关嵯之旧口，势须堵塞夏家四河，以增西河之水量。是以每遇河水小时，则会同汉渠，各拨额夫五百名，估柴一万六千束，以堵夏家四河之口。

而本渠尤须疏浚马关嵯旧口，及挖通马家滩三十里长之旧渠道，方能接济施家河口之水量，此本渠须预备犁、铧、洋镐者，纯为以上春工之用。但如本年河水之大，即可省去旧口之工也。

（九）结论

查：本渠为本省第二大渠，开凿最后，因居汉唐清三大干渠之下，故于渠水进退，常受他渠影响，情形较为复杂。他如下游支渠，尚有灌溉难周者，亦须改进。兹将研究所得，胪陈于左。

（1）张家滩宜筑一退水中溜也。查本渠甚长，又居他渠各口之下，故开凿马关嵯之旧口也，加高方家巷之大溜也，压长施家河口之长埂也，借用黑阴沟之退水埂也，种种设施无非虑水量不足，梢段难以灌遍之故。此本渠户民惟见水大则喜，而忘却河水暴涨，尚有冲决之患也。按诸实情，则渠口进水量，自应预备充足，以免缺乏。然仅依现在之两溜方家巷及余家河。二闸，涤闸及建瓴闸。若遇夏秋河水暴涨之时，实不足以资宣泄。即使严封龙门桥正闸，岂知闸上东溜，险处尚多，亦恐难支过大之水量。倘或一旦溃决，决非短期之间可塞下倒之口，必致灌溉愆期，收成歉薄，其损失大矣。故为安全及预防万一计，须就张家滩地方，改为中溜水，即河水暴涨，亦有恃而无恐也。

（2）在永固桥宜添一退水闸也。查本渠身内，原有永康、永祥二退水闸，近因新建云亭渠口，将此二闸折废，岂知云亭渠口之闸只能泄渠口以上之水，而渠口以下之水，距尾闸甚远，泄恐不及，自应预为防备，以策渠身之安全。查由云亭渠口至通宁乡永固桥一段，两岸几无支渠，所有渠内之水，致无出路。然来水则较他段为尤多，如汉渠各支流，与黑泉湖、黑阴沟之退水，皆一一泄入此段，倘遇夏秋有过大之雨水，或唐汉有意外之退水，则本渠中下两段之渠身势难容纳，溃决之患，在在堪虑。此添筑退水一闸，实有必要之情形也。再查永固桥距河甚近，闸外退水渠尚可利用昔日黄阴沟之故道，况永固桥以下支流亦较多，故添退水闸，以永固桥迤南为最宜之地点也。

（3）重修永宁洞以保本渠之安全也。查永宁暗洞，原为宣泄黑阴沟之退水，而来源甚远，水量甚大，今又沟渠相通，此洞几失其效，一旦遇有暴雨，沟水增大，不但本渠有冲决泛溢之虑；且暗洞无力宣泄，则魏信、河西寨一带，亦有淹没之患。故宜重修永宁暗洞，加大容量，并高筑渠埂，使不相混，如此则沟渠自分，来去有路，彼此皆得安全也。

（4）宜严禁任意开掘渠口也。查本渠第二段之陡口，非常稠密，竟有一口所淌之田，少至十数亩者。况此等渠口复无木石工程，倘遇渠水稍大，以如此百孔千疮之渠埂，实难巡防。后宜严禁户民任意开掘陡口，并令已开者加修木石之闸，以防由口冲决之患。

（5）宜严禁垦地取土以护渠埂也。查本渠土好，沿埂居民多由埂上挖掘垡垒；或取埂土应用，以致两埂不平，随处聚水成塘，其险孰甚？尤有令人不堪思议者，埂外荒田，触目皆是，而竟任其荒废；埂上之地，宽仅数丈，而竟开垦种田，只求淌水之便，不知挖埂之非。若不严禁，从此沿埂居民必至互相仿效，不但无束水之埂，且亦无走人之路矣。

（6）官四渠宜大挖修也。查本渠素有一口两梢之称，官四渠即一梢也。此渠开口于北长渠乡，梢至尾闸乡入河，长五十余里，小支渠竟有一百三十二道之多，经过各乡之田，土质最为肥沃。惜近年渠身淤塞，灌溉难周，以致田地渐荒，居民多散，若不速修，渠将成废。尝考本渠淤塞之病，全在尾闾不通，宣泄莫畅；加之地势高亢，水难入田；又因渠水滞流，沉淀最速，是以春工一次之所浚，不敌春水一次之所淤。后复无力重挖，则终年难望水泽矣。亟应以每年注意渠口之力，而注意渠梢；并将由口至梢及两旁小支渠，同时一律深浚，如此则尾闾畅达，渠水通流，自无淤塞之弊矣。

(7) 泮池渠宜大挖也。查：泮池渠为本渠久已著名之大支流，口开通伏乡，梢至大兴墩，长二十余里。现因无力挖修，多半淤塞，以致荒田日多，将成废渠。倘能挖通，则二三千亩之田，立能灌遍，利孰大焉。

(十) 惠农渠支渠名称

孙家渠（由叶升东塀入田，长二里，灌田二百亩。）

叶家渠（由叶升东塀入黄河，长三里半，灌田二百八十亩。）

蒋家渠（由叶升堡东塀入黄河，长三里半，灌田二百七十亩。）

黄家渠（由叶〔升〕堡之跃浪桥下入河，长三里半，灌田一百六十亩。）

大兴渠（由叶升东塀直入黄河，长三里半，灌田一千五百亩。）

张家渠（由叶升东塀经张家寨子入田，长一里，灌田三十五亩。）

包家渠（由叶升堡东塀经张家寨子入田，长半里，灌田三十五亩。）

北渠（由叶升东堺入田，长一里，灌田三十亩。）

甘渠（由叶升东堺入田，长一里，灌田一百亩。）

王家渠（由叶升东堺入湖，长一里，灌田一百二十亩。）

郑家渠（由叶升东堺入田，长一里，灌田五十亩。）

吴家渠（由任春东堺入田，长一里，灌田五十五亩。）

徐家渠（由任春东堺经徐家桥东入田，长一里半，灌田一百五十五亩。）

黄家渠（由任春东堺入田，长一里，灌田一百五十亩。）

王家渠（由王洪西堺经中大湖之东入中大湖，长一里，灌田一百五十亩。）

王家渠（由王洪西堺入中大湖，长一里，灌田二百亩。）

郭家渠（由王洪西堺入郑家湖，长一里，灌田五十六亩。）

宋家渠（由王洪西堺入郑家湖，长一里，灌田三十亩。）

宋家渠（由王洪西堺入郑家湖，长一里，灌田八十亩。）

宋家渠（由王洪西堺入郑家湖，长一里，灌田六十亩。）

郭家渠（由王洪东南堺经宁朔县署入河，长三里，灌田四十亩。）

小渠口（由王洪桥下入黄河，长三里，灌田五百五十亩。）

李家渠（由王洪街东堺至河边，长二里半，灌田二百二十亩。）

李家渠（由王洪沟洞下东堺经李家寨之东至河沿边，长三里半，灌田二百二十亩。）

刘家渠（由王洪东堺入黄河，长三里半，灌田一百五十亩。）

贾家渠（由王洪东堺至黄河沿，长三里，灌田一百五十亩。）

贾家渠（由王洪东堺入田，长一里，灌田七十亩。）

兰家渠（由王洪东塀入田，长一里，灌田七十亩。）
叶家渠（由王洪东塀入田，长一里，灌田六十亩。）
马家渠（由阳和东塀入湖，长半里，灌田三十亩。）
魏家渠（由河西寨东塀入田，长半里，灌田十七亩。）
魏家渠（由河西寨东塀入田，长半里，灌田三十五亩。）
叶家渠（由河西寨东塀入田，长半里，灌田十一亩。）
王家渠（由河西寨东塀入湖，长半〔里〕，灌田十五亩。）
蔡家渠（由河西寨东塀入田，长一里，灌田二十亩。）
马家渠（由李祥东塀入田，长半〔里〕，灌田十五亩。）
阎家渠（由李祥东塀入田，长二十步，灌田十一亩。）
叶家渠（由李祥西塀入湖，长一里半，灌田六十三亩。）
朱家渠（由通宁东塀入田，长一里，灌田三十亩。）
胡家渠（由李祥西塀入湖，长半里，灌田十二亩。）
孔家渠（由通宁东塀入田，长二十步，灌田七亩。）
孟家渠（由李祥西塀入湖，长半里，灌田十五亩。）
孔家渠（由通宁东塀入田，长五十步，灌田二十二亩。）
陈家渠（由李祥西塀入湖，长一里，灌田十五亩。）
任家渠（由通宁东塀入田，长一里，灌田二十五亩。）
张家渠（由通宁东塀入田，长一里半，灌田四十六亩。）
杨家渠（由李祥西塀入湖，长一里，灌田五十三亩。）
刘家渠（由李祥西塀入湖，长半里，灌田三十五亩。）
孔家渠（由李祥西塀入湖，长半里，灌田十二亩。）
陈家渠（由通宁东塀入田，长二里，灌田六十一亩。）
田家渠（由通宁东塀入田，长一里，灌田二十五亩。）
朱家渠（由李祥西塀入湖，长一里，灌田四十五亩。）
顾家渠（由通宁东塀入田，长二里，灌田四十亩。）

施家渠（由通宁东塀经刘家庄入田，长半里，灌田十六亩。）

施家渠（由通宁东塀入田，长半里，灌田十亩。）

施家渠（由通宁东塀入田，长一里，灌田三十五亩。）

陈家渠（由通宁东塀入田，长五十步，灌田十一亩。）

阎家渠（由通宁西塀入田，长三十步，灌田八亩。）

陈家渠（由通宁东塀入田，长半里，灌田二十二亩。）

顾家渠（由通宁东塀入田，长半里，灌田十二亩。）

杨家渠（由通宁东塀入田，长一里，灌田八十三亩。）

顾家渠（由通宁东塀入田，长一里，灌田七十五亩。）

顾家小渠（由通宁东塀入田，长十步，灌田二亩。）

董家渠（由通宁西塀入湖，长半里，灌田七十五亩。）

顾家渠（由通宁东塀入田，长半里，灌田七十六亩。）

戴家渠（由通宁东塀入田，长十五步，灌田五亩。）

杜家渠（由通宁东塀入田，长二里，灌田一百一十五亩。）

杨家渠（由通宁东塀入云亭渠，长三里，灌田一百三十五亩。）

杨家渠（由通宁西塀入湖，长半里，灌田十五亩。）

刘家渠（由通宁东塀入田，长半里，灌田十亩。）

王家渠（由通宁西塀入湖，长半里，灌田二十亩。）

王家渠（由通宁东塀入田，长三里半，灌田八十五亩。）

陈家渠（由通宁东塀经永固桥入田，长一里，灌田四十五亩。）

杨家渠（由通宁西塀入田，长一里，灌田三十七亩。）

包家渠（由通宁东塀入田，长二里，灌田七十五亩。）

杨家渠（由通宁西塀入田，长三十步，灌田一十五亩。）

杨家渠（由通宁东塀入田，长半里，灌田一十三亩。）

杨家渠（由通宁东塀入田，长二里半，灌田一百一十亩。）
杨家渠（由通宁东塀入田，长一里，灌田一十五亩。）
杨家渠（由通宁东塀入田，长半里，灌田八亩。）
杨家渠（由通宁西塀入田，长一里半，灌田三十五亩。）
新渠（由通朔东塀入田，长三里，灌田七十亩。）
杨家渠（由通朔东塀入田，长四十步，灌田五亩。）
雷家渠（由通朔东塀入田，长三里，灌田六十五亩。）
刘家渠（由通朔东塀入田，长一里，灌田三十亩。）
杨家渠（由通朔西塀入湖，长一里，灌田二十亩。）
唐家渠（由通朔东塀入田，长二里，灌田一百二十亩。）
杨家渠（由通朔西塀入湖，长一里，灌田八亩。）
周家渠（由通朔东塀入田，长一里，灌田二十二亩。）
周家渠（由通朔东塀入田，长一百步，灌田八亩。）
杨家渠（由通朔西塀入田，长一里半，灌田四十亩。）
杨家渠（由通朔东塀入田，长二里，灌田四十亩。）
胡家渠（由通朔东塀入田，长三里，灌田六十亩。）
刘家渠（由通朔西塀入湖，长一里，灌田一十二亩。）
顾家渠（由通朔东塀入田，长半里，灌田一十三亩。）
阎家渠（由通朔西塀入湖，长一里，灌田一十亩。）
正府渠（由通朔东塀入田，长三里，灌田七十亩。）
强家渠（由通朔东塀入田，长一百步，灌田八亩。）
强家渠（由通朔东塀入田，长二十步，灌田二十五亩。）
孙家渠（由通朔东塀入田，长一里半，灌田六十三亩。）
施家渠（由通朔东塀入田，长五十步，灌田一十一亩。）
强家渠（由通朔东塀入田，长半里，灌田五十八亩。）
施家渠（由通朔东塀入田，长一里，灌田一十六亩。）

阎家渠（由通朔西塀入田，长半里，灌田五亩。）

阎家渠（由通朔西塀入湖，长半里，灌田二十亩。）

包家渠（由通朔东塀入田，长一里半，灌田八十五亩。）

阎家渠（由通朔西塀入湖，长半里，灌田八亩。）

阎家渠（由通朔西塀到镇河堡南，长二里半，灌田七十亩。）

施家渠（由通朔东塀入田，长半里，灌田一十亩。）

董家渠（由通朔东塀入田，长二里，灌田七十八亩。）

杨家渠（由通朔东塀入田，长半里，（桥）〔灌〕田三亩。）

杨家渠（由通朔东塀经新寨子南门入云亭渠，长四里，灌田三十亩。）

杨家渠（由通朔东塀入田，长一里，灌田一十五亩。）

杨家渠（由通朔东塀入田，长一里，灌田三十二亩。）

杨家渠（由通朔东塀入田，长一里，灌田二十五亩。）

赵家渠（由通朔东塀入田，长二里，灌田三十五亩。）

王家渠（由通朔东塀入田，长二里，灌田二十五亩。）

高家渠（由通朔东塀入田，长半里，灌田一十五亩。）

顾家渠（由通朔东塀入田，长半里，灌田一十二亩。）

马家渠（由通朔东塀经新村寨子北边入云亭渠，长四里，灌田二百一十亩。）

张家渠（由通朔西塀入田，长一里半，灌田四十亩。）

施家渠（由镇河桥下东塀入云亭渠，长四里，灌田一百一十亩。）

杨家渠（由通朔东塀入田，长一里半，灌田三十亩。）

毛家渠（由通朔西塀入田，长二里，灌田五十五亩。）

于家渠（由通朔东塀入田，长一里，灌田二十五亩。）

于家渠（由通朔东塀入田，长一里，灌田三十亩。）

施家渠（由通朔东塀入田，长二里，灌田五十五亩。）

强家渠（由通朔东塀入田，长一里，灌田二十五亩。）

李家渠（由通朔东塀入云亭渠，长四里，灌田三百亩。）

冯家渠（由通朔西塀入田，长三里，灌田一百亩。）

强家渠（由通朔东塀入田，长一里，灌田二十亩。）

李家渠（由通朔东塀入田，长一里，灌田一十亩。）

赵家渠（由通朔东塀至大路，长三里，灌田一百五十亩。）

李家渠（由通朔西塀入清水湖，长三里，灌田五十亩。）

孙家渠（由通朔东塀入田，长一里，灌田二十亩。）

张家渠（由通朔西塀入清水湖，长二里，灌田二十亩。）

刘家渠（由通朔西塀入清水湖，长二里，灌田五十亩。）

梁家渠（由通朔东塀入湖，长一里，灌田五亩。）

李家渠（由通朔东塀入田，长一里，灌田二十亩。）

李家渠（由通朔东塀入田，长三里，灌田六十五亩。）

吉家渠（由通朔西塀入清水湖，长二里，灌田三十亩。）

吉家渠（由通朔西塀入清水湖，长二里，灌田二十亩。）

刘家渠（由通朔东塀入田，长三里，灌田六十五亩。）

谷家渠（由通朔东塀入田，长半里，灌田二十五亩。）

边家渠（由通朔东塀入田，长三里，灌田八十亩。）

刘家渠（由通朔东塀入田，长二里，灌田四十五亩。）

许家渠（由通朔东塀入滩，长二里，灌田三十亩。）

郑家渠（由通朔西塀入清水湖，长一里，灌田二十五亩。）

王家渠（由通朔东塀经新村寨子入云亭渠，长五里，灌田五百五十亩。）

杨家渠（由通朔东塀入云亭渠，长五里，灌田七百五十亩。）

谷家渠（由通朔东塀入湖滩，长一里，灌田二十亩。）

杨家渠（由通朔西埓入清水湖，长一里，灌田二十亩。）

杨家渠（由通朔西埓入清水湖，长一里，灌田二十五亩。）

周家渠（由通朔东埓入滩，长二里，灌田二十亩。）

丁家渠（由通朔西埓入清水湖，长三里，灌田二十五亩。）

王家渠（由通朔东埓入滩，长半里，灌田五十亩。）

石家渠（由通朔东埓入田，长一里，灌田二十亩。）

石家渠（由通贵东埓入田，长二里，灌田一百一十亩。）

张家渠（由通贵东埓入田，长一里，灌田六十亩。）

得胜渠附属口（由通贵东埓入田，长半里。）

吴家渠（由通贵西埓入湖滩，长一里半，灌田三十亩。）

夏家渠（由通贵西埓入田，长数十步，灌田四亩。）

得胜渠（由通贵东埓入云亭渠，长五里，灌田一千零五十亩。）

小得胜渠（由通贵东埓入云亭渠，长五里，灌田六百五十亩。）

大兴渠（由通贵东埓入云亭渠，长五里，灌田八百三十亩。）

殷家渠（由通贵东埓入田，长半里，灌田三十五亩。）

傅家渠（由通贵西埓入湖，长二里，灌田五十五亩。）

金家渠（由通贵东埓入田，长一百步，灌田二十五亩。）

夏家渠（由通贵西埓入湖，长一里，灌田十五亩。）

裴家渠（由通贵东埓入田，长二里半，灌田一百三十五亩。）

杜家渠（由通贵西埓入湖滩，长二里，灌田二十五亩。）

刘家渠（由通贵西埓入田，长一百步，灌田十五亩。）

裴家渠（由通贵东埓入田，长一里，灌田五十五亩。）

董家渠（由通贵西埓入滩，长一里，灌田四十亩。）

王家渠（由通贵西埓入田，长一里半，灌田五十亩。）

柴家渠（由通贵东塀入沟，长二里半，灌田八十亩。）

赵家渠（由通贵西塀入田，长一里，灌田一百一十亩。）

王家渠（由通贵东塀入田，长二十步，灌田八亩。）

树叶渠（由通贵西塀入湖，长一里半，灌田一百五十亩。）

金家渠（由通贵东塀入田，长一里，灌田三十五亩。）

马家渠（由通贵东塀至大路，长一里半，灌田八十五亩。）

王家渠（由通贵西塀入田，长半里，灌田三十五亩。）

四合渠（由通贵东塀入云亭渠，长五里，灌田一千一百亩。）

王家渠（由通贵东塀至大路，长一里半，灌田一百六十亩。）

大南渠（由通贵东塀入云亭渠，长五里，灌田八十五亩。）

丁家渠（由通贵东塀经上闸木桥入湖，长二里，灌田二百二十亩。）

王家渠（由通贵西塀入滩，长一里，灌田七十亩。）

王家渠（由东贵东塀入湖，长半里，灌田五十亩。）

王家渠（由通贵东塀入湖，长半里，灌田三十五亩。）

包家渠（由通贵东塀入田，长半里，灌田六十五亩。）

王家渠（由通贵西塀入滩，长一里，灌田二百一十亩。）

忍家渠（由通贵东塀入云亭，长四里半，灌田八百六十亩。）

北新渠（由通贵东塀入云亭渠，长四里半，灌田八百二十亩。）

张家渠（由通贵西塀入湖滩，长一里半，灌田五十五亩。）

宋家渠（由通贵西塀入滩，长一里，灌田七十五亩。）

包家渠（由通贵西塀入湖滩，长半里，灌田四十四亩。）

鲁家渠（由通贵西塀入田，长半里，灌田三十六亩。）

马家渠（由通贵东塀入湖滩，长半里，灌田七十亩。）

鲁家渠（由通贵西塀入田，长一里，灌田一百一十亩。）

刘家渠（由通贵东塀入湖，长二里，灌田一百二十亩。）

张家渠（由通贵西塀入田，长半里，灌田三十亩。）

马家渠（由通贵东塀入湖，长一里，灌田五十亩。）

王家渠（由通贵东塀入湖，长一里，灌田一百一十亩。）

王家渠（由通贵西塀入田，长一里，灌田二百一十亩。）

陶家渠（由通贵东塀入湖，长一里半，灌田七十亩。）

刘家渠（由通贵东塀入田，长半里，灌田三十五亩。）

刘家渠（由通贵西塀入田，长一里，灌田八十五亩。）

孟家渠（由通贵东塀入滩，长一里半，灌田一百二十亩。）

马家渠（由通贵东塀入滩，长一里，灌田一百三十亩。）

沈家口（由通贵西塀入田，长一里半，灌田一百一十亩。）

陈家渠（由通贵东塀入湖滩，长一里半，灌田八十二亩。）

赵家渠（由通贵西塀入小湖，长一里，灌田六十五亩。）

孟家渠（由通贵东塀入湖滩，长二里，灌田六十亩。）

郝家渠（由通贵东塀入湖滩，长一里，灌田七十五亩。）

王家渠（由通贵西塀入小湖，长一里半，灌田八十亩。）

马家渠（由通贵西塀入小湖，长一里半，灌田四十亩。）

马家渠（由通贵东塀入田，长一里，灌田八十亩。）

蒋家渠（由通贵西塀入小湖，长二里，灌田一百五十亩。）

刘家渠（由通贵西塀入小湖，长二里，灌田二百四十亩。）

新改渠（由通贵东塀入云亭渠，长五里，灌田七百五十亩。）

金家小口（由通贵西塀入田，长半里，灌田二十五亩。）

长兴渠（由通贵东塀经下闸木桥入云亭渠，长五里，灌田八百五十亩。）

马家小口（由通贵东塀入田，长半里，灌田四十五亩。）

万人渠（由通贵西塀入湖，长三里，灌田二百七十亩。）

马家小口（由通贵西塄入田，长一里，灌田五十亩。）
吴家小口（由通贵东塄入小湖，长半里，灌田三十亩。）
王家渠（由通贵东塄入荒滩，长一里半，灌田一百三十亩。）
贾家渠（由通贵西塄入田，长半里，灌田三十五亩。）
小北渠（由通贵东塄入滩，长半里，灌田四十亩。）
哈家渠（由通贵东塄入滩，长三里，灌田二百一十亩。）
马家渠（由通贵东塄入田，长五十步，灌田十五亩。）
贾家渠（由通昌西塄入田，长一里，灌田一百一十亩。）
郭家渠（由通昌西塄入湖，长三里，灌田一百二十亩。）
小岗渠（由通贵东塄入田，长半里，灌田四十五亩。）
高家渠（由通昌西塄入湖，长四里，灌田一百三十亩。）
岗渠（由通昌东塄入云亭渠，长五里，灌田七百五十亩。）
杨家渠（由通昌西塄入田，长半里，灌田三十亩。）
周家渠（由通昌东塄入小湖，长半里，灌田二十五亩。）
赵家渠（由通昌西塄入湖，长四里，灌田一百五十亩。）
丁家渠（由通昌东塄入田，长半里，灌田二十亩。）
赵家渠（由通昌西塄入田，长一百步，灌田五亩。）
曹家渠（由通昌西塄五人湖，长五里，灌田一百三十亩。）
杨家渠（由通昌西塄入湖，长四里，灌田一百五十亩。）
王家渠（由通昌东塄入田，长半里，灌田二十五亩。）
半截渠（由通昌西塄入湖，长二里，灌田三十五亩。）
新渠（由通昌东塄入云亭渠，长五里，灌田七百五十亩。）
张家渠（由通昌西塄入湖，长三里，灌田六十亩。）
马家渠（由通昌东塄入田，长半里，灌田三十五亩。）
郭家渠（由通昌西塄入田，长一百步，灌田八亩。）
马家渠（由通昌东塄入田，长半里，灌田三十五亩。）

赵家渠（由通昌西塀入湖，长三里，灌田一百二十亩。）

杨家渠（由通昌西塀入湖，长三里，灌田一百三十五亩。）

焦家渠（由通昌东塀入田，长一里，灌田九十五亩。）

郭家渠（由通昌西塀入湖，长二里，灌田六十亩。）

杨家渠（由通昌东塀入田，长半里，灌田三十五亩。）

黄家渠（由通昌西塀入湖滩，长二里，灌田四十八亩。）

曹家渠（由通昌西塀入田，长一里，灌田二十五亩。）

小口渠（由通昌东塀入田，长一里，灌田三百二十亩。）

李家渠（由通昌西塀入田，长一里半，灌田六十亩。）

曹家渠（由通昌西塀入田，长一里，灌田五十亩。）

杨家渠（由通昌西塀入田，长一里，灌田二十四亩。）

金家渠（由通昌东塀入田，长半里，灌田十五亩。）

官渠（由通昌东甲东塀入云亭渠，长五里，灌田一千一百亩。）

魏家渠（由通昌东塀入田，长一里，灌田八十亩。）

谢家渠（由通昌东塀入滩，长半里，灌田一百六十亩。）

尤家渠（由通昌西塀入南湖，长三里，灌田七十亩。）

尤家渠（由通昌西塀至湖滩，长一里，灌田一百八十亩。）

王家渠（由通昌东塀至黄河沿，长六里，灌田七百八十亩。）

尤家渠附属口。（长百步。）

王家小口（由通昌东塀入田，长半里，灌田六十亩。）

谢家渠（由通昌东塀至滩地，长二里半，灌田二百九十亩。）

马家渠（由通昌西塀至西河子，长二里半，灌田一百八十亩。）

陆家渠（由通昌西塀入田，长一里，灌田六十五亩。）

范家渠（由通昌西塀入滩，长一里半，灌田一百八十亩。）

吴家渠（由通昌东墀入田，长一里半，灌田一百六十亩。）

胡家渠（由通昌西墀至西河沟，长三里，灌田一百六十亩。）

陈家渠（由通昌西墀经通昌桥至西河沟，长三里，灌田六十五亩。）

四号渠（由通昌东墀入滩，长二里，灌田三百亩。）

薛家渠（由通昌西墀入湖滩，长二里，灌田六十亩。）

王家小口（由通昌西墀入滩，长二里，灌田六十亩。）

孟家小口（由通昌东墀入小滩，长一里，灌田五十亩。）

苏家渠（由通昌西墀入湖滩，长二里，灌田三十亩。）

胡家渠（由通昌西墀入湖滩，长二里，灌田四十亩。）

王家渠（由通昌东墀入田，长一里，灌田一十亩。）

王家小兴渠（由通昌东墀至路，长二里，灌田七十亩。）

张家接渠（由通吉东墀经永济沟洞入汉渠，长五里，灌田二百亩。）

赵家渠（由通吉东墀入黄河，长六里，灌田六百五十亩。）

王家渠（由通吉东墀入田，长二里，灌田一百四十亩。）

刘家渠（由通吉东墀至大路，长四里，灌田三百四十亩。）

包塔渠（由通吉东墀入黄河，长五里，灌田一千三百五十亩。）

接渠（由通吉西墀经王澄堡之塔入三道湖，长三里，灌田三百五十亩。）

王家小口（由通吉东墀入小滩，长一里，灌田七十五亩。）

接渠（由通吉西墀入三道湖，长四里，灌田二百一十亩。）

大兴渠（由通吉东墀至大路，长三里，灌田七百一十亩。）

接渠（由通吉西墀入三道湖，长三里，灌田二百二十亩。）

接渠（由通吉西墀入三道湖，长二里半，灌田二百一十亩。）

沈家渠（由通吉西塀入三道湖，长五里，灌田一百九十亩。）

赵家渠（由通吉东塀入滩，长五里，灌田四百五十亩。）

张家小口（由通吉东塀入田，长半里，灌田二十亩。）

接渠（由通吉西塀入三道湖，长五里半，灌田二百四十亩。）

接渠（由通吉西塀入三道湖，长五里，灌田二百五十亩。）

接渠（由通吉西塀入三道湖，长五里，灌田约三百亩。）

张家小口（由通吉东塀入田，长一里，灌田四十亩。）

张家小口（由通吉东塀入田，长一里，灌田五十亩。）

高家小口（由通吉西塀入湖，长二里，灌田三十八亩。）

张家渠（由通吉东塀入田，长半里，灌田六十亩。）

高家小口（由通吉西塀入湖，长二里，灌田七十四亩。）

张家渠（由通吉东塀入田，长一里，灌田三百七十亩。）

张家渠（由通吉东塀入田，长一里，灌田三十亩。）

张家渠（由通吉东塀入田，长一里，灌田三十八亩。）

高家渠（由通吉西塀入湖，长二里，灌田四十八亩。）

刘家渠（由通吉东塀入田，长三里半，灌田三百六十五亩。）

王家小口（由通吉西塀入三道湖，长二里，灌田九十五亩。）

顾家渠（由通吉东塀至河沟，长三里半，灌田六百七十亩。）

北新渠（由通吉东塀梢至河沿，长五里，灌田一千四百八十亩。）

卫家渠（由通吉东塀入田，长半里，灌田三十五亩。）

中接渠（由通吉西塀至汉渠根，长四里，灌田三百亩。）

南渠（由通吉东塀入田，长一里半，灌田一百五十亩。）

张家渠（由通吉东塀入田，长一里半，灌田八十亩。）

化家渠（由通吉西塀入化家湖，长半里，灌田一百二十亩。）

张家渠（由通吉东塀入田，长一里，灌田六十亩。）

张家渠（由通吉东埔入田，长二里，灌田三百亩。）

安家渠（由通吉东埔入田，长一里，灌田六十亩。）

董家渠（由通吉西埔入化家湖，长半里，灌田七十亩。）

接渠（由通吉西埔入化家湖，长二里，灌田一百亩。）

回回渠（由通吉西埔入泄水湖，长七里，灌田一千五百亩之谱。）

齐家渠（由通吉东埔入田，长一里，灌田五十五亩。）

董家小口（由通吉西埔入田，长半里，灌田五十亩。）

汪家渠（由通吉东埔入滩，长三里，灌田五百亩。）

刘家渠（由通义东埔入昌润渠，长七里，灌田八百五十亩。）

殷家渠（由通义西埔入小湖，长一里，灌田一百五十亩。）

殷家渠（由通义东埔入昌润渠，长八里，灌田一千一百亩。）

殷家渠（由通义西埔至汉渠梢，长二里，灌田一百五十亩。）

邓家小口（由通义东埔入田，长半里，灌田六十五亩。）

殷家小口（由通义西埔入湖，长半里，灌田六十亩。）

殷家小口（由通义西埔入湖，长半里，灌田五十五亩。）

殷家小口（由通义东埔入田，长一里半，灌田一百一十亩。）

熊家渠（由通义东埔入龙化渠，长七里，灌田一千九百亩。）

熊家渠附属口。（长半里。）

吴家小口（由通义西埔入湖，长一里，灌田一百五十亩。）

殷家小口（由通义东埔入田，长半里，灌田五十亩。）

谢家渠（由通义西埔入湖，长一里，灌田一百三十五亩。）

陈家渠（由通义东埔入滩，长二里，灌田二百一十亩。）

龙化渠（由通义东埔入昌润渠，长九里，灌田一千三百亩。）

谢家小口（由通义东埔入南湖，长半里，灌田五十五亩。）

叶家渠（由通义东埔河滩，长七里，灌田一千五百亩。）

汤家小口（由通义东塀入小滩，长一里，灌田一百五十亩。）

谢家渠（由通义西塀入湖，长一里，灌田二百一十亩。）

顾家渠（由通义东塀入滩，长二里，灌田二百五十亩。）

谢家渠（由通义东塀入官渠，长五里，灌田七百五十亩。）

谢家小口（由通义西塀入滩，长二里，灌田二百一十亩。）

谢家小口（由通义西塀经马家桥入田，长半里，灌田六十亩。）

张家小口（由通义东塀入田，长一里，灌田一百五十亩。）

二官渠（由通义东塀至昌润渠，长十五里，灌田二千九百五十亩。）

杨家渠（由通义西塀入滩，长一里，灌田一百亩。）

小北渠（由通义东塀入官二渠，长二里，灌田二百五十亩。）

马家渠（由通义东塀入家渠，长二里半，灌田二百三十亩。）

大南渠（由清水西塀至太子渠梢，长五里，灌田四百五十亩。）

小南渠（由清水西塀入田，长二里，灌田二百二十亩。）

张家小口（由通义东塀入杨家渠，长二里，灌田一百五十亩。）

杨家小口（由清水西塀入田，长半里，灌田三十五亩。）

杨家渠（由通义东塀入二官渠，长五里，灌田七百五十亩。）

王家渠（由清水西塀入滩，长三里半，灌田二百六十亩。）

杨家渠（由通义东塀入田，长半里，灌田一百亩。）

新马力渠（由清水西塀至大滩，长五里，灌田七百五十亩。）

杨家渠（由清水西塀经独木桥入田，长一里，灌田一百二十亩。）

杨家渠（由通义东塀入田，长一百步，灌田十亩。）

吕家渠（由通义东堺至路，长一里半，灌田二百七十亩。）

老马力渠（由清水西堺至清水堡东，长二里，灌田一百八十亩。）

南渠（由清水西堺经清水堡之东入田，长二里，灌田一百三十亩。）

叶家渠（由清水东堺至路，长二里，灌田一百五十亩。）

大南渠（由清水东堺入二官渠，长三里，灌田二百六十亩。）

小北渠（由清水东堺至大路，长一里，灌田二百五十亩。）

杨家渠（由清水西堺入滩，长二里，灌田二百二十亩。）

顾家渠（由清水东堺入滩，长二里，灌田一百二十亩。）

刘家渠（由清水东堺入二官渠，长四里，灌田三百五十亩。）

大兴渠（由清水西堺入滩，长五里，灌田六百亩。）

仇家渠（由清水东堺入二官渠，长四里，灌田三百五十亩。）

杜张渠（由清水东堺至二官渠西，长四里，灌田五百五十亩。）

吴家渠（由清水西堺入大滩，长二里，灌田一百五十亩。）

小业渠（由清水东堺入田，长一里，灌田四百五十亩。）

马家渠（由清水桥下东堺入二官渠，长四里，灌田六百五十亩。）

张家小口（由清水东堺经关帝庙入田，长一里，灌田六十五亩。）

张家渠（由清水东堺经关帝庙入田，长一里，灌田七十亩。）

张家渠（由清水东堺入田，长一里，灌田六十亩。）

孙家渠（由清水西堺入滩，长二里，灌田三百五十亩。）

马厂渠（由清水东堺入昌润渠，长八里，灌田一千五百亩。）

三官渠（由清水东堺入田，长十二里，灌田二千五百亩。）

韩家渠（由清水西埽入田，长一里，灌田一百二十亩。）

侯家渠（由通伏东埽入田，长四里，灌田四百五十亩。）

罗家渠（由通伏西埽入田，长四里，灌田三百五十亩。）

哈家渠（由通伏西埽入大滩，长二里，灌田二百五十亩。）

仇家渠附属口。

许家渠（由通伏西埽〔入〕滩，长四里。）

仇家渠（由通伏东埽入田，长半里，灌田十五亩。）

曹家渠（由通伏东埽至官渠西，长五里，灌田一千三百五十亩。）

王家渠（由通伏西埽入田，长一里，灌田一百五十亩。）

孔家渠（由通伏西埽入田，长三里，灌田三百五十亩。）

仇家渠（由通伏东埽入田，长一里，灌田二十五亩。）

许家渠（由通伏西埽至旧西河，长五里，灌田三百五十亩。）

仇家渠（由通伏东埽入田，长二里，灌田一百二十亩。）

仇家渠（由通伏东埽入田，长二里，灌田一百五十亩。）

林家渠（由通伏东埽入田，长六里，灌田三百五十亩。）

陈家渠（由通伏东埽经通伏之南入田，长七里，灌田五百五十亩。）

潘家渠（由通伏东埽经通伏堡之北入田，〔长〕七里，灌田四百四十亩。）

叶家渠（由通伏西埽入田，长三里，灌田三百亩。）

潘家渠附属口。（长半里。）

尚家渠（由通伏东埽入田，长一里，灌田二十八亩。）

刘家渠（由通伏西埽入田，长一里半，灌田五十亩。）

梁家渠（由通伏东埽入田，长二里，灌田三百二十亩。）

叶家渠（由通伏西埽入滩，长三里，灌田五百亩。）

陈家小口（由桥上东塀经穆家桥入田，长一里，灌田一百亩。）

叶家小口（由通伏东塀入田，长一里，灌田二百六十亩。）

更新渠（由通伏西塀入田，长五里，灌田八百五十亩。）

孙家小口（由通伏东塀入田，长一里，灌田一百五十亩。）

孙家小口（由通伏东塀入田，长一里半，灌田一百五十亩。）

陈家渠（由通伏东塀入田，长一里，灌田二百五十亩。）

卫渠（由通伏东塀入田，长五里半，灌田二百亩。）

张家小渠（由通伏东塀入田，长半里，灌田五十亩。）

王家小口（由通伏东塀入田，长二里半，灌田三百二十亩。）

谭家渠（由通伏西塀入田，长三里半，灌田四百五十亩。）

龚家渠（由通伏东塀入田，长三里，灌田四百五十亩。）

潘家渠（由通伏东塀入田，长三里半，灌田二百三十亩。）

毛家渠（由通伏东塀入田，长三里，灌田四百五十亩。）

陈家渠（由通伏东塀入田，长一里半，灌田六十亩。）

谭家小口附属口（长一里。）

陈家渠附属口（长一里。）

谭家小口（由通伏西塀入田，长一里，灌田一百一十亩。）

陈家小口（由通伏东塀入田，长一里，灌田七十亩。）

四官渠（由通伏东塀至黑家店，长十里，灌田二千五百亩。）

祖家渠（由通伏东塀入田，长三里半，灌田三百一十亩。）

韩家小口（由通伏东塀入田，长二里，灌田一百六十亩。）

祖家渠（由通伏西塀入田，长二里，灌田三百五十亩。）

老泮池渠（由通伏西塀经堂桥上至马家团庄，长六里，灌田一千五百亩。）

韩家小口（由通伏东塀入田，长半里，灌田一百一十亩。）

贾家渠（由通伏东塀入死沟，长三里，灌田一百三十亩。）

谭家渠（由通伏东塀入田，长一里半，灌田五十五亩。）

蒋家小口（由通伏西塀入田，长半里，灌田一百一十亩。）

何家渠（由通伏东塀入死沟，长三里，灌田一百亩。）

谭家渠（由通伏东塀入田，长二里，灌田一百二十亩。）

阎家渠附属口（长一里。）

阎家渠（由通伏东塀至黑家店入昌润渠，长七里，灌田一千一百五十亩。）

交根渠（由通伏乡东塀入大滩，长三里，灌田二百一十亩。）

林家渠（由通伏乡东塀入田，长半里，灌田五十九亩。）

吴家渠（由通成乡东塀入湖滩，长四里，灌田四百三十亩。）

吴家渠附属口（长半里。）

孙家渠（由通成乡西塀入滩，长一里，灌田五十亩。）

石家小口（由通成〔乡〕东塀入田，长一里，灌田六十亩。）

李家小口（由通成乡东塀入田，长半里，灌田五十五亩。）

宋家渠（由通成乡西塀入田，长七里，灌田一百六十亩。）

孙家渠（由通成乡东塀入田，长二里，灌田七十亩。）

小北渠（由通成乡东塀入田，长五里，灌田三百五十亩。）

大北渠（由通成乡东塀入昌润渠，长十里，灌田九百二十六亩。）

孙家渠（由通成乡西塀入田，长一里，灌田五十亩。）

张家渠（由通成乡东塀入田，长一里半，灌田四十五亩。）

南边渠（由通成乡东塀入田，长五里，灌田八百一十五亩。）

孙家渠（由通成乡东塀入田，长半里，灌田二十五亩。）

冯家渠（由通成西塀入田，长三里，灌田三百五十亩。）

新庙渠（由通成东塀入昌润渠，长十五里，灌田一千二

百亩。）

常家渠（由通成西埲惠闸桥上入田，长三里半，灌田一百五十七亩。）

何家小口（由通成西埲入田，长半里，灌田二十亩。）

何家小口（由通成东埲入田，长一里，灌田一百亩。）

新庙渠附属口。（长一里。）

崔家小口（由五香东埲入田，长一里半，灌田一百五十亩。）

义学渠（由五香东埲梢入昌润渠，长十五里，灌田一千九百八十亩。）

崔家小口（由五香东埲入田，长二百步，灌田三十亩。）

常家渠（由通成西埲入田，长半里，灌田五十亩。）

熊家渠（由通成西埲入田，长一里，灌田一百二十亩。）

兴隆渠（〔由〕五香东埲梢入田，长四里，灌田五百八十亩。）

殷家渠（由五香东埲入田，长半里，灌田八十亩。）

南渠（由通成西埲梢入西河沟，长三里，灌田三百五十亩。）

梁儿渠（由五香东埲入荒地，长五里，灌田六百亩。）

马家小口（由通成西埲入田，长半里，灌田一百一十亩。）

六中渠（由五香东埲至六中之昌润渠，长十四里，灌田三千六百五十亩。）

马家小口（由通成西埲入田，长一里，灌田一百二十亩。）

马家小口（由通成西埲入田，长一里，灌田一百二十亩。）

马家小口（由通成西埲入田，长半里，灌田一百二十亩。）

彭张渠（由通成西埲入田，长二里，灌田三百亩。）

绊池渠（由通成西埲至大兴垞，长十里，灌田二百五十亩。）

柱儿渠（由五香东埲入滩，长三里半，灌田三百二十亩。）

马家小口（由通成西埩入田，长半里，灌田一百一十三亩。）

李家小口（由通成东埩入田，长一里，灌田一百五十亩。）

马家小口（由通成西埩入田，长半里，灌田一百五十亩。）

王家渠（由通成东埩入田，长半里，灌田一百一十亩。）

王家小口（由通成东埩入田，长半里，灌田六十亩。）

岳家渠（由沿河东埩入田，长一里，灌田四十亩。）

朱家小口（由沿河西埩入田，长一里，灌田一百五十亩。）

绊池渠附属口。（长半里。）

王家小口（由沿河西埩入大滩，长二里，灌田一百一十亩。）

陶家小口（由沿河西埩入大滩，长二里，灌田四十亩。）

池渠绊附属口。（长半里。）

王家小口（由沿河西埩入大滩，长一里半，灌田四十亩。）

岳家渠（由沿河东埩入滩，长三里半，灌田二百七十亩。）

赵家渠（由沿河东埩梢入田，长七里，灌田八百亩。）

陶家小口（由沿河西埩入滩，长半里，灌田一十五亩。）

王家新渠（由沿河东埩入田，长二里半，灌田二百五十亩。）

王家小口（由沿河东埩入田，长一里，灌田一百五十亩。）

刘家渠（由沿河东埩入田，长半里，灌田五十亩。）

陈家渠（由沿河东埩入田，长二里半，灌田四百三十五亩。）

王家小口（由沿河西埩入田，长半里，灌田六十五亩。）

李家渠（由沿河西埩入田，长二里，灌田二百亩。）

仁义渠（由软桥上沿河西埩入田，长七里，灌田二百三十亩。）

王家小口（由软桥上入田，长一里，灌田一百二十亩。）

贺渠（由软桥上入逃虎滩，长五里，灌田二百五十亩。）

贺渠附属口（长半里。）

贺渠附属口（长半里。）

铁渠（由沿河堺入滩，长七里半，灌田八百五十亩。）

周家小口（由沿河西堺入田，长一里，灌田六十亩。）

周家小口（由沿河东堺入田，长半里，灌田五十亩。）

北渠（由沿河东堺入大滩，长七里，灌田一千七百亩。）

周家小口（由沿河东堺入田，长半里，灌田一百五十亩。）

李家小口（由沿河西堺入田，长一里，灌田六十亩。）

新南渠（由交济东堺入昌润渠，长十二里，灌田八百四十亩。）

张家小口（由交济东堺入田，长一里，灌田二十六亩。）

贾家小口（由交济东堺入逃户滩，长二里，灌田八十三亩。）

郭家小口（由沿河西堺入田，长一里，灌田一百一十亩。）

陈家渠（由交济东堺入田，长四里，灌田四百五十亩。）

余家小口（由沿河西堺梢入田，长三里半，灌田八百五十亩。）

小南渠（由交济东堺入田，长六里，灌田八百五十亩。）

交济渠（由交济乡东堺入昌润渠，长十里，灌田一千五百五十亩。）

郭家小口（由沿河西堺入田，长三里，灌田三百五十亩。）

五渠（由沿河闸上西堺入田，长六里半，灌田五百八十亩。）

永富渠（由交济东堺梢至官滩，长十里，灌田六百亩。）

周家小口（由交济杨家堺入田，长一里，灌田一百一十亩。）

杜家小口（由交济东堺分两岔入田，长四里半，灌田二百一十亩。）

吴家小口（由交济东堺入田，长一里，灌田六十五亩。）

关家渠（由交济东堺入田，长一里，灌田七十五亩。）

杨家口（由沿河西塀入田，长一里半，灌田八十亩。）

三里半渠（由交济东塀入荒滩，长三里半，灌田二百七十亩。）

李家口（由交济东塀入田，长一里半，灌田九十亩。）

强家口（由交济东塀入田，长二里半，灌田一百一十亩。）

王家小口（由沿河西塀入田，长二里，灌田八十亩。）

袁家小口（由交济东塀入田，长二里，灌田一百四十亩。）

杨家口（由沿河塀入田，长半里，灌田四十五亩。）

刘家小口（由沿河西塀入和尚渠，长一里半，灌田八十亩。）

刘家小口（由沿河西塀入和尚渠，长一里半，灌田一百一十亩。）

贾家口（由交济东塀入田，长二里，灌田二百六十亩。）

高家小口（由交济东塀入田，长半里，灌田六十亩。）

李家小口（由沿河西塀入田，长半里，灌田二十亩。）

张家渠（由交济东塀入田，长半里，灌田六十五亩。）

高家渠（由交济李家塀入田，长半里，灌田二十五亩。）

李家渠（由交济李家塀入小滩，长一里，灌田一百一十亩。）

李家渠（由交济东塀入小湖，长三里，灌田八百亩。）

邵家渠（由交济东塀入田，长半里，灌田七十亩。）

余家渠（由交济东塀入小湖，长三里半，灌田四百八十亩。）

田家渠（由沿河西塀入田，长二里半，灌田七十亩。）

张家渠（由交济东塀入田，长一里，灌田一百一十亩。）

邵家渠（由交济东塀入田，长一里，灌田五十五亩。）

哈家小口（由沿河西塀入田，长一里，灌田一百一十亩。）

马家渠（由六羊乡东塀止[1]官滩，长四里，灌田一千一

[1] 止　疑为“入”。

百亩。）

王家小口（由六羊乡东埂入田，长一里半，灌田二百三十亩。）

仁义官渠（由六羊乡东埂梢入昌润支渠内，长六里半，灌田八百六十亩。）

郑家渠（由西通、平通、平桥上西埂入马家大渠，长二里，灌田一百三十五亩。）

新仁义渠（由六羊乡通平桥下东埂入昌润支渠内，长六里，灌田五百五十亩。）

边渠（由东通平埂至官滩，长五里，灌田二百八十亩。）

赵家渠（由东通平埂入官滩，长二里，灌田七十五亩。）

马家大渠（由西通平埂入官荒，长二里半，灌田四百五十亩。）

王家小口（由东通平入官滩，长三里，灌田二百八十亩。）

杨家小口（由西通平入田，长半里，灌田三十二亩。）

李家小口（由东通平入田，长一里，灌田六十五亩。）

马家小口（由西通平入田，长半里，灌田五十五亩。）

李家小口（由赵家埂入官滩，长一里半，灌田二百三十亩。）

马家小口（由西通平入田，长二里，灌田三百五十亩。）

孔家渠（由东通平王家湾子入田，长一里半，灌田一百二十亩。）

马家小口（由西通平入田，长半里多，灌田四十亩。）

杨家小口（由西通平入田，长一里半，灌田一百二十亩。）

孙家渠（由通平东埂入西带湖，长四十里，灌田二百六十亩。）

老渠（由东通平东埂入西带湖，长五里，灌田三百亩。）

简姓渠（由西通平西塀入唐渠梢坝前李渠中，长二十里，灌田一千四百亩。）

马家小口（由西通平入田，长半里多，灌田四十五亩。）

金家小口（由西通平入田，长半里，灌田四十亩。）

李家小口（由西通平入田，长三里，〔灌〕田五百亩。）

新昌润渠（由东通平单家滩〔入〕西带湖，长六里，灌田六百一十亩。）

晒肚子渠（由西通平西塀至唐渠梢坝后，长六里，灌田一千零二十亩。）

朱渠（由东通平东塀入滩，长一里半，灌田一百九十亩。）

同心渠（由东通平东塀入官滩，长三里半，灌田七百二十亩。）

北边渠（由西通平西塀至唐渠梢坝后退水渠中，长十九里，灌田一千一百亩。）

老渠（由西通平西塀梢至边墙外沙窝，长二十五里，灌田三千五百亩。）

王渠（由东通平东塀入西带湖，长八里，灌田一千八百五十亩。）

官三渠（由通惠东塀入西带湖，长十里，灌田一千七百四十亩。）

新渠（由西通平西塀梢入上宝闸沙窝，长二十二里，灌田一千零二十亩。）

边渠（由南长渠西塀梢至西沙窝，长十五里半，灌田三千二百六十亩。）

二渠（由南长渠西塀梢入果子滩，长二十七里，灌田七千六百七十亩。）

梁子渠（由南长渠埘入三渠，长十五里，灌田三千二百五十亩。）

徐家灌洞（由徐家湾入田，长一里，灌田八十亩。）

毛家渠（由此长渠埘至地埂壕，长五里，灌田一千二百六十亩。）

三渠（由南长渠西埘至下宝闸，长三十里，灌田七千五百亩。）

马家小口（由北长渠马庄埘入小滩，长三里，灌田四百二十五亩。）

公动渠（由北长渠西埘梢入西河，长十五里，灌田二千八百四十亩。）

丁家灌洞（由北长渠东埘入田，长一里，灌田五十亩。）

杨家小口（由北长渠西埘入田，长一里，灌田八十亩。）

简姓渠（由北长渠东埘至蒲草滩，长二里，灌田四百五十亩。）

柏家渠（由北长渠西埘入公动渠，长二里，灌田一百八十亩。）

丁家口（由北长渠东埘梢入田，长一里，灌田三百五十亩。）

苏家小口（由北长渠北埘梢入官滩，长三里半，灌田七百零五百。）

小井元渠（由北长渠南埘至惠北官滩，长二里半，灌田五百二十亩。）

大井元渠（由北长渠南埘至惠北官滩，长四里，灌田一千三百亩。）

官四渠（由永治闸旁入黄河，长五十五里，灌田一万五千六百亩。）

上新渠（由内西河西堺至下宝闸西渠内，长二十四里，灌田三千二百五十亩。）

高渠（由惠北清真寺旁入田，长二里，灌田一百二十亩。）

朱家渠（由惠北东堺至通润官滩，长三里半，灌田九百亩。）

普润渠（由内西河西堺至王家滩，长三里，灌田一千二百亩。）

晒肚子渠（由惠北东堺至通润蒲沟，长二里半，灌田八百三十五亩。）

原润渠（由内西河朱家龙坑堺至马家滩，长十三里，灌田一千五百亩。）

官渠（由黄渠桥东堺至通润滩，长七里半，灌田一千三百二十五亩。）

下新渠（由外西河黄渠桥西堺至下宝闸，长二十五里，灌田六千二百亩。）

边渠（由黄渠桥下通润梁家堺至蒲草沟，长八里，灌田九百五十亩。）

沙淤渠（由外西河王家滩至西宝池之沟内，长二十五里，灌田二千三百亩。）

大四渠（由外西河东湾至西宝池之沟内，长二十五里，灌田三千七百亩。）

梁家小口（由通润梁家堺至柴家湖，长五里，灌田八百亩。）

退水渠（由通润刘家村入黄河，长五十余里，不灌田亩。）

朱家小口（由通润王家堺入官荒，长二里，灌田五百亩。）

余家小口（由外西河堺入荒滩，〔长〕三里，灌田四百三十亩。）

铁四渠（由西永固张家湾子至西永固池，长十五里，灌田二千六百亩。）

景家小口（由通润冯家庄入麻坑，长二里，灌田二百八十亩。）

罗渠（由东永固马家庄入荒滩，长二里，灌田五百亩。）

铁三渠（由西永固张家湾子北入燕窝池，长十里，灌田二千二百亩。）

下四渠（由永固桥上西塀入西永固池，长十五里，灌田一千八百五十亩。）

沿河渠（由永固桥至退水滩，长三里，灌田一百五十亩。）

魏家小口（由东永固小口子塀入猴家滩，长四里，灌田五百一十亩。）

唐家小口（由东永固入退水渠，长三里半，灌田六百五十亩。）

陶家灌洞（由东永固塀入猴家滩，长二里，灌田四百亩。）

李家灌洞（由东永固王家庄入田，长一里，灌田三百二十亩。）

暗洞渠（由东永固塀至西永固池，长十里，灌田一千二百亩。）

下沿河渠（由渠中堡王家寨梢入田，长二里，灌田三百二十亩。）

北河渠（由通丰堡入退水渠边滩，长二里，灌田二百二十亩。）

沈家小口（由通丰西塀入滩，长四里，灌田四百一十亩。）

殷家小口（由通丰李家上庄入滩，长一里半，灌田四百零八亩。）

阎家小口（由西永固阎庄梢入滩，长三里，灌田三百八

十亩。）

雍斗渠（由张斗子桥入滩，长一里半，灌田一百八十亩。）

万苍渠（由万宝乡至万宝池，长十里，灌田一千二百五十亩。）

万吉渠（由万宝乡西埔至马营，长二十里，灌田二千二百八十亩。）

李家小口（由通丰乡东埔至王家田，长二里，灌田三百三十亩。）

杨家小口（由通丰东埔至董家沟，长二里，灌田三百零七亩。）

关家暗洞（由万宝西埔梢入田，长二里，灌田一百九十亩。）

顾家暗渠（由万宝乡顾庄入荒滩，长二里，灌田二百六十亩。）

徐家小口（由通丰渠东埔至荒滩，长二里，灌田一百三十亩。）

支渠（由通丰东埔至退水渠，长三里，灌田二百八十亩。）

马家小口（由通丰埔入田，长一里，灌田一百六十亩。）

王家小口（由万宝埔至荒滩，长二里半，灌田一百四十亩。）

马家小口（由万宝丁家庄梢入田，长一里半，灌田一百六十亩。）

杨渠（由通丰入田，长一里半，灌田八十四亩。）

宝家渠（由万宝西埔至宝马屯，长十五里，灌田一千五百五十亩。）

蔡家小口（由万宝西埔梢入田，长四里，灌田二百一十亩。）

赵家小口（由聚宝乡西埔入田，长一里，灌田五十亩。）

西渠（由聚宝西埔梢至教堂前，长五里，灌田二百二十四亩。）

徐家小口（由聚宝塀梢入田，长二里，灌田一百一十亩。）

中渠（由通丰东塀梢入退水渠，长四里，灌田六百七十六亩。）

二渠（由通丰东塀梢入田，长三里，灌田四十九亩。）

赵家渠（由聚宝西塀梢至宝马屯，长六里。）

大司渠（由聚宝西塀入田，长二里，灌田六百二十亩。）

杨渠（由尾闸乡东塀张家庄梢至退水渠，长五里，灌田五百二十亩。）

赵渠（由尾闸乡东塀郭家庄梢入退水渠，长六里，灌田一千五百四十亩。）

小司渠（由聚宝西塀梢入田，长三里，灌田五百三十八亩。）

陈坝渠（由尾闸乡东塀梢入西沟，长二里，灌田三百五十亩。）

雷记渠口（由聚宝乡西塀雷家寨子入荒滩，长二里半，灌田二百四十亩。）

巨泽渠（由雷家寨后梢至大东湾，长七里半，灌田二千一百五十亩。）

巨新渠（由雷家寨后至大羊圈，长七里半，灌田一千五百二十亩。）

小陈坝渠（由尾闸乡东塀入西沟，长二里，灌田二百八十亩。）

小惠农渠（由聚宝西塀梢至西河沟，长五里，灌田六百三十二亩。）

旧老渠（由聚宝西塀梢至西河子桥，长八里，灌田二千五百亩。）

怀渠（由尾闸上东塀梢入退水渠，长七里半，灌田一千三百八十亩。）

新渠（由尾闸上西埄至地硬，长七里，灌田二千三百亩。）

郑白渠（由福履闸入河，长约十五里，灌田二千亩之谱。）

四　大清渠

（一）沿革

是渠，位于唐徕、汉延二渠之间，旧有小渠名贺兰渠，宽数尺，长十余里，为清初宁夏道管竭忠所开。康熙四十七年，水利同知王全臣视此渠口低身小，不能远达，遂相度形势，于旧“贺兰”渠口以上三里，大坝乡马关嵯地方开口，直迎水势，至马家庄引入旧渠而扩充之。至陈俊、汉坝二乡之交，即弃旧渠，北向延引，经林皋、瞿靖、邵岗、李俊各乡之西部，至宋澄乡入于唐渠之泄水闸。雍正十二年、乾隆四年及四十二年，均经宁夏道重修。光绪十三年，宁夏府知府黄自元重修汉坝、宋澄各暗洞，并甃石底，疏浚淤滞。光绪三十年，河水暴涨，渠工悉被冲坏，官民协力，补修完善。三十四年，知府赵维熙用柳条编制大筐，盛以毛石，压迎水埄，于是渠流顺利，无甚变迁。民国十七年，大清渠与天水渠，由宁夏区水利总办王鸿烈按田摊款。十八年改设行省，水利归建设厅统办，先后均有补修。近年以来，地方多故，河水频涨，冲刷壅淤，不免废弛。省府主席马公少云力图兴革，改各渠为委员制。本厅即积极整顿，特派专门技术人员勘测调查。

（二）流域

自宁朔县大坝乡马关嵯以下，韦家桥东南，黄河之西河西岸，开口引水，向东北流，沿韦家桥、马家庄子、夏家庄子、何家庄子、吴家寨子、刘家寨子、孙家庄子、陈家庄子、沙家庄子、王家庄子各庄之东南，经过大跳、中跳、小跳各跳水，及九道沟三闸、二闸，龙王庙前（距口七公里，设清渠办公处）之头闸、正闸；复经刘家庄子、鲁家寨子以东、陈俊堡以西；又北向经罗家寨子、张家岗子之西、荣家庄子之东，越永庆洞，迤张家寨子、冯家庄子、黎家寨子之西，张家、何家、柳家各庄子以东，折向西北，过崔家桥；又北向经吴家寨子、桑家庄子、张家寨子、吴家庄子之东，赵家、包家、滕家、郁家各寨子，韩家、戴家、徐家、白杨树谢家、张家各庄子，辛家寨子、虎家庄、王家庄、范家庄子以西，朱家、张家、姚家、乔家、梁家、沈文闸各庄子；及陈家寨子、陆家庄子、上桥庄子以东，杨家庄子、邵岗堡、姜家庄子、徐家寨子以西，吴家庄子、周家庄子、王家团庄、陆家庄子、沈家寨子以东，王家、聂家、沈家各庄子，及郭家湾子、白家庄子以西，葛家团庄、蒋家庄子、李家寨子以东，吴家庄子、胡家寨子、王家岗子以西，至岗岗子以北入沟，延长三十七公里，合七十四市里，灌溉宁朔县田六万零四百余亩。

（三）迎水塀及跳水

迎水塀系杂石积成，长二百余公尺，底宽四五公尺，面宽及高各一公尺余。自迎水入口以下，至韦家桥以东，渠之右岸筑有大跳水（简称大跳，即渠之滚水坝也，以下中小跳同），系底用条石，上用毛石筑成，长约二百七八十公尺，底宽四五公尺，面宽一公尺许，高一公尺半左右。马家寨子东南有中跳水（距大跳里许），马家庄子东北有小跳水（距中跳半里许），筑法及其高宽，均与大跳同。其长中跳百公尺有余，小跳约二十公尺，跳工坚固伟大，为本省各渠之冠，盖清渠（大清渠简称）居唐渠之下，唐渠退水均入于清渠，非此不足以抵御其冲激耳。

（四）退水

水大时，大中小各跳水均可退水。以下尚有盈宁、永清、底定各闸及小减水四道退水。盈宁闸俗呼三闸（前呼头闸，系由上而下数之，今人以龙王庙向上倒数，故头三数目倒置矣），在马家庄子东，长十四五公尺，宽三公尺余，高二公尺半。永清闸俗呼二闸，在王家庄子东，二空，每空宽三公尺许，高三公尺，长十七公尺。底定闸俗呼头闸，亦曰门前闸（前呼三闸），在龙王庙前方，二空，每空宽三公尺，高三公尺余，长十六七公尺，横连顺水八字石墙，则宽九十公尺矣。小减水闸在罗家寨子西，高、宽各三公尺余，长十五公尺，减退之水，均入汉延渠。

（五）正闸及飞槽

正闸一座，在龙王庙左前方，二空，每空宽三公尺，高二公尺余，长十余公尺，上带桥梁，并架唐徕渠支流之贴渠飞槽，其槽宽一公尺二，长十公尺。

（六）桥梁

桥有十四道，曰陈俊堡桥，亦曰上桥，在堡西，通大道。曰张家桥，亦曰下桥，在张家岗子西。曰崔家桥，在崔家庄子东南。曰锁龙桥，在永寿塔西南。曰陈家桥，在瞿靖堡西。曰尚家桥，在尚家桥庄子东。曰韩家桥，在韩家寨子西南。曰白杨树桥，在戴家庄子西。曰沈文闸桥，在沈闸团庄东。曰上桥，在邵岗堡西。曰吴家桥，在吴家庄子东南。曰下桥，在王家庄子西。曰蒋家桥，在蒋家庄子东。曰古成桥，在古成桥庄子东南。以上各桥，除陈俊堡桥通大道外，其余均通乡村小道，此外尚有独木桥数个，因其小而且设去无定，故不赘述。

（七）暗洞

暗洞有二，曰永庆洞，亦曰汉坝洞，在张家岗子西北，张家寨子北边，长十五公尺，宽、高各一公尺六七，上通清渠，下通蒋顶乡一带之沟湖剩水。渠梢沟内有暗洞，曰永洪洞，在王家岗子西边。

（八）大清渠支渠

张家渠（在干渠西，由卢庄南至西路，长半里，灌田二百亩。）

李家渠（在干渠西，由卢庄北流，长半里，灌田一百亩。）

岳家渠（在干渠西，长半里，灌田一百亩。）

活龙渠（在干渠西，由桥北向西流至汉坝，长二里，灌田三百亩。）

张家渠（在干渠西，长半里，灌田二百亩。）

张家渠（在干渠西，长半里，灌田一百亩。）

杨家渠（在干渠西，长一里，灌田三百亩。）

王家渠（在干渠西，由卢庄北流，长一里，灌田二百亩。）

罗家渠（在干渠东，由藏水闸经罗庄西至减水沟，长半里，灌田一百五十亩。）

郭家渠（在干渠西，长一里，灌田二百五十亩。）

大位渠（在干渠东，由罗家园经罗庄西至暗洞沟，长二里，灌田一千七百亩。）

荣家渠（在干渠西，由荣家庄至北小沟，长一里，灌田一百五十亩。）

张家渠（在干渠东，由张家桥经荣庄内至暗洞沟，长一里，灌田五百亩。）

姚家渠（在干渠东，由冯庄经余家寨至北沟，长三里，灌田一百八十亩。）

张家渠（在干渠西，由张庄经张家庄至北沟，长半里，灌田四百亩。）

何家渠（在干渠西，由何家庄至北沟，长半里，灌田二百三十亩。）

回浪渠（在干渠东，由李庄经樊庄南至北沟，长四里，灌田三百二十亩。）

柳家渠（在干渠西，由刘家庄至北沟，长半里，灌田一百五十亩。）

小鸭子渠（在干渠东，由李庄经刘家庄至北沟，长六里，灌田二千五百亩。）

耿家渠（在干渠西，由周家桥经耿家寨至北沟，长半里，灌田四十三亩。）

崔家渠（在干渠西，由崔家桥经耿家寨至北沟，长一里，灌田六十亩。）

大鸭子渠（在干渠东，由崔家桥北沟经滕家庄至赵家寨，长五里，灌田三千八百亩。）

陈家渠（在干渠东，由陈家庄至南湖，长半里，灌田五十亩。）

桑家渠（在干渠西，由吴家寨至碱湖，长半里，灌田二百亩。）

罗家渠（在干渠东，由常行渠经龙庄至南湖，长二里，灌田二百亩。）

刘家渠（在干渠东，由罗家渠至南湖，长半里，灌田四十亩。）

长行渠（在干渠东，长十里，灌田七千五百亩。）

本支渠又有四支渠分列于下。

和尚渠［在干渠东，由姜家庄东向东流经陈庄北谢家庙入沟（汉渠之阴洞沟），长七里，灌田一千二百亩。］

果一渠（在干渠东，由塔之东南向北流经瞿靖西瞿家寨入连湖，长四里，灌田一千二百亩。）

梁家渠（在干渠东，由邓家寨向北流经梁庄西夏家庙入连湖，长三里，灌田七十亩。）

倪家渠（在干渠东，由倪家庄向北流经朱家庙东朱家庄西入连湖，长三里，灌田一千亩。）

宁家渠（在干渠西，由锁龙桥西向南流，长半里，灌田四十五亩。）

张家渠（在干渠西，由锁龙桥一边向南流，长半里，灌田三十亩。）

姚家渠（在干渠东，由锁龙桥经王庄、南塔至南湖，长半里，灌田三十二亩。）

郁家渠（在干渠东，由郁家寨经王家庄至南湖，长半里，灌田五十五亩。）

王家渠（在干渠东，由郁家寨至南湖，长一里，灌田一百二十亩。）

哈家渠（在干渠东，由陈家桥经哈家庄至哈家湖，长一里，灌田一百一十亩。）

陈家渠（在干渠东，由陈家桥经陈家庄至哈家湖，长一里，灌田五百亩。）

芦一渠（在干渠东，由陈家桥经瞿靖堡至瞿家湖，长二里，灌田五百六十亩。）

王家渠（在干渠西，由李家庄至王家湖，长半里，灌田八百八十亩。）

陈家渠（在干渠东，由陈家桥至翟家湖，长二里，灌田五百五十亩。）

强家渠（在干渠西，由李家庄至强家湖，长一里，灌田一百三十亩。）

李家渠（在干渠东，由陈家桥至瞿家湖，长一里，灌田三百二十亩。）

强家渠（在干渠西，由李家庄至强家湖，长半里，灌田一百四十亩。）

吕家渠（在干渠东，由吕家庄至瞿家湖，长二里，灌田四百三十亩。）

尚家渠（在干渠西，由李家庄至强家湖，长一里，灌田二百三十亩。）

尚家渠（在干渠西，由李家庄至强家湖，长三里，灌田五百五十亩。）

王家渠（在干渠东，由王家庄至瞿家湖，长三里，灌田六百五十亩。）

郭家渠（在干渠西，由李家庄至强家湖，长一里，灌田四十五亩。）

王家渠（在干渠东，由刘家庄至连湖，长二里，灌田五百五十亩。）

刘家渠（在干渠东，由刘家庄至连湖，长一里，灌田二百三十亩。）

李家渠（在干渠东，由李家庄至连湖，长一里，灌田三百五十亩。）

西太平渠（在干渠东。）

太平渠（在干渠东，由李家庄至连湖，长五里，灌田三十亩。）

沈家渠（在干渠西，由沈家庄至北湖，长二里，灌田二百亩。）

王家渠（在干渠东，由新团庄至连湖，长二里，灌田三百五十亩。）

王家渠（在干渠东，由王庄南向西流入连湖，长二里，灌田二百四十亩。）

白渠（在干渠东，由韩家寨南经韩家寨东，长一里半，灌田一百五十亩。）

苏家渠（在干渠西，由韩家寨至连湖，长半里，灌田三十亩。）

吕家渠（在干渠东，由载庄入连湖，长一里半，灌田二百二十亩。）

高渠（在干渠东，由载家庄北首经周家庄北入连湖，长二里，灌田四百亩。）

罗家渠（在干渠西，由白杨树西向西南流入连湖，长一里，灌田二百亩。）

李家渠（在干渠西，由白杨树南经李家庄至西草湖，长二里，灌田二百五十亩。）

罗家渠（在干渠东，由白杨树桥东南经家寨东入连湖，长一里半，灌田二百亩。）

徐家渠（在干渠西，由柳里垎东南向南流入连湖，长半里，灌田八十亩。）

解家渠（在干渠西，由柳里垎东向南流入连湖，长半里，灌田一十五亩。）

龙家渠（在干渠东，由柳里垎庄东入硼湖，长半里，灌田三十亩。）

徐家渠（在干渠东，由柳里垎北入连湖，长一里，灌田一百亩。）

李家渠（在干渠东，由李家庄北向东流入蒲湖，长一里，灌田一百亩。）

老鼠渠（在干渠西，由朱家庄东向西北流入硼湖，长一里半，灌田一百五十亩。）

董董渠（在干渠东，由谢家庄向东流经幸寨入连湖，长三里，灌田六百五十亩。）

头渠（在干渠东，由董董渠北向东流经刘家庄、伐庄、刘家庄入连湖，长四里，灌田一千一百亩。）

小头渠（在干渠东，由头渠东向北流，长半里，灌田二百二十亩。）

支胡渠（在干渠西，由张家庄东向西北流入西沟，长一里半，灌田二百五十亩。）

虎渠（在干渠东，由虎庄西向东流入耿家凹湖，长半里，灌田七十亩。）

乔家渠（在干渠西，由乔家庄向西流入下碱湖，长半里，灌田二百五十亩。）

双渠（在干渠东，由乔东向东流经王家庄北杨家桥南辛庄入汪家湖，长四里，灌田二千一百亩。）

乔家渠（在干渠西，由乔庄北向西流入碱湖，长半里，灌田一百五十亩。）

南渠（在干渠西，长一里，灌田一百九十亩。）

梁家渠（在干渠西，由梁家庄南向西流入李家湖，长半里，灌田二百六十亩。）

北渠（在干渠西，长半里，灌田一百六十亩。）

邵渠（在干渠西，由沈文闸桥北经陈庄北向西流入锅底湖，长三里，灌田七百五十亩。）

东高渠（在干渠东，由沈文闸桥北经高家台子、何寨、李寨、庞家庄南入连湖，长五里，灌田一千七百亩。）

张杨渠（在干渠东，由高渠北经杨家庄入连湖，长一里，灌田二百五十亩。）

新渠（在干渠西，由陈家寨东向西流经陈家寨入锅底湖，长一里，灌田二百三十亩。）

钱渠（在干渠东，由上桥南经邵刚堡南入南湖，长一里，灌田二百亩。）

小儿渠（在干渠东，由上桥南向东流入连湖，长一里，灌田三百四十亩。）

周渠（在干渠西，长二里半。）

黄渠（在干渠西，长二里。）

李渠（在干渠东，由上桥北向东流入连湖，长三里，灌田三百三十亩。）

李渠（在干渠西，长二里，灌田五百亩。）

曹儿渠（在干渠东，由上桥南经邵刚堡北向东流入连湖，长一里，灌田二百五十亩。）

高渠（在干渠西，由李渠北入杨家湖，长二里，灌田六百亩。）

李本渠（在干渠西，由姜庄西南入西沟，长三里，灌田六百亩。）

徐家渠（在干渠东，由徐庄北东流入连湖，长二里，灌田三百一十亩。）

草二渠（在干渠〔姜〕西，由姜庄西北入连湖，长三里，灌田六百五十亩。）

庞渠（在干渠东，由下桥南经王庄、郭庄入东湖，长三里，灌田四百七十亩。）

小渠（在干渠西，由下桥南入连湖，长二里，灌田二百二十亩。）

杨渠（在干渠东，由王庄北经大寨子入东湖，长三里，灌田五百四十亩。）

姚二渠（在干渠西，由下北入东湖，长二里半，灌田二百二十亩。）

二道渠（在干渠东，由刘家园子南经刘庄、李庄南入东湖，长三里，灌田五百三十亩。）

小南渠（在干渠东，由刘家园子北李家庄入荒滩，长一里半，灌田一百九十二亩。）

四儿渠（在干渠石口渠东，由沈家上方南经傅家新垵入东湖，长三里，灌田七百六十三亩。）

张本渠（在干渠东，由沈家上北入荒滩，长一里半，灌田一百九十五亩。）

杜家渠（在干渠东，由白庄南向东流入老鸹湖，长二里，灌田三百余亩。）

沈家渠（在干渠西，由沈庄南入南湖，长二里，灌田三百二十亩。）

新渠（在干渠西，由沈庄北入北小湖，长二里半，灌田四百二十亩。）

北头渠（在干渠西，由赵家沙窝南入西沟，长二里，灌田四百一十亩。）

陈家渠（在干渠西，由赵家沙窝北入西沟，长一里半，灌田三百三十亩。）

蒋家渠（在干渠西，由蒋家庄南向西流入砂湖，长一里半，灌田三百亩。）

蒋家渠（在干渠西，由蒋家庄北向西流入砂沟，长二里，灌田二百五十亩。）

许家渠（在干渠东，由李家湾转红庙南向东入东沟，长二里，灌田三百五十亩。）

张家渠（在干渠西，由张家庄南向西流入荒滩，长一里，灌田一百五十亩。）

邓家渠（在干渠东，由红庙子魏庄南东流入东沟，长二里半，灌田七百亩。）

马家渠（在干渠东，由盛家胡塞南入东沟，长三里，灌田八百亩。）

王家渠（在干渠西，由王家庄西入砂湖，长一里，灌田三百亩。）

赵家渠（在干渠西，由胡家庄〔入〕西砂湖，长半里，灌田一百亩。）

赵家渠（在干渠西，由胡家塞入荒滩，长半里，灌田一百亩。）

庙儿渠（在干渠东，由武家庄南入陈家滩，长半里，灌田三百余亩。）

陈家渠［在干渠东，由古城桥（亦名陈桥）北向东流，长二里，灌田二百亩。］

五　云亭渠

（一）缘起

本渠为宁夏省政府主席马公少云于民国二十三年十一月计划开凿。时中央以故国府委员兼蒙藏委员会委员长马公云亭，生前奔走党国，懋著勋劳；并治军宁夏多年，民歌遗爱，故命名曰云亭渠，藉资纪念，俾垂永久。先是宁夏省治原有唐、汉、惠、清四渠，所有夏、朔、平三县之地，几尽垦辟。惟沿黄河岸西荒区尚多，为惠农渠水泽所难及；加之近来兵旱两灾，居民荡析，致距惠渠稍远熟地复多荒弃。自二十二年春，马公少云以第十五路总指挥，奉命由豫省移防是邦，兼主省政，服官桑梓，深悉地方情形，拟于惠渠之东筹开新建一渠，从事垦殖，以尽水泽，而利边民；乃因限于财力，久违初衷。至二十三年夏，适全国经济委员会委员长宋公子文巡边莅宁，亲履各渠视察，以赞佩工程伟大之余，深感水土优沃，而竟未尽其利，国计民生，两有所失，经马主席面陈本意，兼请资助，当承欣诺。遂议将已定新建渠改名为云亭渠。宋公返京未久，即由经委会拨至国帑二十万元，遂设立云亭渠工程处，拟具计划方案，兴工开凿，以竟其志。

本渠渠口，初测定宁朔县叶升乡属之河沿，但因岸高河低，恐难引水入渠，几经详测，始决定借用宁朔县王泰乡境惠农渠身之二渠桥旁，为云亭渠口。北经杨和乡，入宁夏县属之李祥、通宁、通朔、通贵、通昌等乡，至平罗县属之通吉乡境内而入于河，长约一百二十里。于是年十一月一日，征集夏、朔、平三县民夫，动工修筑渠口；又以惠农渠口狭小，如容水过多，则渠身必生危险；若就原定水量分流两渠，复难足用，故将渠口两面各辟宽一丈八尺，增畅水量，复自渠口之黄河上游马家嵯地方，添筑长埽作为惠、云两渠之迎水总口，入渠水量可增至十二分或十五分（每分五寸），则使两渠各段永免缺水与亢旱之虞焉。

渠身工程乃与渠口同日开挖，分为上下两大段，预定两期完成。最上一段系用惠农渠甬除外，本渠上段计自二渠桥新口起，至通贵乡之王庄止，长六十余里，宽六丈，其中又分七小段，支配同时动工，至十一月二十八日告竣，因值地冻停工，此为第一期。下段自王庄起，至通吉乡渠梢止，长三十余里，宽五丈，其中又分五小段，于二十四年四月六日继续兴修，至五月十日完工，此为第二期。

以上全渠土方工程至为巨大，若征集民夫开凿，深虑不易成功，遂采用兵工政策，由第十五路军总指挥部分派各部队官兵担任全部工作，每小段支配工兵一团余人，限定一日每人挖土一方，齐力猛进，计上段分配之工兵，共为八千八百零九员名；下段为一万二千四百九十五员名。乃因督促甚严，指导得法，而物料既预备齐全，兵工尤为努力，是以收效迅速，成绩优良，凡有闸埽桥洞，在最短期间，亦获同时蒇事。前后分发兵工津贴，计洋九万三千七百三十九元六角；应用铁锹、洋镐等费，计洋六千二百六十元；又由建设厅购置石木料费，计洋二万二千余元。本渠设立云亭渠水利事务专员管理之；并设副专员一人，俾资勷助，所有行政事项仍由建设厅负监督指导之责，以一事权，而利进行。

（二）流域

本渠由宁朔县王泰乡惠农渠之二渠桥开口，引水向东北流，经杨和乡属之黄家圈，入宁夏县属李祥乡之夏家圈、魏家庄、马厂，复北向经通宁乡属之张家庄、孔家庄、陈家庄，入通朔乡属之强家庄、杨家庄、史家圈，至通贵乡属之王庄、马庄、丁庄、马庄、刘庄、马庄、沙庄，再入通昌乡属之吴庄、岳庄、步家圈，至平罗县属通吉乡河沿之废砖窑地方，而入于河。

（三）闸坝

本渠建筑渠口闸一座，节制入渠水量，闸为二墩三孔，石墩宽五尺，长二丈，每孔进水宽度均为六尺七寸，上架有栏大木桥，长三丈，宽一丈二尺，而自龙门桥正闸所入之水，亦藉此足以退之。又石正闸桥一座，三墩四孔；退水闸三道，均一墩二孔；提水闸二道、减水闸三道、尾闸一道，均一墩二孔。又修筑施家河跳水，长约七十丈；补修方家巷跳水，长约六十丈；余家河跳水，长约九十丈；并修补涤闸、翎闸及其他各闸口重要工程。又增筑龙门桥、跃浪桥、正闸桥、王洪桥之龙墩各一座。又添修任春乡退水闸一道，一墩二孔。

（四）堤埧

修筑夏家四河长埧，长约七十丈；河口迎水埧，长约一百丈。补修施家河长埂，长二百丈；张家湾里外长埂，长三百丈；朱林及甄家二埂，共长约三百丈。重修自龙门桥至永康闸埂岸及码头。又于通昌至通吉乡间之小夹河两面，筑埂一道。又渠东河岸甚低，每遇河水暴涨，即遭淹漫，拟由通朔至通昌一段，修筑数十里长堤一道，以防水患，而利民生。

（五）桥梁

沿渠各乡镇村庄已共建大桥七座，所有名称位置，逐一分列于左。

黄家圈桥（在杨和乡，长三丈，宽一丈五尺，下架木柱，两岸苫芨码头墙，木板土面，无栏，为耕农往来之用，无大交通。）

魏家圈桥（在李祥乡河西寨，长三丈，宽一丈五尺，木柱，苫芨码头墙，木板土面，上有木质栏杆，无大交通。）

通宁桥（在通宁乡，长三丈，宽一丈五尺，作法同上，无栏，系走山陕大道。）

包家围子桥（在通翔乡，长三丈，宽一丈五尺，作法同上，无栏，亦无大交通。）

通贵桥（在通贵乡，长三丈，宽一丈五尺，作法同上，无栏，亦无大交通。）

通昌桥（在通昌乡，长三丈，宽一丈五尺，作法同上，无栏，亦无大交通。）

通吉桥（在通吉乡，长三丈，宽一丈五尺，作法同上，无栏，亦无大交通。）

（六）沟洞

阴沟暗洞，各渠必具，用为退水，设想颇（情）〔精〕。本渠位于各大渠之东，阻凡有沟洞退水入河之路，故应有沟洞，尤宜设置完备也。除正在计划中者以外，先将已修及拟续修之暗洞名称分载于后。

（1）云亭暗洞。洞在本渠之河西寨魏家庄附近，全为木质，高、阔各四尺余，长约五六丈。所泄之水，远自黑阴沟起，直至汉渠黑阴洞，再经惠农渠之永宁暗洞，东流二里，即过本洞而入于河。

（2）永固桥南暗洞。

（3）黄羊沟暗洞。以上二洞现拟续修，因未成功，其详暂略。

（七）云亭渠屯垦筹备处之组织暨任务

本渠渠身工程由兵工完成以后，所有荒区之垦殖、土地之分配、新村之设置、支渠之开凿，须有筹备机关，专负详细测量，缜密设计，然后逐步实施，方能渐次完竣。省府早见及此，即设立“宁夏省云亭渠屯垦筹备处”，并制定组织简章，公布施行。该处以第十五路军总部参谋长、副官长、屯垦部队长官，及省府建设厅科长、垦殖专门人员各一人为筹备委员组织之，内定一人为主任，负召集筹备会议及执行处内一切寻常事务。兹将该处任务，分述于左。

（1）测绘屯垦地区，考验垦区地质。

（2）设计及建筑垦区之住宅、寨堡、堤坝、桥梁、道路，暨疏凿沟渠。

（3）实施削平地段与划分区域。

（4）分配住宅、亩数、农具、牲畜、种籽、肥料等项。

（5）办理移民事宜。

筹备处又分设三组：一曰总务组，二曰设计组，三曰工程组。各组设组长一人，由筹备委员兼任之。内设组员若干人，承组长之命，办理各项主管事务。分列于后。

（1）总务组，掌理会计、庶务、文牍事项。

（2）设计组，掌理拟具垦区一切计划及设计事项。

（3）工程组，掌理垦区一切工程事项。

筹备处于现定任务完竣之日，或正式屯垦机关提前成立之时，即宣告结束，其一切应继续办理事宜，统移交正式屯垦机关办理之。至该处责任，既如上述之重，而所修工程，亦须巨大之款，已将开渠存余之数，先行拨交，俟不敷时，当再筹措，俾竟全功。

（八）屯垦办法

本渠开凿成功，可灌地数十万亩。自设立云亭渠区域屯垦筹备处以来，拟实施兵民屯垦办法，已先测量通朔乡地一段，作为一团人之屯垦区，一团官兵，定为一千五百人，每人给地二十亩，合计三万亩；此外尚需建修房屋、道路、支渠地面，统计三万五千亩，一团所属三营及特务，重炮两连；一营四连，即为四个单位；一连九班，一班十人至十二人，以一班人种地二百亩，一连种地二千亩，四连种地八千亩，分配四角，团营居中，全为军队组织。大者以团为基本，小者以班为基本，一班人住一堡寨，将军队组织运用至行政组织之上，以便军民不分，实行保甲制度。一班种地二百亩，等于人民一甲所种之地，九班等于一保，四保即为一联合保，四联合保等于一区，就如四营等于一团，可住一千五百户人，一切应用房屋物品，概由军队自作；至车辆牲畜，须由公家购买，将来以出产物品如数偿还。嗣后生产，定为公共分配方法，如二百亩地，一百亩种稻，一百亩种麦，麦稻收获后，合存于公共仓库，除每家食用外，将借公家用具，分年还清，所有盈余按操作之勤惰，为分配之多寡。荒区地亩俟由军队垦熟，然后交给人民耕种。

（九）建筑新村

本渠区域应建之新村，由屯垦筹备处另拟有缜密设计扩大组织计划，其中应有尽有各部，系仿现代欧化之农村制，各村移入农民，全为军队编制，实行军事训练，以完成“寓兵于农”政策。自该计划于二十四年五月呈准后，即于通朔乡段，测定屯垦区域三万数千亩，拟先建筑第一、二、三新村三处，以期逐步试验，关于寨墙房屋工程，概由保安处第一团全体官兵担任。原定一俟完成，即继续开支渠、修道路，分经界、垦荒田，以及农具、牲畜、籽种之购置设备俾于二十五年之春，按照预定屯垦计划中之作业实施案进行。迨至七月间，三处村寨已成其二，而一切应用材料，亦均筹办齐全……❶

（十）分期放垦

本渠屯垦计划既因防匪延期，故将所定屯垦区域划出若干小段，分期放垦，以便实施，而资补救。并先定一、二两期为第十五路军之官佐所有，第一期于沿渠西堺一段，放垦四千余亩，垦户四十人，已在省府大厅当众抽签决定，旋又分发证书。第二期放垦尚在进行之中，至于集体屯垦计划……❷使放垦之私有小农制与屯垦之集体大农制，以作将来之竞赛，而利全省之推行。

---

❶❷ 此处省略部分内容。

至屯垦筹备处二十五年份之工作纲要，规定下列十三项。

(1) 清理云亭渠流域屯垦区内官荒、民有、湿地、芦苇地。

(2) 复丈并登记人民有照地亩及漏田。

(3) 继续第二期放垦。

(4) 测绘全区土地。

(5) 建筑沿河堤埂。

(6) 栽植沿河及渠埂树木。

(7) 修理本渠上埂，建筑提水闸及退水沟。

(8) 开支渠，筑道路。

(9) 填经界，垦荒田。

(10) 购制牲口、籽种、农具。

(11) 灌水种田。

(12) 修建（赛）〔寨〕内房屋。

(13) 筹办来年扩大屯垦事项。

按：云亭“新农村建设计划书”内载各项，如果全部完成，尚需经费洋四十余万元之巨，但可于垦后数年间，以生产所得之盈余抵偿之。

（十一）云亭渠支渠

朱家渠（由杨和乡东埂入河沟，长一里，灌田五十亩。）

董家渠（由杨和乡东埂入河沟，长一里半，灌田六十亩。）

纳家渠（由杨和乡东埂入河沟，长一里半，灌田六十亩。）

纳家渠（由杨和乡东埂入河沟，长一里，灌田五十五亩。）

樊家渠（由杨和乡西埂入黑泉湖，长一里，灌田二十亩。）

哈家渠（由正渠东埂入黄河，长二里，灌田一百二十亩。）

黄家渠（由正渠西埂入黑泉湖，长半里，灌田二十亩。）

陈家渠（由正渠西搫入田，长半里，灌田十五亩。）

黄家渠（由正渠东搫入河沟，长半里，灌田十五亩。）

漆家渠（由正渠东搫入河沟，长一里，灌田三十亩。）

马家渠（由正渠西搫入黑泉湖，长半里，灌田一十亩。）

王家渠（由正渠东搫入黑泉湖，长半里，灌田二十亩。）

段家渠（由正渠西搫入黑泉湖，长半里，灌田二十亩。）

马家渠（由正渠西搫入黑泉湖，长半里，灌田二十亩。）

李家渠（由正渠西搫入黑泉湖，长半里，灌田二十亩。）

秦家渠（由正渠西搫入黑泉湖，长半里，灌田一十五亩。）

马家渠（由正渠西搫入黑泉湖，长半里，灌田二十亩。）

刘家渠（由正渠东搫入河沟，长一里，灌田二十亩。）

夏家渠（长半里，灌田二十五亩。）

夏家渠（由正渠东搫入河沟，长一里，灌田二十五亩。）

苏家渠（由正渠西搫入黑泉湖，长半里，灌田二十亩。）

魏家渠（由李强乡西搫入田，长半里，灌田一百五十亩。）

顾家渠（由李强乡西搫入田，长半里，灌田一百一十亩。）

马家渠（由李强乡西搫入田，长一里，灌田二百亩。）

陈家渠（由通宁乡东搫入河，长一里，灌田十五亩。）

杨家渠（由通宁乡东搫入河，长一里，灌田一十五亩。）

利民渠（由通贵乡东搫入老虎沟，长二里，灌田四十亩。）

改政渠（由通贵乡东搫入老虎沟，长二里，灌田三十亩。）

陈家渠（由通贵乡东搫入老虎沟，长二里，灌田三十亩。）

马家渠（由通贵东搫入老虎沟，长一里，灌田五十亩。）

官四渠（由正渠东搫入河沟，长一里，灌田五十亩。）

杨家渠（由正渠东搫入河沟，长一百步，灌田十亩。）

田云渠（东西开口各有一里，长二里，灌田五十亩。）

郑家渠（由正渠东坍入河沟，长半里，灌田二十亩。）

陈家渠（由正渠东坍入河沟，长半里，灌田三十三亩。）

云街渠（由正渠东坍入沟，长一里，灌田五十亩。）

德胜渠（由正渠东坍入田，长半里，灌田五十亩。）

马家渠（由正渠东坍入沟，长半里，灌田四十亩。）

马家渠（由正渠西坍入田，长半里，灌田五十亩。）

六　昌润渠暨附属滂渠、永惠渠、永润渠、西官渠、东官渠

（一）沿革

昌润渠系清雍正四年侍郎通智、宁夏道单畴书开凿，原接引惠农渠之水。乾隆五年，因地震废弛，本渠田亩另由惠农支流六墩、交济、仁义三渠接入灌溉，每岁夫料，即交纳惠农。至乾隆三十年，宁夏府知府张为旃因本渠附近河滨田亩日垦，六墩等三支渠不敷浇灌，详准由受水户民自备夫料，另于宁夏县通吉乡溜山子开挖新口，名复兴昌润渠，进水充畅，足灌田亩。迨四十二年，宁夏道王廷赞重修。四十三年，士民控告分坝，本渠夫料遂各自收支，不随惠渠公用。原委宝丰县丞管理。嘉庆十七年宁夏道苏成额，二十一年宁夏道宜清安，道光四年兰州道杨翼武、宁夏道瑞庆，均因渠身淤塞，先后请款重修。民国二年裁县丞缺，由宁夏道尹陈必淮委员专司。至十八年改建行省，归建设厅监督，设局长一员。二十三年，省政大会议决：改为委员制，由昌润等六渠受水户民选举委员五人，内举常委一人。此外昌润渠设段长二人，委管八名。滂渠段长一人，委管二名。其他永惠、永润、东官、西官四渠，各设委管二名或三名。滂渠亦系清雍正四年侍郎通智创开。乾隆三十年，知

府张为旃复于昌润渠分水闸开口，分东西两岔，西岔为昌润；东岔即滂渠。至道光五年，河崩渠废，知县徐保宇豁免灾户钱粮，于距昌润渠口下数里之温家桥地方另辟新口，历三十里至东永润中闸子复分两岔，东岔贴滂渠，西岔正滂渠。又历三十里至渠阳乡合流入河。滂渠之下为永惠渠，次为永润渠，又次为西官渠、东官渠，均各由河开口，以补滂渠之不逮也。

（二）流域概况

查昌润渠暨附属五渠，均在沙河开口，因河流迁徙无常，故渠口亦无定所。兹将最近概况，分述于下。

（1）昌润渠　昌润渠现开口于通昌乡之东，口宽三丈余，经过通吉、通义、清水、通伏、通成、五香、六中等乡，长约四十二公里，皆系沿河沙滩。至交济乡之分水闸抵渠梢一段，约长四十三公里，方得水利，故本渠向例分段，乃自平罗县第四区交济乡在六中乡之北。起，至第三区东永润乡止，长约三十余华里，为第一段，大小支渠一百零五道，灌溉交济、渠口、六羊、正闸、东永惠、西永惠、外红岗、双渠、东永润九乡之田，二万三千六百余亩。惟由交济乡之分水闸至六羊乡之木闸，地势高亢，支流皆小，非水大时，不能及田，因通用水车浇水。自木闸以下，东埂则有安家、马家、李家诸大渠，西埂则有宋、孟、王三家及二、三两渠，皆大支流也。第二段自西永润乡起，至永屏乡渠梢止，约长三十五华里，大小支渠一百一十道，灌溉西永润、渠中、灵沙、上省嵬、渠阳、庙台、永屏七乡之田，四万二千一百余亩。西大陡口较多，浇灌便利，梢皆泻入官四渠。东埂支梢多入湖滩。上段自渠口起，沿河边微向东北流至分水闸，即向北流至二闸桥，转向正东直至宝丰县城，为避湖滩沙窝，经四大屈折，方入于河。

（2）滂渠　滂渠现开口于通伏乡之东河滩，沿河边直向东北流，至正闸乡，方得其利。东塀支流十八道，西塀二十道，内大支流三道，有入东永惠者。又有飞槽三道，架于永惠渠上，达入永润渠者，经过通伏、通成、五香、渠口、正闸、东永惠、外红岗七乡，长三十余公里，灌田一万五千余亩，而地势高亢之处，全恃水车，本地名为挂子。情形一同昌润。

（3）永惠渠　永惠渠现开口于五香乡之河沿，止于东永润，宽一丈五尺，深七尺，长约二十四公里。梢分两岔，西岔入于田，东岔归于永润渠，经过五香、六中、渠口、正闸、外红岗、东永惠六乡，共有支渠二十道，木口仅二，余均土口，灌田四千七百亩。惟因上水困难，亦全恃水车灌溉。

（4）永润渠　永润渠现开口于渠口乡之东河岸，宽一丈五尺，深七尺，经过东永惠、外红岗、东永润三乡，止于灵砂乡滩，共长二十公里。至东永润之中闸桥，分为两岔，东岔曰贴渠，梢入沙窝。西岔曰边渠，梢入灵砂滩，支流十七道，率皆土口，灌田八千一百余亩，亦多用水车。

（5）西官渠　西官渠又名河沟西渠，由东永惠之东河岸开口，至永屏乡入昌润渠内，宽丈余，深五尺，长二十四公里，经过东永润、灵沙、渠阳三乡，支渠十七道，率皆土口，沟田七千三百余亩。水小时亦用水车，但较永惠等渠，少为省力。

（6）东官渠　东官渠又名河沟东渠，由东永润乡开口，至永屏乡入昌润渠内，宽一丈，深五尺，长约十六公里。经灵沙、渠阳、沿堤三乡，支渠十余道，多在东岸，灌田二千三百余亩。至西岸外之田，均用西官渠之东支流，惟本渠迤东，尚有未垦荒地甚多。

（三）闸埽

昌润等六渠，因无固定渠口，故无滚水坝（即溅水）及正闸之设。而昌润渠旧有退水闸一道，早已废弃，漾水闸八道（即提水闸），如今之二闸桥、三闸桥等皆当日之漾水闸也，然亦有名无实，惟六羊乡有木闸一道，每轮水泽上闸三天，以灌交济，六羊、渠口等乡高亢之地，至迎水长埽，六渠皆无，惟利用沙河沟濠泄水之路，然势须堵塞尾闾。故六渠皆有打坝之工。又因渠身淤淀甚速，出土困难，春工亦较为费力也。

（四）桥梁及飞槽

飞槽他渠皆无，惟永惠渠有三，一属外红岗乡，二属东永惠乡，以渡滂渠三支流之水，而灌东永惠一乡之田。六渠桥梁甚多，为农耕与往河滩而设，鲜通大道，做法亦极简单，除正闸、头闸、永润、双渠、南门、庙台等桥，腿系石墙，其余俱系木质。兹将各渠桥名，分列于下。

（1）昌润渠所属者

木闸桥，丁家桥，蔡家桥。（在六羊乡。）

镇闸桥。（在通义乡。）

清水堡桥，何家桥。（在清水乡。）

马家桥，田家桥，黑家桥。（在通伏乡。）

征家桥，徐家桥，任家桥，石家桥。（在五香乡。）

祈家桥，木闸桥。（在六中乡。）

固家桥，胡家桥，张家桥，马家桥。（在交济乡。）

胡家桥。（在正闸乡。）

头闸头。（在西永惠乡。）

双渠闸桥。（在双渠乡。）

永润闸桥。（在西永润乡。）

二闸桥，下软桥。（在灵沙乡。）

南门桥，何家桥，苍湾子桥，庙台闸桥，马家桥。（在渠阳乡。）

三闸桥。（在永屏乡。）

（2）滂渠所属者

马户家桥，征家桥。（在通成乡。）

徐家桥，任家桥。（在五香乡。）

马四家桥。（在渠口乡。）

李家桥，上陈家桥，下陈家桥。（在正闸乡。）

蔡家桥，上杨家桥，下杨家桥。（在东永惠乡。）

（3）永惠渠所属者

王家桥，李家桥。（在正闸乡。）

杨家桥，桂家桥，下桂家桥，杨家桥。（在东永惠乡。）

杨家桥，王家桥，张家桥，杨家桥，马家桥。（在外红岗乡。）

（4）永润渠所属者

李家桥。（在东永惠乡。）

马家桥，中闸桥，马家桥，王家桥。（在东永润乡。）

洒家桥。（在外红岗乡。）

王家桥。（在灵沙乡。）

（5）西官渠所属者

马家桥三座，张家桥，丁家桥，杨家桥，罗家桥。（在东永润乡。）

吴家桥二座，马家桥两座，田家桥。（在灵沙乡。）

王家桥，上下吴家桥两座，马家桥两座，杨家桥。（在渠阳乡。）

（6）东官渠所属者

马家桥，田家桥，吴家桥。（在东永润乡。）

李家桥，吴家桥，马家桥两座。（在灵沙乡。）

马家桥，下马家桥，徐家桥。（在渠阳乡。）

（五）灌溉情形

昌润渠遇水小时，例有封淲。其他各渠多用水车。所灌之田年均四次，春冬水各一次，夏水二次，即足用矣。

（六）坝料经费

春工夫料按亩自摊，然本色只柴一项，亦甚轻微，六渠折色共征洋三千八百元，以作委员会之开支，计常务委员一人，月薪四十元，委员四名，每人年薪八十元，段长三名，年薪一百二十元，委管（又名监工员）二十名，各得一月薪二十元，余为马步警十名之口食耳。

（七）结论

以上六渠无闸堺之工，渠务简单，天惠独厚。兹将应行兴革数项，附拟于左，以供改进之参考。

（1）昌润渠、滂渠，宜各加一退水闸也。查：昌润渠渠堺不为不厚，土质不为不佳，然一遇冲口，堵塞费时，损失颇巨。如本年河水甚大，沿堺居民群生慌恐，而起夫巡堺，动辄经旬。究其原因，为无退水机关，不能节制渠水涨落之所致也。今拟于六渠中乡，祈家桥以上，距河甚近之处，筑宽一丈五尺之退水闸一道，直入滂渠；再由滂渠筑闸一道，退水入永惠渠，由永惠即退入河。惟退水闸筑法，宜如汉、唐诸渠之石闸为宜。至滂渠永惠渠之退水，即横挖一沟以通之，而沟之进出口须加以木石工程，使水大时，由沟溢出，水小时藉补不足，亦如他渠之溅也。

(2) 昌润渠下游亦宜添一退水渠也。查：昌润下游，有灵沙、司家、庙台、沙窝等滩，以作退水归宿。然无岸可束，以致附近良田、道路、牧畜，常患淹漫。拟沟通惠农渠之官四渠下段，作为退水渠，一则可补官四渠、寇家桥一带高田之水量，再则可通昌润渠原有之支渠，一举两得，无愈于此。

(3) 昌润渠之渠梢，宜改避沙地也。查：昌润渠入河之梢段沙滩甚多，长约五六里，春工既不易挑挖，平时亦极易淤塞，故尾闾不畅，宣泄困难，以致宝丰城以下一段，每值河水大时，时虞决口，拟即按诸地势，将渠梢移改于下，以资通畅。但须稍加研究，方可进行耳。

(4) 各渠高亢之区，宜采购抽水机，以代挂子也。查昌润等六渠，灌田多用挂子（即水车意）。但每一挂子须用三四人，每日灌田，不过五六亩。若非地土肥美，人民勤劳，决难得其利益。拟于田亩较多之区购设抽水机以代之，既省民力，又可以示提倡也。

(八) 支渠名称

(1) 昌润渠支渠

焦家渠（在交济乡之西，长一里，灌田一百亩。）

周家渠（在交济乡干渠之西，长一里，灌田九十八亩。）

胡家渠（在交济乡干渠之西，长一里，灌田九十亩。）

卢家渠（在交济乡干渠之西，长一里，灌田一百四十亩。）

王家渠（在交济乡干渠之西，长一里，灌田九十亩。）

岳家渠（在交济乡干渠之西，长一里，灌田七十亩。）

丁家渠（在交济乡干渠之西，长一里，灌田一百亩。）

吴家渠（在交济乡干渠之西，长一里，灌田一百亩。）

下王家渠（在交济乡干渠之西，长一里，灌田九十五亩。）

汪家渠（在交济乡干渠之东，长一里，灌田七十亩。）

何家渠（在交济乡干渠之东，长一里，灌田七十三亩。）

杨家渠（在交济乡干渠之东，长一里，灌田八十亩。）

下杨家渠（在交济乡干渠之东，长一里，灌田八十亩。）

王家渠（在交济乡干渠之东，长一里，灌田九十二亩。）

下王家渠（在交济乡干渠之东，长一里，灌田九十亩。）

马家渠（在交济乡干渠之东，长一里，灌田七十五亩。）

下马家渠（在交济乡干渠之东，长一里，灌田一百一十亩。）

徐家渠（在交济乡干渠之东，长一里，灌田九十亩。）

边渠（在渠口乡干渠西，长二里，灌田二百亩。）

周家渠（在渠口乡干渠西，长一里，灌田一百亩。）

小周家渠（在渠口乡干渠西，长一里，灌田八十亩。）

马家渠（在渠口乡干渠西，长二里，灌田一百七十亩。）

王家周渠（在渠口乡干渠西，长一里，灌田七十亩。）

荆家渠（在六羊乡干渠东，长一里，灌田八十亩。）

段家渠（在六羊乡干渠东，长三里，灌田二百八十亩。）

丁家渠（在六羊乡干渠东，长二里，灌田一百五十亩。）

蔡家渠（在六羊乡干渠东，长二里，灌田二百一十亩。）

秦家渠（在六羊乡干渠东，长一里，灌田一百亩。）

曹家渠（在六羊乡干渠东，长一里，灌田一百一十亩。）

党家渠（在六羊乡干渠东，长一里，灌田八十四亩。）

段家高渠（在六羊乡干渠❶，长二里，灌田一百五十亩。）

王家渠（在六羊乡干渠西，长二里，灌田❷。）

余家渠（在六羊乡干渠西，长二里，灌田一百六十亩。）

下王家渠（在六羊乡干渠西，长二里，灌田一百零八亩。）

马家渠（在六羊乡干渠西，长二里，灌田一百四十亩。）

程家渠（在六羊乡干渠西，长二里，灌田一百六十亩。）

上杨家渠（在六羊乡干渠西，长一里，灌田九十六亩。）

下杨家渠（在六羊乡干渠西，长一里，灌田八十五亩。）

陈家渠（在正闸乡干渠西，长一里，灌田一百亩。）

叶家渠（在正闸乡干渠西，长一里，灌田一百二十亩。）

金家渠（在正闸乡干渠西，长一里，灌田一百亩。）

陈家渠（在正闸乡干渠西，长一里，灌田一百四十亩。）

小叶家渠（在正闸乡干渠西，长半里，灌田六十五亩。）

余家渠（在正闸乡干渠西，长一里，灌田一百五十亩。）

陈家渠（在正闸乡干渠西，长半里，灌田八十亩。）

杨家渠（在东永惠乡，长一里，灌田六十五亩。）

东三渠（在东永惠乡干渠东，长一里，灌田六十亩。）

宋家渠（在西永惠乡干渠西，长五里，灌田五百四十亩。）

杨家渠（在西永惠乡干渠东，长一里，灌田一百二十亩。）

二渠（在西永惠乡干渠西，长七里，灌田六百九十亩。）

小二渠（在西永惠乡，长一里，灌田九十亩。）

方渠（在西永惠乡，长半里，灌田五十亩。）

施家渠（在西永惠乡，长半里，灌田四十三亩。）

---

❶ 此处有脱字，疑为“东”或“西”。

❷ 此处有脱字，漏亩数。

孟家渠（在西永惠乡干渠西，长五里，灌田四百八十亩。）

王家渠（在东永惠乡干渠东，长半里，灌田五十亩。）

朱家渠（在东永惠乡干渠东，长一里，灌田一百亩。）

大王家渠（在西永惠乡干渠西，经过西永惠双渠堡，长十里，灌田一千二百亩。）

荆家渠（在西永惠乡干渠西，长一里，灌田九十五亩。）

马家渠（在西永惠乡，长半里，灌田七十亩。）

安家渠（在西永惠乡，长一里，灌田一百五十亩。）

下马家渠（在西永惠乡，长一里，灌田一百三十亩。）

王家渠（在西永惠乡，长一里，灌田一百亩。）

庞家渠（在西永惠乡，长半里，灌田六十五亩。）

下王家渠（在西永惠乡，长一里，灌田一百二十亩。）

刘家渠（在西永惠乡，长半里，灌田七十亩。）

上金家渠（在西永惠乡，长半里，灌田四十亩。）

下金家渠（在西永惠乡，长半里，灌田六十亩。）

孙家渠（在西永惠乡，长半里，灌田四十亩。）

骆家渠（在外红岗乡，长一里，灌田一百三十亩。）

于家渠（在外红岗乡，长一里，灌田一百亩。）

安家飞帮渠（在外红岗乡干渠东，长五里，灌田五百四十亩。）

李家新渠（在外红岗乡干渠东，长五里，经过下外红乡，灌田五百七十亩。）

王家渠（在外红岗乡干渠东，长一里，灌田一百亩。）

西三渠（在外红岗乡干渠西，经过外红岗乡之西甲及双渠堡，长十一里，灌田一千四百亩。）

李家渠（在双渠乡干渠东，长半里，灌田五十亩。）

张家渠（在双渠乡干渠东，长半里，灌田六十八亩。）

方家渠（在双渠乡干渠东，长三里，灌田二百八十亩。）

上田渠（在双渠乡干渠东，长一里，灌田一百亩。）

下田渠（在双渠乡干渠东，长一里，灌田一百二十亩。）

王家渠（在双渠乡干渠东，长一里，灌田九十亩。）

毛家三渠（在双渠乡干渠西，经双渠桥，长十里，灌田一千亩。）

上李家渠（在双渠乡干渠东，长二里，灌田二百亩。）

下李家渠（在双渠乡干渠东，长一里，灌田九十五亩。）

大张渠（在双渠乡干渠西，经双渠桥，长十里，灌田九百亩。）

王家渠（在双渠乡，长一里，灌田八十亩。）

柴家渠（在双渠乡，长三里，灌田二百五十亩。）

詹家渠（在双渠乡，长二里，灌田一百三十亩。）

周家渠（在双渠乡，长三里，灌田二百二十亩。）

王家渠（在双渠乡，长一里，灌田九十亩。）

马家渠（在双渠乡，长三里，灌田二百五十亩。）

马家四渠（在外红岗乡干渠东，经外红岗乡，入永惠渠西岔，长十五里，灌田一千四百亩。）

贾家新渠（在东永润乡干渠东，长十里，灌田一千二百亩。）

郝家渠（在东永润乡，长一里，灌田九十亩。）

上王家渠（在东永润乡，长一里，灌田九十亩。）

中王家渠（在东永润乡，长一里，灌田九十亩。）

下王家渠（在东永润乡，长一里，灌田七十亩。）

丁家渠（在东永润乡，长一里，灌田八十亩。）

田家渠（在东永润乡，长五里，灌田四百二十亩。）

穆家渠（在东永润乡，长一里，灌田八十亩。）

张家渠（在东永润乡干渠东，长五里，灌田四百四十亩。）

大渠（在东永润乡干渠东，长一里，灌田一百亩。）

铁五渠（在东永润乡干渠东，长二十里，灌田一千九百五十亩。）

董家渠（在东永润乡，长一里，灌田八十亩。）

上马家渠（在东永润乡，长一里，灌田七十亩。）

下马家渠（在东永润乡，长一里，灌田七十五亩。）

杨家渠（在西永润乡，长三里，灌田三百四十亩。）

范家渠（在西永润乡，长三里，灌田三百五十亩。）

杨家渠（在西永润乡，长五里，灌田四百二十亩。）

四渠子（在西永润乡，长三里，灌田三百亩。）

郝家渠（在西永润乡，长三里，灌田三百二十亩。）

杨家渠（在西永润乡，长一里，灌田一百二十亩。）

朱家渠（在西永润乡，长一里，灌田一百四十亩。）

桂家渠（在西永润乡，长一里，灌田一百四十亩。）

胡家渠（在西永润乡，长一里，灌田一百二十亩。）

张家渠（在渠中乡，长一里，灌田一百二十亩。）

任家渠（在渠中乡，长一里，灌田一百亩。）

上边渠（在渠中乡，长三里，经渠口乡，灌田三百七十亩。）

下边渠（在渠中乡，长三里，灌田三百六十亩。）

毛家渠（在灵沙乡，长一里，灌田一百六十亩。）

吴家高渠（在灵沙乡，长一里，灌田一百四十亩。）

大田家渠（在灵沙乡干渠东，长二十里，灌田三千亩。）

杨家渠（在灵沙乡，长一里半，灌田一百七十亩。）

马家渠（在灵沙乡，长二里，灌田二百四十亩。）

官大五渠（在灵沙乡干渠东，长十里，灌田二千亩。）

吴家渠（在灵沙乡，长三里，灌田三百亩。）

王家新渠（在灵沙乡干渠东，长十五里，灌田二千三百亩。）

小王家渠（在灵沙乡，长一里，灌田一百亩。）

高家渠（在灵沙乡，长二里，灌田二百五十亩。）

郑家渠（在灵沙乡，长三里，灌田三百七十亩。）

宋家渠（在灵沙乡，长一里，灌田一百亩。）

吴家渠（在灵沙乡，长一里，灌田一百三十亩。）

李家渠（在灵沙乡，长一里，灌田一百三十亩。）

吴家渠（在灵沙乡，长一里，灌田一百亩。）

下吴家渠（在灵沙乡，长一里，灌田一百二十亩。）

王家渠（在灵沙乡，长一里，灌田一百亩。）

小新渠（在灵沙乡，长二里，灌田二百四十亩。）

蒲口渠（在灵沙乡，长一里，灌田一百零五亩。）

金家渠（在灵沙乡，长一里，灌田一百三十亩。）

张家小渠（在上省嵬乡，长三里，灌田二百八十亩。）

西五渠（在上省嵬乡干渠西，长十五里，灌田一千五百亩。）

罗家渠（在上省嵬乡，长二里，灌田一百六十亩。）

马家洼渠（在上省嵬乡，长二里，灌田一百八十亩。）

荆家渠（在上省嵬乡，长三里，灌田二百四十亩。）

吴家渠（在上省嵬乡，长一里，灌田八十亩。）

西官渠（在上省嵬乡干渠西，经阮家桥、上省嵬、司家滩，长十里，灌田一千亩。）

杨家渠（在上省嵬乡，长三里，灌田三百亩。）

李家渠（在上省嵬乡，长一里，灌田九十亩。）

丁家渠（在上省嵬乡，长一里，灌田一百亩。）

王家渠（在上省嵬乡，长半里，灌田五十五亩。）

胡家渠（在上省嵬乡，长二里，灌田一百八十亩。）

杨家渠（在上省嵬乡，长三里，灌田三百一十亩。）

吴家高渠（在上省嵬乡，长半里，灌田五十亩。）

马家渠（在上省嵬乡，长半里，灌田四十亩。）

下马家渠（在上省嵬乡，长一里，灌田八十五亩。）

杨家渠（在上省嵬乡，长三里，灌田二百三十亩。）

毛家渠（在上省嵬乡，长五里，灌田四百二十亩。）

张家渠（在上省嵬乡，长三里，灌田二百三十亩。）

刘家渠（在上省嵬乡，长五里，灌田四百亩。）

柯家渠（在上省嵬乡，长一里，灌田一百亩。）

孙家渠（在上省嵬乡，长一里，灌田七十亩。）

何家渠（在上省嵬乡，长四里，灌田三百亩。）

靳家渠（在上省嵬乡，长五里，灌田三百亩。）

二渠（在上省嵬乡，经庙台乡，长十里，灌田八百亩。）

天生渠（在上省嵬乡，经庙台乡，长五里，灌田三百二十亩。）

何家渠（在上省嵬乡，长半里，灌田五十六亩。）

六渠（在渠阳乡，长十里，灌田一千三百亩。）

头马家渠（在渠阳乡，长一里，灌田一百二十亩。）

三马家渠（在渠阳乡，长一里，灌田一百亩。）

四马家渠（在渠阳乡，长二里，灌田二百五十亩。）

石家渠（在渠阳乡，长一里，灌田一百一十亩。）

牛家洼渠（在渠阳乡，长一里，灌田一百三十亩。）

牛家飞帮渠（在渠阳乡，长一里，灌田一百亩。）

柏家渠（在渠阳乡，长十五里，经宝丰城南，灌田二千五

百亩。）

马家渠（在渠阳乡，长一里，灌田九十亩。）

下马家渠（在渠阳乡，长一里，灌田一百二十亩。）

罗家渠（在渠阳乡，长二里，灌田二百亩。）

牛家渠（在渠阳乡，长二里，灌田二百二十亩。）

杨家渠（在渠阳乡，长一里，灌田九十五亩。）

小六渠（在渠阳乡，长五里，灌田五百五十亩。）

上何家渠（在何家桥干渠东，长五里，灌田五百亩。）

下何家渠（在何家桥干渠东，长三里，灌田三百五十亩。）

吴家高渠（在渠阳乡，长一里，灌田九十亩。）

马家渠（在渠阳乡，长一里，灌田一百亩。）

丁家渠（在渠阳乡，长一里，灌田一百二十亩。）

李家渠（在渠阳乡，长一里，灌田一百亩。）

吴家渠（在渠阳乡，长一里，灌田一百四十亩。）

苏家渠（在渠阳乡，长三里，灌田三百三十亩。）

上金家渠（在渠阳乡，长一里，灌田一百一十亩。）

下金家渠（在渠阳乡，长二里，灌田二百亩。）

马家渠（在渠阳乡，长一里，灌田一百二十亩。）

高长渠（在渠阳乡，长三里，灌田三百五十亩。）

马家渠（在渠阳乡，长一里，灌田一百三十亩。）

下马家渠（在渠阳乡，长一里，灌田一百二十亩。）

铁六渠（在渠阳乡，经下庙台堡，长二十里，灌田二千二百亩。）

马家渠（在渠阳乡，长三里，灌田三百亩。）

边渠（在渠阳乡，长一里，灌田一百九十亩。）

小六渠（在渠阳乡，长五里，灌田四百六十亩。）

杨家高渠（在渠阳乡，长一里，灌田一百三十亩。）

毛柳树渠（在渠阳乡，长一里半，灌田一百八十亩。）

王家渠（在渠阳乡，长五里，灌田四百九十亩。）

三岔渠（在渠阳乡，长三里，灌田三百亩。）

马家渠（在渠阳乡，长一里，灌田一百亩。）

新五渠（在庙台乡，长二十里，灌田二千三百亩。）

马家渠（在庙台乡，长三里，灌田二百九十亩。）

下五渠（在庙台乡干渠北，长二十里，灌田二千亩。）

马家新渠（在永屏乡干渠北，长十里，灌田七百亩。）

金家渠（在永屏乡干渠南，长五里，灌田三百二十亩。）

岳家渠（在永屏乡，长五里，灌田二百亩。）

马家渠（在永屏乡，长五里，灌田二百五十亩。）

七渠（在永屏乡干渠北，长十五里，灌田一千亩。）

（2）滂渠支渠

尤家渠（在尤家庄，长一里，灌田一百亩。）

陈家渠（在陈家庄，长一里，灌田一百亩。）

丁家渠（在马四家庄，长一百步，灌田五十亩。）

陈家渠（在马四家庄，长一百余步，灌田四十亩。）

李家渠（在李家庄，长一里，灌田一百五十亩。）

赵家渠（在赵家庄，长二里，灌田一百二十亩。）

何家渠（在李家桥下赵家庄，长二里，灌田一百五十亩。）

王家渠（在李家桥下，长二里，灌田一百四十亩。）

李家渠（在牛王庙，长二里，灌田二百亩。）

何家渠（在下陈家桥，长二里，灌田二百亩。）

戴家渠（在下陈家桥，长一里，灌田一百亩。）

陈家渠（在上陈家桥，长一百五十步，灌田八十亩。）

叶家渠（在上陈家桥，长二里，灌田一百五十亩。）

仇家渠（在上陈家桥，长二里，灌田二百亩。）

贺家渠（在蔡家桥，长二里，灌田二百亩。）

王家渠（在蔡家桥，长一里，灌田一百亩。）

唐家渠（在陈家桥，长一里半，灌田一百五十亩。）

余家渠（在陈家桥，长一里半，灌田一百六十亩。）

陈家渠（在下陈家桥，长一里半，灌田一百二十亩。）

杨家渠（在蔡家桥，长一里半，灌田一百五十亩。）

下杨家渠（在蔡家桥，长一里，灌田一百亩。）

李家渠（在蔡家桥，长一里半，灌田一百亩。）

桂家渠（在蔡家桥，长一里，灌田一百亩。）

下桂家渠（在蔡家桥，长二里，灌田一百五十亩。）

杨家渠（在上杨家桥，长二里，灌田一百六十亩。）

张家渠（在下杨家桥，长一里，灌田一百五十亩。）

孙家渠（在杨家桥，长一里半，灌田一百亩。）

杨家渠（在蔡家桥下至姚家滩，长一里，灌田一百八十亩。）

贴渠子（在蔡家桥，长一里，灌田八十亩。）

大贴渠（在蔡家桥，长一里半，灌田一百亩。）

李家新渠（在蔡家桥，长二里，灌田一百五十亩。）

包家渠（在上杨家桥，经外红岗滩，长二里，灌田一百五十亩。）

纪家渠（在上杨家桥，长二里，灌田二百亩。）

高渠子（在上杨家桥，长二里，灌田二百亩。）

洼渠子（在上杨家桥，长三里，灌田三百亩。）

包家渠（在下杨家桥，长一里，灌田八十亩。）

徐家渠（在下杨家桥，长二里，灌田二百亩。）

（3）永惠渠支渠

李家渠（由桂家桥至永润渠，长一里半，灌田五十亩。）

东岔（由外红岗至何家村，经何家庄，长三里，灌田数亩。）

段家渠（由本闸至段家庄，长一里，灌田一百五十亩。）

邓草渠（由马家桥至永润渠，长半里，灌田二百亩。）

孔家渠（在马家桥，长一里半，灌田一百亩。）

王家渠（由马家桥至古渠，长一里半，灌田二百亩。）

苏家渠（在马家桥，长二里，灌田二百五十亩。）

王家渠（在杨家桥，长一里，灌田二百亩。）

石闸渠（在李家庄，长二百步，灌田一百亩。）

马家渠（由王家庄至外红岗寨，长一里，灌田二百亩。）

西岔（由外红岗木闸至东永润乡，长七里，灌田亩数列小支流内。）

何家渠（在何家庄，长一百步，灌田三十亩。）

马家渠（在徐家庄，长一里，灌田一百五十亩。）

张家渠（在沈家桥，长一里，灌田一百亩。）

下张家渠（在沈家桥，长一里半，灌田五十亩。）

贺家渠（在安家桥，长一里半，灌田一百亩。）

张家渠（在安家桥，长一里半，灌田一百五十亩。）

刘家渠（由马家庄至刘家庄，长一里，灌田一百八十亩。）

沈家渠（在沈家桥，长半里，灌田六十亩。）

安家渠（在安家桥，长一里半，灌田三百亩。）

（4）永润渠支渠

古渠（由洒家桥下至陈家庙，长二里，灌田一百二十亩。）

马家渠（由马家桥下至亭子，长一里，灌田一百二十亩。）

郭家新渠（由马家桥下至东润大寺，长三里，灌田二百亩。）

南渠（由中闸至王家庄，长一里半，灌田八十亩。）

马家渠（由中闸桥上至老营湾，长半里，灌田五十亩。）

田家老渠（由老营湾至李家庄，长一里半，灌田五十亩。）

何家渠（自马桥庄至何家庄，长三里，灌田二百亩。）

马家渠（自金家庄至田家庄，长二里，灌田二百亩。）

下马家渠（自金家庄至田家庄，长一里，灌田七十亩。）

沙渠子（自马家庄至岳家庄，长一里半，灌田八十亩。）

岳家渠（自岳家庄至田庄，长一里，灌田五十亩。）

边渠（自岳家庄至沙窝，长八里，灌田五百亩。）

马家渠（自中闸桥上至西渠，长一里，灌田六十亩。）

杨家渠（自中闸桥上至西渠，长一里半，灌田一百亩。）

贴渠（自中闸桥下至灵沙、下甲、沙窝，长五里，灌田五百亩。）

金家渠（自中闸下至金家庄，长半里，灌田五十亩。）

马家新渠（自金家庄至灵沙、沙窝，长三里，灌田三百亩。）

（5）西官渠支渠

李家渠（自三闸湾至东渠，经灵沙乡，长二里，灌田二百亩。）

马家渠（自渠羊黎花塘至谢家沙窝，长三里，灌田四百亩。）

吴家渠（自赵同上至东寺，长一里半，灌田三百五十亩。）

柏家渠（自吴家桥下至老东渠，长五里，灌田八百亩。）

王家渠（自马公梁子至沙滩，长一里半，灌田一百五十亩。）

吴家渠（自下吴家桥至荒滩，长半里，灌田一百二十亩。）

马家渠（自吴家桥至荒滩，长半里，灌田二百四十亩。）

东汊（自杨家桥至荒滩，长五里，灌田八百三十亩。）

李家渠（自杨家桥至荒滩，长半里，灌田二百二十亩。）

马家渠（自马家桥至荒滩，长半里，灌田三百三十亩。）

萧家渠（自马家庄至荒滩，长一里半，灌田一百二十亩。）

马家渠（自杨家桥至荒滩，长半里，灌田一百三十亩。）

杨家渠（自杨家桥至柏家渠，长二百步，灌田一百亩。）

李家小口（自杨家桥至杨家庄，长半里，灌田二百亩。）

杨家口（自杨家桥至中寺，长二里，灌田二百亩。）

马家口（自马家桥至杨家庄，长半里，灌田一百亩。）

(6) 东官渠支渠

哈家口（自谢家桥至营盘，长二里，灌田三百亩。）

马家口（自杨家桥至红崖渡，长二里，灌田六十亩。）

中马家渠（自马家桥至灰条沟，长三里，灌田二百亩。）

马家渠（自马家桥至荒滩，长一里半，灌田一百亩。）

刘家渠（自马家桥至荒滩，长二里半，灌田一百亩。）

马家桥（自马家桥至荒滩，灌田五十亩，长一里。）

白家口（自下马家桥至荒滩，长一里，灌田二百亩。）

陈家口（自徐家桥至小庙子，长二里，灌田一百亩。）

哈家口（自马家桥至荒滩，长半里，灌田五十亩。）

苏家口（自马家桥至荒滩，长一里，灌田五十亩。）

马家口（自马家桥至荒滩，长一里半，灌田六十亩。）

七　秦渠

（一）沿革

秦渠，一曰秦家渠，相传创始于秦，至秦代何年，无从考究。按：当初即在汉渠旧口（即今之秦渠上口）之下游开口，原系土底，每岁修葺，耗费颇巨。洎至清康熙年间，参将李山甃以石底，于是岁省夫料无算；又加开支渠灌溉，田亩逐渐增多。后因河形变迁，渠口进水，颇感缺乏，适乾隆三十八年，汉渠欲另开新口，废弃旧口，而该渠旧口，秦渠正可利用，遂双方商妥，将该渠旧口让于秦渠，秦渠至此即有两口，让来之口名为上口，原有之口名为下口，此后秦渠之水泽始臻充畅矣。但渠身自渠口以至秦坝关之二十余里，外濒黄河，内傍高岸，势不能移，每遇河水暴涨，即有冲决之患，遂为秦渠之一大消耗。后河东道张公九德莅任，于渠口下筑长堺数百丈，逼水中流，长堺下数里许，建猪咀码头，横亘河中，尤为扼要！是役也，每日投石八百艘，三日基始定，累石四十余丈。此工既成，不但秦渠可保无虑，即灵州亦免水患矣。（按：灵州旧在河堵中，自明洪武甲子至天启癸亥，城凡三徙，自张公莅任后，城又议徙，张公曰，河能徙城，人徒不能徙河乎？于是即决计谋成此举。）道光二十九年，码头冲没，又值地方变乱，渠工因废，自是险工又复迭出。光绪三十年，河势益东，河岸崩塌日甚，当时灵州知州廖保泰筹修，费银八万有奇，惜未臻尽善！三十二年，知州陈必淮重修，费银三万余两。至三十三年，复决，陈公细心筹划，审度地势，察知症结之所在，以为非复修码头（即猪咀码头）绝难抵御汹涛之冲击！爰于三十四年清明兴工，日投石数百艘，上覆以土，逾月始成，计宽十八丈，长八十余丈，斜亘河中，水始循流故道；并于长堺上栽植树株，现时碧绿成荫，树根盘结，堤基巩固，既饶风景，复庆安澜，秦渠之惠溥吾灵者，陈公之力焉。迨后以此工根基奠定，可无意外，不料于民国二十四年八月初间，因河水暴涨，致将长堺冲决数处，下游漕河尾及王陆家湾等处渠堺，同时溃口，遂呈河渠不分之现象！其破坏之巨，修复之难，殆为数十年来所未有。况值农村破产，民力凋敝之今日，又出此浩大之工程，其困难更有不胜言者。本厅当经召集全渠人民，并督饬该渠负责人员，借垫料款，力图救济，阅两月而全部工程告竣，所幸冬灌未误，收成可期，万众之恐惶立解，而人心以安。本渠行政前属灵州管理，民国肇兴，灵州改县，即隶水利局。十八年春，宁夏改建行省，归建设局。二十二年，建局裁撤，乃归灵武县并科办理。二十四年，主席马公为纠正过去官办之弊，兼欲以人民痛痒相关，必能极力兴办，因将全权交付人民，选举贤能，组织水利委员会办理，仍由建设厅负监督之责。此秦渠沿革之略史也。

（二）流域概况

查：秦渠自金积县属之青铜峡开口两道，名为上下口，位居汉渠口之下游。上口距汉渠口二百五十公尺，距下口约半公里之遥，二口入渠之水分流约半公里许，即合为一（二渠相会处，名为犁禾尖）。沿河东流，经过金积县属之金秦四里，如漕河滩、商家滩、王马二咀、白家崖及王陆家湾等地，约十二公里半（即二十五市里，按一公里合二市制里，余均仿此），至秦坝关之正闸桥；再东流至蔡家桥上之高渠口，渠北始入灵武县属之枣园村，仍循同一方向，直至板桥；渠南亦入灵武县属之吴西村。计自秦坝关至板桥，约八公里，渠北共有支渠二十一道；渠南共有支渠十四道，计灌溉金秦四里之田数千亩，枣园村五千余亩。（支渠之大小，并每渠灌溉田地亩数，另表详，余仿此。）自板桥转向东北流，长六公里许，至吴忠堡之大秦桥，两旁均属吴西村之地。渠北共有支渠一十三道；渠南共有支渠一十二道，灌溉吴西村田地九千余亩，以上自正闸桥至秦桥为第一段。又自大秦桥起，经过左营、吴南、吴东三村，至胡回村之郭家桥，约十三公里半，为第二段。渠北共有支渠二十四道；渠南共有支渠二十二道，灌溉左营村田九千余亩；吴南村田一万二千余亩；吴东村田九千余亩；新接村田一万三千余亩。自郭家桥起，经过胡回、胡汉、中南、东五四村，至东三村之夜摸桥，约六公里。渠北共有支渠二十道；渠南共有支渠二十二道，灌溉胡回村田一万一千余亩；胡汉村田一万一千余亩；中南村田六千余亩；东五村田三千余亩；西路村田七千余亩；自夜摸桥起，向东略北流，经过右营、中北、东二、东一、南门等村，至东门村之解家桥，长十六公里。渠东共有支渠二十九道，渠西共有支渠二十九道，灌溉右营村田七千余亩；中北村田三千九百余亩；东二村田七千余亩；东一村田三千余亩；南门村田六千余亩；西门村田七千余亩。惟西门村田未能直接灌溉，全恃十三道渠（崔渠、大阳渠、韩渠、小阳渠、管不得渠、小张渠、大张渠、徐渠、李子渠、中渠子、张家渠、百果渠、大红闸渠）退水沟之力，以资浇灌。自解家桥起，转向西北流，经灵武城之东（即东门村），至城东北角（即北门村）之尾闸，长五公里。渠东共有支渠七道；渠西共有支渠十道，灌溉东门村之田三千二百余亩；南门村之田七千余亩。以上三四段之分界为渡马桥。又自尾闸以下，地势骤低，渠身偏向西流，长四公里半，而入于山水滩。（《旧志》归入涝河，想即为此处。）此段俗名黑渠尾，尚能灌溉北门村之田九百余亩；但因地势低洼，多系水田。总计全渠蜿蜒共长七十余公里（合一百四十三市里），共有大小支渠二百二十二道。除灌溉金积县属金秦四里田地数千亩外，共灌灵武县属二十村之田十四万五千余亩。

（三）闸

（1）闸口　秦渠进水口有二，一曰上闸口；一曰下闸口，上口系二墩三空，垎空宽各一丈；高亦一丈，上为闸桥，长五丈，宽五尺，闸口上层距桥面约高一丈。每逢闸水开水时，桥之东有一台阶，人向下至闸口上有突出之一层，宽一尺许，专备开闸之用。下口系一垎二空，垎空宽各一丈二，高八尺，作法与上口相仿。

（2）正闸　正闸在秦坝关，系两垎三空，垎宽一丈，空宽一丈三尺，高八尺，上建桥梁，名正闸桥。查秦渠自渠口至秦坝关之二十余里，皆系〔岸〕高〔渠〕低，未能直接灌田，且渠道迂阔，颇不规则，尚无标定水量之必要。不过王陆家湾等处，间有直接灌浇秦渠之水者，亦属寥寥；至秦坝关以下，始就轨道，故于此设正闸一道；并设有水准尺，以定全渠之水量；该渠分数，以十五分为最大（每分以五寸计）。

（3）退水闸　又名减水，在正闸上近旁之渠北设置，以备增减水量之用，实为驾驭全渠水量之总关键。该闸系二垎三空，垎空宽各一丈，高亦一丈；上亦架设桥梁，宽八尺许。（按：新访：秦渠退水闸，原系一垎二空，咸丰年间，因汉渠退水至渠内，即嫌闸小，减水无多，甚至缓不济急，以致发生意外，遂由汉渠帮助料款，多添一空，即为今之退水闸。）

（4）提水闸　查：秦渠至灵武城东一段，均属渠高地低，灌溉颇便，故无设提水闸之必要。惟灵武城东（东门村）至城东北角一段，渠东渐近山麓。地势较高，灌田因感困难，即于此段设提水闸三道：曰头闸、二闸、尾闸等，三闸修筑相同，均系两旁砌作石墙，上横以木，下作石坎，宽深均不过五尺。

（四）渠埂

（1）迎水埂　秦渠上下两口均有迎水埂一道，上口迎水埂，长一百八十余丈，顶宽二丈余；下口迎水埂，长二百余丈，顶宽二丈余，此二长埂均为迎水入渠而设。

（2）河工方面　查秦渠上段，紧靠河沿，每至河水暴涨，河岸崩塌，渠身岌岌可危，是以秦渠工程，河工居其大半。自渠口至正闸一段，分别修筑护岸及抗水等埂数处。兹分述于后。

猪咀码头长埂　自秦渠下口起，沿河修筑长埂，凡三百六十余丈，埂端并修筑码头一座，名为猪咀码头，横亘河中，逼水中流，秦渠之安全者，全赖此埂之力。查此埂由来既久，经破坏而复修者，已几度矣。埂顶宽二丈余，底基用石堆积，上覆以土，植树成林。

上下蒋家湾　查上下蒋家湾，因河形东倒，逼近渠身，危险已极，是以于两湾均作防护工程。上蒋家湾作长埂一道，其作法以毛石草束堆堰，上覆以土，长一百八九十丈，顶宽一丈余；下蒋家湾亦作长埂一道，长一百三十余丈。

蔡家河口　蔡家河在王陆家湾，亦距渠身不远，若受河水之冲刷，渠身即虞塌陷，是以河口筑一长埂，拒之西流，可免其患，长一百丈之谱，筑法均同。

（3）渠埂　查秦渠自口至王陆家湾，均系渠身低洼，并无渠埂。王陆家湾至秦坝关，渠南高亢，渠北紧靠河沿，埂甚单薄，危险之至。又板桥以至大秦桥，东埂亦甚单薄，访悉此种情形，皆系近年来渠身未能彻底挑挖，渠埂未能加厚；兼以渠水历年冲刷，为实最大原因也。其余间有曲湾处受水势之冲刷塌陷者，一经简单之防护，即无多大危险耳。

（五）飞槽

秦渠口至秦坝关一段，渠北田地均受汉渠水泽，故架设飞槽三处，以资接济，但均系木料建造而成。兹分列于后。

（1）第一飞槽在商家滩，系灌溉漕河滩之田地，长七丈八尺，宽高各二尺。

（2）第二飞槽在王家咀，系灌溉王家咀之田地，长七丈五尺，宽高各三尺。

（3）第三飞槽在马家咀，系灌溉马家咀之田地，长七丈，宽高各三尺。

其他车木渠（秦渠支渠，在渠南）经过清水沟，亦架设飞槽一道，长三丈，宽高各二尺。瓜尔渠（与车木渠相并）亦经过清水沟，架设飞槽一道，长二丈八尺，宽高各二尺。又，龙渠（秦渠北之支渠）经过山水沟，架设飞槽一道，长五丈，宽二尺五，高二尺，均系木料作成。

（六）沟洞

秦渠共有沟洞三处。兹将其来源与状况，分列于后。

（1）清水沟洞。此洞原为排泄汉渠退水巴浪等湖之蓄水而设。按：为明河东道张九德所创开（原名芦洞）。由吴南村穿过渠底，原经吴东至新接而入河；现改从河中村而入河。惟至新接村，即间有藉便灌田者。而河忠村全赖此沟水以灌溉。此段名为天水渠，详见后。此洞长三十丈余，高七尺，宽四尺五寸。

（2）山水沟洞又名永宁洞。此洞创于何时，无从考查。按：此沟洞发源于甘肃庆阳，访闻萌城大沟拐，有一沟两岔之说：一向西走，即中宁县之山河沟；一向北流，即为此沟，由胡回村穿过渠底，修做阴沟，系两眼洞，长三十丈，每眼高一丈六尺，宽一丈二尺，中有一垑，宽九尺，高与洞眼相等，原此沟经过胡汉、西路、新接各村于清水沟修筑阴洞而入于河。迨后沟道淤塞，水行不畅；加之山水一遇暴涨，势极猛烈，不但上游遭灾，而下段即舍旧道而由西路村之地势低洼处溃决，直向西门、北门等村淹漫。查此洞原无若是之大，迨于民国五年，有渠绅王登科、郝文魁等因患山水之害，遂议将沟洞加高石条八层，每层以一尺计，共增高八尺；但于下段之沟路，尚无善后办法，故西门、北门等村至今常受巨灾。再此洞之加高，在图免水患者，固属认为有力之举；而与渠身有无妨碍，在所不计，殊忽公益。其与渠身有何影响及应如何改良之处，具详结论。

（3）黑眼沟洞。此沟亦系山水沟，据闻发源较近，水量亦小，由东二村之板桥下附近，穿过渠底，经南门村至灵武城西与十三道退水沟相会，而入于今之山水滩。其洞长十四丈，宽二尺，高四尺。此沟水至西门村，尚能引以灌田。

以上三处沟洞均系石料修筑，惟山水沟工程之大，为宁夏所未有。

（七）桥梁

秦渠之较大桥梁共二十八道。兹分列于后。

正闸桥（长五丈五尺，宽一丈二尺，上建木桥栏，桥面用木板铺成，上覆以土。）

蔡家桥（长二丈五尺，宽一丈二尺，下用木柱支持，上覆以大板。）

板桥（长一丈五尺，宽一丈，亦全用木料搭成，为赴金积大道必经之桥，但此处渠道宽在二丈余，而此桥仅一丈余长，将渠水拘束，不能畅流，如是水小最易淤淀，水涨则易冲决，亟应改建。）

大秦桥（长二丈二尺，宽一丈二尺，为吴忠堡赴金积汽车大道必经之桥，上建木桥栏，桥面亦用木板搭成。）

小桥（长二丈，宽一丈，全用木板搭成。）

上桥（长一丈九尺，宽九尺。）

下桥（长一丈六尺，宽八尺。）

郭家桥（长一丈五尺，宽八尺。）

吴家桥（长一丈四尺，宽八尺。）

天桥子（长一丈四尺，宽八尺。）

黑家桥（长一丈二尺，宽九尺。）

官桥（长一丈一一尺，宽八尺。）

夜摸桥（长一丈一尺，宽七尺。）

兴旺桥（长一丈一一尺，宽八尺。）

杨家桥（又名渡马桥，长一丈，宽七尺。）

尤家桥（长一丈，宽七尺。）

韩家桥（长一丈一尺，宽七尺五寸。）

沙板桥（长一丈，宽七尺。）

罗锅桥（长九尺，宽七尺。）

苏家桥（长九尺，宽七尺。）

梅家桥（长八尺，宽七尺。）

梁家桥（长七尺五，宽六尺五。）

唐家桥（长七尺，宽七尺。）

王家桥（长八尺，宽六尺。）

解家桥（长七尺，宽六尺。）

徐家桥（长六尺，宽七尺。）

砖木桥（长五尺，宽五尺。）

北门桥（长五尺，宽一丈二尺。）

（八）夫料之来源

查：秦渠夫料之来源，与其他各渠外表大致相同，无非于受水户民摊派征收。其不同之点，系征收夫料之手续，化零为整。以百亩田为一份，按工之大小，每份年收料款十元之谱，柴草一百束，由各花户凑集。交纳料款时，由份内较大地户负责向各小户聚集交纳。征收时，亦惟向较大地户催征。派夫亦按每份出夫三名（即三十余亩一名），仍以前法推定负责人，向各小户摊款招雇，交赴工所。至征收料款等，并由区公所代为催征，此种办法似觉划一而收效较速耳。

（九）工程设施之配置

查：秦渠自口至秦坝关一段之危险，已于前述之矣。是以秦渠之工程，以河工为最重要；其次即为渠口之犁铧尖，与下口之鸡心滩、石匣子各处。每年淤积石子甚深，实为咽喉最大之症结，若非扒捞殆尽，全渠水泽即受甚大影响。其余渠身淤泥甚厚，按段派夫挑挖，以畅水流；同时渠塀加厚；或于险要处，修筑码头。上拟各项工程，殊有切实亟办之必要。

（十）管理组织及经费

查：秦渠渠制之变迁，已于沿革内申述之矣。至管理机关，前为水利局。民国二十四年，改组为水利委员会，内设常务委员、执行常务，遇有非常事务，则召集全体委员会议，讨论施行。设段长四人，分管各项工程及封〔淕〕水泽事宜，一切行政，由文牍及事务员各一人承常委之命分理之。此外有水利警察六人，专司传达命令及催夫帮封水泽事宜。其他看守闸口、巡防渠塄及封〔湊〕渠口等工作，概由水手担任。经费除工程费外，其行政经费每月不过二百六七十元，统由坝料内估征开支。

（十一）水手之待遇

查：秦渠除原有水手田一千五百亩外；更由金积帮助五百亩，共二千亩。水手每名给田一百亩，每名每年交纳水利款三百元，其余一切钱粮地丁概不交纳。各水手按担任工作之大小，每年仍由水利机关津贴百元或数十元，以资鼓励。惟历年甚久，各水手因种种关系，将田零星分散，以现在言，凡充水手者，所种田地，均属无多，殊失当时立法之美意。

（十二）结论

查：秦渠河工，虽经历代兴修，赖以稳定。只以年代久远，驯至下游之蒋家湾及蔡家河等处，河水几与渠身接近，实蕴严重之危险性。但因公帑支绌，农村凋敝，公私交困，无法大事兴修。是以每年只得因陋就简，修筑堤防，作消极之防御。若河水较小，尚堪侥幸，否则即有全行冲没之虞。故本年八月初间，河水暴涨，以致堤防溃决，泛滥成灾，几至河渠不分，统计全渠损失，为数十年来所未有。此后欲秦渠之巩固，非于河工特别加修不可，苟时势所许，当尽力以赴之也。

再查秦渠渠身淤塞最甚者，皆因历年办理人员，多存五日京兆之心，因循敷衍所致；其渠塄之单薄，亦实此之由。按：秦渠近年下段受旱，上段淤塞特甚，其最大之症结，为山水沟洞加高之故也。盖因山水沟洞原系甚低，嗣以沟水宣泄不畅，迭遭巨灾，遂有加高洞眼之议，竟民国五年，骤然加高八尺，以致秦渠中腰，俨若增加天然之门坎一道，故渠水下流不畅，即有下段亢旱，上段淤塞之弊。

原夫当初修作沟洞，想必按最大水量为标准，不然，何以有悠久之历史耶？迨后沟水不畅，并非徒洞口较小之故，大部原因纯系沟之下段，淤淀高起，出水不利所致。以山水沟在西路村崩溃，舍旧道而向城西湖滩淹漫者，其为（稍）〔梢〕段淤塞之明证也。揆诸实地之情形与舆论之要求，欲去秦渠之病，使水得以畅流，势必减低洞口。在减低洞口之际，必须将山水之出路予以疏浚，使其通畅。若复修山水沟，犹以疏通旧道为最善，倘能循旧道大加深挖，俾有相当之坡度，则山水之出路即畅；而沟洞排泄亦速。如是则洞眼虽小，亦可随量输出，不但上段可告无患，则西路西门各村，亦可免淹漫之虞。进言之，不但水患能去；且可使未垦之荒滩，成为沃壤，其利之溥，更不胜言？

（十三）秦渠支渠

梅家渠（在干渠北，长一里，灌田五十余亩。）

张家渠（在干渠北，长一里半，灌田九十余亩。）

柴家渠（在干渠北，长一里，灌田六十余亩。）

温家渠（在干渠南，长二里，灌田一百余亩。）

徐家渠（在干渠北，长一里，灌田七十余亩。）

上王家渠（在干渠北，长一里，灌田六十余亩。）

下王家渠（在干渠北，长二里，灌田一百余亩。）

丁家渠（在干渠南，长二里，灌田一百五十余亩。）

梅家渠（在干渠北，长一里，灌田五十余亩。）

王家渠（在干渠南，长二里，灌田一百二十余亩。）

丁家渠（在干渠北，长一里半，灌田八十亩。）

杨家渠（在干渠北，长一里，灌田七十余亩。）

苜蓿渠（在干渠北，长一里半，灌田七十余亩。）

梁家渠（在干渠北，长一里半，灌田八十余亩。）

毛家渠（在干渠北，长二里，灌田一百五十余亩。）

蔡家渠（在干渠南，长二里，灌田一百余亩。）

低渠（在干渠北，长二里半，灌田三百余亩。）

高渠（在干渠北，长二里，灌田二百八十余亩。）

刘家渠（在干渠南，长二里，灌田一百三十余亩。）

北渠（在干渠北，长四里，灌田四百余亩。）

姚家渠（在干渠南，长一里半，灌田一百余亩。）

高渠子（在干渠北，长三里，灌田三百五十余亩。）

刘家渠（在干渠南，长一里半，灌田一百余亩。）

洼渠（在干渠北，长八里，灌田一千五百余亩。）

马家渠（在干渠南，长一里半，灌田二百余亩。）

杨北渠（在干渠南，长二里，灌田一百八十余亩。）

朱家渠（在干渠南，长一里半，灌田一百余亩。）

张家渠（在干渠北，长二里半，灌田二百八十余亩。）

雁家渠（在干渠南，长二里，灌田一百五十余亩。）

张家渠（在干渠北，长三里，灌田三百余亩。）

小新渠（在干渠南，长二里半，灌田三百余亩。）

西渠（在干渠北，长一里半，灌田二百余亩。）

马家渠（在干渠南，长一里，灌田八十余亩。）

东渠（在干渠北，长一里，灌田一百余亩。）

黄家渠（在干渠南，长一里，灌田一百余亩。）

回回渠（在干渠南，长四里半，灌田五百余亩。）
罗渠（在干渠北，长四里半，灌田四百五十余亩。）
吴家渠（在干渠北，长二里，灌田一百八十余亩。）
马家渠（在干渠南，长一里，灌田一百余亩。）
马家渠（在干渠北，长一里半，灌田一百二十余亩。）
庄家渠（在干渠南，长半里，灌田六十余亩。）
李家渠（在干渠北，长十里，灌田一千六百余亩。）
李家高口（在干渠北，长一里半，灌田一百二十余亩。）
庄家渠（在干渠南，长二里，灌田二百余亩。）
梁家渠（在干渠南，长半里，灌田七十余亩。）
刘家渠（在干渠北，长二里半，灌田三百余亩。）
王家渠（在干渠南，长一里余，灌田一百余亩。）
刘家渠（长一里半，灌田一百三十余亩。）
范家渠（在干渠北，长二里，灌田二百二十余亩。）
刘家渠（在干渠南，长一里余，灌田二百余亩。）
胡家渠（在干渠北，长二里，灌田二百八十余亩。）
梁家渠（在干渠南，长一里半，灌田一百七十余亩。）
戴家渠（在干渠北，长六里半，灌田七百余亩。）
吕家渠（在干渠南，长二里，灌田二百余亩。）
西渠（在干渠北，长九里半，灌田一千余亩。）
胡家渠（在干渠北，长一里，灌田九十余亩。）
杨家渠（在干渠南，长五里，灌田一千余亩。）
胡家渠（在干渠北，长二里，灌田三百余亩。）
中渠（在干渠北，长七里半，灌田八百余亩。）
银门渠（在干渠北，长十四里，灌田三千八百余亩。）
东渠（在干渠南，长二里半，灌田四百五十余亩。）

石家渠（在干渠南，长三里，灌田六百余亩。）

杨家渠（在干渠北，长半里，灌田二百五十余亩。）

奶头渠（在干渠南，长三里，灌田九百余亩。）

梁家渠（在干渠北，长五里，灌田一千五百余亩。）

马家渠（在干渠南，长一里，灌田二百八十余亩。）

水磨渠（在干渠北，长五里，灌田一千五百余亩。）

所乐渠（在干渠南，长二里半，灌田五百二十余亩。）

下梁家渠（在干渠北，长一里半，灌田三百八十余亩。入水磨渠。）

过往渠（在干渠北，长四里半，灌田一千余亩。）

王家渠（在干渠南，长一里半，灌田三百余亩。）

王家渠（在干渠北，长一里，灌田二百四十余亩。）

白家渠（在干渠南，长一里，灌田二百四十余亩。）

马家渠（在干渠南，长一里半，灌田三百二十余亩。）

毛家渠（在干渠北，长二里半，灌田五百余亩。）

车木渠（在干渠南，长六里，灌田一千四百余亩。）

马家渠（在干渠南，长一里半，灌田三百余亩。）

爪尔渠（在干渠南，长六里半，灌田一千四百余亩。）

王家渠（在干渠北，长二里，灌田三百七十余亩。）

柴家渠（在干渠北，长六里，灌田一千二百余亩。）

李家渠（在干渠北，长六里半，灌田一千三百余亩。）

马家渠（在干渠南，长半里，灌田一百余亩。）

庙望渠（在干渠北，长四里半，灌田一千余亩。）

车渠（在干渠南，长三里半，灌田五百九十余亩。）

李家渠（在干渠北，长一里，灌田二百余亩。）

沈家渠（在干渠南，长一里，灌田一百八十余亩。）

黄沙渠（在干渠北，长四里半，灌田一千余亩。）

夏家渠（在干渠南，长半里，灌田一百三十余亩。）

陆家渠（在干渠北，长一里半，灌田二百五十余亩。）

鲁家渠（在干渠北，长三里半，灌田五百五十余亩。入干犯渠。）

杨家渠（在干渠南，长二里，灌田四百余亩。）

韩家渠（在干渠北，长一里，灌田二百余亩。）

王家渠（在干渠北，长半里，灌田一百余亩。）

折耳渠（在干渠北，长一里半，灌田一百八十余亩。）

王家渠（在干渠南，长二里，灌田三百余亩。）

干犯渠（在干渠北，长五里半，灌田一千二百余亩。）

张家渠（在干渠北，长一里，灌田二百余亩。入干犯渠。）

赵家渠（在干渠南，长一里，灌田二百二十余亩。）

沟草渠（在干渠南，长五里半，灌田一千三百余亩。）

底塞渠（在干渠北，长二里半，灌田四百余亩。）

新渠（在干渠北，长二十五里，灌田八千六百余亩。）

丁家渠（在干渠北，长一里半，灌田二百四十余亩。）

丁家渠（在干渠南，长二里半，灌田三百九十余亩。）

赵渠（在干渠北，长二十里，灌田五千余亩。）

李家渠（在干渠北，长三里半，灌田六百余亩。入山水沟。）

赵家渠（在干渠北，长二里，灌田三百八十余亩。入龙渠。）

张家渠（在干渠南，长四里半，灌田九百八十余亩。）

王家渠（在干渠南，长五里，灌田一千一百余亩。）

龙渠（在干渠北，长二十里，灌田五千三百余亩。）

王家渠（在干渠南，长六里半，灌田一千五百余亩。）

马家渠（在干渠北，长一里，灌田二百余亩。）

赵家天欢渠（在干渠北，长一里半，灌田二百三十余亩。）

马家渠（在干渠南，长半里，灌田七十余亩。）

马家渠（在干渠北，长半里，灌田一百余亩。）

马家渠（在干渠南，长二里，灌田一百五十余亩。）

西渠（在干渠北，长七里半，灌田一千七百余亩。）

马家渠（在干渠南，长二里，灌田四百二十余亩。）

李家渠（在干渠北，长一里，灌田二百余亩。）

东渠（在干渠南，长七里，灌田一千四百余亩。）

马家渠（在干渠南，长二里半，灌田五百余亩。）

李家渠（在干渠北，长一里半，灌田二百五十余亩。）

吴家渠（在干渠南，长二里，灌田三百八十余亩。）

杨家渠（在干渠南，长二里，灌田四百二十余亩。）

苏家渠（在干渠北，长一里，灌田二百一十余亩。）

汴梁渠（在干渠南，长二里半，灌田五百余亩。）

吴家渠（在干渠北，长一里，灌田一百八十余亩。）

刘家渠（在干渠北，长一里半，灌田二百余亩。）

松张渠（在干渠南，长三里，灌田七百余亩。）

崔家渠（在干渠北，长五里半，灌田一千二百余亩。）

何张渠（在干渠南，长一里半，灌田二百一十余亩。）

韩家渠（在干渠南，长一里，灌田一百八十余亩。）

傅家渠（在干渠南，长三里半，灌田七百余亩。）

刘家渠（在干渠北，长三里，灌田六百余亩。）

沈家渠（在干渠南，长一里半，灌田二百五十余亩。）

马家渠（在干渠南，长二里半，灌田三百余亩。）

孙家渠（在干渠北，长一里，灌田二百一十余亩。）

李家渠（在干渠南，长二里，灌田五百余亩。）

墨家渠（在干渠北，长二里半，灌田五百九十余亩。）
温家渠（在干渠南，长三里，灌田七百余亩。）
天欢渠（在干渠北，长一里半，灌田二百余亩。）
黑家渠（在干渠北，长二里，灌田四百三十余亩。）
干渠（在干渠南，长四里半，灌田一千余亩。）
大阳渠（在干渠北，长五里，灌田一千二百余亩。）
官渠（在干渠南，长八里，灌田二千余亩。）
小官渠（在干渠南，长一里半，灌田二百八十余亩。）
王家渠（在干渠北，长一里半，灌田二百八十余亩。）
新渠（在干渠南，长二里半，灌田五百余亩。）
梅家渠（在干渠北，长一里半，灌田二百余亩。）
韩家渠（在干渠北，长四里半，灌田一千余亩。）
丁阳渠（在干渠南，长一里半，灌田二百二十余亩。）
保渠（在干渠南，长七里半，灌田一千五百余亩。）
李家渠（在干渠东，长二里，灌田三百九十余亩。）
小阳渠（在干渠西，长五里，灌田一千二百余亩。）
丰渠（在干渠东，长七里半，灌田一千七百余里。）
兴旺渠（在干渠东，长八里，灌田二千余亩。）
管不得渠（在干渠西，长七里半，灌田一千五百余亩。）
小张渠（在干渠西，长五里，灌田一千二百余亩。）
杨家渠（在干渠东，长二里，灌田五百余亩。）
大张渠（在干渠西，长六里，灌田一千四百余亩。）
杨家渠（在干渠东，长一里半，灌田二百六十余亩。）
徐家渠（在干渠西，长五里，灌田一千三百余亩。）
李家渠（在干渠西，长五里，灌田一千二百余亩。）
哈家渠（在干渠东，长一里，灌田二百余亩。）

王家渠（在干渠东，长一里，灌田一百九十余亩。）

中渠子（在干渠西，长四里半，灌田一千余亩。）

马渠（在干渠东，长二里半，灌田六百余亩。）

张家渠（在干渠西，长四里，灌田一千余亩。）

百果渠（在干渠西，长三里半，灌田七百余亩。）

老王渠（在干渠东，长三里，灌田六百三十余亩。）

大红闸（在干渠西，长三里，灌田七百余亩。）

尤家渠（在干渠西，长一里，灌田二百余亩。）

尤家渠（在干渠东，长一里，灌田二百一十余亩。）

王家渠（在干渠东，长二里半，灌田四百八十余亩。）

张家渠（在干渠西，长一里半，灌田三百余亩。）

尤家渠（在干渠东，长二里，灌田四百余亩。）

韩家渠（在干渠西，长一里半，灌田三百余亩。）

黄家渠（在干渠东，长二里半，灌田五百余亩。）

马家渠（在干渠西，长四里半，灌田一千余亩。）

梅家渠（在干渠东，长三里，灌田七百余亩。）

朱家渠（在干渠东，长二里半，灌田五百五十余亩。）

邓家渠（在干渠西，长三里，灌田七百余亩。）

庞和渠（在干渠西，长三里，灌田六百六十余亩。）

张家渠（在干渠东，长二里半，灌田五百余亩。）

苏家渠（在干渠西，长二里，灌田四百八十余亩。）

李家渠（在干渠西，长一里，灌田一百九十余亩。）

梅家渠（在干渠西，长三里半，灌田七百一十余亩。）

沙家渠（在干渠东，长二里半，灌田三百余亩。）

梁家渠（在干渠西，长一里，灌田一百八十亩。）

吴家渠（在干渠东，长一里，灌田二百余亩。）

李家渠（在干渠东，长一里半，灌田二百一十余亩。）

小梁渠（在干渠西，长半里，灌田四百余亩。）

朱家渠（在干渠西，长二里，灌田二百余亩。）

杨家渠（在干渠东，长一里半，灌田二百三十余亩。）

张家渠（在干渠东，长一里半，灌田一百九十余亩。）

杨家渠（在干渠东，长一里，灌田二百二十余亩。）

小唐家渠（在干渠西，长半里，灌田八十余亩。）

唐家渠（在干渠西，长四里半，灌田九百余亩。）

裴家渠（在干渠东，长一里半，灌田二百三十余亩。）

鲁家渠（在干渠东，长一里半，灌田二百余亩。）

天欢渠（在干渠西，长六里半，灌田一千四百余亩。）

郭家渠（在干渠西，长二里半，灌田五百余亩。）

解家渠（在干渠东，长一里，灌田二百二十余亩。）

毛家渠（在干渠西，长二里半，灌田二百五十余亩。）

韩家渠（在干渠东，长一里余，灌田一百余亩。）

马家渠（在干渠西，长二里，灌田五百余亩。）

孙家渠（在干渠东，长一里半，灌田一百余亩。）

马家渠（在干渠西，长二里半，灌田四百六十余亩。）

沙渠（在干渠西，长二里半，灌田五百余亩。）

戴家渠（在干渠东，长二里半，灌田二百余亩。）

解家渠（在干渠西，长二里，灌田三百九十余亩。）

许家渠（在干渠东，长一里，灌田二百余亩。）

毛家渠（在干渠西，长一里，灌田一百八十余亩。）

安家渠（在干渠东，长二里，灌田三百余亩。）

易家渠（在干渠西，长一里半，灌田二百余亩。）

杨家渠（在干渠西，长二里，灌田三百余亩。）

李家渠（在干渠东，长二里半，灌田四百余亩。）

刘家渠（在干渠西，长二里半，灌田三百八十余亩。）

孙家渠（在干渠西，长一里半，灌田一百二十余亩。）

戴家渠（在干渠东，长二里半，灌田一百八十余亩。）

官渠（在干渠西，长二里，灌田三百余亩。）

高家渠（在干渠东，长一里半，灌田一百余亩。）

洼渠（在干渠西，长半里，灌田三十余亩。）

八　汉渠

（一）沿革

汉渠，一名汉伯渠，相传创始于汉，年代则无从稽考矣。于青铜峡口东岸开口，建设正闸一座，灌溉金积县汉四堡之田。后因河势西偏，渠口进水困难，至清康熙四十五年，中路同知祖良贞改深闸底，增长迎水堺，水乃足用。又于五十二年，同知祝兆鼎重修东岸以泄山水，而免洪决之患，自此渠道乃为安稳。但因口低渠高，渠身最易淤淀，迨至乾隆三十八年，渠身淤塞几平，水流更属不畅，当时有本地绅民颜施才洞悉弊端之所在，即研求彻底改革，爰同众议，拟从野马滩新开渠口，远迎水头，修筑长堺，以为一劳永逸之计，而将旧渠口（即今之秦渠上口）让于秦渠，经知州黎珠详奏上宪，颁发国帑四千两，仓米三百石，于是刻日兴工，即按原定计划，从野马滩另开新口，外筑长堺，内去淤塞，中分伙事堺，下做八工闸，自此顺流无滞，灌溉普及，万姓均沾其利矣。不意同治年间，地方不靖，渠务因之废弛，及平复后，改设宁灵厅管理。（按：秦、汉两渠，原均属灵州管辖，至同治十一年变乱后，总督左宗棠，以金积堡回汉杂处，灵州鞭长莫及，随添设宁灵厅，以资控制，而汉渠即为宁灵所有。民国二年，改厅为县，迄至于今。）渠制复兴，渐上轨道。此后惟以长埽年积石累，远迎于杨柳泉地方，离渠口约十里许，埽内至每年秋间，因全年河水入渠，挟带之泥沙，淤淀甚高，每至春工，挑挖泥沙石结，为全渠最大之工程，不惟劳民伤财，抑且有碍水泽，实为汉渠咽喉最大之症结。乃于光绪己丑春，有金积梅村张占魁、赵抡元二公，于黑泉沟口对直之渠上开一新闸，以便藉水之力，扯去沙石；并退黑泉沟山水及泥沙，而免挑挖之重（若）〔苦〕，自后可称尽善尽美，至今利赖。至于渠务行政，前属灵州统辖。同治年间，设宁灵厅专管。民国二年，改设汉渠局办理。十九年，即归并建设局。二十二年，建设局裁撤，归县政府兼办。二十四年，由人民自治，选举贤能，组织水利委员会以办理之，仍由建设厅负责监督。此汉渠沿革之略史也。

（二）流域概况

查汉渠共分五大支流，相并而行，各该渠支渠之稠密，类似蛛网，流经金积县第二、第四两区，而直接灌溉之田为三万六千余亩，占全渠地亩三分之一弱。兹先述干渠本身之状况。

汉渠自峡口东岸龙王庙前正闸起，东北流至八工闸，约二公里半；再偏东流，至于家桥，亦二公里半，此桥已成南北方向，于家桥与八工闸之间，渠南共有支渠二道，渠北除黑渠口外，尚有支渠六道。其中有王家渠一道，由秦渠上架设飞槽，浇灌王马二咀之田。又八工闸上近旁，有马家渠，亦于秦渠上架设飞槽，流经漕河滩，该滩田地即赖此渠以灌溉也。于家桥以下，渠中有马兰渠迎水埽一道，长约九十余丈，此即马兰渠与汉渠分汊之处，该渠竟分汉渠五分之二水量，二渠相并向东稍偏北流，约三公里至旧阎渠口。马兰渠直向东流，汉渠则偏东而南流，约四公里至谭家闸桥，渠南共有支渠十五道，渠北十二道。谭家桥以下，仍向东南流至高闸桥，长十四公里，渠南共有支渠四十三道，渠北共有支渠二十五道。高闸桥以下，转向东北流，直至纪家闸，长十六公里半，渠东共有支渠八十六道，渠西共有支渠六十四道。自纪家闸起，转向西北，约六公里半，经过杨马湖，而入于巴浪湖，渠东共有支渠十六道，渠西共有支渠十八道。总计汉渠自口至梢，蜿蜒四十九公里（合九十八市里），全渠除五大支流及沙渠、朱渠外，共有小支渠二百八十三道。兹再将五大支渠，分述于后。

（1）黑渠。于于家桥上约半里处之渠北开口，本直向北流约三里许，即分为两汊：一为旧黑渠，仍直向北经过白家崖，约九里至丁家闸，复分为两枝：一曰西渠，直向北流六里许，于秦坝关西半里处而入秦渠；一曰东渠，略东北流，于秦坝关东一里处亦入秦渠。一为新黑渠，向东北流，经过董营村八里许至雷家闸，分开一大子渠，曰新渠，亦入秦渠；再向前四里至丁家小口，直向北流，约二里半而入于秦渠。该渠长二十八里许，灌田七千八百余亩。

查新黑渠系同治年间平复后，有花翎副将、署理喀什噶尔参戎张万会请假旋里，因见沃壤之野，尽皆荒芜，乃欲图垦殖，以尽地利，爰同花翎参戎加副将衔董福寿商酌，另开新渠，以资灌溉，从事耕作，遂相度地势，决定与旧黑渠共用一口，将原口仍行改修扩大，两渠均沾其利；且有阴洞二道，亦可作汉渠之退水道也。

（2）马兰渠。自于家桥下于汉渠中修筑迎水坍建一石闸，为汉渠之一最大支流，开口后与汉渠平行，至六里许，汉渠偏东南流，马兰渠仍向东流，约十五里至双闸桥，分开一大子渠，曰波兰渠（此渠分汉后，向东北流，约五里许，至金积城西南角，转向正北流，经过西门桥，至城西北角，复向东流，与城北墙平行，又向东北经过东大桥、任家桥，约十二里，而入于巴浪湖）；再偏南向东流，经金积城南（距城约二里许），直至叉渠桥，约二十九里；再偏东南至汉伯桥；又偏东北而入于巴浪湖，与温渠湖相通之清沟约十余里。该渠共长六十余里，共灌田一万三千余亩。

（3）旧阎家渠。距马兰渠口约五里许，于汉渠北埣开口，与马兰渠相并，两渠相距，最近一里左右；最远不过三四里许，约十里处在周庄南，即与新阎家渠相会，合为一渠，直向东流而入于北官湖。全渠长三十余里，灌田九千六百余亩。

（4）新阎家渠。在谭家桥下开口，直向东北流，约八里许，即与旧阎家渠合而为一，共灌田二千八百余亩。

（5）赵连渠。在新阎家渠口下开口，向东北流，约一里余，转向东南，与汉渠平行。北距阎家渠最远不过三里余；南距汉渠小则一里余；大则不过四里余。全渠长二十七里，灌田七千八百余亩。

（三）埣

（1）迎水长埣。汉渠自野马滩重开新口后，即沿牛首山之麓，远筑迎水长埣于杨柳泉地方，距筑口约十里许，名为十里长埣。溯自创修时，亦无若是之长，只以后人历年继续修筑，乃成现状。此埣全用石块筑成，深入青铜峡内，远过于各渠口之上游，虽至黄河水位最低时，亦可引水入渠，绝无亢旱之患，此为汉渠之特点，金积全县人民之富庶，胥赖于此；再汉渠渠口，能驾乎各渠口之上，而堪称巨擘者，亦为此堺之力也。

（2）伙事堺。汉渠将旧渠口让于秦渠，另开新口，沿山麓而行，与秦渠为邻。两渠口之间，其堺名为伙事堺，长一百九十余丈，底用石块，上覆沙土，以维护渠口，防河水之冲刷。此堺原为两渠合伙工作而成，故名。

（3）渠堺。自八工闸以下，渠堺高起，渠身低陷，一直至旧阎渠口下，逐渐低平，以上渠堺竟高出水面五六丈不等，远望之，俨若小山，渠身即在此间流行。此堺俗名九倒堺，盖因每年挑挖渠身，必须多人倒转，土始能至堺顶，故名。以下渠之外手（即渠身之东南），皆因渠低地高，渠堺大都甚低；里手（即渠身之西北）渠高地低，堺高六七尺不等，但均甚宽厚，尚无险工。此通渠至梢渠堺之概况也。

（四）闸

（1）正闸。

正闸在龙王庙前，为汉渠进水之总关键（俗名洞口）。此闸系两墪三空，墪空宽各一丈，高亦一丈，上建闸桥，长五丈，宽五尺，其作法与闸水情形同秦渠上口无二，惟渠全身并无水准尺之标定，至开闸水量之多寡，全恃经验而定之。

（2）退水闸。

新闸：新闸在长堺上，对沙泉沟口，距渠口三百余丈，闸高九尺，宽一丈尺，上下有栏，水大则开之，使沙石同流入河；小则闭之，使水入渠。此闸之唯一功用在扯去堺内淤淀之沙石；再牛首山之山水，由沙泉沟退出者，若无此闸以宣泄，水大则长堺必受冲决；水小则将挟带山谷中之沙石泥土，淤于堺内，渠工水泽，均受巨害，此新闸之设，有莫大之利益焉。

小闸：亦在长埽上，距渠口九十余丈处，闸宽一丈，高八尺，其功用与新闸同。

八工闸：在渠口下五里处，由渠埽之左旁开设，系一垿二空，垿空宽各八尺，高亦八尺，泄水甚利，若渠口进水过大，则开此闸以退之，又此闸之下，有名骆驼脖项之一段，湾曲甚大，淤淀泥沙亦甚速，一开此闸，即可扯去其大半，而省挑挖之工，所纾财力，亦不在少数焉。

（3）提水闸。

查汉渠右方，距山麓不远，是以地势较高，上水颇感困难，即于相当地段，设提水闸数道，以高水位，而利灌溉。兹将汉渠所有提水闸列后。

谭家闸：此闸与谭家桥合为一体，即为上桥下闸，其长一丈二尺，深八尺。

郭家闸：在郭家桥上附近，宽七尺，深五尺，作以石八字墙，上横以木，下作石坎，以备闸水之用。

周家闸：在周家桥上附近，宽五尺，深五尺，作法与郭家闸相仿。

陈木闸：此闸与陈木闸桥合为一体，宽八尺，深六尺。

高庄闸：在马家高庄，宽七尺，深五尺。

纪家闸：系木闸，宽五尺，深三尺。

梅家闸：在杨马湖，亦系木闸，宽五尺，高三尺。

二闸：在杨马湖，亦系木〔闸〕，宽四尺，高三尺。

杨家闸：在渠梢，系木闸，宽三尺，高二尺。

此外，五大支渠亦各设提水闸多处。兹将各渠闸名，分列于后。

（1）黑渠。黑渠分旧新二渠，分别开列。

新黑渠之闸有四：为沙家闸、宋家闸、郭家闸、雷家闸。

旧黑渠之闸有二：为郭家闸、丁家闸。

（2）马兰渠。马兰至双闸桥，又分一大子渠，其闸名分别列后。

马兰渠之闸有四：为沈家闸、汪家闸、郭家闸、双闸。

波兰渠之闸有三：为渠口闸（即双闸之一）、蒋家闸、周家闸。

（3）旧阎家渠。旧阎家渠之闸有六：为学校闸、杨家闸、马家闸、周家闸、哈家闸、余家闸。

（4）新阎家渠。新阎家渠之闸有五：为党家闸、高闸、刘家闸、巴家闸、周家闸。

（5）赵连渠。赵连渠之闸有四：为朱家闸、王家闸、马家闸、尧家闸。

（五）桥梁

汉渠除正闸桥外，通渠共有大桥二十三道。兹顺次列后。

于家桥（为金积赴青铜峡大道必经之桥，长四丈二尺，宽一丈二尺，上建木桥栏。）

杨马桥（系单人桥，长四丈，宽三尺。）

谭家桥（与谭家闸为一体，桥面、桥脚全用石质筑成，长一丈八尺，宽八尺。）

曹家桥（长一丈二尺，宽八尺。）

张家桥（长一丈四尺，宽九尺。）

李家桥（长一丈四尺，宽七尺。）

侯家桥（长一丈三尺，宽八尺。）

韩家桥（长一丈三尺，宽一尺。）

余家桥（长一丈一尺，宽八尺。）

高闸桥（此桥原系一闸，今废。长一丈，宽七尺。）

寨子桥（长一丈三尺，宽九尺。）

尹家桥（长一丈一尺，宽七尺。）

阎家桥（又名小闸桥，长一丈，宽八尺。）

郭家桥（长九尺，宽七尺。）

李家桥（长九尺，宽七尺。）

周家桥（长一丈三尺五，宽九尺，桥上建有木栏杆。）

吴家桥（长九尺，宽七尺。）

陈木闸桥（系与陈木闸为一体，长一丈，宽八尺，高五尺五。）

廖家桥（长九尺，宽七尺。）

上高庄桥（长一丈一尺，宽九尺。）

下高庄桥（长九尺，宽七尺。）

梅家桥（长五尺，宽七尺。）

杨马湖桥（长三尺，宽七尺。）

（六）湖滩

查：汉渠右靠山麓，左凭秦渠，所有各支渠余水无处排泄，是以悉汇归于秦汉渠间之较低地域，形成湖滩连接，一片汪洋，幸明河东道张九德于秦渠创开芦洞（即今之清水洞），由最大之巴浪湖东北部开口，其他各湖，均归入巴浪湖，由清水沟泄入黄河。此后湖滩虽多，而水患已较少矣。兹将较大湖滩，分别列后。

（1）巴浪湖在金积县城东约十余里至二十里之间，周围约二十余里，即为各湖汇归之；亦为境内最大之湖。

（2）牛毛湖在巴浪湖之西南，周围约十里许，与巴浪湖接连。

（3）苏盖湖在巴浪湖之东南，周围约七八里许，水亦归巴浪湖。

（4）温渠湖在巴浪湖之南，苏盖湖之西，与巴浪苏二湖，均相接连。

（5）北官湖在巴浪湖之南，温渠湖之西，周围约四五里许，与温渠湖接连。阎家渠梢，即入此湖。

（6）南官湖在北官湖之南，周围约七八里许，与北官湖接连。

（7）吕家湖在南官湖之南，周围约六七里许，与南官湖接连。赵连渠梢，即入此湖。

（8）鞑子湖在金城北，周围约四五里许。此湖上由丁家湖、袁家湖、汪家湖、毛家湖等，聚汇归入。下通魏家湖，入清水沟，归于巴浪湖。

（9）杨家湖在金积城东约七八里处，周围三四里许。北为套子湖，由西边涝河流入套子湖，仍归于巴浪湖。

（10）方家湖在北官湖西，周围约三四里许。上为马荒、李家、贾家等湖，均汇于此湖，而归入巴浪湖。

（11）马家湖在渠南侯家桥附近，周围约八九里许，此湖无出路。

（七）夫料之来源

查汉渠之夫料，亦于各受水户，按亩摊派，惯例以七十亩田派夫一名，草束则按工程之大小而定。至料款之筹措，则由水手田内征收水手款，按汉渠共有水手田二十份（每份以一百亩计），常年每份按一百元征收，若不足时，可照预算临时增加征收，盖水手田，每年仅纳水手款，其余地丁钱粮，概不交纳也。

(八) 工程设施之配置

查汉渠工程，渠口占六分，渠身仅占四分，亦云石工居十分之六，土工居十分之四，因汉渠最大工程，即为迎水长埽与渠口耳。照例每年春工一月，全夫在渠口及长埽，作工一十八天，专为修筑渠口，加筑迎水长埽；并挑挖长埽内之石子泥沙，工竣后，将全夫分配各段，挑挖渠身土工；并修筑各大支渠口及挑挖各渠身，若工程不能在规定时间内竣工时，可酌留民夫以竟全工，此汉渠之施工概情也。

(九) 管理组织及经费

汉渠渠制之变迁，已于沿革内申述之矣。至管理行政，在前水利局时，由局长统制之。自本年（二十四年）交由人民组织水利委员会，由常务委员一人执行常务，遇有非常事务时，由委员会商决定之，其下设段长四人，分担修工及封俵水泽事宜。惟汉渠情形与他渠不同，因干渠较短，分流数大支渠，故虽设有段长四人，未便于干渠分段管理，乃于大支渠及干渠统筹分配管理之。更有水警二名，专司传达命令及催征夫料。至看守及开闸渠口并巡防堤埽等事，均由水手担任，若经费一层，则仅赖二千亩水手田之征款，余无何项收入，依现在言，除春工采购物料费外，每月之经常费，不过百余元耳。

(十) 水手之待遇

查汉渠共有水手二十名，每名给水手田一百亩，每岁仅纳水手款一百元，或百数十元，其余地丁钱粮，不令交纳，以示体恤。按：原定每名水手，种田一百亩，专司渠口工作，巡防堤坍，开闸渠口，与封俵水泽等事宜；但责任有大小之分，自不能一律待遇，是以看守及开闸渠口之水手，责任较大，苦力较重，于水手田之外，每年估加津贴洋若干元，以昭公允。当初之规定，固属至善，惟因年代久远，各水手以种种关系，将地零星转卖，现在所有水手田，多半为富户所有；或零星分散，而充当水手者，种田不过一二十亩，或数亩不等，仅足自给；甚至生活有无法维持者，是以形成享权利者，仅尽交纳少数水手款之义务；充当水手者，除交纳所种水手田之款项外，仍须尽水手之义务。再征收水手款时，均向应名之水手催收，而水手即向各种地花户凑集交纳，其水手所尽之义务与所享之权利，相差甚巨，此种积弊，固由水手之失计于先；亦由立法未臻至善与官方督察不周，任其自便，以致演成今日之畸形之局势，自应斟酌情形，设法矫正，以昭权义之平允。

（十一）结论

查汉渠渠口渠身以及支渠之分配，其位置与工程之完善优良，实为全省各渠之冠；盖因渠口深固，长坍又远迎十里之遥，河水较大时，渠水不生猛冲激力；即河水小至最低水位时，亦能迎水入渠，故汉渠水量永无不足之患，亦少溃口之虞。再各大支渠分配适当，小子渠密布如蛛网，金积全县地亩，灌溉极称便利；工程亦甚简单，每年不过于迎水长坍内，挑挖石子淤泥，如修堤坍。至渠身因各大支渠扯水甚利，淤淀亦少。惟渠右近山麓地势渐高，上水困难，故设提水闸，以资补救，实为急切之需；倘能将左坍加高数尺，则将全渠水位提高，亦可随时灌溉矣。

（十二）汉渠支渠

马家渠（在干渠北，经过商家滩，长三里余，灌田二百余亩。）

丁家渠（经过商家滩，长约一里，灌田三十余亩。）

李家渠（经过商家滩，长一里余，灌田七十余亩。）

商家渠（长一里半，灌田二百余亩。）

旧余家渠（长二里，灌田一百五十余亩。）

新余家渠（长二里，灌田二百余亩。）

王家渠（长五里，灌田四百余亩。）

大中渠（在干渠南，长三里，灌田一百余亩。）

黑渠（长二十八里，灌田七千八百二十余亩。）

新渠（长三里，灌田一百余亩。）

马家渠（长一里余，灌田八十余亩。）

马兰渠（长五十二里，灌田一万三千四百余亩。）

上张家渠（长一里余，灌田八十余亩。）

下张家渠（长半里，灌田三十余亩。）

王家渠（在干渠南，长三里余，灌田一百二十余亩。）

马家渠（在干渠南，长三里余，灌田三百余亩。）

谭家渠（长一里，灌田一百余亩。）

旧阎家渠（长三十五里，灌田九千六百五十余亩。）

丁家渠（长三里，灌田二百亩。）

马家渠（在干渠南，长三里，灌田二百亩。）

马家渠（在干渠北，长一里，灌田十七亩。）

马家渠（在干渠北，长半里，灌田十五亩。）

薛家渠（在干渠南，长半里，灌田二十亩。）

杨家渠（在干渠北，长三里余，灌田三百余亩。）

大湖渠（在干渠南，长五里，灌田三百余亩。）

张家渠（在干渠南，长一里余，灌田五十余亩。）

王家渠（在干渠南，长半里，灌田四十余亩。）

马家渠（在干渠北，长半里余，灌田五十余亩。）

赵家渠（在干渠南，长半里，灌田三十余亩。）

王家渠（在干渠南，长四里半，灌田六百余亩。）

李家渠（在干渠北，长一里半，灌田一百五十余亩。）

马家渠（在干渠北，长二里，灌田三百亩。）

杨家渠（在干渠南，长四里，灌田四百余亩。）

张家渠（在干渠南，长四里半，灌田五百亩。）

高渠子（在干渠北，长五里，灌田五百余亩。）

贾家渠（在干渠南，长四里半，灌田三百余亩。）

新阎家渠（长八里余，灌田二千八百五十余亩。）

赵连渠（在干渠北，长二十九里，灌田七千八百余亩。）

稻田渠（在干渠南，长三里，灌田二百五十余亩。）

曹家渠（在干渠北，长一百二十步，灌田十余亩。）

上曹家渠（在干渠南，长三里，灌田三百余亩。）

下曹家渠（在干渠南，长二里半，灌田三百亩。）

马家渠（在干渠北，长半里，灌田五十余亩。）

曹家渠（在干渠北，长半里，灌田六十余亩。）

曹家渠（在干渠南，长半里，灌田三十余亩。）

罗家渠（在干渠南，长一里，灌田七十余亩。）

马家渠（在干渠北，长一里，灌田一百余亩。）

王家渠（在干渠北，长一里，灌田一百余亩。）

罗家渠（在干渠南，长半里，灌田三十余亩。）
张家渠（在干渠北，长二里，灌田二百五十余亩。）
余家渠（在干渠南，长三里，灌田一百八十余亩。）
张家渠（在干渠南，长一百步，灌田一十余亩。）
银田渠（在干渠南，长一里，灌田五十余亩。）
庙渠（在干渠北，长一里，灌田一百余亩。）
杨家渠（在干渠南，长二里，灌田二百余亩。）
沙渠（在干渠南，长十里，灌田一千八百余亩。）
中渠（在干渠北，长二里，灌田三百余亩。）
杨家渠（在干渠南，长一里半，灌田一百余亩。）
张家渠（在干渠南，长半里，灌田三十余亩。）
李家渠（在干渠北，长一里，灌田一百余亩。）
铁家渠（在干渠南，长一里余，灌田一百余亩。）
铁家渠（在干渠南，约百十步，灌田十余亩。）
鲁家渠（在干渠北，长一里，灌田一百五十余亩。）
陈家渠（在干渠南，长二里，灌田一百余亩。）
商家渠（在干渠北，长一里，灌田一百余亩。）
徐家渠（在干渠南，长二里，灌田一百九十余亩。）
胡家渠（在干渠南，长一里，灌田一百余亩。）
蔡家渠（在干渠北，长半里，灌田九十余亩。）
胡家渠（在干渠北，长一里，灌田一百五十余亩。）
鲁家渠（在干渠北，长二里，灌田二百八十余亩。）
陈家渠（在干渠南，长一里，灌田一百余亩。）
鲁家渠（在干渠北，长二里，灌田三百余亩。）
邓家渠（在干渠北，长一里半，灌田二百余亩。）
侯忠渠（在干渠南，长一里半，灌田一百余亩。）

侯楼渠（在干渠南，长一里半，灌田一百余亩。）

杨家渠（长三里，灌田四百余亩。）

侯家渠（在干渠南，长一里，灌田五十余亩。）

侯家渠（在干渠南，长一里半，灌田八十余亩。）

侯高渠（在干渠南，长一里半，灌田百余亩。）

韩家渠（在干渠南，长一里，灌田八十余亩。）

史家渠（在干渠南，长一里，灌田一百余亩。）

韩家渠（在干渠南，长一里，灌田七十余亩。）

韩家渠（在干渠北，长一里半，灌田二百余亩。）

韩家渠（在干渠南，长一里，灌田八十余亩。）

韩家渠（在干渠南，长半里，灌田三十余亩。）

陆家渠（在干渠南，长一里，灌田七十余亩。）

阎家渠（在干渠南，长一里半，灌田一百余亩。）

余家渠（在干渠南，长一里，灌田八十余亩。）

余家渠（在干渠北，长一里半，灌田二百余亩。）

余家渠（在干渠南，长一里，（滩）〔灌〕田八十余亩。）

鲁家渠（在干渠南，长一里半，灌田一百余亩。）

余家渠（在干渠南，长一里半，灌田一百余亩。）

潘家渠（在干渠南，长一里半，灌田一百余亩。）

蒋家渠（在干渠南，长一里半，灌田一百余亩。）

何家渠（在干渠南，长一里半，灌田一百余亩。）

何家渠（在干渠北，长一里，灌田一百八十余亩。）

何家渠（在干渠南，长一百五十步，灌田二十余亩。）

何家渠（在干渠南，长五十余步，灌田十余亩。）

何家渠（在干渠北，长一里，灌田二百余亩。）

任家渠（在干渠南，长一里半，灌田一百余亩。）

任家渠（在干渠南，长半里，灌田三十余亩。）
任家渠（在干渠东，长一里半，灌田一百二十余亩。）
张家渠（在干渠东，长一里半，灌田一百五十余亩。）
梁家渠（在干渠东，长二里，灌田二百余亩。）
吴家渠（在干渠东，长二里，灌田一百五十余亩。）
张家渠（在干渠东，长二里，灌田一百八十余亩。）
方渠子（在干渠东，长二里半，灌田二百余亩。）
边渠（在干渠东，长二里，灌田二百三十余亩。）
东边渠（在干渠东，长二里，灌田二百三十余亩。）
一窝蜂（在干渠西，长二里半，灌田三百余亩。）
吴渠（在干渠西，长四里，灌田五百余亩。）
朱家渠（在干渠西，长八里，灌田一千一百三十余亩。）
庙渠子（在干渠东，长半里，灌田八十余亩。）
谢家渠（在干渠东，长一里，灌田五十余亩。）
朱渠子（在干渠西，长一里，灌田一百余亩。）
沙渠子（在干渠西，长三里，灌田三百余亩。）
谢家渠（在干渠东，长一里，灌田七十余亩。）
殷家渠（在干渠东，长二里，灌田一百五十余亩。）
五家渠（在干渠东，长一里，灌田一百余亩。）
陆家渠（在干渠西，长半里，灌田八十余亩。）
小闸渠（在干渠西，长二里，灌田一百八十余亩。）
陈家渠（在干渠东，长三里半，灌田二百余亩。）
马家渠（在干渠西，长四里，灌田五百余亩。）
毛家渠（在干渠西，长四里，灌田四百五十余亩。）
陈家渠（在干渠东，长半里，灌田三十余亩。）
毛家渠（在干渠西，长二里，灌田二百余亩。）

陈家渠（在干渠东，长二里，灌田一百三十余亩。）

方家渠（在干渠西，长三里，灌田三百余亩。）

阎家渠（在干渠东，长半里，灌田五十余亩。）

杨家渠（在干渠西，长三里，灌田四百余亩。）

陶家渠（在干渠西，长三里，灌田三百七十余亩。）

郭家渠（在干渠东，长一里半，灌田一百余亩。）

金家渠（在干渠东，长一里，灌田七十余亩。）

筷子渠（在干渠西，长一里，灌田一百余亩。）

西渠（在干渠东，长二里半，灌田二百余亩。）

中渠（在干渠东，长二里，灌田二百余亩。）

沙渠（在干渠东，长三里，灌田三百五十余亩。）

大拉渠（在干渠北，长三里，灌田四百余亩。）

官渠（在干渠北，长一里，灌田一百五十余亩。）

王渠（在干渠北，长二里，灌田二百二十余亩。）

导渠（在干渠南，长一百六十步，灌田二十余亩。）

金家渠（在干渠北，长一里，灌田九十余亩。）

黄渠（在干渠北，长半里，灌田七十余亩。）

沙渠（在干渠南，长二里，灌田八十亩。）

郭家渠（在干渠北，长一里，灌田二百五十余亩。）

丁家渠（在干渠南，长一里半，灌田一百亩。）

刘家渠（在干渠北，长二里，灌田二百亩。）

黄渠（在干渠北，长二里，灌田二百亩。）

姚渠（在干渠南，长一里，灌田八十余亩。）

刘家渠（在干渠北，长一里，灌田一百亩。）

刘家渠（在干渠北，长三里，灌田二百余亩。）

毛家渠（在干渠南，长半里，灌田三十余亩。）

刘家渠（在干渠北，长五里，灌田四百余亩。）
西渠（在干渠西，长二里半，灌田二百余亩。）
庙渠（在干渠西，长二里，灌田一百八十余亩。）
陈家渠（在干渠西，长二里半，灌田二百余亩。）
张家渠（在干渠东，长半里，灌田四十余亩。）
秦家渠（在干渠东，长一里，灌田一百余亩。）
金家渠（在干渠东，长半里，灌田二十余亩。）
马家渠（在干渠西，长五里，灌田三百亩。）
王家渠（在干渠东，长半里，灌田八十余亩。）
黄渠（在干渠西，长一里半，灌田二百亩。）
郭家渠（在干渠西，长五里，灌田五百七十余亩。）
高渠（在干渠东，长一里，灌田一百余亩。）
黄家渠（在干渠西，长五里，灌田三百余亩。）
老鼠渠（在干渠东，长一里，灌田六十余亩。）
边渠（在干渠东，长半里，灌田二十余亩。）
高渠（在干渠西，长二里，灌田二百五十亩。）
庙渠（在干渠西，长五里，灌田四百余亩。）
边渠（在干渠东，长一里，灌田五十亩。）
中渠（在干渠东，长三里，灌田二百余亩。）
新渠（在干渠东，长十三里，灌田八百五十亩。）
周家渠（在干渠西，长四里，灌田三百余亩。）
赵家渠（在干渠东，长半里，灌田五十余亩。）
洼路渠（在干渠西，长四里，灌田四百亩。）
蔡家渠（在干渠西，长一里半，灌田二百亩。）
吴家渠（在干渠西，长四里，灌田三百五十亩。）
吴家渠（在干渠东，长半里，灌田三十余亩。）

赵家渠（在干渠东，长半里，灌田三十余亩。）

回回渠（在干渠西，长六里，灌田五百余亩。）

吴家渠（在干渠东，长半里，灌田六十余亩。）

吴家渠（在干渠西，长二里半，灌田二百余亩。）

藏家渠（在干渠东，长半里，灌田三十余亩。）

赵家渠（在干渠西，长一里，灌田一百二十亩。）

赵家渠（在干渠西，长约一百步，灌田十余亩。）

谭家渠（在干渠东，长一百余步，灌田二十亩。）

吴家渠（在干渠西，长五里，灌田三百余亩。）

阎家渠（在干渠东，长一百余步，灌田十余亩。）

阎家渠（在干渠东，长七十余步，灌田十余亩。）

陈家渠（在干渠东，长一百步，灌田十余亩。）

陈家渠（在干渠西，长一里，灌田一百余亩。）

张家渠（在干渠东，长一里半，灌田八十余亩。）

牟家渠（在干渠东，长一百余步，灌田十余亩。）

吴家渠（在干渠东，长七十余步，灌田十余亩。）

吴大渠（在干渠西，长五里，灌田四百余亩。）

吴家渠（在干渠东，长半里，灌田八十余亩。）

高渠（在干渠东，长半里，灌田五十余亩。）

藏家渠（在干渠西，长四里，灌田三百余亩。）

高家渠（在干渠东，长半里，灌田八十余亩。）

张家渠（在干渠东，长半里，灌田六十余亩。）

张家渠（在干渠东，长一里，灌田八十余亩。）

吴家渠（在干渠东，长一百余步，灌田十余亩。）

吴家渠（在干渠东，长半里，灌田五十余亩。）

杨家渠（在干渠东，长半里，灌田三十余亩。）

马家渠（在干渠西，长半里，灌田九十余亩。）
杜家渠（在干渠东，长一百余步，灌田十余亩。）
马家渠（在干渠西，长半里，灌田一百亩。）
杜家渠（在干渠东，长百余步，灌田十余亩。）
杨家渠（在干渠东，长百余步，灌田十余亩。）
马家渠（在干渠西，长百余步，灌田三十余亩。）
杨家渠（在干渠东，长百三十余步，灌田十余亩。）
马家渠（在干渠西，长百七十余步，灌田二十余亩。）
马家渠（在干渠东，长一里，灌田八十余亩。）
马家渠（在干渠西，长百三十余步，灌田二十余亩。）
丁家渠（在干渠东，长半里，灌田六十余亩。）
丁家渠（在干渠东，长半里，灌田五十余亩。）
大拉渠（在干渠东，长一里半，灌田一百余亩。）
丁家渠（在干渠西，长百余步，灌田二十余亩。）
丁家渠（在干渠东，长半里，灌田三十余亩。）
丁家渠（在干渠东，长半里，灌田四十余亩。）
马家渠（在干渠西，长百余步，灌田二十余亩。）
丁家渠（在干渠东，长半里，灌田八十余亩。）
马家渠（在干渠东，长半里，灌田六十余亩。）
马家渠（在干渠东，长半里，灌田五十亩。）
马家渠（在干渠西，长半里，灌田八十余亩。）
马家渠（在干渠东，长一里，灌田八十余亩。）
马家渠（在干渠西，长半里余，灌田七十余亩。）
马家渠（在干渠东，长一百步，灌田十余亩。）
马家渠（在干渠西，长半里，灌田七十余亩。）
马家渠（在干渠东，长半里，灌田四十余亩。）

马家渠（在干渠西，长一百步，灌田二十亩。）
马家渠（在干渠东，长八十步，灌田十余亩。）
蒋家渠（在干渠西，长五里，灌田三百余亩。）
王家渠（在干渠东，长七十余步，灌田八亩余。）
景家渠（在干渠东，长七十步，灌田十亩。）
蒋家渠（在干渠西，长半里，灌田八十余亩。）
景家渠（在干渠东，长一百步，灌田十亩。）
马家渠（在干渠西，长一里，灌田一百亩。）
王家渠（在干渠东，长百三十步，灌田十余亩。）
马家渠（在干渠西，长一里，灌田一百亩。）
马家渠（在干渠东，长一百步，灌田十余亩。）
马家渠（在干渠东，长七八十步，灌田十余亩。）
马家渠（在干渠西，长一百步，灌田二十亩。）
景家渠（在干渠西，长五里，灌田四百余亩。）
王家渠（在干渠西，长三里，灌田一百余亩。）
马家渠（在干渠西，长三里，灌田二百余亩。）
纪家渠（在干渠东，长二里，灌田二百余亩。）
纪家渠（在干渠东，长二里，灌田一百余亩。）
纪家渠（在干渠东，长一里半，灌田一百余亩。）
苏家渠（在干渠西，长一里，灌田一百五十亩。）
李家渠（在干渠西，长二里，灌田二百余亩。）
马家渠（在干渠西，长半里，灌田三十亩。）
李家渠（在干渠西，长一里半，灌田一百五十亩。）
王家渠（在干渠东，长五里，灌田二百亩。）
王家渠（在干渠西，长五里，灌田四百亩。）
王家渠（在干渠西，长五里，灌田三百五十亩。）

李家渠（在干渠西，长半里，灌田八十亩。）

王家渠（在干渠东，长五里，灌田三百亩。）

李家渠（在干渠西，长一里，灌田一百二十亩。）

丁家渠（在干渠东，长半里，灌田三十亩。）

马家渠（在干渠西，长一里半，灌田二百亩。）

马家渠（在干渠西，长二里半，灌田三百亩。）

梅家渠（在干渠西，长一百步，灌田二十亩。）

马家渠（在干渠东，长一里，灌田八十亩。）

马家渠（在干渠东，长百余步，灌田十余亩。）

王家渠（在干渠北，长五里，灌田四百亩。）

岳家渠（在干渠南，长一百步，灌田十亩。）

王家渠（在干渠北，长一百步，灌田二十亩。）

尧家渠（在干渠南，长五里，灌田三百余亩。）

马家渠（在干渠南，长半里，灌田三十亩。）

王家渠（在干渠北，长三里，灌田二百亩。）

马家渠（在干渠南，长一里半，灌田八十余亩。）

牛家渠（在干渠南，长一里，灌田五十亩。）

王家渠（在干渠北，长一里，灌田六十余亩。）

张家渠（在干渠北，长三里，灌田二百亩。）

张家渠（在干渠北，长半里，灌田三十亩。）

李家渠（在干渠北，长一百步，灌田二十亩。）

岳家渠（在干渠北，长百余步，灌田十余亩。）

牛家渠（在干渠南，长半里，灌田六十亩。）

马家渠（在干渠北，长一里，灌田八十亩。）

王家渠（在干渠北，长半里，灌田七十余亩。）

牛家渠（在干渠南，长半里，灌田五十余亩。）

王家渠（在干渠北，长一里，灌田八十亩。）

杨家渠（在干渠北，长半里，灌田六十余亩。）

马家渠（在干渠北，长二里，灌田一百余亩。）

九　天水渠

(一) 沿革

天水渠在河忠堡。（按：河忠堡原在河西，归宁夏县管辖，后于民国二十二年划分县界，将河忠堡分归宁朔县管辖，二十四年，即拨灵武统治，而堡亦改为乡。）旧受汉延渠水，有支渠名河忠渠。清顺治初，灵州被水冲啮，因于河忠堡西岸挑沟，以分水势。后河竟西趋，将河忠堡隔在河东，堡民即由河自开小渠二道，藉以灌溉。但开自何年，无从稽考，按：《道志》以为系乾隆四十五年以后所开，彼时河形无定，虽开有渠道，渠口未能持久，以致河忠堡常告亢旱，无法救济。

光绪三十四年，宁夏府知府赵维熙拟另辟渠道，以为一劳永逸之计，惟苦无开口地点，几致中辍。后以金积县汉渠退水之清水沟，水量甚大，至新接村而入于河，相度地形，尚堪利用，遂接引清水沟，利用废水，引以灌溉，较为妥当，遂将清水沟引长，经过河忠堡直至玉皇垥而入于河，但能灌田者，不过十五余公里，按：渠为赵知府所开，赵姓为天水郡，故名为天水渠云。

(二) 流域概况

查：天水渠接引之清水沟，发源于汉渠退水之巴浪湖，经吴南村由秦渠底修作阴洞以穿过之，自巴浪湖至秦渠阴洞，约四公里许。自阴洞起向东北流，经吴东村至新接堡之曾家闸，约九公里许，沟身率皆低洼，未能引以灌溉，惟曾家闸附近，沟身较高，尚能引水入田，故于此处设提水闸。沟西开有支渠两道，闸下再流约九公里许，至石家桥，仍属低洼，由石家桥起，始可灌田，其天水渠与清水沟命名之分界，即在此也。由此亦入河忠堡境内，下流一公里半，即至正闸（俗名迎水闸）。渠西有支渠一道；渠东有支渠三道；闸上附近渠西有退水闸一道。由正闸起，向东北流至杨鸿桥为上段，长五公里。渠东有支渠九道；渠西有支渠十道，自杨鸿桥仍向东北流，长十一公里半，至尾闸为下段。渠东有支渠二十六道；渠西有支渠二十三道，由尾闸而入泄水沟，约十余公里，至玉皇垮入黄河。计天水渠共长十八公里，共有大小支渠七十二道，完全浇灌河忠堡田一万余亩。

（三）闸

查天水渠渠身较低，上水困难，设提水闸数道，以资补救；惟该渠水势较小，水性缓慢，其所设之各闸均系木料制成，亦甚简单。兹将所有闸名，分列于后。

曾家闸（在新接村，宽八尺，高五尺。作法系一木框，两八字墙，用草作成，以下各闸均如此作法。）

杨官闸（在新接村与河忠乡交界处，宽八尺，高五尺。）

退水闸（宽一丈一尺，高六尺五，与提水闸作法相同，水大则开闸以退之，水小则闭其闸以增加水量。）

迎水闸（即正闸，与提水闸相同，不过水大时可闭此闸，由退水闸以泄水势。）

于家闸（宽七尺，高五尺。）

王家闸（宽六尺，高四尺。）

邓家闸（宽五尺，高四尺。）

史家闸（宽五尺，高四尺。）

陶家闸（宽三尺，高三尺。）

尾闸（宽三尺，高二尺半。）

（四）飞槽

查引修天水渠时，将新接村引秦渠水以灌田之支渠截断，则新接村之田隔在渠西者无法灌溉，只得就支渠经过之地架设飞槽，以资接济。兹将各飞槽名称列后。

头道槽（系以整个树身之大半，凿成槽状，以架设之，长一丈，宽八寸，高一尺。）

二道槽（系用木板构成，长一丈一尺，宽二尺一寸，高二尺六寸。）

三道槽（系用木料构成，上覆以土，两旁亦用土筑成，长一丈，宽二尺三寸，高二尺。）

以上三飞槽，均系秦渠之支渠新渠，至此分为三汊，分渡渠西，藉以灌溉也。

（五）桥梁

查清水沟与天水渠共有桥梁八道。兹分列于后。

上桥（在吴东村，长一丈六尺，宽九尺，系清水沟之桥。）

下桥（在新接村，长一丈五尺，宽八尺，系清水沟之桥。）

新接桥（在新接村，长一丈一尺，宽八尺，系清水沟之桥。）

石家桥（在天水桥与清水沟分界之处，长一丈三尺，宽八尺。）

上寨桥（长一丈，宽七尺。）

杨家桥（长一丈，宽七尺。）

杨鸿桥（长九尺，宽七尺。）

高桥（为宁灵汽路必经之桥，长八尺，宽八尺。）

（六）沟洞

查天水渠有山水沟洞一道，在新接桥下之张家庄附近，后因山水沟道冲决，直向灵武城西之湖滩淹漫，以致此洞至今废弃淤塞矣。

（七）夫料之来源

查天水渠之夫料亦由河忠乡受水户民（滩）〔摊〕征，惟该渠工程甚小，所用夫料亦极有限，按本年于所灌之田，每亩仅征料款三分九厘而已。

（八）工程设施之配置

查天水渠工程，除挑挖渠身外，不过修补闸工与桥梁耳。此外又于新接村每年补修飞槽三道，于清水沟补修桥梁五道。至补修飞槽与桥梁等工程，因接引天水渠时，占用新接村之田地及截断支渠之故，此项工程彼时即订由该渠担任，藉资调剂。大抵天水渠工程以挑挖渠身之夫工，占其大半，其他补修等工程，则甚微耳。

（九）管理组织及经费

查：天水渠按志书载为堡民公同合作，自行管理。自十八年改省后，归由建设厅管理，建厅复令与河西大清渠并局办理。

至本年（二十四年）改局制为委员制，该渠遂独立设一委员会，仍由堡民自行管理，内设常务委员一人、委员二人、段长二人、临时书记与警察各一人，其经费亦由坝料款项筹措，月支经常费不过十六七元耳。

（十）结论

查天水渠发源于巴浪湖，而巴浪湖为汉渠梢及秦汉各支渠之退水湖总汇之处。天水渠既引此湖之退水以灌田，则水量即听其自然，本身无自主之可能，故该渠困难之处在所不免，兹述于后。

（甲）困难之点

（1）水性方面：查本省地质多咸，全恃黄河之水，引以灌溉，乃得变为沃壤，因黄河之水含有肥料最多，若一经灌田之余水，则其养分完全滤过，且带咸性，河水本系黄色，经过灌田而蓄于湖，即变为清水，俗称乏水（无力之谓），今天水渠藉此水以灌田，其所得之利益，较之直接浇灌河水者，相差甚巨矣。

（2）水量方面：查湖水之来源系各渠梢之退水，若渠水大，则退水即多，湖水因之亦充足；反之则湖水必小，是天水渠既引湖水以灌溉，其水量之增减，本身无自主之可能也。

（乙）救济办法

查天水渠原引湖水以修浚者，因彼时无从黄河引水之可能性，故当时为救济起见，只得引灌湖水，总较无水种旱者略强，但河形业经数十年之变迁，据当地人之观察，现由古城湾可以直接引流，惟无力举办，徒滋兴叹耳！夫以河忠乡滩有两千余顷之大，除现在耕种者，不及十分之一外，其余率皆荒芜；并系即可垦成沃壤之地，因无良好渠道，无法垦殖，不啻弃利于地，殊为惋惜！兹按实际情形，略述改良之见于后。

（1）修复山水沟：山水沟原由天水渠底穿过，而入于河，迨后于西路村冲决，在灵武城西淹漫，一望无际，现经多年，业将西门外之大湖滩完全淤淀高起，故淹漫之患日益扩大。现在若将山水沟仍引由原路入河，既可免除水患，亦可灌溉偌大之荒滩，使成沃壤。

（2）改修渠道：天水渠若能于古城湾开口，其渠道之路线与经过地点，亦有改革之必要。若就现在渠道，其渠东逐高起，上水困难，只得改道经过西门村、史家壕，直至玉皇而入河。以现在之渠道作一大支渠，将清水沟亦由渠底穿过，输之于河，如是则河忠乡滩可尽量开垦矣。

以上两点并非轻易之举，必须筹集巨款，积极举办，乃得成效。此举倘能实现，既可于河忠乡从事垦殖，复可藉以繁荣灵武县治，其利甚溥，惜力有未逮也！

（十一）天水渠支渠

张家渠（在干渠西，长三里半，灌田三百余亩。）

曾家渠（在干渠西，长二里，灌田二百八十余亩。）

杨官渠（在干渠西，长三里半，灌田三百余亩。）

赵家渠（在干渠东，长三里，灌田二百五十余亩。）

杨家渠（在干渠东，长一里半，灌田二百余亩。）

杨家渠（在干渠东，长一里半，灌田一百余亩。）

杨家渠（在干渠西，长一里半，灌田一百余亩。）

新渠（在干渠西，长二里半，灌田一百五十余亩。）

龙渠（在干渠西，长三里半，灌田三百五十余亩。）

史家渠（在干渠东，长四里，灌田二百余亩。）

魏家渠（在干渠东，长二里半，灌田一百八十余亩。）

杨家渠（在干渠西，长半里余，灌田八十余亩。）

杨家渠（在干渠西，长一里半，灌田一百亩。）

杨家渠（在干渠西，长半里，灌田五十余亩。）

史家渠（在干渠西，长一里，灌田一百余亩。）

毛家渠（在干渠东，长二里，灌田一百五十余亩。）

刘家渠（在干渠东，长三里，灌田四百余亩。）

杨家渠（在干渠东，长一里，灌田二百余亩。）

杨家渠（在干渠西，长四里，灌田二百五十余亩。）

杨家渠（在干渠东，长半里，灌田一百余亩。）

杨家渠（在干渠西，长半里，灌田一百余亩。）

唐家渠（在干渠东，长二里，灌田二百五十余亩。）

谭家渠（在干渠东，长一里，灌田二百余亩。）

王家渠（在干渠西，长三里半，灌田三百余亩。）

红柳渠（在干渠东，长三里，灌田二百余亩。）

睦家渠（在干渠西，长一里，灌田一百五十余亩。）

王家渠（在干渠东，长半里，灌田一百余亩。）

杨家渠（在干渠西，长一里，灌田一百余亩。）

杨家渠（在干渠西，长一里半，灌田一百五十余亩。）

王家渠（在干渠东，长半里，灌田一百亩。）

杜家渠（在干渠东，长三里半，灌田二百余亩。）

李家渠（在干渠东，长一里，灌田二百余亩。）

富家渠（在干渠东，长一里，灌田八十余亩。）

于家渠（在干渠西，长三里，灌田五百余亩。）

陈家渠（在干渠东，长一里半，灌田一百余亩。）

许家渠（在干渠东，长四里，灌田三百余亩。）
邓家渠（在干渠西，长二里半，灌田二百余亩。）
杨家渠（在干渠西，长一里半，灌田一百余亩。）
苏家渠（在干渠东，长一里，灌田一百余亩。）
郇家渠（在干渠西，长三里，灌田二百余亩。）
刘家渠（在干渠东，长半里，灌田七十余亩。）
季家渠（在干渠东，长四里，灌田三百余亩。）
王家渠（在干渠西，长半里，灌田五十余亩。）
冯家渠（在干渠西，长一里，灌田一百余亩。）
徐家渠（在干渠西，长三里，灌田二百余亩。）
杨家渠（在干渠东，长半里，灌田七十余亩。）
王家渠（在干渠西，长七里半，灌田七百五十余亩。）
马家渠（在干渠东，长一里，灌田一百余亩。）
季家渠（在干渠西，长一里，灌田二百余亩。）
郭家渠（在干渠东，长半里，灌田八十余亩。）
李家渠（在干渠东，长二里，灌田二百余亩。）
邓家渠（在干渠西，长七里，灌田五百余亩。）
徐家渠（在干渠东，长半里，灌田一百余亩。）
王家渠（在干渠东，长半里，灌田五十余亩。）
李家渠（在干渠西，长三里，灌田二百余亩。）
史家渠（在干渠东，长十里，灌田七百余亩。）
李家渠（在干渠西，长一里半，灌田二百余亩。）
高家渠（在干渠东，长半里，灌田三十余亩。）
任家渠（在干渠东，长半里，灌田十余亩。）
袁家渠（在干渠东，长半里，灌田五十余亩。）
陶家渠（在干渠西，长三里，灌田二百余亩。）

张家渠（在干渠西，长一里，灌田一百余亩。）

王家渠（在干渠西，长三里半，灌田四百余亩。）

李家渠（在干渠东，长二里半，灌田三百余亩。）

黄家渠（在干渠西，长三里，灌田三百余亩。）

杨家渠（在干渠西，长半里，灌田四十余亩。）

李家渠（在干渠东，长半里，灌田三百余亩。）

杨家渠（在干渠东，长三里，灌田二百余亩。）

司家渠（在干渠西，长一里，灌田一百余亩。）

十　美利渠

（一）沿革

本渠在中卫县西黄河北岸之沙坡头下，开石龙口引水，绕县东北至马草湖，经八塘湾，出油梁沟，达胜金关西入河。创修年代志书未详，相传为元初董文用、郭守敬所开，始名蜘蛛渠，嗣因岸徙口窒，不能受水，明嘉靖壬戌抚军毛中丞命道参文武督本卫丁夫于旧口之西六里，开新渠口，月余成功，易其名曰“美利”。清康熙中渠岸渐高，不能引水，三十年乃于渠口上流，议开石渠，劳费工料，数载弗成。至四十年，副总兵袁公铃开石坝垒塀，水复通流；第渠口狭小，山岸石根坚劲，南岸口埂低缺，渠口受水不多。四十五年，西路同知高士铎鸠工开凿，较旧加深三尺，广阔一丈；又下至迎水桥，建开水闸一道，计六空，旁开减水闸一道，计五空，其下有赵通闸、头闸、营儿闸、王家闸、汪家闸、李家闸、官闸为堵水分入支渠，从兹水利溥焉。至清末宣统三年，夫差不齐，渠渐废弛，知县张心镜设局清查，按田均差，加以整顿。民国以来，地方多故，又渐废弛。二十四年，主席马公少云深悉弊端，力图兴革，乃改订渠制，今[1]由人民选举熟练水利人员，组织本渠水利委员会，藉资整理；并由建设厅统盘筹划，督饬进行。

（二）流域概况

本渠自石龙口引水，沿河岸山麓，顺流东下，口埂俱系天然石底；复经历年镶砌大小石块，坚固异常，利泽优于他渠。自口以下，经大泄水、洪退水、汉减水，入长城，越履坦桥、头道减水、大减水，至迎水桥，长约十公里，为渠流之最上段，关系至为重要；若能修筑坚固，使水畅流无阻，则全渠之一切工程问题均不难迎刃而解矣。此上流一段虽受水地亩极少，又逼近沙山大河，一片荒凉气象，令人望而生畏；然履坦桥以上之南埂即渠之南岸，俗名杨柳塀，历经培填修筑，植以杨柳等树，于极目荒凉之环境中，而现出蜿蜒一线之疏林风景，与河山沙漠相映并列，实觉格外生色。且距渠口以上，里许之沙坡河湾间复有童家园子；一称贵王园子，正值沙坡鸣钟（中卫八景之一）之下，果树林立，蔬菜平铺，极饶景致，故有世外桃源之称；加之渠流河山，沙漠长城，错综罗列，尤属本渠之特色。每于春工施工之际，群众劳碌之余，得此塞外良景，休息玩赏，解人劳苦，增助精神不少。此段工程固巨，风景尤佳。惜其培护之法尚欠研究，倘能参酌科学方法，规定倾斜坡度，兼采园林意式而修治之，则非但景物增色，而于防护渠身及河工上，补益之处，非浅鲜也。

履坦桥系本渠由口至尾之头道桥梁，为中卫通靖远入甘肃之要道，渠经此桥，向东北流至迎水桥间，成一弧形，左临长

[1] 今　此处疑为“令”。

城，右滨头塘滩、黑林渠、田家、王家各支渠，灌溉其右面一带之田地，此为上流得水最先地段。

迎水桥畔有显神庙、高庙各一座，与渠口左旁之龙王庙同为岁修民夫休息之所。桥以西有头道减水、大减水；东有小减水（俗名地老鼠减水）各一道，地势西北高而东南凹，渠之南埂多与地平，宜加培修。以下渠向东行，经赵家桥、白家桥、杨家桥、周家桥，折向东北，越袁家桥、赵通闸，至官桥（亦曰沙渠桥），长十二公里。左有永安、正通、牛家、杨家、白塔等支渠；右有大板槽、二渠、胡家渠等支渠，分别灌溉中卫县西南两方田地，此段两岸渠埂，亦欠修整，凸凹薄厚不一，树木亦少，以后岁修，与以下堤埂，同须注意培植修护。

官桥而下，渠向北流，经杨家桥、机灵闸，至姚家庄子南，折向东流；又经王家闸、汪家闸、韩家闸（韩家闸以上为上段，以下为下段）、和尚闸、白家桥、李家营子、萧家营子、张家闸、瑞（雪）〔云〕寺、孙家板桥、门家牌楼、冯家桥、张家湾、沈家桥、朱家桥、常家营子、邵家桥、吴家营子、观音寺、崔家岗、唐家营子、孙家营子、周家桥、关庄庙、李家营子、张家营子、常家营子、王家营子，东北咀（以上数处，通称马草湖，亦曰八塘湾，又名北沟崖）；再下又东南流，经李家园子、黄家庄子、九塘湖，出油梁沟，至胜金关西、雷家沙窝，向南入新生渠，并泄水入河。

自官桥至梢，长约五十五公里，支流纵横，大小洞口，凡百余道，名称不一，其大部分多系左入北沟，右入清水沟，并归于油梁沟。

全渠共长约七十七公里，合一百五十四市里（旧志所载渠长二百里，或系并指接引梢水而言）。共有支渠，大小一百三十七道。灌田九万五千余亩。全渠水流甚为充分；惟因地势所限，又其南有太平、新北、旧北、复盛等渠，分别独立开口，各自引流，以致美利渠之灌溉力，未尽其量。假使以南各渠渠口均行放弃，俱用美利之水引以灌溉，稍加疏浚，当可足用有余。若然则各渠无另辟渠口之劳，而以其所余之工，合力修治美利一渠，非但省工节费，水量充足；且于河防上，亦可减轻灾患于无形也。

进而言之：极美利渠之水力扩充整修，即胜金关以下，中宁河北之新生、中济、长永、丰乐等渠，以至广武一带，均可引灌其水，考查既往太平渠、北渠及胜水渠（今名新生渠）于水量缺乏时，均曾接引美利渠水灌溉，即其验也。宁夏往昔主持水利者为便于经营及距宁远近等关系，向多注意青铜峡以下各渠，尤以汉、唐、惠、清为最，峡以上不甚重视，故美利、七星等渠之闸道、桥梁各项设备上，较汉、唐等渠为逊，假使上下人士咸重视美利，悉心规划，竭力整修，则以其渠之口身优良，水力充足，不难进为全省之模范渠云。名曰美利，良有以也。

中卫关心渠务士绅不乏其人，第二次省政会议时，曾有提议，请求公款疏通北沟、修筑新旧北渠者，所见甚是。然若以修筑太平、新北、旧北、复盛等渠之夫料财力，而扩充修治美利渠，并以其余力或公款补助，接引美利疏浚各渠及北沟，兼筹并顾，其利自溥，一劳永逸，岂非善策？至以后岁修之节工省费，减少河患，更属意料中事也。

美利及卫宁两县所有各渠固各有其相当之价值，然以其设备上，较汉、唐、惠、清等渠为次。故其闸道增减水量，概无水位标尺；且多无正闸，名称习惯上亦间有不同（如跨渠渡水之木槽，彼名曰飞槽，在此则名曰橙槽。）本编所记，因时间促迫，未遑详勘细查，挂漏之处诚恐难免，惟待以后续查，再行详加考究之耳。

（三）堺

迎水之坝，防水之堤，俱名之曰堺。美利渠之迎水堺，曰邋遢堺，亦曰跳水，在渠口上边河内，长约四百公尺，宽四五公尺至十数公尺不等，高四公尺上下，系用卵杂石料堆积而成。每年春工时，凡有冲刷塌陷之处，均用石桩堵填，杂以软草塞压，加高增厚，以便迎水入口。河水大时，则越堺跳流，故有跳水之名，入渠口以下有杨柳堺，每年春季施工时，堺上用碎石、柳枝并和以泥土，筑高培厚。堺之左右根底镶砌石块，以防冲刷；堺之上面及汉减水以下系普通土筑，即用渠内挖取淤泥土沙而高厚之。遇有水刷堺堤单弱之处，以柳枝、芨芨、软草、石块镶筑之。以下渠之两岸亦间名曰堺，岁修挖取渠内泥土分置其上，浚培兼顾，一举两得，此其修筑之概况也。

（四）减水

减水闸有六：曰大减水，曰洪退水，俱向黄河泄溢过量之水，永不封闭。曰汉减水，水小时，顺渠直流而下，自不外泄；若遇河涨水大时，自能向外大泄之。以下至迎水桥附近，有头道减水、大减水（各系二空，每空高宽各三公尺许，长十二公尺余），及小减水（俗名地老鼠减水），均做有水闸桥梁；并有水手，常川住守，视水量之大小，以定水闸之高下，水小则用木桩闭塞，使渠水增高；水大则减之使低，调节水量，不致有泛溢溃涸之患。惟其规定水位之高下，全视龙头石基以记忆而定，不若唐汉等渠之设立水位分数尺之为善也。

（五）闭水闸

有赵通闸（长宽各约四公尺，高二公尺，以下各闸渐小）、营儿闸、头闸、二闸、机灵闸、王家闸、汪家闸、韩家闸、和尚闸、李家闸、赵家闸、马家闸、张家闸、白家（阐）〔闸〕、孙家闸、门家闸、冯家闸、沈家闸、官闸、叶家闸、刘家闸、郭家闸、吴家闸、曾家闸、亭家闸等，均为堵水流入支渠之用，构筑颇简，多系石基木框，愈至下流，水量愈小，简陋益甚。各闸由各该受水田户随时自由启闭，如有损坏，亦自行修筑。

（六）桥梁

大小桥梁，凡二十有二道。上段汉减水与大减水之间有履坦桥，大减水与小减水之间有迎水桥，中卫城西关外有官桥（亦曰沙渠桥）及渠稍雷家沙窝之大桥。此四桥均通大道，建筑较好，尚属坚固。其余迎水桥至官桥间，有赵家桥、白家桥、杨家桥、周家桥、袁家桥，自官桥以下，又有杨家桥（即营儿桥）、机灵桥、白家桥、赵家桥、张家桥、李家桥、孙家板桥、门家桥、冯家桥、王家桥、沈家桥、朱家桥、邵家桥等。因均系通行乡村道路，建筑颇多简陋，间有桥闸合而为一者，如机灵桥，亦曰机灵闸等是，因桥为闸，一举两得，颇属便当。

（七）橙槽

橙槽，亦曰飞槽。美利渠之黑林支渠越太平渠身而过，架有橙槽一座，长八公尺余，高宽各约一公尺。

（八）支渠

黑林渠（由汗减水至沙圪塔庄子，长五里，灌田一千零五十亩。）

王家渠（由汗减水至房家减水，长三里，灌田四百五十亩。）

田家渠（由汗减水至迎水桥，长七里，灌田二千二百亩。）

李家渠（由显神庙至小减水，长二里，灌田三十二亩。）

吴家渠（由显神庙至小减水，长二里，灌田二百四十亩。）

大板槽渠（由杨家〔桥〕至新橙槽，长四里，灌田五百八十亩。）

永安渠（由赵家桥至洛阳湖，长二十里，灌田一千三百亩。）

正通渠（由赵家桥至清水沟，长二十二里，灌田三千八百九十亩。）

牛家渠（由白家桥至牛家滩，长八里，灌田一千一百亩。）

杨家渠（由杨家桥至白家塔渠，长十八里，灌田二千二百亩。）

小王儿渠（由沿路桥至甘露池坑，长半里，灌田一百五十亩。）

李家渠（由周家桥上至甘露池，长半里，灌田九十亩。）

吴家渠（由周家桥上至露池坑，长半里，灌田七十亩。）

席家渠（由周家桥至潦池坑，长一里，灌田三百二十亩。）

汤家渠（由袁家桥至潦池坑，长一里，灌田一百二十亩。）

关旦渠（由袁家桥至潦池坑，长一里，灌田二百二十亩。）

张家渠（由袁家桥至潦池坑，长一里，灌田二百五十亩。）

岳家渠（由砖窑至岳家庄子，长一里，灌田三百亩。）

胡家渠（由胡家套子至王家营，长一里，灌田六十亩。）

曹家渠（由马路塘至王家茔子，长一里，灌田八十亩。）

二渠（由炭厂入周家桥，长六里，灌田二千一百亩。）

胡家渠（由袁家桥至太平桥，长八里，灌田二千四百亩。）

周家渠（由马路塘至王家茔子，长一里，灌田八十亩。）

沙砣渠（由马路塘至石子渠，长一里半，灌田三百亩。）

大力渠（由官桥上至南园子，长二里，灌田三百二十亩。）

石子渠（由胡家套子至东教场，长五里，灌田一千亩。）

白塔渠（由赵同闸至清水沟，长十八里，灌田一千五百亩。）

解家渠（由官渠口至乱葬坟，长三里，灌田五百亩。）

官渠（由独木桥至牛路子，长三十里，灌田三万一千亩。）

大尹家渠（由尹家庙至小沟子，长三里，灌田三百亩。）

小尹家渠（由杨家桥至韩家闸，长一里，灌田二百亩。）

八字渠（由杨家桥至刘家湖坑，长十里，灌田三千六百亩。）

庙儿渠（由杨家桥至韩家闸，长十里，灌田六千亩。）

隔水渠（由蒋家桥至刘家湖坑，长三里半，灌田三百四十亩。）

汪家渠（由蒋家桥至刘家湖坑，长三里半，灌田三百五十亩。）

辛甘渠（由杨家桥至路家湖，长一里，灌田三百亩。）

长梢渠（由杨家桥至出水沟，长一里半，灌田四百亩。）

叶胡渠（由头闸至路家湖，长一里，灌田二百五十亩。）

石板渠（由头闸至二沟，长四里，灌田四百亩。）

王家渠（由头闸至二沟，长三里，灌田四百五十亩。）

大直渠（由二闸至二沟，长四里半，灌田三百四十亩。）

墩子渠（由二闸至二沟，长三里，灌田三百四十亩。）

快水渠（由二闸头至小湖坑，长二里，灌田一千一百亩。）

汪家渠（由汪家闸至张家大湖，长二里，灌田一千六百亩。）

机灵渠（由机灵闸至二沟，长四里，灌田五百四十亩。）

东边渠（由头闸至出水沟，长一里，灌田二百亩。）

西边渠（由头闸至出水沟，长一里，灌田二百亩。）

梁家渠（由韩家闸南至白家桥大渠，长一里，灌田三百亩。）

王家渠（由韩家闸南至白家桥大渠，长一里，灌田三百亩。）

新渠（由牛家桥至清水沟，长二十里，灌田一千亩。）

鲁家渠（由牛家桥至清水沟，长二十里，灌田五百亩。）

崔家渠（由白家桥至鲁家渠，长二里，灌田四百亩。）

冯家渠（由赵家闸至东湖，长四里，灌田一千亩。）

赵家渠（由马家闸至东湖，长三里，灌田二百五十亩。）

杨家渠（由马家闸至小沟，长一里，灌田八十亩。）

王家渠（由马家闸至王家湖，长五里，灌田一千亩。）

赵家渠（由马家闸至张家湖，长三里，灌田六百亩。）

黄家渠（由赵家闸至小沟，长一里，灌田一百亩。）

吴家渠（由赵家闸至小沟，长半里，灌田一百亩。）

赵家渠（由赵家闸至小沟，长一里半，灌田五十亩。）

尹家渠（由赵家闸至小沟，长一里，灌田一百二十亩。）

范家渠（由曹家闸至沙沟，长五里，灌田五百亩。）

张家渠（由张家闸至沙沟，长一里，灌田二百亩。）

高家渠（由李家闸至沙沟，长一里，灌田一百亩。）

常家渠（由白家闸至沙沟，长一里，灌田一百一十亩。）

边渠子（由白家闸至清水沟，长一里，灌田一千一百亩。）

孙家洞子（由孙家闸至清水沟，长一里，灌田一百一十亩。）

陆家洞子（由孙家闸至清水沟，长一里，灌田四百亩。）

门家洞子（由孙家闸至沙沟，长一里，灌田四百亩。）
郭家洞子（由孙家闸至沙沟，长一里，灌田四百亩。）
王家洞子（由门家闸至沙沟，长一里，灌田一百五十亩。）
门家洞子（由门家闸至沙沟，长一里，灌田一百五十亩。）
冯家洞子（由冯家闸至沙沟，长一里，灌田一百五十亩。）
胡家洞子（由冯家闸至沙沟，长一里，灌田一百五十亩。）
张家洞子（由门家桥至清水沟，长一里，灌田一百五十亩。）
冯家洞子（由门家桥至清水沟，长一里，灌田一百五十亩。）
刘家洞子（由门家桥至沙沟，长一里，灌田一百五十亩。）
门家洞子（由门家桥至沙沟，长一里，灌田一百五十亩。）
刘家洞子（由冯家闸至清水沟，长一里，灌田一百五十亩。）
冯家洞子（由冯家闸至清水沟，长一里，灌田一百五十亩。）
尹家洞子（由冯家闸至沙沟，长一里，灌田一百五十亩。）
尹家洞子（由冯家闸南至沙沟，长一里，灌田一百五十亩。）
李家洞子（由张家闸南至清水沟，长一里，灌田一百五十亩。）
张家洞子（由张家闸南至清水沟，长一里，灌田二百亩。）
张家洞子（由张家闸北至清水沟，长一里，灌田二百亩。）
王家洞子（由王家桥南至清水沟，长一里，灌田二百亩。）
张家洞子（由王家桥北至沙沟，长一里，灌田二百亩。）
段家洞子（由王家桥北至沙沟，长一里，灌田二百亩。）
万家洞子（由王家桥北至沙沟，长一里，灌田二百亩。）
沉家洞子（由沉家桥南至清水沟，长一里，灌田二百亩。）
秦家洞子（由沉家桥南至清水沟，长一里，灌田二百亩。）
沉家洞子（由沉家桥北至沙沟，长一里，灌田二百亩。）
袁家洞子（由沉家桥北至沙沟，长一里，灌田二百亩。）
龚家洞子（由沉家桥北至沙沟，长一里，灌田二百亩。）

沉家洞子（由沉家下闸南至清水沟，长一里，灌田二百亩。）

沉家洞子（由沉家下闸南至清水沟，长二里，灌田二百亩。）

张家洞子（由沉家下闸北至沙沟，长一里，灌田二百亩。）

常家大渠子（由沉家下闸北至沙沟，长一里，灌田二百亩。）

朱家陡口（由官闸南至清水沟，长一里，灌田二百亩。）

烟葫芦沟（由官闸北至沙沟，长一里，灌田二百亩。）

马家渠子（由叶家闸北至北沟，长二里，灌田二百亩。）

贾家渠子（由叶家闸北至北沟，长二里，灌田一百五十亩。）

陈家渠子（由叶家闸南至贾家阴沟，长一里，灌田四十亩。）

李家渠子（由叶家闸南至贾家阴沟，长一里，灌田三十亩。）

何渠家子（由王家闸北至北沟，长二里，灌田一百亩。）

王家渠子（由王家闸北至北沟，长一里半，灌田七十亩。）

李家渠子（由王家闸南至清水沟，长一里，灌田三十亩。）

柳家渠子（由王家闸南至清水沟，长一里，灌田四十亩。）

学房渠子（由和尚闸北至北沟，长一里半，灌田七十亩。）

和尚渠子（由和尚闸北至北沟，长二里，灌田七十八亩。）

西渠子（由和尚闸南至新渠，长一里半，灌田一百五十亩。）

刘家渠子（由刘家闸北至北沟，长一里，灌田四十亩。）

任家渠子（刘家闸南至新渠，长一里，灌田六十亩。）

崔家渠子（由郭家闸子北至北沟，长一里，灌田五十亩。）

井家渠子（由郭家闸子北至北沟，长一里，灌田四十亩。）

陈家渠子（由郭家闸子北至北沟，长一里，灌田四十亩。）

郭家渠子（由郭家闸子北至北沟，长一里，灌田七十亩。）

东渠子（由郭家闸子南至南沟，长二里，灌田一百亩。）

沙岗子渠（由郭家闸南至南沟，长一里半，灌田一百六十亩。）

唐家渠子（由吴家闸子北至北沟，长一里，灌田四十亩。）

孙家渠子（由吴家闸子北至北沟，长一里，灌田四十亩。）

张家渠子（由吴家闸子北至北沟，长一里，灌田四十亩。）

薛家渠子（由吴家闸子北至阴沟，长一里，灌田五十亩。）

姚家渠子（由吴家闸子北至阴沟，长一里，灌田一百亩。）

赵家渠子（由吴家闸子南至南沟，长二里，灌田一百亩。）

高家渠子（由曾家闸子北至北沟，长四里，灌田一百五十亩。）

李家渠子（由曾家闸子南至板子渠，长一里，灌田六十亩。）

侯家凹子（由张家闸北至北沟，长二里，灌田一百二十亩。）

常家大渠（由张家〔闸〕北至北阴沟，长一里半，灌田二百亩。）

张家大渠（由张家闸南至板子渠，长一里，灌田二百亩。）

陶家大渠（由陶家闸北至北沟，长二里，灌百❶三百亩。）

高家渠子（由高家闸北至北沟，长半里，灌田四十亩。）

东渠子（由高家闸北至北沟，长一里，灌田一百亩。）

十一　太平渠

（一）沿革

是渠元时为贴渠，在中卫县西南，黄河北岸，长城抵河处开口，后废。清康熙四十五年，西路同知高士铎复开，引水东北流，至柔远堡、黎家庄、范家庄，下归油梁沟入河。近年岸徙口窒，如河水低落，即不受水，多赖美利渠之泄水灌溉。

（二）流域概况

自头塘滩、黑林滩西南，黄河北岸，开口引水，向东北流，

---

❶ 百　此处疑为“田”。

经黑林滩、沙圪坦庄子、黄家庙（庙东有石龙口，即受美利减泄之水）东流过大塀湾、大板槽、新橙槽、新墩、炭场，至黑马闸；复向东北，越王蔡桥、蒋家桥、鲍家桥、沈家桥，至沙渠闸；向正东沿大道以南，经柔远堡、红庙墩之间，直至范家高桥，转过路北，分流为二：其一顺路东下梢，会新北渠剩水，入清水沟；一则仍向东北，经范家庄及张家、雍家、常家等庄，流入雍家湖、常家湖，转入清水沟，汇归油梁沟入河。由口至梢，沿长约三十三公里，合六十六市里，灌田四万二千余亩。

(三) 塀

渠口，因河中相对有一滩，利用其分河水向外之力，迎水入口，所以迎水塀仅少有卵石堆积，亦曰跳水。入口以下，至大减水、洪退水，各有石塀，长十数公尺及数十公尺不等，高宽二三公尺至四五公尺，遇有冲坏之处，岁修补筑之。

(四) 减水

黄家庙以西，有草塀减水、大减水各一道；以东有洪退水，焦家庄子东有三道减水，分别减泄过量之水。

(五) 闭水闸

有黑马闸、黄家闸、刘家闸、郭家闸、张家闸、岳家闸、沙渠闸、四道闸、章家闸；以下又有头闸、二闸、高闸等闸。

(六) 桥梁

上段焦家庄子、新墩、炭场各有桥梁一座，以下有王蔡桥、蔡家桥、蒋家桥、鲍家桥、沈家桥、红庙大桥、沙渠桥、范家高桥等桥。

（七）橙槽

上段有黑林渠（美利支渠）橙槽，焦家庄子有焦家橙槽；以下有王家橙槽、陈家橙槽各一道，其长六七公尺至八九公尺，高宽五六公寸至一公尺不等。

（八）暗洞

蒋家桥东北有阴洞一道，长约八公尺，高一公尺，宽一公尺余，上通本渠，下通沟水。

（九）支渠

总渠（由黑马闸至减水梢，长三里，灌田三百亩。）

马家渠（由黑马闸至蔡家庄，长二里，灌田六百四十一亩。）

老二渠（由倪家庄至莫家大楼，长七里半，灌田九百七十亩。）

洪渠（由老二渠至雍万庄子，长三里，灌田一千一百亩。）

雍家渠（由黄家闸北至沙渠闸，长一里，灌田八百亩。）

李家渠（由二渠口至李橙槽，长三里半，灌田一千四百零五亩。）

刘家渠（由刘家闸至洪渠沟，长半里，灌田一千一百一十亩。）

郭家渠（由郭家闸至教场沟，〔长〕一里半，灌田五百八十亩。）

沙渠（由蒋家桥至黄家桥，长一里半，灌田八百二十亩。）

莫家渠（由莫大桥至镇罗堡，长二里半，灌田五百四十亩。）

枣园渠（由枣园渠东南梢入河，长二里，灌田二百一十亩。）

陆家渠（由落渠洞子至教场沟，长一里半，灌田六百四十一亩。）

黄家渠（由张家庄至教场沟，长三里，灌田八百亩。）

高路渠（由鲍家桥至教场沟，长二里，灌田六百二十亩。）

谈家渠（由谈家庄至清水沟，长一里，灌田二百一十六亩。）

张家渠（由张家闸至清水沟，长一里，灌田三百四十亩。）

斗口渠（由王家营子至教场沟，长一里，灌田三百八十二亩。）

岳家渠（由岳闸码头至教场沟，长一里，灌田二百五十亩。）

头渠（由岳关闸至教场沟，长二里，灌田七百二十亩。）

沙渠（由龙王庙至三刹沟，长五里，灌田六百六十亩。）

四道渠（由任家茔至教场沟，长一里，灌田三百六十五亩。）

章家渠（由张家庄至教场沟，长二里，灌田六百一十亩。）

头渠（由头闸至教场沟，长二里，灌田二百八十亩。）

二渠（由头闸至教场沟，长三里，灌田九百八十亩。）

头渠（由头闸至教场沟，长一里半，灌田四百一十亩。）

高渠（由高闸至教场沟，长二里，灌田三百七十亩。）

大渠（由高闸至清水沟，长一里半，灌田五百亩。）

对过渠（由高闸至教场沟，长二里，灌田三百四十亩。）

高桥渠（由范家庄至北沟，长二里，灌田一千零三十亩。）

范家渠（由范家庄至北沟，长二里，灌田一千二百亩。）

十二　旧北渠

（一）沿革

是渠志书所记曰北渠，今人冠以旧字，为别于新北渠也。在中卫县东南镇靖堡河沿开口，引水东北流，过砖塔寺，绕堡东南入复盛渠。创修年代无可稽考，相传开始于明。至清同治五年被河水冲断，乃接用太平渠水灌溉，水小时，每感不便。民国二十四年春，本省第二次全省省政会议，邑绅提议请求省款修筑者，正为此也。

（二）流域概况

自太平渠之黑马闸，引水东流，经星星庙、张家营子、双桥、老阴洞、李家橙槽；折向东北，经砖塔寺、刘家闸湾、薛家庄子；又东向偏南，复经赵家桥、镇靖堡、马家营子、朱家庄子、许家庄子、冯家大庄子，至李家咀子南，入复盛渠，延长约十八公里，合三十六市里，灌田七千八百余亩。

（三）埽

因现无独立渠口，故迎水埽、跳水埽俱无；惟张家营子以南有土埽一座，长千余公尺，宽三五公尺，高不足一公尺。

（四）减水

李家橙槽以南有大减水闸一道，高二公尺，宽一公尺余，长六七公尺，东南流入河。

（五）闭水闸

刘家闸湾以东有响闸，又东北有胡家闸；再东有余家闸、刘家闸。以下朱家庄子南有朱家闸，许家庄子南有东闸；再下有高闸，高宽约一公尺至二公尺余，长二公尺至六七公尺不等。

（六）桥梁

双桥之南有桥一道，砖塔寺东，有莫家大桥；以下有赵家桥、余家桥、新桥、南桥等桥梁。

（七）橙槽

张家营子有张家橙槽一道。

（八）暗洞

李家橙槽西南与新北渠交（义）〔叉〕处有老阴洞两空，宽各二公尺许，高一公尺余，长约十三四公尺，上通本渠，下通新北渠。

（九）支渠

小低渠（自李家橙槽起至莫家楼西南止，长二里。）

南渠（自莫家楼西起至刘庄南入河，长三里。）

陆沟渠（自砖塔桥东入河，长里余。）

三百户渠（自响闸东起至任庄东南入河，长三里。）

营后渠（自关帝庙北起至戴家庄南入河，长一里。）

三岔渠（自杨家闸东南起至余家庄西南入河，长二里。）

新渠（自朱家庄西南起至阎家庄东入河，长二里余。）

小低渠（自朱家庄东起至杨家庄东入新北渠，低渠，长二里半。）

以上支渠外，尚有小灌口二十余个，随意开闭，用否无定，不赘列所有支渠灌口，多系明口或木质灌洞，石口极少。

十三　新北渠

（一）沿革

是渠于民国八年改为“镇兴渠”，习惯上仍沿用旧名，故从俗记之由中卫县南镇罗堡之黄河北岸开口，引水东北流，至李家庄，绕堡东南，入复盛渠。相传开自清初，咸丰六年，同治五年，先后被水冲坏，接用教塔沟水并美利、太平梢水。至民国八年，堡民捐资，在原口偏〔上〕之陈家园子南修筑新口，疏浚渠身，建设闸道。连年以来，岁加补修，灌溉尚称便利；惟限于民力不足，故闸埽减水，多属简陋；加以河岸变迁不定，一遇涨水，危险堪虞，亟宜审慎妥修；或引美利渠水，改革修治，方为妥善。

（二）流域概况

自中卫县东南，陈家园子以南，洪家坑以西，黄河北岸开口引水，向东北流，过双桥，穿旧北渠底下之老阴洞，经李家橙槽、砖塔寺、柔远堡、支家岗子、史家大庙，至冯家桥以下，分流为三：曰北渠，曰中渠，曰底渠，分绕镇罗堡附近各庄村。中底两渠梢入复盛渠，北渠入清水沟，东汇油梁沟入河。延长约二十公里，合四十市里，灌田一万六千余亩。

（三）埽

渠口旧有土埽一座，长三百余公尺，被河水冲坏殆尽，亟待整修。

（四）减水

减水无相当设备，调节水量，几乎毫无把握，所以镇罗堡西南，低渠附近，最易受害，此为本渠之最大缺点，急宜修治。

（五）闭水闸

中渠有阎家大闸、中渠闸、碱堉堆闸、孙庄闸、李成闸、高渠闸、庙儿闸、羊圈闸、㟂儿渠闸、石家闸、中闸、黑渠闸、老渠闸、李家闸、张家闸、石家闸、朱家闸。北渠有戴家闸、詹家闸、韩家闸、宋家闸、刘家闸、卢家闸、陈家闸、黄家闸、革水闸、宋家闸、张家闸、詹家闸、祝家闸、陈家闸、板子渠闸、詹家闸、黄家大闸、王家闸、刘家闸、张家闸。低渠有詹家闸、邵家闸、十亩田闸、大闸、七亩田闸、八亩田闸、王家闸。其闸之建筑甚属简陋，以木石任意堵之，亦谓之闸，长短宽高不一。概括言之：其高由一公尺至二公尺，宽一公尺至二公尺半，长二公尺至七八公尺不等。

（六）桥梁

有双桥、李家橙槽桥、砖塔寺桥、薛家桥、周家桥、冯家桥、北渠口桥、阎家营子桥、孙庄桥、刘家桥、龙王桥、儿渠桥。北渠有阎家大湖以北，张家庄子以东之两北渠桥，又有南桥、王家桥、张家闸桥。低渠有大滩桥、王家桥。其长宽短高亦不一。

（七）橙槽

砖塔寺东南有橙槽一道，上通太平支流；下通本渠，其长三公尺余，高、宽各六七公寸。

（八）暗洞

本渠与旧北渠于双桥李家橙槽之间交（义）〔叉〕互流，其处有老阴洞两空，每空宽二公尺许，高一公尺余，长约十三四公尺。本渠又穿在阴洞下流。

（九）支渠

小八渠（在干渠南，经大麦湖东南，流入红利滩，长二里。）
中渠子（在干渠南，经北子东北，流入东湖，长一里。）
中闸渠（在干渠南，经杨家河沟向东南入河，长一里半。）
石碑渠（在干渠南，经南滩梁子东南，流入河，长一里余。）
大闸渠（在干渠南，经阎家大湖东南，流入河，长一里。）
中渠子（在干渠南，经中渠垟子东南流李家庄，长半里。）
小塘渠（在干渠南，经刘家庄东南李家庄，长一里。）
新渠（在干渠南，经孙家桥西南李家庄，长一里余。）
新北渠（在干渠南，经李家小庄南入东沟，长一里。）
东阎渠（在干渠南，经镇罗堡东南入南沟，长半里。）
朱家渠（在干渠南，经张家庄向北流入胜金湖，长一里。）
许家渠（在干渠北，经刘家庄东北，长四里。）
韩家路渠（在干渠北，经韩家庄向东北流入荒田，长一里余。）
马场渠（在干渠北，经韩家庄南向东入王家桥，长五里。）

十四　复盛渠

（一）沿革

是渠旧名新渠，在中卫县镇靖堡东南之冯家大庄子南高家滩，压坍引水；后又在镇罗堡西南之李家咀子西南〔开〕口，引水向东北流，至高家庄子，分南北二渠：南渠经马家闸至原坍滩尾梢，入石空胜水渠（今名新生渠）。北渠自官路，绕凯歌垳至雷家沙窝西，尾入美利渠梢。清同治间，河势北行，渠身倒塌。至民国六年，河渐向南，渠身乃定。近二三年，河水频涨，岸地塌陷颇多；尤以高家庄子一带为最，河与渠道，逼近密迩，虽随时修筑，险象仍属可虞。

（二）流域概况

自中卫镇罗堡西南之李家咀子西南，黄河北岸开口，引水向东北流，经李家咀子、倪家庄子、孟家河沟，迤东至高家庄子，分为南北二渠：南渠自高家庄子，向东偏南，经刘庄子（即得胜墩）及凯歌墩以南，梢入新生渠。北渠沿官路东下，经刘家庄子、凯歌墩至雷家沙窝以西，入美利渠梢，南向入河。延长约十三公里，合二六市里，灌田四千八百余亩。

（三）埽

近口有石埽一道，长十余公尺，宽二公尺，高一公尺半，每年补修。今春（民国二十四年）于刘家庄子南修筑土埽一道，夏秋河涨，被水冲坏。

（四）减水

倪家庄子西南，龙王庙附近，有减水两道；高家庄子以西，有高桥子减水一道。

（五）闭水闸

高家庄子东首有大闸（总渠）；庄子东南有新闸，刘家庄子南有马家闸，去年被水冲没，凯歌墩南有杨家闸；东南有南渠闸。（以上均系南渠。）高刘两庄子间有惠家闸；刘家庄子东有田家闸。凯歌墩西有李家闸；北有王家闸、雷家闸、卢家闸。（以上均系北渠。）

（六）桥梁

高家庄子西有高家桥、子桥；庄东首有分渠口桥；雷家沙窝西北有油梁沟桥（即美利渠梢桥），均通大道。

（七）橙槽

长滩（即千颗柳）有上下两橙槽：上橙槽两空，长七公尺许，高、宽各六七公寸，上通南渠支流，下通新生渠。下橙槽在长滩迤下，槽内通南渠支流，槽下通新生渠。又雷家沙窝西有北渠橙槽一道，两空，槽内通北渠，槽下通美利渠梢水，槽之大小均与上橙槽相若。

（八）支渠

冯家渠（高桥子至老渠，长半里。）
高家渠（高家闸至小路，长一里。）
刘家渠（大闸至北沟，长二里。）
冯家渠（由大闸头至沙沟，长二里。）
刘家渠（由惠闸至沙沟，长二里。）
刘家路渠（由墩房桥至沙沟，长二里。）
邵家渠（由墩房桥至沙沟，长二里。）
孙家渠（由孙家桥至清水沟，长二里。）
刘家渠（由邵家桥至清水沟，长二里。）
刘家渠（由刘家桥至田家码头，长二里。）
方神庙渠（由田桥至坝湾，长二里。）
刘家渠（由方神庙至坝湾，长二里。）
胡家渠（由田家闸至荒滩，长二里。）

田家渠（由田家至清水沟，长二里。）

李家渠（由李家闸头至硝池，长二里半。）

邵家渠（由孙家桥至阴沟，长半里。）

惠家渠（由刘家桥至阴沟，长半里。）

刘家渠（由田家闸南至阴沟，长一里。）

何家岗渠（由田家闸南至阴沟，长一里。）

边渠子（由李家闸南至阴沟，长三里。）

中渠（由田家闸至新生渠，长三里。）

西侯家渠（由李家闸至硝池，长三里。）

东侯家渠（由雷家闸头至北沟，长二里。）

康家渠（由雷家闸至北沟，长二里。）

王家渠（由王家闸至北沟，长二里。）

硝池渠（由橙槽至北沟，长四里。）

袁滩渠（由蒋家闸至新生渠，长半里。）

牛家渠（由雷家闸至阴沟，长四里。）

南湾渠（由北渠梢过橙槽至沙窝，长三里。）

阴沟（由刘家寨子至新生渠，长五里。）

康家渠（由南渠湾至阴沟，长三里。）

西李家渠（由杨家闸至阴沟，长半里。）

东李家渠（由杨家闸至阴沟，长半里。）

高家洞子（由高家园子西至黄河，长半里。）

杨家渠（由杨家闸至阴沟，长半里。）

王家渠（由张家园子至阴沟，长半里。）

胡家渠（由张家园子至阴沟，长半里。）

北长滩渠（由张滩闸过橙槽至石空渠，长二里。）

南长滩渠（由娘娘庙至胜金关，长二里。）

十五　羚羊角渠附和合、天佑及新渠

(一) 沿革

羚羊角渠在中卫县河南常乐堡。清康熙四十四年，西路同知高士铎创修，自堡西南边墙（长城）石敞沟开口，引水东流，至陆家园湾，梢至枣林庄子入河。该渠口受水颇高，工大夫少，修浚不易。近年河身北迁，灌田颇觉困难，当地农民于堡西之张家营子、李家营子、狄家庄子三处，建筑水车八轮。（前系十轮，今存八轮。）复于张家营子北开一新渠。枣林庄东北开“和合”“天佑”两渠，以资灌溉。

(二) 流域概况

自上河沿黄河南岸开口，引水向东北流，经下河沿、红庙柊、〔狄〕家庄子、张家营子、李家营子、常乐堡、鲍家营子、范家庄子，至枣林子入河。和合、天佑及新渠，则系分别独立自河岸开口，引水向东北流，其流域甚短。

(三) 堺

迎水堺及入口以下之北硬堤堺因河水大涨，冲刷殆尽。查勘时正值河水陡涨之际，一片汪洋，河渠不分，堺堤无形迹可寻。当地人云：“恐已不成其为堤堺矣。”水落以后，仍须筑浚，方可灌溉。

(四) 减水

下河沿有旧口减水；红庙柊有小减水。

（五）闭水闸

有张家闸、范家闸。

（六）桥梁

有李家营子桥、官桥在张家庄子北。贺家（梁）〔桥〕在李家营子以东一公里余。李家桥在史家营子东。刘家桥在刘家营子北。靳家桥在大路街北。

（七）橙槽

张家营子有张家橙槽；狄家庄子有狄家橙槽。

（八）支渠

古渠沟渠（经过詹家庄子，长三里，灌田四百五十亩。）
廿四股沟渠（经过常乐堡，长五里，灌田五百四十亩。）
高家滩渠（经过常乐堡，长二里半，灌田五百亩。）
新渠（在张家庄子东北，长二（百）〔里〕。）
天佑渠（黄家庄子西开口，至赵家庄东入河，长三里。）
和合渠（自黄家庄西开口，至倪家营子，长四里。）

十六　羚羊寿渠

（一）沿革

羚羊寿渠，旧志名羚羊殿渠，在中卫河南永康堡西燕子窝滩开口，引水自杨家滩东流，至宣和堡西关麦营子东岳庙，入羚羊峡渠。渠流蜿蜒，河岸山麓，多石难浚。渠口紧逼燕子窝沟，去口二里许，有山水口子两处，山洪一发，渠流中断。清康熙四十七年，西路同知高士铎委本堡贡生阎风宁于山水口子建阴洞一道，长百余丈，至今赖之。阴洞东北为左张埒，洪流激荡，渐废。雍正十二年，同知吴廷元倡捐筑坝八百余丈，以堵御之，三年始成，易名〔廿〕来。去埒五里许为藉家咀，南（通）〔逼〕山，北近河，渠埂约长二百余丈，为通行往来官路。其下艾家山沟、林家石排沟、大山沟、双山沟、左家山沟、曹家山沟皆为渠害，每岁秋夏，挑浚不时。道光十五年，知县冯传稷浚晏公庙东渠。嗣因燕子窝口窒塞，不能得水，于倪家滩上流，复开新口。光绪三十三年，左张坝又被河冲圮，申襄元砌石墙里许，大劳心力。近二三年，河水频涨，山洪时发，冲刷崩溃，坍塌淤塞，损坏特甚。民国二十三年，省府主席马公少云派十五路军，大修山水长及河渠要工。二十四年春，又拨款饬修，本厅〔马〕长亦亲往视察督修，军民努力，渠委秦三友等亦皆勤劳率修，是以渠水畅达，为多年来所罕见；讵料入秋，河洪大涨，复被冲圮多处，殊深可惜。

（二）流域概况

自倪家营子以西，黄河南岸开口，引水东流，经倪家营子，杨家滩、申家滩，穿过（阳）〔阴〕洞；又经刘家湾子、晏公庙、马家山咀、黄白寨子、永康堡、吴家沙滩、张家大庄子，至焦家营子以东，关麦营子东岳庙，梢入羚羊峡渠。延长约十九公里。合三十八市里，灌田一万四千余亩。

该渠蜿蜒于河山之间，南逼山麓，北近大河，东西大道，复迤行于其间。渠为河山所限，最易受山洪河涨之害，关心斯渠之官绅历为修暗洞，筑石墙，建埒造坝，煞费苦心。然一遇洪流激荡，即被扫荡，屡修屡坏，屡坏屡修，狂澜莫可抵御，修筑不遗余力，沿渠居民之苦于挖疏修筑者，实较他渠为甚。又以水难常通，田难时灌，而永康堡附近之果林枣园，特多于他处者，盖缘果树较农田耐旱易植之故。统计所灌田亩，稻田仅占百分之五六，旱田约占百分之六十余；而果园则占百分之三十以上，亦因地制宜之道也。

（三）堺

渠口前之迎水堺、阴洞东北之左张堺、曹家沙沟之沙堺，多用卵石碎沙所筑，每岁补修，不时防堵。

（四）减水

渠口以下有双减水闸两空，长约十公尺，宽二公尺余，高二公尺。杨家滩有大减水闸，前年被水冲坏。刘家湾子有石减水；晏公庙有小减水，今亦被冲坏待修。

（五）闭水闸

进水闸与双减水相连。杨家滩有杨家滩闸、车桥闸。刘家湾子有刘家闸，永康堡附属之头、二、三道支渠及王鹤渠，亦随时设闸启闭。

（六）桥梁

杨家滩有车桥、马家咀、艾家山沟。各有桥梁，皆被冲坏。永康堡有杨家大桥，舍家山沟西有车桥，渠梢有新渠桥。

（七）橙槽

永康堡东北有第三道支渠橙槽一道，架于羚羊夹渠之上，长约十公尺，高宽各七八公寸。

（八）阴洞

申家滩山水口子有大阴洞，长三百余公尺，高宽各二公尺有余，渠通其内，山水则横流其上，洞底至洞梁，高十余公尺，工程甚巨。上年十五路军于山水两岸新筑沙石旱堺，上下左右凡三道，各长三四百公尺，工亦伟大；又马家咀子筑有小阴洞，现被冲坏。张家大庄子东北有出水沟阴洞，则在羚羊夹渠身之下矣。

（九）支渠

头道渠（自徐家寨子东南，向东北流入羚羊夹渠。）

二道渠（自徐家寨子东南，向东北流入羚羊夹渠。）

三道渠（自永康堡西南，向东北流于羚羊夹架橙槽，入黄河。）

王鹤渠（自永康堡东南，向东北流梢入出水。）

沙渠（自吴家沙滩西南，向东北流梢入出水。）

高渠（自吴家沙滩东南，向东北流入出水。）

双料洞子渠（自徐家大庄子南，向东北流入出水。）

以上七支渠外，其余尚有小灌洞三十余个，因浇田不多，农民于支干渠任意开闭（多系土口），不时变迁，不多赘列。

十七　羚羊夹渠附二百户滩渠

（一）沿革

是渠在中卫县河南宣和堡，旧与羚羊殿渠一渠使水。至清康熙十五年，自永康堡东北三里许，买田开口，引水东流。后因河势无定口不得水。光绪五年，在距旧口十五里二百户口东北，复开新口；并修石埽，水乃畅旺。光绪二十二年，河势又南，重开旧口。后二口均不得水，又于二口之间另开一口，东流至红崖子入河，至今仍用之。今秋（二十四年）河水大涨，渠北沿河滩田，冲塌颇多，上段秦家寨子以北，河水逼近渠埂者，仅二百余公尺亟宜设法修坝，以防危险。

（二）流域

自永康堡西北，黄白寨子北，黄河南开口，引水东流。经杨家庄子、崔家油房、秦家寨子、詹家滩、徐家大庄子，至谢家凹子；复东流经莫家营子、李家营子、关家寨子、东岳庙前、张家庄子、徐家营子南、李家庄子南、宣和堡、地藏寺、雍家庄子、魏家窑、王家寨子、鲍家营子、九营寺杨家庄子各地之南；又越陆家桥、周家营子、姚家营子、邵家营子，至山头子北、红崖子，入山水河梢，转入黄河。延长约二十四公里，合四十八市里，灌田二万四千余亩。

（三）埽

埽有大蜡塌埽、小蜡塌埽。大蜡塌即迎水埽，在渠口以上，用卵石积成，长百四五十公尺，宽二公尺余，高二公尺左右。小蜡塌埽在柳毛滩大减水下边，条石筑成，长十余公尺，高宽二公尺余遇有冲坏处，则岁修之。

（四）减水

小蜡塌埽上边有双减水，二空，每空宽三公尺，长八公尺余，高二公尺六七。坍下有大减水，宽三公尺余，长高与双减水相同。又下有进口闸双减水，长十公尺，宽四五公尺，高二公尺六七。崔家油房北有大减水，长十公尺余，高宽同进口闸减水。再下有沙坡减水在秦家寨子以北。李家减水在李家营子西。各长十公尺，宽三公尺三，高二公尺六七。张家减水在张家北庄子西，长十六公尺余，高宽与沙坡减水相若。宣和堡以西有沙减水，被山水冲坏。九营寺东南又有沙减水。周家营子西北有周家减水。姚家营子西首有姚家减水。山头子西红崖子下有山头子小减水，长六七公尺至十六公尺，高宽一公尺五六至三公尺不等。

（五）闸

进口闸在永康堡北，杨家庄子北首，长十公尺，高宽各三公尺许。关麦营子有新渠桥闸，长六公尺余，宽三公尺余，高二公尺余。徐家营子西北有高闸，高宽长同上。宣和堡地藏寺东有关音闸。王家寨子南有孙家闸。九营寺南有杨家闸。各长五公尺，宽三公尺高二公尺。陆家桥有桥闸，长六七公尺，宽三公尺，高二公尺。

（六）桥梁

崔家油房西北有张家桥。关麦营子有新渠桥。陆家桥庄首有陆家桥。姚家营子有板桥。

（七）橙槽

九营寺东南有橙槽一个，上通马连渠；下通沙减水，长四公尺余，高宽各六七公寸。

（八）暗洞

詹家滩有阴洞一个，建设于渠身之下，通羚羊寿渠之剩水，长十六七公尺，宽一公尺半，高一公尺。李家减水阴洞长八公尺，宽三公尺，高一公尺半，上通小北渠，下通减水。红崖子山头西有唐家湖阴洞，长三十公尺，宽二公尺余，高一公尺余，上通湖沟清水，下通小减水。

（九）支渠

上小北渠（由詹家滩经张家闸庄内，张王陆滩至余家滩，长七里，灌田三千五百亩。）

小北渠（由李家营子经张王陆滩，至张家减水，长五里，灌田五百亩。）

陈家渠（由李家营子经包家营子，东至张家减水，长三里，灌田五百亩。）

南头渠（由茶房庙经雍家营子，至三渠原入大渠，长四里，灌田六百亩。）

北头渠（长二里，灌田五百亩。）

二道渠（由新渠桥经雍家营子，至三渠，长三里，灌田七百亩。）

三道渠（由新渠经张家南庄子，至许家庄子入大渠，长四里，灌田四百亩。）

张家渠（由张庄东经张家北庄，姚家庄内至张家减水，长四里，灌田三百亩。）

东渠（由高闸西经徐家营子，杜家寨至颜家营子入河，长五里，灌田二百亩。）

长行渠（由宣和堡经宣和堡王庄、何庄、八公台至杜庄入河，长八里，灌田五千二百亩。）

低渠（由孙家闸经王家寨、潘家庄至出水沟八公台入河，长二里。）

中渠（由孙闸经王家寨、潘家、赵家滩至九营寺，长四里。）

狮子渠（由杨家闸经九营寺、蔡家营子，至沙减水，长一里。）

马连渠（由杨家闸经陆家桥、雍家咀子，至沙减水，长一里。）

马头渠（由陆家桥经雍家咀，至周家减水，长二里。）

何家渠（由姚家营子西经孙家营长闸，至姚家减水，长一里。）

肘子渠（由姚家营经张家营、周家营、张红滩入山头减水，长三里。）

古渠（由姚家营经唐家营、田家营、邵家营，至雁鹅滩入湖，长一里。）

新渠（由邵家营至雁鹅滩入湖，长一里。）

〔附：〕二百户滩

中卫黄河以内之大滩有二百户滩，分上下两段：上段曰永丰滩；下段曰通丰滩，宽数十丈至里余不等，长六七里。内有渠流一道，相传开自清初，由滩脑至滩尾，延长与滩相若，灌田八百余亩。有进口闸一道，闭水闸四道，支渠六道，小桥两道。今秋河水大涨，被冲特甚，上下两滩之间冲刷甚狭，渠身岌岌可危，幸滩民抢险甚力，得免中断。

十八　七星渠

（一）沿革

七星渠于中宁县西，泉眼山麓黄河南岸开口，引水向东南流。明抚军焦馨委韩洪珍改修，以浇屯田，由宁安起历恩和至鸣沙止。清康熙间，复经西路同知高士铎建修石口，创建流恩、盐池二闸，挑浚萧家、冯城两阴洞，渠乃畅通，无山水之患。雍正十二年，宁夏道钮廷彩于红柳沟请帑建环洞五空，上为石槽，引水下行，垦白马滩至张恩堡一带之田三万余亩。乾隆十六年，环洞被山洪冲崩，知县金兆琦请帑修补。二十一年夏，复被山水冲崩，而冯城阴沟石洞尽为冲去，西路同知伊星阿详请饬知县黄恩锡，于旧洞之上，新筑环洞。后因环洞当红柳沟山水之冲，屡修屡圮，士民集议，请于塘马窑地方改建新暗洞于沟身，导水下流，上改渠道，沿山根另开新渠，灌溉下段。何家堡与张恩堡之间有干河沟，旧架木槽，以避山水，后为瀑布冲废。光绪二十四年，知县王树楠于口下鹰石嘴，建闭水闸三道，退水闸二道，下流四里，修石闸三座，费帑二万余金。又渠上流里许，有山水由峡冲出，源出庆阳固原，为渠大害，后修大坝一道，名曰山河大坝；嗣又加修石礅六座，以资抵御，折流入河，颇著成效。民国七年，渠绅王桢就地筹款，创修暗洞三空，金刚墙一道，未及三月，山水暴发，冲圮。八年，渠绅王汝霖、张从善复又重修。十八年，渠务归建设厅统治，委王成绩专办该渠渠务，建鸿福、发明、鸿绩等闸。二十二年，改委张维屏继办，二十四年，改渠务为委员制，张复当选为常委，连年治渠，颇著成效云。

（二）流域

自中宁县西，泉眼山北根，黄河南岸，开口引水，沿山麓向东南流，绕潘家营子西南，东向，迤行县南山北，经王家营子、殷家庄子、严家营子、张家庄子、严家庄子、董家营子、陈家庄子、太白庙、温家庄子、龚家庄子、马家庄子、吴家庄子、张家庄子、马家滩、黄家庄子、张家庄子之南、茶房庙、古城滩之北。过萧家闸，又经萧家庄子、新堡街、王家庄子、梁家庄子、萧家庄子、宋家营子、张家庄子、刘家营子、北庄子、黄家庄子、王家庄子、毛家营子、王家庄子、蒋家庄子、詹家庄子之南、耿家湾、王家水坑以北。又东偏北行，经李家庄子、王家庄子、邵家庄子、王家庄子、梁家庄子、保田庄子、东营子、沟儿桥、詹家营子、王家庄子、陈家庄子、吴家沙窝、王家庄子、刘家庄子、万家老庄子、梁家庄子、秦家庄子、陈家庄子、万家庄子、曾家庄子、冯家庄子、宋家庄子、万家庄子、恩和堡、张家庄子、陈家庄子、万家庄子、蔡家庄子、王家台子、万家沙窝、王家庄子、张家庄子、孔家台子、王家庄子、万家庄子等处以南，沙湖、华严寺以北。又向东北，经李家咀子、小径沟、曹家庄子、余家庄子、周家沙庄、老武营、黄旗营、杨旗营、薛旗营、柳旗营、头旗营、卜家庄子、陈家庄子、鸣沙洲、养马湾、胡家庄子、魏家湾子、红柳沟、高家庄子、罗家庄子、沙营子、五道渠、张家庄子、赵家路、白马寺、何家堡、杨家路、曾家闸、白家路、卜家营子、张家路、樊家湾子、贾家梁子，迄干河子沟，入黄河，延长六十六公里，合一百三十二市里，灌（百）〔田〕五万四千一百六十三亩六分。渠口以南，由峡冲出之山水河，源出陇东庆阳固原，经数百里之遥，汇流于此，每遇洪流暴发，怒涛汹涌，狂猛无比，为渠大害。山河在泉眼山以南，潘家营子西南，李家坟沟以上之一大段，成东湾弧形，居高临下，大有直向东北潘家营子一带倾流之势，一旦决口，甚难堵御，非动特殊大工，难遏横流。民国十九年及二十一二年之溃决，被灾极巨，经省府主席马公少云派十五路军部队，建筑山河堼，绵亘六七里，费工数十万，军民合力，三年始竣。自后泉眼山下八道渠流之得免冲决，实赖此堼之保障也。

本渠流域全部形势南高北下，故支流多在渠北，渠南极少。其梢流原至张恩堡，因时被山水冲断，水难达梢。今年能延长至干河子沟，亦云幸矣。以后继续整修，当仍能引至张恩堡也。

（三）堼

渠口有迎水石堼，长一百五六十公尺，宽十余公尺，高七八公尺，小径沟之单阴洞、冯城沟之双阴洞于民国十九年，均被山水冲坏，暂各修防水土堼，以资救济。又泉眼以南、潘家营子西南、李家坟沟以上之山河湾流处，建有伟大之山河，长三千余公尺，底宽十数公尺至数十公尺，面宽六七公尺至十余公尺，高六七公尺至二十余公尺。

（四）减水闸

渠口以下鹰石咀北有闭水闸，凡五空，闭水三空，退水两空，每空宽三公尺余，高五公尺，长十公尺，减水向北流入河。以东有头道石闸，宽三公尺余，高四公尺，长七公尺，减水东北流，入柳青渠。潘家营子西南有五水闸（古正闸），潘家营子南有双空闸（古减水闸），此二闸被山水冲坏，尚未修复。茶房庙东有同丰闸（同丰闸以下，旧有流恩闸，淹没已久），萧家庄子西南有萧家闸（古宜民闸），各高宽四公尺，长十数公尺。耿家湾北有盐池闸，高宽各三公尺余，长十数公尺，减水均北流入南河。沙湖以北有沙湖闸，朱家台子有朱家闸，分别南北入小径沟，闸被冲坏，现均未修。红柳沟以东有通明闸，高家庄子西南有鸿福闸，亦皆被冲，尚未修复。

（五）闭水闸

上流鹰石咀有闭水闸五空，内两空系减水，三空系闭水，此外别无闭水闸。因渠沿山坡延流，灌田多在渠北低凹之地，无多设闭水闸之必要也。

（六）桥梁

潘家营子西南及茶房庙北，各有桥梁一座。以下温家庄子南有黄渠桥，新堡南有新堡渠桥，刘家营子南有刘家营子桥，盖家湾邵家营子有邵家桥，吴家沙窝之北有吴家桥，恩和堡南有三圣桥，沙湖之北有沙湖桥，岗渠庙东南有徐家桥，老武营西南有曹家桥，薛旗营南有薛旗营桥，红柳沟以东有南湾子桥。计上十三桥，除本年新修之新堡渠桥通大道及红柳沟东桥尚可通车外，其余先后被冲，俱待修筑。

（七）暗洞

暗洞有四，一曰大阴洞，在渠口建筑，引水穿洞入渠，阻隔山河越流其上，洞凡三空，每空宽三公尺余，高二公尺余，长百公尺有奇；二曰单阴洞，在李家咀子以南之小径沟，阴沟阳渠，洞长四十公尺，高宽各三公尺余；三曰双阴洞，在老武营东南冯城沟，阴沟阳渠，洞凡两空，每空宽四公尺，高三公尺余，长四十公尺，以上单双阴洞，均于民国十九年被山水冲坏，暂筑土坍引水；四曰红柳沟阴洞，在鸣沙洲，养马湾东，渠阳洞，洞长五十余公尺，宽五公尺余，高二公尺余。

(八)支渠

贴渠(自七星渠开口经潘家营、殷家营流入董家嘴,长十一里,灌田二千四百一十三亩。)

北分渠(自正渠开口经潘家营流入南河,长一里,灌田二百一十亩。)

中分渠(自正渠开口经康家庄流入南河,长半里,灌田五十三亩。)

出水分渠(自正渠开口经严家庄流入南河,长半里,灌田二百四十亩。)

澄槽分渠(自正渠开口经董家营流入南河,长半里,灌田二百三十五亩。)

红分渠(自正渠开口经张家庄流入南河,长半里,灌田二百五十亩。)

赵家分渠(自正渠开口经严家庄流入南河,长半里,灌田一百二十亩。)

边分渠(自正渠开口经下桥流入南河,长半里,灌田九十亩。)

南沙渠(自正渠开口流入南河,长半里,灌田一百一十五亩。)

背后渠(自正渠开口经张家庄流入南河,长半里,灌田一百六十亩。)

小官渠(自正渠开口流入南河,长半里,灌田二百一十亩。)

南河渠(自正渠开口经下桥流入南河,长半里,灌田六十亩。)

北沙渠(自正渠开口流入南河,长半里,灌田一百八十四亩。）

刘家渠（自正渠开口流入南河，长半里，灌田一百二十五亩。）

下边渠（自正渠开口流入南河，长半里，灌田九十七亩。）

下中渠（自正渠开口流入南河，长半里，灌田一百一十四亩。）

南岔渠（自正渠开口经董家嘴流入南河，长半里，灌田一百五十亩。）

庞庄大闸渠（自大渠开口经温家庄流入南河，长半里，灌田一百〇六亩二。）

湾渠（自正渠开口流入南河，长半里，灌田六十三亩二。）

洞子沟渠（自正渠开口经太白庙流入南河，长半里，灌田五十六亩二。）

高家渠（自正渠开口流入南河，长半里，灌田二百二十亩九。）

龚家渠（自正渠开口经马家庄流入南河，长半里，灌田一百三十三亩五。）

古城渠（自正渠开口流入南河，长半里，灌田一百三十三亩二。）

小弓家渠（自正渠开口经黄家桥流入南河，长半里，灌田二百〇一亩一。）

黄家渠（自正渠开口流入南河，长一里，灌田二百一十三亩四。）

高家渠（自正渠开口经黄家庄流入南河，长半里，灌田六百三十三亩二。）

长行渠（自正渠开口流入南〔河〕，长一里，灌田四百一十七亩一。）

马家渠（自正渠开口经张家庄流入南河，长半里，灌田二百八十三亩七。）

和尚渠（自正渠开口流入南河，长半里，灌田二百九十二亩五。）

舒家渠（自正渠开口流入南河，长一里，灌田一百三十四亩九。）

毕家渠（自正渠开口经张家湾流入南河，长半里，灌田三百六十五亩二。）

新堡肖家渠（自大渠开口经肖家庄流入南河，长二里，灌田四百八十五亩。）

蔡阳渠（在贾家马头，长三里，灌田三百五十三亩。）

长河渠（自新堡桥高家桥经张家庄，长一里半，灌田八百九十五亩。）

稻田渠（在刘家湖经新堡街，长三里半，灌田七百九十亩。）

中渠（在长行渠经宋家营，长三里，灌田六百二十亩。）

高南渠（自学校门经王家营流入明水湖，长二里，灌田四百五十五亩。）

新堡八字渠（自靳家岔经毛家营至毛家庄，长五里，灌田八百五十亩。）

獾洞渠（自张家庄至毛家庄，长四里，灌田五百二十亩。）

毛家渠（自周家湾经高家桥至白家庄，长五里，灌田六百二十亩。）

石板渠（自刘家桥经刘家营至阴洞梁，长五里，灌田七百五十亩。）

马家渠（自大渠开口至毛家营，长四里半，灌田六百二

十亩。）

王家渠（自大渠开口经阎池闸至高家桥，长半里，灌田四百二十亩。）

存庄赖瓜渠（自阎池闸经李家庄至王家庄，长二里，灌田五百二十五亩。）

耿家渠（自大渠开口经耿家庄至山坡，长五里，灌田四百二十五亩。）

李岗渠（自李家庄经耿家庄至南河，长二里，灌田六百一十五亩。）

东岔渠（经王家庄，长一里，灌田三百一十亩。）

西岔渠（长一里半，灌田三百二十亩。）

曹家渠（自大渠开口经邵家桥，长二里半，灌田一百五十亩。）

东岔渠（自曹家渠经贺家庄至贺家庄，长一里，灌田一百二十五亩。）

西岔渠（自支渠开口经邵家庄至邵家庄，长一里，灌田一百一十五亩。）

上快水渠（自大渠开口经保天庄至南河，长七里，灌田二百四十亩。）

东岔渠（自支渠开口经王东营至东营，长三里，灌田二百五十四亩。）

西岔渠（自支渠至王家庄，长二里半，灌田一百一十五亩。）

二闸东岔渠（自南河经王家庄，长二里，灌田一百二十五亩。）

西岔渠（自支渠经王家庄至南河，长一里半，灌田一百一十七亩。）

三闸东岔渠（自支渠至舒家庄，长二里，灌田二百二十五亩。）

万家渠（自大渠经万家庄至湖垦止，长一里半，灌田一百五十亩。）

王家渠（自大渠经占家营流入南河止，长一里，灌田一百六十五亩。）

李家渠（自大渠起经吴家桥，长七里，灌田四百二十五亩。）

一闸东岔渠（自大渠起至吴家桥，长四里，灌田五百二十五亩。）

西岔渠（自大渠至胡家庄，长二里半，灌田四百八十五亩。）

二闸东岔渠（自支渠开口至存家庄，长一里，灌田二百二十五亩。）

陈家渠（自支渠开至薛家庄，长一里，灌田二百八十五亩。）

徐家渠（自支渠开口经徐家庄至南河，长一里，灌田四百六十五亩。）

黄己渠（自大渠开口经万家庄至山坡，长四里，灌田五百亩。）

任己渠（自大渠开口经任家庄至山坡，长五里，灌田四百五十亩。）

孔己渠（自大渠开口经黄家营至山坡，长四里，灌田五百亩。）

陈己渠（自大渠开口经吴家桥至山坡，长五里，灌田四百亩。）

徐白渠（自大渠开口经陈家庄至南河，长三里半，灌田一百八十五亩。）

周家渠（自大渠开口经出水沟，长三里，灌田[1]。）

---

[1] 原书脱字。

蒋庄史家渠（自大渠开口经蒋家庄至南河，长三里，灌田四十一亩。）

一闸东岔渠（自大渠开口经万家庄至南河，长半里，灌田四十五亩。）

蒋庄西岔渠（自支渠开口至万家庄，长二里，灌田二百一十五亩。）

三闸东岔渠（自支渠开口至薛家庄，长一里半，灌田一百一十五亩。）

西岔渠（自支渠开口至秦家庄，长一里，灌田二百二十亩。）

小史家渠（自大渠经史家庄，长一里，灌田一百一十五亩。）

蒋家渠（长五里，灌田七百七十四亩。）

芦沟渠（自支渠开口经冯家庄至南河，长二里，灌田五百一十亩。）

枣园渠（自支渠开口经胡家庄至南河，长五里，灌田九十一亩。）

东岔渠（自支渠开口经张家上庄，长半里，灌田九十亩。）

胡家渠（自支渠开口经张家上庄至碑廷，长一里，灌田[1]。）

东大岔渠（自支渠开口经三圣桥至南河，长二里，灌田一百四十亩。）

东小岔渠（长一里，灌田七十五亩。）

杨家渠（自杨家庄，长半里，灌田三十一亩。）

陈家渠（自大渠起经梁家庄至山坡，长五里，灌田四百一十五亩。）

快水渠（自大渠起经张家庄至南河，长八里，灌田五百一十五亩。）

---

[1] 原书脱字。

齐家渠（自支渠开口经万家庄至西湖，长一里，灌田三百三十亩。）

一闸东岔渠（自大渠开口经蔡家庄至南河，长半里，灌田四百一十五亩。）

西岔渠（自大渠开口经王家庄，长半里，灌田三百二十亩。）

减水闸西岔渠（自大渠开口经张家庄至南河，长半里，灌田五百一十亩。）

东岔渠（自大渠开口经陈家营至南河，长三里，灌田五百〇一亩。）

沙窝渠（自大渠起经陈家营至山坡，长半里，灌田六十六亩六。）

团练渠（自大渠起经陈家营至南河，长四里，灌田一百六十五亩。）

西岔渠（自大渠起经张家庄至南河，长一里，灌田一百四十二亩。）

东岔渠（自大渠起经赵家庄至南河，长半里，灌田九十一亩。）

小杨渠（自大渠起经万家庄至南河，长三里，灌田二百九十二亩。）

曹庄蜡塔渠（自大渠起经王家庄至南河，长三里半，灌田四百七十亩。）

西岔渠（自大渠开口经安家庄至北路，长一里，灌田一百七十一亩。）

东岔渠（自大渠开口经孔家庄至郭家渠，长一里半，灌田三百二十五亩。）

东北渠（自大渠开口经孔家庄至郭家渠，长一里，灌田五百二十五亩。）

沙渠（自大渠开口经王家庄至周家渠，长一里，灌田四百一十五亩。）

北岔渠（自大渠开口至万家庄，长一里，灌田一百六十五亩。）

周家渠（自大渠开口至南河，长二里半，灌田三百一十四亩。）

东岔渠（自大渠开口至南河，长半里，灌田一百五十七亩。）

郭家渠（自大渠开口经贾家庄至南河，长二里，灌田二百七十八亩。）

沙湖渠（自大渠开口经沙湖桥至山坡，长二里，灌田二百四十六亩。）

化严渠（自大渠开口至山坡，长一里，灌田三百三十五亩。）

东岔渠（自大渠开口经张家庄至南河，长半里，灌田六十三亩。）

岗支渠（自大渠起至南河止，长二里半，灌田四百六十五亩。）

曹庄东岔渠（自支渠开口经胡家庄至南河，长半里，灌田一百七十四亩一。）

张堡渠（自支渠开口至南河，长二里，灌田三百九十五亩。）

西边渠（自支渠开口经李家庄至南河，长半里，灌田一百五十二亩。）

徐家渠（自支渠开口至南河，长一里，灌田二百八十六亩。）

朱家渠（自支渠开口经任家庄至南河，长二里半，灌田四百三十八亩。）

东岔渠（自支渠开口至南河，长一里，灌田一百二十二亩。）

朱家高口（自支渠开口经李家嘴至南河，长一里，灌田二百三十五亩。）

胡家高口（自支渠开口至南河，长一里，灌田三百七十六亩。）

曹家高口（自支渠开口经余家庄至南河，长一里，灌田三百八十五亩。）

王家渠（自支渠开口经曾家桥至南河，长一里，灌田三百一十三亩。）

徐家高口（自大渠起至山坡止，长一里半，灌田五百八十三亩。）

吴家高口（自大渠起经周家庄至山坡，长一里半，灌田三百二十四亩。）

鸣沙周家渠（自大渠起至山坡，长一里，灌田一百四十一亩五。）

陈家渠（自大渠起经陈家庄至山坡，长一里，灌田四百一十一亩五。）

庙儿渠（自大渠至南河止，长一里半，灌田一百八十八亩七。）

万家渠（自大渠起至南河止，长一里，灌田三百一十七亩六。）

南渠（自大渠起经老五营至南河，长二里，灌田四百七十四亩六。）

北渠（自大渠起经黄旗营至南河，长二里，灌田三百五十八亩。）

分水闸（自大渠起至南河，长三里，灌田七百三十五亩五。）

吴家渠（自大渠开口经杨旗营至南河，长一里，灌田三百四十五亩二。）

薛家渠（自大渠开口经薛家营至南河，长一里；灌田四百一十二亩九。）

柳家渠（自大渠开口经柳旗营至南河，长一里，灌田四百二十四亩四。）

张家渠（自大渠开口至南河，长半里，灌田一百五十七亩九。）

头道渠（自大渠开口经毛家营至南河，长一里，灌田二百九十三亩七。）

榆林渠（自大渠开口经胡家庄至红柳沟，长二里，灌田九百九十五亩二。）

党家渠（自大渠开口至红柳沟，长二里，灌田一千三百四十六亩。）

小新渠（自大渠开口至红柳沟，长半里，灌田三百二十四亩七。）

谢家渠（自大渠开口经胡家大庄至红柳沟，长半里，灌田四百〇七亩。）

白马魏家渠（自大渠开口至河沿，长一里，灌田八十一亩。）

头道渠（自大渠开口经高家庄至河沿，长一里半，灌田二百四十亩。）

高家渠（自大渠开口至河沿，长半里，灌田五十亩。）

二道渠（自大渠开口经罗家庄至河沿，长三里，灌田三百二十亩。）

王家渠（自大渠开口至河沿，长一里，灌田三百二十一亩。）

三道渠（自大渠开口至河沿，长三里，灌田二百二十五亩。）

罗家渠（自大渠开口至河沿，长一里，灌田八十四亩。）

沙渠（自大渠开口经吴家庄至河沿，长三里，灌田二百八十五亩。）

白马小沟渠（自大渠北流经李家庄至河沿，长二里半，灌田一百五十四亩。）

四道渠（自大渠北流经吴家庄至河沿，长二里，灌田二百二十五亩。）

五道渠（自大渠北流经张家庄，长三里，灌田二百四十九亩。）

吴家渠（自大渠北流至河沿，长三里，灌田三百六十五亩。）

六道渠（自大渠北流经赵家庄至河沿，长三里，灌田三百三十五亩。）

张家渠（自大渠北流至河沿，长三里，灌田三百八十九亩。）

七道渠（自大渠北流经胡家庄至河沿，长三里，灌田三百二十五亩。）

八道渠（自大渠北流至河沿，长三里半，灌田三百一十五亩。）

九道渠（自大渠北流至河沿，长三里，灌田一百五十一亩。）

十道渠（自大渠北流经曹家庄至河沿，长三里半，灌田二百三十五亩。）

下头道渠（自大渠北流至河沿，长二里，灌田三百五十九亩。）

司家渠（自大渠北流经殷家庄至河沿，长二里，灌田二百三十五亩。）

弓家渠（自大渠北流至河沿，长二里，灌田二百一十五亩。）

二道渠（自大渠北流至河沿，长三里，灌田三百三十八亩。）

三道渠（自大渠北流经朱家庄至河沿，长三里，灌田三百五十七亩。）

四道渠（自大渠北流经田家庄至河沿，长三里半，灌田三百七十四亩。）

朱家渠（自大渠北流至河沿，长三里半，灌田三百四十九亩。）

五道渠（自大渠北流至河沿，长二里，灌田三百七十四亩。）

徐家渠（自大渠北流经徐家庄至河沿，长二里，灌田三百一十四亩三。）

曹家渠（自大渠北流经曹家庄至河沿，长三里，灌田三百二十九亩。）

曾家渠（自大渠北流至河沿，长三里，灌田五百三十四亩。）

王家渠（自大渠北流至河沿，长二里，灌田四百二十五亩。）

曾家闸（自大渠北流至河沿，长二里，灌田五百三十四亩。）

贾家梁（自大渠北流至河沿，长二里，灌田一千亩。）

樊家湾（自大渠北流至河沿，长二里，灌田二百九十九亩。）

十九　贴渠

（一）沿革

贴渠向于七星渠口以下，独立在泉眼山麓，黄河南岸，开口引水。嗣因口远工大，民力不济，每感修筑为难，乃于民国七年，为七星渠帮夫助料，废弃旧口，由七星渠上段左旁五水闸以上开口引水，附属七星渠，不啻为其支流矣。

（二）流域

自七星渠五水闸以上开口引水，向东南流，（浇）〔绕〕潘家营子西南，东流经王家经堂、殷家庄子之南、中渠埂庄内、张家湾之北，至张家湾子东北，入南河，延长五公里，合十市里，灌田一千四百八十亩。

（三）减水

大闸减水，在潘家营子西，贴渠桥以上，向东流入清水沟。

（四）闭水闸

殷家营子南有腰闸，带桥，高宽各一公尺半，长四公尺。张家湾西北有杨路闸，高一公尺余，宽一公尺，长二公尺。张家湾东北有刘渠闸子，高宽一公尺有零，长一公尺七。

（五）桥梁

潘家营子西南有贴渠桥，通大道，殷家营子南有腰闸桥，中渠埂有严家桥，均通乡村道路。

二十　柳青渠及其附近各渠

（一）沿革

是渠在中宁县西，自泉眼山下，七星渠口以东开口，引水东流，经县南至恩和堡东北入河，创开年代莫考其详。清道光二十三年，河水暴涨，渠口岌岌可危，廪生马程万垫资修筑大石坝，御护渠口，至今坚固如故。中宁幅员颇阔，自泉眼山以下，并开渠八道，由南而北，曰七星渠，（白）〔曰〕贴渠，曰柳青渠，曰李家滩渠，曰大滩渠，曰孔家滩渠，曰田家滩渠，曰康家滩渠，各渠减水汇成南北二河，横亘县城南北。同治十一年自北河南岸，民国六年自南河北岸，先后又开新北、新南两渠，错综灌溉，长短不齐。以上各渠，七星渠外，则以柳青渠为最大，滩渠凡五，沿革均无可考，故略述于此。

（二）流域

自泉眼山麓，黄河南岸，开口引水，向东南流，经潘家营子、李家桥、邱家庄子、徐家营子之北、何家桥东北、金家崖子、康家庄子、周家营子之南、舟塔寺北、马家咀子、房家营子以南、尤家台子、王家桥、窦家炉堰以北、县城以南、郭家高庄子北、郭家油房南、李家凹子北，至莫家咀子东北入于河，沿长约二十公里，合四十市里，灌田九千三百余亩。

（三）䃺及大石坝

渠口有引水䃺，杂石积成，长三四百公尺，宽二三公尺至五六公尺不等，高二公尺左右。

大石坝在泉眼山东北，黄河南岸，柳青口下三四里，自西徂东，横亘修筑。七星、柳青、贴渠及李家滩渠出其右，大滩、孔家滩、田家滩、康家滩渠出其左，长约四百公尺，高宽二三公尺至十数公尺不等。清道光二十三年，为廪生马程万所创修，渠及居民咸赖其保障。在此坝未修之前，士民视宁安堡不免有险，特于堡南数里较高地带建修新堡，以备一旦出险迁移之用。自此坝筑成之后，渠口及居民始得安然，今中宁县能于宁安堡设立县治，亦赖此坝保障之力不少。堡民呼此坝曰马公䃺，盖为重坝及人之意，亦足以见该坝关系之重要矣。每遇涨水冲刷之处，厅县督饬民夫修补之，故至今仍坚固如故，为中宁河渠之最大工程云。

（四）减水

渠口与大堺（土人简称大石坝曰大堺）之间，有双减水，两空，每空宽三公尺余，高二公尺余，长四公尺；又有新减水，长七公尺，高二公尺，宽三公尺余。大堺旁边龙王庙前有进口闸减水，长宽高，与新减水同。藩家营子西北有大减水，长五公尺，宽二公尺半，高二公尺；又有小减水，冲坏尚未修复。邱家庄子西北，龙王庙前有南减水，长七公尺，高宽同上。

（五）闭水闸

邱家庄子北有艾家闸，长五公尺，宽三公尺，高二公尺，徐家营子西北有徐家桥闸，东北有李宣闸。康家庄子东南有洪渠闸。舟塔寺东北隅有柏杨闸。马家咀子南有马家闸。房家营子西南有王家闸。尤家台子东北有刘坝闸。窦家炉堰西北有窦家闸。县城西南有毕家闸。郭家高庄子北有熊家闸。郭家油房西南有石闸带桥，东南有王葛闸。李家凹子西北有李家小闸子，东北有高闸。其高宽由一公尺余至三四公尺不等，其长除石闸带桥十公尺外，余由三公尺至五公尺不等。

（六）桥梁

南减水西有李家桥，在李家庄子北边，二空，宽五公尺，高二公尺，长四公尺。徐家营子西北有徐家桥。何家桥庄子东北有何家桥。舟塔寺西北，周家营子南有裴家桥。各宽二公尺半，高二公尺，长四公尺。王家桥庄北有王家桥，通大道，高二公尺，宽二公尺半，长五公尺。庄东北有下王家桥，高宽同上，长三公尺。县城南关有南桥；郭家油房西南有石桥，以上两桥，均通大道，长宽高，与王家桥略同。李家咀子东北有田家桥，高宽同上，长四公尺。

（七）柳青渠支渠

艾家闸南渠一（自邱家庄西南入河，长一里，灌田一百五十六亩。）

艾家闸南渠二（自邱家庄东南入河，长一里，灌田二百八十九亩。）

艾家闸北渠一（梢入北河，长半里，灌田八十九亩。）

艾家闸北渠（梢入北河，长半里，灌田九十亩。）

艾家闸北渠三（梢入北河，长半里，灌田九十亩。）

徐家闸南渠一（自徐家营东南，经张家河沿宋家营子入南河，长三里，灌田一百四十亩。）

徐家闸北渠一（自郝家庄子入北河，长半里，灌田一百八十亩。）

李营闸南渠一（自梢入北河，长一里，灌田一百八十亩。）

李营闸南渠二（自靳家凹子入北河，长一里，灌田二百五十亩。）

李营闸北渠三（自李家经堂入北河，长二里，灌田三百五十亩。）

洪渠闸南渠一（自宋家营子东入南河，长一里，灌田二百三十亩。）

洪渠闸南渠二（自刘家营子入南河，长二里，灌田三百四十亩。）

洪渠闸北渠二（自康家庄子入北河，长一里，灌田二百五十亩。）

柏杨闸南渠一（自塔寺庙陈家河湾入南河，长一里，灌田二百六十亩。）

柏杨闸北渠一（自康家庄子入北河，长二里，灌田二百六十亩。）

柏杨闸北渠二（自马家咀子西边入北河，长一里，灌田一百七十亩。）

马家闸南渠一（自陈家河湾入南河，长半里，灌田一百四十亩。）

马家闸南渠二（自梢入王家闸支渠，长半里，灌田一百二十亩。）

马家闸北渠一（自马家咀子东边入北河，长半里，灌田一百三十亩。）

王家闸南渠一（自康家营子东入南河，长半里，灌田一百八十亩。）

王家闸南渠二（自王家湾经尤家台子入南河，长半里，灌田二百六十亩。）

王家闸北渠一（自党家庄入北河，长半里，灌田一百八十亩。）

刘家闸南渠一（自尤家台子经白家路，长一里，灌田一百六十亩。）

刘坝闸南渠二（自窦家庄子入南河，长一里，灌田二百三十亩。）

刘坝闸北渠一（自房营子东入北河，长半里，灌田一百四十亩。）

刘坝闸北渠二（自党家庄子入北河，长半里，灌田一百八十亩。）

窦家闸南渠一（自王家庄子入南河，长一里，灌田二百五十亩。）

窦家闸北渠一（自郭家糖房经朱家庄子入北河，长半里，灌田一百三十四亩。）

窦家闸北渠二（自郭家子入北河，长半里，灌田九十亩。）

毕家闸南渠一（自梢入南河，长半里，灌田九十亩。）

毕家闸南渠二（自梢入南河，灌田八十亩。）

毕家闸南渠三（自朱家营子东经毕家凹子入河，长二里，灌田三百四十亩。）

毕家闸北渠一（自刘家庄子经叶家庄子入南河，长半里，灌田七十亩。）

毕家闸北渠二（自县城西经堡北滩入北河，长一里，灌田二百二十亩。）

熊家闸南渠一（自郭家高滩入南河，长一里，灌田二百二十三亩。）

熊家闸北渠一（自城东门经王家庄子入北河，长半里，灌田一百三十亩。）

熊家闸北渠二（自张家庄西入北河，长半里，灌田一百八十亩。）

石闸南渠一（自梢南新渠，长半里，灌田一百二十三亩。）

石闸南渠二（自左家庄西经孙家咀子入南新渠，长二里余，灌田二百四十亩。）

葛家闸南渠一（自张家庄子东入南新渠，长一里余，灌田一百二十亩。）

葛家闸北渠一（自刘家庄殷家河湾入北河，长一里余，灌田二百一十亩。）

葛家闸北渠二（自朱家庄子入北河，长一里半，灌田二百四十亩。）

李家小闸南渠一（自李家庄子入南新渠，长一里，灌田一百六十七亩。）

李家小闸北渠二（自梢入北河，长一里，灌田一百八十亩。）

高闸南渠一（自刘家凹路入新南渠，长一里余，灌田一百七十亩。）

高闸北渠一（自李家庄子东北入北河，长半里，灌田一百四十亩。）

高闸北渠二（自王家庄西入北河，长一里余，灌田一百五十亩。）

二一　李家滩渠

本渠及孔、田、康各家滩渠并大滩等渠之沿革，莫考其详，已于柳青渠沿革内略述矣，兹不再赘。

（一）流域

此渠前独立由黄河开口，后以口远工大夫少，乃向柳青渠帮助夫料，于柳青渠之进口闸，引水东流，界乎柳青、大滩二渠之间，经潘家庄子北、李家滩至宋家庄子西南，入于北河，延长二公里半，合五市里，灌田一千一百余亩。

（二）减水

有退水二道，均在潘家庄子西北，向东南流入北河，其高宽各一公尺余。长三公尺余。

（三）闸

闭水闸有三道，各长三公尺余，高宽一公尺余至二公尺不等。

二二　大滩渠

（一）流域

自大石坝以北开口，引水东流，经孔家滩、宋家庄子、张家滩、徐家庄子、蒋家湾各处之南，至任家滩东北入北河，延长约七公里，合十四市里，灌田三千五百余亩。

（二）埽

渠口有迎水埽，长约六十公尺，高宽一公尺余，杂石积垒而成，每岁加以修补。

（三）减水

有大小减水各一道，大减水在宋家庄子南，小减水在邓家庄子西北，均向南流入北河。

（四）闭水闸

闸有十二道。小减水以下有邱家闸。邓家庄子北有二闸。张家滩南有马家滩闸。张家庄子（在张家滩东南）北有袁滩闸。马家庄子北有刀仞闸。李家庄子西北有裴家闸。张家庄子东北有王家闸。郭家庄子北有窦家闸。龚家庄子北有张家闸。徐家寨子南有马家闸。宋家庄子南有二闸。蒋家湾北有梢闸，其宽一公尺二至一公尺半，高一公尺二至二公尺，长三公尺半至五公尺不等。

（五）桥梁

桥有三道：宋家庄子南有宋家桥，孙家庄子南有孙家桥，温家庄子南有温家桥。

二三　孔家滩渠

（一）流域

自大埄湾东北，大滩渠口以下约三四十公尺，黄河南岸开口，引水东流，经孔家滩宋家庄子以北，至潘家庄子以东，入田家滩渠之退水沟，延长三公里，合六市里，灌田一千二百余亩。

（二）埄

迎水埄长一百三十余公尺，宽三公尺左右，高一公尺余。封水埄长四十余公尺，宽一公尺六七，高七八公寸。

（三）减水

有大小减水各一。

（四）闸

闭水闸有四：曰阎家闸，曰郝家闸，均在孔家滩北；曰宋家闸，在孔家滩东北；曰小闸，在宋家庄子西北。

（五）桥梁

桥有二道：一道在大减水东；一道在宋家庄子北。

（六）橙槽

橙槽一个，于河水小时，架于大滩渠上，并于李家滩渠口之上，引用柳青渠水灌溉之。

二四　田家滩渠

（一）流域

自大埂湾大埂东北五六十公尺处，黄河南岸，开口引水，沿田家庄子、冯家庄子、田家滩渠大庙、陈家庄子、张家庄子、李家庄子各处之北边东流，至沈家闸（康家滩渠）东南，入康家滩渠之大减水，延长四公里余，合九市里，灌田一千七百余亩。

（二）埂

迎水埂长六十余公尺，宽一公尺七八，高一公尺。

（三）闸

闭水闸有五道，长四五公尺，高一二公尺，宽二三公尺不等。

（四）桥

有桥一道，曰范家桥，在冯家庄子以北。

（五）橙槽

有史家橙槽、王家橙槽、李家橙槽各一道，时设时去，均不一定。

（六）暗洞

渠口以下里余有老阴洞一个。

（七）减水

减水有三道：曰进口闸减水，在阴洞上边；曰北减水，在田家滩西北；曰小减水，在田家滩北，长各五公尺，宽一公尺半至二公尺半，高一公尺半至一公尺八，均向北流入康家滩渠。

二五　康家滩渠

（一）流域

自大㙓湾东北里余，黄河南岸开口，引水东流，经沈家庄子、罗家庄子、巫家庄子以南，白家庄子以北，〔杜〕家庄子东南，入南河，延长十二公里，合二十四市里，灌田七千亩有零。

（二）减水

有大减水、二道、三道，减水各一。大减水在田家滩以下、李家庄子东、沈家庄子南，长五公尺，宽一公尺半，高二公尺。二道减水在张家庄子东。三道减水在白家庄子东北，各长七公尺，宽一公尺余，高二公尺。

（三）闸

闭水闸有九道：曰大阴洞闭水闸，在渠口以下里余，宽一公尺六七，高四公尺，长十二公尺；曰沈家闸，在沈家庄子南；曰脑闸，在罗家庄子西南；曰二道闸，在李家庄子南，即康家桥带闸。以上三闸各宽一公尺半，高二公尺，长四公尺。曰何家闸，曰中闸，均在巫家庄子东南；曰白家闸，在白家庄子西北；曰园子闸，在白家庄子东北；曰梢闸，在杜家庄子西南。以上五闸各宽一公尺，高一公尺六七，长三公尺余至四公尺不等。

(四) 桥梁

桥有三道：田家灌大庙以北有范家桥。李家庄子南有康家桥。白家庄子北有白家桥。

(五) 塀

塀有大小二道：〔大〕塀长二百余公尺，宽一公尺六七，高一公尺。小长三十余公尺，宽二公尺左右，高七八公寸。

(六) 康家滩渠支渠

沈家闸一支渠（自闸上向北开口流入河，长一里。）

沈家闸二支渠（自闸上向北开口流入河，长一里。）

脑闸南支渠（流入南河，长一里。）

脑闸北支渠（流入黄河，长里余。）

二道闸南支渠（流入南河，长半里。）

二道闸北支渠（流入黄河，长二里。）

何家闸南支渠（流入南河，长一里。）

园子闸南支渠（流入南河，长半里。）

园子闸北支渠（流入梢闸支渠入河，长一里。）

梢闸北支渠（流入河，长二里余。）

二六　新北渠

(一) 沿革

是渠旧名永兴渠，民国二十四年春改为新北，创修于清同治十一年，时陕西陕安道黄公（渠民至今尚留有黄之告示，但名字未详）统军驻境，居民万发祥请求开辟，黄公亲临查看，晓谕倡筑，自宁安堡（今中宁县）东北之李家凹子北，北河南岸开口，引水东流，至张家河湾以下入河。近数年来，渠河频受山洪之害，渠工颇大。

（二）流域

自中宁县东北三里许，李家凹子之北，郑家庄子之南，北河南岸引水东流，沿朱家庄子、莫家嘴子、黄家营子、万家庄子、樊家庄子各庄之北；又经孙家河湾、吴家庄子、孙家庄子，至张家河湾以下，入于南河，延长七公里半，合十五市里，灌田四千余亩。

（三）埽

有迎水埽一道，上土下石，长五十余公尺，高宽二公尺至五公尺不等。

（四）减水

有大减水、小减水各一道：大减水在莫家嘴子之北；小减水在陆家夹道之北，均向北流，入学租滩旧渠（今已废置五六年矣）。

（五）闭水闸

樊家庄子北有石家闸。吴家庄子西北有王家闸。吴家庄子北有石闸子。孙家庄子西北有中闸。孙家庄子北有营子闸。李家庄子北有下闸。张家河湾东有下路闸。其宽一公尺至一公尺半，高一公尺至二公尺，长三公尺至三公尺半不等。

（六）桥梁

莫家嘴子北有莫家嘴子桥。陆家夹道西北有黄家桥，又有王家桥。陆家庄子北有陆家桥。万家庄子北有万家桥。樊家庄子北有樊家桥。吴家庄子北有吴家桥。孙家庄子北有孙家桥。下陆闸上边有下陆桥。其宽一公尺至二公尺，高一公尺二三至一公尺七八，长二公尺半至三公尺余不等。

（七）橙槽

莫家嘴子正北有橙槽一个，高宽七八公寸，长四公尺，柳青支渠，行于其上。

（八）阴洞

小减水底下有阴洞一个，通柳青渠之剩水，高宽各一公尺，长六公尺余。

（九）支渠

莫家嘴支渠（由渠身向北流，长三里。）
王家凹子支渠（由渠身向北流，长四里。）
万家滩支渠（由渠身向北流，长四里。）
陆家支渠（由渠身向北流，长二里。）
樊家支渠（由渠身向北流，长一里。）
老洞子支渠（由王家闸西向北流，长一里。）
中支渠（由吴庄北向流，长半里。）
石闸南支渠（由渠身向南流，长半里。）
中闸支渠（由渠身向南流，长半里。）

营子支渠（由渠身过孙庄中，东南流，长半里。）

下闸支渠（由渠身过孙家庄中，向东南流，长半里。）

二七 新南渠

（一）沿革

是渠自南河引水，迤行中宁县东南，流域地带旧日系受柳青渠水灌溉。嗣因用水不便，乃于民国六年由王光临创开之。辟修以来，居民尚称便利；惟近二三年，曾经山洪冲淤，渠工未免稍大云。

（二）流域

自中宁县南，南河北岸（新堡桥以上）开口，引水向东北流，经过董家营子南、孙家嘴子北、田家营子、刘家庄子南、东华寺北、黄家庄子南、陆家夹道北，梢入新北渠，延长六公里，合十二市里，灌田三千二百亩。

（三）减水

有南减水一道，在董家营子南边。

（四）闭水闸

闸有七道：曰田家闸，在田家营子东南。曰刘家闸，在刘家庄子南首。曰莫家闸，在莫家营子西北。曰余丁闸，在下刘家庄子东。曰石闸子，在黄家营子西。曰黄家闸，在黄家庄子西。曰崔家闸，在陆家夹道西。其长由三公尺至四五公尺，宽一公尺至一公尺半，高一公尺半至二公尺不等。

(五) 桥

有新堡桥，与南河新堡桥相连，长四公尺，高一公尺余，宽三公尺有奇；又有刘家桥，在下刘家庄子南边，长三公尺余，高一公尺半，宽二公尺六七。

二八 通济渠附硝磺滩、乏马滩等渠

(一) 沿革

是渠在中宁县张恩堡。明万历四十年，傅朝宇自堡之西南三道湖，黄河东岸开口，引水向东北流，浇堡南至高家咀子入河，延长三十二里（旧志：四十里），灌田三千六百四十二亩有零（旧志：二千四百二十亩）。

隔河相望，有硝磺滩、乏马滩，均在河内，其滩各有渠流一道。硝磺滩渠开自清乾隆年间。乏马滩渠创于清康熙年间。各由滩脑开口，至滩尾入河。硝磺滩渠延长约十四市里（旧志：二十里），灌田千余亩。乏马滩渠延长约十一二市里（旧志：十五里），灌田数百亩。因滩地垦废无定，故亩数亦难确。

(二) 流域

自渠口引水，向东北流，经闭水闸、黄家咀子、阎家庄子、栏闸、三道湖及贾家梁以西，越干河子沟尾；又经王家梁子之西，过十里、南闸、进口闸、王家庄子、孙家庄子、道家庄子、邓家庄子、新营子、陈家庄子、张恩堡、新庄子、巫家庄子、双营子，至高家咀子入河。延长及灌田数目，已见沿革内，不再赘述。

硝矿滩渠及乏马滩渠之流域因滩在河内，居民稀少，地物简单，且变迁靡常，建筑简陋，于沿革内略述梗概外，无甚可记，故流域及以下各项均从略。

（三）埍

渠口有迎水埍，系杂石筑成，长四五十公尺，宽三四公尺至六七公尺，高一公尺余不等。

（四）减水

减水有六道：曰栏闸减水，在十里咀以上，阎家庄子东北。曰南闸减水，在干河沟尾南边。曰进口闸，在龙王庙子北边。曰王家闸子，在王家庄子北。曰党家沟闸，在党家沟尾南边。曰皮家出水，在张恩堡北，新庄子北边。均系向西流入河。其宽由二公尺至四公尺，高由一公尺半至二公尺余，长由四五公尺至六七公尺不等。

（五）闸

闭水之闸有五道：曰闭水闸，在渠口以下，上带桥梁，现被冲坏。曰栏河闸，在新营子西南之邓家庄子西边。曰陈家闸，在张恩堡南，陈家庄子北边。曰袁家闸，在堡南龙王庙南边。曰高闸，在堡之大庙东边。其宽高由一公尺半至四公尺，长一公尺六七至八公尺不等。

（六）桥梁

桥有七道：（庙）〔龙〕王庙子北边有小桥。新营子以南有李家桥。新营子北有张家桥。张恩堡南边有魏家桥。堡北边有孙家桥。双营子南边有庞家桥；北边有宋家桥。大小不一，宽由二公尺至四公尺，高由一公尺至二公尺，长由三公尺至六七公尺不等。

二九　黄辛滩渠及长兴渠

（一）沿革及流域

黄辛滩在中宁县东北黄河之内，系河中之一大洲。其脑北对观音庙，南对孙家河湾。滩尾北对新渠梢，南对红柳沟。长约十公里，合二十市里，宽一二里或四五市里不等，成西南东北之象。自西徂东，分段名之：曰黄辛滩，曰长滩，曰周家滩，曰碱滩等，总名之曰黄辛七滩。滩中有渠两道：曰黄辛滩渠，曰长兴渠，相传开自清同治年间，每遇涨水，变迁颇大。

黄辛渠[1]自滩脑开口引水，经过黄辛滩北部，梢至长滩西北之严家滩北入河。延长五公里半，合十一市里，灌田四千余亩，居民一百二三十户。

长兴渠自黄辛滩马家庄子南，黄河南身北岸开口，引水向东北流，经过长滩、周家滩，至碱滩东北入河。延长七公里余，合十五市里，灌田三千七百余亩，居民七八十户。

（二）闸埽减水

黄辛渠有木闸三道：曰陆家窑湾子闸，在窑湾北边。曰二道闸，在杜家庄子南边。曰三道闸，在童家庄子北边，高一公尺六七，宽一公尺三，长三公尺余。有南减水一道，在黄辛滩

[1] “黄辛滩渠”与“黄辛渠”交叉出现，实为一渠。

张家庄子南，高一公尺七，宽一公尺三，长四公尺。

长兴渠有石闸四道：曰脑闸，在长滩西北。曰橙槽闸，在长滩庄内。曰头道闸，在蒋家庄子（长滩东）西北。曰四道闸，在周家滩西北。（头、四闸间，以前尚有二闸，今废。）其宽高各一公尺二三，长三公尺左右。有土塀一座，即渠口以下之南（硬）〔埂〕，长三百余公尺，高宽一公尺余至三公尺不等。有减水一道，在口以下一公里余，向南流入河，高宽一公尺半左右，长四公尺。

（三）桥及橙槽

黄辛渠有桥一道，在马家庄子北。长兴渠有桥二道：一在黄辛滩滕家庄子南边，曰滕家湾子桥；一在长滩庄内，曰长滩桥。橙槽有上下橙槽各一，下橙槽现已无存；上橙槽在黄辛滩李家庄子南。槽上通黄辛支渠，下通长兴渠，高宽七八公寸，长四公尺余。

（四）支渠

黄辛渠有大支渠二道，向东南流，各长三市里许。有小支渠三道，长一二里。长兴渠有大支渠三道，小支渠四道。长兴、黄辛支渠相若，小灌洞颇多（支渠表未填河内滩渠，故略记此）。

（五）支渠

接塀滩支渠（由新营子西南起向西流入河，长二里，灌田四百余亩。）

段渠（由栏河闸上边起向西流入河，长一里，灌田五百亩。）

低渠子（由高闸上边渠东开口向北流入红湾湖，湖水入河，长一里半，灌田三百亩。）

巫家渠子［由高闸上边巫家环洞（庄东）西流入河，长二里半，灌田三百亩。］

除以上支渠外，尚余小支流灌口二十余个，因用闭无时，小而且短，多无名称，不多繁赘。

三十　丰乐渠

（一）沿革

是渠在中宁县河北渠口堡广武城一带，旧名石灰渠，创修年代莫考其详。旧志所载：自铁桶堡碾盘滩起，至广武五塘沟止，延长六十里，灌田一万二千三百余亩。清康熙时，渠塀壅崩，岁修夫少，力不能及。提督俞益谟为捐千金，建闸疏滞，因有千金渠之誉。旧有上水闸四道：曰栏河闸、起行闸、李祥闸、上沙渠闸。退水闸四道：曰永安闸、双闸、小闸、拖尾闸。后渠口冲塌，滩地多荒，堡东熟田，亦不免旱。堡绅魏宗禹等督率本堡及广武受水之户，在碾盘滩口下筑石龙口三十余丈，迎河引水向东北流，至庞家庄入广武界，延长三十三里。上水闸二道，减水闸五道，大支渠三道，桥二道，改名曰丰乐渠。近年渠长及灌田亩数，并闸道桥梁，均有变迁。兹记其现状如次。

（二）流域

现今渠口在枣园堡东之新渠梢以南、大麦营子南、黄河北岸，引水向东北流，经过新渠梢，铁桶堡东南，越湾滩老鼠咀、上滩、下滩，过董家山咀北向；又经渠口堡、庞家庄子、沙梁营子、周家营子、施家营子、杜家油房、曹家寨子、王家庄子、侯家庄子、塌河崖子、广武城等处以西，至广武城北，贾家庄子新田上之间，迤东入新渠，过五塘沟入黄河。延长约三十七公里，合七十四市里，灌田一万四千余亩。

（三）埂

埂有石埂一道，土埂两道。石埂在渠口以下，临旧渠口修筑，长六十余公尺，高宽三四公尺。双闸、南闸、两减水，均在此埂附修。石埂以上有土埂，长约百二十公尺，高五六公尺，底宽十数公尺，面宽六公尺左右。又渠口土埂长倍于以上土埂，高宽如之。

（四）减水

减水有九道：曰双闸减水，曰南闸减水，均在老鼠咀以上，石埂傍边。曰陈家闸减水，在上埂滩北，下埂滩南。曰木闸减水，在董家山咀南首。曰禹王闸减水，在渠口堡子北。曰袁家咀闸，在李家沟西。曰李宣闸减水，在沙梁西北。曰新闸减水，在周家营子西。曰大响闸减水，在侯家庄子北。其宽由二公尺半至五公尺，高由二公尺至四公尺，长由四五公尺至二十公尺不等。

（五）闭水闸

闭水闸有十四道：曰茶房庙闸，在渠口堡西南。曰庞家腰闸，在李家沟西南。曰来家闸，在施家庄子南。曰施家闸，在施家庄子西北。曰杜家闸，在杜家油房西南。曰李姓闸，在孙家湾子南。曰底闸子，在孙家湾子北。曰赵姓闸，在王家庄子西南。曰侯家闸，在侯家庄子西。曰上沙渠闸，曰下沙渠闸，均在侯家庄子西，一偏南，一偏北。曰洪渠子闸，在塌河崖子北。曰黄石桥闸，曰下闸，均在广武城西北。其宽由一公尺余至四公尺，高由一公尺至三公尺，长四五公尺至十数公尺不等。

（六）桥梁

桥有六道：曰山桥，在董家山咀西南。曰周家营子桥，在周家营子西。曰袁家桥，在孙家湾子西。曰新桥，在塌河崖子西北。曰直桥，在广武城西北。曰黄石桥，在广武城西北。除袁家桥、新桥，通乡村道外，余均通大道，宽由二公尺七八至四公尺，高一公尺至一公尺六七，长四公尺至五公尺不等。

（七）暗洞

阴洞有三道：曰塌河崖子阴洞，在塌河崖子北边，系木洞，洞之直〔径〕三公寸余，长五公尺，洞在渠身底下，通直流剩水，东流又过新渠作洞，再东流入黄河。曰新桥阴洞，在新桥上边。曰直桥阴洞，在直桥下边。其大小及作法并流水，均同上。

（八）支渠

湾滩渠（自南闸下至上塀滩东入河，长四里，灌田四百三十亩。）

上塀滩渠（自南闸下至下塀滩东入河，长四里，灌田一千零五十亩。）

下塀滩渠（自程家闸下至董家山咀东入河，长二里，灌田一千零三十亩。)

郭家渠(自郭家庄中东入河,长一里,灌田一百四十亩。)

董家渠(自董家庄子南起正东入河,长二里,灌田一百二十亩。)

三道渠(自董家庄子北起东入河,长一里,灌田一百三十亩。)

二道渠(自董家庄子北起东入河,长一里,灌田一百二十亩。)

头道渠(自渠口堡南起东入河,长一百[1],灌田一百二十亩。)

董家渠(自渠口堡北起东入河,长一里,灌田二百四十亩。)

庞家渠(自庞家庄子南起东入河,长一里,灌田三百十亩。)

李家渠(自李家庄子南起东入河,长里半,灌田一百二十亩。)

南沙渠(自沙渠庄子南起东入河,长二里半,灌田一百五十亩。)

北沙渠(自沙渠庄子北起东入河,长二里半,灌田一百七十亩。)

周家渠(自沙渠庄子北起南入蒲滩渠,长二里,灌田一百一十亩。)

蒲滩渠(自山桥北至周家营子北入河,长三里,灌田一千二百一十亩。)

来家渠(自周家营子北起东入蒲滩湖,长半里,灌田八十三亩。)

新滩渠(自赵家庄子南至丁家庄子东北入河,长三里,灌田四百二十亩。)

史家大渠(自赵家庄西至山塀,长二里,灌田二百六十亩。)

杨柳渠(自赵家杜家庄子之间东入湖,长一里,灌田一百

[1] 此处长度疑有误。

二十五亩。）

杜家渠（自杜家庄子北起东入湖，长二里半，灌田三百二十亩。）

总水渠（自曹家庄经高家沟上橙槽至高家东入河，长三里，灌田四百二十亩。）

王家渠（自王家庄子南经高家沟上橙槽至袁滩南入河，长四里，灌田一千零八十亩。）

李家渠（自王家庄南入赵家渠，长半里，灌田一百零五亩。）

低闸子渠（自孙家湾子北向北流，长里半，灌田一百二十亩。）

赵家渠（自王家庄南东入高家沟，长一里，灌田二百十亩。）

侯家闸渠（自侯家庄子西北入山湖，长半里，灌田八十三亩。）

沈家渠（自侯家庄子北经高家沟上之橙槽，东至袁滩北入河，长里半，灌田二百二十三亩。）

上沙渠（自侯家庄子北西入低闸子渠，长半里，灌田七十五亩。）

下沙渠（自王家庄西渠西开口向北流，长半里，灌田二百零三亩。）

赵家渠（自塌河崖子南至西山邦，长半里，灌田三百零五亩。）

李家渠（自塌河崖子北至西山邦，长半里，灌田一百五十亩。）

长兴滩渠（自塌河崖子北经新渠上橙槽至广武城东南入河，长二里，灌田三百十亩。）

沈家渠（自城西南二里西至山邦，长里半，灌田四百一十亩。）

曾家渠（自新桥南西至山邦，长里半，灌田二百四十亩。）

郭家渠（自新桥北西至山邦，长一里，灌田四百一十亩。）

上大田渠（自城西南起东入于家湖，长半里，灌田一百零五亩。）

贾家渠（自城西，西至山邦，长一里，灌田二百一十亩。）

下大田渠（自城西起北入阴沟，长半里，灌田五十二亩。）

三道渠（自城西起西入山邦，长一里，灌田一百五十亩。）

二道渠（自城西向西入山邦，长一里，灌田一百四十亩。）

头道渠（自城西向西至山邦，长一里，灌田一百一十亩。）

贾家湾子渠（自贾家庄南入新渠，长半里，灌田七十二亩。）

三一　新渠广武城附近

（一）沿革

是渠在中宁县河东北，广武城附近，创修于清光绪三十一年，由宁夏府拨公款修筑，又说系董宫保福祥后嗣出款兴修者，详情莫考，故略志之。

（二）流域

自广武城东南，阎家凹子以东，黄河西岸开口，引水向西北流，经塌河崖子东南，向北绕广武城西北，过贾家庄子，新田上以南，至五塘沟，转向东流入河。延长七公里，合十四市里，灌田一千余亩。

（三）闸埽减水

渠身较田地为高，（太）〔大〕小支流均系明口，故无腰闸。埽有档水土埽一座，长五六十公尺，宽四五公尺，高二公尺左右。减水有三道：进口处两道，丰乐渠梢入本渠处一道。其长十公尺至十三公尺，高二公尺余，宽一公尺三至二公尺余不等。

（四）桥及橙槽

桥有三道：广武城门口一道，城西南拐角两道，均通大车。橙槽有二：曰侯家滩橙槽，在塌河崖子东南，高宽半公尺，长五公尺。曰长兴滩橙槽，在塌河崖子东北，高宽六七公寸，长三公尺半，均系上通丰乐支渠，下通本渠。

（五）暗洞

塌河崖子东南，侯家橙槽以下，有高家沟阴洞，系用石修筑，高一公尺，宽二尺余，长十公尺，上通本渠，下通丰乐渠。响闸子减水及高家沟宿水，塌河崖子东，有塌河崖子阴沟。新桥东有新桥阴洞。直桥东有直桥阴洞。均系木洞。宽、高各四公寸，长六公尺余，上通本渠，下通丰乐渠泄水。

（六）支渠

王家滩渠（自广武城西北起在李家园子东入河，长一里。）
沙荡渠（自贾家庄子东南起东北入河，长半里。）
三道渠（自贾家庄子东北起正东入河，长半里。）
二道渠（自新田南边起东北入河，长半里。）
头道渠（自新田中起东入河，长半里。）

三二　新生渠

（一）沿革

是渠在中宁县河北之永兴、石空、张义三堡，系合旧日之胜水、顺水两渠为一渠。顺水渠在张义堡，于清同治年间因河势北行，渠口冲没，即接石空、胜水渠梢水灌溉，每岁帮助石空夫料，相沿已久，顺水名义，早经无形取销。而胜水渠渠口在胜金关以西、得胜墩东南、美利渠梢之上，渠水有不足时，恒接用美利、太平等渠之剩水，故有“吃剩饭”之谚，以胜、剩同音也。民国二十三年秋，渠民为避免剩水音意，改名曰新生渠。

（二）流域

自中卫县东乡、得胜墩（亦曰刘家庄子）东南，长滩千棵柳西南，黄河北岸开口，引水东流，经凯歌墩、雷家沙窝之南，越美利渠梢流，沿胜金关山根；又东入中宁境，经永兴堡、贺家湾子、郭家山咀、黄家湾子、余丁村各庄村北边，沿山坡底下东行；又经大佛寺、上沙窝之南，下沙窝、石家湾、石空寺、田家庄子、何家营子各地之北，张家台子、罗家沟之南，倪家营子、太平庄庄内，雍家墩、黄家庄子、张义堡之北，山营子以南，观音庙之北，至白家营子南，入中济渠。延长约三十八公里，合七十六市里，灌田二万四千余亩。

渠之上流在胜金关以西，有由北山沟冲出之山水；因山沟颇长，水势甚大，洪流暴发，渠身每被冲断，为害非浅。余丁、石空以北之山沟亦有此患，但较为轻耳。每岁渠工之虚耗于此者，不可数计。

（三）堺

渠口以下一市里余，有石堺一座，长三百数十公尺，底宽十公尺余，面宽及高各四五公尺。堺即渠之南埂，如有冲刷之处，岁时补筑之。

（四）减水

减水有七道：曰软泥湾减水，在千棵柳西；曰千棵柳闸，在千棵柳西首；曰双减水，在雷家沙窝南；曰胜金关闸，在关南边；曰沙减水，在永兴堡以北；曰余丁渠减水，在余丁村内，带桥；曰大减水，在张家台子西北角。其宽高由一公尺半至五公尺，长由四公尺至十数公尺不等。

（五）闸

闭水闸有九道：曰朱家闸，在郭家咀子东北；曰沈家闸，在黄家湾子西北；曰周家闸，在上沙窝西首；曰李家闸，在下沙窝东北角；曰李家闸，在石空西；曰岗子闸，在石空西北；曰何家闸，在石空东北；曰郑家闸，在石空东；曰何家闸，在何家营子西北。其宽为二公尺至二公尺半，高为一公尺半至二公尺，长为四公尺至八九公尺不等。

（六）桥梁

桥有九道：曰平桥，在永兴堡西、胜金关东；曰沈家桥，在余丁村西首；曰雍家桥，在余丁村北；曰张家桥，在下沙窝庄内；曰周家桥，在石空城西北角；曰何家桥，在石空城东北；曰何家营子桥，在何家营子西北；曰杨桥，在倪家营子庄内；曰山营子桥，在山营子庄内。其长由四公尺至五公尺，宽二公尺半至四公尺，高一公尺二至一公尺七八不等。

（七）新生渠支渠

永兴堡支渠（自堡西起向东南流入河，长五里。）

郭家咀支渠（自咀北向东南流入河，长里余。）

贴渠（自黄家庄子西北起东南流入河，长里余。）

旧古渠（自余丁村东北起梢入河，长六里。）

高渠（自沙窝庄西起东南流入河，长四里。）

大沙渠（自沙窝庄东北起梢入中济渠，长七里。）

南渠（自石空城西北〔起〕梢入沙渠，长二里。）

快水渠（自石空城东北起入中济渠，长五里。）

沈家渠（自田家庄西北起入中济渠，长三里。）

以上支渠系较著者，此外尚有小灌口数十个，因其流域不长，灌田无多，仅略举名称如左。

头道渠、小中渠、徐家渠、庙后渠、胡家渠、郭家渠、平家渠、辛家渠洞子、徐家渠、何家渠、李家渠、殷家渠、倪家渠、钟家渠、张家渠、李家渠、尹家渠、营盘渠、康家渠、康家小渠、中渠、朱家渠、雍家渠、蒲家渠、刘家渠、潘家渠、杨家渠、田家渠、秦家渠、周家渠、徐家渠、小沙渠、红柳渠、欢渠、火烧渠、刘家渠、陈家渠、李家渠、魏家渠、刘家渠、倒流渠。

三三　中济渠

（一）沿革

是渠在中宁县河北枣园堡，旧与石空、张义共为一渠。明天启五年，堡人郭珠倡众自石空寺东南倪家营，另开新口，引水向东北流，至炭窑墩，延长七十里；又自石空寺赵家滩开口，引水至朱家台，名曰贴渠，延长二十里，而渠梢均入河。清乾隆十五年，生员陆嵩续开减水闸五道。渠口屡被冲圮，后又于雍家垈另作新口。光绪三十年，渠埂又被冲塌十余里，贴渠亦坏，知县张心镜请帑；并变社粮，委员刘学元接引石空梢水，堡西聊资灌溉；堡东苦旱，民多流离，至民国八年，众议兴修，改名为“中济渠”，迄十四年，始经修竣。

（二）流域

自石空以南、胡家湾东南、黄河北岸开口，引水向东北流，经石空东南，田家庄子、张家台子、倪家营子迤南，太平庄、雍家垈、黄家庄子、张义堡以北，观音庙庄内、白家营子之南、枣园堡之北，至白马湖，折向东南，梢于新渠梢之东偏北入长永渠。延长三十二公里，合六十四市里，灌田二万四千余亩。

（三）埂

渠口有迎水埂，系用卵石垒筑，长百余公尺，宽四五公尺，高二公尺余。头道减水有石埂，长四十余公尺，高一公尺余，宽四公尺。

（四）减水

减水有五道，胡家渡东有淤泥河减水，两空。张家台子西南有大减水。倪家营子西南罗家沟有双减水。雍家垈西有乔家沙尖子减水。史家营子西有史家减水。其宽由三公尺至五尺余，高三公尺左右，长二公尺至十公尺不等。

（五）闸

闭水闸有四道：白家营子东有周家闸；二里半西首有陆家闸；枣园堡城北有洪渠闸；齐家庄子东有曹家闸。其宽为三公尺左右，高为一公尺半至二公尺，长五公尺至六公尺余不等。

（六）桥梁

桥有十道：曰汽车房子官桥；曰倪家营子南桥及北桥；曰雍家圪马家桥；曰观音庙街中桥；曰白家营子桥；曰枣园堡城北官桥；曰齐家庄子桥；曰门家庄子桥；曰孙家营子桥。其宽由三公尺至六公尺，高一公尺半至三公尺，长四公尺余至十公尺不等。

（七）飞槽暗洞

石空东南及罗家沟各有飞槽，上通新生支渠，下筑两孔通本渠。倪家营子大阴洞及黄家庄与张义堡东北之两阴洞均系上通〔新〕生渠，下通本渠。乔家沙尖子阴洞，上通新生渠，下通本渠减水。

（八）支渠

碾子渠（由史家茔子至黄河，长半里。）

毛家渠（由毛家庄南至黄河，长一里。）

子渠（由赵家庄北至黄河，长二里。）

李家渠（由李家庄南至黄河，长二里。）

马家渠（由大渠南至张家庄子，长二里。）

张家渠（由大渠南至张家庄子，长二里。）

宁家渠（由大渠南至黄家庄，长二里。）

杨家渠（由大渠北至沟沿，长一里。）

张家渠（由大渠北至沟沿，长一里。）

杨家渠（由大渠南至于家洼子，长半里。）

刘家渠（由大渠北至郭家寨，长四里。）

大高渠（由大渠北至官路，长二里。）

袁家渠（由大渠南〔至〕沟沿，长二里。）

郭家渠（由大渠北至大路，长一里。）

小花红渠（由大渠南至于家庄，长三里。）

牛家渠（由大花红渠，长半里。）

小红花渠（由大渠南至周家庄，长十里。）

沙东渠（由大渠南至王家营，长三里。）

马家渠（由大渠南至沙圪塔，长三里。）

王家渠（由大渠南至白家湖，长五里。）

苏家渠（由大渠南至官路，长二里。）

小王家渠（由大渠南至路，长二里。）

姜家渠（由大渠南至白家湖，长二里。）

李家渠（由大渠南至周家湖，长二里。）

白家洼渠（由大渠南至官路，长三里。）

白家洼渠（由大渠南至官路，长四里。）

张家渠（由大渠南至韩家庄，长六里。）

王家渠（由大渠南至韩家庄，长四里。）

周家渠（由大渠至荒田，长半里。）

周家渠（由大渠南，长二里。）

唐家渠（由大渠南至官路，长二里。）

唐家渠（由大渠南至湖滩，长二里。）

小沟渠（由张家庄南至王家茔，长七里。）

新渠（由张家庄南至冯家湖，长五里。）

张家渠（由蒋家庄南至张家庄，长二里。）

张家渠（由唐家庄至张家闸，长一里。）

头道渠（由王家庄南至大蒋家湖，长半里。）
边渠（由刘家庄南至大路，长二里。）
二道渠（由王家庄南至黄河，长五里。）
底渠（由李家庄南至黄河，长五里。）
李家渠（由李家庄南至大路，长二里。）
减渠（由方家庄南至大路，长三里。）
方家渠（由方家庄南至大路，长三里。）
红渠闸[1]（由张家台南至方家庄，长一里。）
张家渠（由方家庄南至大路，长三里。）
张家渠（由方家庄至大路，长二里。）
蜡台渠（由张家庄南至郭家庄。）
五老官渠（由黎家寨至方家碍茔，长三里。）
小边渠（由山水沟至黄河，长三里。）
三儿渠（由山水沟南至沈家茔，长四里。）
右锁渠（由王家庄南至黄河，长五里。）
王家渠（由刘家寨南至黄河，长三里。）
石头渠（由祁家庄南至黄河，长三里。）
曹家闸[2]（由祁家庄至大麦茔子，长三里。）
新渠（由门家庄至黄河，长三里。）
乜家渠（由门家庄至黄河，长三里。）
张家渠（由门家庄南至黄河，长三里。）
大言渠（由李家庄至黄河，长四里。）
快水渠（由门家庄南至淤池滩，长五里。）
高渠（由孙家营至李家茔，长二里。）

❶ 红渠闸 “闸”字衍。
❷ 曹家闸 疑为“曹家渠”。

油房渠（由高山寺至范家茔，长三里。）

郑家渠（由黄家湖至高家庄，长三里。）

郭家渠（由郭家茔至范家茔子，长三里。）

碱渠（由孙家庄至陈家庄，长三里。）

谈家渠（由黄家湖至陈家庄，长四里。）

门家渠（由黄家湖至陈家庄，长四里。）

三岔渠（由黄家梢至范邦沟，长三里。）

范邦渠（由白马湖至黄河，长三里。）

三四 长永渠

（一）沿革

是渠在中宁县河北铁桶堡，旧自俞家营河沿入口，工力浩费。清乾隆二十三年秋，渠埂岸尽为河流冲汕，崩坏四里有余。岸高水下，民不能修，知县黄恩锡适代行水利，另于旧引水埽埂微上，小支河北岸，枣园堡于家庄下，跟寻旧渠水道于李姓田中，近河买田四亩，因势作口，时枣园近渠人民纠众控阻，知县遂躬自举铺，导以渠路，竟达旧渠，接流而下，始得成功。二十五年，水势颇溢于前，乃于堡东越石灰渠，架木槽渡水于新淤滩，垦复旧荒焉。渠梢至炭窑垓下入河，延长二十五里。嗣因石灰渠冲崩，复移上开新口，改新淤滩至渠外。光绪三十年，新淤滩又被水冲崩。近年以来，河岸及滩，颇有变迁。其梢于湾滩人丰乐渠，其流域及闸埂桥等现状，分述于下。

（二）流域

自于家营子以东、新渠梢西南、大麦营子之南、淤池滩黄河北岸开口，引水向东北流，经大麦营子、范家营子、新渠梢之东南、周家营子之南，过铁桶堡向东，梢分为二，至湾滩入丰乐渠，延长八公里，合十六市里，灌田六千余亩。

（三）坢

渠口有石坢，长五十余公尺，底宽十公尺左右，面宽四五公尺，高二公尺余。

（四）减水

减水有老台减水，在范家营子南。有大减水，在新渠梢南。有板减水，在铁桶堡西。其宽二公尺六七，高二公尺至三公尺，长四公尺至五公尺余不等。

（五）闸

闭水闸：有腰闸，在周家营子南偏西。有姚家闸，在周家营子南偏东。有贺家闸，在铁桶堡南边偏上。有门头闸，在堡南偏下。有东渠口闸，在堡东南。闸宽一公尺半左右，高二公尺上下，长二公尺半至三公尺余不等。

（六）桥梁

桥有三道：曰贺家桥，在铁桶堡南偏上；曰汪家桥，在堡南偏下，曰西渠桥；在堡东各高宽二公尺，长二公尺至三公尺。

（七）飞槽

飞槽有二道，均在新渠梢以南，两槽相距十数公尺，均系上通中济渠小支渠：下通本渠，高宽六七公寸，长四公尺许。

（八）支渠

总渠（起周家营子南东入丰乐渠，长五里。）

大渠（起铁桶堡南东南入丰乐渠，长三里。）

东渠（起龙头闸下东入丰乐渠，长一里半。）

宁夏省各渠名称、长度、灌溉亩数及支渠闸坝、桥洞、飞槽各数目统计表

渠别	长度中里	灌溉亩数	支渠	闸	坝	暗洞	桥梁	飞槽
唐徕渠	三五三	四六七八〇〇	五五一	七			二六	
汉延渠	三三九	二五七〇〇〇	四三七	五	一		二三	
惠农渠	三〇六	二八三二〇〇	六六四	五		七	四三	一二
大清渠	七四	六〇四〇〇	一二四	一一		二	一四	
云亭	一二〇			七			七	
昌润	一五〇	六四七五〇	二一五	一	二		三一	
滂渠	六〇	一五〇〇〇	三八				一一	
永惠	四〇	四七〇〇	二〇				一一	三
永润	三〇	八一〇〇	一七				七	
西官	三〇	七三〇〇					一八	
东官	二〇	二三〇〇					一〇	
汉渠	九八	一〇〇〇〇〇	二八九	一二	一		二三	
秦渠	一四三	一四五〇〇〇	二二〇	二		三	二八	三
天水	三六	一〇〇〇〇	七二	一〇			八	三
美利	一五四	九五〇〇〇	一三七	三一			二二	
太平	六六	四二〇〇〇		一二		一	一〇	四
旧北	三六	七八〇〇		八		一	六	一
新北	四〇	一六〇〇〇		四四		一	一八	一
复盛	二六	四八〇〇		二			二	三

续表

渠别	长度中里	灌溉亩数	支渠	闸	坝	暗洞	桥梁	飞槽
羚羊角	三〇							
和合	四							
天佑	三							
羚羊寿	三八	一四〇〇〇		八		一	五	一
羚羊夹	四八	二四〇〇〇		一九		三	四	一
七星	一三六	五七〇〇〇	一二〇	一一	一	四	一三	
贴渠	一〇	一四八〇		四			三	
柳青	四〇	二九八〇〇		一二			九	
李家滩	五	一一〇〇		五				
大滩	一四	三五〇〇		一四			二	
孔家滩	六	一二〇〇		五			三	
田家滩	一〇	一七〇〇		一二			一	四
康家滩	二四	七〇〇〇		一二			三	
新北	一五	四〇〇〇		九		一	九	
新南	一二	三二〇〇		七			二	
通济	三二	三〇〇〇		一一			七	
新生	七六	二四〇〇〇		一六			九	
中济	六四	二四〇〇〇		九		四	一〇	二
长永	一六	六〇〇〇		八			三	
丰乐	七四	一四〇〇〇		二三		三	六	
新渠	一四	一〇〇〇		三		四	三	二
备考	云亭渠自民国二十三年十月开工，次年五月落成，全为十五路军兵工建筑							

宁夏省夏、朔、平三县各渠桥梁名称、地点及水量分数统计表

渠别	桥名	地点	水量分数		备考
			头轮	二轮	
唐徕渠	正闸桥	大坝乡	十三分	十三分四	
	太白桥	蒋顶乡			
	玉泉桥	玉泉乡			
	宁化桥	宁化乡	十五分	十五分一	
	新桥	宋澄乡			
	大东方桥	曾刚乡			
	杨显桥	杨显乡	十五分	十五分一	
	社稷桥	前城乡			
	保安桥	前城乡			
	西门桥	中前城乡	十五分	十五分一	
	新桥	丰登南乡			
	满达桥	丰登北乡			
	獾洞台独木桥	谢保乡			
	站马桥	常信乡	十三分	十三分一	
	独木桥	北常信乡			
	天字桥	高荣乡			
	阎贵桥	姚伏乡	八分四	八分四	
	上桥	周城乡			
	白龙王庙桥	周城东乡			
	下桥	周城西乡			
	风神庙独木桥	周城风神庙前			
	徐家桥	本城乡			
	阎家步口桥	本城乡			

续表

渠别	桥名	地点	水量分数		备考
			头轮	二轮	
唐徕渠	南门桥	平罗南门外	七分四	七分四	
	东门桥	平罗东门外			
	龚家桥	头闸下			
	北门桥	平罗北门外			
	正闸桥	陈俊乡	十一分二	十二分四	
大清渠	上桥	在陈俊乡西			
	下桥	在张家岗子西			
	崔家桥	在崔家庄子东南			
	锁家桥	在永寿塔西南			
	陈家桥	在瞿靖乡西			
	尚家桥	在尚家桥庄子东			
	韩家桥	在韩家寨子西南			
	白杨树桥	在戴家庄子西			
	沈文闸桥	在沈闸团庄东			
	上桥	在邵岗乡西			
	吴家桥	在吴家庄子东南			
	下桥	在王家庄子西			
	蒋家桥	在蒋家庄子东			
	古城桥	在古城桥庄子东南			
汉延渠	正闸桥	汉坝乡	十三分	十三分一	
	林皋桥	林皋乡			
	马站桥	马寨乡			
	李俊桥	李俊乡	十三分	十三分一	
	唐铎桥	唐铎乡			
	王全桥	王全乡			

续表

渠别	桥名	地点	水量分数		备考
			头轮	二轮	
汉延渠	纳全闸桥	纳家湖			
	大官桥	杨和乡	十四分	十四分二	
	小官桥	魏信乡			
	板桥	河西寨			
	高庙桥	魏信乡			
	通吉桥	河西寨			
	张政桥	张政乡	十五分	十五分一	
	小新桥	张政乡			
	五度桥	镇河乡			
	蔡家桥	张政乡			
	沙窝桥	金贵乡			
	娘娘庙桥	金贵乡			
	潘昶桥	潘昶乡			
	毕礼桥	潘昶乡			
	王澄桥	王澄乡			
	丁家桥	王澄乡			
	马家桥	王澄乡			
	龙门桥	叶升乡			
	跃浪桥	叶升乡			
	正闸桥	任春乡	八分	八分一	
	徐家桥	任春乡			
惠农渠	王家桥	王洪乡			
	王洪桥	王洪乡			
	施家桥	王太乡			
	东兵庙桥	王太乡			

续表

渠别	桥名	地点	水量分数		备考
			头轮	二轮	
惠农渠	惠农渠桥	杨和乡			
	纸房桥	杨和乡			
	甘渠桥	杨和乡			
	五渠桥	杨和乡			
	孙家桥	杨和乡			
	大庙孙家桥	河西寨乡			
	魏家桥	河西寨乡			
	南桥	李祥乡			
	陆家桥	通宁乡			
	兼夫子桥	通宁乡			
	镇河桥	通朔乡			
	思家桥	通贵乡			
	上通贵桥	通贵乡			
	下通贵桥	通贵乡			
	通昌桥	通昌乡			
	高家桥	通吉乡			
	熊家桥	通义乡			
	马家桥	通义乡			
	独木桥	清水乡			
	清水乡桥	清水乡			
	穆家桥	通伏乡			
	经堂桥	通伏乡			
	惠闸桥	通成乡			
	马家桥	通成乡			
	软桥	沿河乡			

续表

<table>
<tr><th rowspan="2">渠别</th><th rowspan="2">桥名</th><th rowspan="2">地点</th><th colspan="2">水量分数</th><th rowspan="2">备考</th></tr>
<tr><th>头轮</th><th>二轮</th></tr>
<tr><td rowspan="10">惠农渠</td><td>沿河阑桥</td><td>交济乡</td><td></td><td></td><td></td></tr>
<tr><td>新桥</td><td>交济乡</td><td></td><td></td><td></td></tr>
<tr><td>通平桥</td><td>西通平乡</td><td></td><td></td><td></td></tr>
<tr><td>永治闸桥</td><td>内西河乡</td><td></td><td></td><td></td></tr>
<tr><td>黄渠桥</td><td>通润乡</td><td></td><td></td><td></td></tr>
<tr><td>永固桥</td><td>东永固乡</td><td>九分四</td><td>十分</td><td></td></tr>
<tr><td>张斗子桥</td><td>万宝乡</td><td></td><td></td><td></td></tr>
<tr><td>独木桥</td><td>尾闸乡</td><td></td><td></td><td></td></tr>
<tr><td>尾闸桥</td><td>尾闸乡</td><td></td><td></td><td></td></tr>
<tr><td>郑白桥</td><td>石嘴山乡</td><td></td><td></td><td></td></tr>
<tr><td rowspan="7">云亭渠</td><td>黄家圈桥</td><td>杨和乡</td><td></td><td></td><td></td></tr>
<tr><td>魏家圈桥</td><td>李祥乡
河西寨</td><td></td><td></td><td></td></tr>
<tr><td>通宁桥</td><td>通宁乡</td><td></td><td></td><td></td></tr>
<tr><td>包家围子桥</td><td>通朔乡</td><td></td><td></td><td></td></tr>
<tr><td>通贵桥</td><td>通贵乡</td><td></td><td></td><td></td></tr>
<tr><td>通昌桥</td><td>通昌乡</td><td></td><td></td><td></td></tr>
<tr><td>通吉桥</td><td>通吉乡</td><td></td><td></td><td></td></tr>
<tr><td rowspan="7">昌润渠</td><td>木闸桥</td><td>六羊乡</td><td></td><td></td><td></td></tr>
<tr><td>镇闸桥</td><td>通义乡</td><td></td><td></td><td></td></tr>
<tr><td>清水堡桥</td><td>清水乡</td><td></td><td></td><td></td></tr>
<tr><td>何家桥</td><td>清水乡</td><td></td><td></td><td></td></tr>
<tr><td>马家桥</td><td>通伏乡</td><td></td><td></td><td></td></tr>
<tr><td>田家桥</td><td>通伏乡</td><td></td><td></td><td></td></tr>
<tr><td>黑家桥</td><td>通伏乡</td><td></td><td></td><td></td></tr>
</table>

续表

渠别	桥名	地点	水量分数		备考
			头轮	二轮	
昌润渠	征家桥	五香乡			
	徐家桥	五香乡			
	石家桥	五香乡			
	祁家桥	六中乡			
	木闸桥	六中乡			
	固家桥	交济乡			
	胡家桥	交济乡			
	张家桥	交济乡			
	马家桥	交济乡			
	头闸桥	西永惠乡			
	双渠闸桥	双渠乡			
	永润闸桥	西永润			
	二闸	灵沙乡			
	下软桥	灵沙乡			
	南门桥	渠阳乡			
	何家桥	渠阳乡			
	苍湾子桥	渠阳乡			
	庙台闸桥	渠阳乡			
	马家桥	渠阳乡			
	三闸桥	永屏乡			
	于家桥	永屏乡			
	胡家桥	正闸乡			
滂渠	马家户桥	通成乡			
	征家桥	通成乡			
	徐家桥	五香乡			

续表

渠别	桥名	地点	水量分数		备考
			头轮	二轮	
滂渠	任家桥	五香乡			
	马四家桥	渠口乡			
	李家桥	正闸乡			
	上陈家桥	正闸乡			
	下陈家桥	正闸乡			
	蔡家桥	东永惠乡			
	上杨家桥	东永惠乡			
	下杨家桥	东永惠乡			
永惠渠	王家桥	正闸乡			
	李家桥	正闸乡			
	杨家桥	东永惠乡			
	桂家桥	东永惠乡			
	下桂家桥	东永惠乡			
	杨家桥	外红岗乡			
	下杨家桥	外红岗乡			
	王家桥	外红岗乡			
	张家桥	外红岗乡			
	杨家桥	外红岗乡			
	马家桥	外红岗乡			
永润渠	李家桥	东永惠乡			
	马家桥	东永惠乡			
	中闸桥	东永惠乡			
	马家桥	东永惠乡			
	王家桥	东永惠乡			
	洒家桥	外红岗乡			
	王家桥	灵沙乡			

续表

渠别	桥名	地点	水量分数		备考
			头轮	二轮	
西官渠	马家桥	东永润乡			
	马家桥	东永润乡			
	马家桥	东永润乡			
	张家桥	东永润乡			
	丁家桥	东永润乡			
	杨家桥	东永润乡			
	罗家桥	东永润乡			
	吴家桥	灵沙乡			
	吴家桥	灵沙乡			
	马家桥	灵沙乡			
	马家桥	灵沙乡			
	田家桥	灵沙乡			
	王家桥	渠阳乡			
	上吴家桥	渠阳乡			
	下吴家桥	渠阳乡			
	马家桥	渠阳乡			
	马家桥	渠阳乡			
	杨家桥	渠阳乡			
东官渠	马家桥	东永润乡			
	田家桥	东永润乡			
	吴家桥	东永润乡			
	李家桥	灵沙乡			
	吴家桥	灵沙乡			
	马家桥	灵沙乡			
	马家桥	灵沙乡			

续表

渠别	桥名	地点	水量分数		备考
			头轮	二轮	
东官渠	马家桥	渠阳乡			
	下马家桥	渠阳乡			
	徐家桥	渠阳乡			

宁夏省金、灵两县各渠桥梁名称、地点及水量分数统计表

渠别	桥名	地点	水量分数		备考
			头轮	二轮	
汉渠	于家桥				
	杨家桥				
	谭家桥	谭家桥			
	曹家桥				
	张家桥				
	李家桥				
	侯家桥	侯家湾子			
	韩家桥				
	余家桥				
	高闸桥				
	寨子桥				
	尹家桥	尹家桥			
	阎家桥				
	郭家桥	郭家桥			
	李家桥				
	周家桥				
	吴家桥	吴家桥			
	陈木闸桥				

续表

渠别	桥名	地点	水量分数		备考
			头轮	二轮	
汉渠	廖家桥	廖家桥			
	上高桥				
	下高桥				
	梅家桥				
	杨马湖桥	杨马湖			
秦渠	正闸桥				
	蔡家桥				
	板桥	板桥			
	大秦桥	大秦桥			
	小桥	小桥子			
	上桥	上桥			
	下桥	下桥			
	郭家桥	郭家桥			
	吴家桥	吴家桥			
	天桥子				
	黑家桥	黑家桥			
	官桥	官桥			
	夜摸桥				
	兴旺桥				
	杨家桥	杨家桥			
	尤家桥	尤家桥			
	韩家桥				
	沙板桥				
	罗锅桥				
	苏家桥				

续表

渠别	桥名	地点	水量分数		备考
			头轮	二轮	
秦渠	梅家桥				
	梁家桥				
	唐家桥				
	王家桥				
	徐家桥				
	砖木桥				
	北门桥				
	上桥	吴东村			
天水渠	下桥	新接村			
	新接桥	新接村			
	石家桥				
	上寨桥				
	杨家桥				
	杨鸿桥				
	高桥				

宁夏省卫、宁两县各渠所属桥梁地点及水量分数统计表

渠别	桥名	地点	水量分数		备考
			头轮	二轮	
美利渠	履坦桥	头塘滩			
	迎水桥	头塘滩			
	赵家桥	赵家桥			
	白家桥	白家桥			
	杨家桥	杨家桥			

续表

渠别	桥名	地点	水量分数		备考
			头轮	二轮	
美利渠	周家桥	周家桥			
	袁家桥	袁家桥			
	官桥	中卫县西关外			
	杨家桥	杨家桥			
	机灵桥	机灵闸			
	白家桥	白家桥			
	赵家桥	赵家庄子			
	张家桥	张家庄子			
	李家桥	李家大庄子			
	孙家板桥	孙家板桥			
	门家桥	门家牌楼			
	冯家桥	冯家庄子			
	王家桥				
	沈家桥	沈家桥			
	朱家桥	朱家桥			
	邵家桥	邵家桥			
	雷家沙窝桥	雷家沙窝			
太平渠	焦家庄子桥	焦家庄子			
	新墩桥	新墩			
	炭场桥	炭场			
	王蔡桥	王蔡桥			
	蔡家桥	蔡家桥			
	鲍家桥	鲍家桥			
	沈家桥	沈家桥			
	红庙大桥	红庙墩			

续表

渠别	桥名	地点	水量分数		备考
			头轮	二轮	
太平渠	沙渠桥	沙渠桥			
	范家高桥	范家庄子			
旧北渠	双桥	双桥			
	莫家桥	砖塔寺			
	赵家桥	赵家庄子			
	余家桥	镇清堡			
	新桥				
	南桥				
	双桥	双桥			
	李家橙槽桥	李家橙槽			
新北渠	砖塔寺桥	砖塔寺			
	薛家桥	薛家庄子			
	周家桥				
	冯家桥	冯家庄子			
	北渠桥	北渠桥			
	阎家营子桥	阎家营子			
	孙庄桥	孙家庄子			
	刘家桥				
	龙王桥	镇罗堡			
	佟儿渠桥	镇罗堡			
	北渠桥	阎家大湖			
	南桥				
	王家桥				
	张家闸桥				
	大滩桥				
	王家桥				

续表

渠别	桥名	地点	水量分数		备考
			头轮	二轮	
复盛渠	高桥子	高家庄子			
	分渠口桥	高家庄子			
	油梁沟桥	油梁沟			
羚羊寿渠	车桥	杨家滩			
	马家嘴桥	马家嘴			
	艾家山沟桥	艾家山沟			
	杨家大桥	永康堡			
	新渠桥	关麦营子			
羚羊夹渠	张家桥	崔家油房			
	新渠桥	关麦营子			
	陆家桥	陆家桥			
	姚家板桥	姚家营子			
七星渠	潘家营子桥	潘家营子西南			
	茶房庙桥	茶房庙子北			
	黄渠桥	温家庄子南			
	新堡桥	新堡南			
	刘家营子桥	刘家营子南			
	邵家桥	邵家营子			
	吴家桥	吴家沙窝北			
	三圣桥	恩和堡南			
	沙湖桥	沙湖北			
	徐家桥	岗渠庙东南			
	曹家桥	老武营西南			
	薛旗营桥	薛旗营南			
	红柳沟桥	红柳沟			

续表

渠别	桥名	地点	水量分数		备考
			头轮	二轮	
贴渠	贴渠桥	潘家营西南			
	腰闸桥	殷家营子南			
	严家桥	中渠埂			
柳青渠	李家桥	南减水西			
	徐家桥	李家庄子北			
	何家桥	何家庄子北			
	裴家桥	舟塔寺西北			
	王家桥	王家桥庄			
	下王家桥	王家桥东北			
	南关桥	县城南关			
	石桥	郭家油房			
	田家桥	李家嘴子北			
大滩渠	宋家桥	宋家庄子南			
	孙家桥	孙家庄子南			
孔家滩渠	阎家桥	孔家滩北			
	宋家桥	大减水东			
	大成水桥	大减水北			
隶家滩渠	范家桥	田家滩大庙以北			
	康家桥	李家庄子南			
	白家桥	白家庄子北			
新北渠	莫家嘴子桥	莫家嘴子北			
	黄家桥	陆家夹道西北			
	王家桥	陆家夹道西北			
	路家桥	陆家庄子北			
	万家桥	万家庄子北			

续表

渠别	桥名	地点	水量分数		备考
			头轮	二轮	
新北渠	樊家桥	樊家庄子北			
	吴家桥	吴家庄子北			
	孙家桥	孙家庄子北			
	下路家桥	下陆闸			
新南渠	新堡桥	新堡			
	刘家桥	下刘庄			
通济渠	庙子桥	龙王庙			
	李家桥	新营子南			
	张家桥	新营子北			
	魏家桥	张恩堡南			
	孙家桥	张恩堡北			
	庞家桥	双营子南			
	宋家桥	双营子北			
新生渠	平桥	永兴堡			
	沈家桥	胜金关			
	雍家桥	余丁村			
	张家桥	余丁村北			
	周家桥	下沙窝			
	何家桥	石空城西北			
	何家营子桥	石空城东北			
	杨桥	何家营子北			
	山营子桥	倪家营子			
中济渠	官桥	石空堡东			
	南桥	倪家营子			
	北桥	倪家营子			

续表

渠别	桥名	地点	水量分数		备考
			头轮	二轮	
中济渠	马家桥	雍家墩			
	观音庙桥	观音庙			
	白家营子桥	白家营子			
	枣园堡北官桥	枣园堡			
	齐家桥	齐家庄子			
	门家庄子桥	门家庄子			
	孙家营子桥	孙家营子			
长永渠	贺家桥	铁桶堡南			
	汪家桥	铁桶堡南			
	西渠桥	铁桶堡东			
	山桥	董家山嘴			
丰乐渠	周家营子桥	周家营子			
	袁家桥	周家营子			
	新桥	塌河崖子			
	直桥	塌河崖子			
	黄石桥	广武			
	范家桥	广武			桥在田家滩渠上
附注	新渠有桥梁三道，广武城门口一道，城西南角二道，以无名称未同前开桥梁并列，用缀说明于末				

宁夏省各县渠水利委员会通则

第一条　本通则依据宁夏全省第二次省政会议第六次议决案制定之。

第二条　本省为改进渠务工程，清除积弊起见，全权交付民众，恢复官督民浚成法，特将夏、朔、平、金、灵、卫、宁七县渠务工程事宜，酌设若干水利委员会管理之。

第三条　本省应设水利委员会之名称暨各该会之委员人数如左。

一、唐徕渠水利委员会应设委员七人至十一人。

二、汉延渠水利委员会应设委员五人至九人。

三、惠农渠水利委员会应设委员五人至九人。

四、大清、天水渠水利委员会应设委员三人至五人。

五、昌润渠水利委员会应设委员三人至五人。

六、金积县水利委员会应设委员三人至五人。

七、灵武县水利委员会应设委员三人至五人。

八、中卫县水利委员会应设委员五人至七人。

九、中宁县水利委员会应设委员五人至七人。

第四条　各水利委员会成立后，所有以前各渠局一律撤消，各县政府管辖之各渠悉数划归各县水利委员会管理。

第五条　各县渠水利委员会委员，除以各县县长为当然委员，但永不得被推定为常务委员外，余由各县渠受水农民就地推选熟习渠务工程，品性端方者充任之，任期一年为限，连选得连任之。

第六条　各水利委员会设常务委员平时设一人，分水作工时期须三人，以各该会全数委员中推选之，执行本县渠之一切事务。

第七条　各水利委员会应设之会计、文牍、事务员、书记及马步警察，按各该会事务繁简酌定之，但金灵卫宁四县水利委员会得少置警役，遇有催征夫料暨封水事宜，得调用县政府行政警察，惟须按日酌给伙食费。

第八条　唐汉惠三渠及金灵之秦渠、汉渠，每渠各置段长三人至四人，大清、天水、昌润三渠各设段长二人至三人，承各该水利委员会常务委员之命令，分掌购管物料，督做工程，以及工料造报等事宜。中卫、中宁两县于每一干渠，置段长一人至三人，其权责与上项同，以上两项段长须经农民公选，由委员会议核定后，呈请省政府建设厅委任之。

第九条　各水利委员会于必要时，得临时增设督工员与封水员，惟须经全体委员之决议，常务委员不得擅自增设，以杜滋弊，而昭慎重。

第十条　各县渠水利委员会须受省政府建设厅之监督。

第十一条　各县渠水利委员会每届改选时，须由省政府建设厅派员监选，选举竣事，应将当选人姓名及选举情形，分呈省政府建设厅备案，其选举则例由省政府另定之。

第十二条　各县渠估工办法另定之。

第十三条　各县渠水利委员会须于冬至节前，对于各该县渠翌年之工程料款召集各该渠受水农民，分村推选之代表，公同勘查工程，估定夫料，由委员会全体委员会衔呈报省政府建设厅核准后，始得公布摊派征收。

第十四条　各县渠段长于本年度估定工程后，将实收实支及外欠、欠外各项料款，限头轮水泽取结后十日内，呈报各该水利委员会核转省政府建设厅备案外，并将一切收支花数及用途详细分条公布各该渠民众周知。

第十五条　各委员会常务委员对于各渠遇有临时紧要工程发生时，得由常务委员负责尽先抢顾，一面并召集委员会议事先呈报省政府建设厅备查。仍须于工竣七日内，将收支各项料款人夫，呈报备核，并公布之。

第十六条　各县渠水利委员会须于每年冬至节前将全年之收支工料款项数目汇造总决算详细分条，分别公布，并呈报备核。

第十七条　各县渠之督工员务于春工完竣，立夏后七日内，将其经手本段收支料款及实到与脱误人夫，呈报各该水利委员会审核后，汇报省政府建设厅备核，如逾期不报者，即以舞弊论罪。

第十八条　各水利委员会会议，除在春工未开工以前，每星期开会一次外，其例会每月召集一次，遇有必要时，得召开临时会议，其会议规则，由各该会自定之。

第十九条　各县渠水利委员会得依据本通则分定组织简章及办事细则。上项章则须呈经省政府建设厅之核准。

第二十条　各县渠水利委员会委员除常务委员，每月得酌给四十元至七十元之俸给外，余均义务职，但须酌给车马费，但卫、宁两县除七星、美利两渠外，一切小渠仍按旧日数目开支，不得援用此条。

第二十一条　各县渠水利委员会经费经省政府建设厅核定预算，即以各县渠原有之水利经费支给之。

第二十二条　各县渠水利委员会征比料款办法，及封水泽办法，由各该会参照当地实际情形，自行规定。呈经省政府建设厅之核准。

第二十三条　各县渠委员会委员及所属各渠服务人员奖惩条例，由省政府另定之。

第二十四条　本通则经第二次省政会议议决，由省政府公布施行，如有未尽事宜，得由建设厅随时呈请省政府修正之。

宁夏省各县渠水利委员会委员选举条例

第一条　本条例依据宁夏省各县渠水利委员会通则第十一条之规定制订之。

第二条　本省各县渠水利委员会委员均依本条例之规定选举之。

第三条　各县委员除汉延、唐徕、惠农、大清、天水、秦渠、汉渠、美利、七星各渠，用间接选举法选举外，其余各渠（由黄河开口者）均由各该渠受水农民直接选举之。

第四条　所有用间接选举法选举委员之各渠，先由各该渠受水之乡村农民选出初选代表，再由初选代表选举委员。

第五条　本乡村初选代表之名额须依左列之标准。

1 一千亩以上不足三千亩者一名。

2 三千亩以上七千亩以下者二名。

3 七千亩以上一万亩以下者三名。

此外每多三千亩即加选初选代表一名。

第六条　凡用直接选举法选举委员，暨用间接选举法应选之初选代表，均用唱名法选举之，即以出席之选举人唱出被选人之姓名后，由监选人选名介绍，征求多数之同意。凡赞成者由左行移走右行，以资表决。

第七条　各初选代表选举委员，应用无记名投票连选法选举之。

第八条　凡系本省农民，具有左列资格者，始得当选各该受水渠水利委员选举之初选代表。

1 品性端正，谙练水利者。

2 种田在三十亩以上者。

第九条　当选委员不限于初选代表，凡系各渠之农民年在三十岁以上六十岁以下具有左列资格者，皆得当选为各该渠水利委员会之委员。

1 谙练水利，素行端正者。

2 粗通文理，确无嗜好者。

3 种田在六十亩以上者。

第十条　凡有左列资格之一者，不得当选为初选代表或委员。

1 有反革命行为或褫夺公权，尚未恢复者。

2 素有劣迹，被控属实者。

3 有精神病，或染有不良嗜好者。

4 历年抗欠夫科，或曾包办渠用物料，从中渔利贻误渠工者。

第十一条　选举初选代表应由各县县长派委各乡村隶属之区长为监选员。

第十二条　选举委员时，应由省政府建设厅派员监选，但金灵卫宁四县即由省政府建设厅指派各该县县长为监选员。

第十三条　各选举人被选举人之资格由各该监选员按照本条例第三、第八、第九、第十各条之规定审定之。

第十四条　选举人发现监选人或当选人有舞弊情事时，得由选举人三分一以上之连署申请派委监选员之机关查办之。选举舞毙情事经查办确定，其选举无效。

第十五条　初选代表与当选委员，如有违背第八第九第十各条之规定，经监选员或监选机关查觉时，应即取消当选资格，以次多数之被选人褫补之。

第十六条　各渠初选代表之选举，应于每年大雪节以前办竣，委员选举应于冬至节前三日办理完竣。

第十七条　每届选举时期之前一月，应由省政府建设厅派员并分令各县政府经手办理选举事宜。

第十八条　本条例经省政府委员会议决议后公布施行。

第十九条　本条例如有未尽事宜得由建设厅提请省委会议修改之。

宁夏省各县渠估工办法

第一条　本办法依据宁夏省各县渠水利委员会通则第十二条之规定制定之。

第二条　凡本省各渠勘估工程事宜，须依照本办法之规定办理之。

第三条　汉延、唐徕、惠农、大清、天水、昌润各渠每年于小雪后十日内，由各该渠之段长将所管渠段历年应估之工程一一勘视，分类列记，开明丈尺，详细备折呈报各该委员会。

第四条　各渠水利委员会经各该段长呈报工程后，即行召开委员会议，推定勘工委员四人至六人，分组前往各段覆查，仍将覆查情形，具报委员会。

第五条　各渠工程覆查完竣，各该会须于冬至节前十日内，召集各乡村推选之代表开会共同复审，估定夫料总数。

第六条　金灵卫宁四县各渠不适用上三条之规定，得依沿旧例，于每年惊蛰节后三日内，由各该渠水利委员会召集各该渠之素谙渠工农民赴渠勘验后，即行召集全渠田户公议，逐项估定，分摊夫料。

第七条　第五条所定之各乡村代表即以选举水利委员之初选代表充任之，不再另选。

第八条　各乡村代表对于委员会勘估之工程，认为有不妥确情形，得推出三人至五人，会同原覆勘之委员重行勘验，其重验期日，至多不得过五日，但在重勘期间，得暂停止摊派事宜。

第九条　各渠之夫料摊派确定后，一面公布开征，一面呈报宁夏省政府备核。

第十条　本办法经省政府委员会议通过后，公布施行，如有未尽事宜，得由建设厅随时提请修正之。

宁夏省各县渠水利人员奖惩条例

第一条　本条例依据宁夏省各县渠水利委员会通则第二十三条之规定制定之。

第二条　凡本省水利人员之奖惩均依照本条例行之。

第三条　本条例所称水利人员分左列四种。

（一）各渠水利委员会委员、常务委员。

（二）各渠段长、督工员、封水员。

（三）各渠会文书、会计、事务各员司。

（四）各渠会水手、警役、渠长、会首。

第四条　水利人员服务成绩每年由全省水利监督机关考核分别奖惩之。

第五条　奖励分左列四种。

（一）加俸。

（二）记大功。

（三）记功。

（四）嘉奖（分传令、嘉奖、褒状、奖章、匾额五种）。

第六条　惩戒分左列七种。

（一）徒刑。

（二）撤职。

（三）停职。

（四）减俸。

（五）记大过。

（六）记过。

（七）申诫。

第七条　水利人员有左列事实之一者由监督机关察核情节酌予奖励。

（一）巡查堺岸防患未然确有成效者。

（二）堤将溃决不避危害毅然抢顾致未成灾者。

（三）督做工程或修筑码头工料坚实、指水得法经年不坏者。

（四）对于封淒事宜办理勤慎不误灌溉时期者。

（五）办事勤慎操守廉洁者。

第八条　水利人员有左列事实之一者由监督机关察核情节酌予惩戒。

（一）营私舞弊吞蚀夫料者。

（二）采购物料浮冒价款或经收物料有向户民勒索之情事者。

（三）渠身督挖不深及筑做堺岸不固致有泛漫冲决淹伤禾苗或发生较大之危险者（但属于獾洞、鼠穴、山洪、暴风、潦雨非人力所可抵防者不在此列）。

（四）督做敷衍、工程表实内虚，于头轮水泽时即有走失冲坏之情事者。

（五）封水淕水有徇情或贿卖之情事者。

（六）办事不力敷衍渠务者。

第九条　各渠水利委员会委员、常务委员应予第五条所列之各项奖励或第六条所列第二项以下之各项惩戒者，由建设厅详叙事实呈由省政府行之。

第十条　各渠会段长以下之员司应予以第五条各项规定之奖励或第六条第二项以下之各项处分者，由各该会详叙事实，呈由建设厅行之并报省政府备案。其处分情事较大者，仍须呈由省政府核定行之。

第十一条　凡水利人员应予以徒刑处分并其情事较重于第八条第一项至第五项所列具之事实者，应由省政府移送法院依法治罪。

第十二条　本条例规定功过得互相抵销。其记功或记过二次者得抵大功或大过一次。

第十三条　本省各渠会之奖惩事宜于每年终，由建设厅将办理详情汇报省政府备查并令行各县公布。

第十四条　本条例经省政府省委会议通过后施行之。如有未尽事宜得随时修正仍须提经省委会议之通过。

宁夏省建设厅科罚各渠春工误夫办法

第一条　本办法专为惩戒各村惰农，凡汉、唐、惠、清、云、亭等渠并沟洞春工未上夫而脱误者，均得依本办法办理之。

第二条　本年春工误夫，每日每名按六角科罚，以示惩戒。

第三条　各渠由各该水委会选定委员一人，并由各该会拨派水警若干人，专办该渠误夫罚款事宜，在收罚款期内，不得随便调用。

第四条　各渠由本厅派视察员一人，督催征收罚款，并稽查一切积弊。

第五条　误夫姓名总册由各该水委会饬派该会书记缮造四份，以一份呈赍本厅，一份存留该会，并于办理罚夫委员及视察员各给一份，以便催促，而资稽查。

第六条　误夫总册造成后，将各误夫姓名并所误日数布告各村，俾众周知。

第七条　缮造误夫清册，书记倘有暗中受贿，将误夫姓名并日数不注册者，一经查实，将该书记并误夫花氏加倍治罪。

第八条　各误夫花户[1]由各村渠长领遵警察催征罚款，倘有渠长协同催警将误夫花户已交罚款，私自侵吞报户民逃匿者，一经查实从严治罪。

第九条　征收罚款时由厅制定四联单据，以一联存根，一联扯给花户，一联呈赍本厅，一联呈赍省政府，俾资稽核，并将已交罚款花户姓名广为公布，以防中饱。

第十条　各渠征获罚款每十日连同收款存根，呈缴本厅稽核，其罚款不得存留各该水委会，擅自动用。

第十一条　征获罚款，以作办理各项建设经费，或留作修理各渠险要工程之需。

第十二条　各渠征获罚款，得提出十分之二，以一成提奖

[1] 文中“花户”“花氏”“花名”并用。

各该渠催款渠长并催警，一成提给办理误夫委员，作为办公公杂费。

第十三条　云亭渠及沟洞误夫罚款，仍由原拨夫各该渠代征，以昭划一。

第十四条　所有误夫罚款，务于放冬水前收完，并将收支数目，缮造花名清册，连同赍核一并呈报省政府，以便查核。

第十五条　本办法自呈请省政府核准之日施行，如有未尽事宜，得随时呈请修正之。

宁夏省政府建设厅暂行规定汉唐惠清四渠浪稻办法

各渠浪稻之段落

一、汉延渠自正闸以下起至张正桥止。

二、唐徕渠自大坝以下起至满达桥止。

三、惠农渠自叶升堡第三户起至黄渠桥止。

四、大清渠因渠身较短上下段全有稻地。

各渠浪稻之先决条件

浪稻地段，不论任何村乡，农户必先集会，决定浪稻地点与支渠，然后再行准备耕犁，加筑田埂，疏浚支渠，以备届期实施放水播种，若不事先集会，决定浪稻地段，听农户便宜放水播种，不但本身感觉水泽不足附近旱田——即种夏禾地亩将被浸淹殆死，因是常常发生词讼聚众行凶等事件，双方损失，自不待论，而夏秋两季庄稼之耽误，诚属可惜，故于未浪稻之先，各该乡村之渠长必定集会确定此种办法，相沿名之会大稻。

各渠浪稻时期之分配

本年芒种日六月七日，汉、唐、惠三渠，除梢段向无稻地外，兹将各该渠应浪稻之头、二、三段放水日期，分划于左：

一、头段放水浪稻期限自六月十七日至二十二日。

二、二段放水期限自六月十二日至十六日止。

三、三段放水期限自六月七日至十二日。

各渠督饬放水浪稻人员应注意之事项

一、放水日期既经上项规定，头、二两段若不遵照期限办理，竟先行刁放，误三段浪稻水泽，应分别情节之轻重，予以相当惩〔处〕。

二、各渠委员会之封水委员与各该段长警役，应责令昼夜在渠巡查，倘若上项人员擅离职守或不尽职责，应由本厅派赴各该渠督饬人员，分别呈请或就近严加惩戒。

三、各渠浪稻地段农户如发生上列第二项之流弊时，各负责封水人员应就近勘查予以处理，以免贻误农事，地方发生纠葛，但须将解决情形呈报备查，但情节较大者，须先呈请核办。

四、放水浪稻，须禁止淹滩漫路灌湖，倘农户不遵，可随时惩处，以重水泽。

五、放水浪稻，渠内水量必大，须注意渠埂，防范獾洞鼠穴之窜流，以免溃决之虞。

督饬放水浪稻之目的

一、各渠头、二、三段之稻地须均使其播种，勿贻误各段浪稻田地，务使水不缺乏，利益均沾。

二、浪稻水量，须使其有余，勿令其不足；但水量之来源，应注意增加正闸之分数，勿似封闸头水之紧逼口道，以免上下耽延，各支渠梢段亢旱。

宁夏省水利暂行拘罚条例

第一条　本条例为注重民生整顿全省水利起见，依据本省各县渠实际情形，暨水利人员奖惩条例制定，于夏朔平之汉、唐、惠、清、昌润五渠，金灵之秦、汉、天水渠，卫宁之美利、七星等渠适用之。

第二条　凡各县渠受水人民违犯水利规定办法者，依本条例各项规定应行拘罚事项及拘罚数目执行之。

第三条　各县渠受水户民对于水利有左列情事之一者，应依本条列处以五元以上五十元以下之罚金，但须事前呈厅奉准，其情节较重者，须呈请建设厅转呈省府惩办或送就近法院依法治罪。

一、违背定限扯水偷灌，妨害他人灌田与堵塞他人闸口，希图一己多灌并偷开水口，有意淹冲他人田亩者。

二、故意掘坏渠堤沟洞妨害水利者。

三、渠工坝料逾限半月抗不清交，及春季渠工抗夫不到，逾限三日者。

四、故违禁令于渠塀上掩埋尸身，或在渠堤上取沙取土者。

五、偷扯口道，不守封闸，前闸后扯，妨害他人田亩灌溉情节较重者。

六、不遵水法，殴打水警或侮辱水利人员经查明确实者。

七、故意放水，淹冲道路，妨害交通，或纵水入湖者。

八、偷伐渠堺树（本）〔木〕，纵放牲畜咬损渠堺树苗，及踏毁渠堺者。

九、春季渠工不守规则，或合伙打架，妨害他人工作，或于工作及交款时，有意以言语侮辱水利员警致碍水利进行者。

第四条　各县渠水利人员，除依宁夏省各县渠水利人员各奖惩条例，第八条之规定惩戒者外，有左列情事之一者，应依本条例处以十元以上一百元以下之罚金，但情节较重者，须呈请建设厅转呈省政府从严惩处或送法院依法治罪。

一、各渠常务委员或委员奉令征收坝料，如因催征不力，致误要公，或征多报少，私自挪用，及任意积压不报者。

二、各渠受水乡村渠长与揽头水警包揽人夫，匿不入工，或勾通委员、段长、委管贪图小利，临时雇人顶替，遗误渠工，一经查觉，或被告发者。

三、各渠委员、段长及渠长，堆积段柴，如有从中取巧，串通委管、水警，以少报多，一经查觉，或被告发者。

四、各渠乡村渠长与各陡口会首、方民，于浇灌时期，若遇大风大雨及其他危险发生时，不即时抢顾，或坐视不理，遗害渠工，耽误水泽者。

五、委管收夫，以老弱充数，并以破锹、小笼搪塞，及点验民夫，于五日内将兴工未到误夫，不呈报水委会，希图蒙混，从中渔利者。

六、各县渠水委会委员或段长、委管采办物料时，不照公平时价任意勒扣及对物料数目价值，不依照各该渠水委会之规定三联票分别扯赍，希图含混，以少报多者。

七、段长、委管修做渠工，不照估定工程，敷衍了事，从中渔利者。

八、段长、委管于渠工完竣后十日内，不将所做工程各项物料及脱误人夫，按照法定格式，造具清册连同粘单收据簿记，呈各该水委会复核汇报备核者。

九、渠口所用闸木、松椽、铁器等物，经段长或委管点交后，如有损坏遗失者。

第五条　各县渠水委会，因事实之需要，为便于执行拘留事宜，每渠得附设拘留室一处。

第六条　凡人民违犯本条例，无力交纳罚金者，得以拘留或工作一日折抵一元。

第七条　凡人民对于水利行政不即行为者，及应传拘搜查者，得由各该渠水委会依照行政执行法强制处分执行之，但须呈请建设厅备案。

第八条　各县渠水委会依据本条例拘罚人民于必要时，不及呈报者，准先行拘留但必须即时呈建设厅核夺。

第九条　人民对于各县渠水委会依据本条例之处分，如有不服时，准将理由呈建设厅核办。

第十条　各县渠水委员之常委及职员等，如有滥用职权于本条例规定以外拘罚人民者，一经告发查实，即由建设厅呈请省府从严治罪。或函送法院依法惩办。

第十一条　本条例自呈请省政府核准公布之日实行。

第十二条　本条例如有未尽事宜，得随时呈明修正之。

附载

言渠务书 清水利同知王全臣

唐、汉两渠，宁夏民命攸关。康熙四十八年正月内，蒙饬水利都司王应龙尽力春工，而令职全赞理其事，幸睹成效。兹蒙以各渠情形及修浚利弊下询，谨详陈之。

宁夏古朔方也，黄河绕于东，贺兰峙于西，相距四五十里，远者亦不过百余里，南至唐坝堡之分守岭，北至威镇堡之边墙，仅二百七十五里，延袤不甚宽广，而所属宁夏卫并左右二卫及平罗所，共辖五十二堡，约计田地九千八百二十九顷有余。其正供除麦馔等项纳银二千六百五十两有零外，田土之赋计纳粮九万八千三百八十余石，纳七斤谷草并年例秋青草共三十八万三百余束零，纳坝草六十一万零，纳地亩银八百六十余两，其湖滩又纳潮碱银一千五百九十两，赋亦綦重矣。况地大半尽属沙碱，必得河水乃润，必得浊泥乃沃，古人于黄河西岸，开浚唐、汉两渠，诚万世利也。

四十七年春，职全莅任之时，值春工方兴，随本道鞠宸咨亲诣各渠细勘。窃查黄河自南而北，其入宁夏之处，两岸俱系石山，名曰峡口，河初向东，北流入峡，微折注于西北，不一二里。即仍向东北出峡，峡之尽处，有一观音堂，古人于此傍石山之麓，开唐渠一道，渠口宽十八丈，深七尺。至明代宁夏道汪文辉于右卫之唐坝堡，距渠口二十里，建石正闸一座，闸之外建石退水闸四座，正闸下入渠之水，以五寸为一分，止以十分为率，水小则闭塞退水各闸，使水入渠，水大则开退水，以泄其势。其正闸系六空，西四空为唐渠，东两空为贴渠，每空各宽一丈，唐渠自闸以下，西北至玉泉桥，名曰上上段，宽八丈，深三五尺，长五十里。有玉泉桥向东北流，复微转西至良田渠口，名曰上段，宽七丈，深五六尺，长七十里。自良田渠口西北至西门桥，名曰上中段，宽六丈，深七尺，长四十里。自西门桥西北至站马桥，名曰下中段，宽六丈，深七尺，长六十里。自站马桥北至威镇堡梢止，名曰下段，宽三丈，深三四尺，长一百三里。合计共长三百二十三里。其贴渠一道，宽三丈五尺，深六尺，至郭家寺地方，分为两梢：一至汉坝堡梢止，(而)〔长〕四十里，名曰旧贴渠。一至蒋鼎堡梢止，长五十里，名曰新贴渠。此因唐渠正闸之东岸，地土甚高，故引此渠，虽闸分两派，而实与唐渠同口，盖唐渠之附庸也。

渠两岸之堤及堵水之坝，俱名曰塀，沿塀居民挖小渠以引水入田，名曰支渠，大者或百余里，小者或数十里及七八里不一。各于塀上建小木闸，以便蓄泄，名曰陡口，唐渠东西两岸，共陡口四百三十六道。旧例百姓有田一分者，岁出夫一名，计力役三十日，又纳草一份，计四十八束，每束重十六斤，又纳柳桩十五根，每根长三尺，此输将定额也。其或需用红柳、白茨芗苫，则于草内折收，每草一份，折红柳四十八束，又或折白茨或折芗苫各四十八束，每束重七斤，总名曰颜料，或石灰亦于草内折银烧造，每草一束，折银一分。其草曰坝草，以备于险要处和土筑及启闭各闸堵叠渠口也。桩曰沙桩，或钉闸底，或针㘿岸，使土坚固也。渠内水冲之处，必用土草筑一墩以逼水，而外用红柳、白茨护之，更钉一沙桩，名曰马头，芟苫则绳缆之具也。或修理闸底，亦必用红柳、白茨铺垫，而以沙桩钉之，乃盖以石条，使无冲动之患也。每岁河冻之时，将渠口用草闭塞，名曰埢埽。至清明日，派拨夫役，赴工挑浚，各官分段督催，以一月为期，名曰春工。至立夏日，掣去所卷之埽，放水入渠，名曰开水。开水之后，田地浇灌，其法先委官闭塞上流各陡口，以逼水至梢，其名曰封。封之之际，各陡口仍酌量留水一二分，其名曰俵。俗作湀。迨水已至梢，乃开上流各陡口，任其浇灌，既足，又逼令至梢，封与俵，周而复始，上流下梢，皆浇灌及时也。

唐渠贴渠，原灌宁左石三卫及平罗所，共三十四堡田地六千二顷有余，卫所各官，分段封俵，一岁须轮灌数次，乃获丰收。至于汉渠在唐渠之下左卫陈俊堡四道河口地方，距唐渠口三十里，地形低洼，直迎河流，水势易入，其渠口宽三十一丈，深七尺五寸。明汪文辉于汉坝堡距渠口十二里，建石正闸一座，计四空，每空宽一丈，闸外建石退水闸三座，自正闸北至唐铎桥，名曰上段，宽五丈，深六七尺，长六十五里。自唐铎桥西北至张政桥，名曰中段，宽四丈五尺，深六七尺，长七十五里。自张政桥北至殷家夹道梢止，名曰下段，宽三丈，深五六尺，梢末宽一丈，长九十八里。共长二百三十八里。渠之东西两岸，共陡口三百六十九道，原灌溉宁左右三卫所属十八堡田地，共三千八百二十七顷有余。后因开导西河，水势变迁，何忠堡竟隔在河中，各自开引小渠，灌田三十余顷，今汉渠止灌溉十七堡田地共三千七百九十七顷有余，其挑挖封俵与唐渠一例，此渠得水甚易，而又梢短田少，所以通利如故。比年以来，唯唐渠淤塞过甚，滨于废弃，居民虽纷纷借助于汉渠，不过梢分余沥，地之高者，竟屡年荒芜，而汉渠亦因以受困。职全细按唐渠之大病有三：一苦于渠口之不能受水也，相传先年唐渠口下河中，有一石子沙滩，障水之势以入渠，厥后滩渐消没，河流偏注于东，而渠口竟与河相背，其入渠者，不过旁溢之水耳，水之入渠也无力，遂往往有澄淤之患；一苦于地渠之不能通水也，唐坝以下，自杜家嘴至玉泉营，尽系淤沙，每大风起，辄行堆积，唐渠经由于此，实为咽喉，向者以风沙不时，旋去旋积，遂相与名曰地渠，盖因两岸无，与平地等，故名之也，此处自来不在挑浚之列，因循既久，竟至渠底与两岸田地齐平，甚有渠底高于两岸田地者，较唐坝闸底，约高三四尺，河水泛涨时，入渠之水，非不有余，乃自入闸以来，至此阻梗，由是旁灌月牙、倒沙两湖，迨两湖既满，然后溢于渠内，徐徐前行，不知费几许水力，经几许时日，乃得过玉泉桥也，况有此阻梗，水势纡回，水未前行，而挟入之浊泥，已淤积闸底数尺矣；一苦于渠身之过远也，水之入口也，原自无多，而又苦于咽喉之不利，以有限之水，流三百余里，供数百陡口之分泄，其势自难以遍给，若遇河水减落，则束手无策矣。

唐渠有此三大病，而又加以年年挑浚失法积弊多端，如渠夫、渠草，除绅衿优免外，豪衿、地棍及奸胥、猾吏肆意侵蚀，每将百姓应纳草束沙桩，折收银钱，代为买办输纳，名曰包纳，草则多系朽烂，桩则尽属短小。又巧立名色，隐射规避，若桥梁，若陡口，倘有损坏，俱属官修，乃借称须人看守，每处免夫草一二分，名曰看丁，又曰坐免，甚至徒杠亦有坐免，有力尽为看丁，即曰陡口须人启闭，未闻天下桥梁俱须人看守者也，是渠夫渠草只为奸猾之利窟，而渠工已受病实多矣。每年兴工之时，并不查明某处淤塞，某处阻梗，量度工程之轻重，酌用夫役之多寡，唐渠自口至梢，止分三工五段，汉渠自口至梢，止分两工三段，如某工旧例用夫五百名，年年拨给五百，某工旧例用夫三百名，年年拨给三百，工轻之处，夫多怠玩，工重之处，夫实短少。且催纳颜料之役，必故为迟延，及时至工迫，各段督工者，即令挑渠之夫役，采取颜料，两岸园林庄柳，任其砍伐，微论止半供渠工，半充私橐，额征颜料，尽被干没，而所拨三百五百之夫，亦止虚有其数而已。渠道湾曲之处，东岸高者西必低，西岸厚者东必薄，以高厚者力逼，水势刷洗对岸也。

每年挑浚之法，如夫一百名，止有三四十名在渠内取土，余五六十名，俱排列高厚岸上，递相转运，一锹之土，经七八人之手，而对面低薄之岸，必不肯加帮尺寸，谓低薄岸底，必有刷洗深沟，恐因加帮，撒土填塞，以致高厚者愈增，低薄者愈减，是以每年有冲崩之虞，或水由堺底钻俗作汞。溃，或水由堺上漫俗作坔。倒，皆不肯加帮低薄所致也。至渠夫则止由卫所经承派拨，名曰安渠，贿嘱者派之路近而工轻，贫穷者派之路远而工重，且将一段之夫，杂派数十堡之人，听其自赴工所，管工者莫知谁何，中有逃者，报官查册拘题，往返动至半月，而一堡之夫，又分派数处，必远至百里或二百里以外，使之奔走不遑，更将拨夫单内，故意填写错乱，使之赴各工段，自行查问，总欲令民不得不致迟误，以便定取罚工。又各工段设立委管、渠长等役各五六人或七八人，每人免渠一二分，彼俱系用贿钻营充当者，一到工所，每人包折夫役一二十名不等，更有豪衿、地棍，指称旁支小渠请讨人夫，多至五六十名，少亦二三十名，官必如数拨给，实无一名赴彼所请之处，伊等竟所折钱分肥，是以额夫虽一万一千有零，而在渠挑浚者，仅可得半，又率以老弱充数，官司查渠，只走大路，沿途问夫在何处，就彼查点，委管、渠长人等探知，即雇附近庄农应名，点后即散，甚且预知官司到来，令人夫于渠内挖土，堆积如塔形，以堆土之高，诈为挑挖之深，使高低莫辨，官司一见，便夸称工好，并不问及上段如何，下段如何。官司去后，夫役仍将所堆之土摊平渠内，其运上高岸者，不过数十锹，八段之内，官司必由之处，或挑挖数里，其僻远不到之处，亦夫役足迹之所不到也。总因两渠分为八段，每段必远至数十里，无一定之责成，无一定之程式，而奸棍折去夫役，因循延至一月，遂相率而散，其未经挑挖者，虽有十分之六七，只谓工多夫少，付之无可如何，渠道之淤塞，实由于此。

职全于莅任之初，巡视渠工，见汉渠口之上有一小渠，名曰贺兰渠，宽数尺，长十余里，乃前任宁夏道管竭忠据居民所请开浚者，别引黄河之水，灌田数顷，职全上下相度，见河水直冲渠口，而第苦于口低身小，导引不得其方，莫能远达，乃谋诸司水王应龙请于本道，欲藉此渠形势，另开一渠，以助汉唐水力之所不逮，本道谓此渠曾奉前抚宪据土民呈请，饬委惠安堡盐捕通判王惠民勘验形势，甚有裨益，后以工程浩大，约计用夫万余，一月尚不能竣，又虑修理闸坝，需费不赀，遂尔中止，吾有志久矣，汝第力行之。职全谓用夫不得其法，虽数里亦觉艰巨，若量土以计工，量工以计夫，此数十里之渠，计日可成，渠若告成，闸坝自易易也。本道乃令职全与都司役用额夫，距旧贺兰渠口之上三里许，直迎水势，另开一口至马家庄地方，引入旧渠而扩之使宽，行三四里至陈俊、汉坝两堡之交，即弃旧渠而西，引水由高处行以达于唐渠，虽远至数十里，而庄园坟墓，皆绕以避之，毫无所伤，其所损田亩，尽为除差徭，居民莫不欢忻乐役，于四十七年九月初七日兴工。至十三日渠成。十五日，本道亲诣渠口开水，不崇朝而遍注田间，自来高亢之地，一旦水盈阡陌，妇女孩童咸出聚观，惊喜之状，若有意外之获。其渠口上距唐渠口二十五里，下距汉渠口五里，乃右卫唐坝堡所属刚家嘴地方，口宽八丈，深五尺，渠身长七十五里二分，上三十里宽四丈，深六七尺，下三十里宽三丈五尺，深五六尺，（稍）〔梢〕末十五里二分，宽一丈六尺，深五尺，东西共陡口一百六十七道，灌溉陈俊、蒋鼎、汉坝、林皋、瞿靖、邵刚、玉泉、李俊、宋澄九堡田地共一千二百一十三顷有余，至宋澄堡地方，仍汇入唐渠。本道以此渠阅十数年聚议上为道旁之筑者，今告成于七日，且相度形势，较王惠民向所勘验，引水更易，不觉喜形于色，谓移此用夫之法以修唐汉两渠，不难坐令各渠疏通也。于是于四十八年，竟以此渠闻之宪台，当蒙倡捐俸资，于陈俊堡地方，建石正闸一座，计两空，每空宽一丈，闸外建石退水闸三座，工既成，蒙命其闸曰大清闸，渠曰大清渠。职全复于闸上建桥房五间，左侧建游亭一所，其规模竟与唐汉两坝鼎峙矣。此建闸之处，乃旧贴渠经由之地，贴渠较清渠高六尺有余，竟为清渠截断，职全乃造木笕，置诸闸后两旁石墙之上，中更用大木架之傍桥房之栏，以渡贴渠之水，自西而东，笕宽四尺，长三丈，名曰过水，此不特贴渠无伤，而闸上闸下，水流交错，波声互应，风景殊有可观也。彼陈俊等九堡田地，乃素用唐渠之水者，清渠既成，则不须唐渠灌溉，其入唐渠之水，可使之直趋而下，所省灌溉九堡之水，实足以补唐渠水利之不足，不患渠身之过远矣。况清渠余水汇入唐渠者，又能大助其势也，唐渠之病去其一。至于唐渠口，则于黄河内筑迎水一道，用柳囤数千，内贮石子，排列两行，中间用石块柴草填塞，上复用石草加叠，过于水面，更用大石块衬其根基，其宽一二丈，高一丈六七尺不等，自观音堂起至石灰窑止，共长四百五十余丈，逆流而上，直入峡内，中劈黄河五分之二以为渠口，口宽至二十余丈，较旧渠口约高数尺，挽河流东注之势，逼令西折入渠，是迎水埂之力，已能逆水使之高，束水使之急，吞噬洪流，势若建瓴，不患澄淤矣，而口又加宽，受水实多，渠内之水，赖以倍增，唐渠之病，又去其一。历年不挑之地，渠则多用夫役挑浚，使之低于闸底，以通水路，两旁复立高厚埂岸，使渠流至此，得以疾趋，不致绕道于湖，水行既疾，则沙随水走，莫能淤积，唐渠之病，又去其一。由是口内洋溢，咽喉无阻，向之唐渠以有限之水，灌溉三十四堡田地常虑不足者，今以有余之水，又省九堡之分泄，止灌溉二十五堡，自无不充裕矣，不须借助于汉渠，而汉渠亦并受其益矣。

至若奉委协助都司，挑浚各渠，则革尽从前积弊，唯以新渠用夫之法为例，于清明兴工前一月，将汉唐各渠，自口至梢，逐细查丈，更用水平量其高低，如某处渠道淤塞，应挖深若干，宽若干，某处埂岸低薄，应筑高若干，厚若干，某处工重，应用夫若干，某处工轻，应用夫若干，预定一工程册，乃以额夫合算，除修理闸坝迎水及各大支渠用夫若干外，计挑挖唐汉大清各渠，实止夫若干，于是量土派夫，每夫一日，以挖方一丈深三尺为率，夫数既定，乃自下而上，挨堡顺序，如威镇堡在唐渠之梢，该堡额夫若干名，以土合算，应挖若干里，即定以里数，分立界限，开明宽深丈尺，今从梢末挖起，至分界处接连，即用平罗堡之夫，又接连即用周澄堡之夫，余俱逐堡顺派，以近就近，各照分定界限挑挖，其夫即用本堡堡长督率，每工开一丈尺细单，务挑挖如式，挑挖之土，俱令加叠低薄塀岸，高厚之处，不许妄排多人，致妨正工。其支渠之大者，但度量工程，拨给夫役，但往岁于各堡中混派，今则止令受水之民自行挑挖，夫数或稍减于旧额，而用工则不啻数倍。至十余里及三五里之小支渠，即算入正渠工程之内，一并挑挖，不另拨夫役，以杜隐射包折之弊。职全复每日于渠身内，往返巡查，如某堡分工几里，其挑挖不合单开丈尺，致渠底不平，或底薄之岸，叠筑不坚，即责究堡长，工程无包折之弊，夫役无远涉之劳，而逐段皆有责成，皆有程式，自相率尽力，不敢迨玩。况兴工之后，复蒙宪台遣标下守戎王捷，督查其工，又蒙廉察坝草六十一万，不无侵渔，特对半减免三十万有余，民间有田一分，旧例纳草四十八束者，今止纳二十四束，以是宁民踊跃趋事，争先恐后，各渠疏通无阻，塀岸又极坚固，所以立夏开水之日，黄河水不加增，而每年开水月余不能到梢者，今不过四五日，梢末即浇灌遍足矣。镇城以北，往年不沾涓滴者，今且遍种稻粳矣。

宁镇各渠之情形及修浚之利弊如此，此皆差员王捷所目击者。独是职全革弊太尽，立法太严，委管渠长，尽遭革除，豪衿地棍，势难包折，隐射之弊，俱为清出，支渠之夫，不能分肥，而奸胥猾吏，岁岁恃渠工以填溪壑者，今日无所施其巧，是数万生灵，虽云受利，而积年奸宄，未免侧目矣。窃思古人之于渠务，额设有夫，力役有期，物料有备，分五工八段，使各尽其力，立法何尝不善，迄于今，非徒无益，而又害之，总皆趋利之辈，作弊于所忽，坏法于不觉，竟使利民者，反以累民，古人立法之美意，泯没殆尽，职全亦何人斯，安保其所立之法，不即坏于旋踵耶。伏乞严饬司水利者，每年以去岁春工为例，而再为神明变通于其间，不使已效之法，复致更张，已通之渠，复致淤塞，宪恩直与河流并永矣。

浚渠条款清巡抚杨应琚

维甘省之宁夏一郡，古之朔方。其地乃不毛之区，缘有黄河环绕于东南，可资其利，昔人相其形势，开渠引流，以灌田亩，遂能变斥卤为沃壤，而民以饶裕，此其所以有塞北江南之称也。考其渠道，如汉延、唐徕二渠，由来旧矣。顾水之利已兴，而其泽犹未周，唐汉两渠而外，尚有灌溉不及之地，我朝制度维新，百废俱举，于是复有大清渠肇修于前，而惠农、昌润二渠继之，由是宁夏、宁朔、平罗等县，无不灌溉之田亩，而水泽周遍矣。然每岁之中，尤以春浚为首务，旧例按田出备夫料，于清明日开工，立夏日放水，竭此一月之勤劳，以收终岁之利济，成规俱在，班班可考，倘其草率从事，必致贻误渠工，或堺岸不能修筑坚厚，或渠身不能挑挖深通，非引灌不及，即冲决为患，纵于夏秋之间，复行竭力修治，已后而失其时，无能为也已。今皇上御极之。乾隆十六年，余奉命巡抚甘肃，次年壬申二月，正值春浚之期，因念渠工之关系民生者重，不遑宁处，减从轻骑，亲历其地，将各渠道，自口至尾，详勘形势；并与工员讲求春浚事宜，不惟在工各员，均能悉心经理，即宁民之在工应役者，亦因余之来，莫不踊跃争先，共勤其事，越一月而春工毕，开闸放水，处处流通，灌溉既遍，冲决无虞。又展挖西河尾闸五十余里，直达黄河，增建昌润渠退水闸。是年，麦秋遂获大有，西成亦属有庆，益信一年之计在春，诚未可忽也。使嗣后春浚，岁岁依此而行，屡丰之兆，当如掺左券。然时杨副使灏，往来各渠，指示工员，督率兴修，整剔诸弊，可谓殚厥心力矣。爰与之共相参酌，思垂永久，于工竣后，定春浚规条十二则，堪为法守，因勒之石，以告后之官斯土者。

一、分塘须五丈为定，以便查点也。查每岁春工，分塘一丈，派夫二十五名，地窄人稠，难以查点，因而移星换斗，以小报多，百弊丛生。嗣后每塘以五丈为定式，五丈之内，定夫二十五名，用锹用笼，判若列眉，官到点工，一目了然，无须停止候点，以致延缓。其背土人夫，重笼来者由左，空笼来者由右，不许拥挤碍路，违则监工官是问。

一、民夫不许影折代充，以免虚旷也。查每岁上工，多有字识、锹头、堡长、火头等名色，暗行折夫肥己，更有本工夫役原少，贿嘱附近闲人，代为充点之弊。嗣后塘夫二十五名之内，止许派火头一名，与众夫作饭，每官一员及委管，共派夫火头一名，伺候茶饭，其余名色，尽行革除，敢有仍行包折及代替充点之弊，查出一并枷示工所。

一、锹锨背笼，不许破坏、碎小也，查每岁有一等巧诈之夫，故用破坏锹锨，碎小背笼，以图省力偷懒，所背之土，随路渗漏，是一锹无一锹之用，一笼无一笼之益，监工官宜细加查点，如有小笼、坏锹，立谕更换，不得徇默；更须酌量远近，以均劳逸，塀岸有高低之不同，运土有远近之各别，须计其工程，令锹笼相配，总之一锹可供五笼，若以锹待笼，则加笼夫，以笼待锹，则加锹夫，庶远近劳逸，均得其平矣。

一、堆土宜相度岸形势也。凡挑挖之土，必须先行相度塀岸形势，如左塀高厚，即将所挖之土，堆于右塀，如右塀高厚，即将所挖之土，堆于左塀，务须两岸高厚相均，不得听其偷懒，近左则堆于左，近右则堆于右，以图省事；更须留岸六尺，务令在六尺之外，堆成平顶，以免松（上）〔土〕塌入渠内，违者监修、委管是问。

一、各工料宜留心稽查也。凡用料之处，皆系险工，全赖物料宽裕，镶垫高厚坚实，方足以资抵御。而水手人等，先存偷料之心，有挂甲、戴帽名色，用少报多，任其开销，及至水涨被冲，无可查考，即使查出，而贻害已多。嗣后凡长埽马头各工务，须细加确查，工完之日，水利厅仍抽段刨验，真假立见，监工官目击镶垫，责任綦重，尤不可不预为察查，自干赔罚也。

一、挖高垫低，遇冻重修之弊宜除也。查渠内有转嘴沙墩高阜之处，必须深挖一律，然后水行无阻，乃有巧诈之夫，故将挖去高处之土，就势垫于凹处，以致渠身不能宽平，水流旁趋，每致疏虞，贻害实深。嗣后春工，务加严察，不许将凸处之土，垫填凹处，如遇转嘴沙，必挖取与凹处相等，庶渠身自然通畅；再间有冻处，一时不能挑挖，先改做他处，俟开冻后，再为重修，原系历年相沿办理，及至工程将满，冻处仍未挖，因放水在迩，无暇重修，不得不任其草率，遂有本未遇冻，挖不及尺寸，藉名冻尚未开，即去此而就彼，此皆系巧诈渠长伙同书役影射之弊。嗣后凡遇此等工程，监工官务须亲验，报明尺寸，插出标记，必俟冻开，重修如式，立夏前五日验明，方许放水，如此则影射巧诈之弊可除也。

一、上下工必须相照应也。查分工之后，监工者各管各段，彼此不相照顾，每致上段浅而下段深，或有上段深而下段浅，不能上下一律，以致放水之后，间断阻隔，停留淤澄，皆由于此。嗣后春工，务须上下接连，一律深通，如第一段深二尺者，二段必须挖至二尺二寸，使渠身渐次而下，自无停淤阻隔之虞矣。

一、支渠陡口，宜严督修理坚固也。查支渠陡口，官多不为经理，民间自为修作，巧诈之徒，每以减省工料为得计，遇有损坏之处，并不用料经理，或以草塞，或以土填，苟且了事，及至放水之后，昼夜淘刷，不能抵御，甚至陡口冲去，往往淹损田庐，贻患匪浅。嗣后务须严加督责，其各陡口，必用板片桩木，修整坚固，此系各渠长看丁之专责，宜留心察查。

一、挑浚宜复旧制也。查通侍郎复修唐汉大清各渠，每工较准上下地形，各安藏底石一块，石上有“准底”二字，每岁自应挑见底石，依势深挖。乃日久弊生，希图省事，略加疏浚，便为合式，以致年复一年，竟致底石于不问，无怪每岁夏秋，争水告水，官民俱累，不知渠本（木）〔未〕深，水本未足，春工潦草，未见底石之故也。嗣后务须将上下渠，挑挖与底石一律深平，方为完竣，如有抗违不遵者，一体究治，则旧制可复，渠水充足，自无争告之纷扰矣。

一、渠口下石子，急宜挖除净尽，以清水口也。查坝口卷埽，自冬至春，水势荡漾，河内石子，随水而滚至埽下停滞，春工放水，但知拆埽，初不知埽下石子，暗积犹如门槛，若不乘时挖除净尽，河水稍减，渠流即缓，水缓沙停，淤澄甚速，此乃通渠之咽喉，不可不慎。嗣后春工，凡遇埽下石子，务须挖除净尽，以清水路，不可稍有苟简，水利同知当亲诣督查，切勿轻信水手慌报为要。

一、各工人夫，宜详查变通也。查工程有平险难易之分，渠道有越日变迁之异，清明前，渠内结冻未化，其工程之难易，不能确定；况渠身迂回绵长，其转嘴沙墩，每年原无定所，若执定上年之难工，仍（占）〔估〕难工，多派人夫，上年之平工，仍估平工，少派人夫，不特劳逸不均，亦且平险失宜，全赖监工者按册按段，再加详查。如本工本系平易，已估难工而夫多者，即商酌水利同知，抽拨他处，如本工实系险要之段，已估平工，人夫不敷应用，亦即商酌水利同知，于平易工段，抽拨协帮，务须权宜变通，以收实效，以均劳逸，慎勿因循故习，观望缄默也。

一、各处桥闸飞槽暗洞，宜严督修整坚固也。查各渠多以桥作闸，而飞槽即架于桥上，桥闸木料细小，自春至秋，水势激荡，每见桩歪桥卸者，或以绳系，或以草填，希冀侥幸于一时，及至紧要须水之际，而桥塌槽折，引用无及，须逐一查明，凡有损坏之处，严加料理修整坚固；至暗洞乃是各湖出水之咽喉，安藏于大渠之下，稍至壅滞破漏，不特漫淹田亩，更恐有害大渠，如林皋暗洞，是其明验也。春工宜急刨挖验看，不妥即修补完整，以泄湖水，以保大渠，万勿疏忽，致贻事后之悔。

按：河渠为宁夏民生命脉，其事最要。然人知宁夏有渠之美，而不知宁夏办渠之难，何者，他处水利，或凿渠，或筑堰，大抵劳费在一时，而民享其利，远者百年，近者亦数十年，然后议补苴修葺耳。今宁夏之渠，岁需修浚，民间所输物料，率数十万，工夫率数万，然河水一石，其泥六斗，一岁所浚，且不能敌一岁所淤，往往渠高流浅，灌溉难周，枯旱立见，梢民赴诉喧填，官吏奔走不暇，上下交病，未如之何，尝考历世河渠制度，可谓尽善矣，古人论治渠利弊，亦可谓详矣，金城承乏斯郡以来，于今三历岁修，与僚吏各殚心力，幸值借帑大修后，又连年河流颇盛，雨泽及时，五渠田亩，灌溉粗给。然求其大要，大概疏浚封俵，二者兼资，疏浚得法，则渠道深通，受水既多，封俵固易为力，封俵得法，则渠流宣泄，沙随水刷，来岁疏浚，亦易为功。疏浚之要，首在足夫料，夫足而后淤滞可去，料足而后埽岸可坚，若夫料不足，虽有智力，不能为无米之炊，聊草涂饰，放水稍多，即虞冲决，一经冲决，退水修筑，动辙经旬，浇灌失时，喧争愈急，农亩之歉收，官司之劳攘，殆无以善其后矣。诚能于春浚时，一切淀淤，尽为挑挖，闸坝埽岸，各令坚固，则渠口之水，可尽数开放，当盛夏初秋，惟虑灌溉不周，断不至受水无地耳，此疏浚得失，关一岁利害，诚不可不亟讲也。至于封俵之说，由来已久，况今土田日高，垦辟日广，唐、汉二渠之水，若非官为封俵，大抵终岁，不能及中段，何况下梢。但前人立法，自下而上，原恐上游据水，淤灌湖滩闲地，或致下梢有偏枯之害，若定拘成法，有封无俵，及至梢田灌足，官吏并撤上流，一齐开放，则中段立涸，逮上流足后，则下梢又须封二轮水矣。中段之民，若尽遵法静听，一岁中将无浇灌之期，此所以冒法偷水，贿役买水，百弊丛生，虽有严封逼梢自下而上之说，而其实上中段，未尝不偷买，浇灌到梢之期，亦未见迅速，官法愈峻，则水价愈昂，灌溉不匀，蠹役乘机，贫民滋困，此封水之积弊，不可不察也。大抵开水之初，田苗需水，尚不甚急，上游陡口，大者酌与分数，小者竟令开放，如水不足，于渠口尽数加添，数日后以次封闭入中下段，初修之埽岸，既可免疏虞，而下流得水时，上中段浇灌者已多，再为补给，亦不费事，如此封俵兼行，上下兼济，稍变通乎前法，究无碍于到梢取结之期也。至二轮三轮水，不必俟下梢告水时，然后严封实闸，当头轮水足后，即与中上段酌限时日，令其浇灌，过某日则封某段，至某段其渠长田多者，再就中酌俵数（目）〔日〕，三轮水亦然，如此则各段得水有期，偷买之患自可少，即欲封稍，其势亦易矣。夫以黄河万里之流，灌宁夏不盈千里之地，其势宜无不给，而田高稍远，小民往往抱向隅之叹，盖各渠周道数百里，当封俵时，〔司〕事者势不能遍履身亲，工夫物料，动数十万，疏浚征收时，亦不能不假手吏役，舞弊者多，则官民并累，然则欲使夫料皆足，蓄泄有备，封俵得法，调济有方，亦惟躬亲巡视，严为防范，但除积弊，自利生民矣。宁夏虽称沃壤，而田止一熟，实少盖藏，国家于水利既设专官，又董以本路监司，每渠浇灌既足，例必呈报，或遇日久淀淤，更加官修，诚以一方利赖，万姓生资，实藉于此。金城究览前规，采酌舆论，就所见闻利弊，附志于后，庶为后来从事者，聊效一得云。

水利刍言

自革命军政时期结束，建都南京以后，举国上下应时代之需要，在安内攘外政策纷拿纠错的当中，认定了根本企图，向建设之途迈进，近年各种建设产物，如雨后春笋，蓬勃而兴，其成绩造成空前之纪录，风声所播，国人耳目为之一新，同时亦得到世界各国专家的好评。

宁夏虽在边远，在奋起振作，全国景从的共同趋势之下，主管者自强不息，建设事业，突飞猛进，成绩大有可观，其中具显著之效果者，当首推水利。

水利之在宁夏，实为本省经济之首脑部，其力量足以推动全部的进化机轮，是以宁夏虽系边疆岩邑，累经灾祸之余，犹有今日繁荣之都市岿然存在者，这要算是完全赖有水利为泉源，弥补残缺，维系社会之经济，不致崩溃。

宁夏水利工作分河工、渠务，其实两相关连，为各专责成，分工合作计，始有防河工程处与渠委会之设。此类组织，除河工处为随时集散之机关，渠委会则为永久性质之设置，负责的都为历年办理水利之人，经验也许是宏富的，在表面看来，固属甚合宁夏的需要，且又无过大之薪金，以地方人办地方事，也无隔阂的处所，无论从地方情形与经济条件上论，应无异议。但是因为官方之督促关系，这些机关，于不知觉中，多含有单调的片面活动，而忽略于兼顾之病理作用。大约全省各水利工程机关，只望官方来指挥动作，本身则渐形神经衰弱，或甚至成为被动之机械工具。待官方令饬，则遵照奉行，如征夫、料罚款等等，只顾能遵令办到，其余非所愿闻，就暴弃其本身活动之机能，与职责之行使，所以形成倾重于行政活动，而于极要的工务方面，仍存少事不如无事之传统观念，恒待工出则作。竟忽略了养护工程、工事检查、建议防险、扩充垦区、改良设备……诸切要之图，老是险出再图补救，暂安即可缓工的苟安政策。并且在监督工程方面，亦多依例因循，惟恐改作费事，所以宁夏过去的水利事业，在这偏重行政，忽略工务的当中，不知白受了多少损失，枉费了多少金钱！

今后宁夏之水利组织已由暮气的渠局制度而改为公开的委员制，正在整理改进中，前途的展望“方兴未艾”。但是负责人的选任，必须根本注意，绝对禁止冒滥，当由各该渠利害相关之真正民众直接或间接选举德高望重，曾经参预水利工作确著显绩之渠绅充任。此种人材，事先分区广事搜求，其初选代表及委员之当选资格仍依水委选举法之规定，代表之名额三千亩以上不足三千亩者一名，三千亩以上七千亩以下者二名，七千亩以上一万亩以下者三名，此外每多三千亩，即加选一名，委员之当选，必须品行端正，谙练水利，粗通文理，确无嗜好；种田在六十亩以上者。临期均用唱名决选法选定，开列名单，呈由省政府审定圈出，试用后认为合格，再行加委。（现在社教尚待普及，乡间文盲，约在百分之九十以上，票选不无困难，故举办上项选举，采用集会之简单表决法，以济其穷。）同时须严防土劣投机操纵。

至于工务方面，现在谈水利工程者，均主张工事现代化，必须用科学方面。若墨守成规，则无进步之成绩。这些理论，我们固然也认为很对；可是对于本身的经济环境如何，亦不加以审度，一味的空弹高调，站在事实范围以外，说不负责任的漂亮话，谈者博征旁证，娓娓动人；听者莫异惊奇，拳拳向往，竟以前此失败原因，全部诿之方法不良，以后凡关水利之工程，非绝对从新的科学方法着手不可，一班人对于新法，既未必能彻底明了，而对于具有数千年历史，几经研求而改进之治河修渠各方法，平日又未必有相当之认识，那里能有真确的了解？徒武断的说：旧法已经在淘汰之例，今后当除旧布新，再不能把十八世纪以前的古董，在现代的舞台上搬演。大约对往古相承的旧法，不但只视同废物，不加考求，并且带有不少的讪笑态度，以阻丧来者之研讨动机，此种乖离事实，暴弃自甘之肤廓论调，绝非宁夏水利前程之福，我们当然不能苟同，并且应当力辟其谬，在审时度势，善善从长的立场上，来作水利国粹的维护者。

谁都知道宁夏是一个经济落后、生产衰败的穷苦边地，征集材料，聘请技工，在经济与交通上都成问题。近年来赖以维持此种水利工程者，大半仍属于旧日之成法。若在新法既无力运用，固有的相传旧法又为新思潮鼓荡，失其信仰，或不到十年，将有失传的危险。本省水利若仍难邀国家经济的协助，那么，彻底从新，殊难计期望其实现，倘此唯一的旧法不幸而日趋没落，行见青黄不接，水利前途难免不陷入沉闷状态中，由此将影响到农村经济与社会生活，这是我们办水利的人和宁夏的知识份子，亟应注意的。

复次我们可以提出办理水利的旧闻，及昔日工程情形，概括言之，藉以阐明旧法之可凭；试综阅宁夏现存之关于水利的各种典籍，及能找到的碑文图卷。就知道宁夏的水利事业，远肇于汉代武帝的时候，经虞诩、郭璜开创以后，大约因天时人事之推移，其间有衰落了的一个时期，及至唐朝李听，始作大规模的复兴运动，以后元朝的郭守敬、董文用修复唐汉各渠，更立插[1]堰，就成汉、唐二坝，在这个时期的工程经屡代改进，已趋具体化，不过重要材料，还是用木，传流到明朝的佥事汪文辉，易木工为石工，工程确定以“一劳永逸”为原则，力求巩固。清代以还，人口日增，荒秽日辟，人事也因之益形繁剧。在历史上因为每次大修，均有国帑从中作干部的担负，经费不如现在之困难。于今我们眼见之各种闸，各支渠、陡口、桥梁、飞槽、堤、堺、墩、暗洞及马头，等等，绝不是一朝一夕之功，卒然可得的成绩，均是集中数千年来主政者之脑力，与人民之脂膏所凝结的产品。尝详考各渠口因河流或渠灌的关系，竟有几经改动而始成功的，其过程中，耗去人力财力，均不在少数，至若暗洞甃石，工程之大，耗费之繁，尤属大非易事。如汉坝宋澄各洞，经前清知府黄自元大加疏浚，甃以石底后，淤塞一空，永无阻滞之患，至今利赖。又惠渠于光绪二十七年，因河道西趋，外刷没二十余里，屡修屡圮，数年不得水

[1] 插　应为“闸”。

泽，及至三十一年，经数年之筹划，人材工料之征集，才决定改道于杨和堡之东，根本重修，此坍既成，渠流恢复原状，数年来该渠流域人民的困苦，至此始得转机而苏活。总括言之：现在宁夏渠道网布，田畴罗列，水泽溥灌，人民温饱，何莫非此种伟大工程之赐予。当时非有科学能力可利用，其成功都是由历代相传之成法与办事人殚精竭髓，实心为社会服务，几经演进，方有此优良之效果。也可以透视到先代之人，为政不在多言，不尚空谈，惟求实际，朴质而伟大的人格与沉毅的典型。

水利人员的分工，在渠工则例里，也有明白的规定，在事务方面：管理银钱者曰首士，催夫征料者曰渠长。工务方面：分断督修者委管。均遴举廉勤绅士分任之，又派老于渠务者为水手，呈报水势消长，每至冬季，各渠绅乘农隙的时候，都集会宁城，谋水利之进展，实行履勘，交换意见，公开的估计工料，一到开春，即分途工作，足见当时以地方人办地方事，工务与事务并重，不比后世人之唯利是图，畸重畸轻，到现在腐化日深，积重难反，加之以标榜新法为御人之口给，旧日典章，束之高阁，在此奇异纷炫之空气中，若不急为提醒，将见历代相传之经济擘划，有中断之虞。

不过在旧籍中之记载，因时代性之关系，若用现代的眼光去寻绎，难免不发生一种美中不足的缺憾！大约此种文字之编纂，均假手于官署幕僚之手，当时文人，惟凭个人的主观与知识，作单纯的纪录，故对于行政之管理，备极周密，利弊之阐明，无不洽合，行文亦极行云流水之乐。可惜对于工务方面之实际情形，如工程计划、工程形式、构造方法、工作程序……等等，类皆语焉不详，而当时在工绅耆，或限于知识，或竟鄙为琐屑，错认为无纪载之必要，故私家纪载，亦付缺如，至今欲考其层层推进之具体痕迹，只能依据其片断纪载中，作假设方案而推想及之，复从广采旁搜中证明其大概而已，在一般现存的熟练水利工程之人，其技能半由先代渠绅之口传，半凭自己之经验与智慧以完成其所负之使命，于是人以政重，政以人兴，人在政存，人亡政寂，在这种一线相传之危机里，求其不绝如缕不致消灭，已为万幸，更谈不到逐步改善，今胜于古了。从知现办理水利之人，共犯偏重行政之病，也许是受了此种纪载之影响，但是我们如果实心去研究其纪载，在行政之管理方面，当然要得到不少的知识，而助成我们的事业，在工务方面，虽不详彻，如能平心静气，反复搜求，真能领会，亦当获得不少的参考材料，补益吾人之聪明，启发吾人之才智。以上所言，不过将个人见到之点特为提出，以引起人们的注意，使在纲领式的字里行间，去领会追求历朝的水利经济，大家知道这是真才实学，非可空谈泛论的。也并不敢站在二十世纪的观点上去肆意批评过去时期的著作，这是得郑重声明的。

十八世纪以后，科学是天之骄子，揭穿了宇宙间的一切神秘，成功了多少惊人的奇绩，征服了各色人类的心灵。无论贤愚，毫无反抗的在科学万能的铁证之下，狂热的崇拜，欢欣鼓舞。我们对于“科学救国”这个口号，始终是信任的，毫无疑义的，但是利用科学，须先要环顾事实，加以审度。这也是必具的主观条件。即使事实所容许，在任何方面，不致发生甚么问题。也必须经过一番缜密的考察和严格的去取，要知道新的未必样样好：也有与事实乖离的，也有非骤可成功，尚须试验改进，薄弱经费，所不能立办的；旧的未必样样坏：也有尚有可取，未可全弃的，也有在过渡时期，有全部或部份保留之必要的。

我们知道旧法亦有暗合新法，而新法亦可仍参旧法的，尤其是水利工程，如果无力购备钢筋水泥等代值高贵的材料，其新旧不同之点，不过地形的勘查测量，水流量雨量的测验，以机械节制水量，易于得到对像的实况，驾驭自然驯服而已，此种勘查测验，老于河工的人，他的目测当然是不对的。不过在没有仪器以先，他的目测概况，居然也能适用，且可遗传到数千年后而不失其效用与信仰。较之今世用仪器测验，比较没有那么来得精密些罢了。至于用机械力比用人力来节制水量，在工程上，当然差得很远，可是闸坝的作用，在财源竭蹶的宁夏，未始非经济的办法，且其成功并没有两样。

在开发西北之声浪中，为政者努力之结果，预料宁夏的水利事业，当开一新纪元，吾人亦在引领企踵，十二万分的向前途殷望此未来的新生命。在目前经济条件之下，当然仍在整顿进程中，我们似宜极力避免倾重行政，忽略工务之缺点，严格点说：须行政劳工化、工务集体化、工程强硬化，同时千万不要侈谈科学，鄙视一切旧法，促固有水利经济之没落，在政府方面，尚须标榜旧法，酌采新法，求新旧之和融而不相冲突，一方面推崇熟练水利之正绅老农，以维持现在之宁夏水利，而减少因工事不坚而发生的损害与危险。

以上云云，不过本于个人所目击耳濡的切实情形，参以在“可能得阅”的典则而成的一些议论，不敢说是一得之愚，大约关于宁夏水利，多少有些相关切的地方。深望当局因而有所注意，且祈地方人士之强力的同情及正确的评论。

二五，八，三〇，曹尚经脱稿于宁建一科

整理河渠之计划 王毓瑞

（一）拟于唐徕渠二三两闸各增修龙墩一座计划

查渠堤之安危，虽视其根基之巩固与否以为断，而退水闸之能否适应需要，关系亦殊深切。是故在渠水低落时，退水闸之于渠堤，似无若何利害；如逢水涨，或在灌溉期间及暴风雨大作之时，则其功能之大，诚可以化险为夷，转危为安也。

唐徕渠退水闸原有三座，均为该渠增减水量之枢纽，昔日建筑时，每闸止修龙墩三座，涵洞四孔。在当时或因灌溉田少与用水有限，只能需要而建筑者。乃至晚近，生齿日繁，垦耕之地逐年增广，需要水量亦渐增加，治渠者仅知致力于渠堤之培修，而于退水闸之能否适应要求，一仍旧日规模，未之顾及。所以在灌溉期间，逢渠水高涨或暴风雨时，下游往往发生危险，每因退水闸本身功能之微小，无法尽量宣泄，以致险工扩大，罹受巨灾，然一次修筑费与民间损失之重巨而论，即足使人民累害不堪，况决口之事，数见不鲜耶？若长此以往，不谋补救，则证之过去事实而预料将来之为患，更不知伊于胡底矣。

兹为防杜隐患，永策安全起见，除门前闸因限于地域不能增修外，拟将该渠二三两闸，各加修龙墩一座，俾增退水功能，冀免意外危险与损失。至其应需工费，须俟详缜勘估后，方可确定。

（二）拟于西河口修筑迎水长埒一道暨疏浚河口泥沙计划

查黄河在宁朔县大坝村段原分东河西河，往昔水势均流，以故由西河口开口之汉延、惠农、大清三渠水量，甚为充足，灌溉殊称顺利，即河水低落时，亦无受旱情形。讵意近年来，西河口一带河底，渐被泥沙淤淀，日益隆起，大量河水遂背西河而倾向东流，该三渠每感水量不足，如遇河水跌落，田亩顿受亢旱。顾田禾所赖者唯水，浇灌既难及时或不充足，农产势必减少。现在农村萧条，民生凋敝之原因，至由于此。亟应设法，从事挽救，冀补前失。

兹为谋该三渠今后水量之充足，决拟于西河口修筑长百余丈，高宽各丈许迎水埂一道，斜置河中，藉以揽水，同时并将西河口一带多年淤积泥沙，施以彻底浚疏，俾增水量，冀免亢旱之虞。至于两项工程应需料款预算，须经详缜勘估后，始能确定。

（三）拟用洋灰改修汉唐惠清四渠各闸工程计划

查汉、唐、惠、清四渠所有正闸、退水闸工程，胥为石条及石灰所构筑，因其本身之不坚，复经风雨之剥蚀，渠水之冲涮，坍圮甚易。是故经过八九年后势必轮流重建或补修一次；而各工石缝每年须用巨量石灰普遍补修，计每一闸工程之需款，常在五六万元以上，合四渠而计之，非二三十万元而莫办。似此历年补修，所费常亦不赀，近百年中所耗修筑费已在数百万元；若用洋灰构筑，则统以最低限度需款二十万元，并以百年重修一次估计，即可省费十数倍，既不劳民伤财，复最经济有效。现各闸工程多已圮毁不稳，复值重修之期，隐患潜伏，正堪深虑。如仍用石灰砌修，图谋短期安全，不作永逸之计，则处此农村经济崩溃，公民交困之今日，徒耗财物，殊为失算也。

本厅有鉴于此，计划改修之议已久，所以迟迟未及举办者，一则工程尚可支持，一则工款浩巨，无法筹得故也。现在既届重修之期，势难延置。兹为求经济办法，决购巨量洋灰，然各闸工程原有石料及部位，彻底改修，俾其基础，臻于巩固，冀省糜费，免生意外，洵属一劳永逸之计。至于工费预算，须俟详加勘估后，方可确定。特先拟定计划，用作进行之鹄的。

写在《宁夏省水利专刊》之后页

宁夏水利，世所艳称，治宁要政，首重渠务；盖以西北雨量缺乏，种植非易，而宁夏独能引河水以灌田，化荒芜为肥沃，工伟利溥，民食斯赖，诚有其特殊之价值。当考各渠之形势，沿革流域工程等项，已详编内，勿繁再赘，谨略述其概况及修治集刊之颠末于后。

（一）形势与分系　黄河自西南向东北，斜贯本省；山峡原野，相间错列，上起沙坡头，下迄石咀山，中亘青铜峡，曲折范束，水势尚缓，其间两岸，平原沃野，宽狭不等，自古相夺地势，凿渠垦田，历代续修，相沿迄今，而成西北水利之伟观。干支网布，渠流繁多，按其天然之形势，可分为三大系，青铜峡其枢钮也；峡以上河经中卫、中宁两县，于其两岸引凿者，名之曰卫宁系。峡以下至石咀山之间，河西有宁夏、宁朔、平罗三县，河东有金积、灵武两县，分别引渠灌田，在河东者，名曰金灵系。在河西者，名曰夏朔平系。

宁夏全省渠流	金灵系——灌金积、灵武两县田地
	夏朔平系——灌宁夏、宁朔、平罗三县田地
	卫宁系——灌中卫、中宁两县田地

（二）各系渠流　夏朔平系最大，余二系较次，卫宁系最为复杂；仅就干渠而言依次数之，夏朔平系有唐徕、大清、汉延、

惠农、云亭、昌润、滂渠、永惠、永润、西官、东官等十一渠。金灵系有汉渠、秦渠、天水等三渠。卫宁系河北有美利、太平、旧北、新北、复盛、新生、中济、长永、丰乐、新渠等十渠。河南（自）〔有〕羚羊角、和合、天佑、羚羊寿、羚羊夹及七星、贴渠、柳青、李家滩、大滩、孔家滩、田家滩、康家滩、新南、新北、通济等十六渠。大小干渠计共四十道。（河洲之大滩，如二百户、硝磺、黄辛、乏马、马家等滩，俱各有渠，因其变迁较大，渠流较小，尚未列入。）其中尤以汉延、唐徕、惠农、大清、昌润、秦、汉、天水、美利、七星，素称为十大干渠。最近新开云亭渠为本省近年来一大建筑，自当与各大干渠相并称也。

宁夏省渠流系统表
- 金灵系——汉渠　秦渠　天水渠
- 夏朔平系
  - 唐徕渠　汉延渠　惠农渠
  - 大清渠　云亭渠　昌润渠
  - 滂渠　永惠渠　永润渠
  - 西官渠　东官渠
- 卫宁系
  - 美利渠　太平渠　新北渠
  - 旧北渠　复盛渠　新生渠
  - 中济渠　长永渠　丰乐渠
  - 新渠　羚羊角渠　和合渠
  - 天佑渠　羚羊寿渠　羚羊夹渠
  - 七星渠　贴渠　柳青渠
  - 李家滩渠　大滩渠　孔家滩渠
  - 田家滩渠　康家滩渠　新南渠
  - 新北渠
  - 通济渠

（三）渠况略说　干支纵横，密若蛛网，干流已如上述，支渠数达三千余道，灌溉之广，利泽之溥，概可想见！其关乎民生之重，庶政之巨，以及西北开发国防设备之重而且大，又奚可以道里计哉？查各渠之开凿与经营：远起于秦汉，继辟于元明，大加修筑于清初。其间设施计画，劳民动众，挖掘砌筑，各种设备，不知费尽几多精力血汗与巨款，始克臻此。每视(具)〔其〕巨工伟迹，良规善法，恒令人倾佩赞赏不置！虽非所谓现代之科学化，然其研究之精，构筑之固，设备之巧之妙，亦自有其特点，其价值盖可知矣。倘能因势利导，本固有之特长，参以科学新法，加以修治发展，则当更有可观。惟历代相沿，兴废不一，迨至晚清及民元以来，年久失修，渐形淤滞，地方多故，日益废弛，现值灾患频仍之余，努力建设之始，全国上下咸注意于生产建设开发西北之际，对此民命所依庶政端赖之特优渠务，整修而发展之，实为当务之急。

（四）年来修治　省府主席马公少云、建设厅长马公晓云锐意求治，力图兴革，于刷新庶政建设进展之中，对于水利，尤为特别注重，督饬整修，不遗余力，辟新浚旧，功绩良多，举凡各渠之渠口渠身、闸、坍、桥、洞，以及河工码头、山洪水坝等等重要工程，莫不大事兴修，竭力建设。且视渠制之未尽善也，则改局制为委员制以整顿之。渠员水警之良莠不齐也，则分期召集以训练之。夫料封用水节候之宜注意也，则严密监督详核规定以法守之。汉、唐、惠、清四大渠之有连带关系也，则设联合办事处以联治之。凡此荦荦大者，固已积极措办，其他兴革设施，亦靡不兼筹并进，惟力是视。且将各渠要工，请由十五路军官兵，协助修筑，以纾民力，是以突飞猛进，成绩斐然。

（五）编制图刊　尽力修治之外，复查各县渠流，从无精确详图，《旧志》所载简略难明，参考治理，均感缺憾；乃延技术人员，从事勘测调查，立说绘图，藉资研究改进，并供纂集水利专刊之基本材料。庸愚如然，忝蒙派遣，与赵王两技正分工合作，实地逐渠查测，然并率同孙陈王星光二学员，凡作外业五六十日，内业三四阅月，绘制全省渠流总分各图，考述各渠之沿革，流域，闸、埂、桥、洞，干支形势，灌溉利弊等说，交由本厅一科汇删校订，编集宁夏水利专刊一书。（孳）〔兹〕于付梓之辰，承厅长嘱志梗概，爰赘数语，附诸本刊之后，惟所编疏漏错讹，深恐难免，尚望海内高明，随时予以教正为幸！

民国二十五年十二月十二日白崇然谨志

整理人：蒋超，先后担任水利部科技教育司副处长、科技司处长、水利部信息研究所副所长、国际泥沙研究培训中心副主任。曾兼任中国水利学会副秘书长、中国水利学会水利史研究会副会长兼秘书长、《中国大百科全书》第二版水利学科副主编、《中国水利百科全书》第二版水利史分支副主编。曾任《中国水利史典》专家委员会副主任，世界灌溉遗产评审专家。

蒋超　整理

泾惠渠十五年

整理说明

1947年6月，陕西省水利局编印了一本小册子《泾惠渠十五年》，比较系统地总结了泾惠渠建成以后15年间的工作和成绩。由于泾惠渠原始档案材料的遗失，因此这部文献实际是中华人民共和国成立以前关于泾惠渠的比较完整和权威的文字记载。

该书由时任陕西省水利局局长刘钟瑞和泾惠渠管理局局长张寿荫分别作序。正文内容分为《泾惠渠概况》和《专论》两部分。《专论》部分是几个具体的灌溉试验报告，其总体结论在《泾惠渠概况》中已有提及，于今天的研究工作已无太大意义，因此本次整理只保留了原有标题，具体内容没有收入。此外，《泾惠渠十五年》囿于当时编辑出版条件和时间，表格数位往往不闭合，再加纸张经年变化，有些数字很难一一核实。为此，本次整理时删去了部分表格，只保留了表头和结论。

本编纂单元由蒋超整理，若有不当之处，敬请批评指正。

整理者

目　录

整理说明 …… 1119

序一 …… 1122

序二 …… 1125

泾惠渠概况 …… 1127

工程述要 …… 1127

一、引泾略史 …… 1127

二、引水工程 …… 1128

三、输水工程 …… 1130

四、历年主要增修工程 …… 1134

五、泾惠渠整修计划要点 …… 1136

管理经过 …… 1137

一、灌溉给水 …… 1137

二、地亩清丈与注册 …… 1139

三、水费厘订及征收 …… 1141

四、组织及灌溉管理 …… 1143

五、养护工作 …… 1145

六、灌溉试验 …… 1146

灌溉成绩 …… 1147

一、农村状况 …………………………………… 1147
二、农产收获 …………………………………… 1148
三、植树 ………………………………………… 1148
专论（略） ………………………………………… 1149

序一

泾惠渠于民国十九年十一月开工，迄二十一年六月廿日完成初步工程，举行放水，时旱魃肆虐，赤地千里，且疫病横行，在工员司不避艰苦，导泾水清流施渭北沃野，屈指已十五年矣，在此短短十五年中，泾惠渠所表现于西北者，约有数端。

一、奠定西北水利之基石。泾惠渠水文及地形之测量始于民国十一年，时蒲城李仪祉先生掌水政，就渭北赈款组设工程处，由时贤李仲三先生领导，监院委员严敬斋先生亦预闻，而设计工作多出之现任水利部须技监君悌之手，一切计划完成，就商于当道，未能实现，再商诸华洋义赈会塔德先生，亦未获结果。中间金大美籍教授罗德明先生亦曾参与设计，曾忆罗先生与李先生对座初谈，李先生询罗先生可否用德语会谈，罗先生固所乐道，因此两先生谈五小时未有倦容，凡有助于农业生产之各项问题，面面顾到，而民十五年西安围城惨剧，未遑致力于水利也。民十八以还，陕省大旱，死人盈野，李先生再主水政，以救灾兴水利相号召，舆论界如《大公报》且呼吁三元救一命，因此中外慈善团体及地方当局，毅然用李先生之主张实施工赈，以底于成。在二十一年六月放水之年，即获小米五万市石之增产，全国因之争相告曰，水利诚为解救旱荒之基本措施，且有数字可资证明，西北因之有泾洛工程局之设，除主办泾惠渠扩充工程外，并开办洛、梅、黑等渠，甘肃、宁夏相继获中枢之注意，而本省十五年间，自力更生，所创办完成之渠道已序列八渠。

二、创制水利管理养护方法。近代化之灌溉工程，非有完善之管理，不足以发挥其效力，用垂永久，我国新兴事业如铁路、邮政率多由客卿擘划，逐步改进，而水利之管理，当以本省为全国之嚆矢。管理方法，对于工程，多司养护，夫尽人皆知，对于农民要严密其组织，为本省之创制，并对土地之清丈必予实施，方可得公平之分水制度。至于地下水之变化，土壤之测量，耕地之区划，以及雨量含沙量之观测，或则逐年记录，或则筹划开始，均予详确之注意，是泾惠渠不但树立本省灌溉之楷模，且可为全国灌溉事业之参考。

三、提倡服务之精神。陕省水利事业为李先生精神之感召者，在服务方面，发挥责任心，无五日京兆之志，是以无论任何建筑物或设施，莫不多方研究，期其发挥最经济之效态，泾惠渠上建筑材料，除一部份引水工程必须采用洋灰铁筋等器材外，沿渠（及）〔汲〕水等次要工程，则多利用庙宇旧砖，方克在工程费万分艰窘下卒告完成，且竟延续使用，以迄于今，惟经此十数年之冰冻水浸，毁坏过甚，早应陆续整修，只以经费困难，无力举办，其终能维持输水，不误灌溉者，则端赖同人有此刻苦服务之精神，善意养护也。

四、农村经济之复兴。泾惠渠完工伊始，适当地方饥馑之余，农村凋蔽，耕地荒芜，居民转徙流亡，其贫苦情形不堪言状。放水灌田以后，人民相率归来，重整旧业，以农产丰裕，人口骤增，不数年间，灌区景象顿形改观，沿渠林木栉比，乡村房舍一新，昔之赤地荒原，悉成平畴绿野，白发垂髫，怡然自得，其康乐昭苏之景况，概无非泾惠渠所赐予。初时灌区人民维持生计之不暇，教育自形落后，近年来，农村富庶，竞相提倡教育，各乡普设小学，职业及中等以上学校，已先后成立数十所，每年出外就业大中学者，为数亦甚多，知识水准，普遍提高。无泾渠之惠，奚能致此？抗战时期，陕西为支持作战之基地，人民出钱出力，幸赖境内渠道邃布。八年间，卒无荒岁，军糈民食，两不匮乏，而泾惠渠成功最早，灌地最多，其供应于国家者，当亦最大。

时光易逝，十五年间往事，历历如在目前，爰就泾惠渠筹办经过及其管理情形，略述梗概，公诸社会，聊聊数语，固不足以白泾惠渠灌溉效果，而彰时哲创业伟迹于万一，然守成不易，管理养护之事，困难正多，将如何保此功迹，以垂永久，并发扬而光大之，幸因斯篇而获关心人士之指正扶持耳。

中华民国三十六年六月

南皮刘钟瑞序于陕西省水利局

序二

泾惠渠于民国二十一年竣工放水，迄今已历十五年，灌溉泾阳、高陵、三原、临潼、醴泉五县农田七十六万亩，因旱灾之消除，棉麦杂粮之增产，地价之上升，使农村经济水准普遍提高，市场活跃，比之十八、九年间，人民逃亡，盗匪遍野之现象，不啻天渊之别。泾惠渠为陕西水利事业之发端，建筑最早，规模最大，经十五年之使用，当初砖砌建筑多已超过年限，失去机能，虽于八年抗战过程中，对军需民食已有其极大供献，但经费短绌，人员减少，养护几无，渠道破损，建筑坍塌，斗门漏水，无力补葺，而人民用水秩序紊乱，足使灌溉效率降低，加速系统之破坏，若不痛下决心彻底整顿，则前途将不堪设想。

余三十五年五月，奉命来长泾局，于巡视广大灌区之后，面对现实，拟定四项工作方针。

一、激励同仁工作精神，加重责任，以求内部之健全。

二、加强协助行水人员与管理局之联系，俾政令规章，得以贯彻。

三、管制斗门，严防偷霸，加重罚则，以求受水之平均。

四、制定干支渠全部整修计划，分年实施，以增加引水输水之功能。

区区四端要在削除繁琐之政令，求是非之分明，认真执行，不事推诿，不求苟全。一载以之汛期及冬季灌溉效果，与征收三十五年度水费情形，尚均能符合预期，此不过工作之开端。今后本局同人更当倍加努力，深盼社会贤达、灌区民众通力合作，以发挥泾渠伟大功能。欣逢泾渠放水十五周年，为检讨过去，策进将来，特发行《泾惠渠放水十五周年纪念》专刊，公诸社会，以求指正。

泾惠渠管理局局长张寿荫谨序

泾惠渠概况

工程述要

一、引泾略史

引泾灌田始于秦（公元前二四〇年），用韩水工郑国开渠，起谷口，沿北山绝冶、清、漆、沮诸水，而入于洛，史称灌田四万五千顷，关中自此无凶年。汉太始二年（公元九七年）〔公元前九五年〕，赵中大夫白公以堰毁水不入渠，乃上移渠口，改渠由谷口东行二百里，由栎阳入渭，灌田四千五百顷，改名白公渠，故至今犹称郑白渠，实则郑渠规模早失。自汉而后以及于明，历代有改修，大抵皆以堰口毁坏而上移之，凿石成渠，屡易其名，而下游则仍因白公之旧，如宋之丰利渠（大观二年，公元一一〇八年），元之王御史渠（至大元年，公元一三〇八年），明之广惠渠（天顺中叶，约公元一四六一年）及通济渠（正德十一年，公元一五一六年）皆是也。渠口以次上移，入山愈深，凿石得泉益多，至清乾隆二年（公元一七三七年），以泾水屡毁渠堤、淤渠身，乃于大龙山洞口之下筑坝拒泾，专引泉水，改称龙洞渠，灌田减至七百顷，至清季渠身罅漏失修，灌田仅及二百顷。民国九年，华北大旱，士绅议修泾渠，十一年秋季，李仪祉先生长陕西省水利局，组测量队，详测渭北数县地形，设甲乙两种计划，议借赈款引泾，以兵祸旋寝其事。十七年至十九年陕境大饥，死亡无算，先生恻然悯之，复回陕长建设厅，与北平华洋义赈总会洽商筹措，以原甲种计划需款过巨，乃就乙种计划变通之，所需工费除该会自动捐款四十万元外，复募得檀香山华侨捐款十五万元，朱子桥先生捐助洋灰二万袋，陕西省政府及于右任先生筹款四十万元，合力为之，由义赈会担任上部筑堰凿洞扩渠等引水工程、省府担任下部土渠桥闸等输水工程。自十九年冬至二十一年夏，上部引水工程及总、南、北三干渠及第三支渠工程告竣，是为第一期工程，择于是年六月二十日举行放水典礼，政府大员、中外名流均莅临参加，仪式隆重，并锡名泾惠渠，历代废渠得以恢复旧观，重睹渠水蜿蜒阡陌，万民欢腾，惊喜若狂，盛况可以想见。二十二年复蒙北平及上海两华洋义赈会助款十三万五千元，继续兴修下游各大支渠。二十三年，泾惠渠管理局成立，并由全国经济委员会拨款二十四万八千元，改善引水工程并完成未竟支渠，是年终各支渠工程先后完竣，是为第二期工程。全部引泾工程，计前后历时四载，于饥馑荒旱之余，大功终得告成。

二、引水工程

泾河由邠县断泾入山，经流峡谷中，至张家山出谷口，始入土原，地势陡峻，谷深而狭，渠首工程即设于此，择明季广惠渠口上游，跨河筑混凝土坝，并凿左岸山腹为引水洞，至老龙王庙下，与明渠衔接。渠首总闸门设于洞之入口处，标准进水量为十六秒立方公尺，引水洞将出口处建退水闸一座，以备冲刷洞内淤积。自洞之出口下至二龙王庙长一五二〇尺，均系旧日石渠，经拓宽至六公尺，并划一其降度为二千分之一，复削直其陡湾二处，改凿两新洞，一长二八公尺，一长四一公尺。二十三年复于二龙王庙拦渠建节制闸及退水闸，当洪水猛至，总闸门关闭不及时，可由此处退水入河，以防淤渠，并为操纵全渠水量之枢纽。

拦河坝　该坝位于明广惠渠口上游，以系檀香山华侨捐款修建，因名檀香山坝。泾河至此一跌约二·五公尺，谷深而狭，两岸石壁嶔然，为石灰岩及页岩，坝身以混凝土筑成，为渥奇（ogee）式，顶长六八公尺，顶宽四尺，最深处原高九·二公尺。二十四年，坝面复加镶三公寸，上游坡面五分之一比一，下游坡面一·一比一，以抵抗夏汛十五公尺高滚水压力为设计标准。洪水时期，常有走石冲下，故修建必须牢固。坝之东端留有缺口两处，各宽四公尺，中隔一公尺，原为冲刷洞前淤泥之用，二十二年洪水将中间砌墩冲毁，成为九公尺净宽之缺口，河水大部由缺口流去，渠中进水无几，是年十月进行补筑堵塞，缩小缺口为二公尺，翌年三月完成，渠水量始恢复原状。

总闸　渠首总闸为全渠咽喉。总闸门分为三孔，每孔高一·五公尺，宽一·七五公尺，闸底较拦河坝顶低三·三公尺，用混凝土镶面，有钢门三扇，以齿轮绞盘机司启闭。机械平台较闸底高十五公尺，以防为洪水淹没。

引水洞　引水洞为倒虹吸式，长三五九公尺，闸前明渠二长五[1]公尺，入洞后，洞底降低三公尺，横断面积为一四·八二平方公尺，洞之本身，并无降度，至出口处复升高二公尺，与总闸门平。洞工始于二十年一月，并凿二旁洞通入本洞，从上下口及二旁洞同时凿起。由美国购印格苏兰压气打钻机一架，

[1] 二长五　应为“长二·五”。

供凿石之用。岩泉甚多，黄炸药及不透水药线为最需要之材料，是年八月洞乃穿通。

节制闸　泾河洪涨猛烈非常，渠首总闸以水压过高，每次启闭需一小时左右方得竣事，时感关闭不及，危及渠道。二十二年，洪水位曾高出拦河坝顶十四公尺，绞闸机械全没水中，无法操纵，始有另建节制闸及退水闸之计划。二十三年十月，于总闸下游二公里处二龙王庙旁拦渠建节制闸及退水闸，操纵既易，且距总闸较远，时间亦感充裕，下游土渠始无淤塞之虑。

三、输水工程

泾惠渠灌溉区域，西部面积狭长，北靠高原，南止泾河。泾阳县城以东渐次展宽，北界清河，东南、南面则为渭河、泾河所包围。灌区西部沿泾河宽约六公里之地带，向南成一急骤之坡地，比降约为二百分之一。其腹部地形，则由西北坡向东南，比降略缓，约为五百分之一。全区东西长六十公里，中部幅宽二十公里，地形高差达七十五公尺。北部地势高仰，由北干渠系各渠灌溉。东部平坦区域，由南干渠系各渠灌溉。西部泾河沿岸，则为第八支渠灌溉地带。以上三渠均由总干渠分支引水，分灌醴泉、泾阳、三原、高陵、临潼等五县之地亩。灌溉总面积现共为七千五百七十余顷，至各渠建筑物略如左述：

分水闸　各干支渠分支处均设有分水闸，以便操纵各渠水量：曰两仪闸，为南北两干渠由总干渠分支处；曰汉堤洞分水闸，为第一、第二、第三各支渠由北干渠分支处；曰磨子桥分水闸，为第五支渠由南干分支处；曰生王分水闸，为第四支渠由第五支渠分支处；曰彭李分水闸，为第六、第七两支渠由南干渠分支处。除生王及彭李两分水闸系暂用活动木板操纵外，其余各闸均已装有绞闸机械。

排洪渡槽　总干渠上段傍山靠原而行，每值暴雨，山洪辄由山谷及沟道奔驰而下，来势甚猛，为免渠道冲毁，于渠身与天然沟道相交处，跨渠建排洪渡桥十座，均为石料及混凝土建筑，其中以民生桥及朱子桥工程较巨，桥墩高达十余公尺。

退水闸　为免泾河洪水入渠淤塞渠道，于渠首引水洞出口、二龙王庙及赵家沟三处各建退水闸一座，以备总闸关闭不及时排泄洪水。二龙王庙退水闸，平时更用以操纵渠中水量。

退水坡　各渠入河处，常致冲成深沟，崩毁民田，且逐年上移颇速。为防止继续冲坍，自二十年起，曾先后于第三、第四、第六、第七、第八各支渠入河处，修建渠尾退水坡，用资维护，就中以第三、第四两支渠冲刷最深，计第三支渠退水坡跌深二十四公尺，第四支渠退水坡跌深廿一公尺。

跌水及滚水　渠道降度过急，渠身易致冲刷，降度过缓，则泥沙沉淀，淤塞不畅，普通干渠降度以三千至二千分之一为宜，支渠水量较小，以二千至一千分之一为宜。为保持渠道降度，于干渠多设跌水，支渠则多设滚水。总干、北干及第一支渠以行于高地，降度平缓，并无跌水等建筑。其他各渠地势坡降较大，故每段建有跌水、滚水甚多。为适应灌区自然地形及土工之大小与灌溉之难易，除渠道本身之度降[1]外，全渠共建有跌水四十六处，滚水六十九处。

桥涵及渡槽　凡干支渠行经冲要道路，无不建有桥梁，用维交通。跨过天然沟道，则建涵洞、渡槽以利排水。创修期间，工料困难，均系利用拆除庙宇旧砖修建，鲜有洋灰建筑者。幸以昔年旧砖质坚耐用，历经十载，累次修理，维持至今，破坏

[1] 度降　应为“降度”。

情形，已有补苴难周之感。计全渠共有桥梁二六〇座，涵洞一四座，渡槽三三座，倒虹吸十座，其工程较巨之南干渠宝峰寺渡槽，则以罅漏堪虑，业已改挖土渠，废置不用矣。

斗门　斗门为农田给水之枢纽，沿干支渠择地势适宜处，分别安设，普通每斗灌溉亩数均在二千亩左右，但亦有多至一万亩以上者。斗门初时均为木制，后则大部改为铁斗。据以往经验，斗门设置不宜过多，不惟启闭频繁、管理费事，且此开彼闭，前移后错，致令大渠水位难以稳定，斗门水量发生变化，时间分配因之不易精确。矫正之法，应斟酌地势，将斗门尽量减少，增大其灌溉面积，延长其用水时间，将来各斗地亩固定之后，可依其灌地之多寡，制定斗门之大小，使其长期开斗，则免启闭斗门之烦，大渠水位，复可趋于稳定，偷开斗门之事，自亦无从发生矣。本局近年已将若干出水量不利之斗门，酌予取销，地亩改由临近上游斗门用水，惟农民狃于积习，力加阻挠，施行颇感不易。现全渠共设斗门三一七处，北干渠附近高地，并设有天车五架（附各渠水量及灌溉面积表及建筑物一览表）。

泾惠渠各渠水量及灌溉面积表

渠　别	长度（公里）	降度		渠底（公尺）	断面侧坡	水量（立方公尺秒）	灌溉面积（亩）	附注
		最大	最小					
总干渠	11.230	1∶2 000	1∶2 000	6.0	1∶1	20.0		
北干渠	17.520	1∶1 000	1∶2 300	3.5	1∶1	6.5		
南干渠	37.000	1∶1 500	1∶2 000	4.2	1∶1	10.0		
第一支渠	21.300	1∶1 000	1∶4 000	2.0	1∶1	1.0		
第二支渠	12.880	1∶1 500	1∶3 000	2.0	1∶1	1.0		

续表

渠　别	长度（公里）	降度		渠底（公尺）	断面侧坡	水量（立方公尺秒）	灌溉面积（亩）	附注
		最大	最小					
第三支渠	24.050	1∶1 000	1∶2 000	2.0	1∶1	3.5		
第四支渠	20.550	1∶1 500	1∶2 500	2.0	1.5∶1	2.0		
第五支渠	38.500	1∶1 500	1∶3 000	2.5	1.5∶1	2.0		
第六支渠	22.970	1∶1 500	1∶3 000	2.0	1.5∶1	1.0		
第七支渠	6.580	1∶1 000	1∶2 000	2.0	1∶1	1.0		
第八支渠	39.000	1∶1 000	1∶2 000	2.0	1.5∶1	2.5		

泾惠渠建筑物一览表

建筑渠别	栏河坝	总闸	节制闸	退水闸	分水闸	跌水	滚水	桥梁	涵洞	渡槽	倒虹吸	退水坡	斗门	洩水	共计
泾河	1														1
总干渠		1	1	3	1			14	1				7		28
北干渠					1			17	2				26	13	59 (40)❶
南干渠					2	10	17	39	5	8	6		40	3	138
第一支渠						2		36					28		66
第二支渠							2	11		1			17		31
第三支渠					1	4	7	28		2		1	34		75 (77)
第四支渠						4	11	19	1	1		1	23		60
第五支渠					1	4	13	29		1			43		91
第六支渠						5	10	18	1	2		1	32		69
第七支渠						3		13				1	10		97
第八支渠						14	9	36	4	18	4	1	40		135
总计	1	4	1	3	6	40	69	260 (243)	14	33	10	5	317	16	789 (764)

❶ 原表数字有误，括号中的数字为整理者核改数字。余同。

四、历年主要增修工程

拦河坝顶装置活动闸板　泾惠渠标准水量原定为十六秒立方公尺，二十四年加镶坝面，坝顶增高三公寸，水量增至十七秒立方公尺后，灌溉面积逐年扩展，渠水渐感供不应求。二十七年春复于坝顶安置铁架，闸以木板，坝上水位可抬高五公寸，渠水量骤增至十九秒立方公尺，是年全渠注册地亩即由六千五百余顷增至六千八百余顷，至二十九年已达七千余顷。不意是年夏季河水猛涨至八千余秒立方公尺，坝顶铁架全部冲毁，渠水量遂仍减为十七秒立方公尺，注册地亩之增加，因而亦入于停止状态。三十一年春季，坝顶闸板修复竣事，水量始恢复原状。

南干渠宝峰寺裁湾工程　南干渠至泾阳县城北宝峰寺左近，向南成一湾形，湾之顶端，跨过深沟，原有砖建渡槽一座，以流水日久，砖槽发生罅裂，历经冲毁，修不胜修。初有改建钢筋混凝土渡槽之议，以抗战时期，是项材料购置非易，为一劳永逸计，决定废弃渡槽，裁湾取直，穿过运北高原，改挖土渠。盖泾惠渠水量之半数，须由渡槽经过，倘有不虞，关系该渠下游及四、五、六、七各支渠三千余顷农田灌溉至巨，实非普通一桥一闸之损坏可比。新渠土工计为七万六千余公方，最深处达十三公尺，于二十九年五月开工，三十年七月完成。

碱地排水　泾阳县城南滨泾河一带，地势洼下，多年来即发生硝碱，自泾渠放水后，全区地下水面普遍升高，故碱质日益增剧，初时地面碱层如雪，后竟遍地横水，且面积逐渐扩大几至百顷。二十五年水利局派员勘测，拟具改良碱地排水计划，交由本局办理施工，于二十六年冬季开工，每年利用农隙征工挖修，至二十九年九月告竣。排水沟平均深二公尺，底宽八公寸，计完成纵沟三道，横沟一道，共长十一公里，并修桥涵等建筑物三十处。挖修期间，碱沟所到之处，地面积水立消，顺沟排泄入河，随之即可耕种，当年产量几与好地无异，以往斥卤之区，顿成膏壤之域。三十年调查棉花产量，每亩均在七八十斤之谱，惟数年来，碱沟日益淤塞，排水情形又见恶劣。爰与地方士绅及县政府会商，彻底开挖排水沟道，商定由本局负担技术部份，民工则由县政府负责。经测定纵沟沟距五百公尺，横沟沟距三百五十公尺，挖深至少一公尺，计共需挖土方二万公方，定线完成后随于本年二月下旬开工，已完成百分之五十以上，排水之功立见。去年积水未收之地，今已一变而为棉田矣，惟所定排水沟均系干沟，其分枝小沟则有待地主自动开挖，始可望充分发挥排水防碱之功也。

第六支渠中游改线工程　第六支渠中游，自张桥村至新和村一段渠身，行于低地，灌地无多，为增灌溉面积，将该段渠道移于迤南高地，可多灌溉地两万亩，全段计长六·四公里，土工三八〇〇〇公方，桥梁五座，跌水一座，斗门七座，三十三年九月竣工，土工由民工完成。

新五支渠工程　第五、第六两支渠间，有旱地五万亩，经当地民众呈请修新渠一道，名为新五支渠，计长二十公里，土方二十三万公方，分水闸一座，跌水五座，桥梁二十座，斗门十七座，土工由民工担任，三十四年七月全部竣工。

渠首改善工程　渠首改善工程，包括扩大引水隧洞及加高石堤等项，预算需工款八千三百余万元。此项工程于三十五年二月开工，加高石堤于五月竣工，隧洞工程至四月半因农田放水停工，计完成全部开石百分之六十，所余未完成部份，拟于秋季农田不需水时继续施工。嗣以工款不济，未能继续完成，然在同年汛期观察隧洞水流情形，已有增加，若全部完成，当可达到预期之效果。此项计划于三十六年春复经修正，将隧洞已完、未完部份再行扩大，预计泾河流量在十八秒公方以下时，可全部引入，已经核准并定于今秋完成之。

五、泾惠渠整修计划要点

全渠筑建物，计七百八十二座，其中跌水、滚水一一五座，桥梁二百六十座，斗门三百一十七座，大部为砖建，经十五年之使用，多已破损，输水效用日见减低。

全渠灌溉面积，原计划为五十万亩，经历年之扩展，已达七十六万亩，为增加干支渠之输水量，桥梁跌水实有扩大之必要。

整修计划系以整个灌溉区域为研讨之目标，如（一）各干支渠之灌溉面积及水量之分配，（二）输水损失，（三）渠道降度，（四）渠道断面，（五）斗门高度等是，计划内容如左：

1 引水量之增加及分配：使栏河坝高度增高一公尺及隧洞断面扩大至二十平方公尺，则泾河流量在二十五秒公方时，可全部引入。总干渠各渠水量之分配，计总干渠二十五秒公方，北干渠七·二秒公方，南干渠十五秒公方，第八支渠二·五秒公方。

2 改建各干支渠建筑物：各渠桥梁、跌水，拟按照各干支渠新规定流速流量标准，全部改建，选用材料以钢筋混凝土及石料为限，以期永久，并在不影响放水及工款分配范围内分年实施，预计五年内完成之。

3 退水排水及联络渠：甲、计划退水渠，以使农田不用水时，排水入河，则各跌水之水力即可利用。乙、沿泾河一带滩地、低地、起碱之地段，计划排水沟渠，以防地下水面之升高。丙、在第三支渠与第四支渠之间，第四支渠与第五支渠之间，南干渠与第八支渠之间，计划联络渠各一道，以调济各渠水量及减水之用。

4 修筑沿渠道路：整理并扩充南北干渠及第八支渠沿渠道路以能通行汽车为度，以增进灌溉区域内之交通效能。

5 三十六年度拟修工程：各干支渠建筑物改建部份，本年度拨款三亿八千五百万元，拟先行改建北干拱桥两座，南干拱桥七座，八支拱桥三座，八支跌水一座及滚水四座。全部用石料修建，以求永久，现正从事开石备料，以便于秋季农田不需水时期改建完成。

管理经过

一、灌溉给水

给水标准　泾惠渠放水之初，关于农田用水之多寡及灌溉期距之长短，一切均无成规有循，遂暂定标准给水深为一公寸，每斗每半月放水一次，每次灌溉该斗地亩之半数。全渠地亩每月均可顺序输灌一次。实际灌溉情形，则以河水涨落无定，渠水量亦随之时增时减，故各支渠下游地亩，受水情形向较上游为差。后以灌溉区域逐年扩大，水量不敷分配，复依试验结果，于民国三十年起将灌溉时期酌予延长，改为十七日放水一次，俾减少每日开斗数目，藉增下游水量，以资调济。

给水程序　各斗灌溉面积日有增减，须于每次给水之先，按其斗口出水量及所辖地亩面积，以每次灌溉全斗地亩之半数，计算其每次应行用水时数，并依各斗出水量之大小匀配排列其用水之先后次序，临时规定开斗、闭斗时日，制定用水通知表，发给水老、斗长依据用水。渠水出斗，须俟流至斗渠之最下游，再由下而上，先左后右，依次引灌。其由斗门流至斗渠尾端所需之间时[1]，谓之流程，故各斗用水时间，须将流程计入，此段时间，为该斗所公有，不得分占。至各斗之出水量，则系在大渠水量中常时所测得，其流量单位系以每二十四小时所灌顷数计算，如云某斗水量为五顷，意即谓在大渠中常水量时，该斗每一日夜可灌地五顷之多也。

汛期给水　每年六月十五日至九月十五日，为汛期用水，该期内泾河不时猛涨，其含沙量常增至百分之五十五左右。依过去之经验，含沙量至百分之十五以上时，渠边即生淤淀，故规定含沙量超过百分之十五时，即须停止放水。每当伏天炎热，农田需水最急之际，因含沙量超过容许标准，常致断续停水达二十余日之久，遂为汛期放水莫大之障碍。以往灌溉章程，规定汛期各斗因泥沙过大停水，未能用足应给时间者，仍按既定时日开闭斗门，概不补给，致有多数斗门连续二次三次失去用规水机会，农民迫不得已，间有违章偷水者，管理巡查诸感困难。为免除此种缺点，自二十八年起，乃略改成规，即每次停水以后再行放水时，全渠斗门之启闭时日，均须按停水时间之长短，向后顺延，而各斗用水之先后次序、间隔时间则固定不变，至全渠斗门输灌完毕，再开始第二次给水，俾各斗均可用足其规定之时间，故汛期灌溉期距长短，不能固定，须视停水时间之久暂，向后延长。汛期放水办法，自经改善以来，用水情形已无以往紊乱现象，违章事件大见减少，不惟各斗灌溉均

[1] 间时　应为“时间”。

匀，管理监督亦感便当矣。

春季给水　泾惠渠农田需水最多之时，除七、八两月外，其次即为棉花播种时期。农谚云："谷雨前，不种棉"，故四、五月之交，灌田播棉需水至切，惟渠水有限，全渠棉地如欲在此短暂时间全部灌完，势不可能，须俟上游播种完毕，渠水始可放达下游，下游播种因以较迟，种棉较少。近年常于三月间渠水充足，农田不甚需水之际，督令下游农民利用时机，先期灌溉，播棉期届，稍得雨水，即可下种，试行以来，下游棉地反较上游早得播种，收成亦佳。其另一调济办法，则为俟上游棉地播种过半，临时将上游斗门关闭，停止用水数日，将水尽量向下游引放，以资接济，俾免下游播种过迟。

冬季给水　十二月至一月为灌溉麦苗时期，天气渐寒，昼消夜冻，灌水后受冰冻作用，可使表土自行松解，含蓄水分，翌春麦苗生长必旺。入冬以后，河水日落，渠水渐感供不应求，但冬灌时间颇长，普通于渠水结冰前，全渠麦地大致均可灌毕，该时渠中常发现冰凌，随水漂流，须注意巡视打冰，以防冰拥溢槽。偶值天气骤变，渠水立即冻结，闭闸停水，不容稍忽。

二、地亩清丈与注册

灌溉面积之扩展　泾惠渠初放水时，灌溉亩数，系由人民自行呈报，有希图避免水费，以多报少者，更有下游地亩为多分水量，而以少报多者，分水既不平均，征收水费亦感困难。二十三年以各干支渠大致完成放水，爰于是年十月有清丈队之组织，开始丈量清南渭北泾、原、高、临、醴等五县灌溉地亩。翌年四月，清丈完竣，共丈得五九〇二二二亩（营造亩），灌溉区内始有精密之地亩图表，可资依据。随即办理地亩注册，发给用水权证，照实丈亩数正式给水。嗣以完成较晚，各支渠之农渠继续发展，地亩不断增加，复于二十五年二月至四月举办第二次清丈，计丈得一五八六一七亩。其后各渠下游灌地陆续增多，二十六年五月至九月，复有第三次之清丈，计丈得一一〇四四九亩。前后三次清丈之总面积，共为八五九二八八亩，计地九三二六二号，占图二一五幅。每斗均有一注册表，包含地号、姓名、亩数、县名、村名等项，发给斗长按表分水，自二十三年起，平均每年可增加灌溉面积三百顷之谱。近年农民鉴于水利之溥，所有灌区内高仰地亩，多不惜巨费，挖修平坦，俾易灌溉，每年陆续补丈注册者，为数亦颇可观，现全渠注册地亩计泾阳二千七百一十七顷，三原一千六百九十五顷，高陵二千一百七十七顷，临潼九百三十四顷，醴泉四十七顷，共达七千五百七十余顷（附泾惠渠历年灌溉面积表）。

泾惠渠历年灌溉面积表

年　别	灌溉面积（亩）	年　别	灌溉面积（亩）
二十一年	80 000.0	二十九年	729 463.3
二十二年	400 000.0	三十年	729 391.4
二十三年	537 607.0	三十一年	729 376.9
二十四年	584 662.0	三十二年	747 153.1
二十五年	646 547.7	三十三年	752 423.7
二十六年	659 928.2	三十四年	752 446.3
二十七年	688 868.4	三十五年	757 035.0
二十八年	709 962.9		

附注：二十一年至二十三年为人民呈报数；二十四年以后为注册数。
本表系沿用多年来之营造亩制，一时更改不易。下年度可更为市亩。

渠道及铁路占用地亩　泾惠渠兴修于旱灾严重之际，为急于完工放水救荒，并以其时地价甚微（每亩仅值数元），所有干支渠道占用民地，均未丈量发价。放水之后，屡拟办理清丈，终以限于经费，未果举行。后地价日涨，粮赋加重，为减轻民累，始呈准拨款。于三十年一月开始丈量，至五月完竣，计共占地七十余顷。免赋手续已由各县办理完竣。咸同铁路经行灌区内，计长四十公里，所占灌溉地亩，亦经于二十九年六月予以丈量，取销注册，停止给水。

三、水费厘订及征收

水费厘订标准　灌溉地亩系按年征收水费，规定上年十一月至本年十月为灌溉年度，并以每年十月为厘定该年度水费之期，因是时农事已毕，全年给水之实况，收获之丰歉，正可于此时统计比较，得一总结。水费之厘定，则以斗门为单位，按其受水多寡，分为三等，至每斗所辖各村地亩灌溉情形，虽有上下游之分，但以差别甚微，不再分等。平时各斗灌溉实况，责令斗长于每次放水完毕后，自行填具用水稽核表，呈报所辖斗门该次实际用水时数及缺水时数，并由负责管理员盖章证明，送局备查。又以汛期农田需水急切，用水稍有差别，影响收获产量之巨，非春冬两季可比，故除平时灌溉情形外，汛期用水实况，应为厘定水费之主要标准。过去厘定水费，仅以全年受水次数之多少为标准，致等水费等级与实际灌溉情况不甚相符，水老、斗长常因此发生争执，要求减免，后始按汛期用水时数予以补充。三十年度厘定水费时，复增加全年用水时数一项比较，更切实际，所有用水次数及时数均以各斗用水稽核表为根据，经逐年改善，办法渐趋合理，民众已无异言。每年复分春秋两次举行调查受水情形，凡注册地亩全年确未受水者，均予免征水费。每年水费等级定妥呈准后，即晒制该年度各县注册地亩表、免费地亩表及水费表等，送有关各县政府按表征收（按：由三十五年度起已改由本局征收）。

水费征收情形　泾惠渠水费，最初规定每亩年征五角，惟时以大旱五载，民力未复，二十一年实征数仅为四九六元。二十二年水费奉令每亩减为三角，实征数为二四〇八三元，仅得应征额数四分之一。二十三年复按各斗实际灌溉情形，改定水费，按三等征收，一等每亩五角，二等每亩三角，三等每亩一角，该年实收数为九四五二二元，约得应征额数之半。二十四年灌溉地亩清丈注册办理竣事，每斗均制有详确完备之注册地亩表，征收水费始有正式之依据，该年应征额数为一八九七一〇元，实收一六一七〇三元，实收成数已达百分之八十五以上。自兹以后，水费征收始入正轨，二十五年水费总数为二四九一八九元。二十六年因秋季多雨，棉花歉收，奉令按八成征收。二十七年汛期因泥沙停水，各斗未受水者过多，酌将厘订等级标准降低。二十八年农田丰收，又以汛期放水办法改善，各斗灌溉均匀，故是年水费增为二八〇〇一六元。二十九年奉令加倍按一元、六角、二角三等征收。三十年奉令按每亩二元五角、一元五角及五角三等征收。三十一年按五元三元一元征收，三十二年按四十五元、三十元、十五元征收，三十三年按一百三十五元、九十元、四十五元征收，三十四年改征实物折价，计一等水费：棉地征费三百六十元，麦地征费二百七十六元；二等水费：棉地二百五十元，麦地一百八十元；三等水费：棉、麦均九十元。

三十四年以前水费之征收，统由本局造册，交各县县政府代征，三十五年度起水费改由本局直接征收，每亩征费为棉花市秤二·五斤、一·五斤及〇·五斤三等，均按每斤市价一千四百元折合征收，共为十七亿元。自三十五年十二月二十日起开征，每三个月调整棉价一次，水费之收解，则由管理局填写征收水费三联单，通知联发交花户，凭向本局指定之银行交纳水费，银行出给收条后，由花户连同原通知联，向本局换取正式收据。水费之催缴，则由管理局会同协助行水人员办理之，开征后花户缴纳踊跃，至四月底止，计已征收达九成五之谱（附：泾惠渠历年水费数额表）。

泾惠渠历年水费数额表

年　度	收费亩数（亩）	水费额数（元）
二十一年	20 000.0	490.00
二十二年	327 580.0	24 083.37
二十三年	453 015.8	94 522.44
二十四年	584 662.0	161 703.61
二十五年	620 136.5	249 189.37
二十六年	633 473.4	202 963.98
二十七年	639 741.3	207 491.15
二十八年	664 652.0	280 016.99
二十九年	657 181.0	36 511.42
三十年	670 707.6	1 233 453.70
三十一年	662 914.8	7 410 179.16
三十二年	683 089.8	24 163 521.00
三十三年	679 371.0	66 741 414.00
三十四年	651 714.5	139 906 893.36
三十五年	666 315.3	1 707 483 190.00

四、组织及灌溉管理

管理人员及协助行水人员　自二十一年放水后，即入管理时期，二十三年泾惠渠管理局成立，以灌溉区辽阔，流经五县，除管理局设于泾阳外，并于张家山、社树、刘解、汉堤洞、泾阳、三原、磨子桥、仁村、高陵分设管理处，常驻管理人员。全渠共有职员三十五人，测工十人，渠工八十人，并于重要处所装设电话，以便指挥。张家山管理处位于渠首，职司操纵总闸及测记河渠水文，其他各管理处则分管各渠分水闸及办理农田一切用水事宜，为提倡人民自治精神，每渠分划若干段，每段设水老一人，辖斗门若干，每斗设斗长一人，辖村庄若干，每村设渠保一人，司该村水量之分配事宜，统由农民选举充任，受管理局之挥指[1]，协助各管理处办理农渠分水，解决用水纠纷。现时全渠共有水老六十七人，斗长三百二十五人，渠保一千八百余人，均照所辖溉亩数，按年发给津贴。

违章用水　各斗灌田，均有一定时间，须照本局每次所发用水通知，顺序启闭斗门，日夜输灌。斗长接到通知后，即分定各村用水时间，通知渠保，再由渠保分知各田户，一律由下而上，次第施灌。其间不无强梁之辈，霸占截浇，或私启斗门，偷水浇灌，该项情事，经报告或查觉后，均按其违章灌地亩数，照章处罚砖灰等料，用以兴修各项桥闸建筑，其贫之无力者，则处罚工役，所有处罚工料之数量及用途，由本局按月造报，呈请动用。每年春季棉播及伏季秋禾需灌时期，着令下游水老、斗长率领民众，组队巡渠，因少数员工日夜奔驰，实感顾此失彼，难以周密，为减少违章用水情事，故组织巡渠队用以协助维持秩序。二十一年泾惠渠放水伊始，即曾定有临时灌溉章程，经历年一再修正，现行之〔灌〕溉管理暂行章程，已渐臻完备。

---

[1] 挥指　当为“指挥”。

五、养护工作

养护渠道　干支渠道与输水重责，须审慎维护，不可稍有疏忽。放水初年，新渠土松，常致冲决，历年补筑修护，渠堤渐臻坚固，鲜闻溃决之事。降至今日，每经雨后，或渠水过大之时，堤岸尚不时发生蛰陷，仍须予以修理。各渠降度不一，冲淤互见，二十一年七月，泾河洪水拥入渠中，总干、北干两渠曾淤塞长达三十余公里，后经试验各渠挟沙能力，始规定含沙量标准，依为放水准则，但各渠尾端，则以水量微弱，易致沉淀，仍须注意淘淤，以维水流，其降度稍急、水量较大之渠道（如南干渠及第三支渠），则以冲刷力强，渠身常致刷深展宽，嗣经添建跌水，改良降度，冲刷现象始获制止。冬季冰冻时期停水后，渠槽表面冻结甚深，春暖放水时，侧坡消冻，表土立见疏松，极易被水冲蚀，其南岸阴坡，解冻较迟，侵蚀尤甚，所有干支渠道均系东西方向，此种逐年一度之破坏，实难避免，时日既久，岸坡形成陡立，逐渐崩塌，殊堪注视。二十六年曾试将南岸铲修成为二比一之侧坡，俾易见阳光，消凉后表土干硬较速，抵抗冲蚀颇著成效。跌水桥梁等建筑物之下端，以水流较速，普通均有冲刷现象，致渠身扩大，成为圆形，曾用灰土铺筑，但历时不久，仍被冲刷，奏效甚微，如做砖石护岸，则所费过巨，后改用柳桩编篱，沿两岸坍塌线，做成弧形护岸，柳枝易于挂淤，渠槽亦渐得固定。为普遍保护渠道，巩固堤岸计，自二十二年起每年分段沿各渠内坡遍插杞柳或栽植柳树，成活既速，细根复密布渠身防止冲刷，功效特著。

补修建筑物　泾惠渠兴工之始，适值饥馑之余，物料艰难，除上部建筑多为混凝土工程外，所有桥涵跌水均用拆庙旧砖修砌，因陋就简，勉观厥成，经历年水蚀冰冻崩裂坍塌，多已破坏不堪，每年水闲时期，例必停水补修，用维现状。近年灌溉面积扩大，水量迭次增加，已超过原计划十六秒立方公尺之标准水量，所有各渠建筑物多感出水孔径不足，阻水激流，冲刷破坏日益加甚，如不及早改修，仅事维持，将来糜费当更数倍于今日，爰拟分年整修，期于五年之内整修完竣。不惟首创之灌溉事丛，不至废弛，而将来之发展，实亦未可限量也。

整修斗渠　灌溉区全境，斗渠密布，纵横庞杂，网络分歧，非若干支渠道系统分明，易施管理，故提高灌溉效率，应从整理斗渠着手。每斗渠道，应有主渠、引渠之别，主渠为垒斗各村所共有，引渠则为分灌各段田地之小渠，不得乱开水口，不准过畛透水。渠线务使整齐，湾曲应予改直，支岐过多者，则酌量归并，高地与低地应分渠用水，须建分水闸口，俾易改拨水流，节制水量。穿越道路之处，须建小桥，横跨沟道者，或修涵洞，或设渡槽，所有各种措施，旨在求缩短水程，集中水量，防止分散漫流，减少渗漏耗失，如每斗均有规律划一之斗渠系统，则全渠三百余斗节省之水量，当有可观矣。自二十四年干、支渠工程告竣后，本局即从事整理斗渠工作，凡渠势不宜，灌地困难者，均予施测改善，征工挖修，并同时兴修小桥及分水等建筑物，平均每年可增修二百余处，本局事业费为数无几，是项斗渠建筑物，均系利用违章处罚之工料，逐年添修，现已完成者达二千三百余处。惟灌区广阔，其余应予修建者，为数尚伙，故须量力进行，逐步整理，始可渐达理想经济用水之境。

六、灌溉试验

灌溉试验工作，为本局与金陵大学西北农事试验场之合作事业，目的在以水利农业技术之合作，研求农作物经济之灌溉水量及其适宜之用水时间，俾泾渠（罢）〔灌〕溉分水，得有科学之根据。该项试验工作，始于二十六年六月，暂以棉、麦二作物为研究之对象，其量水继初时采用矩形及尖形堰口，现则改用量水槽，划分田间为若干小区，施以不同之灌溉水量；各区之灌水时期及期距，亦互有差异，由各种不同之处理，比较其试验结果，惟此种试验，常受外界天然之影响（如雨量、气候等），殊难用人力予以消除，故短暂期间不易得到精确之结论。就多年来所得之初步结果，棉、麦需水量，均以每次一百公厘为最经济。小麦自下种至成熟，以灌水三次为最适宜，其用水时期，为播种期（九月）、休眠期（十二月）及生长期（三、四月）。至棉花之用水，除播种时期（四、五月之交）外，主要灌溉时期为七、八两月，但汛期大雨时行，预定之试验步骤，常致紊乱，其用水期距之长短，一时尚难确定，普通似以每二十日灌水一次较为适宜。关于此项灌溉试验，国内既乏先例可循，国外亦鲜参考资料，一切设计方法，均属试探性质，深信假以相当时日，必有珍贵之供献公诸社会。

灌溉成绩

一、农村状况

渭北平原经民国十七年至十九年之大旱灾，人民逃亡迨尽，盗匪遍地，村堡为墟，其时普通地价，每亩仅值一元，城镇人口较多之区，每亩三元，旧龙洞渠水地，价值亦不过千元，二十一年六月渠工告成，放水灌田，逃荒炎黎始相率归来，重理旧业。嗣后农村家给户足，人口渐增，地价亦随之逐年提高，至抗战前止，每亩已可卖至三四十元。乡村房舍修盖一新，中小学校相继设立，随农村经济力之增加，泾、原、高等县城市乡镇渐趋繁荣，棉商麇集，银行商号日见增多。咸同铁路通车后，各纱厂复于车站附近，分设打包厂，经营收运，增裕国家税收，助展纺织工业，俨然生产重镇矣。

二、农产收获

泾渠农产，以棉、麦为大宗，尤以棉花一项，经各农场改良品种，积极推广，产量成率，与年俱增。二十四年，西北农事试验场及陕西省农业改进所即分别在灌溉区内推广“脱”字棉种，后经试验发现四号“斯”字棉种质量俱优，成熟期早，且无须摘心整枝等手续。二十六年起，遂决心大量推广该项棉种，力行取缔其他品种，现全区已普遍改种“斯”字棉种。二十八年，平均收获量每亩为皮棉一百市斤，最高有达一百五十斤者，其产量之丰，不仅为国内所未有，抑且为世界所罕见。较之旱地，每亩只能收获二三十斤者，直不可同日语矣。农家以种棉收获优厚，故棉地面积，远较麦地为广，抗战以后，经积极督促增加食粮生产，近年麦地面积已有逐渐增加之趋势。每年棉麦收获毕事，例即举行全渠普查，逐斗调查其收获产量、种植面积，造表呈报。三十五年度全区七千顷之农产总统计，已逾三百五十亿元之巨（附历年农产统计表）。

三、植树

泾渠干支渠道总长凡二百五十余公里，两岸滨水，最宜植树，尤以栽植柳树成活既易，根长而密，护岸固堤，功效最著。本局自二十二年后，每年春冬两季分期栽植，并于冶峪镇设置苗圃，供给树苗，现全渠成活数目已逾二十万株。为提倡造林，凡农民所到之处，均督导农民，沿自家渠道，插植杨条，以杨树成长甚速，不数年间灌区已密布成林，隐蔽村庄，野景极佳，蔚然富有生气，非复昔日荒凉景象。约略估计全区农渠树木，总数不下五百余万株，此项农家副产，收入为数实为可观。

泾惠渠历年农产统计表

年份	棉（皮花）		麦		杂粮（玉米、小米、豆类等）		农产总值（元）
	种植面积（亩）	产量（市担）	种植面积（亩）	产量（市石）	种植面积（亩）	产量（市石）	
二十三年	240 104	114 578	182 334	283 499	31 577	30 509	2 500 900
二十四年	301 974	126 089	220 967	359 027	5 705	7 393	3 000 000
二十五年	387 810	240 581	226 253	209 027	32 318	44 866	6 000 000
二十六年	298 985	179 021	258 087	461 769	210 102	219 506	5 500 000
二十七年	243 488	170 259	343 391	682 382	241 686	290 784	7 000 000
二十八年	266 254	286 148	327 021	713 914	216 608	388 871	13 000 000
二十九年	309 463	17 710	279 221	45 437	125 835	120 024	40 000 000
三十年	300 000	212 800	345 292	494 185	195 380	335 900	146 400 000
三十一年	302 299	129 988	323 638	995 870	276 599	274 431	152 000 000
三十二年	238 484	182 532	330 657	203 644	408 194	421 051	1 858 000 000
三十三年	281 773	102 884	351 253	706 405	304 541	378 774	2 313 000 000
三十四年	326 876	205 414	334 766	430 224	264 151	260 696	12 189 000 000
三十五年	309 202	206 777	300 027	339 180	209 232	272 379	34 945 000 000

专论（略）

整理人：蒋超，先后担任水利部科技教育司副处长、科技司处长、水利部信息研究所副所长、国际泥沙研究培训中心副主任。曾兼任中国水利学会副秘书长、中国水利学会水利史研究会副会长兼秘书长、《中国大百科全书》第二版水利学科副主编、《中国水利百科全书》第二版水利史分册副主编。曾任《中国水利史典》专家委员会副主任，世界灌溉遗产评审专家。

《中国黄河文化大典》编辑出版人员

总　编　辑　涂曙明

总责任编辑　营幼峰

总执行编辑　王厚军　马爱梅　宋建娜

工程档案（近代部分）

责任编辑　杨春霞

审稿编辑　王　勤　李忠良　宋建娜　杨春霞

装帧设计　芦　博　李　菲

责任排版　吴建军　郭会东　孙　静　丁英玲

责任校对　梁晓静　张伟娜

责任印制　崔志强　焦　岩　冯　强